Professor Dr. Rudolf Steurer

Weinhandbuch

Ueberreuter

Die Deutsche Bibliothek – CIP-Einheitsaufnahme

Steurer, Rudolf:
[Weinhandbuch]
Steurers Weinhandbuch / Rudolf Steurer. – Wien : Ueberreuter, 1995
ISBN 3-8000-3587-1

AU 301/1

Umschlaggestaltung Atelier Rendl unter Verwendung eines Photos vom »Günther-Keller« des Weingutes Georg und Theresia Stiegelmar in Gols, das uns von Herrn Georg Stiegelmar freundlicherweise zur Verfügung gestellt wurde.

Gesamtherstellung: Druck- und Verlagshaus M. Theiss, A-9400 Wolfsberg, St. Michaeler Straße 2
Printed in Austria
1 3 5 7 6 4 2

Inhalt

Zum Geleit

Österreichs Weinproduzenten sind dank der klimatisch/geologischen Rahmenbedingungen, dank ihrer sorgfältigen Ausbildung und dank ihrer Innovationsfreudigkeit in der Lage, von internationalen Weinfachleuten weltweit anerkannte Spitzenweine zu erzeugen. Es ist Herrn Prof. Dr. Rudolf Steurers Anliegen, auch dem Konsumenten durch vielseitige und profunde Information die Möglichkeit zu bieten, die österreichischen Spitzenweine als solche zu würdigen und zu genießen.
Prof. Dr. Steurer hat aus den vielen Wissensgebieten, die sowohl mit der Weinerzeugung als auch mit dem Weinkonsum in einem Zusammenhang stehen, ohne wissenschaftlichen Substanzverlust das wesentliche exzerpiert. Einblicke in die Weinerzeugung, die Ampelographie, die Biochemie, Mikrobiologie, Analytik, Technologie, Sensorik, Gesundheit und Konsumation werden dem Leser in einer Form geboten, die ihm den Zutritt zur Welt des Weines ermöglicht und gleichzeitig das Interesse weckt, die Welt des Weines weiter zu erforschen. So leistet Prof. Dr. Steurer mit diesem Buch einen großartigen Beitrag zur Weinkultur insgesamt, indem er einen fruchtbaren Dialog zwischen Weinkonsumenten und Weinerzeugern anregt.
Der erste Teil von Prof. Dr. Steurers Weinführer erlebt nun – in einer für Fachbücher ungewöhnlich kurzen Zeitspanne – bereits seine fünfte Auflage, und zwar in einer wesentlich erweiterten und ergänzten Form. Diese Tatsache spricht für die Qualität des Buches an sich, aber auch für seinen Erfolg hinsichtlich der Zielsetzung, die österreichische Weinkultur zu fördern.
Möge diese fünfte Auflage den Kreis der Weinliebhaber kräftig erweitern!

Hofrat Univ.-Prof. Dipl.-Ing. Dr. Johann Weiss
Direktor der Höheren Bundeslehranstalt
und Bundesamt für Wein- und Obstbau
mit Institut für Bienenkunde
in Klosterneuburg

Wegweiser für Kenner und Liebhaber

»Der Steurer«, wie das Buch als das Standardwerk zum Thema Wein inzwischen mit aller Berechtigung genannt werden darf, geht mit seinem ersten und jetzt wesentlich erweiterten Teil nunmehr in seine fünfte Auflage. Eine bemerkenswerte Leistung.
Das Buch ist ein Glücksfall! Zunächst und vor allem für die Leser und Benützer. Sowohl alte Hasen in der Welt des Weines als auch junge, auf dem Weg befindliche Freunde des Weines können auf die geballten, akribisch zusammengestellten Informationen, die Rudolf Steurer liefert, nicht verzichten. Ich kenne viele Experten dieser Branche, die seinen bisherigen »Österreichischen Weinführer« schlicht und einfach als ihr Fundament in Sachen Wein bezeichnen.
»Der Steurer« ist aber auch und nicht zuletzt ein Glücksfall für eine Organisation wie die Österreichische Weinmarketingservice Gesellschaft. Denn gerade wir, die zur Aufgabe haben, den Wein als edles Getränk, aber auch als Kulturgut und dabei insbesonders die Qualität des heimischen Weins im In- und Ausland (noch) bekannter zu machen sowie beim Verkauf zu helfen, brauchen bei unserer täglichen Arbeit eine derart solide theoretische Basis von geradezu enzyklopädischer Breite. Das neue Weinhandbuch von Steurer, das alles, aber auch wirklich alles Wissenswerte über das Produkt Wein in übersichtlicher Form und verständlicher Sprache liefert, ist daher unverzichtbar.
Unsere Informationstätigkeit in Theorie und Praxis wäre ebenso wie die konkrete Verkaufsförderung und die Werbung ohne solche Unterstützung noch viel schwieriger. Für diese Hilfe sind wir dem Autor namens der heimischen Weinwirtschaft sehr dankbar.

Dr. Berthold Salomon
Geschäftsführer der
Österreichischen Weinmarketingservice Ges.m.b.H.

Kein Wortbruch

Der berühmte Opernsänger der Zwischenkriegszeit Leo Slezak legte in den dreißiger Jahren seine Erkenntnisse und Erinnerungen in dem Büchlein »Meine gesammelten Werke« nieder.
Einige Jahre später schuf er eine Ergänzung mit dem Buch »Der Wortbruch«.
Das vorliegende Buch ist kein Wortbruch, sondern eine notwendige Fortsetzung des ersten Teils meines »Österreichischen Weinführers«. Denn in der Zwischenzeit hat sich in unserer schnellebigen Zeit so manches entwickelt, das im Interesse der Weinfreunde aufgezeichnet werden soll. Aktuell sein bedeutet dabei freilich nicht, Bewährtes abzuhaken und Neuem vorbehaltlos Gefolgschaft zu leisten. Immer mehr Menschen in den verschiedensten Altersstufen, die ein gepflegtes Essen und Trinken, überhaupt einen gehobenen Lebensstil schätzen, wollen ihr Wissen um und über den Wein ausweiten und vertiefen. Für diese Interessengruppe – und nicht für professionelle Weinexperten – ist dieses Weinbuch gedacht und konzipiert worden. Das sei hier ausdrücklich festgehalten. Es soll in einer kurzen und verständlichen Form Antworten auf den weitgespannten Fragenkatalog vom Weinbau angefangen bis zur viel diskutierten Harmonie zwischen Wein und Essen geben. Bei der Beschreibung der einzelnen Reben und Weine habe ich dabei nur jene Sorten berücksichtigt, die in Deutschland, Österreich und der Schweiz angebaut und erzeugt werden. Sonst wäre dieser Teil zu umfangreich geworden. Und schließlich soll das Buch auch als Nachschlagwerk für alle am Wein Interessierten dienen. Gerade im Bereich der Weinkultur – und dieser Ausdruck ist angebracht – muß das Erfordernis einer sachlichen Behandlung des Themas ein unverzichtbarer Bestandteil des Buches bleiben. Daher konnte ein solches Werk nur mit Hilfe kompetenter Fachleute entstehen, von denen ich notwendige Informationen zu den einzelnen Kapiteln eingeholt habe.
Von den vielen Persönlichkeiten, die mich dabei unterstützt haben, möchte ich stellvertretend für alle Hofrat Dipl.-Ing. Werner Meier und OR Dipl.-Ing Willi Wunderer von der Höheren Bundeslehranstalt und Bundesamt für Wein- und Obstbau in Klosterneuburg sowie Mag. Willi Bründlmayer aus Langenlois besonders danken. Auch trockene Weinsorten sind ihrer Natur nach feucht.
So soll dieses Werk nicht als trockene Auflistung von Fakten verstanden werden, sondern man wird in ihm, so hoffe ich, auch jenes gefühlsmäßige Engagement empfinden, das den Wein-Genießer vom Wein-Trinker unterscheidet.
Die Individualität, die Unverwechselbarkeit oder der Nuancenreichtum des Weines unterscheiden ihn so sehr von anderen Getränken wie beispielsweise von Fanta oder Coca Cola.
Wer dieses Weinhandbuch aufmerksam liest, wird feststellen, daß sich auch der Autor persönlich nicht dem Erfordernis des permanenten Lernens verschlossen hat, das den beruflichen und privaten Alltag des ausgehenden Jahrtausends prägt. Aber nicht mit erhobenem Zeigefinger, sondern mit erhobenem Glas will ich dieses Buch den zahllosen Weinfreunden widmen.

Prof. Dr. Rudolf Steurer

Weinbau

Der schwedische Arzt und Botaniker Carl von Linné (1707–1778) hat die Rebengewächse in eine Pflanzensystematik eingeordnet. Die wichtigste Gattung in diesem System ist die Vitis Linné, zu der die Europäerrebe mit allen ihren Sorten zählt. Unsere zur Europäerrebe als Unterart gehörende Vitis vinifera sativa, also unsere Kultur- oder Edelrebe, hat wiederum etwa 8.000 Sorten, die weltweit verbreitet sind. Die systematische Erfassung aller Sorten ist bis heute noch nicht gelungen. Bedeutend für den Winzer sind neben den europäischen Rebsorten einige Amerikanerreben, die in der Rebveredelung als reblauswiderstandsfähige Unterlagen Eingang gefunden haben. Durch die Pfropfung eines Edelreises der Europäer-Rebsorten auf eine amerikanische Unterlage wird diese Pfropfkombination reblausresistent; es wurde damit eine »biologische« Reblausbekämpfung erreicht. Je nach Unterlagenwahl können unter anderem auch die Trockentoleranz, die Kalkverträglichkeit, die Wüchsigkeit und der Reifezeitpunkt der Sorte beeinflußt werden. Reben asiatischen Ursprungs sind hauptsächlich für den Rebzüchter interessant, da eine Einkreuzung z. B. die Frostfestigkeit unserer heimischen Sorten verbessern könnte.

Allgemeines über die Rebe

Die Organe des Rebstockes (Weinstockes) gliedern sich in Wurzeln, Sproß (Stamm mit Ästen) und Blatt. Sie alle haben eine bestimmte Funktion zu erfüllen und sind dazu dementsprechend gebaut.

Wurzeln

Das gesamte Wurzelsystem gehört zu den unterirdischen Organen und hat eine mehrfache Funktion. Die Wurzeln verankern den Rebstock im Boden, nehmen Wasser und Nährstoffe auf und dienen auch als Reservestoffspeicher. Im heutigen Pfropfrebenanbau werden diese Wurzelfunktionen durch die Unterlage erfüllt. Bei der üblichen vegetativen Vermehrung der Rebe entstehen die Wurzeln an Sproßteilen. Sie sind also sproßbürtige Adventivwurzeln, im Gegensatz zu den Wurzeln von Rebsämlingen, die sich aus der Keimlingsanlage entwickeln. Je nach der Stelle des Wurzelstammes oder der Wurzelstange, an welcher sich die Wurzeln bilden, spricht man von Fußwurzeln, Seitenwurzeln, Tau- oder Tagwurzeln.

Der wichtigste Teil des Wurzelsystems sind die **Fußwurzeln.** Sie entspringen an der Basis des Wurzelstammes und dringen am weitesten in die Tiefe des Bodens vor. In steilen Lagen und trockenen Böden hängt das Gedeihen der Rebe weitgehend von der Entwicklung der Fußwurzeln ab.

Die **Seitenwurzeln** nehmen ihren Ausgang vom Mittelstück der Wurzelstange und breiten sich vorwiegend in den oberen Bodenschichten aus, die regelmäßig bearbeitet und gedüngt werden. Sie versorgen den Weinstock hauptsächlich mit Nährstoffen.

Die **Tauwurzeln (Tag-** oder **Luftwurzeln)** entspringen knapp unter der Erdoberfläche, werden aber bei der Bodenbearbeitung zumeist beschädigt, was sich zugunsten der wichtigeren Seiten- und Fußwurzeln auswirkt. Sie wären aufgrund ihres oberflächlichen Verlaufs im Sommer austrocknungs- und im Winter frostgefährdet.

Wurzeln, die sich bei veredelten Reben oberhalb des Pfropfkopfes aus dem Edelreis (Edelreiswurzeln) entwickeln, müssen entfernt werden. Würden diese belassen, könnte sich die Rebe »frei« machen, d. h. das Edelreis würde verstärkt Wurzeln bilden und die Unterlage absterben. Somit wäre die Pflanze wieder eine reine Europäerrebe und reblausgefährdet.

Das **Wurzelwerk** der Rebe ist weit verzweigt. Oft erreichen die Wurzeln eine Länge von fünf Metern und mehr. Die Hauptwurzelmasse liegt je nach Art der Bodenbearbeitung in einer

Bodentiefe von 20–50 cm. Unter günstigen Bodenverhältnissen (z. B. tiefgründiger Löß) können die Wurzeln eine Ausdehnung von 10–16 Metern erreichen. Diese sind für die Wasserversorgung besonders in Trockenperioden von großer Bedeutung. Die kräftigeren Langwurzeln, die äußerlich dunkel verfärbt und verholzt sind, dienen der Leitung. Die dünnen Faserwurzeln besorgen die Wasser- und Nährstoffaufnahme. Hinter der Spitze der jungen, weiß aussehenden Faserwurzeln befindet sich die eigentliche Absorptionszone, in der die Stoffaufnahme erfolgt. Zur Vergrößerung der Wurzeloberfläche werden hier zarte Wurzelhaare ausgebildet, die bis zu einem Millimeter groß werden. Sie passen sich an die jeweiligen Gegebenheiten des Bodens an und sind in einem bedeutenden Maße für die Lebensfähigkeit der Rebe verantwortlich, indem sie Wasser und Nährstoffe aufsaugen. Die älteren Wurzelhaare sterben mit dem Weiterwachsen der Wurzeln ab und werden von der Spitze her durch neue ersetzt. Untersuchungen haben gezeigt, daß bis zu 300 Meter Feinwurzelwerk in einem Kubikmeter Erde existieren.

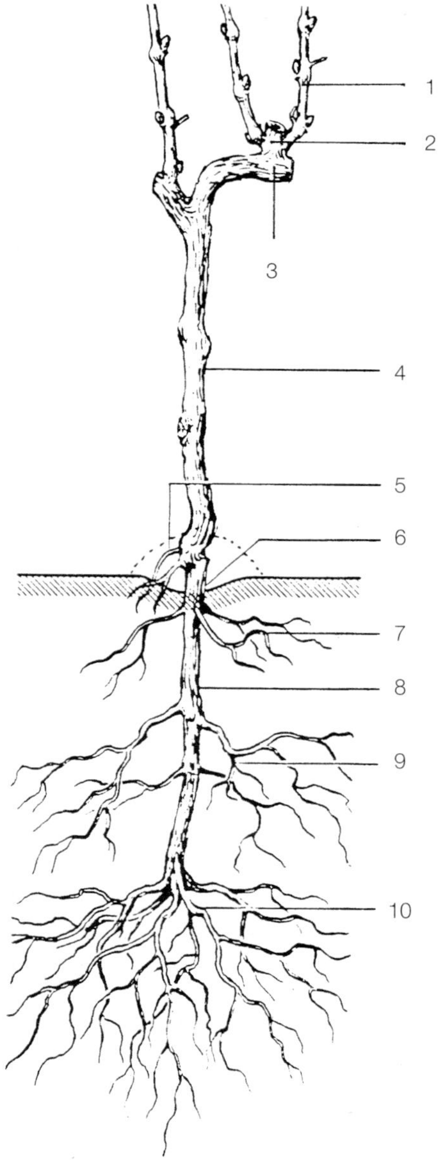

Schematische Darstellung des Rebstockes:

1 einjähriges Holz oder Rute
2 zweijähriges Holz
3 Schenkel, Kordon
4 Stamm
5 Edelreiswurzeln
6 Wurzelhals
7 Tau- oder Tagwurzeln
8 Wurzelstamm
9 Seitenwurzeln
10 Fußwurzeln

Sproßsystem

Die oberirdischen Organe des Rebstockes bestehen aus dem »alten Holz« (Stamm, Kordon, Äste, Schenkel), dem »zweijährigen Holz«, dem »einjährigen Holz« mit den Knospen (Augen) und den »grünen Trieben« mit der Triebspitze, den Blättern, Gescheinen (Blütenständen), Blüten, Trauben, Ranken und Geiztrieben.

Der Rebtrieb:

1 Geschein (Traubenansatz)
2 Sommertrieb (grüner Trieb)
3 einjähriges Holz
4 zweijähriges Holz
5 Blatt
6 Auge oder Knospe
7 Geiztrieb
8 Ranke

Der Fortsetzung der Wurzelstange nach oben stellt den eigentlichen Stamm der Rebe dar. Bei Pfropfreben ist das Edelreis Stammbildner. Die Stammhöhe hängt von der Erziehungsart ab. Wird der Stamm in einer Höhe von 10–30 cm über dem Erdniveau abgeschnitten und werden nur kurze Zapfen angeschnitten, so bildet sich ein sogenannter Kopf (Kopferziehung). Bei der Stammerziehung wird ein je nach Erziehungsart verschieden hoher Stamm mit Kordonen, Ästen bzw. Schenkeln gebildet. Am »alten Holz« entstehen das »zweijährige« und das »einjährige Holz«. Aus den Augen des »einjährigen« Holzes gehen im Frühjahr die Sommertriebe hervor. Ein Auge enthält in gestauchter Miniaturform den zukünftigen Trieb mit Blättern, Gescheinen, Ranken usf.
Der **Stamm** dient der Leitung und Speicherung von Nähr- und Reservestoffen. Je mehr Reservestoffe (im »alten Holz«) vorhanden sind, desto besser wird die Rebe extremen Witterungsverhältnissen Widerstand leisten können.

Pfropfrebe

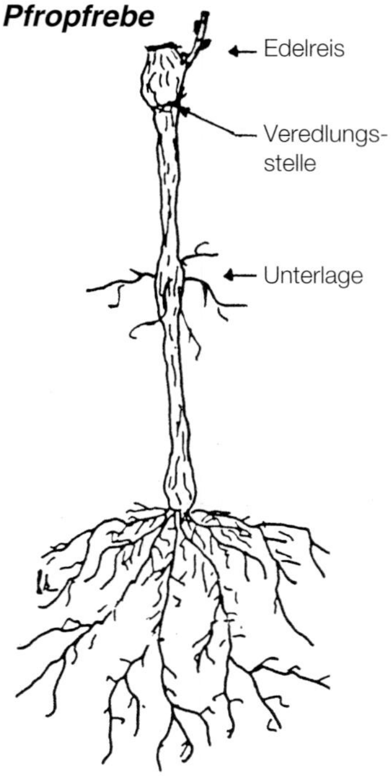

Aufbau eines Hochkulturstockes (Stammerziehung)

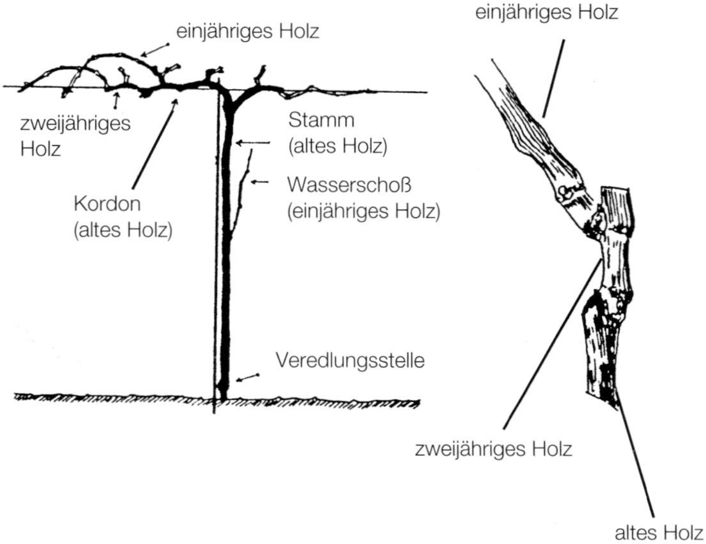

Anordnung der verschiedenen Organe am grünen Sommertrieb

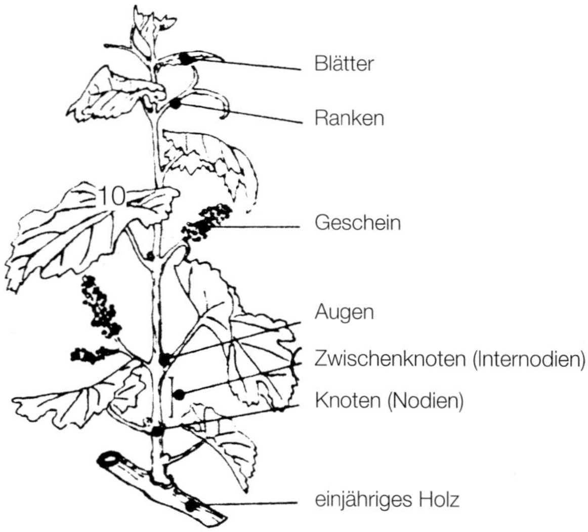

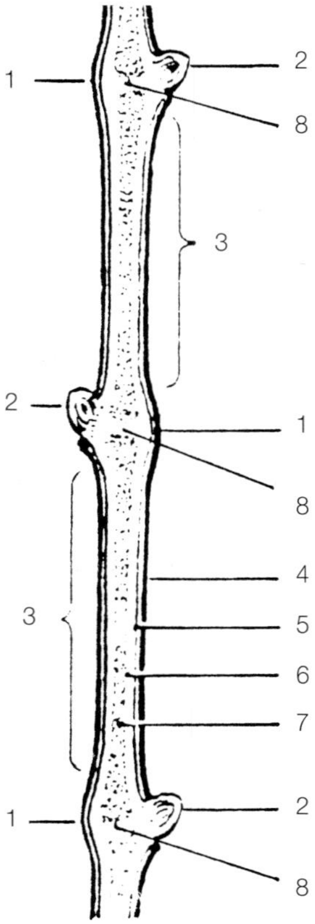

Längsschnitt durch den einjährigen Rebtrieb:

1 Knoten (Nodium, Nodus)
2 Auge oder Knospe
3 Internodium
4 Rinde
5 Bast (sekundäre Rinde)
6 Holzschichte
7 Mark
8 Diaphragma

Am »grünen Trieb« und am »einjährigen Holz« ist die Gliederung in Knoten (Nodien) und Zwischenknotenstücke (Internodien) sichtbar. Am »alten Holz« wird diese Gliederung durch die Borkenbildung und das Dickenwachstum verwischt.
An den **Knoten** wird die Markröhre durch eine starkwandige Gewebeplatte, das Diaphragma, unterbrochen. Blätter, Gescheine, Ranken und Geiztriebe entstehen immer am Knoten.
Die **Geiztriebe** sind Nebentriebe mit meist nur beschränktem Wachstum, die im Herbst nicht verholzen und daher absterben. Nach Hagelschäden bzw. bei frühzeitigem Einkürzen der Haupttriebe (»Gipfeln«) können sich die Geiztriebe stärker entwickeln, sortenspezifisch fruchtbar sein und für den nächsten Schnitt herangezogen werden. Die Geiztriebe geben mit ihren Blättern zusätzliche Assimilationsfläche und erhöhen damit die Leistungsfähigkeit eines Rebstockes; sie sollen daher nicht ganz entfernt werden (Ausnahme Stockkultur und Schnittrebenvermehrung).

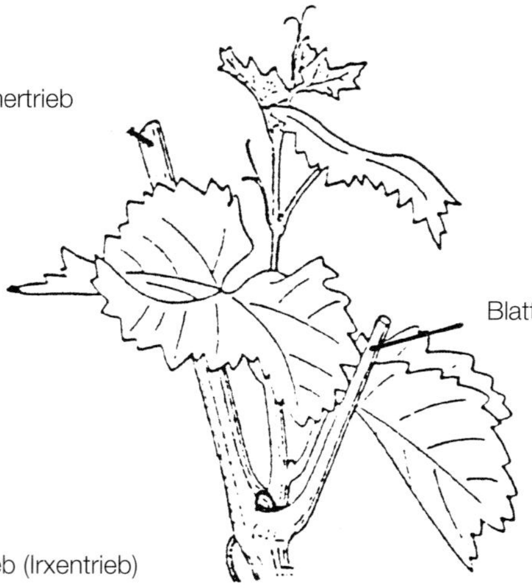

Der **Sommertrieb** (»grüne Trieb«) entwickelt sich aus der Winterknospe und bringt bis zu 30–40 Laubblätter hervor, die abwechselnd rechts und links am Trieb angeordnet sind. Die Spitzen der wachsenden Sommertriebe sind hakenförmig gekrümmt. Diese Krümmung verschwindet mit dem Wachstumsende im Herbst. Die Triebspitzen zeigen besondere Merkmale, die u. a. der Sortenerkennung dienen (glatt, behaart, grün, braun, rötlich, junge Blättchen offen oder geschlossen…). Grüner Veltliner weist z. B. eine stark weißlich behaarte Triebspitze auf (Synonym: Weißgipfler, Weißer), Rheinriesling eine gelblich-grüne Triebspitze mit weißlicher Behaarung und rötlichem Anflug usf.
Die anfangs grünen und krautigen Sommertriebe verholzen mit fortschreitendem Alter und erreichen somit die Fähigkeit, den Winter zu überstehen.
Die **Frostwiderstandsfähigkeit** eines Rebstockes ist teils sortenbedingt und teils von der Holzreife abhängig. Gut ausgereiftes Holz frostfester Sorten übersteht –18° Celsius bis –20° Celsius ohne Schaden. Dieselben Sorten, überlastet im Vorjahr und geschwächt in den Winter gehend, vertragen diese Temperaturen bei weitem nicht. Als frostfeste Sorte ist die Sorte Rheinriesling bekannt. Grüner Veltliner, Müller-Thurgau, Weißer Burgunder, Traminer, Blauer Burgunder u. a. liegen im mittleren Bereich, und Neuburger, Blauer Portugieser, Zierfandler, Rotgipfler und die alten Veltlinersorten gelten als relativ frostanfällig.
Gut ausgereiftes Rebholz (optimale Reservestoffeinlagerung im ein- und mehrjährigen Holz) erhöht die Frostwiderstandsfähigkeit des Rebstockes und ermöglicht damit eine gute Trieb- und Wurzelbildung in der folgenden Vegetationsperiode.

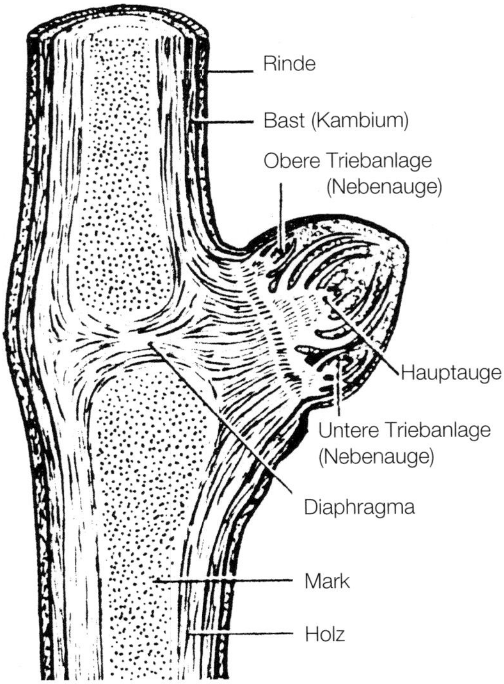

Längsschnitt durch den Knoten mit der Knospe

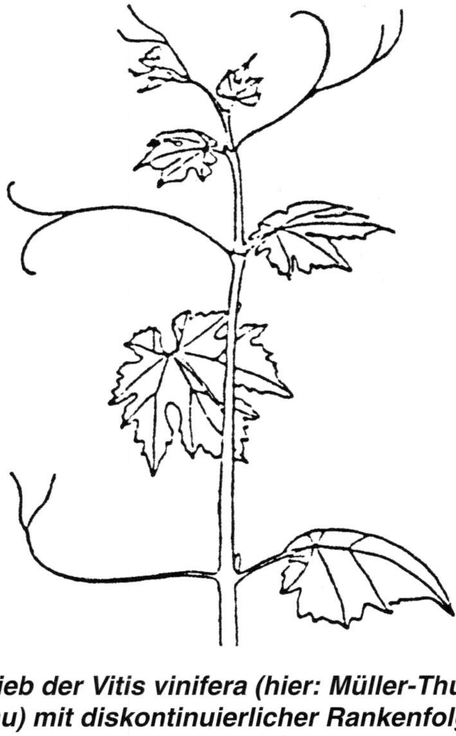

Trieb der Vitis vinifera (hier: Müller-Thurgau) mit diskontinuierlicher Rankenfolge

Die **Knospen** oder **Augen** werden bereits von Mai bis Juli in den Blattachseln der Sommertriebe angelegt. Sie werden als **Winteraugen** bezeichnet, weil sie bis zum nächsten Austrieb im Frühjahr ruhen.
Am »alten Holz« befindliche Knospen heißen **Adventivaugen** oder »schlafende Augen«, die Triebe daraus sind die **»Wasserschosse«** (Hirntriebe).
Die **Gescheine** (die Blütenstände der Rebe bis zur Befruchtung) werden in den einzelnen Knospen eines Sommertriebes nicht gleichzeitig gebildet, sondern zuerst an den untersten Augen, später an den höheren, entsprechend der Entwicklung der Sommertriebe.
Anfang August etwa sind alle Gescheine, die im nächsten Jahr zur Entwicklung kommen sollen, in der Anlage vorhanden. Ihre weitere Ausgestaltung erfolgt bis Oktober, dann tritt die Winterruhe ein. Im Frühjahr entfalten die Knospen dann die im Vorjahr gebildeten Anlagen. Zahl, Größe und Ausbildung der Gescheine sind daher nicht nur von der Witterung und der Rebentwicklung im Jahr der Entfaltung, sondern sehr wesentlich von der vorangegangenen Vegetationsperiode abhängig.
Die **Ranken** sind Befestigungsorgane der Rebe und stellen ein verkümmertes Traubenstielgerüst dar. Sie entstehen oberhalb der traubentragenden Knoten (Nodien). Auf zwei rankentragende folgt immer ein rankenloser Knoten. Die Ranken sind gabelig verzweigt und stehen immer einem Blatt gegenüber und sind somit kein echter Zweig der Hauptachse. Anzahl, Ausbildung und Beschaffenheit sind je nach Sorte verschieden. Sehr kräftige Ranken haben die Sorten Gutedel, Welschriesling und Muskat-Ottonel. Grüner Veltliner und Silvaner haben schwach entwickelte Halteorgane.

Blatt

Die Blätter sind neben den Wurzeln die wichtigsten Ernährungsorgane der Reben. Ihre Aufgabe besteht in der Aufnahme des Kohlendioxyds und seiner Verarbeitung zu organischer Substanz (Assimilation). Durch ihre große

Oberfläche verdunsten sie viel Wasser und rufen dadurch eine lebhafte Wasserbewegung (Nährlösung) von den Wurzeln nach oben hervor.

Das Blatt besteht aus:

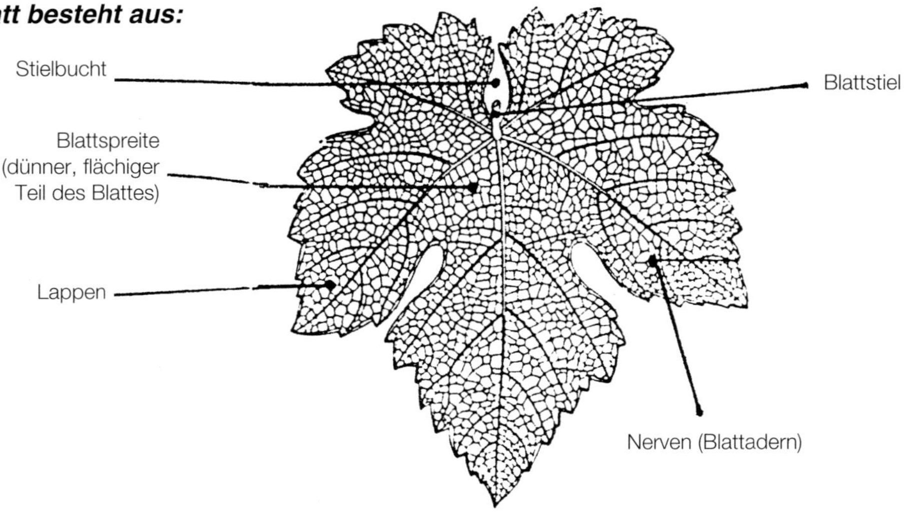

Die sogenannten **Stielbucht** hat als Sortenmerkmal besondere Bedeutung. Die Stielbucht kann stumpfwinkelig, offen, geschlossen bis überlappend sein:

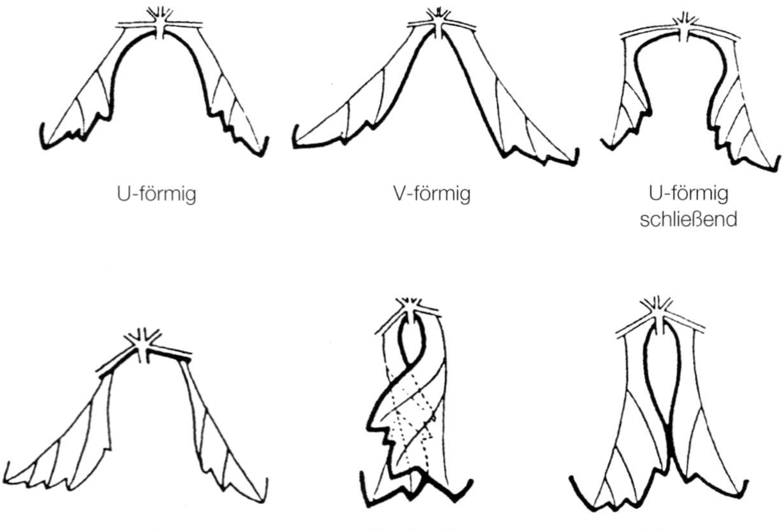

Der **Blattrand** ist nie glatt ausgebildet, sondern stets mit feineren oder gröberen Einschnitten und Zähnen versehen. Die Zähne sind entweder scharf (spitz) oder breit (stumpf). Der Blattstiel mündet in der Stielbucht in die fünf Hauptnerven des Blattes. Die **Nerven** bilden ein reichverzweigtes Netz, geben dem Blatt die nötige Festigkeit und dienen gleichzeitig der Zu- und Ableitung von Wasser und Nährstoffen. Das Rebblatt ist meist fünflappig.
Jede Rebsorte ist durch ein bestimmtes Blatt (Größe, Form, Lappenanzahl, Stielbucht, Blattoberfläche, Blattrand und Behaarung) gekennzeichnet.

Blüte

Die kleinen und unscheinbaren Einzelblüten der Rebe sind zu Blütenständen vereinigt, die in der Praxis als **Gescheine** bezeichnet werden. Ein Geschein hat 300–400 Einzelblüten (Riesling). Jeder Sommertrieb bringt in der Regel zwei Gescheine hervor. An sehr fruchtbaren Stöcken (z. B. beim Riesling) treten zuweilen drei, seltener auch vier Gescheine je Trieb auf. Der Gescheinsansatz ist sowohl sorten- und züchtungsspezifisch als auch von Witterung, Düngung und anderen Einflüssen abhängig. Die mittlere Anzahl der Gescheine je Auge (Knospe) ist sortenabhängig und auch für die Länge und Stärke des Rebschnittes maßgeblich.
Die europäischen Edelsorten besitzen meist eine sogenannte **Zwitterblüte.** Dies ist eine vollkommene Blüte mit männlichen und weiblichen Blütenorganen. Beim Blühvorgang wird das gelbgrüne Käppchen nach oben abgeworfen. Dadurch können sich die Staubgefäße entfalten und ihre Pollen auf die Narbe abgeben (Selbstbestäubung).
Diese ***Selbstbestäubung*** erfolgt dabei folgendermaßen: An der Narbe wird ein Sekret abgegeben. Dadurch werden die Pollen angeregt, einen Pollenschlauch auszubilden. Dieser Pollenschlauch dringt dann durch den Griffelkanal bis zum Fruchtknoten vor und erreicht so den Embryosack mit der eingeschlossenen Eizelle. Nach der folgenden Befruchtung kommt es zur Entwicklung von Samen und Nährgewebe, woraus sich die Beere entwickelt. Bereits einige Wochen nach der Blüte erreicht die Beere Erbsengröße.
Die **Blütezeit** des Rebstockes fällt bei uns meist in die zweite Junihälfte; Beginn und Verlauf sind jedoch von Sorte, Witterung und Standortverhältnissen abhängig und können starken zeitlichen Verschiebungen unterliegen.
Die Rebblüte wird in hohem Maße von der Witterung mitbestimmt. Die Rebsorten zeigen aber unterschiedliche Empfindlichkeit gegenüber Witterungseinflüssen in der Blütezeit. Warmes (Temperatur über 15° Celsius), trockenes Wetter läßt den Blühvorgang am günstigsten ablaufen.
Ein guter Blühverlauf ermöglicht eine gute Befruchtung und damit die Voraussetzung für einen zufriedenstellenden Ertrag. Ein früher Blühabschluß ermöglicht der Rebe eine früher beginnende Beerenentwicklung in den Sommermonaten – dadurch ergibt sich im Herbst ein höherer Reifegrad der Trauben und auch des Holzes.
Eine ungünstige Wirkung auf den Blühverlauf haben u. a. kaltes (unter 15° Celsius), kühles und nasses Wetter vor und während der Blüte sowie Nebel und ständige Niederschläge oder auch zu heißes (über 30° Celsius), trockenes Wetter.

Bestandteile der Zwitterblüte:

1 fünflappige Blumenkrone oder Mützchen
2 Staubbeutel
3 Staubfäden
4 Narbe
5 Griffel
6 Fruchtknoten
7 Nektarien (Honigdrüsen)
8. Kelch

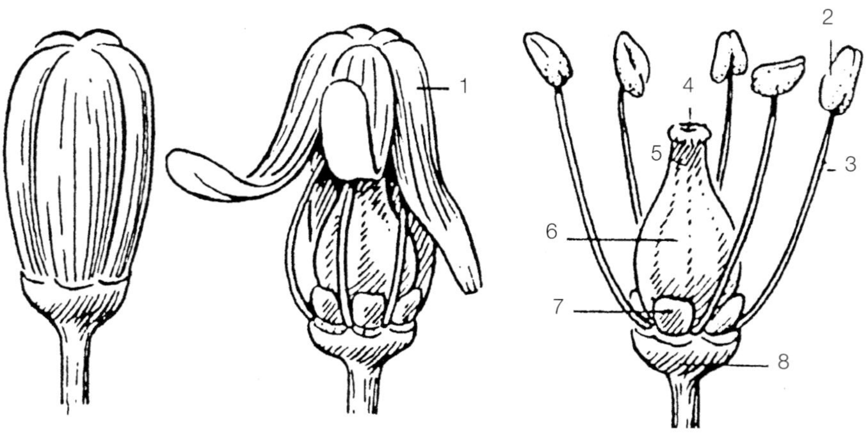

geschlossene Rebblüte — Abwerfen des Käppchens — in voller Blüte

Frucht

Die Frucht der Rebe ist die Beere, die sich unmittelbar aus dem Fruchtknoten entwickelt. Viele Beeren auf einem gemeinsamen Stielgerüst (Kamm) bilden eine Traube. Bis zu vier Trauben (durchschnittlich zwei) befinden sich auf einem grünen Trieb.
Die Länge des **Traubenstiels** ist sortentypisch, er trägt manchmal eine kleine Nebentraube (z. B. bei der Sorte Welschriesling). Die Gestalt des Kammes ist in erster Linie sortenspezifisch. Durch ihn erhält die Traube ihre Form (walzenförmig, zylindrisch, kegelförmig, pyramidenförmig).
Die **Beere** besteht aus der Schale (Hülse, Haut oder Balg), dem Saftgewebe (Beeren- oder Fruchtfleisch) und ein bis drei, meist zwei Kernen (Samen), die bis zur Beerenreife von einer festeren Fleischschicht (Butzen, Mark) eingeschlossen sind, die bei der Reife schleimig wird. Die europäischen Edelreben sind nicht samenbeständig, weshalb sie auch nicht durch eine Vermehrung der Samen (Kerne) erhalten werden können. Im übrigen werden jetzt auch schon Tafeltrauben und Trauben zur Erzeugung von Rosinen angebaut, die überhaupt keine Kerne mehr enthalten.
Mit zunehmendem Reifegrad wechselt die Beere ihre Farbe. Bei den Weißweinsorten wird sie gelblich oder auch rötlich (z. B. Traminer, Roter Gutedel), bei den Rotweinsorten wird sie tiefrot bis blau. Dabei wird die Farbe durch einen feinen weißlichen oder bläulichen Reif, den sogenannten »Duft« (Vitin, eine Wachsausscheidung), gewöhnlich etwas gedämpft.
Gleichzeitig mit der Verfärbung gehen das Weichwerden der Beere und eine chemische Veränderung des Inhaltes vor sich; der Gehalt an Zucker und Bukettstoffen nimmt zu, der Säuregehalt nimmt ab. Der Farbstoff ist bei den meisten Rotweinsorten nur in den Hülsen enthalten.
Der Fruchtstand der Rebe heißt **Traube** und setzt sich aus den einzelnen Beeren zusammen. Die Form der Traube (walzenförmig, konisch, geschultert, verzweigt), ihre Größe (klein, mittelgroß und groß), ihre Farbe (gelb, grün, fuchsig, hell-, dunkelrot, blau, blauschwarz, beduftet) und die Form der Beeren (rund, oval, walzenförmig, dicht- oder lockerbeerig) sind wichtige Kennzeichen einer Rebsorte und sortenspezifisch, z. B. Traminer dreiecksförmig, eher klein, rot; Grüner Veltliner großkegelförmig, geschultert, grüngelb bis gelb, dichtbeerig, Beeren groß ... Der Traubenstiel und dessen Verzweigung nennt man Kamm (Rappen). Dieses Stielgerüst trägt die ganze Traube und sorgt für ihre Ernährung.

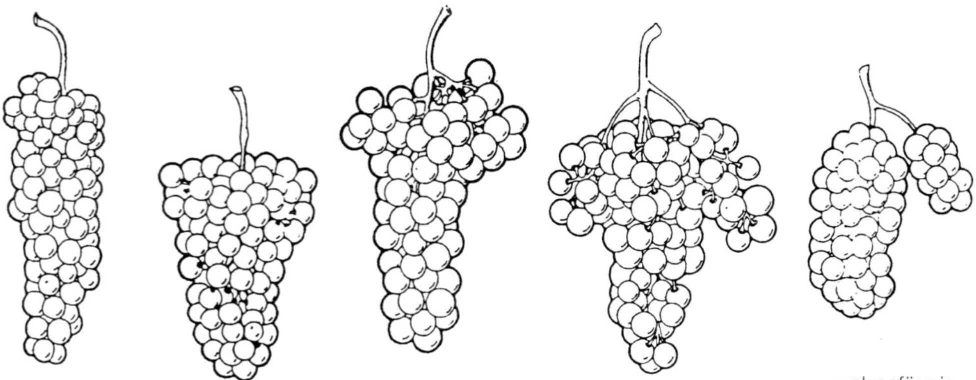

Sortenmerkmale der Traube:

Die Traube kann kurz, mittellang oder lang sein. Der Traubenstiel ist ebenfalls ein Sortenmerkmal.
Fruchtbarer Knoten: z. B. bei Welschriesling: Am Knoten des Traubenstiels entspringt eine Beitraube.

Langer Traubenstiel: Gutedel, Portugieser, Trollinger, Blauburger
Kurzer Traubenstiel: Traminer, Silvaner, Riesling, Burgunder, Neuburger

Größe der Beeren als Sortenmerkmal:
Kleinbeerig: Ruländer, Riesling, Welschriesling
Großbeerig: Gutedel, Neuburger, Trollinger, Grüner Veltliner
Sehr großbeerig: Königin der Weingärten, Kardinal, Regina, Ochsenauge

Bei der ***Traubenentwicklung*** unterscheidet man zwischen einer Bukettreife und Vollreife.
Die **Bukettreife** ist jener Reifegrad, bei dem die jeweilige Traubensorte zu einer optimalen Entwicklung ihrer Aromabestandteile kommt. Bei bestimmten Traubensorten wie Müller-Thurgau oder Grüner Veltliner wird diese Bukettreife *vor* der Vollreife, bei anderen Sorten wie Weißer Burgunder, Ruländer, Traminer wird sie *nach* der Vollreife erreicht.
Unter **Vollreife** versteht man dabei den Reifegrad, bei dem die maximale Zuckerbildung in der Beere ohne Schrumpfungsvorgänge erreicht wird, wobei gleichzeitig der Säuregrad sortenspezifisch mehr oder weniger abnimmt. **Physiologische Reife** ist der Zustand unmittelbar vor der Vollreife.

Wachstum der Rebe

Die Aufnahme von Nährstoffen und ihre Umwandlung in körpereigene Verbindungen wird als **Stoffwechsel der Rebe** bezeichnet. Durch den Stoffwechsel werden anorganische Stoffe in körpereigene Substanzen (organische Stoffe) umgebaut. Dabei werden mit Ausnahme von Kohlenstoff und teilweise auch von Sauerstoff alle Nährstoffe der Rebe in Wasser gelöst über die Wurzeln aufgenommen. Die Entwicklung der Rebe hängt somit von genügend vorhandenem Wasser- und Nährstoffangebot aus dem Boden ab. Die wichtigsten Nährstoffe für die erforderliche Ertrags- und Qualitätsausbildung der Rebe sind Stickstoff, Phosphor, Kali, Calcium, Schwefel und Magnesium. Aber auch die Spurenelemente Bor, Mangan, Zink, Kupfer, Eisen und Molybdän sind von großer Bedeutung. Jeder Nährstoff hat eine ganz spezifische Aufgabe in der Pflanze zu erfüllen. Kein Nährstoff kann einen anderen ersetzen. Alle diese Nährstoffe müssen in einem bestimmten Verhältnis zueinander vorhanden sein. Ein etwaiges Überangebot eines Elementes drängt die Aufnahme eines anderen zurück und kann zu einer Störung des normalen Stoffwechsels der Rebe führen. Der Ertrag und die Qualität der Trauben hängen somit weitgehend vom Vorhandensein aller notwendigen Nährstoffe im richtigen Verhältnis ab.
Die Phase des Wachstums setzt einen Monat vor dem Austrieb (das ist etwa Anfang bis Mitte April) mit dem **Bluten** (Tränen) der Rebe ein. Die Wurzeln beginnen ihre Aktivität zu entfalten. Es bildet sich in ihnen ein osmotischer Druck, den man an den durch den Rebschnitt verursachten Schnittwunden des Stockes durch das Austreten eines farblosen Saftes (Blutungssaft) erkennt. Das Bluten nimmt mit dem Öffnen der Knospen ab und hört bald darauf auf.
Schon bevor die Wurzeln zu wachsen beginnen, schwellen die Knospen; die Knospenschuppen öffnen sich, und der Trieb bricht hervor.
Der **Austrieb** beginnt im Laufe des Aprils, wobei man zwischen früh- und spätaustreibenden Rebsorten unterscheidet (z. B. Traminer früh, Grüner Veltliner mittelfrüh und Riesling, Müller-Thurgau spät). Die Wachstumsgeschwindigkeit der Triebe wird stark von der jeweiligen Temperatur und dem vorhandenen Bodenwasser beeinflußt, hingegen üben Sonneneinstrahlung, Luftfeuchtigkeit und Wind in dieser Wachstumsphase nur einen geringen Einfluß aus. Die Länge der Triebe variiert je nach Sorte, Unterlage, Boden, Wasser- und Nährstoffversorgung sehr stark und kann bei ungegipfelten Reben bis zu drei Meter erreichen. Die Anzahl der Blätter schwankt weniger und beträgt durchschnittlich etwa 30 Blätter pro Trieb.

Ungefähr Mitte Juli beginnt allmählich die Phase der **Beerenreife.** Mit der Akkumulation der Beereninhaltstoffe geht auch langsam das Wachstum der Triebe zurück und wird von der Rebe Mitte August gänzlich eingestellt. Die Rebe selbst tritt ab Anfang September in eine Phase der Wachstumsruhe ein, die je nach Sorte erst Anfang bis Ende November abgeschlossen ist.

Blütenausbildung

Schon während der Vegetationsperiode des Vorjahres werden bis zum Eintritt der Winterruhe in sogenannten Winterknospen (Augen) Gescheinsanlagen angelegt, die jedoch erst im folgenden Frühjahr fertig ausdifferenziert werden.
Die Blüten- und Fruchtbildung der Rebe unterliegt zwangsläufig einer Reihe von inneren und äußeren Faktoren. Die wichtigsten davon sind:
Temperatur: Warme, sonnenreiche Tage bewirken einen reichen Ansatz von Gescheinen. Die Zahl der Blütenanlagen wird etwa ab Mitte Juni durch günstige Temperaturen von 20–30° Celsius gesteigert.
Licht: Die Lichtintensität beeinflußt die Fruchtbarkeit, wobei der Blühimpuls immer vom Laubblatt ausgeht. Weniger Blätter an der Rebe senken auch die Bildung von Gescheinsanlagen.
Ernährung: Nur ein ausreichendes Nährstoffangebot gewährleistet die Ausbildung genügender Gescheinsanlagen. Dabei fördert Stickstoff in vernünftigem Ausmaß die Blattmasse, zu hohe Stickstoffgaben hingegen senken die Fruchtbarkeit, also den Traubenertrag, durch Erhöhung der Verrieselungsneigung in der Blütezeit.
Wasserhaushalt: Eine sinnvolle Bewässerung wirkt sich auf die diesjährige, aber auch auf die nächste Ernte positiv aus. Wassermangel hingegen bewirkt eine Wachstumsverminderung und eine Erschwerung der Bildung von Blütenanlagen.
Entspitzen und Gipfeln: Das Kürzen der Triebe vor der Blüte wirkt auf die Gescheinsanlagen fruchbarkeitssteigernd.
Etwa acht Wochen nach dem Austrieb fangen die Reben zu blühen an. Der Blühvorgang läuft bei einer Temperatur von über 20° Celsius schneller ab, eine Temperatur über 30° Celsius wirkt wiederum ungünstig auf das Aufblühen (zu geringe Luftfeuchtigkeit). Die Blüte dauert bei guten Witterungsverhältnissen (Temperatur und Luftfeuchtigkeit) etwa acht bis zehn Tage. Der Beerenansatz (Fruchtansatz) der Rebe ist stark sortenabhängig. Rebsorten mit hoher Blütenanzahl verrieseln meist stärker. Unter **Verrieseln** versteht man das Verkümmern und Abfallen der nicht befruchteten Blüten, was zur Folge hat, daß der Traubenertrag im Weingarten eine mehr oder weniger starke Einbuße erfährt. Ein Verrieseln tritt meistens dann ein, wenn die Temperatur während der Blütezeit zu niedrig, die Blütezeit verregnet ist oder aber die Rebsorte an und für sich zum Verrieseln neigt (z. B. Neuburger). Auch eine übermäßige Stickstoff-Düngung bei gleichzeitig zu schwachem Rebschnitt kann ein Verrieseln der Fruchtansätze fördern, ebenso wirkt Bormangel.

Photosynthese der Rebe (Assimilation)

Unter **Photosynthese** oder **Kohlensäureassimilation** versteht man jenen Vorgang, bei dem mit Hilfe des Blattgrüns (Chlorophyll) in den Blättern sowie in anderen grünen Pflanzenteilen und mit Hilfe des Wassers die Sonnenenergie in chemische Energie umgewandelt wird. Mit deren Hilfe wird dann das Kohlendioxyd der Luft (Kohlensäure) zu Zucker umgebildet, wobei gleichzeitig Sauerstoff frei wird. Dieser Zucker wird dabei größtenteils in den Trauben eingelagert. Diese Umwandlung der Kohlensäure der Luft in spezifische organische Verbindungen (Kohlenhydrate) und in Sauerstoff ist der wichtigste Synthesevorgang im Pflanzenbereich, auf den letztlich alles Leben der Erde zurückgeht.

Da die Rebe für eine optimale Photosynthese viel Sonne benötigt, wird sie mit Recht als Sonnenpflanze bezeichnet. Die Wahl der Reberziehung und des Rebschnittes soll dabei eine optimale Photosyntheseleistung ermöglichen. Auch alle Laubarbeiten im Weingarten zielen auf eine optimale Besonnung der Blätter hin.
Bei der Photosynthese ist auch der Wasserhaushalt der Rebe ein wichtiger Faktor. Längere Trockenphasen vermindern die Photosyntheseleistung und führen zu Ertrags- und Qualitätseinbußen im Weingarten. Auch eine zu geringe Luftfeuchtigkeit (die optimale Luftfeuchtigkeit liegt bei 60–70%) führt zu einer verminderten Photosyntheseleistung.
Als Anhaltspunkt für die Assimilationsleistung der Rebe sei hier vermerkt, daß ein Liter Wein, je nach Restsüße etwa 650–800 Kalorien (2.720–3.350 Joule) beinhaltet.

Atmung der Rebe

Werden bei der Photosynthese energiereiche Verbindungen aufgebaut, so werden diese unter Freisetzung von Energie im Zuge einer biologischen Oxydation zur Aufrechterhaltung der Lebenstätigkeit der Pflanze teilweise wiederum über die Atmung der Pflanze abgebaut.
Was heißt das? Während die Photosynthese nur tagsüber mit Hilfe der Sonnenenergie stattfinden kann, atmet die Rebe nachts so wie alle anderen Pflanzen auch, wobei Luftsauerstoff aufgenommen und Kohlendioxyd abgegeben wird. Bei diesem Vorgang werden Inhaltsstoffe der Traube, beispielsweise Zucker und Säure (v. a. die Äpfelsäure), »veratmet«, das heißt abgebaut. Das erklärt auch, warum warme Nächte eines heißen, sonnigen Herbstes bei den Trauben nicht nur hohe Zuckergehalte erbringen, sondern vielfach auch zu geringe Säuregehalte bescheren.
Die Temperatur hat also größten Einfluß auf die Atmungsrate der Rebe, was besondere Bedeutung in heißen Klimazonen hat. Bei über 30° Celsius steigt nämlich im Vergleich zur Photosynthese die Atmung überproportional an und kann dann sogar eine negative Stoffbilanz ergeben. In einer sogenannten gemäßigten Klimazone, wo es ein Wechselklima mit warmen Tagen und relativ kühlen Nächten gibt, verfügen die Trauben meist über beides, nämlich über genügend Zucker und Säure in zufriedenstellendem Ausmaß.

Klima, Boden und Lage

Die Güte einer Rebfläche hängt in hohem Maße von Klima, Boden und deren Wechselbeziehungen untereinander ab. Kleinklima und Boden entscheiden in den nördlichen Weinbauländern der Erde über Ertrag (Menge) und Qualität sowie über Art und Charakter der erzeugten Weine. Die Rebanlage betrifft den durch Kleinklima und Boden gegebenen Standort der Rebe. Der Winzer verbindet mit der Lagenbezeichnung neben dem Klima gleichzeitig immer eine bestimmte Vorstellung vom Boden.

Klima

Unter Klima wird die Witterung eines größeren Gebietes verstanden. Am besten gedeiht die Weinrebe in den warmen, gemäßigten Zonen der nördlichen und südlichen Hemisphäre, also in Gebieten zwischen dem 30. und 50. Breitengrad. Um den Äquator bis zu 20 Grad nördlicher und südlicher Breite findet man keinen Weinbau, weil sich zuviel Wärme auf die Rebe ungünstig auswirkt.
Die Rebe hat mit 180–240 Tagen eine relativ lange **Vegetationszeit** (Zeit zwischen Austrieb und Laubfall). Innerhalb dieser Vegetationszeit benötigt die Rebe zu ihrer otimalen Entwicklung eine ra-

sche Frühjahrsentwicklung, keine Spät- oder Frühfröste, einen frühen Blüteabschluß, einen langen, warmen und sonnenreichen Sommer, jedoch mit ausreichenden Niederschlägen, einen milden, eher trockenen Herbst und einen Winter, in dem die Temperatur nur ausnahmsweise unter –20° Celsius sinkt.
Wie man daraus ersehen kann, hängen die Vegetationszeit und damit die Ertrags- und Qualitätsleistung der Rebe sehr vom Temperaturverlauf während des Jahres ab.

Temperatur

Die für den Weinbau günstigsten Temperaturen sollen in Mitteleuropa etwa folgende Werte aufweisen: Jahresdurchschnittstemperatur 9–13° Celsius, mittlere Sommertemperatur um 20° Celsius, Temperatur während der Blütezeit (Mitte bis Ende Juni) nicht unter 15° Celsius und eine Wintertemperatur mit durchschnittlich um 0° Celsius, nicht aber unter –20° Celsius.

Kleinklima (Mikroklima)

In einer Rebanlage baut sich meistens ein eigenes, spezielles Kleinklima auf. Unter Kleinklima ist innerhalb einer Großklimazone ein durch höhere Temperatur und Luftfeuchtigkeit hervorgerufenes Klima eines eng begrenzten Gebietes zu verstehen, das durch verschiedene Faktoren, wie Bodenwärmespeicherung, Nähe eines Flusses oder Waldes, warme Südhänge des Weingartens, einen vor Winden schützenden Berg, einen engen Stand der ausgepflanzten Rebstöcke, eine bestimmte Erziehungsform der Rebanlage etc., entsteht. Dieses Kleinklima kann nun Assimilationsvorgänge der Rebe beschleunigen oder fördern und beeinflußt damit die Ertrags- und Mostgewichtsleistung der Reben. Das Kleinklima und dazu noch bestimmte Bodenverhältnisse bedingen die große und vielfältige Individualität und Spezialität der Weine unserer nördlichen Produktionszone. Ungünstiges Kleinklima, wie die Entstehung von Kälteseen, soll vermieden werden (Frostgefährdung etc.)

Sonnenschein

Für die Zuckerbildung ist die Intensität der Sonneneinstrahlung sehr wichtig. Sonnenreiche Jahre ergeben zuckerreiche Trauben mit geringer Säure, was wiederum zu Weinen mit einem höheren Alkohol- jedoch niedrigeren Säuregehalt führt (günstig für Rotweinsorten). Jahre mit geringerer Sonnenscheindauer erbringen einen geringeren Zuckergehalt sowie einen hohen Säuregehalt der Beeren und damit säurereiche, aber eher alkoholarme Weine, die sich jedoch durch besonders feine Bukettstoffe auszeichnen (günstig für Weißweinsorten). Die jährliche Sonnenscheindauer soll mindestens 1.300 Stunden betragen. Das absolute Minimum für den Weinbau liegt bei 1.100 Stunden, während optimale Ergebisse bei den Trauben bei einer Sonnenscheindauer zwischen 1.700–2.000 Stunden erreicht werden können. Allerdings sind dabei die Verteilung der Sonnenstrahlung während der Vegetationszeit und die Art der vorhandenen Hanglage (siehe Seite 36) von großer Bedeutung.

Niederschläge

Die Rebe ist eine Kulturpflanze, die mit relativ geringen Niederschlägen auskommt. Ideal wäre eine Niederschlagsmenge von 500–600 mm im Jahresdurchschnitt, wobei aber die zeitliche Verteilung entscheidend ist. Setzen Niederschläge zu spät ein, können bereits weich gewordene Beeren, insbesonders bei dünnschaligen Sorten wie beispielsweise Müller-Thurgau oder Blauer Portugieser, leicht aufplatzen. Dann tritt Most aus den Beeren, die im Weingarten bereits

auf der Beerenhaut befindliche Hefeflora bringt den Most zur Gärung, oder es entstehen durch den Luftsauerstoff größere Mengen an Essigsäure und ihren Estern. Da der austretende Most einen idealen Nährboden abgibt, kann es auch auf der Beere zur Entwicklung von Schimmelpilzen kommen. Derart ist ab diesem Zeitpunkt oft schon der Grundstein für fehlerhafte Weine gelegt.
Ein Wassermangel bei der Rebe bewirkt auch die Ausbildung notreifer Früchte, d. h. die Beeren haben wenig Saft und sind sauer. Ebenfalls mangelhaft wäre auch die Holzreife der Rebe (Winterfrostgefahr). Zu hohe Niederschläge hingegen ergeben eine extreme Pilzbefalls-Situation, ermöglichen aber das Bodenpflegesystem »Dauermulch«. Jedenfalls beeinflußt ein ausreichender Niederschlag gemeinsam mit anderen Klimafaktoren Wachstum, Fruchtbarkeit und Ertrag eines Weinstockes über die ganze Vegetationszeit.
Ein warmes Blühwetter ist die Voraussetzung für eine gute Befruchtung. Regnerisches, kühles Wetter wirkt sich während der Blüte auf den Beerenansatz negativ aus. Nach der Blüte auftretende regelmäßige Niederschläge erhöhen den Traubenertrag. Im Hochsommer bedeuten ausreichende, aber nicht zu hohe Niederschläge eine gute Assimilation. In den letzten Wochen vor der Ernte sind Wärme und intensive Sonneneinstrahlung für eine gute Traubenqualität notwendig. Hohe Niederschlagsmengen in dieser Periode erhöhen zwar den Traubenertrag (d. h. es gibt eine höhere Mostausbeute), die Zuckerkonzentration wird aber verringert. Außerdem steigt durch Niederschläge wiederum die Gefahr des Fäulnisbefalles.

Wind

Der Einfluß des Windes auf die Rebe ist sehr unterschiedlich. So kann beispielsweise im Frühjahr ein leichter Wind die Bildung der gefürchteten Nachtfröste verhindern. Während des Sommers führen starke Winde jedoch zu einem verstärkten Austrocknen des Bodens und bringen die Vegetationsvorgänge in den jungen Trieben zum Stillstand. Andererseits wird nach Niederschlägen durch das rasche Abtrocknen der Blätter das Auftreten von Pilzkrankheiten erschwert.
Gefürchtet sind im Weinbau die durch den Wind verursachten mechanischen Schäden, die sogenannten Scheuerschäden. Die Drähte bei den Drahtrahmen-Unterstützungen in den Weingärten, infolge von Witterungseinflüssen oftmals stark angerostet, wirken bei Wind wie ein Sägeblatt. Die Sommertriebe der Weinstöcke können dadurch stark geschädigt werden.
Windbruchschäden im Frühjahr können zu einer zu starken Verminderung der Triebmasse und damit zu starken Ertragsausfällen führen (v. a. bei windanfälligen Erziehungsarten und in windexponierten Lagen).
Bei Windstille kann die Temperatur im Rebbestand bis zu 10° Celsius über der allgemeinen Lufttemperatur ansteigen. Ein heftiger Wind kann dieses günstige Bestandsklima zerstören. Weiters wird die bodenbürtige Kohlensäure (CO_2), die zur Assimilation benötigt wird, nutzlos verweht.

Frost- und Kaltluftgefährdung

In wolkenlosen Nächten kühlt sich die Erdoberfläche rascher ab. Die kalte Luft in Bodennähe fließt, da sie schwerer als warme Luft ist, in die tiefsten Mulden des Geländes ab. Das ergibt die tiefsten Temperaturen in diesen Muldenlagen (vor allem bei Windstille). Wenn die Temperaturen unter 0° Celsius absinken, sprechen wir von **Strahlungsfrost.** Die Hanglagen sind in diesem Fall wegen des Abfließens der Kaltluft begünstigt. Die niederen Lagen zeigen bei Strahlungswetter große Tag-Nacht-Schwankungen der Temperatur. Frühfröste im Herbst zerstören die Blattmasse vorzeitig und vermindern die Traubenreife. Spätfröste vernichten die jungen Triebe und führen zu empfindlichen Ertragseinbußen. Auch in klaren Winternächten treten in den tiefsten Lagen bevorzugt Frostschäden auf.

Windfröste treten dann auf, wenn im Rahmen des Großwettergeschehens Kaltluftmassen polaren Ursprungs das Weinbaugebiet überfluten. Diese suchen die höheren Lagen meist am stärksten heim. Mit dem Absinken der Temperatur steigt automatisch die relative Luftfeuchtigkeit, die zur Nebelbildung führen kann.

Boden

Die Kenntnis der Bodenverhältnisse in den Weingärten, die Bodenart und sein Mineralstoffgehalt sind für die Auswahl der Rebsorte und der Unterlage ausschlaggebend. Der Boden prägt wesentlich den Charakter und die Qualität des auf ihm gewonnenen Weines.

Bodenarten

Während **Sandböden** im allgemeinen kräftige, milde Weine mit wenig Extrakt- und Bukettstoffen hervorbringen, liefern **Tonböden** (Lehm, Mergel) in warmen Lagen mit durchlässigem Untergrund vollblumige, etwas säuerliche Weine.

Urgesteinsböden fördern durch ihren Kalireichtum den besonderen Charakter gewisser Sorten und betonen vor allem die fruchtige und würzige Note. Besonders typische Weine bringen Böden auf **vulkanischem Muttergestein** hervor.

Steinböden sind gut durchlässig, bestens erwärmbar und somit Qualitätsböden. Ist der Steinanteil zu hoch und der Feinkornanteil des Bodens zu gering, kann durch zu geringe Nährstoff- und Wassernachlieferung vorzeitig Trockenstreß auftreten, was sich auf die Leistungsfähigkeit sehr nachteilig auswirkt. Weniger reich tragende Qualitätssorten (z. B. Riesling) kommen auf kleineren Erziehungsformen mit diesem kargen Standort eher zurecht. Eine ergänzende Bewässerung (Tropfbewässerung) kann als qualitäts- und ertragssichernde Maßnahme verstanden werden.

Kreideböden mit extremem Kalkgehalt sind hitzige, trockene Standorte für die Rebe. Extreme Kalkböden sind in der Champagne anzutreffen. Sorten und Unterlagen sind vorrangig auf ihre Kalkverträglichkeit auszuwählen (Burgunder-Gruppe, Neuburger, ...).

Lößböden bestehen aus kalkreichem, feinem Lockersediment mit einer optimalen Bodenstruktur. Folglich halten sich Durchlässigkeit und Wasserhaltevermögen die Waage. Im pannonischen Trockengebiet kann dieser Boden zum Trockenstandort werden, was durch seine Tiefgründigkeit und die Wahl einer tiefwurzelnden Unterlage gemildert werden kann. Diese Böden bauen organische Substanz infolge der guten Luftführung rasch ab, so daß eine entsprechende Humuszufuhr zur Erhaltung der günstigen Bodenstruktur nötig erscheint. Lößböden sind gute Standorte für viele Sorten, u. a. Grüner Veltliner, Neuburger, Weißer Burgunder, Chardonnay, Müller-Thurgau, Ruländer und für viele Rotweinsorten.

Sandböden sind durch ein leichtes, nährstoffarmes Ausgangsmaterial charakterisiert, was eine geringe Wasserhaltefähigkeit bewirkt. Die Bearbeitung ist darauf abzustimmen, daß wenig Wasserverlust eintritt. Die Düngung hat, da das Nährstoff-Festhaltevermögen (Sorbtionsvermögen) gering ist, öfters und in kleineren Gaben zu erfolgen. Vorrangig werden Sorten, die Trockenheit vertragen (Frühroter Veltliner, Neuburger, Muskat-Ottonel, Bouvier, Welschriesling), gepflanzt. Sandböden sind qualitätsfördernd und kommen meist kleinflächig vor. Enthalten Sandböden über 65% Quarzsandanteil (ungarische Tiefebene), sind sie reblausimmun.

Tonböden enthalten einen sehr hohen Anteil an Quellkörpern. Dieser führt zu einer langsamen Erwärmung und damit zu einem verzögerten Rebaustrieb, was die Vegetationszeit verkürzt und vielfach Probleme bei der Reife mit sich bringt. Tonböden sind schwer bearbeitbar, sie sind gleich zu naß bzw. zu trocken für eine Bodenpflege (Stunden- bzw. Minutenböden). Sie sind sehr fruchtbar, was ihnen den Namen »Rübenböden« eingebracht hat, und sind Quantitätsböden. Wein-

baulich sind sie Problemböden, wo nur wenige Sorten (ev. Roter Traminer, Roter Veltiner) bei entsprechender Bodenpflege gedeihen.
Lehmböden: Unter Lehm wird ein Gemisch aus Sand und Ton verstanden. Diese Mischung wirkt auf die Bodeneigenschaften vorteilhaft und ist als Standort für viele mitteleuropäische Rebsorten gut geeignet.
Zwischen diesen Bodenarten gibt es alle Übergänge, was natürlich eine theoretische Sortenempfehlung sehr erschwert. Es obliegt dem Winzer, jene Sorten und Unterlagen auszuwählen, die auf seinem Standort und Boden ein optimales Gedeihen erwarten lassen.
Die Rebe verträgt keinen nassen, extrem sauren oder versalzten Boden. Die wichtigsten Eigenschaften des Bodens, die das Gedeihen der Rebe in verschiedener Weise beeinflussen, sind die Zusammensetzung der Korngrößen, Lagerungsdichte, Tiefgründigkeit, Bodenfarbe, Kalkgehalt, Humusgehalt, Nährstoffgehalt und Bodenreaktion.

Bodenpflege

Da der Boden als Standort für die Versorgung der Rebe mit Wasser und Nährstoffen maßgebend ist, sind für den Winzer die Bodenbearbeitung und damit die Regulierung des Wasserhaushaltes im Boden sowie die Düngung ein wichtiger Teil seiner Weingartenarbeit.
Aufgabe der Bodenpflege ist neben der Erhaltung der Bodenfruchtbarkeit die Schaffung günstiger Bedingungen für die Kulturpflanze Rebe, die Bodenlebewesen und die Nährstoff-Mobilisierung. Jede Bodenbearbeitung stellt einen erheblichen Eingriff in den natürlichen Ablauf aller biologischen, chemischen und physikalischen Vorgänge im Boden dar.
Unter Bodenpflege wurde früher vor allem die mechanische Bearbeitung mit dem Pflug, dem Grubber oder der Fräse verstanden. Heute wird dem ökologischen Aspekt durch die Erhaltung bzw. Erhöhung der Bodenfruchtbarkeit großes Augenmerk geschenkt. Hierzu zählen neben einer gewissen notwendigen mechanischen Bearbeitung die Abdeckung mit organischen Materialien (Stroh, Rindenabfälle u. a.) sowie der Anbau geeigneter Begrünungspflanzen. Weiters zählen zur Bodenpflege die Düngung mit organischen und mineralischen Düngern sowie der gezielte Einsatz von Herbiziden (Unkrautbekämpfung).
Unter einem **»offenen Boden«** als einem der Bodenpflegesysteme versteht man das ständige Freihalten des Weingartenbodens von Gräsern und Kräutern während des ganzen Jahres. Dabei wird die Bodenkruste durch oberflächliche Lockerung (Pflügen, Grubbern, Kultivieren, Fräsen) ständig neu aufgebrochen und das Unkraut vernichtet, wobei eine oberflächliche Lockerung des Bodens (5–10 cm) etwa drei- bis fünfmal jährlich und eine tiefe Lockerung (10–20 cm) einmal im Herbst durchgeführt wird. Dieses Pflegesystem »offener Boden« war bei der niederen Erziehung der Reben eine Notwendigkeit. Bei der Hochkultur kann aber das ständige Offenhalten des Bodens nicht als ein erstrebenswertes Pflegesystem bezeichnet werden. Ein Offenhalten oder ein sogenannter sauberer Boden soll nur kurzfristig bei bestimmten Gegebenheiten, wie beispielsweise Trockenheit, Bodenverdichtungen u. ä., angewendet werden.
Hochkulturen werden der mechanischen Bearbeitbarkeit wegen mit großen Reihenabständen gepflanzt. Dies bedingt große, unbedeckte, den atmosphärischen Umwelteinflüssen ausgesetzte Bodenflächen. Die früher verbreitete Stockkultur war eng gepflanzt und bedeckte bzw. beschattete damit die Bodenoberfläche fast total. Große, unbedeckte Bodenflächen (Fahrgassen) sind am Hang viel mehr der Erosion ausgesetzt. Die mit Maschinen öftere Bearbeitung führt durch vermehrte Bodenlüftung zu verstärktem Humusabbau im Boden. Humus ist neben Ton der zweite Sorbtionsträger im Boden, der v. a. für die Wasser- und Nährstoffhaltefähigkeit des Bodens und dessen Nachliefervermögen verantwortlich ist. In den kleinbäuerlichen Gemischtbetrieben mit Viehhaltung konnte früher viel Stallmist in die Rebanlagen gebracht werden. Damit war das Humusproblem gelöst. Der spezialisierte Weinbaubetrieb hat keine Viehhaltung und muß daher eine

Humusersatzquelle (z. B. Gründüngung, Dauermulch, Aufbringen von Stroh, Rinde oder sonstigen organischen Massen) nützen. Dieser Humus wird langsam mineralisiert, setzt also Nährstoffe für die Rebe frei, bietet weiters die Nahrungsgrundlage für die Mikroorganismen des Bodens, die ihn abbauen, und ist letztlich für den Aufbau der Garestruktur des Bodens unentbehrlich. Im Zuge dieses Humusabbaues wird auch Kohlensäure (CO_2) freigesetzt; bodenbürstiges CO_2 ist wiederum jene chemische Verbindung, die für die Kohlensäure-Assimilation unbedingt notwendig ist. Durch den Einbau von Pflanzen in die Fahrgassen oder Bodenabdeckung wird der Boden beschattet. Dies ist für das Bodenmikroleben günstig, da eine bestimmte Temperatur, Bodenfeuchtigkeit und Dunkelheit die Vermehrung von z. B. Pilzen, Algen und Bakterien fördert, die wiederum für den Lebendverbau des Bodens verantwortlich sind. Ein garer Boden (lebendverbauter Boden) ist besser in der Lage, den Wasser-Lufthaushalt und das Nachliefervermögen des Bodens an die Kulturpflanze zu regulieren. Ein biologisch toter Boden sackt in sich zusammen und kann infolge Luftarmut, schlechter Wasserführung und Nachliefervermögen kein normales Rebwachstum ermöglichen.
Meist vor dem Winter wird der Boden mit Hilfe organischer Materialien, oft mit Stroh oder auch mit Rindenabfällen, abgedeckt. Diese Bodenabdeckung bezeichnet man als **Strohdecke** oder **Strohmulch** bzw. als **Rindenmulch.** Nach ein bis drei Jahren wird dann die Mulchschicht oberflächlich in den Boden eingearbeitet und neuerlich ergänzt. Eine solche Strohdecke hat neben der Verbesserung der Bodenstruktur und des Humusgehaltes im Weingarten noch den Vorteil, daß sie einen ausgezeichneten Wasser-Erosionsschutz im Weingarten bietet und außerdem ein Austrocknen des Bodens verhindert und dadurch vor Trockenschäden im Sommer und Herbst schützt.
Von einer **Gründüngung** spricht man, wenn zwischen den Rebstockreihen Gründüngungspflanzen, wie Erbse, Wicke, Peluschke, Sonnenblume, Raps, Mais, Winterroggen u. a., eingesät werden bzw. eine geschlossene, natürliche Verunkrautung erfolgt. Diese Grünpflanzen werden dabei entweder in jeder Rebzeile oder aber nur in jeder zweiten Reihe angebaut. Während der Vegetationsperiode der Rebe wird das Gras mehrmals gemäht und zur Verrottung im Weingarten einfach liegengelassen. Dieses Abschneiden des Grases bezeichnet man als **mulchen.**
Das Bodenpflegesystem mit dem Einbau von Gründüngungspflanzen wird dort gewählt, wo die alljährliche Sommertrockenheit, die Bodenart bzw. die Tiefgründigkeit des Bodens einen ganzjährigen Dauermulch mit Gras oder Kleegrasmischung nicht zulassen.
Eine Gründüngung wird im Herbst oder Frühjahr gebaut, steht bis zum späteren Frühjahr und wird vor der Sommertrockenperiode, wo sie mit der Rebe in Wasserkonkurrenz treten würde, kurz gemulcht oder flach eingearbeitet. Somit kann die Zeit verringerten Wasserbedarfes der Rebe für die Humusproduktion am Standort genutzt werden.
Die **Herbst-Winter-Gründüngung** oder auch die **Frühjahrs-Gründüngung** ist charakterisiert durch einen Wechsel von Offenhalten des Bodens und der Einsaat von kurzlebigen, raschwüchsigen und stark grünmassebildenden Pflanzen.
Der **Dauermulch** ist das ökologisch günstigste Bodenpflegesystem. In niederschlagsreichen Weinbaugebieten konnte sich dieses Bodenpflegesystem schon in der Praxis durchsetzen. In den niederschlagsärmeren Weinbaugebieten ist der Grasmulch nur mit entsprechender Anpassung an den Standort möglich. Auf steinreichen und wenig tiefgründigen Weingartenböden ist diese Vorgangsweise nicht möglich. Hier können nur kurzfristig Gründüngungspflanzen angebaut oder der Boden mit Stroh abgedeckt werden. Das Begrünen der Weingärten dient aber nicht nur zur Düngung, sondern wird auch gerne dort angewendet, wo man gleichzeitig eine Abschwemmung des Bodens verhindern will, was meistens bei Hanglagen der Fall ist.

Boden- und Lageansprüche

Die Boden- und Lageansprüche einiger wichtiger Rebsorten sind am Beispiel Österreich dargestellt:

	Lage		
	früh	mittel	spät
Bodenart	(Südhang, Südost- und Südwesthang)	(Ost-, Westhang, geschützte Ebene)	(Nordhang, ungeschützte Ebene)
Leicht	*(Sand-Schotterboden)* Riesling Weißer Burgunder Welschriesling Grüner Veltliner Blauer Burgunder Merlot Cabernet Sauvignon	Grüner Veltliner Weißer Burgunder Neuburger Goldburger Blaue Zweigeltrebe Blauer Portugieser Blauer Burgunder Blauburger	Bouvier Frühroter Veltliner Müller-Thurgau
Mittel	*(Löß, Lehm)* Grüner Veltliner Weißer Burgunder Goldburger Welschriesling Traminer Rotgipfler Chardonnay Blauer Wildbacher Blauer Burgunder Blaufränkisch Merlot Cabernet Sauvignon	Grüner Veltliner Neuburger Goldburger Weißer Burgunder Ruländer Muskat-Ottonel Chardonnay Blaufränkisch Blauer Portugieser St. Laurent Blauburger Blaue Zweigeltrebe	Müller-Thurgau Frühroter Veltliner
Schwer	*(tonige Böden)* Traminer Roter Veltliner Blaue Zweigeltrebe Blauer Wildbacher	Neuburger Blauburger Blauer Portugieser	

Bei der Beurteilung der Bodenart sind auch die Tiefgründigkeit des durchwurzelbaren Bodens und die Wasserversorgung zu berücksichtigen.

Lage

Die Lageverhältnisse eines Weingartens bestimmen maßgeblich die Wahl der Rebsorte, die zu wählende Erziehungsform und das Bodenpflegesystem. Auch der Krankheits- und Schädlingsbefall ist lageabhängig. Schließlich werden Bewirtschaftungsaufwand, Menge und Qualität des Ertrages sowie die allgemeine Wirtschaftlichkeit des Weinbaues nicht unwesentlich von der Form, Steilheit und Güte der Lage bestimmt.

Höhenlage

Mit zunehmender Höhenlage wird das Klima rauher und die Vegetationszeit kürzer. Hohe Weinbergslagen erwärmen sich bei Tag weniger, kühlen jedoch in windstillen Nächten auch weniger ab. Die Tag-Nacht-Schwankung der Temperatur und damit die Gefährdung durch Fröste ist geringer. Höhere Lagen sind aber stärker windbelastet. Eine langsamere Erwärmung und mehr Wind erwirken einen späteren Austrieb und auch eine spätere Blüte. Die Vegetationszeit für die Beerenentwicklung wird dadurch verkürzt. Der nachteilige Einfluß von höheren Lagen tritt vor allem in sonnenarmen, schlechten Weinjahren hervor. Zwar wäre die Sonnenintensität in Höhenlagen geringfügig größer, das kann aber die sonstige Benachteiligung nicht kompensieren. Ein Vorteil ist zweifellos die Nebelarmut solcher Höhenlagen, so daß ein Reiferückstand vielleicht im Herbst teilweise wieder aufgeholt werden kann.

Neigung

Der Neigungswinkel eines Hanges beeinflußt nicht nur die arbeitstechnischen Gegebenheiten eines Weingartens, sondern auch die Besonnung und Beschattung der Reben. Der Auftreff-Winkel der Sonnenbestrahlung wird durch Hangrichtung und Hangneigung bestimmt.
Südhänge empfangen in unseren Breiten die größte Menge an direkter Sonnenbestrahlung und damit an Sonnenwärme. Ein um 25–30 Winkelgrade geneigter Südhang empfängt fast doppelt soviel Strahlungswärme wie ein entsprechend steiler Nordhang. Der Vegetationsbeginn setzt 10–14 Tage früher als in anderen Lagen ein. Verständlicherweise wirkt sich dies auf den Reifebeginn und damit auf die Qualität der Trauben sehr positiv aus.
Osthänge leiden insbesondere nach kalten Frühjahrsnächten wesentlich unter der schnellen Erwärmung am frühen Morgen, was Frostschäden zur Folge haben kann.
Westhänge haben eine ähnliche Wärmeeinstrahlung wie Osthänge. Sie erwärmen sich morgens langsamer, leiden aber weniger unter Frostschäden.
Nordhänge zeichnen sich durch langsame und geringe Erwärmung aus. Sie haben aber nur in den südlichen Weinerzeugungsländern eine gewisse Bedeutung. In den mitteleuropäischen Gebieten sind sie weinbaulich im allgemeinen ungeeignet.
Ebenen sind, wenn sie nicht frostgefährdet sind, eventuell für frühreife Sorten verwendbar.
Tiefe Lagen (z. B. Senken) sind nicht nur frost-, sondern auch fäulnisgefährdet.
Am besten für den Weinbau eignen sich infolge ihrer Sonneneinstrahlung und Bodenerwärmung **Süd-, Südost-** und **Südwestlagen.**

Neuanlage eines Weingartens

In unseren Breitengraden werden Weingärten vorrangig zur Gewinnung von Keltertrauben gepflanzt. Unter gewissen Umständen kann aber auch die Erzeugung von Tafeltrauben eine interessante Produktionsalternative sein.

Die Rebe ist dem Rhythmus allen Lebens unterworfen. Auf eine Jugendphase folgt die Periode höchster Leistungsfähigkeit, die mit zunehmendem Alter abnimmt. Wurzelechte Stockkulturen (nicht veredelte Reben) findet man heute immer seltener. Sie wurden oft 60 Jahre und älter. Die heute allgemein in Mitteleuropa angewandten Hochleistungs-Erziehungsarten haben im allgemeinen eine Lebenserwartung von 20–30 Jahren. Dann beginnen das Wachstum und die Erträge nachzulassen und werden unregelmäßig. Der Weingarten beginnt langsam abzusterben. Eine Rodung wird unerläßlich. Die Pfähle, Stecken und Drähte werden entfernt und die alten Rebstöcke mit Pflügen ausgeackert oder mit der Hand ausgehackt. Damit sich der Boden erholen kann, wird der Weingarten mehrere Jahre stillgelegt. Man läßt ihn entweder brach liegen, oder aber, was weitaus häufiger geschieht, er wird einige Jahre mit Gründüngungspflanzen (Klee, Sonnenblumen, Mais) bebaut. Erst dann werden wieder neue Rebsetzlinge ausgesetzt.

Von der **Sorten- und Unterlagenwahl** hängt im bedeutenden Umfang der Erfolg der neuen Anlage ab. Da die Voraussetzung für die rentable Qualitätsweinerzeugung im Weingarten geschaffen werden muß, sind Lagen zu wählen, die wenig pilz- und krankheitsgefährdet sind und eine alljährlich gute Ausreifung ermöglichen. Die Unterlagenwahl wird primär vom Boden entschieden, bei der Sortenwahl entscheiden neben Standort und Klima auch die Vermarktungsmöglichkeiten.

Bei Auswahl eines neuen Grundstückes für einen Weingarten, aber auch bei einer Wiederbestockung eines schon bisher genutzten Weingartens sind Bodenproben zu entnehmen, um den Boden auf seinen Nährstoffgehalt zu untersuchen. Aufgrund des Untersuchungsergebnisses wird im umweltbewußten Weinbau die Nährstoffergänzung bemessen. Der Boden soll nicht zuviel, sondern harmonisch aufgedüngt werden, bevor er tief gepflügt (rigolt) wird. Diese tiefe Bodenbearbeitung erfolgt mit speziellen Rigolpflügen oder mit modernen Untergrundlockerern. Es soll damit eine gute Wurzelgängigkeit des Bodens erreicht werden. Weiters wird der Boden durchlüftet, Verdichtungen werden aufgebrochen, die Wasserspeicherung wird verbessert, und Nährstoffe werden in den zukünftigen Hauptwurzelraum eingemischt. Meist wird im Herbst rigolt, damit der Boden auffrieren kann. Im folgenden Frühjahr, sobald der Boden abgetrocknet ist, kann mit dem Auszeilen und Ausstecken der zukünftigen Rebanlage begonnen werden.

Beim **Auszeilen** wird die Reihenrichtung sowie der Reihen- und Stockabstand festgelegt, beim **Ausstecken** werden mit den Weinstecken die Pflanzstellen der Rebe markiert. Bei der Anlage der ersten Zeile an der Grenze zum Nachbarn ist der gesetzliche Grenzabstand, der in den verschiedenen Weinbauländern und -regionen unterschiedlich ist, einzuhalten.

Am Hang laufen die Reihen der Rebstöcke, wenn es die Grundstücksform zuläßt, meist in der Falllinie, bei Terrassen quer zum Hang. Vom Standpunkt der Besonnung ist die Nord-Süd-Zeilung am günstigsten.

Der Reihen- und Stockabstand ergibt sich aus dem Bewirtschaftungssystem, der Wüchsigkeit und der Erziehungsart der Anlage. Gegenseitige Beschattung und Verdichtung der Stöcke muß verhindert werden. Entsprechende Vorgewende (Plätze zum Wenden der Traktoren) von fünf bis sechs Metern Breite sollen ein klagloses Umkehren mit Maschinen ermöglichen.

Die **Pflanzung** der Reben erfolgt meist im Frühjahr. Sie kann mit dem Spaten erfolgen, wobei der Setzling so tief gepflanzt wird, daß die Veredlungsstelle über dem Erdniveau zu liegen kommt. Da diese Spatenpflanzung sehr viel Zeit beansprucht, wird vielfach das Pflanzloch mittels Wasserlanze ausgeschwemmt oder mit vollautomatischen Pflanzmaschinen gearbeitet. Werden bei der Spatenpflanzung je Stunde 60–80 Reben gesetzt (hängt vom Bodenzustand ab), so sind es bei der Wasserlanze 300–400 und bei der Pflanzmaschine 800–1.200 Pflanzen. Da die Pflanzmaschine einen Pflanzgraben zieht, lockert sie den Boden recht gut und führt daher zu einem guten Anwachsen der Reben. Das Ziel in der Junganlage ist es, möglichst rasch einen ertragsfähigen Stock zu erziehen. Bei intensiver Pflege (entsprechendem Wildschutz, Pflanzenschutz etc.) ist ein Stock in der Regel im dritten Jahr aufgebaut. Drei Jahre müssen also vergehen, bis ein junger Rebstock die ersten Trauben hervorbringt, und erst nach etwa fünf Jahren trägt er voll.

Vermehrung der Rebe

Bei der Rebvermehrung unterscheiden wir grundsätzlich zwischen zwei Arten: die **generative** (geschlechtliche) und die **vegetative** (ungeschlechtliche) Vermehrung.
Für die praktische Rebvermehrung hat sich die vegetative Vermehrung durchgesetzt, weil sie rasch ein pflanzfähiges Material erbringt, die Erbmasse der Rebe unverändert weitergibt und die Ertragsfähigkeit auf schnellstmöglichem Weg erreichen läßt.
Was heißt überhaupt **vegetative Vermehrung?** Bei dieser Form der Vermehrung entstehen durch die Bewurzelung und Triebbildung eines Pflanzenteiles neue Pflanzen. Das erfolgt über Ableger, Stecklinge oder Veredlung.
Ableger sind grüne oder verholzte Triebe, die mit der Mutterpflanze in Verbindung stehen. Sie werden in den Boden zu deren Bewurzelung gelegt und nach der Bewurzelung abgetrennt (z. B. Topfreben).
Stecklinge sind einjährige abgetrennte Rebstücke mit ein oder mehreren Augen, die zur Bewurzelung in den Boden gesteckt werden.
Veredlung: Durch das Zusammenwachsen von Edelreis und Unterlage entstehen die Pfropfreben oder Veredlungen.
Bei den Weinreben hat sich von den verschiedenen Möglichkeiten der vegetativen Vermehrung die Veredlung als besonders brauchbar erwiesen, weil seit dem Einschleppen der Reblaus alle Rebanlagen auf amerikanische Unterlagsreben gepfropft werden müssen. Auf diese Art und Weise ist eine biologische Bekämpfung der Reblaus gelungen.
Um der Wichtigkeit der Rebveredlung und der Gesundheit des Pflanzgutes Nachdruck zu verleihen, wurden im Laufe der Zeit in den wichtigsten europäischen Weinerzeugerländern Rebenverkehrsgesetze erlassen, die den Verkauf von allen Arten von Pflanzmaterial regeln. So unterscheidet die Europäische Union (EU) zwischen »empfohlenen« und »zugelassenen« Rebsorten, Österreich zwischen »zugelassenen« und »nicht zugelassenen« Qualitätsrebsorten, und die Schweiz erlaubt gesetzlich den »Anbau traditioneller einheimischer oder ausländischer Rebsorten, die schon lange dort angebaut werden«.
Die Veredlung erfolgt in der Zeit von Jahresbeginn bis spätestens Ende März. Dabei wird auf ein etwa 30 cm langes Stück amerikanischer Unterlagsrebe ein wenige Zentimeter langes Stück Europäerrebe (Edelreis) mit einem Edelauge darauf veredelt.
Unter dem Begriff **amerikanische Unterlagsrebe** (= Schnittrebe) versteht man alle in Amerika beheimateten Wildreben sowie deren Kreuzungsnachkommen. Ihre Bedeutung liegt in der Resistenz gegenüber der Reblaus und verschiedenen Pilzkrankheiten.
Die **Veredlung** selbst erfolgt heute nur noch selten von Hand, sondern meistens mit Hilfe von Maschinen (maschinelles Pfropfen). Dabei werden Unterlagsreben mit einem europäischen Edelreis

mittels Schnittwerkzeugen ineinander gestanzt. In letzter Zeit hat die Veredlungsmaschine mit dem Omegaschnitt die früher häufig verwendete Lamellenveredlung abgelöst. Die verbreitetste Handveredlungsmethode war die »englische Kopulation mit Gegenzunge«. Durch die Gegenzunge war von vornherein eine gewisse mechanische Haltbarkeit des Edelreises während der weiteren Manipulation gewährleistet. Der Jupiterschnitt entstand aus einem Versuch, die »englische Kopulation« maschinell auszuführen.

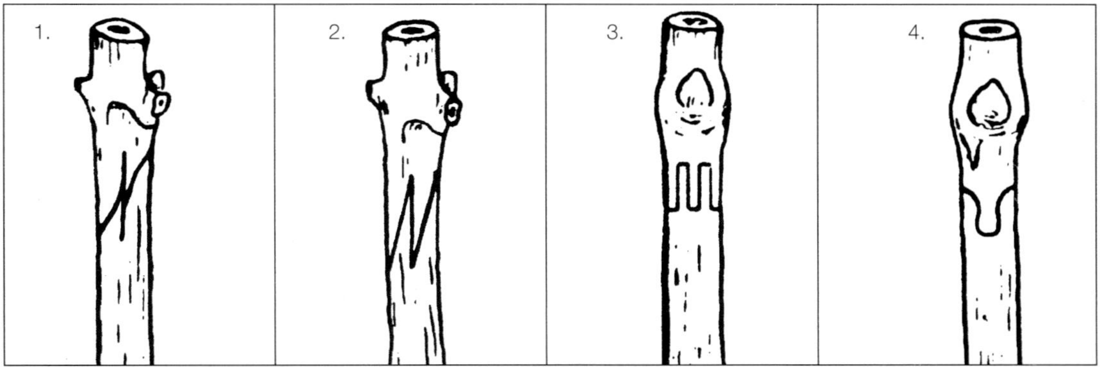

Verschiedene Veredlungsverfahren der Tischveredlung (Vogt 1977)

1. englische Kopulation mit Gegenzunge
2. Jupiterschnitt
3. Lamellenveredlung
4. Omegaschnitt

Die Pfröpflinge werden in mit Torf oder Sägespänen gefüllte Kisten gepackt und kommen dann für etwa drei Wochen in das sogenannte Vortreibhaus. Unter Treibhausklima verwachsen nun Unterlage und Edelreis miteinander. Alle Wunden werden mit Kallusgewebe verschlossen. Gleichzeitig entsteht ein kurzer Trieb. Etwa Mitte Mai, wenn die Nachtfrostgefahr vorbei ist, werden die noch sehr empfindlichen Pfropfreben im »Freiland« in der Rebschule eingeschult. Darunter wird ein dichtes Nebeneinanderpflanzen der Veredlungen in ein besonders sorgfältig vorbereitetes Pflanzbeet verstanden. Bis zum Herbst soll das weiche Wundgewebe erstarken und ein gut ausgebildeter Trieb sowie am Unterlagenfuß ein optimaler Wurzelkranz entstehen.

Im Herbst dieses Rebschuljahres werden die jungen Pfröpflinge ausgeackert und sortiert. Im Zuge dieser Sortierung werden alle schlecht verwachsenen, nicht brauchbaren Setzlinge ausgeschieden und verworfen. Nur die gut entwickelten, hochwertigen Reben werden gebündelt und bei gleichbleibender Temperatur

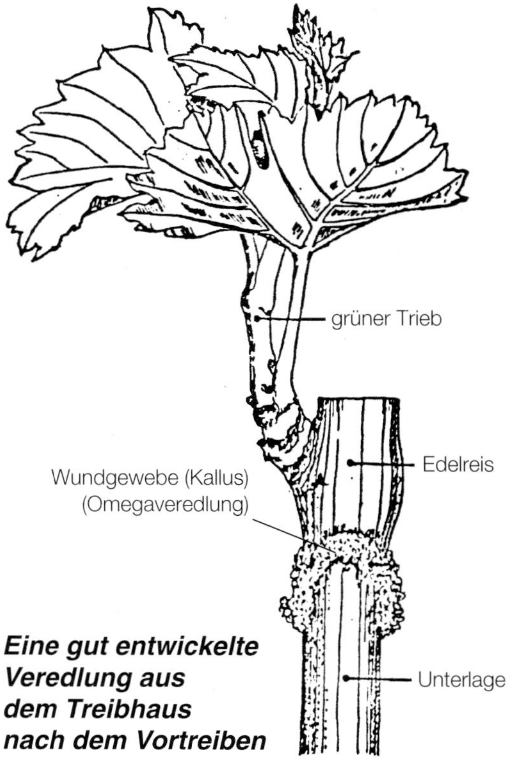

Eine gut entwickelte Veredlung aus dem Treibhaus nach dem Vortreiben

und Luftfeuchtigkeit zur Überwinterung eingelagert. Im nächsten Frühjahr werden die Setzlinge an die Winzer geliefert oder in den eigenen Weingärten ausgepflanzt.

Rebschnitt

Die Rebe zählt botanisch zu den Lianengewächsen, die sich als Wildreben an Bäumen, dem Licht entgegenwachsend, hochranken. Dabei bilden sich jedes Jahr viele neue Triebe, die sich in ihrer Entwicklung gegenseitig behindern. Solch wild treibende Rebstöcke bringen nur geringe Erträge und kleine, saure Trauben. Zur Erzielung wirtschaftlicher, hochqualitativer Ernten muß die Rebe über den Schnitt und die Erziehungsform in eine Kulturform gebracht werden, die auch arbeitstechnisch gute Möglichkeiten bietet. Es lassen sich viele Rebstöcke nebeneinander pflanzen, wobei eine hohe Triebzahl und eine große Blattfläche zu höherer Qualitätsleistung führt. Die Anordnung der Triebe in einem Drahtrahmen erleichtert die Schädlingsbekämpfung. Die notwendigen Pflegemaßnahmen lassen sich schematisieren und mechanisieren. Gleichzeitig ist für ein optimales Verhältnis zwischen dem Wachstum der Triebe und der Anzahl der Augen (Knospen) sowie für ein vernünftiges Verhältnis zwischen Ertragsmenge und Qualität der Trauben zu sorgen.
Jeder Rebschnitt bedeutet einen schweren Eingriff in das Leben der Pflanze. Nur gesundes, gut ausgereiftes Rebholz darf angeschnitten werden. Eigentlich sollte der Rebschnitt erst nach der Hauptfrostperiode erfolgen. Aus arbeitswirtschaftlichen Überlegungen wird heute mit dem Rebschnitt vielfach bereits anfangs Jänner begonnen.
Da die Fruchtbarkeit der Augen (Knospen) der Rebe auch sortenspezifisch ist, muß auch der Rebschnitt sortenbezogen durchgeführt werden. Aufgrund jahrhundertelanger Erfahrung und wissenschaftlicher Versuche wird ein Rebstock je nach Sorte auf etwa fünf bis zwölf Augen pro Quadratmeter Standfläche zurückgeschnitten. Grundsätzlich ist dabei zwischen Schnittlänge und Schnittstärke zu unterscheiden. Eine bestimmte Anzahl von Augen eines Rebstockes kann entweder auf wenige lange Ruten (einjährige Triebe) oder aber auf viele kurze Zapfen geschnitten werden. Wenn viele Augen an einem Rebstock (z. B. zehn bis zwölf Knospen/m^2) angeschnitten werden, sprechen wir von einer hohen Schnittstärke, umgekehrt bei wenigen Augen (z. B. nur vier bis sechs) von einer geringen Schnittstärke.

Schnittlänge und Schnittstärke erläutert am Beispiel eines Hochkulturstockes mit Kordonerziehung

Starker Anschnitt bedeutet, daß viele Augen am Stock belassen werden, schwacher Anschnitt das Gegenteil. Diese Augenzahl kann auf wenige lange Strecker bzw. Ruten oder auf viele Zapfen (zwei bis vier Augen) verteilt werden.
Die Schnittstärke wird in der Praxis in anzuschneidenden Augen je m^2 Boden(Stand)fläche angegeben; z. B. Reihenabstand: 3,00 m, Stockabstand in der Reihe: 1 m, das ergibt 3 m^2/Stock.
Grüner Veltliner wird etwa auf fünf Augen je Quadratmeter angeschnitten, d. h. je Stock sind ca. fünfzehn Augen anzuschneiden. Die Aufteilung kann erfolgen auf zwei Fruchtruten mit je fünf und sechs Augen plus zwei Ersatzzapfen mit je zwei Augen. Die Fruchtruten sollen im Folgejahr Ertrag bringen, die kurzen Ersatzzapfen Schnittreben für den nächstfolgenden Anschnitt ausbilden. Die weniger reich tragenden Rebsorten Roter Traminer oder Ruländer sind stark anzuschneiden (zehn bis zwölf Augen/m^2 Standfläche).
In unserem Beispiel (Pflanzenverband 3,00 x 1,00 m) sind je Rebstock 30–36 Augen anzuschneiden. Beispiel: drei Ruten mit je neun bis zehn Augen plus drei Ersatzzapfen mit je zwei Augen ergibt 30–36 Augen/Stock.
Aufgrund der praktischen Erfahrungen können die Rebsorten nach ihrem Anschnittbedarf eingeteilt werden. Der qualitätsbewußte Winzer wird gewöhnlich die niedere Augenzahl schneiden:

Lang und stark geschnitten werden:	Augen/ m^2
Traminer	10–12
Ruländer	10–12
Blaufränkisch	8–10
Cabernet Sauvignon	10–12
Cabernet Franc	8–10
Bouvier	10–12
Rheinriesling	10–12
Muskat-Ottonel	10–12
Frühroter Veltiner	8–10
Muskat-Sylvaner	10

Mittellang und mittelstark geschnitten werden:	Augen/ m^2
Weißer Burgunder	7–9
Chardonnay	7–9
Neuburger	7–9
Welschriesling	5–7
Jubiläumsrebe	10
St. Laurent	7–9
Blauer Burgunder	7–9
Weißer Gutedel	7–9
Goldburger	7
Bouvier	7–9
Gelber Muskateller	7–9
Furmint (mittellang u. schwach)	7

Kurz und schwach geschnitten werden:	Augen/ m^2
Grüner Veltliner	5–7
Roter Veltliner	5–7
Müller-Thurgau	5–7
Zierfandler	5–7
Rotgipfler	5–7
Scheurebe (S 88)	5–7
Blauer Portugieser	5–7
Zweigelt (Rotburger)	7
Blauburger	5–7
Merlot	5–7

Diese Empfehlungen stellen Richtwerte für österreichische Verhältnisse dar und sind jährlich der Wüchsigkeit des Stockes anzupassen, d. h. nach einem extremen Trockenjahr mit geringem Holzzuwachs muß eventuell schwächer (weniger Augen/Stock) angeschnitten werden.

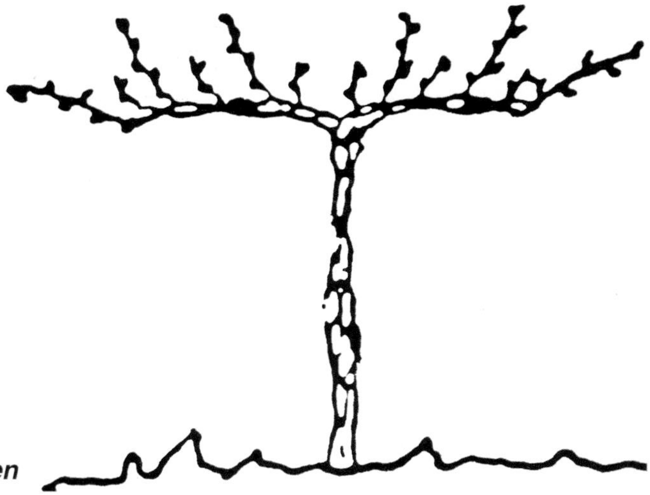

Schnittlänge und -stärke:

Beispiel:
42 Augen kurz und stark geschnitten

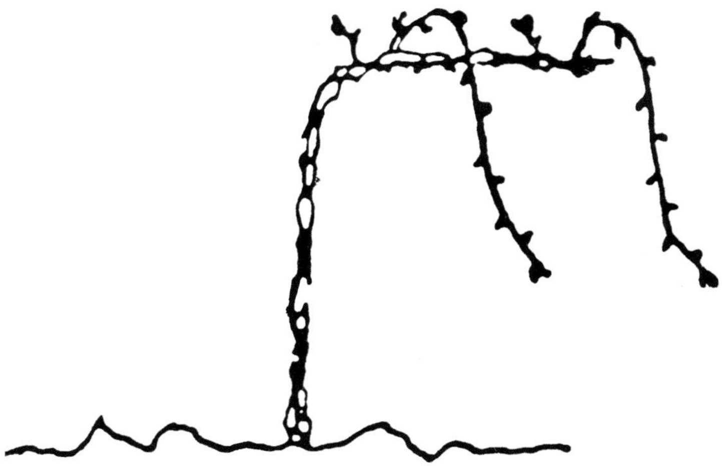

Beispiel:
24 Augen lang und schwach angeschnitten

Weiters wird zwischen Erziehungs- und Ertragsschnitt differenziert. Beim **Erziehungsschnitt** wird der Rebstock zu einer bestimmten Erziehungsart geformt. Das dauert in der Regel drei Jahre. Anschließend erfolgt der **Ertragsschnitt,** wobei die erforderliche Menge an Frucht- und Ersatzholz in guter und gleichmäßiger Verteilung anzuschneiden ist. Das Fruchtholz soll einen entsprechenden Traubenertrag bringen, das Ersatzholz einige gut ausgereifte Triebe für den nächstjährigen Rebschnitt.
Da zum Zeitpunkt des Schnittes die Wuchsstärke und die Zahl der austreibenden Augen noch nicht bekannt ist, muß der Schnitt über Laubarbeit dahingehend korrigiert werden, daß eine lockere Laubwand aufgebaut werden kann. Die wenigen verbleibenden Triebe werden sich besser entwickeln, leistungsfähiger sein und eine gute Holzreife erlangen.

Beeinflussung der Triebentwicklung bei Traubensorten mit engen Internodien (Traminer);

links: zu eng stehende Triebe
rechts: Triebe ausgebrochen

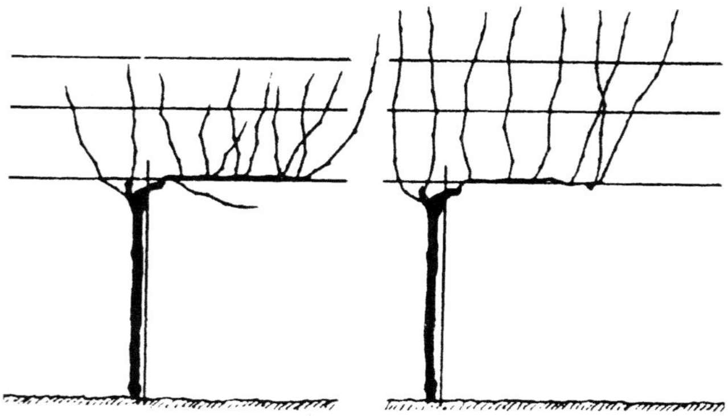

Beim praktischen Rebschnitt ergeben sich drei Möglichkeiten:

Wuchsgleichgewicht

Alle angeschnittenen Augen haben normale Trieblänge mit guter Holzreife (Trieblänge von zirka 150 cm und zwölf Blätter über der Traubenzone). Der Stock liefert ausreichend Ertrag und Qualität und kann genügend Reserve-Stoffe einlagern.

Der Rebstock wird wie im Vorjahr angeschnitten!

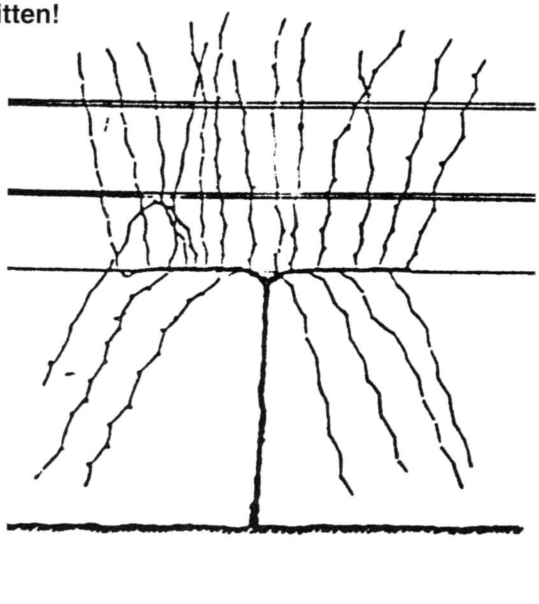

Beispiel:
- ***angeschnitten: 20 Augen/Stock***
- ***Triebe gekommen: 18–20 normal entwickelt***
- ***anzuschneiden auf 20 Augen***

Schwacher Wuchs

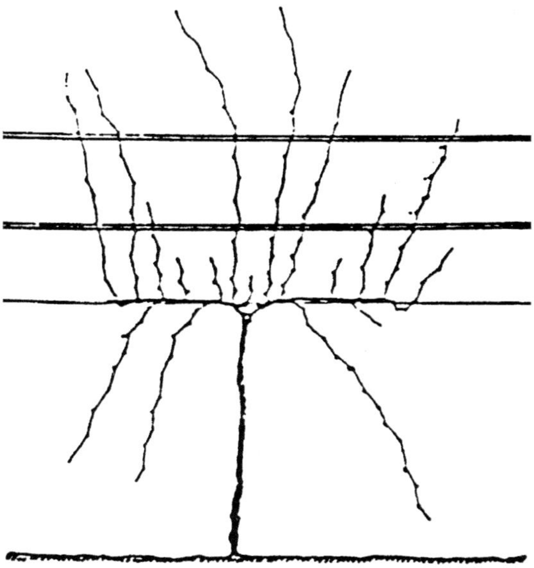

Neben einigen schönen Trieben bestehen viele Kümmertriebe, deren Trauben nicht ausreichend von den triebeigenen Blättern ernährt werden können. Bei zu geringer Reservestoffeinlagerung nimmt die Leistungsfähigkeit des Rebstockes ab.

Der Rebstock wird kurz und schwächer angeschnitten.

Kurzer und schwacher Schnitt muß aber nicht immer zu einer Stärkung des einzelnen Stockes führen, da ein kräftiger Nachbarstock die geschwächte Situation durch ein kräftiges Trieb- und Wurzelwachstum nutzt.

Beispiel:
- ***angeschnitten: 20 Augen***
- ***Triebe gekommen: 9 normal, sonst schwach oder nicht durchgetrieben***
- ***anzuschneiden auf 9–10 Augen***

Starker Wuchs

Neben kräftigen Trieben aus den meisten angeschnittenen Augen bringen auch Nebenaugen oder »schlafende Augen« schöne Triebe. Die darauf befindlichen Trauben können gut mit triebeigenen Blättern ernährt werden (nur bei entsprechender Triebverteilung). Gute Reservestoffeinlagerung und das Wurzelwachstum werden gefördert. Die Leistungsfähigkeit des Rebstockes nimmt zu (Menge und Qualität).

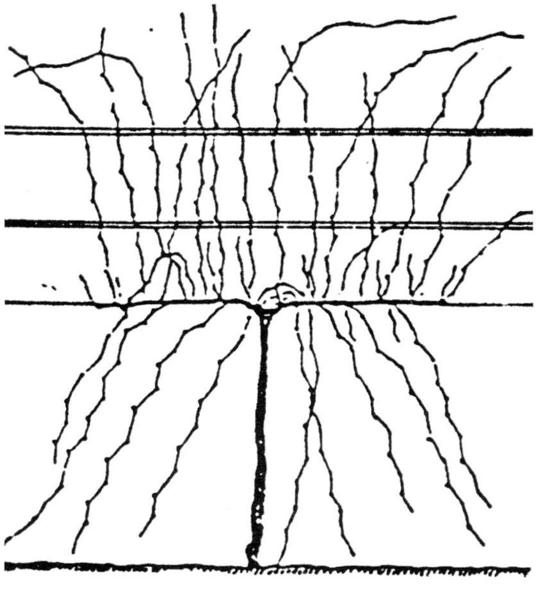

Der Rebstock kann stärker und länger angeschnitten werden!

Beispiel:
- ***angeschnitten auf 20 Augen***
- ***Triebe gekommen: 22 normal bis kräftig (Austrieb von Beiaugen oder schlafenden Augen)***
- ***anzuschneiden auf 22–24 Augen***

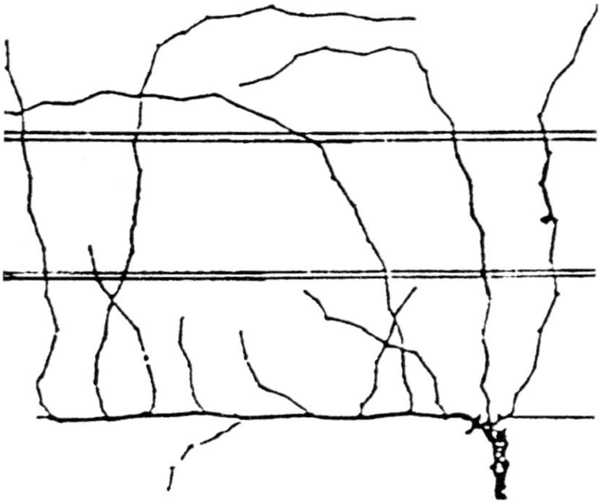

In der Mitte von zu langen Streckern entstehen oft Wuchsdepressionen

Der Rebschnitt an »mittelhohen Erziehungsarten« und »hohen Erziehungsarten« hat nicht nur den individuellen Stock zu berücksichtigen, sondern auch den Wuchszustand der Nachbarstöcke.

Bei dicht zusammenstehenden, langen Streckern (»Hochkultur mit Zweistreckerschnitt«) muß der starke Stock länger und der schwache Stock kürzer geschnitten werden. Durch den längeren Schnitt wird die Wüchsigkeit dieses Stockes etwas gebremst, der kürzere Anschnitt des schwach entwickelten Stockes führt zum stärkeren Wachstum im Folgejahr.

Wird ein Rebstock kurz (und schwächer) angeschnitten, so entwickeln sich weniger und kleinere Gescheinsanlagen, dafür bilden sich aber kräftigere Triebe aus.

Bei längerem Rebschnitt besitzen die höher gestellten Augen eine bessere Fruchtbarkeit, wodurch ein schwächerer Triebwuchs verursacht wird. Ein langer (starker) Rebschnitt bedeutet immer einen Mengenschnitt. Bei übermäßig langem Schnitt wird der Rebstock überfordert, bringt wenig Qualität und eine schlechte Holzreife, aber auch die Gefahr hoher Frostschäden im folgenden Winter. Lang und stark geschnittene Rebstöcke zeigen in Trockenjahren vermehrt Trockenschäden und erbringen damit wiederum eine schlechtere Qualität der Trauben.

Grundsätzlich muß der Rebschnitt individuell auf den Wachstumszustand des Rebstockes abgestimmt werden. Stöcke mit schwachem Wuchs sind auf wenige Augen, also schwach anzuschneiden. Rebstöcke mit kräftigem Wuchs (lange, starke Reben ausbildend) und starkem Holz vertragen auch einen stärkeren Rebschnitt. Ganz allgemein liegt die günstigste Anzahl angeschnittener Augen je m^2 Standraum bei Qualitätssorten mit großen Trauben und hoher Fruchtbarkeit (z. B. Grüner Veltliner, Welschriesling, Müller-Thurgau, Zierfandler, Rotgipfler, Blauer Portugieser, Zweigelt, Blauburger, Merlot u. a.) zwischen fünf und sieben Augen, bei kleintraubigen und wenig fruchtbaren Sorten (z. B. Traminer, Ruländer, Cabernet Sauvignon, Muskat-Ottonel u. a.) sind bis zu zwölf Augen anzuschneiden. Ein Rebstock zeigt selbst an, ob er richtig geschnitten wurde.

Reberziehung und Schnittsysteme

Die Erziehung der Rebe dient der Formung des Stockes zur Erreichung einer harmonischen Saftverteilung mit dem Ziel, die Ausbildung von Fruchtholz und Trauben zu fördern sowie die notwendigen Pflegearbeiten zu erleichtern. Die Erziehungsart der Rebe wird durch die Form des alten Rebholzes bestimmt. Sie wird durch die Klimaverhältnisse, die Triebkraft der Rebsorte und den Grad der Mechanisierung des Weinbaubetriebes beeinflußt.

Reberziehung

Die Erziehungsformen werden nach der Höhe des Stammes, der Entfernung der Stockreihen, der Art des Fruchtholzes und der Art des Unterstützungsgerüstes eingeteilt.

EINTEILUNG NACH DER STAMMHÖHE UND REIHENENTFERNUNG

Erziehungsart	Stammhöhe (cm)	Pflanzenentfernung (Gassenbreite x Pflanzenabstand je m²)	Standfläche (m² je Stock)	Bepflanzungsdichte (Rebstöcke je ha)
niedere Erziehungsarten	10–30	(1,3–1,6) x 1	1,30–1,60	7.700–6.600
mittelhohe Erziehungsarten	40–80	(1,8–2,5) x (1,2–1,5)	2,10–3,80	4.700–2.600
hohe Erziehungsarten	über 80	(3,0–3,5) x (0,9 –1,5)	2,70–5,30	3.700–1.900

Infolge des allgemeinen Zwanges zur Leistungssteigerung der Arbeitskräfte bei gleichzeitig immer größer werdendem Arbeitskräftemangel wurde der Weinbau immer stärker mechanisiert und damit die Systeme hoher und weiter Erziehungsformen gefördert. In Deutschland und in der Schweiz hat sich dabei die Normalerziehung (eine mittelhohe Erziehungsart) und in Österreich die Hochkultur sowie die mittelhohe Erziehung durchgesetzt. Die früher übliche Stock- oder Pfahlkultur ist wegen des hohen Aufwandes an Handarbeit praktisch gänzlich verschwunden. Diese Wandlung bei den Erziehungsformen führte zu einer Änderung von Gassenbreite, Stammhöhe, Laubwandhöhe und Fruchtholzform. In Deutschland sind dabei Gassenbreiten (Zeilenabstände) von 1,80–2,20 m, in der Schweiz von 1,60–1,80 m und in Österreich von 2,60–3,00 m üblich, was mit der Verwendung von Schmalspurschleppern bzw. Normalspurtraktoren zusammenhängt.

Niedere Erziehung

Das einjährige Rebholz wird in Bodennähe angeschnitten. Als Unterstützung dient ein Drahtrahmengerüst oder Pfähle. Die niedere Erziehung hat durch die enge Pflanzenweite und den hohen Handarbeitsaufwand stark an Bedeutung verloren. Zu diesen niederen Erziehungsformen zählt die **Kopf-, Bock-** und **Schenkelerziehung,** in Deutschland beispielsweise die **Rheingauer** und **Pfälzer Erziehung.**

Mittelhohe Erziehung

Bei dieser Erziehungsform wächst der Stamm des Rebstockes mit Hilfe einer geeigneten Unterstützungform (Drahtrahmen) bis zu einer Höhe von 40–80 Zentimeter, um sich dann in ein oder zwei Kordone zu verästeln. Als **Kordon** wird die waagrecht verlaufende Stammverlängerung des alten Holzes (Ast) beim Rebstock bezeichnet. In der Regel liegen die Reihen der Rebstöcke (Zeilenabstand) etwa 1,20–2,50 Meter auseinander, und die Stöcke werden in einem Abstand von 1,20–1,50 Metern ausgepflanzt. Auf einem Hektar werden etwa 2.600, mitunter bis über 6.000 Rebstöcke gepflanzt.
Die mittelhohe Erziehung ermöglicht eine recht gute Verteilung der Laubfläche. Sie kann auf wuchsschwachen Weingartenflächen den Standort besser als die Hochkultur nützen. Im Vergleich zur Hochkultur ist bei dieser Erziehungsform aber ein höherer Arbeitsaufwand gegeben.

Sie ist im atlantischen Klimaraum sowie in Deutschland und in letzter Zeit auch in der Schweiz stark verbreitet. In Österreich liegt der Flächenanteil mit mittelhoher Erziehung bei etwa zehn Prozent.
Ein Hauptvertreter der mittelhohen Erziehungsform in Österreich ist die **Klosterneuburger Stämmchenerziehung,** die im Prinzip der **deutschen Normalerziehung** entspricht.
Ähnlich ist auch die mittelhohe **Halbbogen-** und **Pendelbogenerziehung.** Bei der **Bogenerziehung** wird eine lang angeschnittene Rute bogenförmig formiert und befestigt.

Hohe Erziehung (Hochkultur, Weitraumerziehung)

Diese hat sich im österreichischen Weinbau durchgesetzt. Bei der hohen Erziehungsform wird die Rebe gleichfalls mit Hilfe einer Drahtrahmen- oder Gerüstunterstützung bis zu einer Stammhöhe von über 80 Zentimetern (meist 1,20–1,30 Meter) hochgezogen, dann verzweigt sie sich fast immer in zweiarmige Kordone. Die Reihen (Zeilen) der Rebstöcke liegen in der Praxis meist 2,80–3,00 Meter auseinander, während die Rebstöcke in einem Abstand von 0,90–1,20 Metern ausgepflanzt werden. Das einjährige Holz wird je nach Rebsorte, Wachstumszustand und Pflanzentfernung verschieden angeschnitten, angebunden oder frei stehen gelassen. Daraus ergeben sich verschiedene Schnittsysteme.
Die Hochkultur bringt viele Vorteile, aber auch einige Nachteile. Als **Vorteile** sind anzusehen: Der erweiterte Standraum schafft die Möglichkeit zur Mechanisierung der Weingartenarbeit mit Normalspurtraktoren, wodurch der Aufwand an Handarbeit wesentlich gesenkt werden kann. Die unbedingte notwendige händische Bearbeitung des Rebstockes durch den Winzer kann aufrecht stehend erfolgen. Auch die Anlagekosten sind geringer, weil weniger Pflanzen pro Hektar ausgepflanzt werden. Die Reben sind weniger pilzanfällig, weil der ganze Rebstock besser durchlüftet ist; auch ist er weniger anfällig gegen Winter- und Frühjahrsfröste u. ä. m.
Als **Nachteile** sind anzuführen: Die Hochkultur verleitet zur Massenproduktion von Trauben und damit zur Qualitätsminderung, weshalb eine Traubenregulierung besonders bei den gut tragenden Rebsorten notwendig ist. Weiters können zu schwachwüchsige Anlagen die Rebfläche nicht optimal ausnützen. Schwachwüchsige Anlagen haben zu wenig Triebwuchs und sind daher nicht in der Lage, den großen Standraum, der ihnen durch die weiten Stockabstände zugedacht wurde, voll auszunutzen. Die Laubwand ist zu locker, hat zu schwache, wenig leistungsfähige Triebe. Durch die Wahl einer stärkerwüchsigen Unterlage oder durch Bodenverbesserung über Düngung und Bewässerung kann die Wüchsigkeit etwas verstärkt werden.
Es gibt eine ganze Reihe von Hochkulturformen. Kurz erwähnt sollen aber nur einige aktuelle Erziehungsformen werden:

Hochkulturen mit mehreren Drahtpaaren

Kordonerziehung (Lenz Moser-Erziehung)
Ein- oder zweiarmige Kordonerziehung mit kurzen Streckern und Zapfen oder Ruten und Zapfenschnitt.

Hochkultur mit Bogenschnitt (Steirischer Bogenschnitt, abgeänderte Sylvoz-Erziehung)
Ein- oder zweiarmige Kordonerziehung mit zwei bis drei langen (ca. 70 cm) Fruchthölzern mit bis zu zehn Augen (Knospen), die in senkrechter Richtung nach unten gebogen und befestigt werden. Durch diese bessere Aufteilung der traubentragenden Triebe werden die Peronospora (Falscher Mehltau – Pilzerkrankung) und die Fäulnisgefährdung besonders in niederschlagsreichen Gebieten vermindert.

Hochkultur mit Zweistreckerschnitt
Ist für Sorten, die auf langes Fruchtholz zu schneiden sind, gut geeignet. Es gibt keine Verdichtung der Laubwand. Um einen optimalen Laubwandaufbau zu erreichen, muß eventuell in der Reihe enger gepflanzt werden.

Hochkulturen mit einem Unterstützungsdraht

(Eindrahterziehung, Umkehrerziehung, Freiwachsende Erziehung, Vertikoerziehung)

Der Kordondraht wird in 1,40–1,60 Meter Höhe geführt. Der Schnittzeitaufwand ist kleiner, da die Triebe frei zu Boden fallen, auch die Spätfrost- und Wildschadengefahr ist geringer. Hingegen ist die Laub- und Lesearbeit erschwert, der Säuregehalt der Trauben ist höher, die Zuckerwerte sind geringer.

Lyraerziehung

Nicht unerwähnt bleiben soll die Lyraerziehung, die vom Weingut Bründlmayer in Langenlois erstmals in Österreich neu eingeführt wurde.
Sie entspricht einer niederen bis mittelhohen Erziehung, bei der die Triebe so geteilt werden, daß zwei vertikale Laubwände mit einem Hohlbereich in der Mitte entstehen. Der Querschnitt der Form erinnert an eine Lyra (Saiteninstrument der alten Griechen).
Die Lyraerziehung ist eine sehr spezielle Art einer Hochqualitätserziehung. Die Errichtungskosten sind beachtlich: Gegenüber der normalen Hochkultur ist der doppelte Aufwand an Unterstützungsmaterial notwendig (Pfähle und Drähte). Auch die laufenden Arbeitskosten sind höher: Zwei- bis dreimal jährlich muß der Winzer durch den Weingarten gehen, um die beiden Laubwände, die ansonsten in der Mitte zusammenwachsen würden, zu entflechten und den freien Luftraum in der Mitte des Stockes wiederherzustellen. Aber die Vorteile sind ebenso beachtlich:

- eine Verdoppelung der belichteten Blattoberfläche und dadurch eine wesentlich bessere Ausnützung der Sonnenenergie;
- die Laubwand bleibt locker und licht- und luftdurchflutet; dadurch wird die Rebe weniger anfällig gegenüber Pilzerkrankungen, der Winzer kann beim Pflanzenschutz wieder etwas einsparen.

Lyraerziehung auf dem Rebenberg Heiligenstein bei Zöbing am Kamp, Niederösterreich

In einer Versuchsanlage des Instituts für Weinbau der Universität Bordeaux wurden die bekanntesten Erziehungsarten der Welt nebeneinander angelegt. Über drei Jahre erreichte die Lyraerziehung von allen Systemen die höchste Qualität, trotzdem konnte sie sich international noch nicht durchsetzen. Eines der Hauptprobleme, die eine größere Verbreitung verhindern, ist die Schwierigkeit beim Einsatz von Maschinen, denn alle Trauben müssen mit der Hand geerntet werden.

Schnittsysteme

Das Schnittsystem ergibt sich aus dem Schnitt und der Anordnung bzw. Verteilung des alten und einjährigen Holzes am Rebstock.

Kordonschnitt

Bei diesem Rebschnitt befindet sich das Frucht- und Ersatzholz (einjähriges Holz) auf einem oder zwei Kordonen (waagrecht verlaufende Stammverlängerung des alten Holzes = Ast bzw. Arm des Rebstockes). Beim Kordonschnitt kann das Frucht- und Ersatzholz gut verteilt angeschnitten werden.

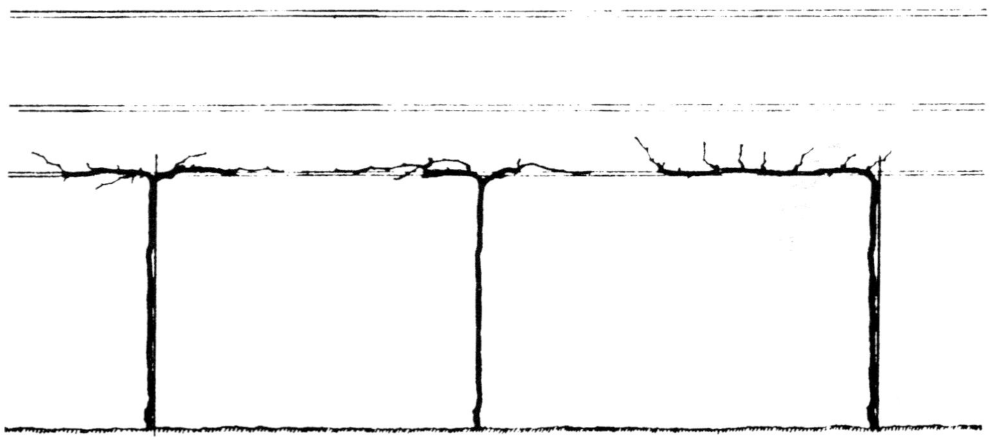

Links: zweiarmiger Kordon mit kurzen Streckern
Mitte: kurzer zweiarmiger Kordon mit mittellangen Streckern
Rechts: einarmiger Kordon mit kurzen Streckern oder Zapfen

Steirischer Bogenschnitt

In niederschlagsreichen Gebieten hat sich der Langbogenschnitt (Steirischer Bogenschnitt) bewährt, wo das Fruchtholz auf langen Ruten geschnitten und vertikal nach unten auf einen Hilfsbiegedraht formiert wird. Der Rebstock entwickelt sich dadurch lockerer.

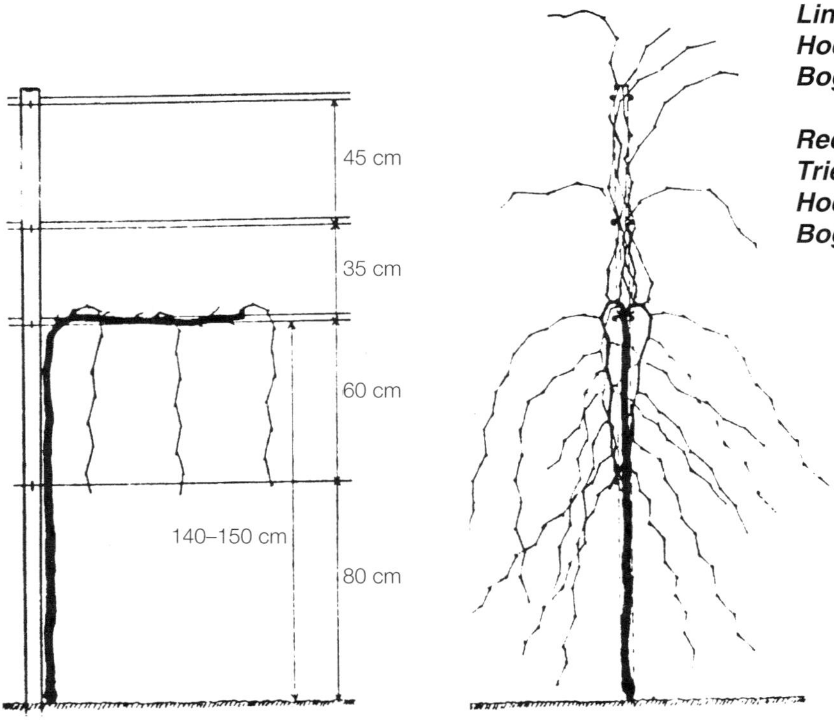

Links:
Hochkultur mit Bogenschnitt

Rechts:
Triebverteilung einer Hochkultur mit Bogenschnitt

Hochkultur mit Zweistreckerschnitt

Auf einer Stammhöhe von 1,2–1,3 Metern werden jährlich zwei lange Ruten (einjähriges Fruchtholz) mit den dazugehörigen Ersatzzapfen angeschnitten. Dadurch bildet sich mit dem Älterwerden des Stockes eine kopfartige Verdickung. Die beiden Fruchtruten können waagrecht oder schräg nach unten formiert werden.

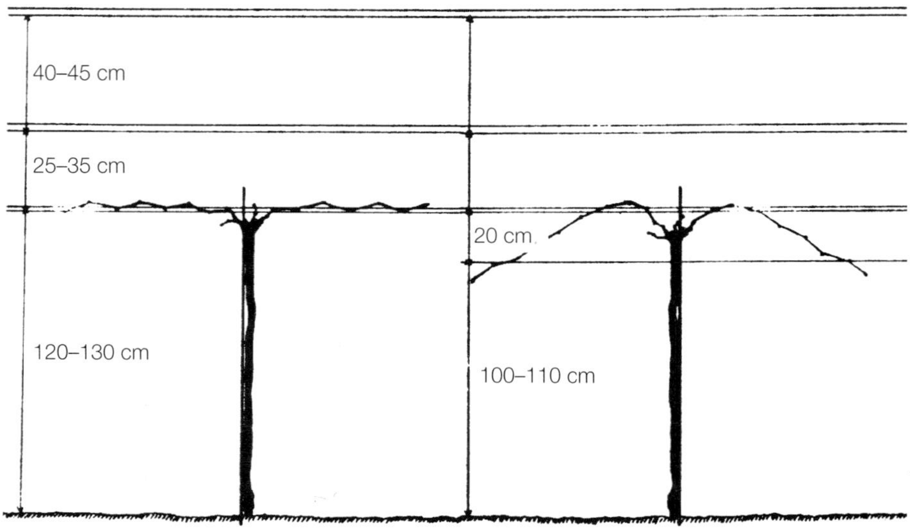

Links:
Hochkultur mit Zweistreckerschnitt

Rechts:
Hochkultur mit Zweistreckerschnitt – Strecker nach unten formiert

Schnitt der Eindrahterziehung

Je nach Typ wird am Kordon (Ast) kurzes odes langes Fruchtholz gut verteilt angeschnitten, wobei keine Ersatzzapfen notwendig sind. Auf einem horizontalen oder hängenden Kordon wird kurzes oder langes Fruchtholz angeschnitten.

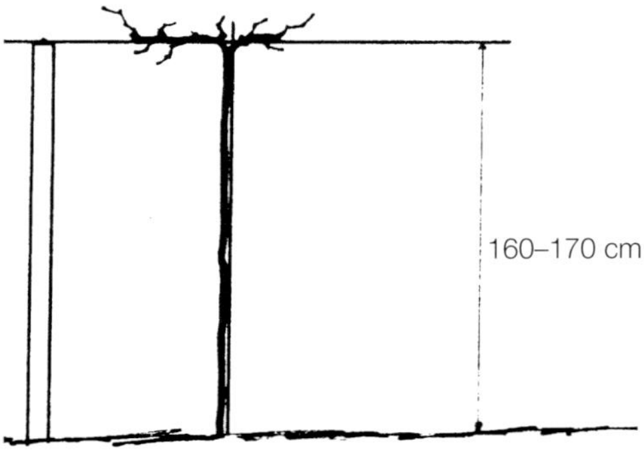

Eindrahterziehung mit kurzem Zapfenschnitt

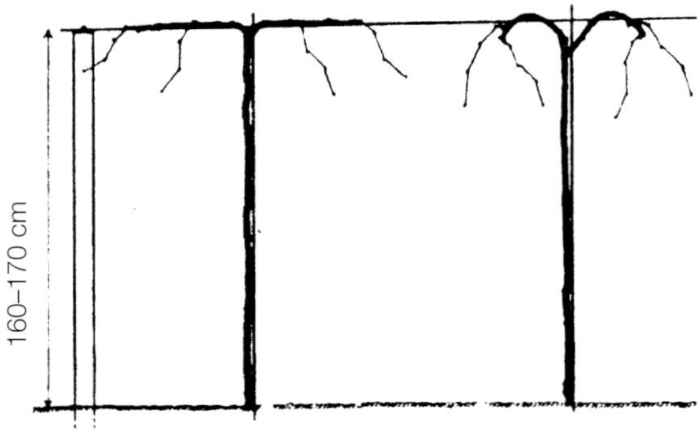

Eindrahterziehung mit langem Streckerschnitt auf einem waagrechten (links) und auf einem hängenden Kordon (rechts)

Schnitt der mittelhohen Erziehung

Zweckmäßig bei diesem Rebschnitt ist ein Einbogenschnitt, der jährlich wechselt (Wechselstreckerschnitt). Jährlich werden dabei ein Tragholz und ein zweiäugiger Ersatzzapfen angeschnitten.
Beim Erziehungsschnitt ist der Stammaufbau prinzipiell gleich wie bei der Hochkultur und unterscheidet sich nur in der Stammhöhe.

Erziehungsschnitt der Klosterneuburger Stämmchenerziehung:

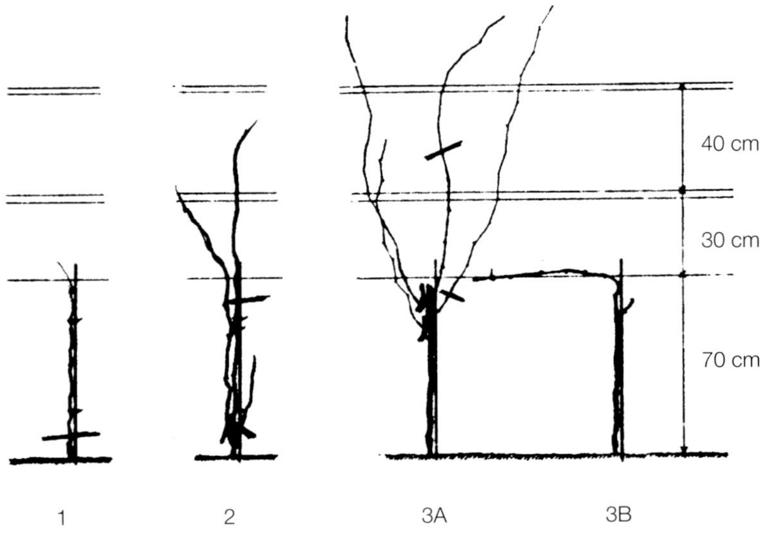

Erster Winterschnitt: Anschnitt auf ein gut sichbares Auge.

Zweiter Winterschnitt: Die bestentwickelte Rebe wird auf Stammhöhe bzw., wenn diese nicht erreicht wird, mindestens auf Bleistiftstärke angeschnitten. Alle übrigen Triebe werden entfernt.

Dritter Winterschnitt: Eine gut entwickelte Rebe wird als Strecker und dazu ein Ersatzzapfen angeschnitten. Alle übrigen Reben werden weggeschnitten.

Geschnittener und formierter Stock vor dem Austrieb. Im Folgejahr kann bei Bedarf ein zweiter Strecker (beidseitig ein Strecker) mit Ersatzzapfen geschnitten werden.

Ähnlich im Schnitt, aber etwas abweichend formiert und unterstützt sind die mittelhohe Halbbogen- bzw. die mittelhohe Pendelbogenerziehung.

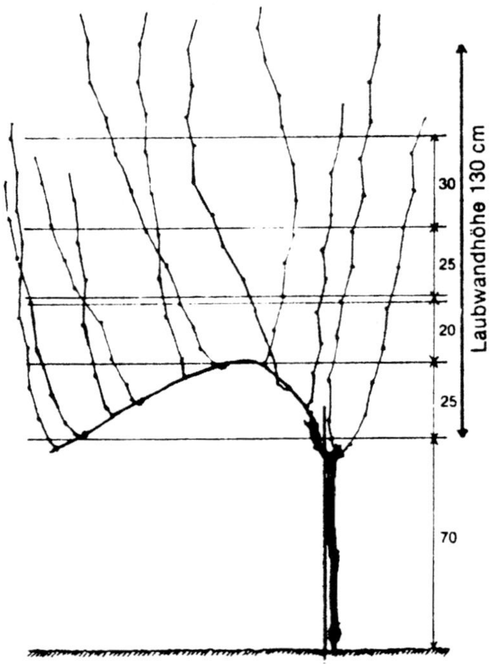

Halbbogenerziehung

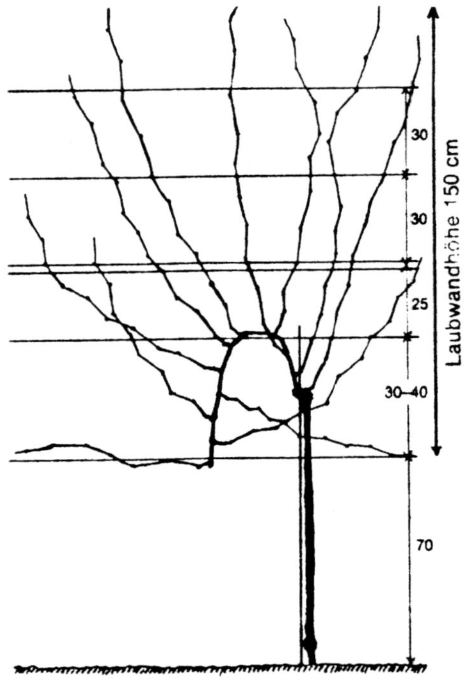

Pendelbogenerziehung

Bei dieser mittelhohen Erziehungsart sind zwei Biegedrähte vorhanden. Der Halb- oder Pendelbogen wird über den Hilfsbiegedraht nach unten gebogen (formiert) und festgebunden. Je nach Sorte und Wüchsigkeit werden ein oder zwei Bögen angeschnitten. Durch die Bogenformierung sind je Laufmeter Drahtrahmen mehr Augen unterzubringen. Ein Kreuzen der Bögen mit dem nächsten Stock ist wegen Verdichtungsgefahr der grünen Triebe zu vermeiden.

Schädlingsbekämpfung – Integrierter Pflanzenschutz

Weingärten sind Ökosysteme. Der Lebensraum mit all seinen Umweltbedingungen und die Lebensgemeinschaft aller dort vorkommenden Organismen bilden ein Ökosystem. Die Vielfalt an Lebewesen hängt sehr stark von der Bewirtschaftung ab. Wechselwirkungen zwischen nützlichen, indifferenten und schädlichen Organismen treten auf. Durch die Bearbeitungs- und Pflegemaßnahmen (Bodenpflege, Düngung, Laubarbeit, Pflanzenschutz...) wird auf die Lebensgemeinschaft eingewirkt. Ziel der Pflegemaßnahmen muß die Erhaltung einer hohen Artenvielfalt sein, um die natürlichen Regulationsmechanismen nützen zu können und trotzdem eine ausreichende wirtschaftliche Produktion zu sichern.
Alle Bewirtschaftungsmaßnahmen haben mehr oder minder auf das Krankheits- und Schädlingsauftreten Einfluß. Besonders durch Pflanzenschutzmaßnahmen wird direkt steuernd auf die Verbreitung dieser Krankheiten und Schädlinge eingewirkt, da natürliche Regulationsmechanismen oft zu wenig schnell oder ungenügend wirksam wären.
Beim »integrierten« Pflanzenschutz werden die Maßnahmen so gesetzt, daß eine qualitativ und quantitativ ausreichende Ernte gesichert wird, ohne dabei eine nachhaltige Schädigung der Umwelt (Biozönose) zu bewirken. Es werden vorerst alle natürlichen Regulationsmechanismen genützt. Erst dann, wenn diese nicht mehr ausreichen, wird gezielter Pflanzenschutz mit möglichst umweltschonenden Mitteln betrieben.
Beim integrierten Pflanzenschutz ist die Widerstandskraft der Rebe gegen Krankheiten und Schädlinge durch z. B. richtige Ernährung, Laubarbeit usw. zu stärken. Natürliche Gegenspieler (Nützlinge) von Schadorganismen sind zu schonen. Raubmilben (Nützling) können z. B. die Ausbreitung der Kräuselmilbe hemmen, Bazillus-Präparate können die Raupen des Traubenwicklers parasitieren und damit zum Absterben bringen, Entwicklungshemmer verhindern eine Weiterentwicklung von Insektenlarven zum Vollinsekt. Um die Entwicklung von Nützlingen zu fördern, muß im Weingarten und an den angrenzenden Rainen und Böschungen eine Pflanzenvielfalt aufgebaut werden (Gründüngung, Verunkrauten der Fahrgassen), um eine Nahrungsvielfalt für Nützlinge anzubieten.
Die Rebe wird durch verschiedene Krankheiten (Pilzkrankheiten) und Schädlinge (tierische Schädlinge) in ihrer Entwicklung beeinträchtigt bzw. geschädigt. Die wichtigsten Krankheiten und ihre heutige moderne Bekämpfung sind dabei:

Pilzkrankheiten

Peronospora (Falscher Mehltau)

Die Peronospora ist eine gefährliche Pilzkrankheit der Rebe, die alle grünen Teile des Rebstockes befallen kann. Die Blätter vertrocknen, und der Pilzbefall führt schließlich zu einem völligen Laubverlust am Stock. Gleichzeitig verursacht der Pilz die Bildung sogenannter Lederbeeren (eingeschrumpfte, kleine Beeren). Die Schäden treten besonders in feuchten Jahren auf.
Die Bekämpfung dieser Pilzkrankheit erfolgte früher fast ausschließlich mit der berühmten »Bordelaiser Brühe« (Kupfervitriol-Kalkbrühe) oder mit anderen Produkten auf Kupferbasis. Heute werden gegen diese Pilzkrankheiten weitgehend weniger aggressive organische Fungizide (Stoffe, die bereits in niedriger Konzentration Pilze abtöten) eingesetzt. Eine vorbeugende Bekämpfung dieses Pilzes erfolgt durch die Erziehung einer lockeren, luftigen Laubwand, da diese rasch abtrocknet und eine Pilzausbreitung hemmt. Durch eine sorgfältige Witterungsbeobachtung mit speziellen Peronospora-Warngeräten kann die Anzahl der Fungizidbehandlungen auf drei bis sechs pro Jahr reduziert werden.

Peronospora – Lederbeerenbildung durch Befall des Peronospora-Pilzes (Falscher Mehltau). Foto Bauer K., Weinbauschule Krems/D.

Oidium (Echter Mehltau, Äscherich)

Eine Pilzkrankheit, die im Weinbau schwere Schäden verursachen kann. Der Pilz überzieht Blätter, Gescheine, Beeren und Triebspitzen mit einem grauen Schimmel. Besonders in trockenen Jahren und bei empfindlichen Rebsorten können starke Beerenschädigungen eintreten. Frühzeitig infizierte Beere verdorren. Größere Beeren platzen häufig auf, so daß die Kerne sichtbar werden (Samenbruch). Schon ein leichter Befall der Beeren kann eine geruchliche Beeinträchtigung des Weines (Muffton) herbeiführen.

Oidium (Echter Mehltau). Foto Bauer K., Weinbauschule Krems/D.

Bekämpft wird diese Pilzkrankheit entweder mit Schwefel (Netz- oder Flüssigschwefel) oder mit speziellen Fungiziden gegen Echten Mehltau, die verstäubt oder versprüht werden. Im allgemeinen sind zwei bis vier Behandlungen jährlich notwendig.

Botrytis (Grauschimmel, Sauerfäule, Edelfäule)

Eine Pilzkrankheit, die entweder großen Schaden im Weinbau verursachen oder aber zum Entstehen höchster Weinqualitäten beitragen kann.

Botrytis (Grauschimmel, Sauerfäule, Edelfäule)
Foto Bauer K., Weinbauschule Krems /D.

Ein früher Befall mit diesem Schimmelpilz führt bei jungen, unreifen Beeren zur gefürchteten Sauerfäule. Die Beeren verfärben sich grau bis rot-braun, beginnen zu faulen und werden von einem Schimmelbelag überzogen. Befällt der Pilz die Traubenstiele oder das Traubengerüst, kommt es zur Stielfäule, d. h. zum Welken der ganzen Traube, und die Trauben fallen oft schon vor ihrer Reife ab.

Erfolgt die Infektion jedoch bei nicht zu feuchter Herbstwitterung erst im Stadium der Vollreife der Beeren, so »perforiert« der Pilz die Beerenhülse. Dadurch kann das Wasser in den Beeren besser verdunsten, und die Beeren schrumpfen rosinenartig ein. Der Beereninhalt (Zuckergehalt) wird stark konzentriert. Mit Hilfe dieser Edelfäule können dann vom Winzer hochwertige Prädikatsweine wie Beerenauslesen, Ausbruch oder Trockenbeerenauslesen erzeugt werden. Bei allen Rotweinsorten ist ein Botrytisbefall wegen des Farbstoffverlustes aber unerwünscht, gleichfalls könnte bereits an der Beere ein Essigstich auftreten.

Die Botrytis läßt sich im allgemeinen nur vorbeugend bekämpfen, indem man die Belüftung der Trauben durch entsprechende Laubarbeiten verbessert und den Einsatz von Stickstoffdünger begrenzt. In feuchten Jahren und bei besonders fäulnisanfälligen Rebsorten werden spezifische Botrytis-Bekämpfungsmittel (ein bis zwei Behandlungen im Jahr) eingesetzt. Ist eine Fäulnis aber bereits sichtbar geworden, hat eine Bekämpfung erfahrungsgemäß nur mehr geringen Erfolg.

Roter Brenner

Gleichfalls eine Pilzkrankheit der Rebe, die meist nur in flachgründigen, steinigen und trockenen Hanglagen auftritt. Durch den Pilzbefall werden die Hauptadern der Blätter verstopft, wodurch die Blätter anfänglich gelbbraune (Weißweinsorten) bzw. rubinrote (Rotweinsorten) Flecken bekommen und später verdorren. Schließlich stirbt das Blattgewebe nach und nach ganz ab, und die

Blätter fallen ab, wodurch keine Assimilation mehr stattfindet und die Beeren in ihrer Reifeentwicklung gehemmt werden bzw. bei früherem Befall Verrieselungsschäden auftreten.
Der Rote Brenner wird meist mit den gleichen Fungiziden bekämpft wie die Peronospora.

Schädlinge

Traubenwickler (Heu- und Sauerwurm)

Von den Winzern werden die Raupen des Traubenwicklers in der ersten Raupen-Generation (Mai/Juni) Heuwurm und in der zweiten Generation (Juli/August) Sauerwurm genannt. Charakteristisch für den Befall der Reben durch den Heuwurm (erste Generation) sind die später zu beobachtenden Gespinste an den befallenen Blüten ganzer Gescheine, in deren Innerem sich die Raupen verpuppten.
Wesentlich gefährlicher für den Winzer ist der Sauerwurm (Raupe des »Einbindigen« oder »Bekreuzten Traubenwicklers«). Diese sich in der zweiten Generation entwickelnden Raupen verletzen die noch unreifen Beeren und ermöglichen dadurch einen Befall durch den Botrytis-Pilz. Bei feuchtem Wetter und starkem Raupenauftreten kann der Traubenertrag im Weingarten erheblich vermindert werden, zumindest bewirkt ein Befall eine starke Qualitätsminderung.

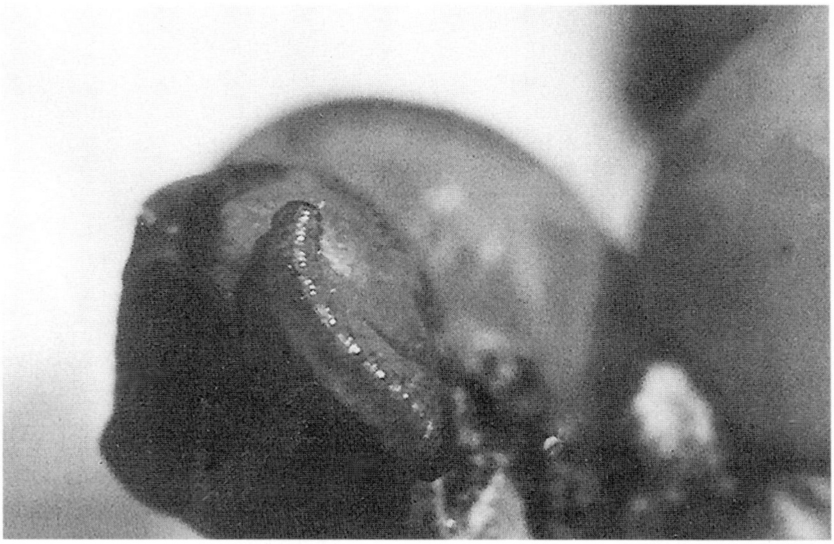

Sauerwurm (Raupe des »Einbindigen« oder »Bekreuzten Traubenwicklers«)
Foto Bauer K., Weinbauschule Krems/D.

Eine Bekämpfung der ersten Generation des Traubenwicklers (Heuwurm) ist im allgemeinen nicht notwendig, außer in Gebieten, wo ein starker Befall zu verzeichnen ist. Anders ist dies jedoch bei der zweiten Generation (Sauerwurm), wo eine gezielte Bekämpfung die Botrytis-Gefahr beträchtlich vermindert. Der richtige Spritztermin mit entsprechenden Insektiziden wird durch eine sorgfältige Beobachtung des Mottenfluges bestimmt. Dabei wird der Höhepunkt des Traubenwicklerfluges und damit der optimale Bekämpfungstermin mittels sogenannter Phermonen-Fallen (Pher-

mone = Sexualduftstoffe) festgestellt. Zu diesem Zweck wird alle zwei bis drei Tage die Anzahl der in den Sexualduftstoff-Fallen gefangenen Falter registriert und auf diese Weise ermittelt, zu welchem Zeitpunkt der intensivste Mottenflug stattfindet. Bekämpfungsmittel für den Sauerwurm sind vor allem nützlingsschonende Bacillus-thuringiensis-Präparate oder Phosphorsäureester-Produkte.
In Gebieten, wo nur der »Einbindige Traubenwickler« vorkommt, kann heute auch schon die Verwirrmethode eingesetzt werden. Diese teure, aber sehr umweltfreundliche Methode erfordert ein gemeinsames Vorgehen aller Winzer in einem geschlossenen Weinbaugebiet und muß unbedingt schon bei der ersten Traubenwickler-Generation zum Einsatz gebracht werden.
Verwirrmethode: Die Natur hat es so eingerichtet, daß das Weibchen des Traubenwicklers (auch bei anderen Insekten) zur Paarungszeit einen Sexualduftstoff versprüht, damit das Männchen seinen Geschlechtspartner für die Paarung finden kann. Heute kann dieser Sexuallockstoff synthetisch hergestellt werden. Mittels Dispensoren, die diesen Lockstoff enthalten und im Frühjahr im Weingarten ausgehängt werden, wird die gesamte behandelte Rebfläche mit diesen Duft durchströmt. Das Männchen fliegt zu den Duftquellen, kann aber das Weibchen nicht finden. Es kommt zu keiner Begattung, zu keinen befruchteten Eiern und somit zu keinem Nachwuchs. Weil von außen, von nichtbehandelten Flächen begattete Weibchen einfliegen und dann befruchtete Eier ablegen könnten, ist der Erfolg der Behandlung besser, wenn dieses Verfahren großflächig genutzt wird.

Rebstecher

Er tritt vom Knospenschwellen bis Juni auf und bewirkt Knospenfraß oder Lochfraß an jungen Blättern. Er legt seine Eier an das Blatt und wickelt das Ei mit dem Blatt zigarrenförmig ein (Synonym: Zigarrenwickler). Vorher sticht er den Blattstiel an, damit das Blatt welkt und von ihm gewickelt werden kann. Dieser Wickel fällt später zu Boden und dient der geschlüpften Larve als Nahrung. Nur bei massivem Auftreten ist eine chemische Bekämpfung notwendig.

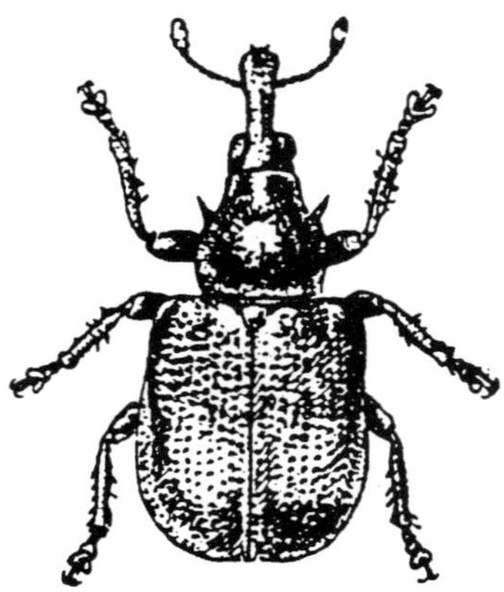

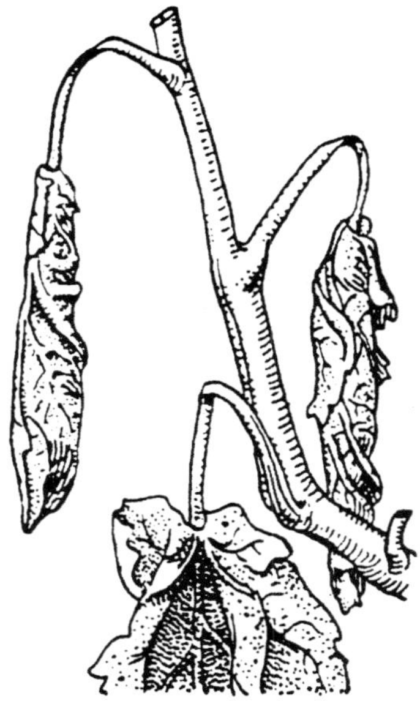

Ausgewachsener Käfer des Rebstechers mit Schadbild an der Rebe

Rote Spinne

Unter den Schädlingsmilben ist die Rote Spinne am weitesten verbreitet. Es sind dies kleine Schädlinge mit nur 0,5 mm Durchmesser, die hauptsächlich auf der Unterseite der Blätter leben. Ihre Larven saugen an den Blättern. Diese Saugtätigkeit beeinträchtigt die Assimilationsleistung der Blätter stark, schädigt so den Rebstock und führt zu Blattzerstörungen, Wuchshemmung, geringerem Traubenansatz, Reifeverzögerung und damit zu geringerem Mostgewicht.
Durch die starke Vermehrungsfähigkeit (jährlich vier bis sechs Generationen) können die Milben zu einem Massenbefall in den Weingärten führen.

Rote Spinne (Obstbaumspinnmilbe), links weibliche, rechts männliche Milbe

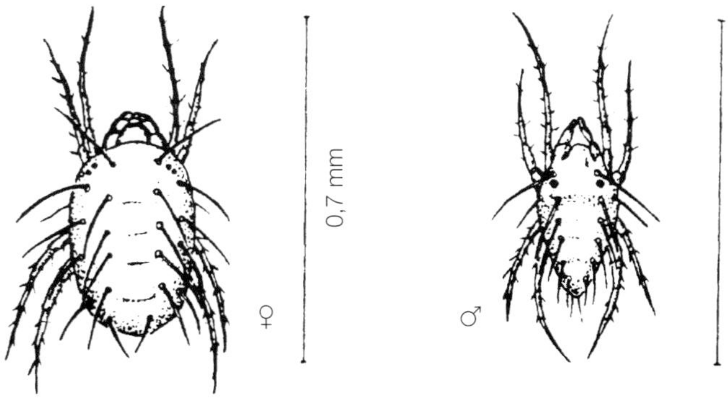

Die Bekämpfung dieses Schädlings erfolgt zum Teil durch chemische Mittel, in letzter Zeit aber in zunehmendem Maße biologisch durch den Einsatz von Raubmilben der Gattung Typhlodromus, welche die Schädlingsmilben aussaugen und sich derart ernähren, ohne daß dabei die Rebstöcke geschädigt werden. Bei Nichtvorhandensein von Raubmilben wird eine bewußt herbeigeführte Einbürgerung in den Weingärten vorgenommen. Nach einiger Zeit stellt sich ein natürliches Gleichgewicht zwischen den Raubmilben und den schädlichen Milben ein, und eine Bekämpfung mit chemischen Pflanzenschutzmitteln ist kaum mehr erforderlich.

Raubmilbe (»Thyphlodromus pyri«) beim Aussaugen einer Spinnmilbe
Foto Bauer K., Weinbauschule Krems/D.

Kräuselmilbe

Diese nur 0,15 mm großen Milben bewirken durch ihre Einstiche und Saugtätigkeit ein Zurückbleiben der Triebe nach dem Austrieb; es entstehen Kümmertriebe, die meist verrieseln. Die Blätter stellen an den Einstichstellen das weitere Wachstum ein, das übrige Blatt wächst weiter, so daß typische Blattzerreißungen entstehen. Die Assimilationsfläche wird vermindert. Bei mehrjährigem Befall sterben die Stöcke ab. Die Bekämpfung erfolgt zum Winterausgang durch gründliche Stockwaschung mit Austriebsspritzmitteln oder Netzschwefel.

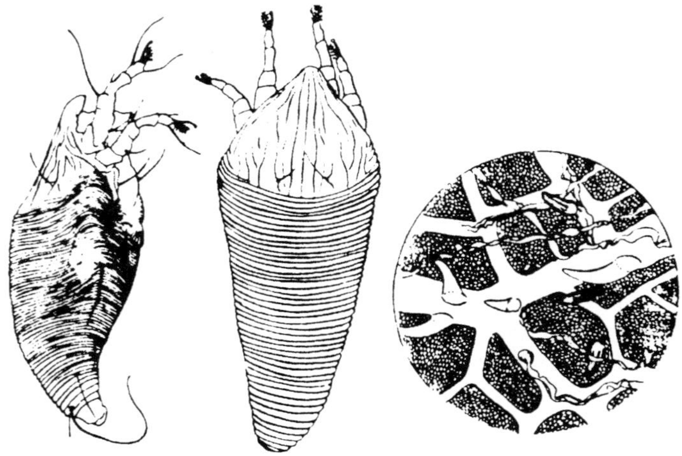

Links: Kräuselmilbe (stark vergrößert)

Rechts: Milbenbefall (mikroskopische Aufnahme)

Pockenmilbe

An der Blattoberseite entstehen blasenförmige Aufwölbungen, die rot, lila oder grün gefärbt sind. An der Blattunterseite entwickelt sich ein sehr dichter, auffälliger Haarfilz, in dem die 0,15 mm großen Milben sitzen und ihre Saugtätigkeit ausüben.
Eine Bekämpfung ist meist nicht nötig und wenn, erfolgt sie im Zuge der Austriebsspritzung.

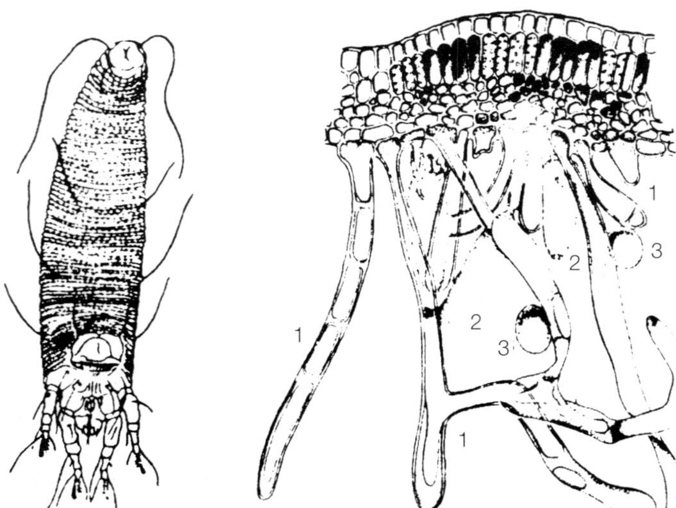

Links: Pockenmilbe (stark vergrößert)

Rechts: Schnitt durch Rebblatt mit Pockenmilbenbefall (stark vergrößert): 1 Haare, 2 Milben, 3 deren Eier

Weitere Krankheiten und Schädigungen der Rebe

Neben den aufgezeigten wichtigsten Krankheiten gibt es noch eine ganze Reihe weiterer Schädlinge und Schaderreger, wie beispielsweise verschiedene Bakterien (Grind, Krebs), Viren (Reisigkrankheit, Blattrollkrankheit, Panaschüre, goldgelbe Vergilbung), Springwurmwickler, Schildlaus, Reblaus, Engerlinge, Drahtwurm, Erdraupen, Fadenwürmer u. ä. Nicht vergessen werden dürfen auch die durch Schadvögel (Star, Amsel, Drossel, Sperling, Fasan), Wespen und Wild (Hasen, Kaninchen) verursachten Schäden der Rebstöcke.

Integrierter Pflanzenschutz

Der Winzer versucht allen diesen Schädlingsmöglichkeiten durch **vorbeugende Maßnahmen** (richtige Sortenwahl, harmonische Ernährung, schonende Bodenpflege u. a.), **mechanische Verfahren** (Schutzgitter u. a.), **biologische Verfahren** (Schonung und Förderung von Nützlingen, Einbürgerung von Nützlingen, Einsatz biologischer Spritzmittel), **biotechnische Maßnahmen** (Einsatz von Pheromonen-Fallen, Feststellung der Flugzeiten von Schadinsekten, Veredlung der Reben auf reblausresistenten Unterlagen) und **chemische Verfahren** (Einsatz von nützlings- und umweltschonenden Pilz- und Schädlingsbekämpfungsmitteln) beizukommen, um eine wirtschaftliche Qualitätstraubenproduktion zu erreichen.
Die Kombination von vorbeugenden biologischen, physikalischen, biotechnischen und chemischen Maßnahmen wird als **»Integrierter Pflanzenschutz«** bezeichnet. Die Nachteile der Schädlingsbekämpfung allein mit chemischen Mitteln sind bekannt. Beim integrierten Pflanzenschutz handelt es sich um ein Verfahren, bei dem alle wirtschaftlichen, ökologisch und toxikologisch tragbaren Methoden dazu benutzt werden, das Schadensausmaß unter der wirtschaftlichen Schadensschwelle zu halten. Wo immer es möglich ist, werden chemische Maßnahmen durch biologische oder biotechnische Verfahren ersetzt. Damit wird der Ertrag gesichert und die Umwelt nur wenig beeinträchtigt. Heute findet man im Weinbau immer mehr moderne Schädlingsbekämpfungsmethoden vor, die ganz besonders und verstärkt auf das biologische Gleichgewicht im Weingarten Rücksicht nehmen.

Arbeiten im Laufe eines Winzerjahres

Die Arbeiten eines Winzers dauern das ganze Jahr hindurch an. Bereits im Winter, meistens ab Jänner, beginnt für den Winzer das Schneiden der Reben. Ein qualitätsorientierter **Rebschnitt** ist einerseits notwendig, um einen leistungsfähigen Rebstock aufzubauen, andererseits aber auch um eine Qualitätssteigerung (hoher Extraktgehalt, sortentypischer Geschmack) und eine Steigerung der physiologischen Reife (Zucker-Säure-Verhältnis) der Beeren herbeizuführen. Sorgfältig wird dabei vom kundigen Winzer die beste sorten-, standorts- und wuchsspezifische Schnittstärke gewählt. Mit dem Winterende sollen alle länger angeschnittenen Strecker horizontal gebunden werden, um damit die Gleichmäßigkeit des Austriebes zu fördern. Bei trockenem Wetter werden auch, wo notwendig, die Pfähle bzw. Unterstützungssäulen repariert bzw. neu eingesetzt. Nach den ersten Märztagen beginnen die Reben zu »bluten« (»weinen«), d. h. an den Schnittflächen der Reben tritt eine Flüssigkeit aus. Vor Beginn des Knospenschwellens wird die **Austriebsspritzung** gegen überwinternde Schädlinge durchgeführt, vor allem gegen Kräuselmilben, Pockenmilben, Rote Spinne, Springwurmwickler, Schildläuse u. a. Bis in den Mai dauert für den Winzer die bange Zeit der Frühlings- oder Spätfröste. Schon eine einzige Frostnacht kann genügen, um alle Hoffnungen auf eine zufriedenstellende Traubenernte zu zerstören.

Die Trauben entwickeln sich nur langsam. Die anfangs unansehnlichen Knospen gelangen etwa um den Johannistag (24. Juni) in die Blüte. Wenn der Austrieb beginnt, wird vielfach die erste Bodenpflegemaßnahme gesetzt. Sobald die Triebe so weit entwickelt sind, daß die Gescheine (Rebblüten) sichtbar werden, erfolgt das **Ausjäten** (Ausbrechen) von überflüssigen Trieben (eine qualitätsfördernde Maßnahme).
Weiters wird oft eine **Traubenausdünnung** vorgenommen. Das Ausdünnen soll am Rebstock dort ansetzen, wo zwei oder mehr Trauben am Trieb vorhanden sind. Bei sehr üppigem Wachstum soll durch eine entsprechende Laubarbeit eine luftige Traubenzone hergestellt werden, um eine Qualitätsproduktion der Trauben zu fördern. Außerdem wird damit die Krankheitsanfälligkeit vermindert und die Wirksamkeit von Pflanzenschutzmitteln verbessert.
Spritzungen vor Blütebeginn gegen Pilzkrankheiten werden witterungsabhängig durchgeführt. Die erste Generation des Traubenwicklers wird heute kaum mehr bekämpft, da der Schaden in der Regel vernachlässigbar ist und kaum mit dem notwendigen Aufwand in Einklang steht.
Nach der Blüte wird die **Bodenpflege** wiederholt, entweder durch Mulchung bei Grünbewuchs oder durch eine flache Bodenbearbeitung in extremen Trockengebieten. Wird eine Frühjahrsgründüngung ausgebracht, so sollte der Anbau so früh wie möglich – Anfang April bis spätestens Mitte Mai – erfolgen, wobei auf besonders trockenen Standorten eine Begrünung nur in jeder zweiten Fahrgasse empfehlenswert ist.
Ist das nachfolgende Wetter feucht und warm, muß die Bekämpfung der Peronospora intensiviert werden. Überhaupt beginnt mit dem Monat Mai die **Pflanzenschutzsaison** im Weingarten. Im Sinne eines integrierten Pflanzenschutzes sind aufgrund von sorgfältigen Beobachtungen der Witterung und dem Auftreten von Schädlingen und Krankheiten die notwendigen Pflanzenschutzmaßnahmen gezielt und wirtschaftlich vorzunehmen. Vielfach kann der optimale Bekämpfungszeitpunkt auch mit Hilfe von **Frühwarnsystemen** gefunden werden. Dies gilt besonders beim Auftreten von Peronospora (Falscher Mehltau), Oidium (Echter Mehltau) und Botrytis (Grauschimmel). Ein solches Pflanzenschutz-Frühwarnsystem besteht aus einem Netz von Meßstationen, die ein ganzes Anbaugebiet hinsichtlich Temperatur, Niederschlagsmenge, relativer Luftfeuchtigkeit und Blattnässe permanent kontrollieren. Aufgrund der daraus ermittelten Parameter ist eine exakte Prognose über die Gefahr des Auftretens der oben erwähnten Rebkrankheiten möglich, die Winzer können ihre notwendigen Pflanzenschutzmaßnahmen genau auf die tatsächlichen Erfordernisse abstimmen und die Krankheiten optimal bekämpfen. Durch solche Frühwarnsysteme kann das kostenaufwendige vorbeugende Spritzen der Reben teilweise entfallen.
Heute sind die Winzer bereits sehr **umweltbewußt** geworden. Das zeigt sich in der Verwendung von ungiftigen Präparaten für die Raupenbekämpfung (z. B. Sauerwurm), wobei mit Hilfe von Bakterien- oder Pheromon-Präparaten eine hohe Erfolgsquote erreicht wird. Der Winzer sieht seine Aufgabe aber auch als Landschaftspfleger, der vielfach die Böschungen am Weingartenrand mitbearbeitet (Unterschlupf und Nahrungsbasis für Nützlinge).
Einige Wochen nach der Blüte erfolgt meist im August das sogenannte **Wipfeln** (Gipfeln) der Reben. Dieses Wipfeln ist ein maßvolles Abstutzen der überhängenden Triebe am Rebstock. Damit wird der Rebstock besser belüftet und besonnt, wodurch die Traubenreife gefördert und die Infektionsgefahr hinsichtlich Botrytis herabgesetzt wird. Es muß aber dabei darauf geachtet werden, daß eine möglichst hohe Laubwand zur Zuckerassimilation vorhanden bleibt. Im modernen Weinbau werden die Triebe bereits im Juli eingekürzt, wodurch die Geiztriebbildung angeregt wird. Im Herbst verstärken diese Geiztriebe dann die Assimilationsleistung der Rebe und verbessern dadurch wesentlich die Traubenqualität. Ist im Weingarten der Traubenbehang zu hoch, so kann in diesem Entwicklungsstadium (Schrotkorngröße der Beeren) auch eine **Traubenausdünnung** durchgeführt werden, um eine bessere Traubenqualität bei der Ernte zu bekommen.
In dieser Vegetationsperiode werden im Weingarten ein weiteres Mal bodendeckende Unkräuter bzw. eingesäte Gründüngungen gemulcht. Wurde der Boden aus Gründen der Wasserersparnis

offengehalten, so ist jetzt die Zeit gekommen, eine **Herbstbegrünung** vorzunehmen, welche bis zum Frühjahr aufwachsen kann, um dann dem Boden neuen Humus zuzuführen.
Mitte September sollen alle Pflanzenschutz-Maßnahmen abgeschlossen sein. Bei schöner, trockener Herbstwitterung kann mit der **Traubenlese** zugewartet werden, um die optimale Reife der Beeren zu erreichen. An einem schönen Herbsttag kann die Zuckerzunahme in der Beere bis zu 0,3° KMW betragen. Nicht umsonst gilt somit der Spruch: »Die Qualität des Weines wächst am Stock!«
Eine genaue Vorhersage des richtigen **Lesetermines** ist im allgemeinen nicht möglich, da zu viele Faktoren zu berücksichtigen sind, wie Witterung, Gesundheitszustand der Trauben, Traubensorte und Verwendungszweck, Reifegrad der Beeren (Zuckergehalt, Säurewert), aber auch die Betriebsverhältnisse sowie die Marktsituation u. ä. m. Kein ausreichender Maßstab für die Güte des späteren Weines ist der mit dem Refraktometer leicht bestimmbare Zuckergehalt des Mostes (Mostgewicht). Eher lassen regelmäßige Bestimmungen des Säuregehaltes in den Beeren Rückschlüsse auf den zweckmäßigsten Lesetermin zu. Vor allem in entwicklungsgünstigen (frühen) Jahren ist es besonders wichtig, neben der Zuckereinlagerung regelmäßig den Säureabbau der Beeren zu verfolgen. Als für eine Lese günstig gilt ein Verhältnis von 10:1 von Mostgewicht (in Grad Oechsle) zum Säuregehalt (in titrierbarer Säure, berechnet als Weinsäure).
In der Praxis geht man dabei folgendermaßen vor. Man mißt zunächst mit dem Refraktometer den Zuckergehalt in den Beeren und berechnet nach der obigen Faustregel den Sollwert des Säuregehaltes. Dann bestimmt man den effektiven Säuregehalt der Beeren. Liegt der ermittelte Säuregehalt über dem errechneten Sollwert der Säure, kann mit einer Lese noch zugewartet werden. Sobald der Säure-Sollwert aber gleich hoch ist oder vielleicht schon darunter liegt, soll mit der Lese begonnen werden.
Ein praktisches Beispiel dazu: Man hat den Zuckergehalt der Beeren mit 85° Oechsle (17° KMW) gemessen. Nach der Faustregel errechnet man den Sollwert des Säuregehaltes:

$$\frac{85°\ \text{Oe}}{10} = 8{,}5‰ \text{ bzw. } \frac{17°\ \text{KMW}}{2} = 8{,}5‰.$$

Dann bestimmt man den Säuregehalt der Beeren. Liegt dieser über 8,5‰, dann kann mit der Lese noch zugewartet werden. Liegt er bei 8,5‰ oder darunter, sollte möglichst rasch mit der Lese angefangen werden.
Die **Bukettreife,** also jener Reifegrad der Beeren, wo das Bukett eines Weines am besten zur Geltung kommt, liegt meist 1 bis 2° Klosterneuburger Mostgrade vor der Vollreife der Beeren.
Sollen **Prädikatsweine** erzeugt werden, muß das Stadium der Überreife abgewartet werden. Mit oder ohne Edelfäule (Botrytis cinerea) erfolgt in der Beere ein Konzentrierungsprozeß durch Wasserverdunstung. Der Edelfäulepilz mazeriert (durchlöchert) die Beerenhaut und fördert dadurch die Wasserverdunstung. Diese kann dabei bis zur Trockenbeerenbildung (rosinenartig eingeschrumpfte Beeren) führen.
Gesundes Traubengut kann zur Erzeugung von **Eiswein** noch länger am Rebstock hängen gelassen werden. Bei Frosteinwirkung beginnt der Beereninhalt dann je nach Reife (Zuckergehalt) der Trauben und je nach Intensität und Stärke der Frosteinwirkung zu gefrieren. Dabei verwandelt sich das in den Beeren befindliche Wasser in Eiskristalle. Der konzentrierte Most bleibt aber zwischen den Eiskristallen flüssig. Werden die gefrorenen Trauben so bei mindestens –7° Celsius oder bei noch tieferen Temperaturen geerntet, ohne Vorverarbeitung in die Presse geleert und unter Druck gesetzt, so fließt zwar wenig, aber dafür ein höher- oder hochkonzentrierter Most ab, wobei das Wasser in Form von Eis in den Trestern zurückbleibt. Bei der Eisweinzubereitung kann man bloß mit einer Mostausbeute von etwa 25–40% rechnen. Hat ein Winzer die Absicht, Eiswein zu erzeugen, so sollte er die Rebstöcke unbedingt mit Vogelschutznetzen versehen, da

sonst ein Großteil der rosinenartig eingeschrumpften Beeren von den Vögeln gefressen werden könnte.
Ist die Lese abgeschlossen, soll vom Winzer im Weingarten noch eine Herbstbegrünung eingesät werden. Diese Einsaat führt zur Humusbildung am Standort und damit zu einer nachhaltigen Bodenverbesserung. Außerdem verhindert sie eine Nährstoffauswaschung in tieferen Bodenschichten während der vegetationslosen Zeit. Vielfach wird auch noch der Standraum um den Rebstock bearbeitet, indem die Erde zugepflügt wird. Dies ist übrigens auch eine Frostschutzmaßnahme für die Veredlungsstelle des Rebstockes.
Weinbauer und Kellerwirt ist in kleineren Betrieben meist eine einzige Person. Auf jeden Fall hat der Winzer gesundes, qualitativ hochwertiges, vollreifes Traubenmaterial zu erzeugen, das der Kellerwirt zu einem sorten- und gebietstypischen Wein ausbaut. Nur hochwertiges, gesundes Traubengut erlaubt Spitzenweine zu erzeugen.
Qualität wächst im Weingarten – der Kellerwirt hat diese Qualität durch sorgfältige Kelterung, Vergärung und Reifung bis in die Flasche zu erhalten.

Weinbereitung und Kellerwirtschaft

Vor der Weinlese

Wenn die Weinlese naht, ist auch der Zeitpunkt gekommen, wo der Winzer physisch am meisten gefordert wird. Vorher gilt es jedoch, rechtzeitig dafür zu sorgen, daß das Preßhaus, der Keller und alle Gerätschaften in einen hygienisch einwandfreien Zustand gebracht, die Pressen, Pumpen, Filter und sonstigen Maschinen überprüft und notfalls repariert, die Fässer, Tanks, Behälter, Schläuche gründlich gereinigt und alle erforderlichen Präparate und Mittel zur Weinbereitung rechtzeitig angeschafft und bereitgestellt werden.

Oberstes Gebot für die Erzeugung reintöniger und qualitativ hochwertiger Weine ist Sauberkeit und nochmals Sauberkeit bei allen Behältern, Geräten und Leitungen, die mit den Trauben, dem Most und dem Wein in Berührung kommen! Besondere Aufmerksamkeit ist den Fässern, Tanks und sonstigen Gär- und Lagerbehältern zu widmen. Schon nach dem Abfüllen des Weines in Flaschen sind **Holzfässer** entweder trocken oder naß zu konservieren. Das geschieht bei der **Trockenkonservierung** durch monatliche Schwefeleinbrände. Eine im Handel erhältliche Schwefelschnitte enthält drei Gramm reinen Schwefel und liefert nach dem Verbrennen 6 g SO_2. Kleinere Fässer mit bis zu drei Hektoliter Inhalt brauchen zwei Schnitten, die großen 25-Hektoliter-Fässer benötigen acht Schnitten zum Einbrennen. Dieses Einbrennen muß jeden Monat erfolgen, um das Holzfaß ausreichend konservieren zu können.

Bei der **Naßkonservierung** von Holzfässern verwendet man eine 0,05–0,06%ige wässerige Schwefelige Säure (1 Liter 5%ige Schwefelige Säure pro 100 l Faßinhalt), wobei darauf geachtet werden muß, daß die Fässer ständig spundvoll gehalten werden. Die Naßkonservierungsmethode hat gegenüber der Trockenkonservierung eine Reihe von Vorteilen: kein Schwefelsäurefirn, keine Weinsteinkrusten im Faß, das Faßholz bleibt ständig im Quellungszustand, und damit wird vielen Weinfehlern (z. B. Winddürrl) vorgebeugt. Sie wird vor allem bei Holzfässern, die längere Zeit nicht mit Wein befüllt worden sind, angewandt. Eine Naßkonservierung hält etwa eineinhalb Jahre.

Alte Holzfässer haben oft dicke Weinsteinbeläge, die aus Weinsteinkristallen und Einschlüssen von abgestorbener Hefe, Bakterien und Eiweiß bestehen. Diese rauhe Oberfläche ist sehr schwer zu reinigen, und es kommt mitunter in solchen Fässern zu geschmacklichen Veränderungen der darin ausgebauten Weine. Daher sollten Weinsteinkrusten mit geeigneten Behandlungsmitteln (Weinsteinentferner) herausgelöst werden.

Neue Holzfässer, mit Ausnahme von Barriques, müssen weingrün gemacht werden, das heißt, es müssen aus dem Holz stammende Gerbstoffe aus dem Faß entfernt werden. Dies geschieht durch Ausdämpfen (mit einem Dampfdruck von maximal 0,5 bar) oder durch wiederholtes Auslaugen mit Heißwasser, dem Gerbstoffina, Soda u. a. m. zugesetzt wurde. Anschließend muß gründlich gewässert werden.

Kunststoff- und Edelstahlbehälter sind durch Ausspritzen mit Wasser zu reinigen. Weinsteinablagerungen sind mittels Weinsteinlösern zu entfernen.

Beton- und Verbundstahlbehälter müssen mit einer weinneutralen Auskleidung versehen sein. Dazu sind Glasfliesen, Reaktionslacke, Emailit ect. geeignet. Werden Schäden an der Behälterauskleidung festgestellt, so sind diese sofort zu beheben, da es sonst zur Eisenabgabe an den Wein oder zur Entwicklung unerwünschter Mikroorganismen kommen kann.

Fixleitungen und Schläuche müssen mit Reinigungslösungen und Gummibällchen gründlichst gesäubert werden; vor allem bei alten Gummischläuchen besteht die Gefahr, daß die Innenoberfläche rissig wird und sich in diesen Rissen Mikroorganismen ansiedeln können. Auf diese Weise kann der nicht mehr entfernbare Schimmelgeschmack in den Wein kommen. Die einfachste Methode, Schläuche zu überprüfen, ist, ein Stück abzuschneiden, der Länge nach durchzuschneiden und die Innenoberfläche optisch zu begutachten.

Schematische Darstellung der Weinbereitung

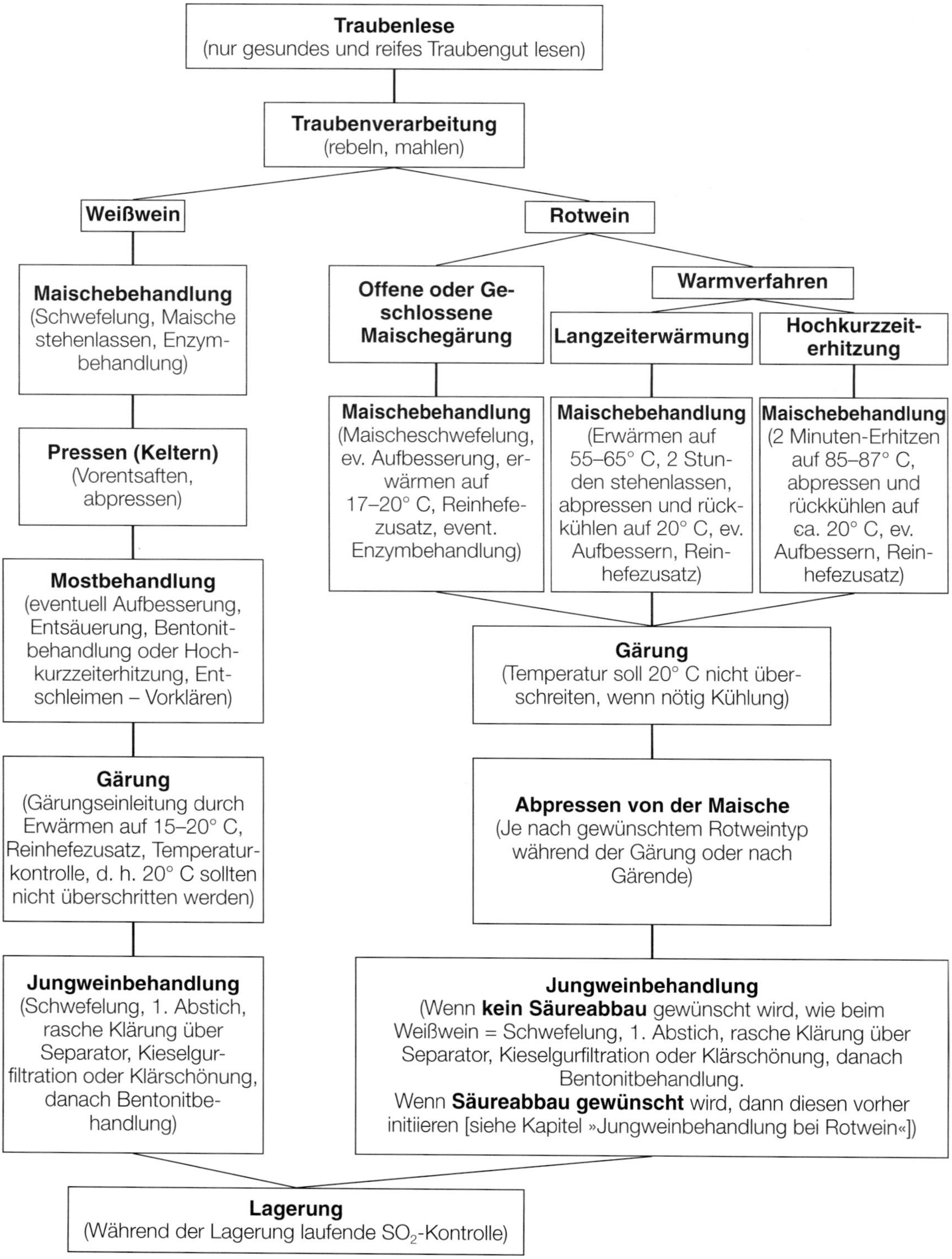

Mit der Einführung von gesetzlichen Höchstgrenzen von Kupfer im Wein sind die bisher gebräuchlichen **Messingarmaturen** als äußerst problematisch anzusehen. Es kann nämlich durch die im Most und Wein enthaltenen Säuren, vor allem bei älteren Armaturen, Kupfer herausgelöst und dieser Höchstwert überschritten werden. Ein solcher Wein wäre dann nicht mehr verkehrsfähig. Es ist daher die Verwendung von rostfreien Stahlarmaturen empfehlenswert.

Weißweinbereitung

Traubenverarbeitung

Bei der Weinlese werden die Trauben möglichst sortenrein und getrennt nach gesundem (ohne Beerenverletzung durch Vogelfraß, Wespenfraß, Aufplatzen etc.) und faulem Traubengut gesammelt. Dann werden die Trauben in Butten, Bottichen oder mittels Lese- und Maischewagen zum Preßhaus gebracht.

Rebeln

Unter Rebeln (Entrappen, Abbeeren) versteht man das Trennen der Beeren vom Stielgerüst (Kämmen). Dies kann mit horizontalen und vertikalen Reblern geschehen, wobei Horizontalrebler schonender arbeiten. Es sollte gründsätzlich im Zug der Traubenförderung und Traubenverarbeitung darauf geachtet werden, daß möglichst wenig Trubstoffe in den Most gelangen. Mit einer Erhöhung der Trubstoffe ist auch eine Gerbstoffzunahme verbunden, die in Weißweinen unerwünscht ist.
Bei der **Rotweinbereitung** mittels Maischegärung werden die Trauben immer gerebelt. Bei der **Weißweinbereitung** wird man dann rebeln, wenn ein Stehenlassen der Maische beabsichtigt ist. Auf ein Rebeln der Trauben wird man hingegen verzichten, wenn ein angeschlagenes oder sonstwie minderwertiges Lesegut verarbeitet werden soll, denn in diesem Fall ist die Gefahr eines Befalles mit Essigsäurebakterien überaus groß. Deshalb muß man ein solches Lesegut so rasch wie möglich abpressen und anschließend gleich mit 80–100 mg/l SO_2 schwefeln. Ein Rebeln empfiehlt sich ebenfalls nicht bei der Eisweinerzeugung, bei der Herstellung von Beeren- und Trockenbeerenauslesen (weil hier die Kämme schon recht morsch sein könnten) und auch dann nicht, wenn eine Hochkurzzeiterhitzung zum Entfernen der thermolabilen Eiweißstoffe im Most anstelle einer Bentonitbehandlung beabsichtigt ist.
Beim Rebeln sollten zuerst die Kämme abgetrennt werden und danach die Beeren mit geeigneten Traubenmühlen gequetscht werden, damit der Saft leichter abfließen kann. Die besten Traubenmühlen sind dabei jene, die Flügelwalzen aufweisen, weil bei diesen Mühlen am wenigsten Trubstoffe entstehen. Nach dem Quetschen (Mahlen) haben wir die **Maische** vorliegen.
Der **Transport der Maische** zur Presse kann entweder im freien Fall direkt auf die Presse erfolgen oder mittels Förderschnecken bzw. Pumpen. Am günstigsten sind Kolbenpumpen. Es werden aber auch Monopumpen und Impellapumpen verwendet, die beide aber mehr Trubstoffe im Most verursachen. Außerdem besteht bei den beiden letztgenannten Pumpentypen die Gefahr des Trockenlaufens. Die Impellapumpe ist zwar eine in der Weinbereitung universell einsetzbare Pumpe, beim Maischetransport wegen des vielfach zu geringen Dimensionierungsdurchmessers aber oftmals problematisch.

Maischeschwefelung

Die Maischeschwefelung hat den Zweck Bräunungsreaktionen zu verhindern, also die Maische vor Oxydation (Lufteinwirkung) zu schützen und die Entwicklung unerwünschter Mikroorganismen zu hemmen. Weißweinmaischen werden üblicherweise mit 50 mg/l SO_2 geschwefelt (10 g Kaliumpyrosulfit/hl), bei edelfaulem Material mit 70–100 mg/l. Das Kaliumpyrosulfit sollte mit der Maische gründlichst vermischt werden; ein bloßes Aufstreuen auf die Maischeoberfläche ist nicht zielführend. Von dieser der Maische zugesetzten SO_2-Menge verbleiben im fertigen Wein nur zwischen 20 und 40 Prozent der eingesetzten Menge.

Maischestandzeit

Auf der Maische stehenlassen sollte man nur gesundes und edelfaules Material, faules und frostgeschädigtes Traubengut sollte immer sofort abgepreßt werden. Das Stehenlassen der Maische hat den Zweck, Aromastoffe aus den Beerenhäuten auszulaugen, daneben werden aber auch Extrakt- und Mineralstoffe extrahiert. Weiters kommt es im Zuge der Maischestandzeit zu einem Abbau von Pektinen. Pektine sind hochmolekulare Substanzen (Kittsubstanz zwischen den Zellen), die den Saftablauf während des Preßvorganges erschweren. Während der Maischestandzeit, die je nach Sorte und Lesewetter zwischen vier und zehn Stunden dauert, werden Pektine durch traubeneigene Enzyme abgebaut; es können aber auch Enzympräparate zugesetzt werden. Zu einem enzymatischen Abbau von Pektinen kommt es nur bei Temperaturen von über 10° Celsius, darunter kommt es zu keinen pektolytischen Aktivitäten. Durch diesen Abbau erhöht sich der freiablaufende Saftanteil während des Preßvorganges.

Pressen (Keltern)

Die Trennung des Traubensaftes von den festen Bestandteilen der Maische oder einfacher gesagt die Mostgewinnung, erfolgt durch das Pressen, auch Keltern genannt. Dieser Vorgang erfolgt rasch und möglichst schonend mit Hilfe von **Pressen.** Früher verwendete man ***Baumpressen, Spindel- oder Schraubenpressen, Kniehebelpressen,*** mechanische oder hydraulische ***Vertikalpressen*** (Unterdruck- oder Oberdruckpressen). In der modernen Weinbereitung werden heute nur mehr Horizontalpressen verwendet. Die preisgünstigsten und daher am weitesten verbreiteten sind ***mechanische Horizontalpressen*** (moderne Spindelpressen) mit einem rotierenden Preßkorb. Deutlich teurer, aber auch leistungsfähiger sind die ***hydraulischen Horizontalpressen.*** Die ***pneumatischen Horizontalpressen*** (Tankpressen) haben keinen Preßkorb, und die Maische wird pneumatisch und damit sehr schonend abgepreßt. Mit diesen Tankpressen ist ein Scheitern (Auflockerung des Preßkuchens) automatisch während des Preßvorganges möglich, und außerdem sind auch Kleinmengen abpreßbar. Die Tankpressen mit einem Tankvolumen von 700 l aufwärts liefern Moste mit einem geringen Trubstoff- und Gerbstoffgehalt, sind allerdings in der Anschaffung relativ sehr teuer. Ein Nachteil der Tankpressen ist die Verletzlichkeit des Preßschlauches in jenen Fällen, wo sich ein harter Gegenstand in die Maische »verirrt« hat.

Eine Sonderform der hydraulischen Pressen ist die sogenannte ***Packpresse,*** die hauptsächlich in der Obstverwertung verwendet wird, aber auch für die Herstellung von Prädikatsweinen in den höchsten Qualitätsstufen Verwendung findet.

Eine hohe Mostausbeute (bis zu 80–85%) ermöglichen die ***Schneckenpressen,*** die zu den kontinuierlichen Pressen zählen und wie eine Art von Fleischwolf funktionieren. Wichtig bei dieser Art von Pressen ist der Durchmesser der Schnecke, der möglichst groß, d. h. nicht unter 60 cm sein soll. Außerdem soll die Schneckenpresse eine niedrige Drehzahl aufweisen. Bei den Schnecken-

pressen wird der Most zumeist in drei Zonen aufgefangen. In der ersten Zone findet sich der Most mit guter Qualität, in der zweiten Zone etwa die Qualität eines Scheitermostes und der letzte Ablauf sollte nur als Brennwein verwendet werden. Wichtig ist es, daß die Moste aus Schneckenpressen vor der Vergärung zentrifugiert werden, um den Trubstoffgehalt zu senken.
Weiters gibt es noch die sogenannten ***Bandpressen*** und schließlich noch die ***Feldpressen,*** fahrbare Pressen, die gerne im Weingarten verwendet werden, aber eigentlich nur für eine Brennweinerzeugung geeignet scheinen.
Die **Mostausbeute** aus einem gesunden Traubengut ist unterschiedlich. Sie schwankt je nach Traubensorte, Reifegrad der Trauben, Jahrgang und Preßtechnik. Im allgemeinen liefern 1.000 kg Trauben etwa 750–800 l Most.
Der vorab ohne Preßdruck ablaufende Most wird als **Seihmost (Vorlaufmost)** bezeichnet. Vor dem Pressen fließt dabei 40–50 Prozent Seihmost ab, der den höchsten Zucker- und Säuregehalt besitzt und arm an Gerbstoffen ist. Im Kleinbetrieb erfolgt die Vorentsaftung direkt in der Presse. Im Großbetrieb werden spezielle Entsafter eingesetzt, die entweder kontinuierlich oder diskontinuierlich arbeiten. Sehr bewährt hat sich der Schneckenentsafter, der kontinuierlich arbeitet und aus dem Traubengut bis zu 60 Prozent Seihmost liefert.
Der beim ersten Preßvorgang gewonnene Most heißt **Preßmost,** von dem 40–50 Prozent beim Pressen der Maische gewonnen wird. Üblicherweise wird der Preßmost mit dem Seihmost gemeinsam vergoren.
Der bei den letzten Preßvorgängen mit einem höheren Preßdruck ausgepreßte Most wird als **Scheitermost** bezeichnet und hat an der gesamten Mostausbeute einen Anteil von etwa zehn Prozent. Weil er gegenüber dem Seih- und Preßmost ein Vielfaches an oxydierbaren Gerb- und Farbstoffen aufweist, sollte er getrennt verarbeitet werden. Im fertigen Wein kann durch Behandlung mit Schönungsmitteln daraus ein durchaus brauchbarer Tafelwein hergestellt werden. Bei einem sehr schonenden Pressen, wie beispielsweise mit einer alten Baumpresse oder einer pneumatischen Horizontalpresse, kann sich unter Umständen eine getrennte Verarbeitung der angeführten Mostfraktionen erübrigen.
Der Preßvorgang ist mit modernen Pressen bereits über Programme zu steuern, jedoch sollte darauf geachtet werden, nicht auch den letzten Tropfen Most herauszupressen. Das automatische Auflockern des Preßkuchens (Tresterstock) zwischen den einzelnen Preßvorgängen nennt man **Scheitern.** Der Rückstand nach dem Pressen besteht aus Beerenhäuten, Fruchtfleisch und Kernen und wird **Trester** genannt. Daraus kann Weinsäure, Traubenkernöl und Tresterbranntwein gewonnen werden. Weitere Verwertungsmöglichkeiten sind Kompostierung und Wärmegewinnung.
Zur Bereitung von **Tresterbranntwein** werden die Preßrückstände in Behälter gefüllt, mit Wasser aufgegossen und nach Zusatz von Reinzuchthefen vergoren. Wichtig ist, daß dabei die Behälter mit einem Gärverschluß versehen werden, um Essigsäurebildung zu verhindern. Tresterbranntweine werden in allen weinbautreibenden Ländern hergestellt. Der sicherlich bekannteste von ihnen ist der aus Italien stammende »Grappa«.
Eine spezielle Bedeutung hat das **Pressen ganzer Trauben.** Durch den Verzicht auf mechanisches Quetschen der Trauben und bei manueller Ernte kommen vollkommen gesunde, intakte und unversehrte Trauben in die Presse. Zu Beginn des Preßvorganges fließt ein sehr heller, vollkommen sauberer Saft von der Presse, ohne jede Gerbstoffbelastung. Dies ist das Herzstück, der beste Teil jedes Champagner-Cuvées. Dieser Most ist besonders frisch und von höherer Säure, da bekanntlich jeder vermehrte Kontakt von Saft und Beerenhaut entsäuernd wirkt.
Ein Beispiel aus einem renommierten Weingut in Österreich (Bründlmayer in Langenlois) bei Chardonnay: Die ersten 25 Prozent des Mostes, die von der Presse fließen, haben noch 12 g/l Säure, danach sinkt das Säureniveau mit jedem Scheitern kontinuierlich ab. Die letzten 20 Liter haben nur mehr 5 g/l Säure.

Die Ausbeute beim Pressen ganzer Trauben ist deutlich geringer, da keine Maischeaufschließung und damit kein Pektinabbau stattfindet. Auch die Auslastung der Presse ist wesentlich ungünstiger, da Trauben in loser Schüttung bedeutend mehr Platz in der Presse benötigen als gequetschte Beeren. Bei schonenden pneumatischen Pressen (Tankpressen) bleiben unreife, harte Beeren mit kratziger Säure unzerquetscht in der Presse zurück. Hier findet also auch gewissermaßen eine positive Auslese statt. Bei dem üblichen Quetschen der Beeren gelangen über die Beerenhaut auch Stoffe in den Most, die das spätere Schäumen des Sektes stören, deshalb ist das Pressen ganzer Trauben gerade bei den Schaumweinen besonders vorteilhaft. In der Champagne ist das Pressen ganzer Trauben sogar gesetzlich vorgeschrieben. In Österreich, Deutschland und in der Schweiz beschäftigen sich insbesonders Qualitätsbetriebe mit diesem Verfahren.

Mostbehandlung

Mostbehandlungen können vorweggenommene Weinbehandlungen sein. Sie haben den Vorteil, daß vor der alkoholischen Gärung bereits ein Eingriff vorgenommen wird und das hinterher gebildete Gärungsbukett nicht verändert wird, wie dies bei einer Weinbehandlung vorkommen kann.

Mostschwefelung

Grundsätzlich sollte bereits die Maische geschwefelt werden, um Oxydationen während des Preßvorganges zu verhindern; eine Mostschwefelung wird daher im allgemeinen kaum notwendig sein.

Entschleimen (Vorklären)

Darunter versteht man das Absetzenlassen des frisch gepreßten Mostes. Der etwas trüb von der Presse fließende Most enthält noch viele unerwünschte Feststoffe, wie Teile von Kernen und Beerenschalen, Fruchtfleischteilchen, Erde, Staub, Rückstände von Pflanzenschutzmitteln u. ä. m. Der Anteil dieser festen Fremdstoffe kann ganz entscheidend für den Gärverlauf sein. Wenn er extrem hoch ist, dann löst dies eine relativ stürmische Gärung mit einer starken Wärmeentwicklung aus. Ist er zu niedrig, kann eine Gärverzögerung oder unter Umständen sogar ein Abstoppen der Gärung (man spricht dann vom »Steckenbleiben des Weines«) eintreten.
Wenn zu viele Fremdstoffe im Most verbleiben, können sie den Wein in geschmacklicher Hinsicht nachteilig beeinflussen. Das Entschleimen ist also für die Erzeugung reintöniger Weine äußerst wichtig. Unerläßlich ist ein Entschleimen des Mostes immer bei faulem Lesegut oder bei Trauben, die stark mit Erde verschmutzt sind.
Zum Entschleimen läßt man den Most vor seiner Vergärung in einem Bottich oder Tank sechs bis zwölf Stunden – am besten über Nacht – absetzen und zieht dann den über den Trub stehenden klaren Most in den Gärbehälter um. Die Absetzzeit hängt sehr von der Temperatur des Mostes ab. Je wärmer der Most ist, desto rascher erfolgt ein Vorklären. Im allgemeinen findet eine grobe Vorklärung schon nach drei bis vier Stunden statt. Ein längeres Vorklären dauert etwa acht bis zwölf Stunden und bewirkt zwar zunächst eine langsamere Gärung, später aber dann reintönigere Weine.
Ein über zwölf Stunden hinausgehendes Stehenlassen des Mostes (in diesem Falle spricht man von einer »scharfen Klärung«) bringt in der Regel keinen Vorteil, sondern im Gegenteil nur Nachteile. Denn bei längerem Stehenlassen wird der Most viel zu blank, die Hefezellen finden nicht genügend Haftstoffe mehr vor, wo sie sich gewissermaßen festhalten können, und es kann zu Schwierigkeiten bei der Gärung kommen, die bis zum Gärungsstillstand führen können.

In modernen Betrieben und in Großbetrieben wird die Mostklärung mittels Separatoren vorgenommen. Siehe auch Klärung durch Separatoren auf Seite 79.

Mostentsäuerung

In manchen Jahren muß eine Minderung des Säuregehaltes des Mostes herbeigeführt werden, um die durch einen schlechten Reifegrad der Trauben entstandene überhöhte Mostsäure geschmacklich zu korrigieren. Die Entsäuerung soll aber nur bei einem Most mit einem Mostsäurewert von über 10 Promille Gesamtsäure und höchstens auf 9 Promille herab durchgeführt werden. Grundsätzlich gilt dabei, daß saure Moste reintöniger vergären.
Vom Prinzip her gibt es drei Methoden der Entsäuerung:

Entsäuerung mit kohlensaurem Kalk
Bei dieser Entsäuerung wird nur die Weinsäure entfernt, die mit dem unter Rühren dem Most zugesetzten kohlensauren Kalk ein schwer lösliches Salz bildet, das in Form von Calciumtartrat ausfällt. Die vorhandene Äpfelsäure wird bei dieser herkömmlichen Methode nicht vermindert und verbleibt voll im Most. Um ein Promille Weinsäure auszufällen, braucht man 67 g/hl Entsäuerungskalk.
Manche Weingesetze verhindern eine Überentsäuerung durch eine Begrenzung der Calciumhöchstmenge und der Weinsäuremindestmenge im abgefüllten Wein.

Doppelsalzentsäuerung
Wenn in schlechten, säurereichen Weinjahren hohe Säurewerte von über 13 Promille im Most vorhanden sind, dann kommt man mit einer einfachen Kalkentsäuerung allein nicht aus und muß neben Weinsäure auch Äpfelsäure aus dem Most entfernen. In diesem Fall müssen in einer Teilmenge mittels Spezialentsäuerungskalk (Calciumcarbonat, dem Doppelsalzkristalle zugesetzt wurden) Weinsäure **und** der äquivalente Anteil an Äpfelsäure in Form eines Doppelsalzes ausgefällt werden. Nach dem Abtrennen der Doppelsalzkristalle, am besten mit einem Kieselgurfilter, eventuell auch mit einem Separator, was aber nicht so günstig ist, erfolgt der Rückverschnitt mit der Restmenge; es kommt dabei zur Ausfällung des Calciumüberschusses in Form von Calciumtartrat.

Erweiterte Doppelsalzentsäuerung (Malitex-Verfahren)
Diese Art der Entsäuerung ist vom Ablauf her die gleiche, wie die vorher erwähnte Methode der Doppelsalzentsäuerung, jedoch darf in einer Teilmenge des Mostes eine Mischung von Weinsäure und eines Spezial-Doppelsalzentsäuerungskalkes zugesetzt (daraufgepumpt) werden. Dadurch wird eine besonders intensive Entsäuerung – unabhängig vom jeweils natürlich vorhandenen Säuregehalt des Mostes – durchgeführt und die Möglichkeit geschaffen, jeden gewünschten Säuregehalt in Most oder Wein einzustellen. In Deutschland ist dieses Verfahren unter der Bezeichnung »Malitex-Verfahren« in Verwendung.

Bentonitbehandlung des Mostes

Im Most sind wie in allen Fruchtsäften verschiedene Eiweißstoffe vorhanden. Ein Teil davon ist wärmelabil (fällt bei höheren Temperaturen aus) und könnte im fertigen Wein Trübungen verursachen.
Es gibt zwei Methoden, um bereits im Most diese thermolabilen Eiweißstoffe zu entfernen:

- die Bentonitbehandlung,
- die Hochkurzzeiterhitzung.

In der Praxis wird hauptsächlich die Behandlung mit Betonit, einem in Most und Wein negativ geladenen Quelltonmineral, vorgenommen. Betonite kommen in Pulverform, aber auch als Granulat (bereits vorgequollen, aber teurer) in den Handel. Es werden hauptsächlich Calciumbentonite und Natrium-Calcium-Mischbentonite eingesetzt. Bei reinen Calciumbentoniten braucht man zur Behandlung höhere Mengen als bei den Mischbentoniten. Sie werden in Mengen von 150–200 g/hl dem Most zugesetzt und gründlichst durchgemischt. Dadurch kommt es zu einer innigen Kontaktnahme mit dem Most und zur Adsorption (Bindung) von thermolabilem Eiweiß an das Bentonit.

Die **Vorteile** einer Mostbentonitbehandlung sind, daß

- ein Bentoniteinsatz bei faulem Lesematerial qualitätsverbessernd wirkt,
- bei der späteren Schönung des Weines überhaupt keine oder nur mehr geringe Betonitmengen notwendig sind und
- bei der Gärung weniger Schaum entsteht.

Eine Bentonitbehandlung des Mostes muß aber nicht immer zielführend sein, denn sie ist stark von der Sorte des verarbeiteten Traubengutes abhängig. Günstig ist eine Mostbentonitbehandlung beispielsweise beim Grünen Veltliner, Welschriesling, Weißen Burgunder u. a.

Eine Mostbentonitbehandlung ist immer nur dann sinnvoll, wenn die Mosttemperatur über 10° Celsius liegt. Von einem Mitgären von Bentonit wird abgeraten. Im Zuge des Entschleimens wird ein Großteil des Bentonits mit dem Entschleimungstrub aus dem System entfernt. Siehe auch Bentonitbehandlung auf Seite 81 und 89.

Kohlebehandlung

Eine Behandlung von Mosten mit Aktivkohle wird hauptsächlich bei frostgeschädigtem, faulem und unreifem Material angewendet. Dabei werden dem Most Mengen zwischen 50–200 g/hl zugesetzt. Es ist aber unbedingt erforderlich, die Kohle vor Gärbeginn aus dem Most durch freies Absetzen (im Zuge des Entschleimens) oder durch Separation zu entfernen.

Alkoholische Gärung

Allgemeines

Die alkoholische Gärung ist ein aerober Prozeß (ein unter Ausschluß von Sauerstoff ablaufender biochemischer Vorgang), bei dem Zucker (Glucose und Fructose) mit Hilfe von Enzymen der Hefe zu Alkohol, Kohlendioxyd (CO_2) und Wärme abgebaut wird. Theoretisch entsteht dabei aus 1 Mol Zucker (Molekulargewicht = 180,15 g) 51,1% Alkohol (Ethanol) und 48,9% Kohlendioxyd. Praktisch entstehen aber nur etwa 47% Alkohol und ebensoviel Kohlendioxyd, weil aus dem Zucker auch eine Reihe von Gärungsnebenprodukten wie Glycerin, Acetaldehyd, höhere Alkohole, Essig-, Milch- und Bernsteinsäure sowie eine Vielzahl anderer Substanzen, wie etwa Aromastoffe, Hefen und andere Stoffwechselprodukte gebildet werden. Bei der Gärung entstehen dabei bis zu 400 teilweise flüchtige Nebenprodukte, die zusammen mit den Extraktstoffen für das Bukett und den Geschmack des Weines verantwortlich sind.

Die Menge des bei der Gärung entstehenden **Kohlendioxyds** wird sehr oft unterschätzt, und daher kommt es alljährlich immer wieder zu Gärgasunfällen, die nicht selten tödlich enden. Denn bereits bei einer CO_2-Konzentration in der Atemluft im Ausmaß von fünf bis sieben Prozent kommt es zu Atembeschwerden, Kopfweh und bei überempfindlichen Personen bereits zu Kreislaufschäden. Die immer wieder propagierte »Kerzerlprobe« ist ungeeignet, da die Kerzenflamme erst bei einer Konzentration von etwa 10 Prozent Kohlendioxyd erlischt.

Aus einem Liter Most mit 18° KMW (90° Oe = 180 g Zucker/l) werden bei der Gärung etwa 40–50 Liter Kohlendioxyd frei. Es sollte daher in jedem Gärkeller auf eine einwandfreie Gärgasabführung geachtet werden. Am günstigsten läßt sich Kohlendioxyd durch Absaugen über geeignete Elevatoren, die am tiefsten Punkt des Weinkellers installiert sein sollen und von außerhalb des Kellers einzuschalten sind, entfernen.

Gärverlauf – Gärkontrolle

Die Phase nach erfolgtem Abpressen des Mostes und dem Einsetzen der Gärung ist wegen der Möglichkeiten von Oxydationen, damit verbunden Aromaverlust und Farberhöhung, eine äußerst kritische. Die Gärung sollte daher sofort nach dem Abpressen eingeleitet werden. Zur Einleitung der Gärung ist es notwendig, den Most, je nach Behältergröße, auf eine **Starttemperatur** von 15–20° Celsius zu erwärmen, um der Hefe günstige Voraussetzungen für einen Gärbeginn zu liefern. Die Mosterwärmung kann mittels Spiralwärmeaustauschern, Röhrenaustauschern und Plattenaustauschern auf das gewünschte Maß durchgeführt werden. Keinesfalls darf man aber den Most in einem Kupferkessel erwärmen.

Spontangärung: Wenn die Gärung so wie in früheren Zeiten durch die auf den Beerenhäuten sitzenden »wilden (originären)« Hefen hervorgerufen wird, spricht man von einer Spontangärung. Die wilden Hefen beginnen zwar schnell die Gärung, hören aber bald wieder auf, haben also keine längere Gärdauer. Bei einer Spontangärung sind sowohl Fehlgärungen als auch negative Veränderungen des Weingeschmackes durch unerwünschte Stoffwechselprodukte der wilden Hefen und von weinschädlichen Bakterien, wie Essig- und Milchsäurebakterien, möglich.

Gärung mit Reinzuchthefen: Fehlgärungen werden durch Zusatz von Reinzuchthefen, die sowohl als Flüssigkulturen als auch in Form von Trockenhefepräparaten angeboten werden, weitgehend vermieden. Reinzuchthefen ergeben also eine sichere Gärung und erbringen reintönigere Weine.

Reinzuchthefen sind aus natürlichen Mosten abgeimpfte und aus einer einzigen Zelle weitervermehrte Mikroorganismen. Sie sind vor Jahren in einen gewissen Mißkredit gekommen, weil ihre Fähigkeiten überschätzt wurden. Heute jedoch kennt man die Leistungsfähigkeit der Reinzuchthefen ganz genau. Für die Kellertechnik interessant sind Hefen mit ganz bestimmten spezifischen Eigenschaften, wie beispielsweise ***Kaltgärhefen,*** die auch noch bei niedrigen Temperaturen von 6–9° Celsius zu gären imstande sind, oder ***Sekthefen,*** die bei hohem Alkoholgehalt und hohem Gehalt an Kohlensäure noch vermehrungsfähig sind, oder ***Sulfithefen,*** die auch bei höherem SO_2-Gehalt noch zu gären imstande sind u. a. In der modernen Weinbereitung wird bei der Herstellung von Qualitätsweinen heute grundsätzlich nur mehr unter Verwendung von Reinzuchthefen vergoren, um Fehlentwicklungen zu vermeiden und ein Steckenbleiben des gärenden Mostes zu verhindern.

Unter üblichen kellerwirtschaftlichen Voraussetzungen kann durch Gärung ein **Alkoholgehalt** von bis zu 16,5 %vol erreicht werden. Durch den Einsatz spezieller Reinzuchthefen ist es unter günstigsten Voraussetzungen auch möglich, 18 %vol Alkohol zu erreichen. Dann aber stellt die Hefe ihre Tätigkeit ein. Weine mit einem noch höherem Alkoholgehalt (z. B. Sherry, Portwein etc.) werden dadurch erreicht, daß man ihnen Weindestillat zusetzt.

Bei der Gärung ist es wichtig, die Gärbehälter nicht ganz mit Most vollzufüllen, sondern einen Spielraum (Steigraum) von 10–15 Prozent zu belassen. Wesentlich ist auch das Verschließen der Behälter mit einem speziell konstruierten **Gäraufsatz,** bei dem die entweichende Kohlensäure optisch (beim Glasgärspund) oder akustisch (beim Gärtrichter) kontrolliert werden kann. Durch den Gärsaufsatz wird der Zutritt von Sauerstoff zum gärenden Most verhindert.

Bei einem normalen Gärverlauf ist die Gärung in der Regel nach fünf bis zehn Tagen, im Idealfall sogar nach vier bis sechs Tagen beendet.

Während der Gärung lassen sich drei Phasen beobachten:

- In der ersten Phase **(Angären)** kommt es zu einer starken Hefevermehrung und bereits leichter CO_2-Entwicklung, wodurch im Most befindliche Trubstoffe an die Oberfläche gedrückt werden.

- Nach ein bis zwei Tagen kommt es dann zur **stürmischen Gärung.** Hier ist es wichtig, die Temperatur durch Kühlen des Gärbehälters mit Wasser zu regulieren (gezügelte Gärung = Temperaturbereich von 15–22° Celsius), um ein Versieden des Mostes zu vermeiden. Unter **Versieden** versteht man eine allzu stürmische Gärung bei Temperaturen von über 25° Celsius, wobei es zu Verlusten an Alkohol und Aromastoffen, aber auch zur Entwicklung von Milchsäurebakterien (Milchsäurestich im Wein) kommen kann. Wenn im Zuge der Gärung die Temperatur auf etwa 30° Celsius ansteigt, kann dies auch zu einem »Steckenbleiben der Gärung« führen.
- In der letzten Phase, wo der größte Teil des Zuckers bereits vergoren wurde, kommt es zu einer **stillen Nachgärung.**

Bei der traditionellen Vergärung von Mosten im Holzfaß, das kaum eine Größe von 2.000 Liter überschritten hat, waren keine Probleme in bezug auf eine überhöhte Temperaturzunahme zu beobachten. Mit der Zunahme der **Größe der Gärgefäße,** die heute in Großbetrieben bei 100.000 Liter und mehr betragen kann, ist es notwendig, während der Gärung dafür zu sorgen, daß die entstehende Wärme abgeführt wird. Denn je größer ein Gefäß ist, um so relativ kleiner ist auch das Verhältnis von Oberfläche zu Inhalt, und daher ist auch die wärmeaustauschende Außenfläche weitaus geringer.

Im heutigen Mittel- und Großbetrieb werden für Weißweine Gärbehälter zwischen 20.000 bis über 100.000 Liter verwendet. Um die Wärme abführen zu können, sind rostfreie Stahlbehälter das günstigste Gärgefäß. Bei Vergärung im großen Kunststoffbehälter wird eine Kühlung durch Berieselung mit Kaltwasser nicht zielführend sein, da die in der Kellerwirtschaft eingesetzten Kunststoffe sehr schlechte Wärmeleiter sind. Noch weniger gut geeignet als Gärbehälter sind Betonzisternen, da sie zumeist in das Gebäude integriert sind und nur nach der Frontseite hin Wärme abgeben können. Bei der bekannt schlechten Wärmeleitfähigkeit von Betonbehältern ist diese Wärmeabfuhr aber zu gering, und es kommt zu überhöhten Temperaturen im Gärgut.

Die **Gärtemperatur** sollte 20° Celsius nicht oder nur unwesentlich überschreiten. Am leichtesten wird diese Wunschvorstellung im rostfreien Stahltank zu realisieren sein. Rostfreier Stahl benötigt keine Innenauskleidung, wie beispielsweise Verbundstahlbehälter, und ist außerdem ein guter Wärmeleiter. Es ist daher leicht möglich, rostfreie Stahlbehälter durch Berieselung mit kaltem Brunnenwasser auf die gewünschte Gärtemperatur zu kühlen. Eine derartige Kühlung, die eigentlich am besten ist, wird allerdings nur dann ökonomisch interessant sein, wenn genügend Wasser im Hausbrunnen vorhanden ist. Aus diesem Grund werden heute vielfach Doppelmantelstahltanks angeboten, die den Vorteil haben, die gewünschte Gärtemperatur auch über ein externes Kühlsystem, sei es mit Wasser oder Kühlsole, konstant zu halten. Solche Kühlsysteme können auch computergesteuert eingesetzt werden.

Von der Verwendung von im Gärbehälter eingebauten Kühlschlangen zur Behälterkühlung wird zur Zeit aus zwei Gründen Abstand genommen:

- weil es im Zug der Gärung zu einem schnellen Weinsteinausfall kommt und die Kühlschlangen mit dem Weinstein verkrustet werden; dadurch kommt es gleichzeitig auch zu einem verschlechterten Wärmeübergang;
- weil diese Kühlschlangen nach Entleerung des Behälters nur schwer zu reinigen sind.

Der gärende Most ist mit Kohlensäure angereichert und wird von Liebhabern als **Bitzler** oder **Brauser** (Deutschland), **Sturm** (Österreich) oder **Sauser** (Schweiz) bezeichnet. Über den Zuckergehalt dieses noch gärenden Produktes werden unter Kennern mitunter nächtelange hitzige Diskussionen geführt.

Die Feststellung des **Gärungsendes** ist bei einem trockenen Wein sehr wichtig. Nur durch Zusehen und Prüfen, ob die Bildung von Kohlensäure (CO_2) aufgehört hat, kann der Kellermeister nicht feststellen, ob eine Gärung wirklich zu Ende gegangen oder ob sie vorher – wie der Fachmann sagt – »steckengeblieben« ist. Ob eine Gärung beendet ist, läßt sich im Grund genommen nur durch eine exakte chemische Zuckerbestimmung in einem Labor feststellen, vor allem dann, wenn man völlig durchgegorene Weine (Diabetikerweine) herstellen will. Auch durch eine Geschmacksprobe kann man kaum exakt beurteilen, ob der ganze Mostzucker tatsächlich vergoren ist. Ein relativ hoher CO_2-Gehalt und eventuell eine hohe Säure können das Ergebnis eines bloßen Weinverkostens sehr verfälschen. Ebenso kann ein in Gang befindlicher bakterieller Äpfelsäureabbau durch eine weitere Kohlensäurebildung eine noch andauernde Gärung vortäuschen.

Sollte ein Most mit einem Mostgewicht von 18–19° KMW (90–95° Oe) nicht völlig durchgegoren sein **(Steckenbleiben des Weines)** so kann auch hier nur eine Laboruntersuchung auf Zucker- und Alkoholgehalt Auskunft darüber geben, ob eine nochmalige Gärungseinleitung sinnvoll ist.

Die Ursache einer solchen Gärungsunterbrechung liegt meistens

- in einer zu niedrigen Gärtemperatur,
- in einer zu scharfen Entschleimung,
- wenn ohne Reinzuchthefezusatz vergoren wurde, oder
- wenn über das oben angeführte Mostgewicht hinaus aufgebessert wurde.

Wenn durch eine Laboruntersuchung festgestellt wird, daß ein weiteres Durchgären noch möglich ist, dann führt man einen Abstich vom Geläger durch, bringt den Wein mit Hilfe eines Mostwärmers auf eine Starttemperatur von 17–20° Celsius und leitet mit Hilfe von Reinzuchthefen eine neuerliche Gärung ein.

Bei Mosten in einem Bereich zwischen 20–23° KMW (100–115° Oe), somit bei einer Zuckermenge, die von gärkräftigen Hefen durchaus noch sehr leicht vergoren werden kann, besteht die Gefahr, daß – sofern sie trocken durchgären – daraus brandige (zu alkoholbetonte) Weine entstehen. Es wird daher notwendig sein, solche Produkte in der **Gärung zu unterbrechen.** Hier ist der Klärseparator das wichtigste Hilfsmittel für den Kellermeister. Alle anderen Methoden zur Gärungsunterbrechung (Abkühlen, Schwefelung etc.) haben sich nicht bewährt. Nach der Separation sollten diese Weine steril in einen sterilisierten Behälter – am besten eignen sich dazu Stahltanks oder Kunststoffbehälter – eingelagert werden. Bei hohen Prädikaten wie Beerenauslesen und Trockenbeerenauslesen ist eine Gärungsunterbrechung zumeist nicht notwendig, da bedingt durch den Botrytisbefall, Hefehemmstoffe in den Most gelangen und die Gärung zumeist im Bereich von 10–12 %vol Alkohol aufhört. Solche höhere Prädikatsweine haben immer einen mehr oder minder hohen Restzuckergehalt (50–200 g/l).

Rotweinbereitung

Clairet (Claret, Clairette)

Clairet ist ein leichter und gerbstoffarmer Rotwein mit Weißweinfarbe, der aus blauen Traubensorten durch sofortiges Abpressen gewonnen wird. Er entspricht in seiner Art einem Rosé. Der Begriff ist französischen Weinen vorbehalten. Er hat als selbständiger Wein eher wenig Bedeutung, dient aber mit einem Anteil von bis zu zwei Dritteln als Grundlage der Champagner-Cuvées.

Roséwein

Roséwein oder auch kurz Rosé (in Österreich »Gleichgepreßter« und in der Schweiz »Süßdruck«) genannt, ist ein Wein von blaß- bis hellroter Farbe, der aus weißgekelterten Rotweintrauben hergestellt wird. Weißgekeltert heißt, daß die gerebelte Maische noch vor der Gärung abgepreßt wird. Bevor das Pressen erfolgt, wird die Maische je nach Reife und Traubensorte zwischen zwei und

sechs Stunden stehengelassen, anschließend abgepreßt und wie Weißwein als Saft vergoren. Je intensiver beim Pressen der Nachdruck erfolgt und je länger die Maische steht, desto dunkler wird die Farbe des Weines. Durch ein entsprechendes Vorklären des Mostes erreicht man eine leuchtend helle Farbe.
Der Roséwein vereinigt die Fruchtigkeit des Weißweines mit der Fülle des Rotweines. Er ist sicherlich kein genau zu definierendes Produkt, findet aber die Liebhaber, die solche Produkte suchen.

Rotwein

Die Grundvoraussetzung zur Herstellung von Qualitätsrotweinen ist vollreifes und vor allem gesundes Traubenmaterial. Vollreif deshalb, weil erst in der letzten Phase der Traubenentwicklung die Farbstoffe in die Beerenhaut eingelagert werden. Gesundes Traubenmaterial ist deswegen wichtig, weil Fäulnis neben allen anderen unerwünschten Wirkungen auch den Rotweinfarbstoff in der Beere zerstört und aus faulem Lesegut kein gut gedeckter Rotwein herstellbar ist. Die Vollreife ist bei Rotweinsorten in unseren Breitengraden zumeist bei einem Mostgewicht von 17–18° KMW (85–90° Oe) erreicht, womit eine zufriedenstellende Zuckerbildung in der Beere erreicht wird.
Die Rotweinfarbstoffe sind bei den für die Rotweinerzeugung verwendeten Traubensorten in der Beerenhaut lokalisiert. Der Saft selbst ist ungefärbt.
Bei der Weißweinbereitung sind die wesentlichen Schritte bei der Traubenverarbeitung maischen und pressen. Bei der Rotweinbereitung sind im Prinzip die gleichen technologischen Schritte notwendig, doch muß außerdem ein zusätzlicher Schritt, nämlich jener der Farbgewinnung eingeschaltet werden.

Maischegärung

Die älteste und auch heute noch verbreitetste Methode der Rotweinbereitung ist die Maischegärung. Man unterscheidet dabei zwischen der offenen und geschlossenen Maischegärung. Während die **offene Maischegärung** (klassische Form) heute nur noch vereinzelt in Kleinbetrieben anzutreffen ist, stellt die **geschlossene Maischegärung** das heute am meisten angewendete Verfahren dar. Es erfolgt in Kunststoff- oder nichtrostenden Stahlbehältern, die mit einer Vorrichtung zur Umwälzung der Maische ausgestattet sind. Ist ein stehender Gärbehälter vorhanden, so kann anstelle einer Maischeumwälzung auch ein Überfluten (Überbrausen) mit Most vorgenommen werden. Man spricht auch dann schon von einer geschlossenen Gärung, wenn die Maische einfach nur mit einer Kunststoffolie abgedeckt wird, die vielfach schon genügt, um die Gefahr einer Oxydation oder Essigsäurebildung zu verhindern.
Die Maische wird mit 30–50 mg/l SO_2 geschwefelt und auf eine Starttemperatur von 17–20° Celsius erwärmt. Bei einer offenen Maischegärung ist es besser, die höhere Starttemperatur (20° C) zu wählen. In kleineren Betrieben wird die Maische mit einem Mostwärmer aufgewärmt, wobei zu beachten ist, daß die Maische zwischendurch immer gut durchgerührt wird. In größeren Betrieben bedient man sich der verschiedenen Wärmeaustauscher.
Wenn eine Aufbesserung des Lesegutes notwendig ist, so hat sie bereits in diesem Stadium zu erfolgen, da es dadurch zu einer stürmischeren Gärung und zu einer höheren Alkoholbildung kommt, die für eine gute Farbstoffauslaugung verantwortlich ist. Weiters ist es notwendig, Reinzuchthefen zuzusetzen, um einen möglichst schnellen Gärstart zu erreichen. Auf eine günstige Gäreinleitung kann sich auch ein kleiner Zusatz von fertigem Wein in die frische Maische auswirken.
Durch die entstehende Kohlensäure kommt es zum Auftreiben der Feststoffe an die Oberfläche: diese Schicht wird »Tresterhut« genannt. Dieser **Tresterhut** muß nun mit dem gärenden Saft in Kontakt gebracht werden, um die in den Beerenhäuten befindlichen Farbstoffe zu extrahieren. Am

einfachsten geschieht dies durch ein täglich dreimaliges Unterstoßen dieses Tresterhutes. Im Zuge der Gärung, die bei der Rotweinbereitung üblicherweise drei bis fünf Tage dauert, steigen Farbstoff- und Gerbstoffgehalt an.
Gärintensität und Gärdauer sind variabel und bestimmen im wesentlichen die Farbtiefe und den Gerbstoffgehalt des künftigen Rotweines. Der Zeitpunkt des Abpressens der Maische richtet sich dabei nach dem angestrebten Rotweintyp und nach der Beschaffenheit des Lesematerials. Bei gesundem Lesegut preßt man noch vor Vollendung der Gärung mit Erreichen der höchsten Farbausbeute ab, also wenn das Mostgewicht auf etwa 6° KMW (30° Oe) abgesunken ist. Bei unreifem Lesegut wird man bereits bei 5° KMW (25° Oe) abpressen, weil man eine höhere Farbausbeute kaum mehr erreichen wird können.
Den Einsatz von pektolytischen Enzymen wird man zu einer raschen Freisetzung der Farbstoffe und zur besseren Klärung vornehmen, also immer dann, wenn eine höhere Farbstoffausbeute erwünscht ist. Will man die Maische durchgären lassen, dann gibt man keinen Enzymzusatz zur Maische. Die Saftausbeute bei der Rotweinmaische ändert sich durch eine Enzymbehandlung nicht.
Ist ein eher gerbstoffarmer Rotwein erwünscht (z. B. Südtiroler Weine), dann wird der Abpreßzeitpunkt etwa bei Vergärung der halben Zuckermenge des Mostes liegen. Wird dagegen ein gerbstoffreicher Rotwein angestrebt, so wird auf der Maische völlig durchgegoren.

Maischegärung im Großraumverfahren

Die maischevergorenen Rotweine repräsentieren den klassische Rotweintyp. Da jedoch der manuelle Aufwand und die Art der Behälter es nicht ermöglichen, ab einer bestimmten Betriebsgröße in der konventionellen Art zu verfahren, wurden Behälter mit mechanischen Einbauten entwickelt, in denen die Maischegärung ohne manuellen Aufwand durchgeführt werden kann. Es gibt eine ganze Reihe von verschiedensten Systemen, die alle darauf ausgerichtet sind, die Durchmischung von gärendem Most und Tresterhut auf mechanischem Weg zu verrichten.

Rotweinbereitung mittels Warmverfahren

Alle Maischegärverfahren benötigen Gärbehälter, die fast ausschließlich für die Vergärung von Rotweinmaische verwendbar sind und das restliche Jahr über leerstehen. Es war daher der Wunsch – vor allem von Großbetrieben –, Rotweinbereitungsmethoden zu finden, die ihre Betriebseinrichtungen rationeller ausnützen und die biologischen Unsicherheiten, die bei allen Maischegärverfahren auftreten können, verhindern.
Zur Zeit sind zwei Methoden in Gebrauch:

- ***Langzeiterwärmung:*** Die gerebelte Maische wird mit Hilfe eines geeigneten Wärmeaustauschers (Röhren- oder Spiralenerhitzer) auf 55–65° Celsius erwärmt und bei dieser Temperatur zwei bis drei Stunden stehengelassen. Eine Erwärmung über 65° Celsius ist nicht ratsam, weil es dann zu einem Kochgeschmack im fertigen Wein kommen kann.
  Danach wird die Maische abgepreßt und der ablaufende Saft auf Starttemperatur (17–20° Celsius) zurückgekühlt. Diese Rückkühlung ist wichtig, um eine unerwünschte Entwicklung von Bakterien zu vermeiden. Der Saft ist beim Abpressen bereits rot gefärbt und kann nun wie weißer Most in jedem beliebigen Gefäß vergoren werden. Eine Aufbesserung erfolgt nach dem Abpressen, unmittelbar vor der Gärung. Die Saftgärung bedarf keiner so aufwendigen Betreuung wie die Maischegärung, und es können alle Gärbehälter im Betrieb dazu verwendet werden. Der Schwachpunkt dieses Verfahrens ist der verhältnismäßig hohe Energieaufwand.
- ***Hochkurzzeiterhitzung:*** Bei dieser Methode wird die Maische bloß 2–5 Minuten auf 85–87° Celsius erhitzt und anschließend rückgekühlt. Die Rückkühlung erfolgt zunächst auf nur

45° Celsius, um nach Zusatz von pektolytischen Enzymen eine Fermentierung über zwei Stunden durchzuführen. Danach wird abgepreßt, auf Starttemperatur zurückgekühlt und vergoren. Eine zweite Möglichkeit wäre, nach der Hochkurzzeiterhitzung sofort abzupressen und auf Starttemperatur rückzukühlen. Dieses Verfahren wird dann angewendet, wenn genügend Farbstoff vorhanden ist. Es hat den Vorteil, daß man in dieser Form kontinuierlich die Traubenübernahme und Traubenverarbeitung durchführen kann. Die Hochkurzzeiterhitzung, die vor allem in Großbetrieben durchgeführt wird, hat zwar den Vorteil, daß bis zu 60 Prozent der benötigten Wärmeenergie im Gegenstromverfahren wieder rückgewonnen werden können, aber auch den Nachteil, daß es beim Jungwein zu Klärschwierigkeiten kommt und daß die spätere Reifeentwicklung des Weines »gestört« ist.

Im Charakter präsentieren sich maischevergorene Rotweine ausdrucksvoller und gerbstoffreicher. Es ist dies der gewohnte klassische Rotweintyp. Weine, die nach einem Warmverfahren hergestellt wurden, sind – bedingt durch die kurze Kontaktzeit mit den Beerenhäuten – gerbstoffärmer, haben aber den großen Vorteil, schon bereits kurz nach der Gärung wie ein »fertiger Rotwein« zu schmecken, wobei sie eine besondere Fruchtigkeit aufweisen.

Die durch das Maischewarmverfahren erzeugten Rotweine sind sicherlich nicht die geeigneten Rotweintypen für eine längere Lagerung, sondern eher für einen baldigen Konsum bestimmt, wird doch ein Großteil der Rotweine bereits im Folgejahr der Lese vom Konsumenten erwartet. Für eine Langzeitlagerung eignen sich die nach dem klassischen Verfahren der Maischegärung hergestellten, eventuell auch die durch eine Langzeiterwärmung erzeugten Rotweine wesentlich besser. Bei hochkurzzeiterhitzten Rotweinen empfiehlt sich im allgemeinen keine längere Lagerung, denn die anfängliche Fruchtigkeit schlägt relativ rasch in einen Alterston um.

Macération Carbonique (Carbonische Gärung, Kohlensäuremazeration)

Diese aus Südfrankreich stammende Rotweinbereitungsmethode ist ein Verfahren, das in geschlossenen Tanks, die während der Füllung mit unversehrten Trauben mit Kohlensäure gesättigt werden, abgewickelt wird. Es dürfen dabei nur gesunde, reife und unverletzte Trauben verarbeitet werden. Die Trauben werden in die Tanks eingefüllt und in dieser Inertgasatmosphäre bei einer Temperatur von 20–25° Celsius etwa eine Woche lang gelagert und dann abgepreßt. In dieser Zeit erleben die Beeren eine Art von Erstickungstod, und es kommt zu einer interzellularen Gärung und Auflösung des Beerengewebes (Mazeration). Ebenso kommt es zu einer Vermorschung der Beerenhülsen, wodurch die Farbstoff- und Saftabgabe erleichtert wird. Weiters wird Äpfelsäure zu Zucker abgebaut. Die große Gefahr bei dieser Art der Rotweinerzeugung ist die Möglichkeit, daß Saft austritt, dieser vergärt und es dabei zu einer Essigsäurebildung kommt, da die Anwesenheit von Sauerstoff nie ganz auszuschließen ist.

Jungweinbehandlung bei Weißwein

Der erste Abstich (Abziehen vom Geläger)

Nach Beendigung der Gärung setzt sich die Hefe am Behälterboden als **Geläger** ab. Der Gärbehälter wird entweder sofort spundvoll gefüllt, oder der Jungwein wird von der Hefe getrennt, indem man den Jungwein vom Gärbehälter in einen Lagerbehälter bei gleichzeitiger Filtrierung abpumpt **(Abstich).** Ein zweiter, nötigenfalls dritter Abstich trennt dann den Wein von den abgelagerten Schönungsmitteln, die sich am Boden des Lagerbehälters absetzen.

Der Zeitpunkt des ersten Abstiches richtet sich nach der Weinart, die hergestellt werden soll. Ist wie bei Prädikatsweinen die Erhaltung eines natürlichen Zuckerrestes erwünscht, erfolgt der Abstich vom Geläger bei Erreichen des gewünschten Zuckerrestes durch Gärungsunterbrechung (Zentrifugieren und filtrieren). Bei trockenen Weinen wird der Jungwein erst nach Vergärung des Zuckers über Separatoren geklärt und geschwefelt.
Im Klein- und Mittelbetrieb erfolgt nach Gärende die sogenannte **»rauhe Fülle«.** Die Gärbehälter werden vollgefüllt, wobei zum Schutz vor schädlichem Sauerstoffeinfluß gleichzeitig auch die **Schwefelung** des Jungweines mit 50–70 mg/l SO_2 (1–1,5 Säckchen Kaliumpyrosulfit/hl) erfolgt. Diese kräftige Jungweinschwefelung hat den Vorteil, daß in der weiteren Folge kaum mehr nachgeschwefelt werden muß. Wird die erste Schwefelung mit geringeren SO_2-Mengen vorgenommen, dann wird es sicherlich notwendig sein, öfters nachzuschwefeln, um beim Jungwein während seines Ausbaues einen konstanten SO_2-Spiegel von etwa 30 mg/l einzustellen. Damit kommt man aber auf eine höhere Menge an gesamter Schwefeliger Säure, als wenn man die erste Schwefelung gleich mit einer kräftigen SO_2-Menge vornimmt. Nach etwa zwei Wochen kann nun der Jungwein mittels Kieselgurfiltration geklärt werden, oder wenn diese Möglichkeit nicht gegeben ist, vom Geläger gezogen werden. In diesem Fall kann auf die Selbstklärung (Spontanklärung) des Weines gewartet werden oder im Zuge dieses ersten Abstiches eine Bentonitbehandlung kombiniert mit einer Klärschönung (Gelatine-Kieselsol) angewandt werden. Von diesem Schönungstrub kann der Wein nach zwei Wochen über Vorklärschichten blankfiltriert werden.
Diese Vorgangsweise wird nur dann angewandt, wenn ein bakterieller Äpfelsäureabbau verhindert werden soll, was beim Weißwein die Regel ist. Unbedingt ist sofort vom Geläger abzuziehen und zu schwefeln, wenn ein Böckser (Geruch nach faulen Eiern) festgestellt wird. Es wäre auch nicht zweckmäßig, einen Wein zu lange auf dem Geläger zu belassen, da es vor allem in wärmeren Kellerräumen zur Gelägerzersetzung kommen kann, wodurch Fehlgerüche und Fehlgeschmäcker in den Wein gelangen könnten.
Bei besonders hochwertigen Weinen wird mitunter auf ein frühzeitiges Abziehen verzichtet. Hier ist es dann aber notwendig, von vornherein nur ganz gesundes Traubenmaterial zu verwenden, auf Trauben-, Maische- oder Mostschwefelung zu verzichten und auf strikte Hygiene zu achten. Die Hefe übernimmt hier neben der Gärungskohlensäure eine gewisse Konservierungsfunktion, da sie Sauerstoff bindet. Die entstehenden Weine wirken natürlicher und reichhaltiger. Das Risiko für nicht ganz sattelfeste Winzer ist dabei aber sehr hoch.

Weinklärung

Um die heute gewünschte Geschmacksrichtung von Weißweinen, die auf jugendliche, frische, fruchtige, reintönige und bekömmliche Weine abzielt, zu erreichen, ist es in der Regel notwendig, die Jungweine möglichst rasch zu klären. Dadurch können eine Böckserbildung, ein nicht erwünschter bakterieller Äpfelsäureabbau und ein eventueller Fehlgeschmack im späteren Wein durch ein Zersetzen des Gelägers vermieden werden. Dazu gibt es verschiedene Möglichkeiten:

Selbstklärung

Die Selbstklärung ist die älteste Art der Weinklärung. Es wird dabei auf das freie Absetzen der Trubteilchen gewartet. Diese kostenfreie Klärungsart wird vor allem bei sauren Weinen (pH-Wert 3,2–3,4), bei wenig Feintrubanteil durch schonende Traubenverarbeitung, bei zügiger Vergärung und bei kräftiger Schwefelung des Jungweines gut funktionieren. Die Selbstklärung dauert jedoch ungefähr einen Monat, bis der gewünschte Kläreffekt erreicht ist.

Klärung durch Separatoren

Im Großbetrieb erfolgt die Jungweinklärung fast ausschließlich über Separatoren, wobei heute nur selbstreinigende Tellerseparatoren zur Anwendung kommen. Hier wird durch Erhöhung der Fliehkraft eine rein mechanische Klärwirkung auf das Produkt ausgeübt. Die Wirkung des Separators beruht auf einer Erhöhung der Schwerkraft um das 4.000–6.000fache. Hochleistungsseparatoren können bis zu 15.000 g (Erdanziehung) erreichen und werden zur Weinklärung nach vorherigem Separieren über einen »Normalseparator« eingesetzt. Beim Einsatz solcher Separatoren ist unbedingt ein Drehbürstensieb vorzuschalten, da es sonst, bedingt durch die Inhomogenität der Trubanteile, zu Unwuchten in der Separatortrommel kommen könnte.

Klärschönung

Wer den Jungwein rasch in eine Form bringen möchte, die es erlaubt, ihn über Klärschichten zu filtrieren, wird sich nach dem ersten Abstich einer Klärschönung bedienen. Hierzu werden Gelatine und Kieselsol verwendet. Die notwendige Menge des Schönungsmittelbedarfs wird durch entsprechende Vorproben ermittelt.
Siehe auch die Ausführungen über »Schönung« auf Seite 80ff.

Kieselgurfiltration (KG-Filtration)

Die Kieselgurfiltration ist eine Anschwemmfiltration, mit der es möglich ist, auch stark gärtrübe Weine zu klären. Kieselgur ist die Ablagerung von Skeletten der Kieselalgen, die gereinigt, getrocknet und in bestimmte Feinheitsgrade vermahlen in den Handel kommen.
Die Klärung des Weines erfolgt entweder durch vertikal gelagerte Kieselgursysteme (ältere Modelle) oder durch horizontal gelagerte Geräte (modernere Modelle). Während man beim vertikal gebauten Gerät das Problem hat, wohin man das gebrauchte Kieselgur abspült (in den Kanal?), kann man bei horizontal angeordneten Klärelementen das gebrauchte Kieselgur trocknen und auf Deponien austragen.
Kieselgurfilter sind im Kleinbetrieb zumeist im überbetrieblichen Einsatz (über Weinbauvereine etc.) zu finden, stellen aber auch in größeren Betriebseinheiten eine wichtige Klärmöglichkeit dar.

Schichtenfiltration (EK-Filtration)

Der Schichtenfilter ist ein in nahezu allen Weinbaubetrieben anzutreffendes Gerät. Man kann damit sowohl eine Vorfiltration als auch eine Fein- und Entkeimungsfiltration durchführen. Je nach erforderlicher Filtrationsart werden die Filterschichten aus differenten Mischungen von Kieselgur (in verschiedenen Vermahlungsgraden), Zellulose und Kunststoffasern hergestellt. Auf diese Art ist es möglich, sowohl grobe Trubstoffe bei der Vorfiltration als auch Mikroorganismen bei der Entkeimungsfiltration abzutrennen.

Membranfiltration

Die Membranfiltration wird hauptsächlich zur Sterilfüllung von Weinen verwendet. Sie erlaubt es, durch den Einsatz von Membranen, die in Kerzengehäusen eingebaut sind und definierte Porengrößen haben, Teilchen bis 0,1 µm abzutrennen. Für die entkeimende Filtration von Weinen werden Porengrößen von 0,6 und 0,4 µm eingesetzt.

Cross-Flow-Filtration

Dies ist eine neue Art der Filtration, die sich in den letzten Jahren überraschend gut durchgesetzt hat und in einem einzigen Arbeitsgang aus einem gärtrüben Jungwein einen klaren, füllfertigen Wein macht. Das Cross-Flow-Filtergerät arbeitet ohne Filterhilfsmittel, wodurch eine Umweltbelastung vermieden werden kann.
Die bei diesem Verfahren verwendete Filterpatrone enthält auf kleinstem Raum eine maximale Membranfläche. Diese besteht aus vielen asymmetrisch aufgebauten, hohlen Membranfasern aus Kunststoff, die in ein durchsichtiges Kunststoffgehäuse eingearbeitet sind. Der gärtrübe Wein fließt durch das Innere der Fasern, wobei der Wein durch die Membran dringt und drucklos aus dem Filtergehäuse herausfließt, während die Trubstoffe an der Membran zurückgehalten werden.
Im Vergleich zu den konventionellen Klärmethoden ist das Cross-Flow-Filtrationsverfahren folgendermaßen zu bewerten:

Vorteile:
- einfach, zeitsparend und besser filtrierbar,
- kein Abfall von Hilfsmitteln,
- das Verfahren erbringt wenig Restmengen,
- kein Unterschied zur konventionellen Filtration bei einer sensorischen Beurteilung des Weines, obwohl von Gegnern der Cross-Flow-Filtrationsmethode eingewendet wird, daß durch die verwendeten Membrane angeblich in den Kolloidbereich des Weines eingegriffen wird und geschmackswirksame Substanzen herausgefiltert werden können.

Nachteile:
- begrenzte Filterleistung,
- hohe Anlagenkosten,
- eventuell ein etwas größerer Verlust des Kohlensäuregehaltes im Wein.

Mehrfaches Umziehen

Nachdem jede Filtration eine mehr oder weniger strapaziöse Prozedur des Jungweines ist, gehen Winzerbetriebe zur Schonung des Weines manchmal dazu über, die Weine anstelle einer Filtration einfach öfter von einem Faß ins andere umzuziehen, wenn möglich ohne Pumpe, so wie im Altertum das Umfüllen zur Klärung des Weines vorgenommen wurde.
Weinklärung nur durch Umziehen ist die Technik der Wahl, insbesondere bei großen Rotweinen. Durch Verzicht auf Filtration wird dem Wein nichts weggenommen. Die Belüftung des Weines, alle drei oder vier Monate, wirkt sich günstig auf den Ausbau aus. Das Verfahren benötigt allerdings doch mindestens eineinhalb Jahre, um zur Flaschenreife zu kommen. Große Weine liegen sogar teilweise noch länger im Faß.

Schönung

Schönungsmittel werden zur Klärung, Stabilisierung (Haltbarmachung) und geschmacklichen Verbesserung von Weinen eingesetzt. Die grundsätzlichen **Voraussetzungen** zur Wirkung einer Schönung sind:
- Der Schönungsniederschlag muß spezifisch schwerer sein als der Wein, da er sich sonst nicht absetzt.
- Der zu schönende Wein muß ruhiggestellt sein, das heißt, er darf keine CO_2-Entwicklung, bedingt durch Mikroorganismentätigkeit oder Temperaturerhöhung, mehr haben.

- Die Trubkolloide müssen eine entgegengesetzte Ladung als das Klärmittel haben.
- Je saurer ein Wein (je niedriger sein pH-Wert), um so besser zieht jede Schönung.
- Es sind die richtigen Mengen an Schönungsmitteln (Dosierung) zuzusetzen, die durch Vorversuche ermittelt werden müssen.
- Ein wichtiger Faktor zum Gelingen einer Schönung ist die Temperatur des Weines, die nicht unter 8–10° Celsius liegen sollte.
- Die Zugabe von Schönungsmitteln sollte unbedingt mit Unterstützung eines Propellerrührwerks vorgenommen werden, da die innige Durchmischung von Wein und Schönungsmittel ein wichtiger Faktor für das Gelingen der Schönung ist.
- Bei Kombinationen von Schönungsmitteln ist auf die richtige Reihenfolge der Zugabe zu achten.
- Nach einer Schönung sollte man den Wein innerhalb von acht bis vierzehn Tagen vom Schönungstrub abziehen.

Betonitbehandlung (Eiweißstabilisierung)

Die Betonitbehandlung dient zur Eiweißstabilisierung
- im Most,
- beim Jungwein (möglichst gleich nach Abzug vom Geläger) und
- vor der Flaschenfüllung (jedoch nicht unmittelbar vor der Füllung, da das Bentonit den Geschmack und die Filtration des Weines negativ beeinflussen kann).

Sie sollte möglichst früh im Jungweinstadium durchgeführt werden (höchstens vier Wochen nach der Gärung), da eine spätere Bentonitbehandlung das bereits gefestigte Aromabild im Wein irreversibel verändern kann.
Das Bentonit ist ein spezielles Adsorbtionsmittel, damit das im Wein vorhandene Eiweiß schon in dieser Phase der Weinbereitung entfernt werden kann und nicht erst später in der Flasche ausfällt. Gesetzliche Bestimmungen in den Weinerzeugerländern sorgen dafür, daß dem Wein immer nur ganz bestimmte Höchstmengen an Bentonit zugesetzt werden dürfen. Sehr gut haben sich dabei die Mischbentonite (Natrium- und Calciumbentonite) – besonders bei säurearmen Prädikatsweinen – bewährt.
Vor allem im Kleinbetrieb ist die Bentonitbehandlung unmittelbar nach dem Abstich von Vorteil, da vor allem bei Verwendung von Natrium-Calcium-Mischbentoniten ein verbesserter Kläreffekt im Jungwein erfolgt. Grundsätzlich sollten Bentonitbehandlungen im Wein immer so zeitlich wie möglich vorgenommen werden.
Das Bentonit wird in der 5–10fachen Menge Wasser klumpenfrei angerührt. Dann läßt man es mindestens zwölf Stunden vorquellen (das granulierte Bentonit ist bereits vorgequollen, klumpt später jedoch leichter), gießt das Wasser ab, gibt die gleiche Menge Wein hinzu und fügt diese Wein-Bentonit-Suspension dem Jungwein zu. Dann rührt man eine Viertelstunde kräftig um, damit das Bentonit so lange in Schwebe gehalten wird und zieht den Wein spätestens nach zwei bis drei Wochen vom Trub ab oder filtriert ihn. Wichtig bei der Bentonitbehandlung ist die Temperatur des Weines, die mindestens 8–10° Celsius betragen muß, weil sonst nur mit einer unvollständigen Wirkung gerechnet werden darf.
Siehe auch »Bentonitbehandlung« auf Seite 70 und 89.

Blauschönung

Die Blauschönung dient zur Entfernung von Schwermetallen, wie Eisen, Kupfer und Zink, die imstande wären, im Wein Verfärbungen und Trübungen zu verursachen. Sie wird mit gelbem Blutlaugensalz durchgeführt, das nach Bildung eines unlöslichen Niederschlages mit den genannten Metallen aus dem Wein herausfiltriert werden muß. Für die Voruntersuchung, ob eine Blauschönung durchgeführt werden muß, ist das Ergebnis einer dazu autorisierten Untersuchungsanstalt bzw. dazu befugter Personen heranzuziehen. Nach Durchführung der Schönung ist eine Probe zur Nachuntersuchung einzureichen.

Gelatineschönung

Die Gelatinebehandlung kann zur Beseitigung eines überhöhten Gerbstoffgehaltes verwendet werden und in Kombination mit Kieselsol oder Aktivkohle, seltener mit Tannin, zur Klärschönung des Jungweines bzw. zur Beseitigung leichter Geruchs- und Geschmacksfehler und zu Farbkorrekturen verwendet werden. Sie kommt in fester Form (Blattgelatine, pulverförmige Gelatine) und in 20%iger Lösung in den Handel. Die Gelatine bildet dabei einen flockigen Niederschlag, der dann vom Wein durch Filtration leicht abgetrennt werden kann.
Da Gelatine aus Eiweiß besteht, kann der Schönungstrub relativ leicht verderben. Wenn der Wein während der Schönung zu warm gelagert wird, sollte der Schönungstrub kürzer liegen als bei einer kühleren Weinlagerung. Der Schönungstrub ist so wie eine Gelägerlagerung – nämlich gefühlsmäßig – zu behandeln.

Hausenblasenschönung

Die Hausenblase ist die präparierte Innenhaut von Fischen wie Hausen, Stör und Wels. Sie kommt in getrockneten Platten, als Granulat oder auch in vorbehandelter Form als Paste in den Handel. Sie wurde vor der Entwicklung der Filtrationstechnik als letzte Schönung zum »Blitzblankmachen« eines Weines verwendet. Diese Funktion hat heute keine Bedeutung mehr. Die heutige Renaissance der Hausenblasenschönung erfolgte mit dem vermehrten Auftreten von Mufftönen im Wein, die mit anderen Schönungsmitteln nur unter Qualitätseinbußen zu beseitigen sind.

Eiklarschönung

Diese wird hauptsächlich bei Rotweinen zur Verminderung des Gerbstoffes angewendet. Für 100 Liter Wein nimmt man das Eiklar von ein bis drei frischen Hühnereiern, schlägt es mit einem Schneebesen zu steifem Eischnee, vermengt diesen mit dem Wein und filtriert den derart geklärten Wein nach etwa einer Woche vom Schönungstrub ab.

Hefeschönung

Zur Verjüngung und zum Auffrischen alter, müder Weine oder auch zur Behebung kleiner Geruchs- und Geschmacksfehler führt man eine Schönung des Weines mit gesunder Hefe aus dem Geläger durch. Sinnvoller wäre es jedoch, zur Verjüngung diese Weine umzugären. Dabei wird einem stürmisch gärenden Most in Teilmengen Altwein bis zu 40 Prozent zugesetzt. Auf diese Weise kann die Auffrischung mit Gärungskohlensäure und mit Hilfe der reduktiven Wirkung der gärenden Hefe am besten realisiert werden.

Silberchlorid- und Kupfersulfatbehandlung

Diese Chemikalien werden als Schönungsmittel zur Beseitigung von Böcksern im Wein eingesetzt. Siehe auch unter »Böckserbehandlung« auf Seite 105.

Aktivkohlebehandlung

Die Aktivkohle wird sowohl im Most, wenn unreifes Lesegut vom Frost befallen wurde, als auch im Wein zur Korrektur von Farb-, Geruchs- und Geschmacksfehlern eingesetzt. Unter Aktivkohle verstehen wir gereinigte Knochen- und Pflanzenkohle, die – feinst vermahlen – durch ihre Adsorbtionswirkung imstande ist, diese erwünschten Effekte zu realisieren. Im Wein ist eine Kohlebehandlung aber grundsätzlich nur nach Vorproben durchzuführen, da es ansonsten zu Qualitätsverlusten kommen könnte. Die Kohleschönung sollte immer als »Notbremse« angesehen werden.

Jungweinbehandlung bei Rotwein

Bei Rotweinen erhebt sich immer die Frage, ob ein bakterieller Äpfelsäureabbau erwünscht ist oder nicht. Wenn nicht, kann die Jungweinbehandlung in gleicher Form wie bei Weißwein durchgeführt werden. Sollte jedoch ein Äpfelsäureabbau durchgeführt werden, müssen andere Vorgangsweisen angewendet werden.

Bakterieller Äpfelsäureabbau (Biologischer Säureabbau, Malolaktische Gärung)

Im Zuge des bakteriellen Äpfelsäureabbaues wird Äpfelsäure zu Milchsäure und Kohlendioxyd (CO_2) abgebaut. Dabei wird der Gehalt an titrierbarer Äpfelsäure (berechnet als Weinsäure) etwa um die Hälfte reduziert. Vor allem bei Rotweinen kann damit der Weinausbau positiv beeinflußt werden; die Weine werden runder und milder im Abgang. Allerdings wird gleichzeitig aber auch die Fruchtigkeit des Weines vermindert. Daher wird der bakterielle Äpfelsäureabbau bei Weißweinen vielfach abgelehnt (Ausnahme Schweiz).
Will man einen bakteriellen Äpfelsäureabbau einleiten, sind einige **Kriterien** zu beachten:

- Der beste Zeitpunkt zur Einleitung eines bakteriellen Äpfelsäureabbaues ist nach dem ersten Abstich.
- Die äpfelsäureabbauenden Bakterien sind äußerst empfindlich gegen Schwefeldioxyd (SO_2), weshalb eine Maische- oder Jungweinschwefelung unterbleiben sollte. Bereits Mengen von 15 mg freier und 40 mg gebundener SO_2 können die gewünschte Bakterienentwicklung hemmen.
- Da Bakterien ein höheres Temperaturoptimum haben, ist auch eine Erwärmung des Weines – am besten durch eine entsprechende Raum(Keller)temperatur – auf 20° Celsius ratsam.
- Das pH-Optimum für einen sauberen Äpfelsäureabbau liegt zwischen 3,3 und 3,4 pH. Sollte der pH-Wert tiefer liegen, kann der gewünschte Wert mit Calciumcarbonat ($CaCO_3$) eingestellt werden.
- Das Aufrühren des Gelägers ist eine Möglichkeit, die Bakterienentwicklung zu forcieren, da die abgestorbene Hefe Nährstoffgrundlage für die Bakterien ist. Diese Vorgangsweise ist aber nur bei völlig gesundem Geläger zu empfehlen.
- Eine weitere Möglichkeit wäre der Verschnitt mit einem bereits im Säureabbau befindlichen Wein. Dafür sollten der Gesamtmenge fünf bis zehn Prozent eines solchen Weines zugesetzt werden.
- Die Möglichkeiten, den Säureabbau durch Zusatz von Bakterienstarterkulturen einzuleiten, wurden in den letzten Jahren entscheidend verbessert. Der dabei am häufigsten eingesetzte Bakterienstamm ist der Leuconostoc oenos, der sich auch durch eine pH-Toleranz aus-

zeichnet. Die Bakterienkulturen sind entweder direkt einsetzbar oder nach einer Rehydratation (Wiederanlagerung) in einer Mischung aus Wein und Most.

Bei optimalen Bedingungen ist der Säureabbau innerhalb von zehn bis vierzig Tagen beendet. Nach Beendigung des Äpfelsäureabbaues ist der Wein zu filtrieren, zu schwefeln und etwa ein halbes Jahr zu lagern, damit er seine geschmackliche Harmonie wiederfindet. Denn das Geschmacksbild eines Weines nach einem bakteriellen Säureabbau ist nicht harmonisch, vor allem weil die feingelöste Kohlensäure einen scharfen und kratzigen Abgang verursacht.

Der Vorteil eines Äpfelsäureabbaues läge unter anderem darin, daß ein solcher Wein biologisch stabil ist und daß er später keinen Alterston mehr bekommt. Es ist jedoch nicht auszuschließen – und darin liegt eine der Schwierigkeiten des bakteriellen Äpfelsäureabbaues –, daß Bakterien auch unliebsame Nebenprodukte bilden können (z. B. biogene Amine), die sowohl den Geschmack als auch die Bekömmlichkeit des Weines negativ beeinflussen.

Einen nicht gewünschten Äpfelsäureabbau verhindert man am besten durch eine kühle Lagerung des Jungweines. Ist ein solcher jedoch unbeabsichtigt eingetreten, dann muß man ihn unterbrechen, indem man den Jungwein mit 50 mg/l SO_2 schwefelt und den Wein über EK-Schichten filtriert. Derart behandelte Weine sollte man dann gleichfalls kühl lagern.

Barrique-Ausbau

Barrique ist die französische Bezeichnung für ein kleines, längliches Eichenfaß mit 225 Liter Inhalt, das seit Jahrhunderten im Bordeaux-Gebiet zur Herstellung der dortigen Weine verwendet wird. In Burgund nennt man solche kleinen Eichenfässer Pièce; sie sind etwas gedrungener und weisen 227 Liter Inhalt auf.

Unter Barrique-Weinen versteht man Weine, die aus bestimmten Rebsorten gewonnen werden und längere Zeit in solchen kleinen Eichenfässern hindurch ausgebaut wurden. Verwendet werden dabei **Fässer** aus Allier-, Nevers-, Limousin-, Vogesen-Eiche, slawonischer oder amerikanischer Eiche. In Österreich nimmt man auch Holzfässer aus steirischer Eiche oder aus Eichen vom Manhartsberg. In Deutschland wiederum werden Fässer aus schwäbischer und Hunsrück-Eiche verwendet. Französische Limousin-Eichenfässer werden in letzter Zeit weniger für Wein, sondern mehr für die Erzeugung von Spirituosen, insbesondere für Cognac, verwendet.

Durch die Benützung von verschiedenen Eichenholzfässern wird auch versucht, ein möglichst individuelles Cuvée (Erzeugung einer besonderen Geschmacksrichtung) zu erreichen. Solche Weine werden vielfach unter der Bezeichnung »cuvée barrique« angeboten.

Ein Barrique-Ausbau kommt vor allem für kräftige Rotweine, aber auch für einige wenige Weißweine in Frage. Über dünne, mißglückte Barrique-Ausbauversuche braucht man nicht zu sprechen und sollte daher hier keinen Platz damit vergeuden. Denn solche Weine sind einer Aufmerksamkeit nicht wert. Wohl aber sollte über große Barrique-Weine mehr gesagt werden.

Wo liegt nun der **Vorteil eines Barrique-Ausbaues?** Bei jeder Weinreifung in Eichenholzfässern treten ganz bestimmte Wechselbeziehungen zwischen Holz und Wein auf, die durchaus zu einer Qualitätssteigerung bei gerbstoffhaltigen Weinen führen können. Die Holzfässer geben nämlich feinere und süßere, aromatische Holztannine ab, die sich mit den natürlichen Gerbstoffen der Trauben verbinden. Dadurch erhält man rundere, weichere Weine mit neuen Geschmacksnuancen, denen aber nichts an Kraft und Körper abgeht. Außerdem erzielt man durch einen Barrique-Ausbau eine größere Spannweite bei der Konsumreife, denn Barrique-Weine sind früher trinkreif (schon im Jahr nach der Flaschenabfüllung), behalten ihre optimale Reife und damit ihre Lagerfähigkeit aber gleichzeitig für viele Jahre.

Ein Barrique-Ausbau verleiht dem Wein je nach der verwendeten Holzart und Intensität des **Toastings** (Faßeinbrand) einen ganz bestimmten Geschmackston. Einen Vanillegeschmack bei hellem Toasting, einen Karamelgeschmack verbunden mit einer Toastbrotnote im Geruch bei

mittlerem Toasting und einen ausgeprägten Kaffeegeschmack bei einem eher selten anzutreffenden starken Toasting. Mit zunehmendem Alter des Weines nimmt dieser eigenartige Holz- und Toasting-Geschmack ab oder verschwindet unter Umständen sogar gänzlich.
Neue Fässer geben verständlicherweise mehr aromatische Holztannine ab als ältere, schon gebrauchte. Wichtig ist dabei, daß sich das Holztannin durch eine entsprechend lange Lagerung und den damit gleichzeitig durch das Holz verbundenen Sauerstoffaustausch harmonisch mit den natürlichen Gerbstoffen der Trauben verbindet. Zweifellos werden also die Weine durch einen Barrique-Ausbau analytisch und sensorisch wesentlich verändert, wobei die Erfahrung gelehrt hat, daß innerhalb des Barrique-Faßbestandes eines Winzers eine gewisse Streuung der verschiedenen Eichenholzarten mit ihrem unterschiedlichen Toasting durchaus positiv sein kann. Es empfiehlt sich daher, daß Betriebe, die im Barrique ausbauen, Eichenholzfässer aus verschiedenen Regionen ankaufen und verwenden.
Im neuen Barrique-Faß – und nur dort – kann auch für einige wenige Weißweine ein ideales, lebendiges, dynamisches Gleichgewicht entstehen. Der Ausbau dieser Weine erfolgt ohne Eingriff, ohne Filtration, eventuell auch ohne Schwefelung. Die vorhandenen Hefen reduzieren den Sauerstoff, der kontinuierlich durch das offenporige Holz (alte Holzfässer sind nicht mehr oder nur mehr geringfügig offenporig) wieder nachgeliefert wird. Damit das Gleichgewicht Oxydation–Reduktion im gesamten Faß erhalten bleibt, wird gelegentlich entweder gerührt oder das Faß gerollt.
Bei tanninreichen Rotweinen bewirkt die durch die Faßwand ganz geringfügig, aber kontinuierlich wirkende Sauerstoffgabe eine Komplexierung der Tannine, die erst die Entstehung großer Rotweine ermöglicht.
Die Unverzichtbarkeit des Sauerstoffes wurde unter anderem durch die kalifornischen Versuche der Zugabe von wood chips belegt. Wood chips allein bringen keine Verbesserung des Weines, erst der Gesamtzusammenhang mit der Reifung an der sauerstoffgesättigten Oberfläche, wie er nirgendwo idealer als im Holzfaß stattfindet, erklärt die Bedeutung dieser uralten Kultur für die Weinqualität. Übrigens geben auch die römischen Amphoren Sauerstoff in kleinen Dosen an den Wein weiter. Hier ist das Problem eher das Zuviel an Luft, umgekehrt sind die heutigen modernen Edelstahltanks für die erste Ausbauphase großer Rotweine wiederum zu dicht. Eine Belüftung nur durch Umziehen oder Lufteinblasen ist für feine Weine zu wenig oder zu brutal.
Die **Lagerzeit** im Barrique richtet sich nach der gewünschten Intensität des Holzgeschmackes, die wesentlich vom Alter des Fasses beeinflußt wird. Es ist daher notwendig, Rotweine im Zuge ihres Barrique-Ausbaues regelmäßig zu verkosten, um die Holzintensität zu kontrollieren und den Zeitpunkt des Abstiches aus den kleinen Fässern festzulegen. Diese regelmäßige Kontrolle ist auch deshalb wichtig, weil Rotweine, vor allem bei warmer Lagerung, in Barriques zur Bildung von Essigsäure und Essigsäureethylester neigen.
In der Regel dauert der Barrique-Ausbau bei Rotweinen etwa 12 bis 18 Monate, bei Weißweinen etwa drei Monate und länger. Danach sollten die Weine zumindest noch ein Jahr in der Flasche lagern, um die angestrebte Ausgewogenheit zwischen Frucht und Holz zu erreichen. Weine, die für einen Barrique-Ausbau geeignet sind, müssen tannin- und extraktreich sein und einen ausgeprägten Charakter haben. Außerdem müssen sie qualitativ hochwertig und gut lagerfähig sein. In Frage kommen dabei insbesondere langlebige, tanninhältige **Rotweine,** wie beispielsweise Cabernet, Merlot, Blauer Burgunder, eventuell auch St. Laurent, bzw. bei den **Weißweinen** die Sorten der Burgunder-Familie und insbesonders Chardonnay. Wenig geeignet für einen Barrique-Ausbau sind alle Weinsorten, von denen man Frische, Fruchtigkeit und Aroma erwartet, weil hohe Fruchtsäure und Holzaromen sich schlecht vertragen. Denn der balsamartige Holzton überdeckt solche Charaktereigenschaften eines Weines mehr oder weniger oder verhindert überhaupt deren Entfaltung. Auch die spezifische Sortenindividualität eines Weines kann durch den Barrique-Ton verlorengehen. Ein Ausbau zu Barrique-Weinen bedarf daher nicht nur geeigneter Traubensorten, sondern auch genauer Kenntnisse der Vinifizierungsmethoden, insbesondere der völligen

Beherrschung des bakteriellen Äpfelsäureabbaues (Biologischer Säureabbau – siehe vorheriges Kapitel), Kenntnisse über die verwendeten Eichenholzqualitäten und eine entsprechende Erfahrung der gesamten Barrique-Technik.
Heute gehört es offenbar zum guten Image eines Winzers, daß er dem allgemeinen Modetrend folgt und glaubt, in seinem Verkaufsprogramm unbedingt Barrique-Weine, auch aus kleinen Weinjahrgängen, anbieten zu müssen. Selbstverständlich stehen auch vielfach nüchterne kommerzielle Überlegungen dahinter. Den Barrique-Weine erbringen wesentlich höhere Verkaufspreise, ja haben oft die absolute Preisführerschaft im Sortenprogramm, wobei allerdings zu vermerken ist, daß die Erzeugung dieser Weine weitaus kostenintensiver und auch mit größeren Risiken verbunden ist.
Sieht man einmal davon ab, daß nur einzelne Winzer die Technik des Barrique-Ausbaues wirklich völlig beherrschen, so wird auch viel mit den dabei verwendeten Rebsorten gesündigt. Was soll es, solche Sorten, die gerade durch ihre Frische und Fruchtigkeit bestechen, unbedingt zu Barrique-Weinen ausbauen zu müssen? Damit wird dem Qualitätswein nichts Gutes getan. In Frankreich besteht für Barrique-Weine eine jahrhundertelange Tradition. Französische Barriques sind speziell für das französische Klima und für französische Rebsorten geschaffen worden. Die französischen Barrique-Methoden lassen sich einfach in anderen Erzeugerländern nicht innerhalb weniger Jahre nachvollziehen. Barrique-Weine sollten jedenfalls dann nicht angestrebt werden, wenn es gilt, frische, fruchtige, gebiets- und sortentypische Weine herzustellen. Barrique-Weine bewirken vielfach den Verlust der Weinidentität. Bei manchen Barrique-Weinen, die heute auf den Markt kommen, wäre es vielleicht klüger, nicht mehr die Rebsorte, sondern nur mehr die Holzsorte auf das Flaschenetikett zu schreiben.
Trotzdem darf und soll eine marktorientierte Weinwirtschaft nicht an den Barrique-Weinen vorbeigehen. Denn eine bestehende, wenn auch kleine **Marktlücke** soll und muß aus der eigenen Erzeugung und nicht durch Importweine gedeckt werden können, wobei aber immer bedacht werden soll, daß durch den Barrique-Ausbau keine Flasche Wein mehr getrunken wird. Eher ist sogar das Gegenteil der Fall.
Bei ihrer **Herstellung** aber sind einige wesentliche Faktoren unbedingt zu berücksichtigen:

- Verwendung von nur wirklich geeigneten Rebsorten in geeigneten Lagen bei entsprechend niedrigen Mengenerträgen und guten Jahrgangsqualitäten.
- Beim Weinbau ist unbedingt auf eine konsequente, auf den Barrique-Ausbau ausgerichtete Vorgangsweise vom Rebschnitt über die Lese bis zur Vinifizierung Bedacht zu nehmen.
- Der für einen Barrique-Ausbau vorgesehene Wein sollte einen höheren Alkoholgehalt (mindestens etwa 12,5 %vol) sowie ein gutes Gerbstoffgerüst haben und frei von Weinfehlern sein.
- Vor dem Einfüllen in die Barrique-Fässer muß der bakterielle Äpfelsäureabbau zur Gänze beendet sein.
- Für den Barrique-Ausbau sind dafür geeignete Eichenholzfässer zu verwenden und ist durch sensorische Überprüfungen die richtige Reifedauer des Weines in den Barrique-Fässern zu bestimmen.

Zuletzt soll noch auf einen Umstand aufmerksam gemacht werden, der einen zu dem Thema Barrique-Weine nachdenklich machen sollte. Eine Eiche muß mindestens 150, maximal 250 Jahre alt werden, damit aus ihrem Holz etwa vier bis sechs Barrique-Fässer hergestellt werden können. Bei der großen Nachfrage nach Barrique-Fässern braucht man sich nicht über die immer stärker steigenden Faßpreise zu wundern, wobei gleichzeitig die Frage auftaucht, wie lange noch die sehr starke Nachfrage nach faßgeeigneten Eichen in Europa befriedigt werden kann, ohne daß ein neuer Raubbau an der Natur herbeigeführt wird.

Qualitätsverbessernde Maßnahmen

Aufbesserung (Anreicherung)

In vielen weinerzeugenden Ländern gibt es ganz bestimmte, meist strenge Vorschriften für eine Aufbesserung des Traubengutes oder des Mostes durch Zucker oder Traubendicksaft, wenn die Trauben infolge schlechter Witterungsverhältnisse nicht voll reif geworden sind und ein natürlicher Mangel an Zucker in den Beeren vorliegt. Solche Vorschriften sollen verhindern, daß der Zuckerzusatz zu reichlich erfolgt.
Für jede Aufbesserung ist eine exakte Bestimmung des Mostgewichtes Voraussetzung (siehe auch unter »Mostgewicht-Umrechnung« auf Seite 106.)
Jede Aufbesserung ist eine Korrekturmaßnahme, die zu einer Verbesserung von durch den Einfluß der Natur unbefriedigenden Weinen führen soll. Je unreifer ein Jahrgang ist, desto stärker und umfassender wird erfahrungsgemäß von solchen Korrekturen Gebrauch gemacht. Dabei sollten aber alle Maßnahmen immer so behutsam und sinnvoll wie möglich durchgeführt werden. Denn jede Aufbesserung des Lesegutes oder Mostes führt zwangsläufig zu einer Erhöhung des Alkoholgehaltes, keineswegs aber zu einer automatischen Verbesserung der Bukett-, Aroma- und Inhaltsstoffe im Wein. Das kann mitunter dazu führen, daß bei Weinen, die von vornherein geringe Extraktwerte aufweisen, durch solche Korrekturmaßnahmen gleichzeitig ihre Bekömmlichkeit herabgesetzt wird.
Um die Erhöhung des Mostgewichtes um 1° KMW (5° Oe) zu erreichen, sind in der Regel 1,3 kg Saccharose/hl nötig. Grundsätzlich sollte die nach einer Mostgewichtsbestimmung errechnete Zuckermenge, nach gründlicher Auflösung, auf einmal in den Most eingebracht werden.
Bei der Berechnung des notwendigen Zuckerbedarfes für eine Aufbesserung beim Rotwein muß bedacht werden, daß in der Rotweinmaische etwa 15 Prozent Trester enthalten sind. Man hat daher zu berücksichtigen, daß nur 85 Prozent Mostanteil mit Zucker angereichert wird.
Beispiel: Ein Winzer will bei der Weißweinbereitung 10 hl (1.000 l) Most von 17° auf 19° KMW, also um 2° KMW (10° Oe) aufbessern. Daher sind für 1.000 l Most (1,3 Zucker x 2) x 10 = 26 kg Zucker notwendig. Diese Zuckermenge muß genau abgewogen und vollständig im Most gelöst werden.
Für Rotwein muß der Tresteranteil beachtet werden, weshalb die Berechnung lauten muß: Für 1.000 l Maische ist notwendig: (1,3 Zucker x 2) x 10 x 0,85 = 22,3 kg Zucker.

Säurekorrektur

Das Ziel, einen harmonischen Wein zu erreichen, wird sehr oft durch einen erhöhten Säuregehalt gestört. Die Frage, ob die Entsäuerung im Most oder Wein stattfinden soll, hat sich seit Zulassung der erweiterten Doppelsalzentsäuerung erledigt. Der Wein (und nicht der Most) wird grundsätzlich entsäuert, da hohe Säure (tiefer pH-Wert) im Most eine reintönigere Gärung bewirkt und es im Wein jederzeit möglich ist, jeden gewünschten Säuregehalt einzustellen. Wenn Wein über längere Zeit gelagert werden soll, ist es außerdem günstiger, ihn mit hohem Säuregehalt liegenzulassen. Der gewünschte harmonische Säuregehalt läßt sich nur durch Vorproben bestimmen. Allgemein gültige Rezepte für eine Entsäuerung des Weines gibt es nicht.
Die Möglichkeiten zur **Verringerung des Säuregehaltes** im Wein sind:

- Verschnitt mit säurearmen Weinsorten,
- chemische Entsäuerung (Entsäuerung mit kohlensaurem Kalk, Doppelsalzentsäuerung, erweiterte Doppelsalzentsäuerung),

- bakterieller Äpfelsäureabbau (biologischer Säureabbau),
- Weinsteinausfall.

Wenn hingegen die Notwendigkeit besteht, einen zu milden Wein im Säuregehalt anzuheben, so stehen zur **Erhöhung des Säuregehaltes** folgende Möglichkeiten offen:

- Weinverschnitt mit einem säurereichen Wein,
- je nach Weinrecht: Zusatz von Weinsäure oder Zitronensäure,
- Zusatz von Metaweinsäure.

Falls durch einen entsprechenden Weinverschnitt die Möglichkeit zur Säureerhöhung besteht, so sollte man diesen einer direkten Zugabe von Zitronen-, Wein- und Metaweinsäure vorziehen.

Verschneiden von Wein

Das Verschneiden (Mischen) von Wein hat in manchen Erzeugerländern immer noch das Image von »Pantschen«. Es wird dabei vergessen, daß die Herstellung von Verschnitten, die zu einem harmonischen Wein führen, über Jahrhunderte die Kunst der Kellermeister ausmachte. Es ist bemerkenswert, daß Weine mit der Bezeichnung »Verschnitt« abgelehnt werden, jedoch die Bezeichnung »Cuvée« (Verschnittwein) als Besonderheit angesehen wird. Im Zuge des Verschnittes können bestehende Mängel im Wein wie Säurearmut, zu hohe Säure, zu wenig Aromaintensität etc. mit einem geeigneten Verschnittpartner korrigiert werden.
Bei einem Verschnitt bereits geschönter Weine ist immer Vorsicht geboten, weil unter Umständen Weine mit verschiedenen pH-Werten gemischt werden und es dabei zu einer Gefährdung der Eiweißstabilität kommen kann. Beim Verschneiden von Weinen ist außerdem immer auf die bestehenden gesetzlichen Vorschriften Bedacht zu nehmen.

Restzucker im Wein

Für eine gute Qualität ist es von wesentlicher Bedeutung, daß der Wein harmonisch schmeckt. Angestrebt wird dabei ein möglichst perfektes Gleichgewicht zwischen Säure und Süße. Die Süße wird dabei vor allem durch den Gehalt an Restzucker im Wein beeinflußt; nebenbei bemerkt aber auch durch Glycerin, Alkohol und gewisse Extraktstoffe.
Der für die Harmonie des Weines notwendige Restzuckergehalt muß dabei durch Vorversuche ermittelt werden, wobei auf die Eigentümlichkeit der jeweiligen Traubensorte entsprechend Rücksicht zu nehmen ist. Zu beachten sind die gesetzlichen Vorschriften über Restzucker bzw. Restsüße im Wein. So darf beispielsweise nach EU-Recht eine Süßung im allgemeinen bei allen Tafel- und Qualitätsweinen b. A. erfolgen, d. h. sie dürfen mit süßem Traubenmost (Süßreserve, konzentriertem Traubenmost oder rektifiziertem Traubenmostkonzentrat) versetzt werden.
Unter **Süßreserve** versteht man sterilisierten, vor der Gärung eingelagerten Traubenmost. Anstelle dieser aus dem Most abgezweigten Süßreserve wird in der EU auch **Mostkonzentrat** in Form eines entsäuerten Traubensaftes zur Süßung erlaubt. Diesem Mostkonzentrat wurde soviel Fruchtwasser entzogen, daß es einen hohen – bis zu 65% – Zuckergehalt hat, der es in mikrobiologischer Hinsicht völlig stabil und damit ohne Probleme lagerfähig macht.

Kohlensäure

Was man unter Kohlensäure im Wein versteht, ist eigentlich exakt ausgedrückt Kohlendioxyd oder CO_2, das bei der Gärung entsteht und von dem eine kleine Menge gelöst im Wein verbleibt. Auf die Erhaltung einer natürlichen Kohlensäure im Wein wird heute in der Kellerwirtschaft großer Wert gelegt. Zum einen, weil die Gärungskohlensäure als natürliches Konservierungsmittel wirkt und so auf weite Strecken der Weinbereitung mithelfen kann, Schwefel in der Kellerwirtschaft zu ersetzen

oder aber auf ein Geringstmaß zu beschränken. Zum anderen, weil der Konsument heute bei den meisten Weißweinen eine frische, spritzige und lebhafte Geschmacksnote wünscht. Je höher nun die Gärtemperatur (vor allem bei der stürmischen Gärung) ist, desto größer ist auch der dabei entstehende Verlust an Kohlensäure.
Weißweine, die weniger als 0,5 g/l Kohlensäure aufweisen, wirken selbst in jugendlichem Alter bereits schal, fad, müde und matt. Der Eindruck eines frischen, spritzigen Weines entsteht meist erst bei einem Kohlensäuregehalt von etwa 1 g/l. Man sollte bei Weißweinen daher vor ihrer Abfüllung den CO_2-Gehalt durch eine allfällige Zudosierung auf etwa 1,1–1,2 g/l einstellen. Dabei muß darauf geachtet werden, daß die Temperatur des zu imprägnierenden Weines unter 10° Celsius liegt, da sonst kaum CO_2 in Lösung geht. Steigt der Kohlensäuregehalt über 1,3 g/l, schmeckt der Wein vielfach schon scharf, aggressiv, bissig und unharmonisch.
Rotweine verlangen genau das Gegenteil, nämlich möglichst wenig CO_2-Gehalt im Wein. Ein gewünschter niedriger CO_2-Gehalt kann dabei durch eine längere Lagerung herbeigeführt werden, oder man kann einen gewissen Teil des CO_2 durch Feinstbegasung mit lebensmittelechtem Stickstoff aus dem Rotwein verdrängen. Bei Rotweinen wird ein CO_2-Gehalt von etwa 0,5 g/l angestrebt.
Ein gewisser CO_2-Gehalt im Wein wirkt sich jedenfalls ungemein positiv auf die Geschmacksharmonie des Weines aus.

Weinstabilisierung (Haltbarmachung)

Es gibt verschiedene Ursachen für Trübungen im Wein:

- physikalisch-chemische Trübungen (Eiweiß, Gerbstoff, Kristalle, Metalle),
- biologische Trübungen (Hefen, Bakterien),
- weinfremde Trübungen (Staub, Filtermaterial, Korkabrieb u. ä.).

Zur Flaschenfüllung muß der Wein jedenfalls chemisch, physikalisch und biologisch stabil sein.

Chemische Stabilisierung

Diese wird durch Einstellen eines konstanten SO_2-Spiegels von 40–50 mg/l sowie durch einen Entzug eventueller Schwermetalle im Wein mittels Blauschönung erreicht. Auch kann die reduktive (Reduzierung des Sauerstoffes) Wirkung bei fruchtigen Weinen (z. B. Müller-Thurgau, Grüner Veltliner, Muskatsorten) durch Zugabe von L-Ascorbinsäure erhöht werden.

Physikalische Stabilisierung

Diese umfaßt vor allem die Eiweißstabilisierung und die Weinsteinstabilisierung.
Die **EIWEISSSTABILISIERUNG** erfolgt in der Regel durch eine Bentonitbehandlung. Eine solche sollte jedoch nicht unmittelbar vor der Flaschenfüllung vorgenommen werden, weil sie einerseits den Geschmack, andererseits aber auch die Filtration des Weines beeinträchtigt. Vorsicht ist auch bei einem Verschnitt verschiedener Weine angebracht, da diese einen unterschiedlichen pH-Wert haben können, der wiederum die Eiweißstabilität des Cuvée-Weines gefährden könnte.
Für die **WEINSTEINSTABILISIERUNG** gibt es verschiedene Möglichkeiten:
Langzeitkühlung: Dabei wird der Wein unter Verwendung von Kühlspiralen, Kühltaschen u. ä. nahe an seinen Gefrierpunkt abgekühlt und je nach Weinqualität zwischen zehn und zwanzig Tagen kühl gelagert. Um den Weinsteinausfall zu beschleunigen, werden Impfkristalle zugesetzt.
Der Gefrierpunkt eines Weines errechnet sich dabei nach folgender Formel:

$$-{}^\circ C = \frac{g\ Alk/l}{20} - 1$$

Auf diese Weise kann Weinstein (Kaliumhydrogentartrat) ausgeschieden werden, und ein so behandelter Wein wird frei von Weinsteinausscheidungen gelagert werden können. Nicht verändern kann man mit diesem Verfahren eventuelle Ausscheidungen von Calciumtartrat oder bei hohen Prädikaten die Ausscheidung von Calciummucat.
In der Praxis der guten Winzerbetriebe wird auf eine direkte Kühlung,die den Wein malträtiert, verzichtet. Durch kühle Winterluft im Keller kann die Temperatur auf ca. 4–5° Celsius abgesenkt werden. Wenn der Wein dann den ganzen Winter im Keller liegt, ist eine ausreichende Weinsteinstabilität gegeben. Einige Kristalle stören den aufgeklären Konsumenten nicht. Hier sind Schonung und Natürlichkeit beim Weinausbau der höhere Wert.
Kontaktverfahren: Das Kontaktverfahren ermöglicht die Weinsteinstabilisierung innerhalb von zwei bis drei Stunden im auf 0° Celsius abgekühlten Wein. Es werden dazu pro Liter Wein 4 Gramm feinvermahlenes Kaliumhydrogentartrat als Impfkristalle zugesetzt und während der Kontaktzeit unter ständigem Rühren in Schwebe gehalten. Danach wird der abgeschiedene Weinstein durch Filtration oder Separation abgetrennt und der Wein auf Kellertemperatur erwärmt. Damit hat man nun mit weitaus geringerem Energieaufwand einen bei Kontakttemperaturen stabilen Wein.
Zusatz von Metaweinsäure: Durch den Zusatz von max. 0,2 g/l Metaweinsäure ist es möglich, Weine auf sechs bis zwölf Monate vor Kristallausscheidungen zu stabilisieren. Die Sicherheit dieser temporären Stabilisierungsmethode hängt von der Lagertemperatur und vom Ungleichgewicht ab, das zwischen Kalium und Weinsäure im jeweiligen Wein herrscht.

Biologische Stabilisierung

Biologische Trübungsursachen sind vor allem Hefen (können Nachgärung verursachen) und Bakterien (können Essigsäure, Milchsäurestich etc. verursachen). Eine biologische Stabilisierung sollte grundsätzlich im Zuge der Flaschenfüllung errreicht werden.

Prädikatsweinbereitung

Die Herstellung von Prädikatsweinen erfordert eine besondere Sorgfalt sowohl beim Keltern als auch beim Vergären. Bei den höheren Qualitätsstufen erfolgt heute fast immer eine Unterstützung des Gärprozesses durch Reinzuchthefen, wobei die Gärung selbst möglichst rasch ablaufen soll.
Obwohl die Verwendung von Süßreserve bei der Prädikatsweinbereitung in Deutschland und Österreich verschieden gehandhabt wird, empfiehlt es sich schon aus qualitativen Gründen, ab der Prädikatsweinstufe Auslese eine Gärungsunterbrechung herbeizuführen, um ein harmonisches und ausgeglichenes Verhältnis zwischen Zucker und Alkohol zu erreichen. Zwar könnten die Hefen auch Moste mit 23° KMW (115° Oechsle) völlig durchgären, die Folge aber wäre dann ein vom Alkohol dominierter, brandiger Wein. Die Gärungsunterbrechung wird am besten durch Zentrifugieren und Filtrieren beim gewünschten Restzuckergehalt durchgeführt.
Bei Ausleseweinen bestünde eine weitere Möglichkeit darin, einen Teil des Weines bei über 5 ‰vol Alkohol abzustoppen, den Rest durchzugären und bei Bedarf wieder zurück zu verschneiden. Bei Beerenauslesen und Trockenbeerenauslesen wird eine Gärungsunterbrechung kaum notwendig sein, da durch den Einfluß der Edelfäule (Botrytis cinerea) genug Hefehemmstoffe gebildet werden, die zu einem früheren Gärstopp führen.
Höhere Prädikatsweine erreichen das hohe Mostgewicht durch natürliche Reife, Verdunstung von Wasser in den Beeren und Edelfäule. Es gibt aber noch zwei weitere Möglichkeiten, um ein höheres Mostgewicht zu erlangen, nämlich die Erzeugung von Eiswein und Strohwein.
Bei der Erzeugung von **Eiswein** werden vollreife Trauben dem Frost ausgesetzt, damit das Wasser in den Beeren ausfriert und es damit zu einer Konzentrierung der anderen Inhaltsstoffe, vor

allem des Zuckers, kommt. Die Trauben werden daher im gefrorenen Zustand geerntet und gepreßt. Die Pressung (Kelterung) erfolgt sehr vorsichtig und dauert mehrere Stunden lang, damit der konzentrierte, mit Zucker stark angereicherte Traubensaft unbehindert ausfließen kann. Der Preßkuchen muß dabei mehrmals aufgelockert werden. Eisweine zeichnen sich neben ihrer Süße besonders durch eine rassige Säure und würzige Fruchtigkeit aus.
Zur Herstellung von **Strohwein** werden vollreife Trauben mindestens drei Monate lang auf Stroh oder Schilf gelagert. Dabei verdunstet Wasser, und es kommt zur gewünschten Konzentrierung des Zuckers.

Flaschenfüllung

Füllzeitpunkt

In Flaschen gefüllt darf nur Wein werden, der chemisch und physikalisch stabil ist und einen konstanten SO_2-Spiegel hat, der bei Weißweinen je nach Qualitätsstufe zwischen 40 und 50 mg/l freier SO_2 liegen sollte. Ob der Wein reif zur Flaschenfüllung ist, kann ausschließlich durch eine sensorische Prüfung festgestellt werden. Niemals dürfen fehlerhafte oder kranke Weine oder auch Weine, die geschmacklich nicht entsprechen, abgefüllt werden.
Im Holzfaß kommt es zu einer rascheren Reifeentwicklung des Weines, in Kunststoff-, Edelstahl- und Betonbehältern erfolgt die Entwicklung langsamer. Manche Sorten wie beispielsweise der Riesling x Silvaner (Müller-Thurgau) sind reifemäßig schon früh voll entwickelt, meist schon im Februar, andere Sorten wiederum, wie der Grüne Veltliner, haben die Flaschenreife erst im März oder April erreicht. Sorten wie Riesling, Weißer Burgunder, Chardonnay, Traminer u. a. brauchen eine Ausbauzeit bis in den Sommer hinein, bevor sie abgefüllt werden sollten.
Ein weiteres Kriterium, ob ein Wein in Flaschen gefüllt werden soll oder nicht, ist in Deutschland und Österreich die vom Weingesetz geforderte staatliche Prüfnummer. Es wird gut sein, vor der Flaschenfüllung um die Prüfnummer einzureichen, denn im Falle einer Ablehnung müßte der bereits in Flaschen gefüllte Wein wieder entleert werden.
Einige Tage **vor der Füllung** könnte dem Wein, je nach Bedarf

- Metaweinsäure oder
- L-Ascorbinsäure oder
- Sorbinsäure als Konservierungsmittel zugesetzt werden oder
- eine Kohlensäuredosierung oder
- eine eventuelle Einstellung eines gewünschten Restzuckers (Restsüße) vorgenommen werden.

Möglichkeiten der Weinabfüllung

Die Abfüllung von Wein kann entweder keimarm oder steril erfolgen. Eine keimarme Weinabfüllung ist nur dann möglich, wenn im Wein kein vergärbarer Zucker mehr enthalten ist und die Äpfelsäure restlos biologisch abgebaut wurde. Diese Voraussetzungen werden nur sehr selten realisierbar sein, und daher wird heute Wein fast ausschließlich steril abgefüllt.

Sterilfüllung

Unter »steril« wird beim Wein immer ein Zustand verstanden, bei dem das Produkt in erster Linie frei von weinschädlichen Mikoorganismen wie Hefen und Bakterien ist. Deshalb wäre auch die Bezeichnung »weinsteril« die bessere und richtigere. Unter ganz bestimmten Voraussetzungen können sich beim Wein eine Reihe von Keimen nicht weiter entwickeln oder auch keinen Schaden anrichten, obwohl solche Keime wie z. B. Schimmelpilze vorhanden sind. Solche Voraussetzungen werden geschaffen durch:

Kaltsterile Abfüllung

Die kaltsterile Abfüllung ist heute die gebräuchlichste Art der Abfüllung für Wein im Klein- und MIttelbetrieb. Die Abfüllung erfolgt mit Hilfe einer vorherigen Filtration über Entkeimungsschichten oder eines Membranfilters, wobei der Filter und das Abfüllgerät vorher unbedingt durch eine zwanzig Minuten dauernde Dämpfung keimfrei gemacht werden müssen. Voraussetzung für eine kaltsterile Abfüllung ist, daß der Wein vorher geschönt und vorfiltriert wird und daß es nach der Filtration über Flasche, Korkschloß und Kork zu keiner weiteren Infektion (Reinfektion) mit Mikroorganismen kommt. Alle mit Wein in Kontakt kommenden Leitungen, Geräte und Flaschen müssen unbedingt keimfrei sein. Das kann dadurch erfolgen, daß die Füllrohre und das Korkschloß mit einer 70%igen Alkohollösung sorgfältig abgewischt oder durch einen speziellen, im Handel erhältlichen Sterilisationsspray keimfrei gemacht werden oder daß bei einem mittels Handbetrieb erfolgenden Verkorken der Flaschen die Korken nur mit Hilfe eines vorher in eine Alkohollösung getauchten Gummihandschuhes angefaßt werden. Auch die Flaschen sind sorgfältigst durch Ausspülen mit einer 1,5%igen SO_2-Lösung steril zu machen, wobei sie dann kurz mit Wasser auszuspülen sind und anschließend zwanzig Minuten lang ausgetropft werden sollten. Hygiene ist also oberstes Gebot bei einer kaltsterilen Abfüllung.

Warmfüllung

Anstelle einer Filtration mit Entkeimungsschichten oder Membranfilter kann der Wein soweit erwärmt werden, daß er bei der Füllung in die Flasche eine Temperatur von 55–60° Celsius aufweist, um ihn dann wieder auf die frühere Temperatur zurückzukühlen. Derart abgefüllte Weine sind gleichfalls steril. Diese Warmfüllung hat den Vorteil, daß Reinfektionen vermieden werden können. Die bei dieser Methode oft erwähnten angeblich schlechteren Qualitäten lassen sich durch den Einsatz von Gegendruckfüllern und Vorspannen mit Inertgas durchaus vermeiden. Diese Abfüllmethode hat sich in der Praxis allerdings nicht recht durchsetzen können.

Pasteurisierung

Im Großbetrieb werden die Weine vielfach vollautomatisch mit einem Druckfüller, einem Gegendruckfüller oder dem heute am häufigsten verwendeten Vakuumfüller kalt gefüllt und anschließend in der verschlossenen Flasche in Pasteurisierungsapparaten sterilisiert, wodurch allfällige Keime abgetötet werden. Der Nachteil dieser Abfüllmethode ist, daß es dabei zu Oxydationsvorgängen kommen kann, die sich negativ auf die Weinqualität auswirken.

Abfüllschock

Jede Bewegung des Weines führt zu Qualitätseinbußen. Die Flaschenfüllung ist sicherlich ein schwerwiegender Eingriff in das Gefüge des Weines, und es wird daher je nach Weinart verschieden lang dauern, bis sich die vor der Abfüllung bestandene Qualität wieder einstelllt hat. Im Schnitt kann man mit einer Wartezeit von etwa einem Monat rechnen. Dieser Qualitätsabfall wird in Fachkreisen als »Abfüllschock« bezeichnet. Es ist daher unbedingt notwendig, Weine nach der Füllung ruhen und reifen zu lassen, um ihren optimalen Qualitätscharakter zu erreichen.

Verschließen und Adjustierung

Nach der Füllung wird die Flasche mit einem Naturkork, Preßkork, Kronenkork, Kunststoffpfropfen, Abreiß- und Anrollverschluß oder Pilferproof verschlossen. Welcher **Verschluß** der beste ist, ist eine Glaubensfrage unter den Winzern und wird in Fachkreisen immer wieder heftigst diskutiert. In Deutschland und Österreich wird der Naturkork am häufigsten verwendet. Dieser ist hochelastisch, gas- und wasserdicht und relativ lange haltbar. Jedenfalls sollte ein Flaschenverschluß keinen Korkgeschmack an das Produkt abgeben. Diese Forderung wird jedoch in den letzten Jahren, auch bei teuersten Korken, mitunter nicht realisiert. Daher werden immer mehr Stimmen laut, die jeden geschmacksneutralen Verschluß gutheißen, der die Weinqualität nicht negativ beeinträchtigt – auch entgegen der konservativen Vorstellung »es muß Kork sein«. In der Schweiz beginnt sich langsam der Pilferproof-Verschluß (Metallkappe mit Preßkorkeinlage und Schraubverschluß) durchzusetzen.
Welche Verschlußart letztlich gewählt wird, hängt von der Art des Weines und seinem Verwendungszweck ab. Für qualitativ hochwertige Weine und Prädikatsweine werden fast immer Naturkorken verwendet, weil diese einen minimalen Luftaustausch in der Flasche ermöglichen, was zur Reifung des Weines erwünscht und notwendig ist. Für einfache Tisch-, Schank- und Konsumweine nimmt man vielfach Kronenkorken oder Schraubverschlüsse, weil diese Verschlußarten dazu beitragen, eine höhere Gasdichte in der Flasche zu sichern und die Weine dadurch zumindest einige Zeit hindurch leichter frisch und jugendlich gehalten werden können.
Bei Verwendung eines Naturkorkens lagern manche Betriebe die Flaschen unmittelbar nach der Füllung gerne einige Tage stehend, um den Korken Zeit zur Ausdehnung in der Flasche zu geben. Erst dann schlichten sie die Flaschen liegend auf den Stoß oder in Boxen.
Die **Adjustierung** der Flaschen erfolgt entweder unmittelbar vor der Vermarktung oder aber in größeren Betrieben – wenn trockene Lagerräume mit Klimaanlage vorhanden sind – gleich nach der Flaschenfüllung. Unter Adjustierung versteht man das Anbringen einer eventuellen Flaschenkapsel, der Banderole (in Österreich), des Flaschenetiketts und allfälliger Prämiierungsauszeichnungen.

Flaschenlagerung

Allen qualitativ höherwertigen Weinen sollte die Möglichkeit zum Nachreifen in der Flasche gegeben werden. Der dazu notwendige Lagerraum muß dabei trocken sein, eine relative Luftfeuchtigkeit von 70–80 Prozent und eine möglichst gleichbleibende Temperatur zwischen 8–12° Celsius haben. Je wärmer der Lagerraum ist, desto rascher entwickeln sich die Weine, verlieren ihre Frische und Jugendlichkeit und werden frühzeitig alt, was besonders bei Weißweinen mitunter überraschend und negativ vermerkt wird. Bei einer zu kalten Lagerung kann es wiederum zu einer Weinsteinausscheidung kommen. Wichtig für einen guten Lagerraum ist, daß seine Temperatur während des Jahres, also zwischen Winter- und Sommerzeit, keine größere Schwankungsbreite als etwa 4° Celsius aufweist.

Schaumwein (Sekt)

Man unterscheidet zwischen Schaumwein und Qualitätsschaumwein oder Sekt.
Schaumwein ist ein schäumender Wein, der durch alkoholische Gärung aus Traubenmost oder eine zweite alkoholische Gärung aus Wein gewonnen wurde und beim Öffnen des Behältnisses durch Entweichen von Kohlendioxyd gekennzeichnet ist. Der Kohlensäureüberdruck muß in geschlossenen Behältnissen bei 20° Celsius mindestens 3,0 bar betragen.

Qualitätsschaumwein (Sekt) muß bei 20° Celsius mindestens 3,5 bar Kohlensäureüberdruck enthalten und in Aussehen, Geruch und Geschmack frei von Fehlern sein. Daneben ist noch eine Lagerzeit auf der Hefe von mindestens 60 Tagen oder in Behältnissen mit Rührvorrichtungen drei Wochen gefordert. Danach muß der Sekt im Herstellungsbetrieb mindestens neun Monate unter dem oben angeführten Kohlensäuredruck gelagert werden.
Beide Schaumweine werden aus einem Sektgrundwein hergestellt. Dieser ist zumeist ein Verschnitt (Cuvée) mehrerer Weine, dem eine bestimmte Menge Zucker und Hefe zugesetzt wird. Der Grundwein sollte einen Säuregehalt von nicht unter 8 g/l enthalten und aus eher extraktärmeren Weinen stammen. Der Alkoholgehalt des Grundweines sollte zwischen 10 und 11 %vol betragen, da im Zuge der zweiten Gärung etwa 1,5 %vol Alkohol zusätzlich gebildet werden und vom Sekt grundsätzlich ein leichtes anregendes Getränk erwartet wird.

Methoden der Sektbereitung

Traditionelle Flaschengärung (Flaschengärung nach dem traditionellen Verfahren)

Diese in der Champagne in Frankreich entwickelte Herstellungsmethode, die früher als »Méthode Champenoise« vermarktet wurde, wird in der klassischen 0,75 l-Flasche durchgeführt. Es wird dem Grundwein Zucker und Hefe zugesetzt, der Wein in dickwandigen Flaschen abgefüllt, mit Kronenkorken verschlossen und neuerlich zum Gären gebracht. Diese zweite Gärung dauert mehrere Wochen, wobei ein Gasdruck von fünf bis sechs bar entsteht. Je länger der Rohsekt nach der Gärung unter Druck auf der Hefe lagert, um so feinperliger wird sich das Mousseux im künftigen Sekt entwickeln.
Dieser Lagerdauer auf der Hefe ist ein wichtiges Qualitätskriterium. Hochwertige Sekte werden entsprechend länger gelagert. Während dieser Reifezeit setzt sich der Hefetrub in der Flasche ab und muß zuletzt entfernt werden. Dies geschieht durch den sogenannten Rüttelvorgang. Das Rütteln bzw. Drehen der Flaschen erfolgt auf dem Rüttelpult, wobei die Flaschen mit dem Verschluß nach unten allmählich immer steiler gestellt werden, bis sich schließlich alle Trubstoffe im Flaschenhals gesammelt haben. Erfahrene Rüttler drehen so bis an die 40.000 Flaschen pro Tag. Maschinell, zum Teil auch computergesteuert, geschieht die Rüttelung in großen, bis zu 500 Flaschen fassenden Käfigen, die entweder maschinell oder manuell bewegt werden.
Der nächste Schritt ist das **Degorgieren,** das Entfernen des Hefedepots aus dem Flaschenhals. Das wird so gemacht, daß eine Vielzahl der auf den Kopf gestellten Flaschen von einer Maschine erfaßt und der Flaschenhals für zehn Minuten in eine Kühlflüssigkeit eingetaucht wird. Dadurch vereisen die im Flaschenhals abgelagerten Heferückstände. Anschließend wird der Flaschenverschluß von einem geübten Arbeiter händisch oder maschinell entfernt, wobei der Eispfropfen mit dem Hefedepot infolge des in der Flasche herrschenden Überdruckes herausschießt. Das Füllgut selbst bleibt in der Flasche, weil die darin befindliche Kohlensäure durch die niedrige Temperatur molekular gebunden und dadurch nicht freigesetzt wird.
Jetzt wird dem Rohsekt die **Dosage** beigefügt. Diese besteht aus einer meist vom Erzeuger geheimgehaltenen Lösung aus Rohr- oder Kandiszucker und altem Wein, dem gelegentlich auch eine (natürlich extrem) kleine Menge alten Weindestillates beigefügt wird. Der Zuckerzusatz ist je nach der gewünschten Süße des Sektes verschieden hoch. Völlig trockener Sekt bleibt ohne Dosage, was auf dem Etikett vermerkt wird. Hierauf wird die Sektflasche mit einem Naturkorken oder Plastikpfropfen endgültig verkorkt und mit der typischen Drahtagraffe (Drahtkörbchen) gesichert. Manchmal wird der fertige Sekt nun nochmals kürzere oder längere Zeit in kühlen Räumen gelagert.

Transvasierverfahren

Auch bei dieser Methode der Sektherstellung wird die zweite Gärung in der Flasche durchgeführt. Nach Gärende werden die Flaschen unter Gegendruck in einen Großbehälter umgefüllt, wonach alle technologischen Maßnahmen wie Separieren, Filtrieren etc. durchgeführt werden. Diese Methode hat den Vorteil, die klassische Flaschengärung mit den technischen Möglichkeiten zur Klärung und Füllung zu kombinieren. Nach dem Transvasieren werden die Rohsekte geklärt, mit Dosage versetzt, gekühlt (zur Weinsteinausscheidung) und abgefüllt.

Sekterzeugung im Großraumverfahren (Tankgärung)

Die zweite Gärung erfolgt bei diesem Sektbereitungsverfahren in druckfesten Großbehältern, die bis zu 200.000 Liter Inhalt haben können. Um Qualitätsschaumweine zu erzeugen, muß auch in diesen Großbehältern der Rohsekt eine bestimmte Zeit auf der Hefe gelagert werden, wobei ein inniger Kontakt des Produktes mit der Hefe durch Umrühren mit einem Propeller-Rührwerk bewerkstelligt wird.

Auch hier ist die Verweildauer auf der Hefe ein wesentliches Qualitätsmerkmal für die Schaumweine. Bei gleicher Verweilzeit auf der Hefe und gleichem Grundwein wird man keinen Qualitätsunterschied zwischen Flaschengärung und Großraumverfahren feststellen können. Es ist sicherlich richtig, daß im Großraumverfahren die Möglichkeit besteht, schäumende Weine auch sehr schnell zu erzeugen, wobei dann jedoch mit Qualitätseinbußen zu rechnen ist. Nach Beendigung der Lagerdauer werden die Sekte geklärt (durch Separation und Filtration), auf –4 bis –5° Celsius gekühlt und danach abgefüllt. Die Frage, ob Sekt im Großraumverfahren erzeugt oder durch Flaschengärung hergestellt die bessere Qualität liefert, wird immer von der Güte des Grundweines abhängen und davon, wie lange das Produkt Kontakt mit der Hefe hatte. Diese beiden Faktoren beeinflussen die Qualität von Schaumwein weit mehr als die Art des Herstellungsverfahrens.

Bezeichnung von Schaumweinen

Welches Gärverfahren bei der Sektherstellung angewendet wurde, ist aus dem Flaschenetikett nicht immer ersichtlich. Wenn keine Angabe auf dem Etikett aufscheint, so bedeutet dies in der Regel, daß der Sekt mittels Tankgärung hergestellt wurde. Der Begriff »Flaschengärung« deutet meistens auf das Transvasierverfahren hin. Die Sekte, die nach der klassisch-traditionellen Flaschengärung erzeugt werden, tragen auf dem Etikett Bezeichnungen wie »Klassische Flaschengärung«, »Traditionelle Flaschengärung«, »Flaschengärung nach dem traditionellen Verfahren« oder »Traditionelles klassisches Verfahren«.

Die Angaben auf dem Flaschenetikett über den Zuckerrest bei Schaumweinen sind äußerst different. Nach den EU-Bestimmungen gelten folgende Grenzen für den **Restzuckergehalt:**

0–6 g RZ*	extra brut, extra herb
niedriger als 15 g RZ	brut, herb
12–20 g RZ	extra dry, extra trocken, extra seco, extra secco
17–35 g RZ	dry, trocken, sec, secco, asciutto
33–50 g RZ	medium dry, halbtrocken, semi-seco, demi-sec, meio seco, abboccato
über 50 g RZ	sweet, mild, dolce, dulce, doce, doux

* RZ = Restzucker je Liter

Perlwein

Der Perlwein ist der »kleine Bruder« des Schaumweines. Er erfreute sich in den letzten Jahren steigender Beliebtheit. Zum Unterschied von Schaumwein beträgt der Druck mit zugesetzter Kohlensäure bei Perlwein nur 1–2,5 bar (bei 20° Celsius). Der Perlwein kann nicht nur durch Zugabe von Kohlensäure, sondern kann auch durch Vergären im Drucktank hergestellt werden.

Wein-Untersuchungsmethoden

Um eine notwendige Weinbehandlung gezielt durchführen und eine Weinkontrolle im Betrieb selbst vornehmen zu können, ist die Kenntnis gewisser Untersuchungsmethoden unerläßlich. Die wichtigsten davon sind:

Alkoholbestimmung

Der Alkoholgehalt eines Weines wird entweder in Gramm pro Liter (g/l) oder in Volumenprozent (%vol) angegeben. Er ist gleich der Anzahl der Liter Ethanol (reiner Alkohol), die in 100 Litern Wein enthalten ist. Gemessen wird bei 20° Celsius.
Die Umrechnungsformel hierfür ist:

%vol Alkohol x 7,894 = g/l Alkohol

Beispiel: 12 %vol Alkohol x 7,894 ergibt 94,7 g Alkohol pro Liter.
Oder auf eine 0,75 l Flasche umgerechnet:
0,75 l (pro Flasche) x 94,7 g (Alkohol) = 71,0 g reiner Alkohol pro 0,75-l-Flasche
Die Alkoholbestimmung kann nach verschiedenen Methoden erfolgen:

Alkoholbestimmung mit dem Malligand-Gerät (Ebullioskop)

Mit diesem Gerät kann der Alkoholgehalt des Weines am einfachsten und auch am schnellsten sowie mit einer für die Praxis meist ausreichenden Genauigkeit bestimmt werden.
Die Messung verläuft nach folgendem Prinzip: Alkohol hat einen niedrigeren Siedepunkt als Wasser. Der Siedepunkt eines Weines ist um so niedriger, je mehr Alkohol im Wein enthalten ist. Reines Wasser siedet bei einem Luftdruck von 760 mm Quecksilber (Hg) bei 100° Celsius. Reiner Alkohol (Ethanol) hat einen Siedepunkt von 78,3° Celsius.
Verfahrensweise: Vor jeder Alkoholbestimmung ist zunächst der Siedepunkt des Wassers festzustellen. Man gießt dabei normales Leitungswasser bis zum unteren Ring in den konischen Behälter des Ebullioskops, und zwar so, daß die Quecksilberkugel des auf dem Arm angeschraubten Thermometers das Wasser nicht berührt. Dann zündet man die Spiritusflamme unter dem Ebullioskop an und lockert die Stellschraube der Skala (die sich verschieben läßt). Sobald die Quecksilbersäule stehenbleibt, stellt man den Nullpunkt der Skala mit dem äußersten Ende der Quecksilbersäule gleich und zieht die Stellschraube fest. Der Nullpunkt der Skala bezeichnet nun den Siedepunkt des Wassers. Dieser Nullpunkt ist erfahrungsgemäß für zwei bis drei Stunden gültig, soferne kein sprunghafter atmosphärischer Druckwechsel eintritt.
Nun gießt man das Wasser aus, spült den Behälter mit Wein und füllt ihn dann bis an den oberen, inneren Ring, und zwar so, daß die Quecksilberkugel des Thermometers in die Flüssigkeit eintaucht, wenn der Deckel mit dem Kühler und dem eingestellten Thermometer aufgeschraubt ist.

Dann füllt man kaltes Wasser in den Kühler und zündet die Spiritusflamme wieder an. Wenn die Quecksilbersäule nach dem Ansteigen stehenbleibt, liest man von der Skala den Alkoholgehalt in %vol (Grad Alkohol) ab.
Bei der Malligand-Meßmethode müssen Weine mit einem hohen Restzuckergehalt vor der Messung im Verhältnis 1:1 mit Wasser verdünnet werden. Ihre Anwendung ist bei Weinen mit einem Restzucker- oder Extraktgehalt von mehr als 30 g/l aber in Frage gestellt.
Diese Meßmethode eignet sich eigentlich nur zur Untersuchung durchgegorener, extraktarmer Weine und zu einer überschlagsmäßigen Kontrolle des Alkoholgehaltes.
Geräte: Ebullioskop und Spiritusflamme

Alkoholbestimmung nach Dr. Rebelein

Dies ist eine exaktere Meßmethode. Dabei wird der Alkoholgehalt des Weines mit Hilfe einer einfachen Destillationsvorrichtung (es genügt ein mit Glasperlen gefülltes Destillierrohr ohne Wasserkühlung) und fünf verschiedenen Lösungen (Kaliumchromatlösung – Salpetersäure – Kaliumjodidlösung – Thiosulfatlösung – Stärkelösung) auf chemischem Weg durch mehrfaches Titrieren der Lösungen bestimmt. Dieses Verfahren ist für Weine bis 13,9 %vol (110 g/l) Alkohol genau.

Alkoholbestimmung mittels Destillation

Dies ist wohl die genaueste Bestimmung, die mittels eines Pyknometers (Dichtemesser für Flüssigkeiten) durchgeführt wird. Nach Destillation einer genau bestimmten Menge Weines wird das Destillat mit Wasser auf die ursprüngliche Menge ergänzt und dessen Dichte bei 20° Celsius gemessen. Mit Hilfe von Tabellen wird dann der Alkoholgehalt ermittelt.

Säurebestimmung

Bestimmung der Gesamtsäure

Unter Gesamtsäure versteht man die Summe aller titrierbaren Säuren (Weinsäure, Äpfelsäure, Milchsäure etc.), wobei Kohlensäure nicht inbegriffen ist. Die Bestimmung des Säuregehaltes im Wein oder auch im Most erfolgt immer durch Titration (maßanalytische Bestimmung) mit Lauge.
Verfahrensweise: 25 ml des zu untersuchenden Weines werden mit einer 25 ml Vollpipette in einen 100 ml Erlenmeyerkolben genau hineingemessen und bis zum beginnenden Sieden erhitzt (nicht kochen!). Dadurch wird die nach der Gärung oder nach einer Entsäuerung im Wein enthaltene Kohlensäure, die keine titrierbare Säure ist, entfernt. In den noch warmen Wein setzt man unter Schwenken oder Umrühren Blaulauge aus der Bürette zu, bis die Flüssigkeit von gelb über olivgrün schließlich blaugrün gefärbt ist. Es soll so lange Blaulauge zugesetzt werden, bis der Endpunkt der Titration (ph 7) erreicht ist. Dies erkennt man gegen Schluß der Titration dadurch, indem man mit dem Glasstab immer wieder einen Tropfen entnimmt und auf dem Universal-Indikatorpapier prüft, ob der pH-Wert 7 bereits erreicht ist.
Bei Rotwein ist es etwas schwieriger, den exakten Farbumschlagspunkt bei der Titration festzustellen. Man hellt daher die Farbe des Rotweines durch Zusatz von Wasser auf, um leichter zu sehen, wann der Wein sich blaugrün färbt. Oder aber man entfärbt den Rotwein mit Aktivkohle, filtert ihn und titriert den entfärbten Wein mit der Blaulauge so lange, bis sich eine blaugrüne Farbe zeigt.
Der Verbrauch an Blaulauge bei der Titration entspricht dem Gesamtsäuregehalt des Weines. Wenn also bei einer solchen Titration beispielsweise 7 ml Blaulauge verbraucht wird, so weist der Wein eine Gesamtsäure von 7‰ (7 g/l), gemessen als Weinsäure, auf.

Geräte und Reagenzien:
Erlenmeyerkolben (100 ml)
Vollpipette (25 ml)
Bürette (25 oder 50 ml)
Blaulauge (eine 1/3-normale Lauge mit Bromthymolblau [Indikatorzusatz] versetzt)

Bestimmung der Weinsäure

Im Prinzip geht die Bestimmung der Weinsäure so vor sich, daß eine genau abgewogene Weinmenge mit einem Fällungsreagenz und reinem Alkohol (Ethanol) versetzt wird. Dann wird diese Wein-Kalilösung einige Zeit in einem Kühlschrank (+ 8° Celsius) gestellt, wo sich die gesamte Weinsäure als Weinstein (Kaliumhydrogentartrat) absetzt. Man trennt und reinigt diese Weinsteinkristalle, löst sie in kochendem Wasser auf und bestimmt sie mit einer Lauge, der ein Tropfen Bromthymolblau-Indikator zugesetzt wurde, durch den Farbumschlag von gelb auf blau. Die Umrechnung erfolgt wieder auf Weinsäure, die in Gramm pro Liter angegeben wird.

Geräte und Reagenzien:
Zentrifuge und Zentrifugenröhrchen (50 ml)
Essigsäure konzentriert
Fällungsreagenz (300 g Kaliumchlorid, 5,75 g Kalium-Natriumtartrat, 125 g Kaliumoxalat)
Ethanol (96%ig)
Waschlösung (150 g Kaliumchlorid in 1000 ml destilliertem Wasser aufgelöst und 200 ml Ethanol)
Bromthymolblau-Indikator

Restzuckerbestimmung

Der Zuckergehalt im Wein wird als Invertzucker in Gramm pro Liter angegeben.

Clinitest-Methode

Diese Methode ist äußerst einfach, erfordert nur einen geringen Aufwand an Zeit und Material, ist jedoch nur für trockene Weine mit 0–10 g/l Restzucker anwendbar. Bei höheren Restzuckergehalten ist die Ungenauigkeit zu hoch.
Verfahrensweise: Der Wein wird über ein Kohlefilter entfärbt und 1 ml Wein (5 Tropfen) in ein Reagenzglas einpipettiert. Dann gibt man zehn Tropfen Wasser sowie eine Tablette Clinitest (Cu-II-Salz) hinzu, die sich unter Aufschäumen und Erwärmen auflöst. Die Lösung darf sich dabei nicht orangebraun färben, da sonst ein Restzuckergehalt von über 5 g/l vorliegt. Tritt eine Oliv-, Grün- oder gar Blaufärbung ein, dann setzt man 5 ml Wasser hinzu, schüttelt gut und vergleicht die entstehende Mischfarbe mit der vorgegebenen Farbskala. Der Restzuckergehalt liegt dann zwischen 0–5 g/l. Ist die Lösung jedoch vor dem Verdünnen, wie oben erwähnt, orangebraun verfärbt, dann hat die zugesetzte Clinitest-Tablette nicht ausgereicht, den im Wein vorhandenen Restzucker vollständig zu oxydieren. Man setzt dann sofort v o r dem Verdünnen eine weitere Clinitest-Tablette zu und vergleicht nach dem Verdünnen die entstandene Farbe mit der Farbskala (blau – grün – lichtgrün – orange). Der festgestellte Gehalt an Restzucker ist dann zu verdoppeln, da ja zwei Tabletten verwendet wurden.

Geräte und Reagenzien:
Clinitest-Tabletten
2 Vollpipetten (1 ml und 5 ml)

Reagenzgläser, Trichter
Kohlefilter (mit Kohle imprägnierter Filter)
Farbskala zu den Clinitest-Tabletten (abgeändert für Weinuntersuchung!)

Zuckerbestimmung nach Dr. Rebelein

Diese Methode ist die weitaus exaktere. Ähnlich wie bei der Alkoholbestimmung erfolgt sie auf chemischem Wege durch Oxydation des Restzuckers mittels einer alkalischen Kupfersulfat-Lösung. Mit Hilfe einer Destillation und Titration von Wein mit sechs verschiedenen Lösungsmitteln (Kupfersulfat-Lösung – Kalium-Natriumtartrat-Lösung – Kaliumjodid-Lösung – verdünnte Schwefelsäure – Stärkelösung – Natriumthiusulfat-Lösung) wird der Restzuckergehalt des Weines bestimmt. Das Verfahren ist bis zu einem Restzuckergehalt von 28 g/l genau. Über diesen Wert hinaus muß mit entsprechenden Verdünnungen gearbeitet werden, wodurch der Test ungenauer wird.

Gesamtextraktbestimmung

Unter **Gesamtextrakt** versteht man die Summe aller nichtflüchtigen Bestandteile des Weines, die beim Verdampfen oder bei der Destillation des Weines zurückbleiben. Dies sind vor allem die Kohlenhydrate, das Glycerin, die nichtflüchtigen Säuren, die Stickstoffverbindungen, die Gerbstoffe und Farbstoffe, die Mineralstoffe und höheren Alkohole. Rotweine sind gewöhnlich extraktreicher als Weißweine.
Der Extraktgehalt eines Weines ist abhängig von der Traubensorte, vom Standort und vom Jahrgang. In trockenen Jahren ist der Extraktgehalt (und damit der Aschegehalt) eines Weines niedriger als in Jahren mit normaler Feuchtigkeit.
Der Gesamtextraktgehalt spielt für die Weinbeurteilung keine direkte Rolle, da er in erster Linie von der Höhe des Restzuckergehaltes abhängt.
Wird vom Gesamtextrakt der im Wein vorhandene Restzucker in Abzug gebracht, dann erhält man den **zuckerfreien Extrakt** (Extraktrest). Für die Höhe des zuckerfreien Extraktes ist aber wiederum der Gehalt an titrierbaren (nichtflüchtigen) Säuren maßgebend. Deshalb ist dieser Parameter auch nicht besonders aussagefähig und kann daher bei der Weinbeurteilung nur eine gewisse, eingeschränkte Rolle spielen.
Sowohl der Gesamtextraktgehalt als auch der Gehalt an zuckerfreiem Extrakt werden immer in Gramm pro Liter (meist auf eine Dezimalstelle berechnet) angegeben.
Verfahrensweise bei der Gesamtextraktbestimmung: Der Destillationsrückstand einer genau abgemessenen Weinmenge wird in einem Meßkolben mit destilliertem Wasser auf 100 ml aufgefüllt. Diese Extraktlösung wird gut durchmischt, sodann in eine eigene Extraktwaage (Spindelzylinder) gefüllt und der Extraktwert mittels einer Ballingspindel ermittelt (Eichtemperatur der Spindel ist zu berücksichtigen!). Der Ballingspindel zeigt dabei Werte von null bis sechs an, was einem Gesamtextraktgehalt von 0–60 g/l entspricht (Ballinggrade x 10 = g/l Gesamtextrakt). Die genauen Extraktwerte sind jeweils von einer Extrakttabelle abzulesen.

Geräte:
1 Meßkolben (100 m/l)
1 Vollpipette (100 m/l)
Spindelzylinder (100 m/l)
Saccharometer nach Balling 0–6°
Extrakttabelle

Schwefeldioxydbestimmung

Spricht man in der Kellerwirtschaft vom Schwefeln, so wird damit automatisch Schwefeldioxyd (gasförmiges SO_2) bzw. Schwefelige Säure (gelöstes $SO_2 = H_2SO_3$) gemeint. Schwefeldioxyd ist ein stechend riechendes Gas. Es ist in Wasser leicht löslich und läßt sich unter Druck verflüssigen.

Das Schwefeldioxyd (Schwefelige Säure) kann im Wein in freiem oder (ab)gebundenem Zustand vorhanden sein:

- Als **freies SO_2** ist es im Wein gasförmig, gelöst oder in Bisulfit-Form (H_2SO_3) vorhanden.
- In **gebundenem Zustand** findet man es im Wein vor allem als Acetaldehyd (ca. 80%).

Aufgaben des freien SO_2 im Wein sind.:

- Schutz vor Oxydationsschäden bei der Traubenverarbeitung (Verhinderung von Bräunungsreaktionen in der Maische);
- Bindung von Gärungsnebenprodukten wie Acetaldehyd (daher führt man nach dem Abstich zweckmäßigerweise eine kräftige – 50 bis 70 mg/l – Schwefelung des Jungweines durch);
- reduktive Wirkung, die den Ausbau des Weines beeinflußt (mehr sortenspezifische Fruchtigkeit, kein Luftgeschmack);
- Enzymblockierung/Oxydasen (führt zur hellen, grünen Weinfarbe);
- Schutz gegen Mikroorganismen (Hemmung oder Stop von Essigsäurebakterien, wilden Hefen etc.).

Wann wird bei der Weinbereitung geschwefelt? Die **Schwefelzeitpunkte** sind bei:

- **Maische:** Üblicherweise werden Weißweinmaischen mit 50 mg/l (10 g Kaliumpyrosulfit/hl) bzw. bei edelfaulem Lesegut mit 70–100 mg/l geschwefelt. Es bleiben dann 20–40% (10–20 mg/l) als gebundenes SO_2 im Wein, der Rest wird mit dem Trester ausgeschieden. Rotweinmaischen werden in der Regel mit 30–50 mg/l SO_2 geschwefelt.
- **Jungwein:** Nach Gärungsende werden trockene Weine mit 50–70 mg/l SO_2 (Weißweine eher mit 70 mg/l, Rotweine üblicherweise mit 50 mg/l SO_2) und restsüße Weine mit 100 mg/l SO_2 geschwefelt.
- **Vor Füllung** der Weine in Flaschen wird der SO_2-Spiegel des Weines auf etwa 40–50 mg/l (je nach geplanter Lagerungszeit) angehoben.

Wichtig ist, daß ab der Schwefelung des Jungweines eine regelmäßige Kontrolle des freien SO_2-Gehaltes während der gesamten Ausbauzeit erfolgt, das heißt, man sollte etwa alle zwei bis vier Wochen den SO_2-Spiegel des Weines überprüfen.

Sowohl die freie Schwefelige Säure als auch die gesamte Schwefelige Säure (freie und gebundene Schwefelige Säure) wird jeweils in Milligramm SO_2 angegeben.

Für die Bestimmung der freien Schwefeligen Säure gibt es mehrere Methoden. Die wichtigsten – im übrigen untereinander recht ähnlichen – Bestimmungsarten sind:

Jodometrische SO_2-Bestimmung

In einem Schwefelmeßrohr werden 10 ml Wein bis zur Marke eingefüllt, wobei das Meßrohr vorher sorgfältig vorgespült wird. Dann läßt man mit einer kleinen Tropfflasche das SO_2-Reagenz unter vorsichtigem Schütteln dazutropfen. Das SO_2-Reagenz ist eine Jodlösung, die durch einen Stärkezusatz blau gefärbt ist. Solange im Wein freies SO_2 vorhanden ist, verschwindet die Blaufärbung des Reagenz. Ist kein SO_2 mehr vorhanden, dann tritt durch das überschüssige zugesetzte SO_2-Reagenz eine Blaufärbung ein, die zehn bis zwanzig Sekunden anhalten muß, bevor man den Test beendet. Eine wesentlich länger anhaltende Blaufärbung besagt, daß der Reagenzzusatz und somit auch der abgelesene Gehalt an SO_2 zu hoch war. Die Menge des dabei verbrauchten SO_2-Reagenz, gemessen in 0,1 ml, ist der im Wein enthaltene freie SO_2-Gehalt.

Beispiel: Ein Reagenzverbrauch von 3,0 ml entspricht 30 mg/l freiem SO_2.
Der Vorteil dieser Testmethode liegt darin, daß sie rasch und einfach durchzuführen ist. Der Nachteil liegt in der beschränkten Haltbarkeit des Reagenzmittels, wobei es auch nichts nützt, wenn man das Mittel kühl und dunkel aufbewahrt. Deshalb sollte man auf die Haltbarkeitsangaben des Herstellers achten und beim Kauf immer überprüfen, ob das Reagenzmittel noch in Ordnung ist. Das kann man am besten dadurch bewerkstelligen, daß man die Flasche mit dem Reagenzmittel einfach umdreht. Ist ein Flaschendepot vorhanden, dann ist das Reagenzmittel schon alt oder vielleicht sogar bereits verdorben.

Geräte und Reagenzien:
Schwefelmeßrohr
Tropfflasche
Spezialjodlösung (Haltbarkeitsangaben beachten!)

SO_2-Bestimmung nach Schneyder

Der Unterschied zur vorher beschriebenen Jodometrischen Bestimmung liegt eigentlich nur darin, daß Jod- und Stärkelösung getrennt aufbewahrt und beim Test getrennt eingesetzt werden. Dadurch ist übrigens auch eine viel bessere Haltbarkeit der Reagenzmittel gegeben.
Die Durchführung der SO_2-Bestimmung ist ähnlich wie vorher beschrieben. Zu 10 ml Wein gibt man 2,5 ml Stärkelösung und titriert sodann mit einer Jodatlösung, bis wieder eine zehn bis zwanzig Sekunden lange Blaufärbung bestehen bleibt. Der SO_2-Gehalt des Weines ergibt sich wie vorher.

SO_2-Bestimmung mit einem Titrovin-Gerät

Diese SO_2-Bestimmung ist umständlicher und dauert auch länger. Als Reagenzmitteln dienen eine Jodid-Jodat-Lösung und eine Stärke-Schwefelsäure-Lösung. Die Durchführung erfolgt so, daß man den Wein bis zur Marke in das Meßrohr einfüllt, die Stärke-Säure-Lösung bis zur 0-Marke hinzufügt und dann unter Schütteln die Jodid-Jodat-Lösung zugibt, bis eine längere Blaufärbung eintritt.

SO_2-Bestimmung mit einem Titrofix-Gerät

Diese Methode arbeitet mit größeren Weinmengen (25 ml) und vermag neben dem freien SO_2-Gehalt auch die gesamte Schwefelige Säure sowie die Gesamtsäure im Wein zu bestimmen.
Der **Vorteil** des Titrofix-Gerätes liegt darin, daß das freie SO_2 einfach und exakt ermittelt werden kann. Sein Nachteil ist, daß die SO_2-Bestimmung relativ viel Zeit in Anspruch nimmt und daß der gesamte SO_2-Gehalt nicht genau zu erfassen ist.
Die **Nachteile** aller einfachen SO_2-Bestimmungen mittels einer Jodlösung bestehen darin, daß der Test:

- nur bei Weißweinen ohne Überreife, also nicht bei weißen Prädikatsweinen, angewendet werden kann;
- nur bei hellen, gerbstoffarmen Rotweinen möglich ist, weil bei dunklen Weinen der Umschlagspunkt zur Blaufärbung schwer erkennbar ist und damit problematisch wird, und weil bei Rotweinen auch andere reduzierend wirkende Gerbstoffe mitbestimmt werden;
- bei Weinen mit Ascorbinsäurezusatz nur ungenau durchgeführt werden kann und
- nur bei einem Temperaturbereich des Weines von 20° Celsius exakt möglich ist.

Wenn man eine genaue Schwefeldioxydbestimmung haben will, sollte man sich einer amtlichen Untersuchungsanstalt bedienen, wo nach der destillativen Methode mit Lieb-Zacherl das freie und das gesamte SO_2 auch bei Rotweinen und bei Ascorbinsäure-hältigen Weinen exakt bestimmt wird.

Bestimmung der »Relativen Dichte«

Die Relative Dichte eines Weines ist ein selbständiger Analysewert beim amtlichen Untersuchungsbefund und obligatorisch für die Ausstellung der staatlichen Prüfnummer. Bei dieser auch nur als »Dichte« bezeichneten Meßgröße handelt es sich um ein Gewichtsverhältnis zwischen der Volumenmasse von Wein (oder auch von Most) zur gleichen Volumenmasse Wasser bei einer Meßtemperatur von 20° Celsius. Die Dichte wird als Dezimalzahl mit vier Dezimalstellen ausgedrückt (Symbol: d^{20}_{20} oder einfach d, wenn keine Verwechslung möglich ist).
Die Relative Dichte ist eine Art Identitätskennziffer. Wenn der Dichte-Wert bei einer später vorgenommenen Weinanalyse ein anderer ist als jener bei der Erteilung der staatlichen Prüfnummer, dann wird damit aufgezeigt, daß in der Zwischenzeit irgendeine Veränderung beim Wein eingetreten ist. Entweder wurde der Wein »abgeändert« (manipuliert), oder es erfolgte irgendeine Veränderung während seiner weiteren Entwicklung, wie beispielsweise eine Nachgärung oder ähnliches. Die Kennzahl Relative Dichte ist vielleicht am besten mit einem Fingerprint zu vergleichen, der den Wein auf seinem weiteren Lebensweg begleitet und seine Identität zwischen verschiedenen Zeitpunkten beweisen kann.
Darüber hinaus ist die Relative Dichte ein Hinweis auf den Alkohol- und Extraktwert eines Weines oder auch auf das Mostgewicht und eine Kenngröße, der sich vor allem die staatlichen Prüfstellen bedienen. So haben beispielsweise alkoholreiche aber gleichzeitig extraktarme Weine im Vergleich zum Wasser eine geringere Dichte als alkoholarme, jedoch extraktreiche Weine (Prädikatsweine mit einem hohen Restzuckergehalt haben oftmals eine größere Dichte als Wasser, also über der Kennzahl 1,0000).
Die exakteste der herkömmlichen Dichtemessungen ist jene mit dem ***Pyknometer*** (Dichtemesser für Flüssigkeiten), wobei ein ganz genau bekanntes Volumen des zu untersuchenden Weines oder Mostes gewogen und mit dem Gewicht des gleichen Volumens Wasser bei 20° Celsius in Verhältnis gesetzt wird. Bei geringeren Genauigkeitsanforderungen können auch ***Aräometer*** (Senkwaage mit einem hohen, am unteren Ende beschwerten Schwimmkörper, an dessen oberem Ende eine Ableseskala befestigt ist) oder eine ***hydrostatische Waage*** verwendet werden. Auch die Möglichkeit einer Dichtemessung durch ***elektronische Bestimmung der Schwingungsdauer*** sei der Vollständigkeit halber noch erwähnt.

Aschebestimmung

Als Asche bezeichnet man die Gesamtheit der Mineralstoffe, die nach der vollständigen Verbrennung des Eindampfrückstandes des Weines zurückbleiben. Die Veraschung wird dabei in der Weise durchgeführt, daß die Gesamtmenge der Kationen (außer Ammonium) in Form von Carbonaten oder anderen wasserfreien Mineralsalzen vorliegt. Der Aschegehalt wird in Gramm pro Liter, auf zwei Dezimalstellen genau, angegeben.
Verfahrensweise: 50 ml Wein (bei mehr als 30 g/l Gesamtextrakt 25 ml) werden auf dem Wasserbad zur Trockene eingedampft. Nach vollständiger Trocknung wird mittels Oberflächenverdampfer oder auf dem Gas-Pilzbrenner bei mäßiger Temperatur bis zur Verkohlung erhitzt. Wenn keine Dämpfe mehr entweichen, wird die Schale in einem elektrischen Ofen mit Entlüftung auf 525° Celsius + 25° Celsius oder auch im Gas-Pilzbrenner erhitzt, wobei die Schale mit einem Platinblech bedeckt wird.

Nach einer Viertelstunde wird der erkaltete Schaleninhalt mit Wasser benetzt, vorhandene Kohleteilchen werden mit einem Glaspistill zerrieben, der Schaleninhalt auf dem Wasserbad zur Trockene eingedampft und erneut geglüht. Der Vorgang wird nötigenfalls bis zur vollständigen Veraschung (Verbrennung der Kohleteilchen) wiederholt.
Nach dem Erkalten im Exsikkator wird die Schale gewogen. Das Gewicht der Asche wird mit 20 (bzw. bei Verwendung von nur 25 ml Wein mit 40) multipliziert, um es in Gramm pro Liter anzugeben.

Geräte:
Platinschale
Wasserbad
Oberflächenverdampfer
elektrischer Muffelofen (550° Celsius) oder Gas-Pilzbrenner
Exsikkator mit Trockenmittel

Eiweißtest

Eiweißstoffe (Proteine und Proteide) dienen im Most der Hefe als Nahrung, im Wein können sie aber als thermolabiles Eiweiß eine schleierartige, graue Trübung hervorrufen. Will man den Wein danach prüfen, ob er Eiweiß enthält, so gibt es dafür zwei Methoden:

Bentotest nach Dr. Jakob

10 ml (1 ccm) der kellertrüben Weinprobe werden mit Hilfe eines Filters blank filtriert und in ein Reagenzglas gefüllt. Dann tropft man etwa 1 ml Bentotest-Reagenz dazu und schüttelt sofort nach Zusatz um. Wenn innerhalb einer halben Minute eine Trübung auftritt, dann enthält der Wein Eiweiß. Die gleichzeitig nach dem Zusatz auftretende Grün-Blauverfärbung des Weines hat mit dem Eiweißgehalt nichts zu tun, sondern erleichtert nur die Erkennung der Eintrübung.

Geräte und Reagenzien:
Reagenzglas
Trichter mit Spezialfaltenfilter
Einstellpipette
Bentotest-Reagenz (10 %ige Bentonitsuspension)

Wärmetest

In ein weißes Probefläschen gibt man 100 ml (1 Deziliter) klarfiltrierten Wein, der zunächst einige Zeit im Wärmeschrank bei etwa 45° Celsius oder im Wasserbad bei etwa 65° Celsius gehalten wird. Dann stellt man das Probefläschchen in einen Kühlschrank und läßt den Wein abkühlen. Tritt als Folge der Abkühlung eine Trübung ein, dann enthält der Wein Eiweiß.
Bei beiden Testverfahren erhält der erfahrene Kellermeister durch den Grad der aufgetretenen Eintrübung auch einen Hinweis, wieviel Bentonitbedarf er voraussichtlich zur Schönung des Weines braucht. Erfahrungsgemäß braucht er bei einer schwachen Trübung 50–100 g Bentonit pro 100 l Wein, bei einer mittleren Trübung 100–200 g Bentonit pro 100 l und bei einer starken Trübung 200–400 g Bentonit pro 100 l Wein.

Eisentest

Mit dieser Untersuchung stellt man fest, ob im Wein gelöstes Metall (vor allem Eisen) enthalten ist, das eine Trübung hervorrufen kann (Schwarzer bzw. Weißer Bruch). Der Test wird so durchgeführt, daß man in ein Reagenzglas 10 ml (1 ccm) Wein gibt und drei Tropfen 10 %ige Salzsäure sowie zwei bis drei Tropfen Testlösung (in Wasser aufgelöstes gelbes und rotes Blutaugensalz) hinzufügt. Tritt eine grüne-gelbgrüne Färbung auf, ist keine Blauschönung notwendig. Färbt sich die Mischung jedoch blau oder blaugrün, besteht der Verdacht auf einen Eisen(Metall)gehalt im Wein. In diesem Fall sollte man sich einer Untersuchungsanstalt bedienen, die den erforderlichen Blutlaugensalzbedarf zu einer Blauschönung des Weines feststellt.

Geräte und Reagenzien:
Reagenzglas
Testlösung: 5 g rotes und 5 g gelbes Blutlaugensalz in 100 ml Wasser aufgelöst
10%ige Salzsäure (eisenfrei)

Sonstige Kellerwirtschaftskenntnisse

pH-Wert

Mit dem pH-Wert drückt man aus, ob eine Lösung sauer, alkalisch oder neutral ist. So gilt ein pH-Wert von 0–4,5 stark sauer, 4,5–5,5 sauer, 5,5–6,9 schwach sauer, 7 neutral, 7,1–8,5 schwach alkalisch, 8,5–10 alkalisch und 10–14 stark alkalisch.
Der saure Geschmack eines Weines ist nicht so sehr von der Menge der durch Titration nachweisbaren Säuren abhängig, sondern vielmehr vom Säuregrad des Weines, als dessen Maß der pH-Wert gelten kann. Und dieser pH-Wert ändert sich je nach Art und Mengenverhältnis der einzelnen Säuren (Weinsäure, Zitronensäure, Äpfelsäure, Milchsäure, Bernsteinsäure, Essigsäure – gereiht nach der Höhe ihres pH-Wertes) und steht in engem Zusammenhang mit der Konzentration der Wasserstoffjonen. Im allgemeinen liegt bei Wein der pH-Wert zwischen drei und vier. Je säurebetonter ein Wein ist, desto niedriger ist sein pH-Wert (bei drei), je säureärmer er ist, desto höher ist sein pH-Wert (bei vier).
Man darf aber nicht in den Fehler verfallen, den Säuregehalt eines Weines (ausgedrückt in ‰ oder g/l) mit dem pH-Wert gleichzusetzen. Denn im Wein gibt es noch eine Reihe von Inhalts- und Extraktstoffen, die alkalisch wirken. Diese bewirken, daß der Säurewert beim Wein abgeschwächt wird. Daher können zwei Weine mit gleichem Säuregehalt aufgrund eines verschieden hohen Gehaltes an Inhalts- und Extraktstoffen durchaus unterschiedliche pH-Werte haben.
Bei der Weinerzeugung hat der pH-Wert besonders einen Einfluß bei der Entsäuerung, beim bakteriellen Äpfelsäureabbau (biologischer Säureabbau) und bei der Schwefelung, aber auch bei der Gärung, Klärung, Schönung und Weinstabilisierung. Allgemein gilt, je höher der pH-Wert eines Weines ist, desto anfälliger ist er gegenüber Bakterien (Mikroorganismen).
Dünne, extraktarme Weine haben bei einem hohen Säurewert nur einen niedrigen pH-Wert, weil eben wenig Inhalts- und Extraktstoffe vorhanden sind, die den Säurewert abschwächen könnten. Wenn ein solcher extraktarmer Wein stärker entsäuert wird, dann steigt sein pH-Wert relativ stark an, und solche Weine sind dann vielfach biologisch recht instabil.
Deutlich sieht man den Einfluß des pH-Wertes beim bakteriellen Äpfelsäureabbau. Ein solcher ist überhaupt erst bei einem pH-Wert von 3,2 aufwärts möglich. Dabei hat man aber darauf zu achten, daß er wiederum nicht zu hoch ist, denn dann könnten bestimmte Bakterien allzu aktiv wer-

den und den Wein verderben. Der günstigste pH-Wert für einen bakteriellen Äpfelsäureabbau liegt im Bereich von 3,3–3,4.
Wichtig ist der pH-Wert auch bei der Weinschwefelung. Hier gilt der Grundsatz, je niedriger der pH-Wert eines Weines ist, desto stärker ist auch die keimhemmende Wirkung der freien Schwefeligen Säure (SO_2).

Böckserbehandlung

Man erkennt einen Böckser im Wein durch seinen Geruch oder Geschmack nach Schwefelwasserstoff oder faulen Eiern, wobei der Fremdton schon in geringsten Mengen sensorisch erkennbar ist. Übrigens stammt die Bezeichnung Böckser aus dem Vergleich mit einem stinkenden Ziegenbock.
Der Böckser entsteht dadurch, daß schwefelhaltige Substanzen während der Gärung zu Schwefelwasserstoff (H_2S) umgewandelt werden. Diese Verbindung kann mit Weininhaltsstoffen weiter reagieren und hartnäckige Geruchs- und Geschmacksfehler hervorrufen, die oft nur mehr äußerst schwer entfernbar sind. Der Schwefel gelangt dabei in vielfältiger Weise in den Most. Entweder über Spritzmittel für die Rebstöcke (z. B. bei der Anwendung von Netzschwefel bei der Oidiumbekämpfung) oder als abgetropfter Schwefel bei einem unsachgemäßen Einbrennen von Schwefelschnitten zur Trockenkonservierung von Fässern oder überhaupt bei der Maischeschwefelung. Besonders in reifen Jahrgängen kann sehr oft eine vermehrte Böckserbildung beobachtet werden.
Der Böckser nimmt hauptsächlich von jenem Teil des Weines seinen Ausgang, der knapp über dem Geläger im unteren Teil des Fasses liegt. Es ist daher wichtig, den Jungwein in kurzen Abständen immer aus dem unteren Faßteil zu verkosten, falls er nach Ende der Gärung nicht sofort abgezogen wird. Bemerkt man rechtzeitig den typischen Fehlton eines Böcksers im Wein, muß der Jungwein sofort vom Geläger abgezogen, eine erste Schwefelung mit 70 mg/l SO_2 durchgeführt und eine rasche Klärung des Weines vorgenommen werden. Die alte Methode, einen Böckser nur durch Belüftung wegzubekommen, ist besonders bei Weißweinen nicht empfehlenswert, weil es dadurch zu einer Schädigung des wertvollen Fruchtaromas des Weines kommen und außerdem der Böckser in den meisten Fällen nicht gänzlich entfernt werden kann. Bei Rotweinen ist eine Belüftung eher anwendbar, weil es da nicht so sehr auf die Erhaltung des Buketts ankommen mag.
Die sicherste **Behandlungsmethode** eines Böcksers ist jene mit Silberchlorid (bis max. 5 g/hl) oder Kupfersulfat (bis zu einer Maximalmenge von 2 g/hl). Nachdem der Böckser sehr verschiedenartig sein kann, können auch die beiden Behandlungsmittel einen recht unterschiedlichen Erfolg bringen. Welches Behandlungspräparat eingesetzt werden soll, ist daher durch entsprechende Vorproben zu bestimmen. Die eigentliche Böckserbehandlung erfolgt so, daß das Präparat in ein wenig Wasser aufgelöst und zum Wein hinzugefügt wird. Dann wird mit einem Propellerrührwerk gründlich durchgemischt und nach abgeschlossener Reaktion, die erfahrungsgemäß zwei bis fünf Tage dauert, über Entkeimungsschichten abfiltriert.
Bei der Böckserbehandlung wird im allgemeinen jene mit Silberchlorid besser beurteilt, weil sie den besseren Wein hinterläßt. Zwar ist die Behandlung wesentlich teurer, doch wird durch Silberchlorid weniger Aroma beim Wein zerstört.
Nachdem durch gesetzliche Verordnungen nur ganz bestimmte minimale Höchstmengen der eingesetzten Behandlungsmittel im Wein verbleiben dürfen, muß durch eine Blauschönung mit gelbem Blutlaugensalz sichergestellt werden, daß die gesetzlich vorgegebenen Toleranzgrenzen von Silberchlorid bzw. Kupfersulfat im verkaufsfertigen Wein nicht überschritten werden. Vom Gesetz her wird daher nach erfolgter Böckserbehandlung auch eine analytische Überprüfung der Restgehalte durch eine autorisierte Untersuchungsanstalt verlangt.

Mostgewicht-Umrechnung

Mostgewicht

Das Mostgewicht zeigt an, wieviel Zucker (Trauben- und Fruchtzucker) in der Maische oder im frisch gepreßten Most vor Beginn der Gärung vorhanden ist.
Bestimmt wird das Mostgewicht mittels **Refraktometer** oder einer **Mostwaage** (Aräometer, Dichtespindel). Wichtig ist dabei, daß die Messung in einem geeigneten Standgefäß derart durchgeführt wird, daß die Spindel der Mostwaage weder am Boden noch an der Glaswand anstößt. Weiters muß der zu bestimmende Most klar sein und darf noch nicht zu gären begonnen haben. Wichtig ist die Temperatur des Mostes, die mit der Eichtemperatur der Mostspindel übereinstimmen muß. Sollte das nicht der Fall sein, kann diese Temperatur durch Erwärmung oder Kühlung eingestellt oder mit einem Korrekturfaktor das Mostgewicht exakt bestimmt werden.
In Europa finden im allgemeinen drei Arten von Mostgewichts-Bezeichnungen Anwendung:

Klosterneuburger Mostwaage (KMW): Diese gibt den Zuckergehalt des Mostes in Gewichtsprozenten an. Die exakte Definition lautet: 1° KMW = 1/17 des Massengehaltes einer wäßrigen Saccharoselösung von 20%.
Beispiel: 20° KMW heißt, daß in 100 kg Most 20 kg natürlicher Zucker enthalten ist.

Oechsle Mostwaage (Oe): Diese gibt die relative Dichte des Mostes bei 20° C, bezogen auf die Dichte des Wassers bei 20° C, an. Vom Wert der relativen Dichte werden die ersten drei Stellen nach dem Komma als °Oechsle ausgedrückt.

Beispiel: Eine relative Dichte von 1,080 entspricht 80° Oechsle.

Für die Umrechnung von Oechsle auf KMW gilt als grobe Faustregel: Man dividiert die Oechsle-Grade durch fünf und erhält die entsprechenden KMW-Grade.

Beispiel: 80° Oe : 5 = 16° KMW

Will man umgekehrt von KMW auf Oechsle umrechnen, dann multipliziert man die KMW-Grade mit fünf und erhält die Oechsle-Grade.

Beispiel: 16° KMW x 5 = 80° Oechsle

Die exakte Umrechnung ist dabei folgende: °KMW x (0,022 x °KMW + 4,54 = °Oechsle)

Beispiel: 16 x (0,022 x 16 + 4,54) = 16 x (0,352 + 4,54) = 16 x 4,892 = 78,2° Oechsle

Beaumè Mostwaage (Bè)

Diese wird vor allem in Frankreich angewendet. Die Beaumè-Mostwaage ist auf die Dichte einer 10 gewichtsprozentigen Kochsalzlösung geeicht, d. h. eine Dichte von 10° Beaumè entspricht der Dichte einer 10 gewichtsprozentigen Kochsalzlösung.
Die Umrechnung ist dann: $°\,Bè \times 1{,}53 = °\,KMW$ bzw. $°\,Bè = \frac{°\,KMW}{1{,}53}$

Als Faustregel rechnet man immer nur mit 1,5 statt mit 1,53 um.

Umrechnung des Mostgewichtes zum zu erwartenden Alkoholgehalt

Exakte Umrechnungsformel

Weißwein:

1. Stufe: Umrechnung von Oe auf KMW (entweder annähernd gerechnet: Oe dividiert durch 5 oder exakt aus der Umrechnungstafel im Kapitel »Fachausdrücke – Mostgewicht« auf Seite 377f. entnommen.)

2. Stufe: $$\text{Alkohol \%vol} = \frac{°\text{KMW x } (47 + °\text{KMW})}{100}$$

Rotwein:

1. Stufe: Umrechnung von Oe auf KMW durch Division mit 5

2. Stufe: $$\text{Alkohol \%vol} = \frac{°\text{KMW x } (43 + °\text{KMW})}{100}$$

Beispiel: Ein Most mit einem Mostgewicht von 18,5° KMW (91 Oe) erbringt bei einer vollständigen Vergärung des Mostzuckers einen Weißwein mit 12,1 %vol Alkoholgehalt: 18,5 x (47 + 18,5) = 18,5 x 65,5 = 1.211,75 : 100 = 12,1 %vol)

Praktikable Faustformel

Andere, allerdings nicht so exakte, aber oft verwendete Formeln – die aber nur bei Weinen in einem Mostbereich von 16–21° KMW anzuwenden sind – wären:

Weißwein: (°KMW – 4) x 0,85 = Alkohol %vol

Rotwein: (°KMW – 4) x 0,8 = Alkohol %vol

Rückrechnung des Alkoholgehaltes auf das Mostgewicht (soferne kein Restzucker im Wein vorhanden ist)

Exakte Rückrechnungsformel in KMW

Weißwein:

°KMW = (Alkohol %vol x 1,2) + (Gesamtextrakt g/l x 0,07) + 2,5

Beispiel: Alkoholgehalt = 12,0 %vol
Gesamtextrakt = 25 g/l:
°KMW = (12 x 1,2) + (25 x 0,07) + 2,5
= 14,4 + 1,75 + 2,5
= 18,65° KMW

Rotwein:

°KMW = (Alkohol %vol x 1,25) + (Gesamtextrakt g/l x 0,07) + 2,5

Beispiel: Alkoholgehalt = 12,0 %vol
Gesamtextrakt: = 25 g/l:
°KMW = (12 x 1,25) + (25 x 0,07) + 2,5
= 15 + 1,75 + 2,5
= 19,25° KMW

Exakte Rückrechnungsformel in Oechsle

$$°\text{Oechsle} = \frac{\text{Gesamtextrakt [g/l]} + (\text{Alkohol [g/l]} \times 2{,}1)}{2{,}62} + 4$$

Beispiel: Gesamtextrakt = 25 g/l
Alkoholgehalt = 12,0 **%vol** (Achtung! – Der Alkoholgehalt in Volumenprozent muß für die obige Formel in Grammgewicht umgerechnet werden. Nachdem das spezifische Gewicht von Ethanol 0,78 g ist, rechnet man daher: 12,0 %vol x 100 ccm (= 1 Liter) = 120 ccm x 0,78 = 93,6 g Alkohol):

$$\frac{25 + (93{,}6 \times 2{,}1)}{2{,}62} + 4 =$$

$$\frac{25 + 196{,}56}{2{,}62} + 4 =$$

$$\frac{221{,}56}{2{,}62} + 4 =$$

84,56 + 4 = 88,56° Oe

Praktikable Faustformel

Weißwein: Alkohol %vol x 1,2 + 4 = °KMW Mostgewicht
bzw. x 5 = °Oechsle Mostgewicht

Rotwein: Alkohol %vol x 1,25 + 4 = °KMW Mostgewicht
bzw. x 5 = °Oechsle Mostgewicht

Beispiel: Ein Weißwein mit einem Alkoholgehalt von 11,5 %vol hat ein Mostgewicht von 17,8° KMW (89° Oe):
11,5 x 1,2 + 4 = 17,8° KMW x 5 = 89° Oe

Wein- und Rebsorten

in Deutschland, Österreich und der Schweiz (ohne Marken- und Typenweine)

Albalonga

Weißwein

Herkunft

Eine Kreuzung der Bayerischen Landesanstalt für Weinbau und Gartenbau in Würzburg zwischen Rieslaner (= Silvaner x Riesling) x Silvaner. Züchter Hans Breider, Züchtungsjahr 1951, Zulassung (Sortenschutz) 1971.

Weinbau

Sortenmerkmale:

Blatt: mittelgroß, dreilappig, wenig offene Stielbucht

Traube: mittelgroß, mittel- bis dichtbeerig, walzenförmig

Beere: klein bis mittel, etwas flach, grüngelb

Die Rebe stellt sowohl an Boden als auch an Lage relativ hohe Ansprüche. Sie ist kalkempfindlich, bevorzugt tiefgründige, warme *Böden* und gute *Lagen.*

Sie ist sehr botrytis- und chlorose*anfällig.*

Der *Ertrag* liegt im Durchschnitt bei 60–80 hl/ha. Die *Mostgewichte* bewegen sich zwischen 80° Oechsle (16° KMW = Reife) und 90° Oechsle (18° KMW = Vollreife); die *Mostsäure* liegt bei 10–12‰.

Die *Reife* ist mittelfrüh, und die *Lese* erfolgt in der Regel Ende September bzw. Anfang Oktober.

Verbreitung

Der Albalonga ist nur in *Deutschland,* vor allem in Franken, vereinzelt auch in Rheinhessen und in der Pfalz zu finden. Sein Anteil beträgt bloß 0,02% der deutschen Gesamtrebfläche.

Weinbeschreibung

Farbe: gelbgrün

Bukett: duftig, bei geringem Mostgewicht eigenartig fruchtig

Geschmack: Der Wein hat eine gewisse Ähnlichkeit mit dem Riesling, wobei er bei niedrigen Mostgewichten (unter 80° Oechsle) oft recht säurehältig und nicht genug ansprechend ist. In guten Weinjahren (bei Vollreife der Trauben) kann er jedoch zu einem sehr guten Weißwein heranwachsen und ist dann im Geschmack fruchtig, rassig-elegant, vielfach würzig und nachhaltig im Abgang.

Gesamteindruck: Der Wein hat Auslesecharakter.

Wozu trinkt man den Wein?

Ein Albalonga aus einem guten Weinjahrgang empfiehlt sich vor allem zu jenen Gerichten, zu dene auch ein guter Riesling getrunken wird.

Glaskultur und Serviertemperatur

Für normale Qualitäten nehme man ein »Jungwein Glas«, für Ausleseweine ein »Universal-Glas«.

Einen Albalonga serviert man in Normalqualität etw mit einer Temperatur von 6–8° Celsius, Auslesewei ne mit 9–10° Celsius.

Lagerfähigkeit

Weine aus guten Jahrgängen lassen sich aufgrun ihrer lebendigen, fruchtigen Säure durchaus einig Jahre lagern.

Aligoté

Weißwein

Synonyme

Blanc de Troyes, Carcarone, Chaudenet, Grise Blanc, Plant de Trois, Vert Blanc (Frankreich)

Herkunft

Die Rebe stammt aus Frankreich (Burgund), wo sie im 18. Jahrhundert erstmals erwähnt wurde.

Weinbau

Sortenmerkmale:

Blatt: ganzrandig bis dreilappig, gezähnter Blattrand, offene, V-förmige Stielbucht

Traube: klein, locker- bis dichtbeerig

Beere: rund, hellgrün, dünnschalig

Die Rebe bevorzugt tiefgründige *Böden* und stellt keine besonderen Ansprüche an die *Lagen.*

Sie ist *krankheitsanfällig,* am wenigsten gegen Oidium.

Der *Ertrag* ist im allgemeinen recht hoch, aber äußerst unterschiedlich und liegt je nach Boden und Lage zwischen 50–150 hl/ha, kann sogar bis auf 200 hl/ha ansteigen.

Verbreitung

Das Hauptanbaugebiet des Aligoté ist Frankreich, wo die Sorte aber zugunsten des Chardonnay immer weniger angebaut wird. Andere Erzeugerländer sind die GUS-Staaten und Osteuropa.

In der *Schweiz* findet man die Sorte im Kanton Genf. In der übrigen Schweiz sowie in *Deutschland* und *Österreich* ist sie mehr oder weniger unbekannt.

Weinbeschreibung

Die Weißweintraube liefert einen einfachen, süffigen,

jedoch ziemlich herben, oft hart schmeckenden Wein, der kurzlebig ist und jung und frisch getrunken werden sollte.
In Frankreich wird er gerne mit Schwarzem Johannisbeerlikör (Crème de Cassis) versetzt und als Aperitif (Kir) getrunken.

Americano

Roter Mischsatz

Ein qualitativ einfacher und alkoholarmer Rotwein aus der *Schweiz,* Kanton Tessin, der aus einem Traubengemisch von Hybriden und Amerikanerrebsorten (Isabella, Clinton, Seibel, Noah u. a.) gekeltert wird. Diese Weine sind bereits im Verschwinden begriffen und werden heute nur noch für den Eigenbedarf der dortigen Bauern verwendet. Hervorstechend sind sein relativ hoher Säuregehalt und sein fuchsiger Geschmack (Foxton).

Amigne

Weißwein

Herkunft

Eine alte Schweizer Spezialsorte römischen Ursprungs. Sie soll angeblich von der Rebe Vitis amminea abstammen.

Weinbau

Sortenmerkmale:

Blatt: groß, stark behaart, grob gezähnter Blattrand

Traube: langstielig, sehr groß, kegelförmig, lang, lockerbeerig

Beere: oval, grün bis gelbgrün, in der Vollreife goldgelb

Die Sorte ist anbaumäßig recht anspruchsvoll und bevorzugt schiefer- und kalkhältige *Böden* sowie warme und gute *Lagen.*
Sie *reift* spät, und die *Lese* erfolgt in der zweiten Oktoberhälfte.

Verbreitung

Der Amigne ist eine seltene und kaum noch erhältliche Spezialität aus der *Schweiz* und hat keine wirtschaftliche Bedeutung. Die Rebe wächst praktisch nur noch im Gemeindegebiet von Vétroz im Mittelwallis zwischen Martigny und Sion (Sitten).

Weinbeschreibung

Farbe: goldgelb

Bukett: feines, an Veilchen erinnerndes Bukett

Geschmack: kraftvoll und vollmundig, alkoholreich und eher geschmacksneutral, mit fruchtiger Säure.

Gesamteindruck: Der Wein wurde früher wegen seiner diuretischen (harntreibenden) Eigenschaften gerne auch »Doktorwein« genannt.

Wozu trinkt man den Wein?

Heute wird der Wein meist als Dessertwein getrunken. Er paßt aber auch zu einer Gänseleberpastete und zu einem warmen Früchtegratin.

Glaskultur und Serviertemperatur

Man trinkt den Wein am besten aus einem »Universal-Glas« und serviert ihn mit einer Temperatur von 9–10° Celsius.

Lagerfähigkeit

Der Amigne braucht eine gewisse Reifezeit, um zu seinem geschmacklichen Höhepunkt zu kommen. Er ist daher auch gut lagerfähig (4–6 Jahre, Spitzenjahrgänge bis zu 6–10 Jahre).

Aris

Weißwein

Eine Kreuzung der früheren Reichsrebenzüchtung in Müncheberg/Mark Brandenburg zwischen (Riparia x Gamay) x Riesling, die inzwischen wieder zurückgezogen wurde.

Arnsburger

Weißwein

Herkunft

Die Rebsorte ist eine Kreuzung der Forschungsanstalt Geisenheim/Rheingau zwischen Riesling Klon 88 x Riesling Klon 64, also zwischen zwei Rieslingklonen. Züchtungsjahr 1939, Zulassung (Sortenschutz) 1984.

Die Namensgebung erfolgte zu Ehren der Zisterzienser, die allgemein große Verdienste um den Rebbau im Rheingau hatten. Das Zisterzienserkloster Eberbach hat übrigens das Kloster Arnsburg in der Wetterau gegründet.

Weinbau

Sortenmerkmale:

Blatt: mittelgroß, siebenlappig, unterschiedlich lang gezähnter Blattrand, etwas überlappende Stielbuchtform, selten V-förmig

Traube: groß, kegelförmig, geschultert, lockerbeerig, langstielig

Beere: mittelgroß, kurzoval, grüngelb, dickschalig, beduftet

Die Sorte bevorzugt tiefgründige, nährstoffreiche ***Böden*** und kleine, typische Müller-Thurgau-***Lagen,*** die jedoch nicht frostgefährdet sein dürfen.
Die Rebe ist gegen Botrytis ***anfällig.*** In ungünstigen Jahren neigt sie zum Verrieseln.
Der ***Ertrag*** ist sogar noch etwas höher als beim Müller-Thurgau und liegt im langjährigen Durchschnitt zwischen 100–150 hl/ha und darüber. Das sortenspezifische ***Mostgewicht*** ist um 5–8° Oechsle niedriger als beim Müller-Thurgau, liegt also bei etwa 60–70° Oechsle (13–14° KMW), jedoch ist die ***Mostsäure*** vergleichsweise bis 4‰ höher.
Die ***Lese*** erfolgt zeitgleich mit dem Müller-Thurgau, also etwa im letzten Drittel des September bis Mitte Oktober.

Verbreitung

Der Arnsburger hat in ***Deutschland*** einen Rebflächenanteil von kaum 0,01% und ist derzeit in wirtschaftlicher Hinsicht ohne Bedeutung. Die Sorte könnte jedoch einmal wegen ihres reichen Ertrages und ihrer Fruchtigkeit für die Sektherstellung gute Zukunftsaussichten bekommen.

Weinbeschreibung

Farbe: gelbgrün

Bukett: neutral

Geschmack: feinfruchtig

Gesamteindruck: ein fruchtiger, rieslingähnlicher Weißwein, der für die Sekterzeugung besonders gut geeignet ist.

Wozu trinkt man den Wein?

Infolge seiner vorläufig geringen Erzeugungsmenge ist er eher als ein Raritätenwein anzusehen.

Glaskultur und Serviertemperatur

Das passende Weinglas für diese Sorte ist ein »Jungwein-Glas«.
Die beste ***Serviertemperatur*** liegt bei 6–8° Celsius.

Lagerfähigkeit

Der Wein schmeckt frisch und jung am besten, ist wegen seiner höheren Säure aber auch einige Jahre lagerfähig.

Arvine

Weißwein

Synonyme und Herkunft

Die Rebsorte wird auch Petite Arvine genannt. Sie ist eine alte Sorte des Wallis und soll angeblich von der römischen Vitis helvola abstammen.

Weinbau

Sortenmerkmale:

Blatt: groß, wenig gebuchtet

Traube: klein, länglich, kompakt

Beere: klein, rund

Die Sorte bevorzugt moränige (steinige) ***Böden*** und weist meist Wurzeltriebe auf, die tief in die Erde reichen. Dies könnte vielleicht auch den salzigen Nachgeschmack des Weines erklären.
Die Rebe weist eine hohe ***Anfälligkeit*** gegen Spätfröste auf, bedingt durch ihren frühen Austrieb.
Die Trauben ***reifen*** mittelspät, und die ***Lese*** erfolgt meist Anfang Oktober.

Verbreitung

Die Sorte kommt nur in der ***Schweiz*** vor und hat bloß einen Anteil von 0,3% der Walliser Rebfläche. Sie gilt als ein hervorragender Schweizer Spitzenwein und eine der besten Walliser Spezialitäten, die allerdings infolge geringer Erzeugung nur schwer erhältlich ist. Man findet die Rebsorte im Wallis zwischen Sion (Sitten) und Martigny.

Weinbeschreibung

Farbe: grüngelb

Bukett: Feinblumiges Bukett, wobei man bei längerer Reife des Weines den salzigen Ton erschnuppern kann.

Geschmack: Der Wein ist trocken, fast herb, spritzig mit etwas Kohlensäure, mit einer rassigen Säure und einem spürbar salzigen Nachgeschmack.

Wozu trinkt man den Wein?

Ein trocken ausgebauter Arvine paßt vorzüglich zu Austern, Muscheln, Langusten, Fisch und Fischterrinen, Huhn, Bergkäse und zu salzigen Käsesorten.

Spätlesen mit kräftiger Restsüße eignen sich hervorragend als Aperitif, werden aber auch zu Gänseleberterrine, Blauschimmelkäse und süßen Desserts ohne Rahm geschätzt.

Glaskultur und Serviertemperatur

Man trinkt den Wein am besten kühl aus einem »Universal-Glas« und serviert ihn mit einer Temperatur von 6–8° Celsius, Spätlesen mit 8–10° Celsius.

Lagerfähigkeit

Der Arvine braucht immer eine etwas längere Reifezeit. Er läßt sich gut und gerne fünf Jahre lagern, verliert allerdings dabei die Kohlensäure, wobei der Wein in sich dominanter wird und der Salzgehalt deutlicher hervortritt.

Auxerrois

Weißwein

Herkunft

Man nimmt an, daß die Rebsorte aus der Gegend von Auxerre, unmittelbar westlich von Chablis aus dem Burgund in Frankreich stammt und über Lothringen nach Deutschland gelangt ist. Die frühere Vermutung, daß die Rebe eine Mutation des Weißen Burgunders sei (Scheu, Goethe), wurde durch neuere Forschungen (Moog, Zimmermann) widerlegt. Es dürfte sich beim Auxerrois um eine selbständige Sorte handeln.

Weinbau

Sortenmerkmale:

Blatt: mittelgroß, dreilappig, fast nicht gebuchtet, offene Stielbuchtform. Nach Moog besteht gegenüber dem Weißen Burgunder ein Unterschied durch den fast geradlinigen Verlauf der drei Hauptnerven beim Auxerrois-Blatt.

Traube: mittelgroß, mittlere Beerendichte

Beere: klein bis mittelgroß, kurzoval, grüngelb, bei Vollreife bräunlich

Die Rebe gedeiht besonders gut auf mittleren bis tiefgründigen, nicht aber auf flachgründigen sowie zu trockenen *Böden* und weist relativ hohe Ansprüche an die *Lage* auf, die windgeschützt sein soll.
Die Sorte ist nicht ***anfällig*** gegen Pilzkrankheiten, wohl aber gegen Maifröste, hat eine gewisse Empfindlichkeit während der Blüte und neigt zur Traubenfäule und zum Verrieseln.

Der *Ertrag* ist unsicher und eher klein. Im langjährigen Durchschnitt liegt er unter 60 hl/ha. Das ***Mostgewicht*** liegt stets über 80° Oechsle (16° KMW), die ***Mostsäure*** ist mit unter 7–8‰ als niedrig zu bezeichnen.
Die ***Reife*** setzt mittelspät ein, und die ***Lese*** erfolgt meist Anfang bis Mitte Oktober.

Verbreitung

Die Rebsorte ist vor allem in Frankreich verbreitet.
In *Deutschland* hat sie einen Anteil von 0,06% der Gesamtrebfläche und kommt vor allem in Baden, insbesondere im Markgräflerland, vereinzelt auch in den Anbaugebieten Mosel-Saar-Ruwer, Nahe, Rheinhessen, Pfalz und Franken vor. Ihr Anbau ist rückläufig.
In *Österreich* und in der *Schweiz* ist die Sorte nicht zu finden.

Weinbeschreibung

Farbe: gelbgrün

Bukett: lebhaftes, feines, dezentes Bukett (bukettbetonter als der Weiße Burgunder)

Geschmack: säurearm, körperreich, geschmacksneutral

Gesamteindruck: Wird meist trocken ausgebaut und ähnelt dem Weißen Burgunder. Die Sorte ist auch für Spät- und Auslesen geeignet.

Wozu trinkt man den Wein?

Der Wein paßt – trocken ausgebaut – gut zu vielen Gerichten, insbesondere zu geräucherten Fischen, Meeres-Krustentieren, Geflügel und zu hellem, gebratenem Fleisch. Auslesen harmonieren auch mit Edelpilzkäse und verschiedenen Nachspeisen.

Glaskultur und Serviertemperatur

Empfehlenswert ist das »Universal-Glas«.
Normale Qualitäten serviere man mit 6–8° Celsius, höhere Prädikatsweine mit 9–10° Celsius.

Lagerfähigkeit

Normale Qualitätsweine sind eher jung zu trinken. Spät- und Auslesen halten sich relativ gut.

Bacchus

Weißwein

Synonyme

Wegen seiner Bukettbetontheit wird der Bacchus im Volksmund auch »Frühe Scheurebe« genannt.

Herkunft
Die Rebsorte gehört zu den jüngeren deutschen Neuzüchtungen und ist eine Kreuzung des Institutes für Rebenzüchtung Geilweilerhof in Siebeldingen/Pfalz zwischen (Silvaner x Riesling) x Müller-Thurgau. Züchtungsjahr 1933, Zulassung (Sortenschutz) 1972, klassifiziert (für den Anbau freigegeben) gleichfalls seit 1972 in neun Anbaugebieten Deutschlands.
Die Sorte wurde nach dem römischen Weingott Bacchus benannt.

Weinbau
Sortenmerkmale:

Blatt: mittelgroß, drei- bis fünflappig, kaum gebuchtet, stark gezähnter Rand, wenig offene, lyraförmige Stielbucht
Traube: mittelgroß, mehr dichtbeerig, geschultert
Beere: mittelgroß, rundlich bis oval, grüngelb

Die Rebe bevorzugt tiefgründige, nährstoffreiche und feuchte ***Böden,*** wobei kalte, zu stauender Nässe neigende Böden gemieden werden sollten. Größere Standweiten werden empfohlen. Die Ansprüche an die *Lage* sind mittel, etwa so wie beim Müller-Thurgau. Geringe Lagen sind für den Anbau nicht geeignet, weil die Trauben dann nicht reif werden.
Die Sorte ist gegen Chlorose kaum ***anfällig.***
Der *Traubenertrag* ist hoch und liegt im Schnitt bei 20.000 kg/ha (150 hl/ha). Im Interesse eines für die bessere Weinqualität entscheidenden Mostgewichtes sollte jedoch der Ertrag auf höchstens 110–135 hl/ha beschränkt bleiben. Im langjährigen Durchschnitt beträgt das spezifische *Mostgewicht* 75° Oechsle (15° KMW), und die *Mostsäure* liegt bei 8,5‰.
Die *Reife* setzt mittelfrüh ein, und die *Lese* erfolgt in der Regel Ende September.

Verbreitung
Der Bacchus hat in *Deutschland* einen Rebflächenanteil von 3,3%. Seine Hauptanbaugebiete sind Rheinhessen (53%), Franken (18%), Pfalz (12%), Mosel-Saar-Ruwer (6%), Nahe (7%) und Baden. Er hat in relativ kurzer Zeit eine starke Verbreitung gefunden, weil er aufgrund seines traditionellen Weincharakters recht gut in das deutsche Wein-Standardprogramm hineinpaßt. Er wird auch als gute Ergänzungssorte zum Müller-Thurgau beurteilt.
In *Österreich* ist der Bacchus nur sporadisch zu finden (Steiermark, Burgenland), in der *Schweiz* kaum.

Weinbeschreibung
Farbe: hellgelb bis grüngelb
Bukett: geruchsbetont mit einem je nach Reife mehr oder weniger deutlichen Bukett, das an die Scheurebe erinnert
Geschmack: Unreife Weine (aus schlechten Weinjahren, bei kleinen Lagen und mit einem Mostgewicht unter 70° Oechsle) befriedigen nicht, denn sie sind geschmacklich unreif, eckig, grasig und wirken oft unsauber.
Reife Weine (mit mindestens 75–80° Oechsle Mostgewicht) sind hingegen extraktreich, fruchtig, feinrassig und weisen geschmacklich einen deutlichen Muskatton auf (manchmal auch an Kümmel erinnernd). Bei ausreichender Säure wirken sie blumig und hinterlassen eine süffige Geschmacksempfindung.
Gesamteindruck: Die Bacchus-Weine sind im allgemeinen frische, leichte bis mittelkräftige Qualitätsweine, aber selten im Spät- oder Auslesebereich anzutreffen. Mit zunehmender Reife werden sie im Bukett und Geschmack verhaltener.

Wozu trinkt man den Wein?
Bacchus-Weine mit einer mehr oder weniger ausgeprägten Muskatnote sind im allgemeinen anspruchslose Tisch- und Schankweine. Sind sie trocken oder halbtrocken ausgebaut, so passen sie immer zu einem herzhaften, einfachen Essen.

Glaskultur und Serviertemperatur
Das passende Glas für einen Bacchus ist ein »Jungwein-Glas«.
Als passende *Serviertemperatur* ist 6–8° Celsius angezeigt.

Lagerfähigkeit
Bacchus-Weine entwickeln sich sehr rasch. Ihren geschmacklichen Höhepunkt erreichen sie bereits nach drei bis sechs Monaten. Sie haben im allgemeinen nur eine begrenzte Lagerfähigkeit.

Blauburger

Rotwein

Herkunft
Der Blauburger ist eine Neuzüchtung der Weinbauschule Höhere Bundeslehranstalt und Bundesamt für Wein- und Obstbau in Klosterneuburg, Niederösterreich. Sie entstand durch eine Kreuzung aus

Blauer Portugieser x Blaufränkisch. Züchtungsjahr 1923.
Der Name Blauburger stammt aus einer in der Klosterneuburger Weinbauschule früher gerne angewandten Bezeichnungssystematik, bei der viele Neuzüchtungen mit der Endsilbe »...burger« benannt wurden (das »...burger« steht für Klosterneuburg).

Weinbau

Sortenmerkmale:

Blatt: mittelgroß, drei- bis fünflappig, wellig, stumpf gezähnter Blattrand

Traube: groß, kegelförmig, etwas geschultert, dichtbeerig, lang gestielt

Beere: mittelgroß bis groß, rund, schwarzblau, bereift, feste Beerenhaut

Die Sorte hat keine besonderen Bodenansprüche und ist auch für kalkhältige ***Böden*** geeignet. Auch an die ***Lage*** stellt sie keine besonderen Ansprüche, lehnt allerdings tiefe Lagen ab. Wird sie auf schlechten Lagen ausgepflanzt, dann erbringt sie keine selbständigen Weine, sondern nur mehr Weine, die bloß zur Farbaufbesserung anderer Sorten geeignet sind.
Die Rebsorte ist winterfrostempfindlich, auch ***empfindlich*** gegen Stiellähme (Rebkrankheit, die zum Absterben der Traubenstiele und schließlich zum Abfallen der Trauben vom Stock führt), gegen Stielfäule (eine von der Botrytis verursachte Krankheit, welche die unreifen Traubenstiele befällt) und ist weiters auch oidiumsanfällig (Oidium = Mehltau, eine durch Schimmelpilz hervorgerufene Rebkrankheit). Der Botrytisbefall der Rebe ist gering, wenn eine gute Durchlüftung der Traubenzone gegeben ist.
Der Blauburger erzielt hohe ***Erträge*** von 80–120 hl/ha bei guter Qualität und sehr hoher Farbausbeute. Sein ***Mostgewicht*** liegt zwischen 75–90° Oechsle (15–18° KMW) und die ***Mostsäure*** bei 8–12‰.
Die Rebe ***reift*** bereits Mitte September und hat damit eine frühere Reifezeit als der Blaue Zweigelt (Rotburger), als dessen Ersatzsorte sie gedacht war. Die ***Lese*** erfolgt in der zweiten Septemberhälfte.

Verbreitung

Die Rebsorte ist nur in ***Österreich*** zu finden, wo sie einen relativ hohen Anteil von 1,6% der gesamten österreichischen Weinbaufläche einnimmt. Die Hauptverbreitungsgebiete sind die bekannten Rotweinzentren in Niederösterreich (75% Produktionsanteil an dieser Sorte) sowie im Burgenland (20%), kaum jedoch in der Steiermark und in Wien.
In ***Deutschland*** und in der ***Schweiz*** ist der Blauburger nicht anzutreffen.

Weinbeschreibung

Farbe: Die Sorte weist eine intensive, kräftige, fast schwarze Farbe auf und wird daher vielfach als Deckwein für helle Rotweine verwendet.

Bukett: Auffallend ist sein intensiver Rotweinduft, ohne jedoch eine besondere Richtung beim Aroma anzuzeigen.

Geschmack: Nach vorherrschender Lehrmeinung ist der Blauburger im Geschmack irgendwie dem Blaufränkisch ähnlich, jedoch meist extrakt- und alkoholreicher als dieser. Er weist eine samtig-herbe, fast wuchtige Geschmacksnote auf.

Gesamteindruck: Das ursprüngliche Züchtungsziel beim Blauburger war, den Zweigelt zu ersetzen. Diese Hoffnungen konnten nicht erfüllt werden. Er wird zwar in letzter Zeit vermehrt reinsortig als selbständiger Rotwein ausgebaut, seine Eignung liegt aber hauptsächlich in der Verwendung als Deckwein für Verschnittzwecke. Es erhebt sich allerdings die Frage, ob bei der heutigen Rotweintechnologie eine Deckweinsorte überhaupt noch eine echte Berechtigung hat.

Wozu trinkt man den Wein?

Der Blauburger wird heute hauptsächlich als Farbträger für Verschnittzwecke verwendet. Als selbständiger Tafel- und Qualitätswein aus einem guten Weinjahr findet er jedoch noch immer Verwendung.

Glaskultur und Serviertemperatur

Zum Blauburger empfiehlt sich ein »Burgunder-Glas«, damit sich zur Steigerung des Genusses der intensive Rotweinduft gut mit dem Sauerstoff verbinden kann. Man schenke das Glas aber immer nur zu einem Drittel ein.
Serviertemperatur: Diesen Wein serviere man am besten mit einer Temperatur von 13–14° Celsius.

Lagerfähigkeit

Der Blauburger muß als Qualitätswein eine gute Reife haben, weshalb er erst ab seinem 2.–3. Lebensjahr getrunken werden sollte. Seine Reifespanne hängt stark von der Güte des jeweiligen Jahrganges ab, dürfte bei »guten« Jahrgängen zwischen zwei und fünf Jahren liegen, bei »sehr guten« Jahrgängen aber länger, wobei aber eine längere Lagerung weder eine weitere Qualitätsvertiefung noch eine zusätzliche Finesse erbringt.

Neuzüchtungen und Verwandte

Dem Verfasser sind keine bekannt.

Blauer Arbst

Rotwein

Synonyme

- Affenthaler, Rother (Deutschland)
- Pineau Franc (Frankreich)

Herkunft

Die Sorte gehört zur Burgunderfamilie. Sie war früher in Baden, Deutschland, zu finden und als Affenthaler bekannt geworden, wobei sie aber mit dieser Rotweinsorte nicht verwandt ist.

Weinbau

Sortenmerkmale:

Blatt: rund, wenig gebuchtet, kurzer, dicker Blattstiel
Traube: kompakt, sehr dicker Traubenstiel
Beere: länglich

Die Rebe stellt keine besonderen Ansprüche an ***Boden*** und ***Lage.***
Sie ist robust und weist recht unsichere ***Erträge*** auf. Die Sorte ***reift*** spät, und die ***Lese*** erfolgt Mitte bis Ende Oktober.

Verbreitung

Nur in ***Deutschland*** zu finden und im Aussterben begriffen.

Weinbeschreibung

Der Blaue Arbst erbringt säuerliche, herb schmeckende Weine.

Blauer Burgunder

(Pinot noir, Blauer Spätburgunder)

Rotwein

Synonyme

- Blauer Spätburgunder, Pinot noir, Blauburgunder. Die Bezeichnung Blauburgunder sollte aber wegen der Verwechslungsgefahr mit der Sorte Blauburger möglichst vermieden werden (Österreich)
- Blauer Spätburgunder, Clevner, Clävner, Klävner, Klebrot (Deutschland)
- Pinot noir, Klevner, Schwarz-Klävner (Schweiz)
- Pinoit noir (Frankreich – das Wort »pinot« wurde vom französischen Wort »pin« = Fichtenzapfen abgeleitet, weil die dichtgepackte Traubenform des Blauen Burgunders einem Fichtenzapfen ähnelt)
- Pinot nero, Pignol, Pignola (Italien)
- Crni burgundac, Modra Klevanyka, Modri burgundac (Slowenien, Kroatien, Serbien)
- Burgundské modré, Rulandské červené, Rulandské modré (Tschechien, Slowakei)
- Kisburgúndi kék (Ungarn)
- Pinot tinto (Portugal)

Von der Blauen Burgunderrebe stammen viele Spielarten ab, die sich im Laufe der Jahrhunderte durch Mutation entwickelt haben. Heute umfaßt die Burgunder-Familie im wesentlichen:

Rote Spielarten:
Blauer Spätburgunder
Blauer Frühburgunder
Müllerrebe (Pinot meunier, Schwarzriesling)
Samtrot
Blauer Arbst
St. Laurent[1]

Weiße Spielarten:
Weißer Burgunder (Pinot blanc)
Ruländer (Pinot gris, Grauer Burgunder)

Herkunft

Schon der Name zeigt an, daß die Rebsorte aus dem Burgund in Frankreich stammt. Nachweisbar wurde die Sorte dort im 4. Jahrhundert n. Chr. angebaut, von den Römern kultiviert und im ganzen römischen Imperium verbreitet.
Als Urheimat der Burgunder-Rebsorten wird das Gebiet zwischen Genfer See und dem Rhônetal angenommen. Aus der Stammsorte soll dann die Sorte Blauer Burgunder durch Auslesezüchtung entstanden sein (zitiert nach Hoffmann). Diese Stammform der Burgunderfamilie muß von erheblich genetischer Labilität gewesen sein, da ihre Nachkommen durch Knospenmutation Abwandlungen hinsichtlich der Traubenfarbe erfahren haben, woraus die Spielarten der Burgunderfamilie hervorgegangen sind. Aufgrund von Untersuchungen an Wildreben ist die »blaue« Traubenfarbe als die ursprüngliche

[1] Nach neuesten Untersuchungen von Dr. K. Wenzel, Institut für Mikrobiologie in Geisenheim/Rhein, soll die bisherige Annahme, daß der St. Laurent eine Spielart der Blauen Burgunderrebe ist, nicht stimmen. Bei Untersuchungen der Farbstoffe stellte sich nämlich heraus, daß die Sorte St. Laurent acylierte Anthocyane (Pflanzenfarbstoffe) enthält, die beim Blauen Burgunder und seinen Spielarten nicht auftreten (zitiert nach Walter Hillebrand).

anzusehen. Damit ist anzunehmen, daß die Ausgangsform aller Burgundersorten der Blaue Burgunder ist (zitiert nach Ing. Karl Bauer/Krems). Von Burgund holte angeblich Karl der Große die Sorte Blauer Burgunder an den Rhein, wo er sie auf seiner Pfalz Ingelheim anbauen ließ. Von dort gelangte die Rebe unter Karl dem Dicken (Karl III.) an den Bodensee.

Der Zisterzienserorden brachte die Rebe im 14. Jahrhundert nach Kloster Eberbach (Steinberg) in den Rheingau und etwas später nach Aßmannshausen (Aßmannshäuser Höllenberg), gleichfalls im Rheingau, Deutschland. Von dort verbreitete sich die Rebe in fast allen europäischen und überseeischen Anbaugebieten.

In seiner Heimat Burgund war der Blaue Burgunder lange Zeit hindurch als Rotweinsorte gar nicht sehr geachtet. Man kelterte die kleinbeerigen, dunkelblauen bis violetten Trauben viel lieber zum Roséwein. Erst im Laufe des 19. Jahrhunderts begann man auch in Burgund diese Keltertraube zur Herstellung der großen Burgunder-Weine echt zu schätzen. Im übrigen ist die Tradition der Rosékelterung dieser Rotweinsorte aber auch in anderen Ländern immer noch zu finden. Als Beispiele sei auf die bekannten Roséweine der Loire oder aus dem Elsaß, auf den Oeil de Perdrix (Rebhuhnauge) in der Schweiz sowie auf den Spätburgunder-Weißherbst in Baden, Deutschland, hingewiesen. Schließlich sollte man sich in diesem Zusammenhang auch daran erinnern, daß der französische Champagner zu einem großen Teil aus einem Traubengemisch der Rotweinreben Pinot noir (Blauer Burgunder) und Pinot meunier (Müllerrebe) sowie der Weißweinrebe Chardonnay erzeugt wird.

Weinbau

Sortenmerkmale:

Blatt: mittelgroß, drei- bis fünflappig, wenig gebuchtet, dunkelgrün, derb, blasig, stumpf gezähnt, offene, V-förmige Stielbucht

Traube: klein, gedrungen, walzenförmig, dichtbeerig

Beere: klein, rund, dunkel- bis violettblau, stark graublau beduftet, dünnschalig, saftig

Der Blaue Burgunder stellt hohe Ansprüche an Klima, Boden und Lage. Er verlangt warme, fruchtbare, tiefgründige, kalkhältige ***Böden,*** die nicht zu trocken, sondern ausreichend feucht sein sollen. Weiters bevorzugt die Rebe warme, windoffene und flache ***Hanglagen.***

Die typischen Hauptmerkmale des Blauen Burgunders werden oft weitgehend von der Art der Böden beeinflußt. Urgesteinsverwitterungsböden bringen leichtere, besonders fruchtige, samtig-herbe Weine, vulkanische Böden hingegen wuchtigere und füllige-re und Schotterböden wiederum hellere, elegante und feinaromatische Weine hervor.

Der Blaue Burgunder (aber auch die anderen Burgundersorten) ist gegen verschiedene Viruskrankheiten ***anfällig,*** so daß heute nur mehr die Auspflanzung von entsprechend geprüftem Klonenmaterial empfohlen werden kann. Solche Viruskrankheiten verringern nicht nur die mengenmäßige, sondern auch die qualitative Leistungsfähigkeit. In Burgund (Frankreich) werden nur mehr virusfreie Klone mit virusfreien Unterlagen gepflanzt, wobei vorher der Boden vielfach desinfiziert wird.

Der Blaue Burgunder ist außerdem beerenfäule- und auch stielfäuleanfällig (Stielfäule ist eine Rebkrankheit, die zum Absterben der Traubenstiele und damit zum Abfallen der Trauben vom Stock führt). Die Sorte ist auch empfindlich gegen Chlorose (Rebkrankheit, die zur Gelbfärbung des Laubes und damit zur Verrieselung der Blüten führt) und gegen Spätfröste.

Nicht selektierte (durch Abbaukrankheiten geschwächte) Bestände weisen einen durchschnittlichen Ertrag von 40–50 hl/ha auf, während durch geeignete Klonenzucht der Ertrag auf 80–100 hl/ha gesteigert werden kann. Die Erträge sind regelmäßig. Das ***Mostgewicht*** liegt zwischen 80–100° Oechsle (16–20° KMW) und die ***Mostsäure*** etwa bei 6–8‰.

Die Sorte ***reift*** mittelspät, und die ***Ernte*** erfolgt Anfang bis Mitte Oktober.

Verbreitung

Der Blaue Burgunder ist fast in allen wesentlichen Weinerzeugerländer anzutreffen.

In ***Deutschland*** erreicht die Sorte einen Anteil von 6,3% an der gesamten deutschen Rebfläche und nimmt damit unter den Rotweinen den ersten Platz ein. Das Hauptanbaugebiet ist Baden (mit 65% Produktionsanteil an dieser Sorte), besonders am Kaiserstuhl und in Ortenau. Weitere Anbaugebiete mit dieser Rebsorte sind in der Pfalz (10% Sortenanteil), Rheinhessen (8%), Württemberg (5%), Ahr (4%) sowie auf der Rotweininsel Ingelheim/Rhein zu finden.

Österreich hat eine Anbaufläche mit Blauem Burgunder, die einem Anteil von 0,7% der Gesamtrebfläche entspricht. Davon liegen in Niederösterreich 54% (Sortenanteil) und in Burgenland 41%.

In der ***Schweiz*** ist die Rebe in allen Weinbaukantonen zu finden und hat einen Anteil von 27% am gesamten Rebbestand.

Weinbeschreibung

Farbe: Blaue Burgunder-Weine sollen eine leuchtend rubinrote Farbe mit violetten Nuancen aufweisen; meist aber erreicht der Wein keine allzu tiefe Farbe. Oftmals neigen sie schneller als andere Rotweine zur Oxydation. Dann zeigt der Wein eine braunrote Farbe. Aber auch bei jungen Weinen findet man gelegentlich einen bräunlichen Farbton vor, wenn die Beeren infolge Botrytis-Befalles schon mit einer Oxydation begonnen haben.

Bukett: Der Blaue Burgunder hat ein eigenständiges, sortentypisches Bukett, bei dem besonders die Fruchtigkeit ausgeprägt ist. Duft und Aroma weisen den charakteristischen Burgunderton auf, der mehr oder weniger immer an zart-herbe Bittermandeln erinnert.

Geschmack: Das Geschmacksbild eines guten Blauen Burgunders läßt sich am besten mit vollmundig, körperreich, samtig und harmonisch beschreiben, das auf der Zunge ein bestimmtes Gefühl der Wärme und Süße hinterläßt. Der Extraktstoffgehalt ist in guten Weinjahren allgemein hoch. Der Säuregehalt des Weines bewegt sich zwischen 4,5 und 6‰ und vermittelt zusammen mit dem dezenten Gerbstoffgehalt dieser Weinsorte einen harmonischen Geschmackseindruck mit einem langen, feinherben Abgang.

Bei einem sehr reifen Traubengut und bei einer nur zum Teil ausgemerzten Botrytis, aber auch bei einer längeren Lagerung des Jungweines in kleinen Barrique-Fässern, können neben dem bekannten primären Sortenton auch gewisse Aroma- und Geschmacksrichtungen entstehen, die an Pilze, Waldböden, Unterholz oder an feuchtes Laub erinnern mögen.

Gesamteindruck: Der Blaue Burgunder ist qualitativ ein hochwertiger Wein und zählt zu den edelsten Rotweinsorten der Welt. Nicht umsonst wird er in der Literatur als »König der Rotweine« bezeichnet. Allerdings muß man offen eines sagen: Die wirklich ganz großen Qualitäten des Blauen Burgunders mit Finesse und Eleganz findet man innerhalb der zentraleuropäischen Erzeugerländer nur in Frankreich. Denn die Sorte ist extrem launisch. Für einen gezielten Ausbau in kleinen Eichenholzfässern (Barrique-Ausbau) ist der Blaue Burgunder recht gut geeignet, vorausgesetzt, er bringt die dafür notwendigen Extraktwerte mit.

Wozu trinkt man den Wein?

Ein Blauer Burgunder aus einem guten Jahrgang eignet sich sehr gut zu einem guten, insbesondere festlichen Essen. Ebensogut kann man ihn aber auch außerhalb der Mahlzeit allein zum stillen Genuß trinken.

Glaskultur und Serviertemperatur

Ein guter Blauer Burgunder verlangt ein großes, bauchiges Glas, das sogenannte »Burgunder-Glas«, damit sich sein feiner, sortentypischer Duft richtig entfalten kann. Denn man »trinkt« einen solchen Rotwein eigentlich zuerst mit der Nase und erst dann mit dem Mund. Durch ein leichtes Schwenken des Weines kann die Duftentfaltung noch zusätzlich gesteigert werden.

Für alte und ganz große Burgunder-Weine gilt die Regel: Je älter und größer der Wein, um so größer auch das Glas. Daher genießt man solche Kreszenzen am besten aus einem »Burgunder-Pokal«. In einem solchen Glas können sich große Burgunder-Weine mit dem Sauerstoff gut verbinden, so daß eine optimale Geruchs- und Geschmacksvollendung erreicht werden kann.

Alle Burgunder-Gläser sollte man immer nur zu einem Drittel mit Wein einschenken.

Serviertemperatur: Je nach Qualität serviert man diesen Rotwein mit einer Serviertemperatur von 14–16° Celsius. Höhere Qualitäten mit der höheren Temperatur, kleinere Qualitäten mit der geringeren Trinktemperatur.

Lagerfähigkeit

Blaue Burgunder-Weine lassen sich gut und gerne lagern, besonders wenn sie von sehr guter Qualität sind. Sie brauchen aber immer eine gewisse Lagerreife von mindestens zwei oder drei Jahren, bevor sie ihren qualitativen Höhepunkt erreichen, den sie dann in der Regel drei bis vier Jahre halten können. »Große« Jahrgänge lassen die Trinkbarkeit des Weines bis zu 10 Jahren verlängern, insbesondere wenn sie zudem noch in Barriques ausgebaut worden sind.

Neuzüchtungen und Verwandte

Mit der Blauen Burgunderrebe wurden folgende Kreuzungsarten entwickelt:

Diolinoir: Rouge de Diolly x Pinot noir (ein Schweizer Rotwein, der im Wallis zu finden ist)

Domina: Blauer Portugieser x Blauer Spätburgunder (farbkräftiger, extraktreicher Rotwein, mitunter mit einer harten Säure und einem hohen Gerbstoff-

gehalt versehen; wirtschaftlich von geringer Bedeutung).
Dornfelder: Helfensteiner (Blauer Frühburgunder x Blauer Trollinger) x Heroldrebe (Blauer Portugieser x Lemberger) (Ein gefälliger, kräftiger, fruchtiger Rotwein. In der Qualität ist er dem Blauen Portugieser überlegen.)
Helfensteiner: Blauer Frühburgunder x Blauer Trollinger (gefälliger Rotwein von mittlerer Qualität, neutraler Geschmack, dem Blauen Portugieser qualitativ überlegen).
Kolor: Blauer Spätburgunder x Färbertraube (findet nur als Deckrotwein Verwendung).
Pinotage: Pinot noir x Hermit*age* (Diese in Südafrika entwickelte Kreuzung erbringt sehr gute und lagerfähige Rotweine mit blumigem Bukett und sanftem, rundem Geschmack; der Name setzt sich aus dem Anfang der mütterlichen und der letzten Silbe der väterlichen Zuchtsorte zusammen.)
Schönburger: Blauer Spätburgunder x Chasselas rosa x Muscat de Hambourg (zartes Muskat-Bukett und Traminer-Geschmack, manchmal mit einem Fremdton versehen. Er wird meistens als Verschnittwein verwendet).
Alle diese Kreuzungen sind jedoch nur in Deutschland zu finden und werden nur der Vollständigkeit halber hier angeführt.
Bezüglich **Verwandte** siehe unter Synonyme.

Blauer Frühburgunder

Rotwein

Synonyme

- Augustclevner, Jakobstraube (Deutschland)
- Pinot Madeleine, Madeleine noir, St. Jean (Frankreich)
- S. Lorenzo, Luviana Veronese (Italien)

Herkunft

Eine Mutation des Blaues Spätburgunders, die vergleichsweise aber weniger Ertrag abwirft. Der Name der Rebe bezieht sich auf die frühe Reife der Beeren.

Weinbau

Die Sortenmerkmale sind die gleichen wie beim Blauen Spätburgunder.
Die Rebe verlangt fruchtbare, durchlässige und leicht erwärmbare *Böden* und stellt hohe Ansprüche an die *Lagen,* weil die Weinqualität von ihnen stark beeinflußt wird.
Die *Krankheitsanfälligkeit* ist gering, die Dickschaligkeit der Beeren verringert auch die Botrytisgefahr, allerdings neigt die Sorte zum Verrieseln.
Der *Ertrag* ist niedrig bis mittelhoch und übersteigt selten 50 hl/ha. Das *Mostgewicht* ist im allgemeinen etwas höher als beim Blauen Spätburgunder, die *Mostsäure* liegt bei 6–8‰.
Die *Beerenreife* setzt früh ein, die *Lese* erfolgt in der Regel zwischen Mitte bis Ende September.

Verbreitung

In *Deutschland* findet man kleinere Anbauflächen dieser Rebsorte in Württemberg, Ahr und Baden, relikteweise auch in anderen Anbaugebieten, doch bieten die niedrigen Erträge keinen wirtschaftlichen Anreiz zu größeren Auspflanzungen.
In *Österreich* und in der *Schweiz* ist der Blaue Frühburgunder kaum anzutreffen.

Weinbeschreibung

Farbe: farbintensives, kräftiges Rubinrot
Bukett: eigenständiges, sortentypisches, fruchtiges Aroma
Geschmack: samtig und füllig
Gesamteindruck: Ein Rotwein von ausgezeichneter Qualität, der sogar den Blauen Spätburgunder an Ausdruckskraft meist übertrifft, aber infolge des geringen Ertrages kostenintensiver und daher im Preis höher ist.

Wozu trinkt man den Wein?

Der Wein eignet sich immer zu einem festlichen Essen, dabei besonders zu Wild, Braten und bestimmten Käsesorten.

Glaskultur und Serviertemperatur

Ein guter Blauer Frühburgunder verlangt ein »Burgunder-Glas« und eine *Serviertemperatur* von 14–16° Celsius.

Lagerfähigkeit

Der Wein läßt sich gut lagern, wobei er immer eine gewisse Lagerreife von zwei bis drei Jahren bis zu seinem qualitativen Höhepunkt verlangt.

Blauer Portugieser

Rotwein

Synonyme

- Portugieser, Portugieser blau, Vöslauer, Badener (Österreich)

- Portugieser (Deutschland)
- Oportó (Ungarn)
- Portugizac, Kraljevina (Balkan)
- Portugalské modré (Tschechien, Slowakei)
- Autrichien, Portugais Bleu (Frankreich)

Herkunft

Der Portugieser ist eine alte, bodenständige Rebsorte des österreichischen Weinbaues. Urkundlich ist nachweisbar, daß der Vöslauer Schloßherr Johann Freiherr von Fries, Inhaber eines weltweiten Bank- und Handelshauses, im Jahre 1772 die Vöslauer Weinhauer zu sich rief und ihnen einige Rebenbündel zur Auspflanzung übergab, die er von seiner portugiesischen Handelsagentur in Oporto erhalten hatte. Diese neue Rebsorte hatte so viele Vorzüge, daß bereits nach einigen Jahrzehnten mit dieser Rebe rund zwei Drittel der Weinbauflächen um Bad Vöslau bestockt waren. Auf diesen intensiven Anbau in den Weingärten von Bad Vöslau und von Baden weisen übrigens die früher viel und gerne gebrauchten Synonyme »Vöslauer« und »Badener« hin. Der aus diesen blauen Trauben gewonnene Wein wurde wegen seiner Qualität und seiner Milde im Geschmack rasch bekannt und geschätzt und fand in der Folge Eingang in mitteleuropäische Rotweingebiete.

Seine Blütezeit hatte der Portugieser Weinbau in Österreich im Raum von Bad Vöslau Ende des 19. Jahrhunderts, wobei sich die Firma Robert Schlumberger um die Verbreitung dieser Sorte recht verdient gemacht hat. Schlumberger begann nämlich in Bad Vöslau schon im Jahre 1848 aus den blauen Trauben der Portugieserrebe den ersten Schaumwein in Österreich herzustellen, der bald einen weltweiten Ruf genoß.

Von Österreich aus verbreitete sich der Blaue Portugieser zunächst nach Ungarn, Böhmen, Kroatien, Slowenien und kam 1840 auch nach Deutschland.

Weinbau

Sortenmerkmale:

Blatt: groß, drei- bis fünflappig, dünn, scharf gezähnt, V-förmige bis geschlossene Stielbucht

Traube: groß, kegelförmig oder geschultert, dichtbeerig

Beere: groß, schwarzblau, beduftet, dünnschalig, saftig

Der Blaue Portugieser stellt weder an den ***Boden*** noch an die ***Lage*** besondere Ansprüche. Er ist sogar mit kargen Sandböden zufrieden, verträgt allerdings nicht zu viel Kalk und liebt auch keine allzu nassen Anbaugebiete (Gefahr des Botrytis-Befalls).

Die Rebsorte hat allerdings große ***Nachteile.*** Sie ist winterfrostempfindlich, sehr oidiumsanfällig, peronosporaanfällig (gefürchtete Pilzkrankheit), sehr botrytisanfällig, holzt auf schlechten Böden ab, was mit einem Rückgang des Triebwachstums verbunden ist, ist windempfindlich und empfindlich gegen kupferhältige Pflanzenschutzmittel.

Der ***Ertrag*** ist sehr hoch und außer in winterfrostgefährdeten Lagen auch regelmäßig. Die Rebe gehört zu den reichtragendsten Sorten. Erträge von 120–130 hl/ha und auch darüber sind keine Seltenheit, gehen dann aber immer zu Lasten der Qualität. Eine bewußte Ertragsbeschränkung, die zur Gewinnung entsprechender Qualitäten notwendig ist, liegt in guten Weinjahren bei etwa 60 hl/ha, in kleinen Jahren bei etwa 50 hl/ha und darunter. Eine Ertragsbeschränkung durch kurzen Schnitt kann in guten bis sehr guten Jahren beim Wein hervorragende Qualitäten zustande bringen. Die ***Mostgewichte*** liegen je nach Erntezeitpunkt zwischen 70–85° Oechsle (14–17° KMW). Die ***Mostsäure*** ist niedrig und beträgt 5–8‰.

Die Rebe gehört zu den früh reifenden Sorten. Die ***Ernte*** erfolgt wegen drohender Traubenfäulnis oftmals schon Mitte September, sollte aber wegen einer besseren Farbausbeute und eines höheren Mostgewichtes nach Möglichkeit erst Ende September oder Anfang Oktober durchgeführt werden.

Verbreitung

Den Blauen Portugieser findet man vor allem in Deutschland und Österreich sowie in einigen osteuropäischen Ländern. Kleine Bestände gibt es auch noch in Frankreich (Département Tarn).

In ***Deutschland*** beträgt der Anteil dieser Sorte 4,2% der gesamten Rebfläche, womit sie unter den Rotweinen nach dem Spätburgunder den zweiten Platz einnimmt. Die größten Anbauflächen haben die Pfalz (54% der Portugieserproduktion) und Rheinhessen (34%) vorzuweisen. Die anderen Weinbaugebiete haben nur unbedeutende Rebflächen mit Portugieser bestockt: Württemberg (5% Produktionsanteil), Ahr (2%), Nahe (2%) u. a. Ein Großteil der jährlichen Portugiesererzeugung kommt als Portugieser-Weißherbst, teilweise auch als »Sommerwein« auf den Markt.

In ***Österreich*** war der Blaue Portugieser lange Zeit hindurch die am meisten angebaute Rotweinsorte. In den letzten Jahren ist sie jedoch eindeutig vom Zweigelt (Rotburger) und auch vom Blaufränkisch auf den dritten Platz verdrängt worden. Der Anteil beträgt jetzt 5,2% der österreichischen Gesamtrebfläche. Davon entfallen 97% der Portugieserproduktion auf Niederösterreich, wo die Schwerpunkte in der Ther-

menregion (im Raum Bad Vöslau, Tattendorf, Sooß, Traiskirchen und Baden) sowie im westlichen Weinviertel (im Raum Haugsdorf und Retz) liegen.
In der *Schweiz* ist die Sorte nicht anzutreffen.

Weinbeschreibung

Der Blaue Portugieser ist ein typischer Konsumwein. Sein Prototyp stellt sich wie folgt dar:

Farbe: Er ist in der Farbe überwiegend hellrot und nicht sehr farbdicht. Bei später Ernte werden die Weine farbstoffhaltiger und später schwarz-rot.

Bukett: Der Wein hat kaum ein Bukett, und wenn eines, dann nur ein sehr zartes. Sein Aroma erinnert entweder an frisch geerntete Trauben (»weiniges Bukett«) oder aber an Heublumen.

Geschmack: Die Sorte schmeckt süffig, fruchtig und mild. Ihre Säurearmut stammt in der Regel von der frühen Traubenreife. Auch ihr Alkoholgehalt ist nicht hoch.

Gesamteindruck: Der Blaue Portugieser ist im allgemeinen ein süffiger, anspruchsloser, leichtgewichtiger, sauberer Rotwein ohne besonderen Tiefgang, der infolge seines geringen Säuregehaltes im allgemeinen recht bekömmlich ist. Bei bewußter Ertragsbeschränkung (kurzer Schnitt), bei richtiger Vinifizierung und bei einem trockenen Ausbau kann er jedoch zu einem ausgezeichneten und anspruchsvollen Qualitätswein werden. Als Massenwein, wenn er also bei hohen Erträgen gewonnen und dabei mehr auf die Quantität geschaut als auf die Qualität geachtet wurde sowie bei zu früher Lese ist er problematisch. Er schmeckt dann allzuoft charakter- und ausdruckslos. Der Blaue Portugieser wird auch gerne zum Verschnitt genommen, oft mit dem St. Laurent oder dem Blaufränkisch (Lemberger), da er sich gut dazu eignet, eine etwaige Schwere und Fülle bei anderen Rotweinsorten auszugleichen.

Wozu trinkt man den Wein?

Der Portugieser ist ein anspruchsloser, preiswerter Konsumwein und als süffiger Rotwein beim Heurigen oder Buschenschank recht beliebt. Er wird bei einer Grillparty oder einem Picknick genauso gerne getrunken, wie zu einer einfachen Jause mit belegten Broten. Zum Essen ist er schon deshalb ein idealer Speisenbegleiter, weil er kaum den Eigengeschmack der Speisen beeinflußt. Er schmeckt zu jedem kräftigen, eher derben Alltagsessen.

Glaskultur und Serviertemperatur

Für einen Portugieser nimmt man ein übliches »Rotwein-Glas«. Jedoch nie voll einschenken.
Serviertemperatur: Der Rotwein, da er frisch und jung getrunken werden sollte, braucht eine eher kühle Serviertemperatur, da er sich in jedem Raum, in dem sich mehrere Personen vor allem beim Essen aufhalten, erstaunlich rasch erwärmt. Die beste Serviertemperatur für diesen Wein liegt daher bei 12–13° Celsius.

Lagerfähigkeit

Ein Blauer Portugieser schmeckt am besten in den ersten beiden Jahren nach der Ernte.
In weiten Kreisen wird die Auffassung vertreten, daß sich ein Blauer Portugieser wegen seines niedrigen Säure- und Alkoholgehaltes nie eine längere Zeit lagern läßt und in jedem Fall jung zu trinken ist. Das ist nur bedingt richtig. Als Massenwein ist er sicherlich nicht längere Zeit haltbar und schmeckt nur jung und frisch. Ein Blauer Portugieser aus einem »guten« Jahrgang und aus einer guten Lage, bei bewußter Ertragsbeschränkung sowie bei richtiger Vinifizierung (Kellerausbau) ist aber durchaus länger lagerfähig. Dies stellen immer wieder qualitätsorientierte Weinbaubetriebe unter Beweis, wenn sie einen alten Blauen Portugieser aus ihrer Vinothek hervorholen und verkosten lassen. Die Reifespanne solcher Weine liegt oft bei zehn Jahren und auch noch darüber.

Neuzüchtungen und Verwandte

An Züchtungsprodukten mit dem Portugieser gibt es:
Blauburger: Blaufränkisch x Blauer Portugieser (siehe Beschreibung dieser Rebsorte).
Domina: Blauer Portugieser x Spätburgunder (ein schöner, farbintensiver und extraktreicher Rotwein, der in der Qualität den Portugieser meist übertrifft).
Heroldrebe: Blauer Portugieser x Lemberger (die Traube ergibt leichte, neutrale Weine, die mehr Gerbstoff haben als der Portugieser und diesem qualitativ überlegen sind).
Spielarten vom Blauen Portugieser sind Grauer, Grüner und Weißer Portugieser, die jedoch ohne Bedeutung sind.
Diese Reben sind minderwertige Massenträger und kaum mehr zu finden.

Blauer Spätburgunder

siehe unter Blauer Burgunder

Blauer Wildbacher

(Schilcher)

Rotwein

Synonyme

Die korrekte Bezeichnung der Rebsorte ist »Blauer Wildbacher«. Der Name stammt von einem Bach ab, nämlich vom Wildbach in der Herrschaft Wildbach bei Deutschlandsberg in Österreich, wo die Rebe gezogen worden sein soll.
Der Name Schilcher hingegen ist eine Ursprungsbezeichnung und zugleich ein im österreichischen Weingesetz festgelegter Gebietsschutz. Er leitet sich von dem eigentümlichen Schillern der Farbe dieses Weines ab. Als Schilcher dürfen nur Weine deklariert und vermarktet werden, die zu 100% aus der Blauen Wildbacher-Traube gekeltert werden und ausschließlich in der Steiermark, Österreich, gewachsen sind.
Gebräuchliche Doppelnamen für den Schilcher sind noch:

- Spätblauer, Schlehenbeeriger (Österreich)

Der Schilcher ist kein Roséwein, sondern ein Rotwein.

Herkunft

Aller Wahrscheinlichkeit nach ist der Schilcher eine sehr alte Rebsorte und dürfte schon in der Keltenzeit (um 400 v. Chr.) aus einer in der heutigen Steiermark, Österreich, beheimateten Wildrebenart entstanden sein. Das schließt man aus Traubenkernen, die man bei Ausgrabungen fand.
Urkundlich nachweisbar ist der Schilcher erst seit dem 16. Jahrhundert. In dem aus dem Jahre 1580 stammenden Weinbuch des Johannes Rasch, einem der ältesten existierenden deutschsprachigen Weinbücher, fand man nämlich eine namentliche Erwähnung des Schilchers. Dies dürfte darauf zurückzuführen sein, daß man in früheren Jahrhunderten einen Wein mit einer speziellen, rötlich schimmernden Farbe Schiller oder Schilcher nannte. Ab diesem Zeitpunkt fand man dann immer wieder in steirischen Kellerverzeichnissen oder in Aufzeichnungen über Weinverkäufe Hinweise auf den Schilcher-Wein.
So ist es wohl verständlich, daß über diesen urwüchsigen Wein mit der eigentümlichen schillernden Farbe zahlreiche Geschichten und Legenden entstanden sind, die zum Teil wahr gewesen sein mögen oder aber zumindest mit viel Phantasie und Geschicklichkeit in die Welt gesetzt wurden. Einige davon sollen dem Leser nicht vorenthalten bleiben:

- Eine noch heute zur Nachahmung überlegenswerte Maßnahme für den Schilcher setzte Kaiserin Maria Theresia aus Österreich, als sie in einer Verordnung festlegte, daß für jeden in die Steiermark eingeführten Eimer Wein ein Gulden an Zoll zu zahlen sei, »weil das Land selbst genügend Wein erzeuge, der um den (offenbar damals gezahlten) Wert nicht konsumiert werden könne«.
- Gegen Ende des 18. Jahrhunderts besuchte der Papst den österreichischen Kaiser Joseph II. in Wien. Auf seiner Reise in die Residenzstadt verbrachte er angeblich eine Nacht im Franziskanerkloster in Maria Lankowitz bei Köflach. Zum Abendessen hat man ihm einen Schilcher vorgesetzt, über den er laut Tagebucheintragung gesagt haben soll: »Sie haben uns einen rosaroten Essig vorgesetzt, den sie Schilcher nannten.«
- Im Kometenjahr 1811, das bekanntlich ein außerordentlich gutes Weinjahr war, hatte der Schilcher aber bereits einen so ausgezeichneten Ruf, daß man ihn einfach nur »Kometenwein« oder »Elferwein« nannte und ihm außerordentliche Kräfte zuschrieb. Einer Überlieferung nach konnte man eine lautstark vorgetragene Predigt des damaligen Seckauer Fürstbischofs in Österreich, die dieser bei der Einweihung einer neuen Kirche mit einem Schilcher als Kommunionswein unter freiem Himmel hielt, dank der ihm durch den Wein verliehenen Kraft noch auf eine »Entfernung von einer halben Stunde« recht gut vernehmen.
- In einer Weinbeschreibung aus dem Jahre 1845, die man im steirischen Bezirk Ligist, Österreich, fand, konnte man lesen, daß »aus den dort vorzüglich gedeihenden Trauben des Blauen Wildbachers ein Schilcher-Wein gewonnen wird, der guten Absatz findet und in manchen Jahren mit den besten untersteirischen Weinen im Preis gleichsteht. Häufig wird der Schilcher jedoch aus weißem Wein durch Zusatz von Schwarzbeerensaft erzeugt«. Glücklicherweise findet man eine solche Methode zur Weinbereitung im Weststeirischen Schilcherland heute nicht mehr.
- Es gab auch in jüngeren Jahren wieder eine Zeit, in der der Schilcher neuerdings einen schlechten Ruf hatte, indem man ihn abwertend »Heckenklescher« oder »Rabiatperle« nannte. Nicht ohne Grund sagte man dem Wein nach, daß er stark und heimtückisch sei. Nach mehreren, sanft durch die Kehle geflossenen Vierteln eines Schilchers war es durchaus verständlich, daß der arglose Weintrinker ein gewisses Bedürfnis empfand und ins Freie trat. In der frischen Luft konnte es passieren, daß er seinen Rausch plötzlich zu spüren begann. Und wenn er, bei einer Hecke

stehend und seine Notdurft verrichtend, das Stehvermögen verlor, dann nannte man dieses In-die-Büsche-Fallen im Volksmund »gegen die Hecke kleschen«. Daher der Name »Heckenklescher«.

In dieser Zeit verwechselte man oftmals den Schilcher mit dem damals allgemein als Haustrunk verwendeten Hybridenwein. Früher hatten nämlich die österreichischen Weinbauern in ihren Weingärten neben den veredelten Rebsorten auch noch Rebstöcke mit wildwachsenden Direktträgern stehen, aus deren Trauben ein minderwertiger Hybridenwein erzeugt wurde. Ein Hybridenwein ist ein aus einer Kreuzung zwischen amerikanischen und europäischen Reben gewonnener Wein minderer Qualität, der oftmals infolge eines zu hohen Methylalkoholgehaltes auch gesundheitsschädlich war. Nun dürfte es in der damaligen Zeit durchaus vorgekommen sein, daß dieser qualitativ zweifelhafte und hauptsächlich für die Knechte verwendete Wein mit dem Schilcher verschnitten (vermischt) wurde und damit zu dessen Rufschädigung beitrug.

Es bedurfte jahrzehntelanger Anstrengungen, um diese falsche Einstellung zum Schilcher aus der Bevölkerung wegzubringen. Großen Anteil an dieser mühevollen Aufklärungsarbeit hatte die Weinkellerei E. und M. Müller in Gussendorf bei Groß St. Florian, Österreich, die Mitte der sechziger Jahre den Schilcher in einer weißen 0,7-Liter-Flasche mit Erfolg im In- und Ausland zu vermarkten begann. Als die Kellerei schließlich 1971 bei der Kremser Weinmesse die erste jemals für einen Schilcher verliehene Goldmedaile erringen konnte, war der Durchbruch gelungen. Der Schilcher erhielt damit als edle Weinsorte allgemeine, öffentliche Anerkennung.

Weinbau

Sortenmerkmale:

Blatt: mittelgroß, rund, dreilappig, dünkelgrün, stumpf gezähnter Blattrand

Traube: mittelgroß mit Nebentrauben, dichtbeerig

Beere: mittelgroß, dünnschalig, dunkelblau, weiß beduftet

Der Schilcher stellt keine besonderen Ansprüche an den ***Boden,*** benötigt jedoch wegen einer gewissen Fäulnisanfälligkeit warme und luftige ***Lagen.***

Auch ist die Rebe blüteempfindlich, ***anfällig*** gegen Peronospora und Oidium sowie infolge eines frühen Austriebes gegen Maifrost gefährdet.

Das für einen Schilcher charakteristische Sortenbukett erbringen nur Blaue-Wildbacher-Reben, die auf Gneis- oder Schiefer-Urgesteinsböden der Weststeiermark wachsen. Auf anderen Böden bringt die Rebe dieses bekannte Bukett nicht hervor.

Der ***Ertrag*** der Rebsorte ist mittelmäßig, aber gleichzeitig auch unsicher. Er liegt im langjährigen Durchschnitt bei 55–80 hl/ha. Die ***Mostgewichte*** bewegen sich zwischen 65–90° Oechsle (13–18° KMW), und die ***Mostsäure*** ist mit 10–15‰ sehr hoch.

Die Trauben ***reifen*** spät, die ***Lese*** erfolgt erst Mitte bis Ende Oktober.

Erwähnenswert ist vielleicht auch die Tatsache, daß die Blaue Wildbacher-Rebe von der Reblausinvasion um die letzte Jahrhundertwende nicht zur Gänze befallen wurde, weil bei einigen Spielarten die Wurzeln reblausresistent sind.

Verbreitung

Die Blaue Wildbacher-Rebe ist eine ausgesprochene lokale Spezialität von ***Österreich,*** wo sie einen Anteil von 0,8% der Gesamtrebfläche einnimmt. Sie ist fast ausschließlich in der Steiermark beheimatet, wo sie in weit überwiegendem Ausmaß im weststeirischen Hügelland bis zu einer Seehöhe von 600 m hinauf zu Hause ist. Der Schilcher wurde mit einem Gebietsschutz versehen, wonach nur Weine aus 100% in der Steiermark gewachsene Wildbacher-Reben als Schilcher deklariert und verkauft werden dürfen.

In der Steiermark hat sich früher der Schilcher gebietsweise stark in der Farbe unterschieden. Um St. Stefan und Stainz hatte man den Zwiebelschilcher gewonnen, während in dem Gebiet von Deutschlandsberg der wesentlich farbstärkere, dunkle Schilcher gekeltert wurde. Das stimmt aber heute nicht mehr. In den letzten Jahren ging man im gesamten weststeirischen Schilchergebiet durch Anwendung einer kurzen Maischestandzeit auf die Erzeugung eines hellfarbenen Schilchers über, weil in der öffentlichen Meinung ein Schilcher eben eine Roséfarbe haben soll. Dann läßt er sich auch besser vermarkten.

In ***Deutschland*** und in der ***Schweiz*** kommt die Rebe nicht vor.

Weinbeschreibung

Der Schilcher ist streng genommen eigentlich eine weststeirische Landesspezialität, deren Prototyp wie folgt aussieht:

Farbe: Je nach Standort und kellertechnischem Einfühlungsvermögen (Länge der Maischestandzeit) ist die immer rötlich schillernde Farbe hellrot, heute immer seltener zwiebelfarben bis hell-rubinrot.

Bukett: Der in der Weststeiermark auf Gneis- oder Schieferböden gewachsene Schilcher hat ein sortentypisches, fein-zartes, einzigartiges, an Sauerampfer oder Brennessel erinnerndes Fruchtbukett, das anderswo meistens fehlt.

Geschmack: Der Wein schmeckt trocken, fruchtig, frisch-herb, spritzig und weist immer eine betont rassige, manchmal sogar aggressiv hohe Säure auf.

Gesamteindruck: Der Schilcher ist kein großer Wein. Er ist ein roséähnlicher (jedoch kein Roséwein), frischer, lebhafter Tisch- und Buschenschankwein, ausgestattet mit einem enormen Säurepotential, der seinen eigenen Freundeskreis hat. Weinfreunde, die noch nie vorher einen Schilcher verkostet haben, finden nur langsam am säuerlichen Geschmack dieses Weines Gefallen. Die sogenannte »Liebe auf den ersten Blick« gibt es hier kaum. Schilcher-Weine werden immer ohne Restsüße auf die Flasche gefüllt.

Wozu trinkt man den Wein?

Der Schilcher ist ein ausgezeichneter Buschenschankwein und wird zum größten Teil in der Steiermark, Österreich, selbst konsumiert. Entweder von den Steirern selbst oder von den Touristen, die sich bei einem Besuch in der grünen Mark kaum entgehen lassen, diese regionale Spezialität gleichfalls kennenzulernen.

Der Schilcher wird gerne in fröhlicher Tischrunde allein oder zu einer Bretteljause, als Aperitif oder aber zu einer der kräftigen, gastronomischen Spezialitäten der Steiermark getrunken. Und es lohnt sich, mit dem Schilcher Bekanntschaft zu machen. Bei einer Reise in die Weststeiermark empfiehlt es sich unbedingt, in einer Buschenschank einzukehren, vielleicht an einem schönen Sommertag unter einem Apfelbaum ein Essen oder auch nur einen kleinen Imbiß einzunehmen. Eine solche Jause sollte dann möglichst aus einem Stück frischen Bauernbrot oder Kürbiskernweckerl, aus einem »Verhackerten« (einer Art faschiertem, luftgetrocknetem und/oder geräuchertem Schweinebauch) und aus einem Krug mit einem jungen, kühlen Schilcher bestehen. Ein derartiger Nachmittag oder Abend wird ein wunderschönes und unvergeßliches Erlebnis bleiben, ähnlich wie das Törggele in Südtirol.

Glaskultur und Serviertemperatur

Für den Genuß eines Schilchers paßt am besten ein einfaches, derbes Weinglas oder bei höheren Ansprüchen ein »Rosé-Glas«, das speziell für frische, junge Rosé- oder roséähnliche Weine geschaffen wurde. Es gibt für den Schilcher aber auch ein ganz spezielles, historisches »Schilcher-Glas«.

Serviertemperatur: Einen Schilcher hat man unbedingt kühl mit einer Temperatur von 6–8° Celsius zu servieren, denn der Wein erwärmt sich während des Essens erstaunlich schnell.

Lagerfähigkeit

Dieser Wein schmeckt frisch und jung am besten. Sein sortentypisches, feines Fruchtbukett und sein fruchtiger, immer durch die Säure betonter, frischer Geschmack verträgt keine lange Lagerung. Eine Lagerung bringt nichts bei diesem Wein, denn dann würde er seine charakteristischen Eigenschaften verlieren.

Neuzüchtungen und Verwandte

Neuzüchtungen sind bei der Blauen-Wildbacher-Rebe nicht bekannt.

Die Rebsorte hat jedoch folgende Spielarten:

Spätblaue: eine Sorte, die in der Rebschule Friedrich Kremser in Ligist, Österreich (Weststeiermark), gezogen wird. Diese Rebe ist ein kleinbeeriger und kleintraubiger Klon, der in guten Jahren und bei später Ernte ein sehr schönes Frucht-Säure-Spiel zeigt.

Mittelblaue (Melbertraube): Sie wird in den Schilcher-Rebschulen Frühwirt in Pichla und Johann Höllbauer in Deutschlandsberg, alle in der Weststeiermark, kultiviert.

Blaufränkisch

(Lemberger, Limberger)

Rotwein

Synonyme

- Blauer Lemberger, Lemberger oder LImberger (Deutschland)
- Kékfrankos (Ungarn)
- Modra frankinja, Frankovka, Moravka (Kroatien, Slowenien)
- Frankovka modra (Tschechien, Slowakei)
- Frankonia (Italien)

Herkunft

Der Ursprung der Rebsorte ist unbekannt. Es gibt darüber nur Spekulationen. Auf den ersten Blick läßt vielleicht der Name Blaufränkisch Franken in Deutschland als Heimat der Rebe vermuten. Gegen diese Annahme sprechen die bestimmten Klimaansprüche der Sorte und auch die Tatsache, daß diese Rebsorte in Deutschland nur in Württemberg unter den Namen Blauer Lemberger oder Limberger, nicht aber in Franken angepflanzt wird.

Obwohl man über die Urheimat also nichts Bestimmtes weiß, dürfte jene Annahme doch die wahrscheinlichste sein, wonach die Rebsorte Blaufränkisch aus einer Rebselektion von heimischen mit fränkischen (französischen) Rotweinsorten hervorgegangen sei. Karl der Große (742–814), unter anderem auch als ein bedeutender Reformer des Weinbaues bekannt, ordnete in seiner Regierungszeit eine umfassende Ausmusterung der damals bestehenden Rebsorten an. Dabei wurden die minderwertigen Reben als »hunnisch« oder »heunisch« klassifiziert, weil sie – wie schon der Name sagte – aus Ostländern mit niedriger Rebkultur kamen. Das wertvolle Rebmaterial setzte man hingegen den französischen Sorten gleich und bezeichnete es als »fränkisch«. Aus dieser positiven Selektion der damals bodenständigen Rebsorten dürfte sich der Blaufränkisch entwickelt haben, der dann offenbar nach Errichtung der Ostmark etwa gegen Ende des 10. Jahrhunderts nach Österreich und viel später nach Deutschland kam. Um die Mitte des 19. Jahrhunderts läßt sich diese Rotweinsorte jedenfalls in Österreich, Südwestdeutschland, im Elsaß und in Ungarn nachweisen.

Weinbau

Sortenmerkmale:

Blatt: groß, dreilappig, derb, scharf gezähnter Blattrand

Traube: mittelgroß bis groß, geschultert, lockerbeerig

Beere: mittelgroß, dunkelblau, dickschalig, saftreich

Die Rebsorte hat zwar nur mittlere Ansprüche an den ***Boden,*** bevorzugt jedoch tiefe, fruchtbare Lößböden. Sie verträgt auch Kalkböden, schätzt sie aber nicht besonders.

Unbedingt aber braucht die Rebe warme, windgeschützte, südliche ***Hanglagen.***

Die Rebe ist gegenüber Pilzkrankheiten nicht besonders ***anfällig,*** wohl aber gegen Stielfäule und Maifrost empfindlich.

Ihr ***Ertrag*** ist recht gut und liegt bei etwa 70–80 hl/ha. Die Sorte neigte in der Blütezeit früher bei ungünstiger Witterung leicht zum Verrieseln und bildete dadurch wenig Traubenansätze aus. Diese Schwäche konnte jedoch durch eine zielbewußte Klonenselektion reduziert werden. Die ***Mostgewichte*** liegen zwischen 70–90° Oechsle (14–18° KMW) und die ***Mostsäure*** zwischen 8–12‰.

Die Rebe ***reift*** relativ spät, erst Anfang bis Mitte Oktober. Daher erfolgt auch die ***Lese*** spät, was übrigens durch eine geringe Fäulnisanfälligkeit der Trauben begünstigt wird.

Verbreitung

Die Rebsorte ist vor allem in Österreich, Deutschland (Württemberg) und in einigen südosteuropäischen Ländern (Tschechien, Ungarn, Kroatien) sowie in Italien zu finden.

In ***Deutschland*** besitzt sie ein Anbaugebiet von 0,7% der Gesamtrebfläche, das fast zur Gänze in Württemberg liegt. In den meisten Premium-Cuvées der Württembergischen Weingärtnergenossenschaften ist auch der Lemberger enthalten.

In ***Österreich*** wird der Blaufränkisch auf 5,3% der Gesamtrebfläche angebaut und nimmt innerhalb des Rotweinsortiments nach dem Zweigelt den zweiten Platz ein. 95% der Blaufränkisch-Produktion entfallen dabei allein auf das Burgenland, vor allem auf das Weinbaugebiet Mittelburgenland, wo die Rebe mit Abstand die dominierende Rotweinsorte ist. Dort vermag auch der Blaufränkisch am besten seinen typischen Sortencharakter zu erreichen. In Niederösterreich ist die Sorte speziell in der Rotweininsel Prellenkirchen, Weinbaugebiet Carnuntum, zu finden.

In der ***Schweiz*** ist die Rebe nicht anzutreffen.

Weinbeschreibung

Farbe: Lichteres, bei guter Reife bis dunkles Rubinrot mit violettem Schimmer.

Bukett: Im allgemeinen ein feiner, fruchtiger Geruchston und ein eher grasiges Primäraroma. Mit entsprechender Reife entwickelt der Rotwein auf der Flasche ein dezentes, doch deutliches Lagerbukett (Sekundärbukett), das an Brombeeren erinnert.

Geschmack: Frisch, rassig und feinsäuerlich, mit etwas mehr Säuregehalt, als sonst bei Rotweinen üblich ist; kräftig und dezent gerbstoffhaltig; nicht zu alkoholreich. Besonders bemerkenswert ist die bei anderen Rotweinen vielfach unbekannte Fruchtigkeit im Geschmack. Oftmals mit einem mineralischen Bodenton (nach Pilzen, Moos, Trüffeln) behaftet. In kleinen (schlechten) Weinjahren wirkt der Wein infolge geringer Reife der Trauben mitunter hart und sperrig.

Gesamteindruck: Der Blaufränkisch ist eine hochqualitative Rebsorte mit einem enormen Qualitätspotential und für Österreich vielleicht die interessanteste Rotweinsorte. Die gleiche Sorte unter dem Namen Lemberger ist in Deutschland eine württembergische Spezialität, gleichfalls von hoher Qualität. Die Sorte weicht vom internationalen Typ eines Rotweines meist durch seine ausgesprochene Fruchtigkeit und Süffigkeit ab, Eigenschaften, die man eigentlich bei einem Rotwein nicht erwartet.

In Fachkreisen dürfte es wohl unbestritten sein, daß der Blaufränkisch in den letzten Jahren stark an Bedeutung gewonnen hat. Die Gründe für diese positive Entwicklung liegen vor allem darin, daß man jetzt bei dieser Sorte mehr auf geringe Hektarerträge achtet und die Vinifikation wesentlich verbessert hat (längere Maischegärung und eine ausreichende Holzfaßlagerung). Der moderne Stil eines Blaufränkischen ist geprägt durch ein tiefes Bukett, mehr Tannin und Extrakt und eine mehrjährige Entwicklungsspanne.

Wozu trinkt man den Wein?
Der Blaufränkisch ist ein idealer roter Tischwein, der zu einer Vielzahl von Gerichten paßt.

Glaskultur und Serviertemperatur
Für einen Blaufränkisch nimmt man das sogenannte »Bordaux-Glas«, das zeitlos-elegant in seiner Form für diese Art von Weinen am geeignetsten erscheint. Vermag sich doch in diesem Glas das feinfruchtige Bukett dieser Rotweinsorte in seiner ganzen Duftfülle zu entfalten und gleichzeitig den Geschmack voll zur Geltung zu bringen. Man schenke aber das Glas höchstens halbvoll ein.

Serviertemperatur: Am besten schenkt man den Rotwein mit einer Temperatur von 12–14° Celsius in das Glas ein. Jüngere Weine kälter, ältere Weine eher wärmer, möglichst jedoch innerhalb der angegebenen Bandbreite.

Lagerfähigkeit
Der Blaufränkisch ist schon als einjähriger Wein gut trinkbar, gewinnt aber bei entsprechendem Säuregehalt durch eine weitere Lagerung zusehends an Qualität und erreicht zwischen dem 2. und 4. Jahr seine optimale Reife, bei der er dann sehr fein-samtig schmeckt. Allerdings muß dazu bemerkt werden, daß seine Reifespanne stark von der jeweiligen Jahrgangsgüte abhängig ist. Bei »sehr guten« und »ausgezeichneten« Jahrgängen hält er sich auf seiner Reifehöhe wesentlich länger, und auch sein qualitativer Abbau erfolgt viel langsamer.

Neuzüchtungen und Verwandte
An Neuzüchtungen gibt es die

Heroldrebe: Blauer Portugieser x Lemberger (leichter, neutraler, kerniger Rotwein mit mehr Gerbstoffgehalt als der blaue Portugieser).

Verwandte sind dem Verfasser nicht bekannt.

Bondola

Rotwein

Eine lokale Schweizer Rebsorte, die im Kanton Tessin zu finden ist. Sie wird zur Bereitung des Tessiner Nostrano (siehe dort) verwendet. Die Rebe wird nicht weiter vermehrt und stirbt heute langsam aus. Die Traube wird zu einem farbintensiven Land- und Tafelwein gekeltert, mit fruchtigem Bukett, im Geschmack oftmals leicht krautartig und ist mit einem relativ hohen Tanningehalt versehen.

Bouvier

Weißwein

Synonyme
In Österreich ist für die Bouvier-Rebe noch der Name Bouvier-Traube gebräuchlich.

In Slowenien und Kroatien wird die Sorte Ranina genannt.

Herkunft
Die Bouvier-Rebe stammt aus der französischen Schweiz, von wo sie nach Österreich kam. Angeblich entdeckte der Weingutbesitzer Clotar Bouvier im Jahre 1900 auf dem Familienbesitz Herzogburg im ehemaligen Ober-Radkersburg (heute Gornja Radgona und zu Slowenien gehörend) diese Rebsorte inmitten anderer Rebstöcke. Sein Verdienst war nun, daß ihm diese Rebe auffiel, er sie aus dem Weingarten herausnahm und sie in seiner Rebschule vermehrte. Nach mehrjähriger Selektionierung verkaufte er sie dann als Stecklinge weiter, womit der Beginn einer Verbreitung des Bouviers in Österreich eingeleitet wurde.

Weinbau
Sortenmerkmale:

Blatt: mittelgroß, drei- bis fünflappig, tief gebuchtet, mit scharf gezähnten Rändern, überlappende, lyraförmige Stielbucht

Traube: klein bis mittelgroß, lockerbeerig, teils geschultert, Kelter- und Tafelraube

Beere: mittelgroß, rund, gelb, dickschalig

Die Rebsorte braucht gute, nährstoffreiche, tiefgründige ***Böden*** mit entsprechender Wasserversorgung und ist auch für spätere ***Lagen*** geeignet.

Sie ist ***widerstandsfähig*** gegen Fröste und Fäulnis, neigt aber zu Chlorose.

Ihr *Ertrag* ist unsicher und gering. Er liegt bei etwa 50–65 hl/ha. Die Sorte weist gute *Mostgewichte* zwischen 80–105° Oechsle (16–21° KMW) auf, die *Mostsäure* ist mit 6–9‰ relativ gering.
Die *Reife* setzt sehr früh ein, und die *Lese* erfolgt daher gleichfalls früh, schon ab Mitte bis Ende August.

Verbreitung

In *Deutschland* und in der *Schweiz* ist diese Rebsorte nicht zu finden.
In *Österreich* hat der Bouvier einen Rebflächenanteil von 0,8% und ist hauptsächlich im Burgenland anzutreffen, wo die Traube erfahrungsgemäß alkoholschwere und extraktreiche Spätlesen, Beerenauslesen und Ausbruchweine, seltener Trockenbeerenauslesen, liefert, die allesamt von eher üppiger oder wuchtiger Natur sind.

Weinbeschreibung

Für die Güte des Bouviers ist die Reife der zur Kelterung gelangenden Trauben von großer Bedeutung.
Der Prototyp eines aus einem guten Jahrgang gewonnenen Bouvier-Weines hat folgendes Charakterbild:

Farbe: Die Farbe des Weines ist goldgelb.

Bukett: Der Wein hat immer einen mehr oder weniger betonten Muskatduft und ein Muskataroma.

Geschmack: Als Qualitätswein wirkt der Bouvier durch eine häufig belassene Restsüße oft leicht pappig, wobei der Muskatton dieser Traube ziemlich aufdringlich werden kann. In den höheren Prädikatsstufen ist er aber bei entsprechend hoher Säure von guter bis ausgezeichneter Qualität, mild, vollmundig und extraktreich, mit feinem Muskatton und meist hoher Restsüße. Trockenen Qualitäten ist qualitätsmäßig mit einer gewissen Vorsicht zu begegnen.

Gesamteindruck: Der Bouvier ist eher eine Tafeltraube als eine Keltertraube, wird aber auch zur Weinherstellung genutzt. Durch seine frühe Reife ist auch eine frühe Lese möglich. Deshalb wird die Sorte in Österreich gerne schon als Most und Sturm (ein spritziger, süß schmeckender, aber noch in Gärung befindlicher Most) vermarktet. Die Qualität des Weines hängt sehr vom Jahrgang und von der sorgfältigen Pflege eines erfahrenen Kellermeisters ab. Infolge eines oftmals unzureichenden Säuregehaltes und einer überhöhten Restsüße können Bouvier-Weine unharmonisch sein und wirken dann plump und wenig ansprechend. In den höheren Prädikatsstufen ab Auslese aufwärts ergeben sie jedoch oftmals erstaunlich gute Qualitäten, fein, mild, extraktreich, aber immer mehr oder weniger muskiert. Wenn die Trauben ihre Vollreife nicht erreichen konnten, dann sind die Weine meistens qualitativ minderwertig und werden zum Verschneiden mit säurereichen Weinen verwendet.

Wozu trinkt man den Wein?

Nachdem der Bouvier hochwertige und wirklich ansprechende Weine mehr in den höheren Prädikatsstufen als in den normalen Qualitäten erbringt, ist er nicht unbedingt als Alltags- oder Buschenschankwein zu empfehlen. Vielmehr eignet er sich weit besser als einsamer Solist, vor oder nach dem Essen oder zum bloßen Genießen in stillen, ruhigen Stunden.

Glaskultur und Serviertemperatur

Als passendes Weinglas für den Bouvier wähle man ein »Universal-Glas«.
Serviertemperatur: Da Bouvier-Weine meist mit Restsüße angeboten werden, sollte man den Wein nicht zu kühl, sondern eher im Temperaturbereich von 9–10° Celsius servieren.

Lagerfähigkeit

Ein Bouvier baut infolge mangelnder Säure meist sehr früh aus. Seine Haltbarkeit ist daher begrenzt. Die Reifespanne liegt erfahrungsgemäß zwischen ein bis maximal vier Jahren.
Anders bei guten Prädikatsweinen in den höheren Qualitätsstufen, die verhältnismäßig lange haltbar sind. Ihr Reife-Höhepunkt hält sich lange und liegt etwa zwischen dem 2. und dem 8. Lebensjahr.

Neuzüchtungen und Verwandte

Mit der Bouvier-Rebe gibt es eine **Kreuzung** vom Züchter Victor Weiss, Müllheim/Baden, zwischen Smederevka x Bouvier. Die Züchtung hat aber keine wirtschaftliche Bedeutung.
Über **Verwandtschaften** der Bouvier-Rebsorte ist nichts bekannt.

Breidecker

Weißwein

Herkunft

Die Rebsorte ist eine Kreuzung der Forschungsanstalt Geisenheim/Rheingau zwischen (Silvaner x

Riesling) x Seibel. Das dabei vom Institut verfolgte Hauptziel war die Entwicklung einer pilzresistenten Keltertraube. Die Rebe ist nicht klassifiziert, also für den Anbau noch nicht freigegeben.
Beim Namen der Sorte stand der deutschstämmige, neuseeländische Weinbaupionier Breidecker Pate, der die Sorte in Neuseeland erfolgreich anpflanzte.

Weinbau

Sortenmerkmale:

Blatt: mittelgroß, dreilappig, etwas offene, V-förmige Stielbucht
Traube: mittelgroß, konisch, geschultert, lockerbeerig
Beere: mittelgroß, grüngelb, rund, dickschalig, mit kleinen schwarzen Punkten

Die Rebe verlangt tiefgründige ***Böden,*** stellt an die ***Lage*** aber nur geringe Ansprüche.
Sie ist ***widerstandskräftig*** gegen Peronospora und Oidium und hat eine hohe Frostfestigkeit.
Die ***Lese*** erfolgt Anfang Oktober.

Verbreitung

Außer in Neuseeland und auf dem amerikanischen Kontinent ist die Sorte nur in ***Deutschland*** im Versuchsanbau zu finden.

Weinbeschreibung

Farbe: grüngelb
Bukett: neutral
Geschmack: neutral, rassig, ansprechend
Gesamteindruck: Der Wein hat eine gewisse Ähnlichkeit mit dem Riesling.

Lagerfähigkeit

Aufgrund seines Säuregehaltes ist der Wein beschränkt lagerfähig.

Cabernet Franc

Rotwein

Synonyme

Auf der ganzen Welt heißt die Rebsorte heute Cabernet Franc, wobei man gelegentlich noch die Schreibweise Cabernet Franck oder Frank findet. Früher gab es in Frankreich für die Sorte noch eine große Zahl von Doppelnamen, die aber kaum noch verwendet werden. Der Vollständigkeit halber seien sie erwähnt: Breton (Loire), Carmenet (Médoc), Bouchet, Gros-Bouchet, Bouchy, Grosse-Vidure (Pomerol und St-Emilion), Véronais, Bouchy, Noir-Dur, Méssanges Rouge, Trouchet Noir (im restlichen Frankreich).

Herkunft

Die Abstammung der Rebe deckt sich mit jener der Cabernet Sauvignon. Sie kommt aus Frankreich, höchstwahrscheinlich aus dem Bordeaux-Gebiet, wo sie urkundlich zum ersten Mal um 1635 erwähnt wurde (siehe unter Cabernet Sauvignon).

Weinbau

Sortenmerkmale:

Blatt: mittelgroß, rundlich, fünflappig, tief gebuchtet, scharf gezähnter Rand, überdeckter Stiellappen, lyraförmige Stielbucht
Traube: mittelgroß, lockerbeerig, meist geschultert, langer Stiel
Beere: klein, rund, dunkelblau, weiß beduftet, dicke Schale

Ansprüche und Eigenschaften der Cabernet-Franc-Rebe stimmen zu einem großten Teil mit jenen der Cabernet-Sauvignon-Sorte überein. Die Hauptunterschiede liegen im folgenden:

- Der Cabernet Franc ist besser für ein kühleres ***Klima*** geeignet. Die Sorte gedeiht und reift auch besser in kühleren oder kalten Weinjahren als der Cabernet Sauvignon.
- Die Sorte stellt geringe Ansprüche an den ***Boden*** und gedeiht am besten auf trockenen und warmen Böden.
- Sie entwickelt sich auch noch gut auf ***Lagen,*** wo der Cabernet Sauvignon keine Qualitäten mehr erbringt.
- Die Rebsorte treibt früher aus, neigt dabei aber während der Blütezeit bei Schlechtwetter stärker zum Verrieseln.
- Der Cabernet Franc ist im Ertrag etwas ergiebiger als der Cabernet Sauvignon. Die Durchschnittserträge liegen bei 40–70 hl/ha, wobei die Ertragsleistung allerdings stärkeren Schwankungen unterworfen ist. Sie hängt weitgehend von der Fruchtbarkeit der Böden ab. ***Mostgewicht*** und ***Mostsäure*** sind mit jenen des Cabernet Sauvignon weitgehend identisch.
- Die ***Reife*** setzt beim Cabernet Franc etwa zehn Tage früher ein als beim Cabernet Sauvignon.

Verbreitung

Was die Verbreitung der Cabernet-Franc-Rebe betrifft, so gilt das gleiche wie beim Cabernet Sauvignon (siehe dort).

Weinbeschreibung

Der Cabernet Franc wird oft auch als »kleiner Bruder« des Cabernet Sauvignon bezeichnet. Er steht meist im Schatten des allgemein höher eingeschätzten Cabernet Sauvignon und hat bisher noch nicht dessen Bedeutung erlangt. Wobei man dem Cabernet Franc eigentlich unrecht tut, denn er bringt gleichfalls große Weine hervor.

Farbe: Der Wein ist in seiner Jugend granatrot und wird mit reiferem Alter dunkelrot.

Bukett: Er hat zwar ein sortenspezifisches, aber komplexes Bukett, das zumeist an schwarze Johannisbeeren, mitunter aber auch an Himbeeren oder sogar an Veilchen erinnert.

Geschmack: Cabernet-Franc-Weine haben im allgemeinen ähnliche Geschmackseigenschaften wie der Cabernet Sauvignon, jedoch immer in »abgeschwächter Form«. Sie brauchen bis zu ihrer vollen Geschmacksentfaltung eine kürzere Reifezeit als Cabernet-Sauvignon-Weine.

Gesamteindruck: Cabernet-Franc-Weine sind bei qualitativer Beurteilung vielleicht nicht ganz so bestechend wie Cabernet-Sauvignon-Weine, obwohl sie ohne jeden Zweifel gleichfalls zu den besseren Rotweinen der Welt gerechnet werden. Man behauptet, daß der Cabernet Franc in der Farbtiefe nicht so dunkle Weine, im Duft nicht so sortentypische und im Geschmack nicht so rassige und kräftige Rotweine liefert wie der Cabernet Sauvignon. Das mag zum Großteil stimmen. Aber trotzdem sind die Cabernet-Franc-Weine immer noch recht harmonische, angenehme, fruchtige Weine, die allerdings im Vergleich zum Cabernet Sauvignon als junge Weine im Säure-, Extrakt- und Gerbstoffgehalt niedriger und daher auch früher ansprechbar sind.

Cabernet-Franc-Weine werden selten sortenrein angeboten, sondern häufig mit Cabernet Sauvignon oder Merlot verschnitten. Wenn sie mit letzterer Sorte verschnitten werden, dann könnte man vielleicht sagen: der Merlot füllt die vorhandenen Löcher in der Körperstruktur des Cabernet Franc aus, indem er den Wein üppiger, reichhaltiger und vollmundiger (zu einem »Maul voll Wein«) macht. Wenn aber ein Cabernet Franc bloß als Ergänzung zu einem Verschnitt von Cabernet Sauvignon und Merlot genommen wird, dann kann man den Cabernet Franc meistens nur als bemerkenswert und nicht als mehr bezeichnen.

Wozu trinkt man den Wein?

Da der Cabernet Franc meist mit Cabernet Sauvignon und/oder Merlot verschnitten angeboten wird, gilt das gleiche wie beim Cabernet Sauvignon.

Glaskultur und Serviertemperatur

Hier gilt das gleiche wie beim Cabernet Sauvignon.

Lagerfähigkeit

Cabernet-Franc-Weine reifen wegen ihres geringeren Säure- und Gerbstoffgehaltes etwas früher in der Flasche und sind daher auch früher als Cabernet-Sauvignon-Weine trinkbar. Ihren Reifehöhepunkt erreichen sie in »guten« (normalen) Weinjahren bereits nach 2–3 Jahren, während Cabernet-Sauvignon-Weine erst nach 5–6 Jahren zu ihrem Reifehöhepunkt gelangen.

Nachdem der Cabernet Franc meistens als Verschnitt verkauft wird, ist eine Aussage über die Lagerfähigkeit dieses Weines nur schwer möglich, da sie weitgehend von der Höhe des Verschnittanteiles abhängt.

Neuzüchtungen und Verwandte

Neuzüchtungen sind dem Verfasser keine bekannt.
Der Cabernet Franc ist eng mit dem Cabernet Sauvignon **verwandt.** Siehe dort.

Cabernet Sauvignon

Rotwein

Synonyme

Mit Ausnahme von Frankreich und Spanien heißt die Rebsorte überall auf der Welt Cabernet Sauvignon.

- In *Frankreich* wird sie außerdem noch genannt: Petit-Cabernet, Bidure, Marchoupet, Vidure, Petite-Vidure (Graves), Bouchet, Bouche (Gironde), Petit-Bouchet (St-Emilion und Pomerol), Sauvignon Rouge (Zentralfrankreich).
- In *Spanien* heißt die Rebe Burdeos Tinto.

Herkunft

Über den Ursprung der Rebe weiß man nichts Genaues. Man nimmt an, daß die Sorte aus Frankreich stammt, wo sie zugleich mit der Einführung des Weinbaues im Bordeaux-Gebiet durch die Römer angebaut wurde. Urkundlich ist sie erst viel später nachweisbar, als nämlich um 1635 Kardinal Richelieu mehrere tausend Rebstöcke der Rebsorte Cabernet aus dem Bordeaux-Gebiet dem Abbé Bréton, dem Verwalter der Güter des Klosters Saint

Nicolas de Bourgueil, an die Loire schickte (zitiert nach Hornickel).

Über den Cabernet Sauvignon gibt es eine nette Geschichte: Baron de Rothschild als Besitzer des Château Lafite Rothschild schätzte den italienischen Komponisten Rossini sehr. Eines Tages wollte er dem Komponisten aus einer Laune heraus eine besondere Freude machen. Da er wußte, daß der von ihm verehrte Meister ein großer Feinschmecker war, schickte er ihm einen Korb voll frischer, in seinem Weingarten gepflückter Cabernet-Trauben. Gewiß wird er sich dabei gedacht haben: Wenn Rossini meine edlen Rotweine liebt, dann wird er auch die kleinen, grau angehauchten, blauen Cabernet-Beeren, aus denen dieser Wein gemacht wird, zu schätzen wissen. Der Meister bedankte sich für die Traubensendung mit einem Brief, in dem stand: »Die Trauben sind vorzüglich. Aber ich genieße Wein eigentlich nie in Pillenform. Schon gar nicht den aus Cabernet-Reben.« Der Baron verstand den Wink und übermittelte daraufhin Rossini eine Kiste mit einem Dutzend Flaschen eines alten, edlen Bordeaux-Weines aus seinem Château Lafite.

Weinbau

Sortenmerkmale:

Blatt: mittelgroß, rund, fünflappig, stark gebuchtet, mit V-förmig geschlossener bis überlappender Stielbucht

Traube: klein bis mittelgroß, konisch, dichtbeerig, oft mit Nebentrauben, mit langem Stiel

Beere: klein, dunkelblau bis schwarzblau, stark beduftet, dickschalig, Wachsbelag, fleischiges Beereninneres mit grasig-grünem Geschmack

Der Cabernet Sauvignon stellt keine besonderen Ansprüche an ***Böden,*** die durchaus auch arm und sandig sein können. Auch gegen Trockenheit ist die Sorte wenig empfindlich. Am besten gedeiht die Rebe aber auf fruchtbaren Lehmböden und dankt dafür mit einem besseren Ertrag.

An die ***Lage*** stellt sie hohe Ansprüche, denn sie benötigt gute und frühe Lagen, möglichst mit starker Sonneneinstrahlung.

Die Rebsorte ist überaus ***frostbeständig.*** In der Blütezeit neigt sie bei kaltem Schlechtwetter zum Verrieseln (Abfall von Blüten). Sie ist sehr anfällig gegen Oidium und Schwarzfleckenkrankheit.

Der Cabernet Sauvignon erbringt nur einen verhältnismäßig niedrigen und dazu noch recht unregelmäßigen ***Ertrag;*** besonders wenn die Rebe in der Blütezeit durchgerieselt hat. Der Durchschnittsertrag dürfte 40–50 hl/ha betragen. Junge Anlagen mit 100 hl/ha erbringen Weine zweiten Ranges. Die ***Mostgewichte*** liegen zwischen 70–100° Oechsle (14–20° KMW) und die ***Mostsäure*** zwischen 8–12‰.

Die Sorte ***reift*** spät, die ***Lese*** erfolgt meist Mitte Oktober.

Verbreitung

Cabernet-Reben gedeihen überall auf der Welt, wo es genügend Sonne und Wärme gibt. Die weltweite Anbaufläche dürfte bei 140.000 Hektar liegen. In Europa gelten als Hauptanbaugebiete Frankreich, Bulgarien und Italien, aber auch in den außereuropäischen Weinländern in Nord- und Südamerika sowie in Südafrika und Australien erlangte die Rebe eine ähnliche Bedeutung wie in den europäischen Erzeugerländern.

In ***Deutschland*** ist die Rebsorte noch nicht statistisch erfaßt, doch gewinnt sie von Jahr zu Jahr an Bedeutung.

Auch in ***Österreich*** ist die Cabernet Rebe statistisch gleichfalls noch nicht erfaßt. Ihr Anteil dürfte unter 1% der Gesamtrebfläche liegen. Die Sorte wurde in Österreich von Dr. Schlumberger versuchsweise bereits 1860 eingeführt, der die Cabernet-Sauvignon-Rebe in seinen Weingärten bei Vöslau, Niederösterreich, ausgesetzt hatte und den Wein mit Erfolg als Verschnitt mit Merlot (früher auch noch mit dem Blauen Portugieser vermischt) verkaufte. Seit einigen Jahren wird die Rebsorte vermehrt in Österreich ausgepflanzt und ist speziell im Burgenland, in Niederösterreich (vornehmlich in Mailberg, Krems und Langenlois) und in Wien anzutreffen.

In der ***Schweiz*** sind Cabernet-Reben in den Weinbaukantonen Tessin und Genf ausgepflanzt, doch ist ihr Ernteanteil unbedeutend.

Weinbeschreibung

Der Prototyp eines guten Cabernet Sauvignon stellt sich wie folgt vor:

Farbe: Aufgrund der dicken, dunkelblauen Haut seiner kleinen Beeren ist der Wein farblich in der Jugend granatrot und wird dann im Alter tiefdunkelrot.

Bukett: Der Cabernet Sauvignon hat ein wunderschönes, kräftiges Cassis-Aroma mit grasig-grüner Note, das beim Riechen sofort an schwarze Johannisbeeren erinnert. Dieser so typische Duft ist für jeden Kenner und bei jeder Blindverkostung ein sehr deutlicher Hinweis auf einen Cabernet-Wein.

Geschmack: Cabernet-Sauvignon-Weine oder Weine, die einen größeren Verschnittanteil dieser Sorte haben, benötigen eine lange Zeit zu ihrer Reife. Als Jungwein ist der

Cabernet Sauvignon im Geschmack rauh, hart und unharmonisch und zieht beim Trinken infolge seines hohen Gerbstoffgehaltes den Gaumen zusammen. Besonders große Gewächse sind in den ersten Entwicklungsjahren fast nicht zu trinken. Erst mit zunehmendem Alter wird er immer samtiger, geschmeidiger, harmonischer und beginnt seine herausragenden Eigenschaften langsam zu entfalten. Bei nicht vollreifen Trauben kann der Wein auch krautig und unreif schmecken. Bei normaler Vollreife ist der Wein aber immer trocken, kräftig, rassig, gerbstoffbetont und weist einen mittleren Alkoholgehalt auf.

Gesamteindruck: Der Cabernet Sauvignon wird heute wohl als eine der besten und erfolgreichsten Rotweinsorten der Welt angesehen. Viele Experten stellen ihn in der Qualität über einen Blauen Burgunder, Nebbiolo, Syrah oder andere rote Spitzengewächse. Aufgrund seines hohen Gerbstoff- und Säuregehaltes wird er vielleicht nicht so häufig reinsortig hergestellt, sondern oftmals auch mit anderen Sorten, wie Cabernet Franc oder Merlot oder auch anderen Traubensorten, verschnitten. Alle großen Rotweine aus dem Bordeaux sind bekanntlich ein Verschnitt aus Cabernet Sauvignon, Cabernet Franc oder Merlot, wobei eventuell als Ergänzungssorte Petit Verdot oder Malbec noch dazugenommen wird. Die Rebsorten werden dabei getrennt in eigenen Parzellen angepflanzt, die Trauben getrennt gelesen und auch getrennt gekeltert. Erst nach erfolgter Gärung werden die Jungweine verschnitten, also zusammengemischt. Das Mischungsverhältnis ist oft ein strenges Geheimnis des Kellermeisters und zwischen den einzelnen Weingütern verschieden. Es hängt auch stark von der Güte des jeweiligen Weinjahrganges mit seinem Zucker-, Säure-, Extraktgehalt etc. ab.

Der Cabernet Sauvignon braucht eine sorgfältige Kellerbehandlung und eine lange Reifezeit, bis er schließlich zu dem wird, was man sich darunter vorstellt: ein Rotwein mit bestechendem Charakter, voller Tiefe und Raffinesse.

Cabernet-Weine werden in Frankreich und in anderen Weinerzeugerländern gerne nach französischem Vorbild in sogenannten Barrique-Fässern ausgebaut. Das sind Holzfässer mit einem Inhalt von 225 Litern, die heute vorwiegend aus Nevers-, Allier- oder slawonischer Eiche angefertigt werden. Gutes Eichenholz ist eine wichtige Voraussetzung für die Herstellung solcher Fässer. Beim monatelangen, bis zu zwei Jahre dauernden Ausbau nehmen dabei die Weine einen eigentümlichen, an Vanille erinnernden, balsamartigen Holzton auf. Dieses Aroma entsteht durch Abgabe des im Eichenholz enthaltenen Aethylvanillins an den Wein. Mit zunehmendem Alter nimmt dieser eigenartige Holzgeschmack ab oder verschwindet völlig. Sein Ausmaß und seine Intensität wird von der Dauer des Barrique-Ausbaues, vom Alter sowie vom Toasting (Faßeinbrand) der Fässer bestimmt. Neue Fässer geben verständlicherweise mehr Aromastoffe ab als ältere, schon gebrauchte. Ein zu langer Ausbau kann den Wein auch unharmonisch, ja mitunter sogar ungenießbar machen.

Als erster Österreicher hat Laurenz Moser im Jahre 1978 neue Limousin-Barriques aus Frankreich importiert und mit diesen Fässern in dem von ihm gepachteten Schloßweingut Malteser Ritterorden Ausbauversuche mit Cabernet Sauvignon durchgeführt. Er verglich damals Limousin-, Nevers-, Allier- und slawonische Eiche miteinander und konnte dabei viele Erfahrungen sammeln.

Wozu trinkt man den Wein?

Als ausgesprochene Rotweine der gehobenen Güteklasse werden Cabernet-Weine gerne bei festlichen Anlässen zu dunklem, kräftigem Fleisch gewählt.

Glaskultur und Serviertemperatur

Zu Cabernet-Weinen nehme man das eigens für diesen Wein geschaffene »Bordeaux-Glas«. Immer nur zu einem Drittel eingeschenkt, vermag diese sich nach oben verjüngende Glasform zur vollen Entfaltung der Duft- und Geschmackskomponenten wesentlich beizutragen. Die Duftstoffe sammeln sich über der Weinoberfläche, und man »trinkt« gewissermaßen die Aromastoffe durch die Nase beim Einatmen zuerst. Auch im Geschmack wird der Wein durch das Design des Glases als nicht zu füllig empfunden.

Bei ganz großen Cabernet-Gewächsen wählt man den »Bordeaux-Pokal«, der in der Form gleich, im Inhalt wesentlich größer ist und dem Trinker durchaus

neue Erkenntnisse des Weingenusses eröffnen kann.
Es empfiehlt sich unbedingt, die Flasche mindestens zwei Stunden vor dem Konsum zu öffnen, damit sich vorher das Bukett richtig entfalten kann.
Serviertemperatur: Einfachere Cabernet-Weine serviert man mit einer Einschenktemperatur von 14–15° Celsius, Spitzengewächse mit 16° Celsius.

Lagerfähigkeit

Cabernet-Sauvignon-Weine reifen wegen ihres hohen Gerbstoffanteiles nur langsam. Sie brauchen mindestens 2–4 Jahre, bevor sie überhaupt trinkreif werden. Dafür sind sie dann aber auch sehr lange lagerbar. Einfache Weine halten sich bis zu 5–8 Jahren, große Gewächse, bis zu 10–20 Jahren und auch darüber. Die Länge der Lagerfähigkeit hängt natürlich auch sehr von der Güte des Jahrganges ab.

Neuzüchtungen und Verwandte

Neuzüchtungen sind dem Verfasser keine bekannt. Der Cabernet Sauvignon ist eng mit dem Cabernet Franc **verwandt.** Siehe dort.

Cantaro

Weißwein

Eine Kreuzung der Bayerischen Landesanstalt für Weinbau und Gartenbau in Würzburg zwischen Rieslaner (= Riesling x Silvaner) x Müller-Thurgau. Züchtungsjahr 1955, Sortenschutz 1980.
Die Sortenbezeichnung wurde vom spanischen Wort »Weinkrug« abgeleitet.
Die Sorte hat vorläufig keine wirtschaftliche Bedeutung und befindet sich noch im Versuchsanbau.
Der Wein ist dezent, frisch und charaktervoll.

Carmina

Rotwein

Eine Kreuzung des Geilweilerhofes in Siebeldingen/Pfalz zwischen Portugieser x Spätburgunder, die inzwischen wieder zurückgezogen wurde.

Castor

Weißwein

Eine pilzresistente Kreuzung des Geilweilerhofes in Siebeldingen/Pfalz zwischen (Oberlin 595) F 1 x Foster's White Seedling, die inzwischen wieder zurückgezogen wurde.

Chardonnay

Weißwein

Synonyme

Der Chardonnay hat eine überaus große Zahl von echten und falschen Doppelnamen, wobei nicht immer zwischen echt und falsch unterschieden wird. Die wichtigsten Synonyme sind:

- Morillon (Österreich)
- Weißer Clevner (Deutschland und Elsaß)
- Gelber Weißburgunder (Südtirol)
- Pinot Chardonnay, Pinot Blanc Chardonnay, Blanc de Champagne, Chardenai, Chardonnet, Pinot Blanc à Cramant, Epinette, Chardennet (Frankreich)
- Beaunois (Chablis/Frankreich)
- Gamay Blanc, Melon d'Arbois, Petit Chatey (Jura/Frankreich)
- Petite Sainte-Marie (Savoyen/Frankreich)
- Grosse Bourgogne, Rousseau, Roussot, Mâconnais, Morillon, Morillon blanc (Burgund/Frankreich)
- Arnaison (Loire-Tal/Frankreich)

Morillon: In Österreich wird in der Weinregion Steiermark (und nur dort) der Chardonnay auch als Morillon bezeichnet. Dies hat seinen Grund darin, daß nach der Reblauskatastrophe um die Jahrhundertwende Winzer aus der Steiermark nach Frankreich in die Champagne gereist sind, um neue, gegen die Reblaus immune Sorten zu finden. In der französischen Ortschaft Morion wurde man fündig. Man brachte von dort Edelreiser der Chardonnay-Rebe in die Steiermark und pflanzte sie dort aus. Man nannte diese Rebe nach der französischen Ortschaft, aus der sie kam, zuerst Morion-Rebe und später wurde daraus die heute übliche Sortenbezeichnung Morillon. (Diese Angaben stammen aus der Weinbauschule in Marburg.) Allerdings muß dazu bemerkt werden, daß der Morillon im Laufe der Zeit eine etwas andere Entwicklung genommen haben dürfte und sich heute vom Chardonnay der klassischen, sprich französischen, Art zwar nicht im ampelographischen (rebsortenkundlichen) Sinn, vielleicht aber doch in degustativer Hinsicht unterscheidet.

Herkunft

Über die Abstammung und Herkunft des Chardonnay kann nichts Konkretes gesagt werden, da er zu lange als Spielart des Weißen Burgunders angesehen wurde. Fest steht jedenfalls, daß der Chardonnay eine alte Sorte ist und weltweit in vielen Rebvarianten auftritt. Man nimmt allgemein an, daß seine Urheimat Burgund in Frankreich ist und er von dort (Saône) seinen Siegeszug um die Welt angetreten hat. Dabei haben sich um die Verbreitung der Sorte – besonders in Burgund – die Benediktiner und die Zisterzienser sehr verdient gemacht. Der Name Chardonnay stammt von dem gleichnamigen Ort in der Nähe der Stadt Mâcon in Burgund und bedeutet soviel wie »Ort voller Disteln«. Seit Jahrhunderten werden aus dem Traubengut dieser Rebsorte die berühmten weißen Burgunder-Weine wie Chablis, Montrachet, Pouilly-Fuissé sowie die Blanc-de-Blancs-Weine der Champagne gekeltert. Auch für die Herstellung des französischen Champagners wird neben den beiden blauen Traubensorten (Pinot noir und Pinot meunier) als weiße Traubensorte Chardonnay verwendet.

Die Chardonnay-Rebe gehört neben dem Riesling und dem Sauvignon blanc zu den edelsten und besten Weißweintrauben der Welt. Von vielen Kennern wird die Rebsorte für eine Spielart des Weißen Burgunders gehalten. Diese Auffassung ist falsch. Nach Meinung und Überzeugung anerkannter und kompetenter Botaniker und Ampelographen (z. B. Hermann Goethe) gehört die Sorte nicht zur Familie der Burgunder-Gewächse. Sie unterscheidet sich nämlich in ampelographischer Hinsicht so deutlich, daß sie auch für den Laien gut erkennbar ist. Im Vergleich zum Weißen Burgunder sind nämlich die Blätter des Chardonnay glatter, weniger blasig, die Stielbucht ist ausgeprägt lyraförmig (nach einem griechischen Musikinstrument mit geschwungenen Jocharmen benannt), während sie beim Weißen Burgunder mehr V-förmig ist. Der deutlichste Unterschied liegt aber in der nackten Stielbucht des Chardonnay, das heißt, daß die Stielbucht des Chardonnay durch Blattnerven begrenzt ist, während beim Weißen Burgunder daran noch Blattgewebe sitzt.

Ein weiteres deutliches Erkennungsmerkmal liegt bei den Trauben. Diese sind beim Chardonnay klein bis mittelgroß, und die Beeren sind bei Reife gelb bis bernsteinfarben. Beim Weißen Burgunder sind die Trauben größer und bei der Reife grüngelb. Schließlich hat der Chardonnay noch einen früheren Austrieb.

Die Abgrenzung gegenüber dem Weißen Burgunder und damit die ampelographische Selbständigkeit des Chardonnay wurde 1872 bei der Weinbauausstellung in Lyon erstmalig dokumentiert.

Jedenfalls ist die immer noch zu findende Bezeichnung Pinot Chardonnay oder Pinot Blanc Chardonnay falsch und stiftet nur Verwirrung. Der Wein sollte daher nicht als Spielart oder Mutation des Weißen Burgunders angeboten werden.

Chardonnay

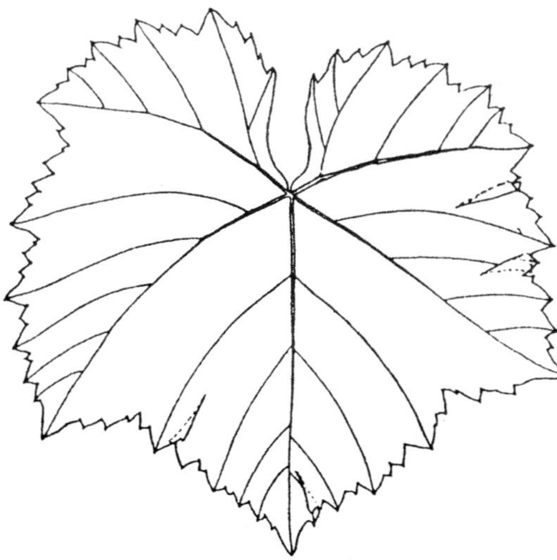

Weißer Burgunder

Weinbau

Sortenmerkmale:

Blatt: dreilappig, mittelgroß, breiter, keilförmiger Mittellappen, Blattnerven flaumig behaart, offene, lyraförmige, nackte Stielbucht

Traube: klein bis mittelgroß, lockerbeerig. Die Trauben besitzen manchmal ein bis zwei Seitenäste, die kaum über eine Länge von 10 cm hinausreichen.

Beere: klein, rundlich, dünnschalig. Die Beeren werden im Reifestadium an der Sonnenseite gelb bis bernsteinfarbig.

Der Chardonnay stellt keine allzu großen Ansprüche an den ***Boden,*** liebt aber kalkhältige, lockere, warme Böden und lehnt nasse und überfette ab. Er braucht anspruchsvolle, also gute und warme ***Lagen,*** Weinrandlagen sind auszuscheiden.

Hinsichtlich seiner ***Anfälligkeit*** ist zu bemerken, daß die Rebe eine gute Widerstandsfähigkeit besitzt, allerdings gegen Botrytis sowie Stielfäule anfällig und sehr empfindlich gegen Spätfröste (Frühjahrsfröste) ist.

Der ***Ertrag*** ist in Abhängigkeit vom Pflanzengut nicht immer beständig und sollte zwischen 40–60 hl/ha liegen, da bei höherem Ertrag der Extraktgehalt und die Qualität der Weine deutlich abnimmt. Das ***Mostgewicht*** liegt im Durchschnitt bei 80–100° Oechsle (16–20° KMW), die ***Mostsäure*** wird stark vom Jahrgang und von der Lage bestimmt und liegt im allgemeinen zwischen 10–14‰.

Der Zeitpunkt der ***Reife*** ist mittelspät, und die ***Lese*** erfolgt Anfang bis Mitte Oktober.

Verbreitung

Weltweit liegt der Chardonnay hinter dem Riesling an sechster Stelle.

In ***Deutschland*** sind vorläufig nur geringe Anbauflächen mit der Chardonnay-Rebe bestockt, wobei die Tendenz jedoch steigend ist. Man findet die Rebsorte in der Pfalz, in Rheinhessen und in Franken. Klassifiziert und somit für den Anbau freigegeben ist die Sorte in sechs Weinbaugebieten (Ahr, Mittelrhein, Mosel-Saar-Ruwer, Nahe, Rheinhessen und Pfalz).

In ***Österreich*** wird der Chardonnay in der amtlichen Weinbaustatistik als Einzelsorte nicht erfaßt. Man schätzt aber, daß die gesamte Anbaufläche mit Chardonnay (Morillon)-Reben bei 300 Hektar liegen dürfte, was etwa 0,5% der österreichischen Weinbaufläche entspricht, wobei der Schwerpunkt in der Steiermark liegen dürfte. Die Tendenz zum Anbau ist dabei in allen Weinbauregionen steigend.

In der ***Schweiz*** findet man die Chardonnay-Rebe in unbedeutendem Ausmaß in den Weinbaugebieten Wallis, Genf und Bern.

Weinbeschreibung

Farbe: Die Farbe schwankt zwischen zart blaßgelb, über leicht zitronengelb bis zu intensiv strohgelb.

Bukett: Dieses variiert gleichfalls. Typisch ist immer die ausgesprochene Fruchtigkeit in Duft und Aroma. Manche Kenner vergleichen seinen Duft mit halbreifen Äpfeln, andere wiederum glauben ein Aroma nach reifen Trauben oder Haselnüssen erkennen zu können.

Geschmack: Infolge unterschiedlichen Rebmaterials sowie unterschiedlicher Böden und Ausbauformen ist das Geschmacksbild des Chardonnay recht uneinheitlich. Typisch für diese Sorte ist aber immer die erkennbare rassige Fruchtnote nach nicht ganz reifen Äpfeln. Chardonnay-Weine sollten dabei immer trocken ausgebaut werden, damit der Sortentyp besser zum Ausdruck kommt.

Man kann beim Chardonnay drei ***Grundtypen*** unterscheiden:

- Trockene, volle, sehr körperreiche Weine, mit einem teilweise recht hohen Alkoholgehalt (über 13 %vol) und mit einer kräftigen Säure.
- Trockene, duftige, stahlige Weine, die in ihrem gesamten Stil wesentlich leichter sind, gleichfalls mit kräftiger Säure. Diese frischen, fruchtigen Weine sind im allgemeinen seltener anzutreffen. Sie eignen sich gut zur Sektbereitung.
- Barrique-Weine: Wie kaum eine andere Weißweinsorte eignet sich ein qualitativ hochwertiger Chardonnay-Wein bestens für einen Barrique-Ausbau. Wichtig ist dabei, daß bei seinem Ausbau die kleinen Barrique-Fässer überlegt eingesetzt werden und keine Holzlastigkeit erbringen. Dann können Barrique-Weine aus der Chardonnay-Traube besonders ausdrucksstark und attraktiv werden, in der Jugend zart rauchig-eichig und später füllig und vollmundig, mit einer an Vanille und Feuerstein erinnernden Geschmacksnote.

Gesamteindruck: Der Chardonnay-Wein ist zweifellos ein sehr nobler und edler Weißwein. Im Vergleich zum Weißen Burgunder, der eher breiter im Geschmack wirkt, ist der

Chardonnay eleganter, feiner und finessenreicher sowie qualitätsmäßig in der Regel dem Weißen Burgunder überlegen. Die Traube neigt zu einem höheren Zuckergehalt, der für die Gewinnung typischer Chardonnay-Weine unerläßlich ist, weshalb der Chardonnay meist körper- und alkoholreich ist. Man könnte sogar behaupten, daß bei dieser Sorte der Alkoholgehalt zu einem entscheidenden Qualitätskriterium wird. Daher sind füllige, vollmundige Weine mit 13 bis 14 %vol erfahrungsgemäß auch die Regel. Trotzdem verfügen diese alkoholreichen Weine immer noch über eine spürbare Säure, die den Wein lebhaft und stahlig (Feuersteingeschmack) macht. Interessant ist vielleicht auch die Tatsache, daß der Chardonnay einer der ganz wenigen Weine ist, die mitunter einen leicht salzigen Geschmackston aufweisen können.
Voraussetzung zur Entwicklung seines vollen Geschmacksaromas ist immer, daß nur vollreife Trauben zur Kelterung gelangen und der Wein eine entsprechende Faß- und Flaschenreife aufweist. Wird der Chardonnay jedoch mit allzuviel Restzucker ausgebaut, dann wird der Wein breit und mastig.

Wozu trinkt man den Wein?

Der Chardonnay ist ein vornehmer, aristokratisch wirkender Weißwein, der in Spitzenqualität die Gourmets immer wieder in Entzücken geraten läßt. Man trinkt ihn gerne zu besonderen Gelegenheiten und bevorzugt ihn als Speisenbegleiter, besonders bei einem festlichen Mahl.
Der Chardonnay wird heute längst nicht mehr nur zu Fisch in kräftigen Cremesaucen und hellem Fleisch serviert. Man nimmt ihn besonders gerne zu Meeresfrüchten (Muscheln, Crevetten), Austern und Lachs. Vollmundige Chardonnays passen aber auch recht gut zu Pasteten und kalten Vorspeisen.

Glaskultur und Serviertemperatur

Für einen Chardonnay-Wein nehme man das »Universal-Glas«.
Serviertemperatur: Die beste Serviertemperatur für diesen Wein liegt bei 6–8° Celsius.

Lagerfähigkeit

Große Chardonnay-Gewächse, besonders aus sehr guten Jahrgängen, lassen sich gut lagern. Ihr Reife-Höhepunkt liegt zwischen ihrem 3. und 5. Lebensjahr. Weitere fünf Jahre wird der Wein zwar seine Säure langsam abbauen, aber trinkbar bleiben. Kleinere Chardonnay-Weine sollten hingegen in jüngerem Zustand getrunken werden. Ihr Reife-Höhepunkt ist im 2. und 3. Lebensjahr gegeben. Bei allen Weinen vermag jedoch die Jahrgangsgüte die Länge der Lagerfähigkeit stark zu beeinflussen.

Neuzüchtungen und Verwandte

An **Neuzüchtungen** sind bekannt:
Charmont: Chasselas x Chardonnay (ein Schweizer Weißwein).
Zu den **Verwandten** könnte man vielleicht den in Frankreich wachsenden Chardonnay rosé (mit rötlichen Beeren) zählen, welche Rebsorte jedoch keine wirtschaftliche Bedeutung hat.

Charmont

Weißwein

Herkunft

Eine Kreuzung der Eidgenössischen Landwirtschaftlichen Forschungsanstalt von Changins zwischen Chasselas x Chardonnay. Züchter ist M. Jean-Louis Simon, selektioniert wurde die Rebe von M. André Jaquinet. Die Züchtung erfolgte 1965 in Pully, Kanton Waadt. Das Züchtungsziel war, eine gutedel-ähnliche Keltertraube mit mehr Zucker und Säure sowie mit einem regelmäßigeren Ertrag zu bekommen.

Weinbau

Sortenmerkmale:

Blatt: groß, dreilappig, kurzgezähnter Rand, wenig offene, V-förmige Stielbucht
Traube: mittelgroß, mittelbeerig
Beere: mittelgroß, oval, grüngelb, saftig, von leicht aromatischem Geschmack

Die Rebe stellt keine besonderen Ansprüche an den *Boden,* verlangt aber gute *Lagen.*
Der *Ertrag* ist hoch sowie regelmäßig und liegt zwischen 125–155 hl/ha, das *Mostgewicht* zwischen 77–83° Oechsle (etwa 16–17° KMW), die *Mostsäure* allerdings nur bei 6–8‰.
Die *Lese* erfolgt Ende September bis Mitte Oktober.

Verbreitung

Die Rebsorte ist nur in der *Schweiz,* und zwar im Waadtland und Wallis, vorläufig nur im Versuchsanbau zu finden.

Weinbeschreibung

Farbe: gelbgrün
Bukett: zart, meist geruchsneutral
Geschmack: fein, mit leicht aromatischer Geschmacksnote
Gesamteindruck: Bei hoher Traubenreife ähnelt der Wein dem Chardonnay, weist aber wegen seines Säuremangels nicht dessen Eleganz auf.

Wozu trinkt man den Wein?

Er empfiehlt sich als Aperitifwein.

Glaskultur und Serviertemperatur

Man trinkt den Wein am besten in einem »Jungwein-Glas« und serviert ihn mit 6–8° Celsius.

Lagerfähigkeit

Der Wein ist am besten jung und frisch zu trinken und sollte nicht über ein bis zwei Jahre hinaus gelagert werden.

Chasselas

siehe unter Gutedel

Completer

Weißwein

Synonyme

In der Schweiz wird die Sorte auch noch Malanstraube oder Lindauer genannt.

Herkunft

Der Completer gilt in Graubünden als die älteste Weißweinsorte dieses Kantons. Der Ursprung der Rebsorte ist unbekannt. Er soll früher von den Mönchen immer nach dem Completorium, also dem abendlichen Gebet der Geistlichen, getrunken worden sein.

Weinbau

Sortenmerkmale:
Blatt: fünflappig, spitz gesägter Blattrand mit braunen Knötchen an der Spitze
Traube: groß, pyramidenförmig, geteilt
Beere: mittelgroß, oval, grau beduftet, punktiert, sonnenseitig braunfleckig

Auf guten ***Lagen*** und in guten Weinjahren kann die Sorte ein ***Mostgewicht*** bis zu 115° Oechsle (23° KMW) erreichen.
Die ***Reife*** setzt spät ein, die ***Lese*** erfolgt Mitte bis Ende Oktober.

Verbreitung

Die Traubensorte ist einzig und allein in der *Schweiz* zu finden, wo sie aber praktisch nur in Graubünden, und zwar in der Bündner Herrschaft, Gemeinde Malans, angebaut wird. Der Wein gilt als Schweizer Rarität und ist jedes Jahr rasch ausverkauft.

Weinbeschreibung

Infolge seiner Spätreife hängt die Qualität des Weines sehr von der Güte des jeweiligen Weinjahres ab. In schlechten Weinjahren ist der Weißwein meist von bescheidener Qualität. In guten Weinjahren (bei Vollreife der Trauben) ist er jedoch ein vorzüglicher, kräftiger Wein mit einem relativ hohen Alkoholgehalt.

Wozu trinkt man den Wein?

Nachdem der Completer eine Seltenheit ist, wird er entweder gut gekühlt als Aperitif oder eher außerhalb der Mahlzeiten als Solist getrunken.

Lagerfähigkeit

Der Wein hat eine ausgezeichnete Haltbarkeit.

Comtessa

Weißwein

Eine Kreuzung des Geilweilerhofes in Siebeldingen/Pfalz zwischen (Madeleine angevine x Traminer) F2, die inzwischen wieder zurückgezogen wurde.

Cornalin

Rotwein

Eine interessante bodenständige Rebsorte der *Schweiz,* die im Wallis zwischen Sion (Sitten) und Siders (Sierre) wächst.

Der Rotwein erinnert an den Humagne rouge und wird von Kennern recht geschätzt. Die Rebsorte ist selten und nicht sehr fruchtbar, weshalb der Wein nur schwer erhältlich ist.

Dalkauer

Weißwein

Vermutlich eine Mutation des Riesling oder eine Riesling x Veltiner-Abstammung, die vereinzelt im deutschen Weinbaugebiet Nahe zu finden ist.
Aus dieser Traubensorte wird ein riesling-ähnlicher Wein mit einer relativ hohen Säure gekeltert, der nur in guten Weinjahren zu befriedigen vermag.

Deckrot

Rotwein

Herkunft

Die Rebsorte ist eine Kreuzung des Staatlichen Weinbauinstitutes Freiburg/Baden zwischen Ruländer x Färbertraube. Züchtungsjahr 1939, Zulassung (Sortenschutz) 1971, klassifiziert (für den Anbau freigegeben) nur im deutschen Anbaugebiet Baden.

Weinbau

Sortenmerkmale:
Blatt: klein bis mittelgroß, fünflappig
Traube: mittelgroß, dichtbeerig
Beere: klein bis mittelgroß, rund, blau, beduftet

Die Ansprüche an den *Boden* sind mittel (die Böden sollten jedoch nicht zu trocken sein), jene an die *Lage* aber recht hoch.
Die *Krankheitsanfälligkeit* ist gering.
Der *Ertrag* liegt durchschnittlich bei etwa 90–100 hl/ha, das *Mostgewicht* etwas höher als beim Blauen Portugieser und die *Mostsäure* bei 9–12‰.
Die *Reife* setzt mittelspät ein, die *Lese* erfolgt meist Anfang bis Mitte Oktober.

Verbreitung

Die Sorte hat in Deutschland einen Rebflächenanteil von 0,01%, wobei sie nur in Baden zu finden ist. Sie hat keinen Anbauwert mehr, weil sie zwar als Deckrotwein für geeignet befunden wird, aber durch andere frühreifende Neuzüchtungen (Dunkelfelder, Dornfelder u. a.) bereits als überholt zu betrachten ist.

Weinbeschreibung

Farbe: dunkelrot
Bukett: neutral
Geschmack: neutral
Gesamteindruck: Die Sorte Deckrot ist kein selbständiger Rotwein, sondern nur ein guter Deckwein mit hoher Farbintensität.

Diana

Weißwein

Eine Kreuzung des Geilweilerhofes in Siebeldingen/Pfalz zwischen Silvaner x Müller-Thurgau, die inzwischen wieder zurückgezogen wurde.

Diolinoir

Rotwein

Herkunft

Eine Kreuzung der Eidgenössischen Landwirtschaftlichen Forschungsanstalt von Changins zwischen Rouge de Diolly x Pinot noir. Züchter ist M. André Jaquinet; die Züchtung wurde 1970 in Pully, Kanton Waadt, abgeschlossen. Die Sorte Rouge de Diolly wurde etwa um 1950 in Pully eingeführt und stammt aus dem Besitz von Dr. Henry Wuilloud de Diolly sur Sion. Der Name selbst soll an die Zuchteltern erinnern.

Weinbau

Sortenmerkmale:
Blatt: mittelgroß, fünflappig, gezähnter Rand, offene, V-förmige Stielbucht
Traube: mittelgroß, länglich, kompakt, mit kurzem Stiel
Beere: mittelgroß, rund, blauschwarz, saftig

Die Rebe gedeiht nur in wenig fruchtbaren, gut entwässerten *Böden* und verlangt immer gute *Lagen.*

Sie ist gegen Fäulnis recht ***widerstandsfähig.***
Der ***Ertrag*** schwankt zwischen 100–180 hl/ha, das ***Mostgewicht*** liegt zwischen 80–95° Oechsle (16–19° KMW) und die ***Mostsäure*** zwischen 9–12‰.
Die Sorte liegt in ihrer ***Reife*** zwischen Merlot und Gamay, reift also mittelspät bis spät, und die ***Lese*** erfolgt im Oktober.

Verbreitung

Die Rebsorte ist nur in der ***Schweiz,*** in den Kantonen Waadt, Wallis und Tessin, im Versuchsanbau zu finden.

Weinbeschreibung

Farbe: farbtief
Bukett: weiniger Charakter
Geschmack: fein und kräftig, eher neutral, reich an Gerbstoffgehalt
Gesamteindruck: Der Diolinoir ist eine Neuzüchtung mit zufriedenstellendem Erfolg. Sie kann nicht überall ausgepflanzt werden, denn nur bei gegebener Vollreife der Trauben kann ein eigenständiger Wein gewonnen werden. Er ist auch als Verschnittwein (mit Gamay und Blauem Burgunder) geeignet.

Wozu trinkt man den Wein?

Der Rotwein paßt zu dunklem Fleisch.

Glaskultur und Serviertemperatur

Den Wein trinkt man am besten aus einem »Burgunder-Glas« und serviert ihn mit 14–15° Celsius.

Lagerfähigkeit

Der Wein scheint eine gute Lagerfähigkeit zu besitzen, was aber noch unter Beweis zu stellen ist.

Dôle

Rotwein

Keine Rebsorte, sondern in der ***Schweiz*** eine Bezeichnung für einen Rotwein aus dem Wallis, der entweder aus reinem Pinot noir oder aus einer Mischung von Pinot noir und Gamay gewonnen wird. Der Anteil dieser Traubensorten kann unterschiedlich sein, doch muß die Sorte Pinot noir immer überwiegen und demnach einen Anteil von mindestens 51% haben. Der Wein muß eine Mindestgradation von 85° Oechsle (in normalen Jahren) erreichen, sonst wird er zu einem ***Goron*** deklassiert. Für den Goron ist im Gegensatz zum Dôle kein Mindestanteil für eine Traubensorte festgelegt.

Domina

Rotwein

Herkunft

Die Rebsorte ist eine Kreuzung des Institutes für Rebenzüchtung Geilweilerhof in Siebeldingen/Pfalz zwischen Blauem Portugieser x Spätburgunder. Züchter war Peter Morio, Züchtungsjahr 1927, Zulassung (Sortenschutz) erfolgte 1974; klassifiziert (für den Anbau freigegeben) in fünf Anbaugebieten Deutschlands.
Der Name Domina kommt aus dem Lateinischen und bedeutet »Herrin«.

Weinbau

Sortenmerkmale:
Blatt: mittelgroß, fünf- bis selten siebenlappig, gezähnter Rand, stark überlappende Stielbucht
Traube: mittelgroß bis groß, pyramidenförmig, dichtbeerig, portugieser-ähnlich
Beere: mittelgroß, rund, blauschwarz

Die Domina ist weinbaulich unproblematisch. Sie stellt jedoch mittlere Ansprüche an ***Boden*** und ***Lage*** und sollte daher nur in Rotweinlagen angebaut werden.
Mittlere Botrytis-***Resistenz,*** gute Chlorose-Resistenz und gute Winterfrostigkeit.
Im langjährigen Durchschnitt liegen der ***Traubenertrag*** bei 120 hl/ha, das spezifische ***Mostgewicht*** bei 75–80° Oechsle (15–16° KMW) und die ***Mostsäure*** zwischen 10–14‰.
Die ***Reifezeit*** ist um etwa acht Tage später als beim Portugieser gegeben, und die ***Lese*** erfolgt in der Regel Ende September, Anfang Oktober.

Verbreitung

Der Domina hat in ***Deutschland*** einen Rebflächenanteil von nur 0,07%, wobei ihre Hauptanbaugebiete in Franken und an der Ahr liegen. Die Sorte ist nur wenig verbreitet und eigentlich nur deutschen Rotweinkennern bekannt.
In ***Österreich*** und in der ***Schweiz*** ist die Rebsorte nicht zu finden.

Weinbeschreibung

Farbe: dunkles rubinrot, sehr farbintensiv

Bukett: duftig
Geschmack: aus guten Lagen vollmundig und extraktreich
Gesamteindruck: Die Sorte ist ein ansprechender, farbkräftiger Rotwein, der nach entsprechender Lagerung einen typischen Bordeaux-Charakter aufweist. In Farbe und Qualität übertrifft die Domina den Portugieser, reicht allerdings an den Blauen Spätburgunder nicht heran. Junge Weine sind zuweilen zu säurebetont und haben auch einen relativ hohen Gerbstoffgehalt, weshalb zur optimalen Trinkreife eine längere Faßreife notwendig ist. Die Domina paßt gut in das deutsche Rotweinsortiment.

Wozu trinkt man den Wein?

Domina-Rotweine können durchaus bei festlichen Anlässen zu dunklen, kräftigen Fleischspeisen gereicht werden.

Glaskultur und Serviertemperatur

Der Rotwein verlangt ein typisches »Bordeaux-Glas«, das immer nur zu einem Drittel eingeschenkt werden sollte. Es empfiehlt sich, die Flasche etwa zwei Stunden vor dem Konsum zu öffnen, damit sich das Bukett vorher richtig entfalten kann.
Die empfehlenswerte *Serviertemperatur* liegt bei 14–15° Celsius.

Lagerfähigkeit

Domina-Weine reifen wegen ihrer kräftigen Säure und ihres höheren Gerbstoffgehaltes langsamer als die meisten üblichen deutschen Rotweine. Sie brauchen mindestens zwei bis drei Jahre, bevor sie optimal trinkreif sind. Deshalb ist im allgemeinen eine gute Lagerfähigkeit bei diesen Weinen gegeben.

Doral

Weißwein

Herkunft

Eine Kreuzung der Eidgenössischen Landwirtschaftlichen Forschungsanstalt von Changins zwischen Chasselas x Chardonnay. Züchter ist M. Jean-Louis Simon; selektioniert wurde die Rebe von M. André Jaquinet. Die Züchtung erfolgte 1965 in Pully, Kanton Waadt. Das Züchtungsziel war, eine ähnliche Keltertraube wie den Gutedel zu schaffen, wobei jedoch ein regelmäßigerer Ertrag, besserer Zuckergehalt und eine höhere Säure angestrebt wurden.

Weinbau

Sortenmerkmale:
Blatt: klein, fünflappig, gezähnter Rand, offene, V-förmige Stielbucht
Traube: mittelgroß, kompakt
Beere: mittelgroß, rund, grüngelb, wenig saftig

Die Rebe gedeiht gut auf Sand- und Mergel-***Böden,*** paßt sich aber auch an andere Bodentypen gut an.
Sie stellt keine Ansprüche an die ***Lage.***
Sie ist gegen Krankheiten wenig ***anfällig.***
Der ***Ertrag*** liegt im Durchschnitt bei 80–95 hl/ha, das ***Mostgewicht*** bei 80–90° Oechsle (16–18° KMW) und die ***Mostsäure*** bei 10–12‰.
Die ***Lese*** erfolgt Ende September bis Mitte Oktober.

Verbreitung

Die Rebsorte ist nur in der ***Schweiz,*** und zwar in den Kantonen Waadt und Wallis, vorläufig nur im Versuchsanbau zu finden.

Weinbeschreibung

Farbe: gelbgrün bis goldgelb
Bukett: aromatischer Duft
Geschmack: kräftig, rassig, aromatischer Geschmackston, weiniger Charakter bei Vollreife der Trauben.
Gesamteindruck: Im Vergleich zum Charmont, der gleichfalls eine Kreuzung zwischen Chasselas x Chardonnay ist, erweist sich der Doral dem Chardonnay ähnlicher als der Gutedel. Er gewinnt zunehmend an Interesse. Zum Verschnitt mit Chasselas ist der Doral nicht geeignet.

Wozu trinkt man den Wein?

Einen Doral trinkt man gerne als Aperitifwein, er paßt aber auch gut zu Fisch, Meeresfrüchten und weißem Fleisch.

Glaskultur und Serviertemperatur

Diesen Wein trinkt man am besten aus einem »Jungwein-Glas« und serviert ihn mit 6–8° Celsius.

Lagerfähigkeit

Obwohl noch keine langen Erfahrungen vorliegen, scheint der Wein durchaus eine gewisse Lagerfähigkeit zu besitzen (bei guten Jahrgängen bis zu fünf bis sechs Jahren). Übrigens schmeckt er frisch und jung ausgezeichnet.

Dornfelder

Rotwein

Herkunft

Die Rebe ist eine Kreuzung der Staatlichen Lehr- und Versuchsanstalt Weinsberg/Württemberg aus den beiden Neuzüchtungen Helfensteiner (Frühburgunder x Trollinger) x Heroldrebe (Blauer Portugieser x Lemberger). Züchter war August Herold, Züchtungsjahr 1955, Sortenschutz 1980 und mit Ausnahme von Franken und Mosel-Saar-Ruwer in allen deutschen Weinbaugebieten klassifiziert (zum Anbau freigegeben).

Der Name der Rebe geht auf den Weinsberger Kameralverwalter Imanuel Dornfeld (1796–1869) zurück, dessen Anregungen die Weinbauschule Weinsberg ihre Gründung (1868) verdankte. Die Sorte wurde eigentlich mehr auf der Suche nach einem hochfärbigen Ersatz für ausländischen Deckrotwein denn als getrennt auszubauende Rotweintraube gezüchtet. Aber schon bald hat man den Wert des Dornfelder erkannt, und die Neuzucht erzielte ab 1972 in kürzester Zeit eine enorme Nachfrage, vor allem weil sie bisher die einzige deutsche Rebsorte ist, die gleichermaßen zur Farbintensivierung (Deckrotwein) und zum Ausbau als eigenständiger Rotwein verwendet werden kann. Der Wein wird als eine der aussichtsreichsten deutschen Neuzüchtungen beurteilt.

Weinbau

Sortenmerkmale:

Blatt: sehr groß, fünflappig, geschlossene bzw. weit überlappte Stielbucht, grob gezähnter Blattrand

Traube: groß bis sehr groß, lang, breit geschultert, lockerbeerig

Beere: mittelgroß bis groß, rundlich bis oval, blauschwarz, blaugrau beduftet, dickschalig

Der Dornfelder stellt nur geringe Ansprüche an den *Boden,* wobei allerdings sehr trockene Standorte für diese Rebe ungeeignet sind. Für mittlere bis gute *Lagen* ist die Sorte dankbar.

Die Rebe ist ***gefährdet*** gegen Peronospora, empfindlich gegen Winterfrost, jedoch gegen Botrytis wenig anfällig.

Der *Ertrag* ist hoch bis sehr hoch und beläuft sich auf 120–150 hl/ha.

Das *Mostgewicht* liegt bei 70–80° Oechsle (14–15° KMW), und die *Mostsäure* bewegt sich zwischen 7–9‰.

Die *Reife* setzt früh bis mittelfrüh ein, und die *Lese* erfolgt in der Regel Ende September oder Anfang Oktober.

Verbreitung

Der Dornfelder ist in *Deutschland* verbreitet, wo der Anteil der Sorte an der gesamten Rebfläche bei 1,5% mit steigender Tendenz liegt. Damit nimmt der Dornfelder unter den deutschen Rotweinen bereits den fünften Platz ein. Bevorzugte Anbaugebiete sind dabei die Pfalz (44% Produktionsanteil am Dornfelder), Rheinhessen (35%), Württemberg (13%) und Nahe. Er gewinnt auch als Sekt-Spezialität immer mehr an Bedeutung.

Weinbeschreibung

Farbe: dunkelrot, mit leichtem Blaustich je nach Reife und Ausbauart

Bukett: fruchtig, an Himbeeren oder Brombeeren erinnernd

Geschmack: fruchtig, körper- und gerbstoffreich, mit einem oft typischen (mitunter aufdringlichen) Fruchtton nach Sauerkirschen und einem nachhaltigen Abgang

Gesamteindruck: Er ist ein ansprechender Rotwein mit einer deutlichen Tanninnote, der auch für einen Barrique-Ausbau gut geeignet ist. Im langjährigen Durchschnitt weist der Dornfelder 24 g/l zuckerfreien Extrakt auf.

Wozu trinkt man den Wein?

Der Dornfelder eignet sich besonders als Begleiter zu kräftigen und herzhaften Gerichten, Braten, pikantem Käse und als Meditationswein zum Ausklang des Tages.

Glaskultur und Serviertemperatur

Der Rotwein kann sowohl im »Burgunder-« als auch im »Bordeaux-Glas« gereicht werden.

Die günstigste *Serviertemperatur* liegt bei 13–14° Celsius.

Lagerfähigkeit

Der Dornfelder altert überraschend gut und verliert dabei seine manchmal aufdringliche Sauerkirschfrucht, die nach etwa drei Jahren in den Hintergrund tritt. Der Wein ist im allgemeinen einige Jahre gut lagerfähig.

Dunkelfelder

Rotwein

Herkunft

Die Rebsorte ist eine Züchtung von G. A. Froelich (1847–1912) aus Edenkoben in der Pfalz, wobei die Rebe viele Jahrzehnte hindurch unentdeckt als Sämling mit der Bezeichnung »Froelich V.4.4.« in den Zuchtanstalten der Rebzüchter stand. Die Kreuzungseltern des Dunkelfelder sind nicht bekannt. Einige Rebexperten glauben an eine Kreuzung aus Färbertraube x Blauem Portugieser. Erhaltungszüchter ist die Forschungsanstalt Geisenheim/Rheingau. Sortenschutz 1980, klassifiziert (zum Anbau freigegeben) in sieben Anbaugebieten Deutschlands.
Mit dem Sortennamen wollte der Namensgeber Helmut Becker auf die unbestimmte Herkunft und die dunkelrote Farbe aufmerksam machen.

Weinbau

Sortenmerkmale:

Blatt: mittelgroß, fünflappig, grob gezähnter Blattrand, V-förmige Stielbucht, offen oder geschlossen. Die Blätter sind dunkelgrün und zeigen im Spätsommer rote Flecken.
Traube: mittelgroß, breit, kegelförmig, oft geschultert
Beere: rund bis leicht oval, blauschwarz bei Reife, graurot beduftet.

Die Rebe ist empfindlich gegen Trockenheit und verlangt daher tiefgründige ***Böden.*** Ihre Ansprüche an die ***Weinberglage*** sind zwar nicht hoch, da Rotweine jedoch ein höheres Mostgewicht als Weißweine brauchen, sollten immer bessere Lagen, keinesfalls Frostlagen, gewählt werden.
Die Rebe ***neigt*** zum Verrieseln und ist wenig oidiumresistent.
Der ***Ertrag*** ist wegen der Blüteempfindlichkeit vielfach schwankend; der langjährige Durchschnitt dürfte bei 60 hl/ha liegen. Das spezifische ***Mostgewicht*** ist mit 75–85° Oechsle (15–17° KMW) gut, die ***Säuregrade beim Most*** sind allerdings niedrig und liegen um 8‰.
Die ***Reife*** setzt ***früh*** ein, und die ***Lese*** erfolgt knapp vor dem Blauen Portugieser, also Mitte September.

Verbreitung

Der Dunkelfelder hat in ***Deutschland*** einen Rebflächenanteil von 0,12% und ist in den Anbaugebieten Ahr, Hessische Bergstraße, Mittelrhein, Nahe, Rheingau, Rheinhessen und Pfalz zu finden. Der Anbauwert ist begrenzt, da die Sorte vorläufig noch mehr als Deckrotwein, denn als selbständiger Wein verwendet wird.

Weinbeschreibung

Farbe: tief dunkelrot
Bukett: neutral
Geschmack: neutral, extraktreich, stoffig, mild
Gesamteindruck: Infolge ihrer hohen Farbintensität hat die Sorte besonders als Deckrotweinsorte Beachtung gefunden. Der großen Deckkraft wegen läßt sie sich mit vielen Rotweinsorten, vor allem mit dem Blauen Spätburgunder, gut verschneiden, wo schon ein Zusatz von 5–10% ausreicht, um die gewünschte Farbe zu erzielen, ohne dabei den Sortencharakter zu verändern. Aber auch als eigenständiger Wein gewinnt sie immer mehr an Bedeutung.

Wozu trinkt man den Wein?

Der Wein wird unverschnitten gerne zu Grillgerichten, Wild und kräftigem Käse genommen.

Glaskultur und Serviertemperatur

Wenn der Dunkelfelder als selbständiger Wein getrunken wird, dann empfiehlt es sich, dazu ein »Burgunder-Glas« zu nehmen.
Die beste ***Serviertemperatur*** liegt bei 14–15° Celsius.

Lagerfähigkeit

Diese liegt im allgemeinen zwischen zwei und vier Jahren.

Edelsteiner

Weißwein

Eine neue Züchtung zwischen Smerderevka x Bouvier von Viktor Weiß, Müllheim. Sie soll angeblich den Müller-Thurgau hinsichtlich Ertrag, Mostgewicht und Säure übertreffen.

Ehrenbreitsteiner

Weißwein

Herkunft

Die Rebsorte ist eine Kreuzung der Forschungsanstalt Geisenheim/Rheingau zwischen Ehrenfelser x

Reichensteiner. Züchter war Helmut Becker, Züchtungsjahr 1964, der Sortenschutz wurde 1993 erteilt. Der Name weist auf die Festung Ehrenbreitstein bei Koblenz hin.

Weinbau

Sortenmerkmale:

Blatt: mittelgroß, fünflappig, stark gebuchtet, gesägter Blattrand, überlappende, V-förmige Stielbucht
Traube: groß, konisch, geschultert, kompakt
Beere: mittelgroß, oval, grüngelb

Der Anbau kann auf allen weinbaufähigen ***Böden*** mit Müller-Thurgau-***Lagen*** erfolgen.
Die Rebe ist in ungünstigen Jahren gegen Botrytis ***anfällig,*** ihre Winterfrostfestigkeit ist gut.
Der ***Ertrag*** ist hoch und gleichmäßig (100–150 hl/ha).
Das ***Mostgewicht*** bewegt sich zwischen 65–75° Oechsle (13,5–15° KMW), die ***Mostsäure*** um 10‰.
Die Sorte ***reift*** mittelspät, die ***Lese*** erfolgt Anfang bis Mitte Oktober.

Verbreitung

Es gibt vorläufig nur Versuchsanlagen mit dieser Sorte in ***Deutschland.***

Weinbeschreibung

Farbe: grüngelb
Bukett: feinduftig
Geschmack: feinfruchtig, rassig, mit betonter Säure
Gesamteindruck: Ein rieslingähnlicher Weißwein, der in manchen Weinjahren etwas flach und dünn wirken kann.

Lagerfähigkeit

Der Wein ist am besten jung und frisch zu trinken, läßt sich aber auch beschränkt lagern.

Ehrenfelser

Weißwein

Herkunft

Die Rebsorte ist eine ältere Neuzüchtung der Forschungsanstalt Geisenheim/Rheingau zwischen Riesling x Silvaner. Züchter war H. Birk, Züchtungsjahr 1929, Zulassung (Sortenschutz) 1969, klassifiziert (und für den Anbau freigegeben) für alle deutschen Weinbaugebiete mit Ausnahme von Ahr und Baden.
Der Name weist auf die Ruine Ehrenfels bei Rüdesheim im Rheingau hin.

Weinbau

Sortenmerkmale:

Blatt: klein bis mittelgroß, fünflappig, grob gezähnter Rand, V-förmige, geschlossene Stielbucht
Traube: klein bis mittelgroß, walzen- bis kegelförmig, teilweise geschultert, gute Stielfestigkeit
Beere: klein bis mittelgroß, grüngelb, rund

Die Rebe braucht mittlere ***Böden,*** wobei steinige, wenig fruchtbare Böden nicht geeignet sind, sowie mittlere bis gute ***Lagen,*** am besten Riesling-Grenzlagen.
Sie ist gegen Botrytis wenig ***anfällig,*** hat eine gute Stielfestigkeit und gute Winterfrostigkeit.
Der ***Ertrag*** ist ähnlich dem Riesling und liegt zwischen 60–100 hl/ha, das ***Mostgewicht*** ist um 5–10° Oechsle höher als beim Riesling, die ***Mostsäure*** liegt zwischen 7–12‰.
Die ***Reife*** ist mittel bis spät, die ***Lese*** liegt etwa eine Woche vor dem Riesling, also Anfang bis Mitte Oktober.

Verbreitung

Der Ehrenfelser hat in ***Deutschland*** einen Rebflächenanteil von 0,44%. Die größten Rebgebiete für die Sorte sind im Rheingau, in der Pfalz, Rheinhessen, Nahe und am Mittelrhein zu finden.

Weinbeschreibung

Farbe: grüngelblich
Bukett: feinduftig, traubig-fruchtig, oft auch an Veilchen erinnernd
Geschmack: etwas wuchtig, reif, fruchtig
Gesamteindruck: Der Ehrenfelser ist ein rieslingähnlicher Weißweintyp mit einer feinen, allerdings geringeren Säure. Deshalb reift der Wein auch rascher als der Riesling, erreicht aber dessen Feinheit im allgemeinen nicht. Wegen ihres um 5–10° Oechsle höheren Mostgewichtes ist die Sorte als Auslesetyp besonders geeignet und erbringt in normalen Jahren hervorragende Spätlesen und Auslesen, die bis zu höchstprämiierten Weinen führen.

Wozu trinkt man den Wein?

Der Ehrenfelser eignet sich zu einer Vielzahl von Gerichten, vor allem zu jenen, zu denen auch ein Riesling paßt.

Glaskultur und Serviertemperatur

Das passende Weinglas ist das »Jungwein-Glas«.
Die beste ***Serviertemperatur*** liegt bis zur Qualitätsstufe Kabinett bei 6–8° Celsius, für Spätlesen bei

9–10° Celsius und für Weine ab Auslese bei 10–11° Celsius.

Lagerfähigkeit

Infolge der im Vergleich zum Riesling durchschnittlich um 3‰ geringeren Säure ist seine Lagerfähigkeit bei den normalen Qualitäten eher begrenzt.

Elbling

Weißwein

Synonyme

- Weißer Elbling, Hierländer, Kleinberger, Alben, Elben (Deutschland)
- Elbling (Schweiz, Luxemburg)
- Allemand, Gros Blanc, Vert Doux (Frankreich)
- Albana (Italien), Welschel (Südtirol)

Herkunft

Der Elbling gilt als eine der ältesten Rebsorten in Mitteleuropa. Er wurde schon von den Römern an der Mosel angebaut und ist unter dem Namen »uva albena« aus der römischen Geschichte (Columella und Plinius) bekannt. Die Rebsorte hatte bis in das 19. Jahrhundert hinein im gemischten Satz mit anderen Rebsorten eine große Verbreitung. Ihre Herkunft ist nicht gesichert.

Weinbau

Sortenmerkmale:

Blatt: groß, dreilappig, wenig gebuchtet, scharf gezähnter Rand, überlappende Stielbucht

Traube: groß, dichtbeerig

Beere: grün bis gelbgrün, groß, leicht oval bis länglich, dünnhäutig

Die Ansprüche des Elbling an *Boden* und *Lage* sind mäßig, wobei er jedoch Muschelkalk- und Keuperböden bevorzugt.

Der Elbling zeigt eine geringe Blütefestigkeit, ist gegenüber Pilzkrankheiten und Traubenfäulnis *anfällig* und gegen Spätfrost empfindlich.

Er ist eine sehr fruchtbare Rebsorte. Infolge einer geringen Blütefestigkeit ist sein *Ertrag* von Jahr zu Jahr sehr schwankend und liegt im langjährigen Durchschnitt bei 130 hl/ha, wobei aber Spitzenerträge bis 200 hl/ha durchaus möglich sind. Infolgedessen sind seine *Mostgewichte* mit 55–70° Oechsle (12–14° KMW) niedrig. Die *Mostsäure* ist hingegen mit 12–15‰ hoch.

Die *Reife* setzt mittelspät ein, und die *Lese* erfolgt in der Regel Anfang bis Mitte Oktober.

Verbreitung

Neben *Luxemburg* konzentriert sich die heutige Verbreitung des Elbling in *Deutschland* auf das Anbaugebiet Mosel-Saar-Ruwer, wo er insbesondere im Bereich Obermosel und Sauer zwischen Trier und der französischen Grenze ausgepflanzt ist. Obwohl die Sorte einen Anteil von 1,1% an der deutschen Gesamtrebfläche hat, gehört der Elbling nur an der Mosel zu den zugelassenen Sorten, während sein Anbau in den übrigen deutschen Weinbaugebieten nicht erlaubt ist.

In der *Schweiz* sind reliktische Bestände nur mehr im Aargau vorhanden; der frühere umfangreiche Anbau in der Ostschweiz ist zur Gänze verschwunden.

In *Österreich* ist die Sorte nicht zu finden.

Weinbeschreibung

Farbe: gelbgrün (leichter grünlicher Schimmer bei gelber Farbe)

Bukett: neutral bis zarter Duft, feines Fruchtaroma

Geschmack: frisch und spritzig, leicht (alkoholarm), trocken und herb. Wenn der Wein trocken ausgebaut wird, entfaltet er seinen besten Charakter.

Gesamteindruck: Der Elbling ist ein neutraler, herber Tischwein mit einer rassigen Säure, anregend, leicht, frisch und bekömmlich. Er findet auch als Verschnittwein Verwendung. In guten Weinjahren können von ihm Kabinettweine und Spätlesen, mitunter sogar auch Auslesen gewonnen werden. Ganz hervorragend ist er infolge seine Säure und Frische als Sektgrundwein geeignet, wo er in letzter Zeit zur Belieferung der Sektindustrie verstärkt an Bedeutung gewonnen hat.

Wozu trinkt man den Wein?

Der Elbling wird gerne als Kneipwein in geselliger Runde getrunken, eignet sich aber auch recht gut als Essensbegleiter, insbesondere zu Fischgerichten, zu einer deftigen Brotzeit oder zu verschiedenen Käsesorten. Eine Spezialität der Region Obermosel sind kroß gebackene Moselfische mit Elblingwein serviert.

Glaskultur und Serviertemperatur

Für den Wein wurde ein eigener Elblingbecher geschaffen, der dem römischen Diatretglas (ein in der Antike hochgeschätztes Prunkglas in Form eines Bechers, der von einem Glasnetz überzogen ist) nachempfunden ist.

Der Wein ist kühl zu trinken und sollte mit einer Temperatur von 6–8° Celsius serviert werden.

Lagerfähigkeit
Man trinkt den Elbling am besten jung und frisch. Recht interessant sind Elbling-Sekte mit einer längeren Hefelagerung auf der Flasche.

Verwandte
Eine **Spielart** des Weißen Elbling ist der *Rote Elbling,* der, von der roten Beerenfarbe und einer besseren Blütefestigkeit abgesehen, in seinen übrigen Eigenschaften dem Weißen Elbling gleicht.

Glaskultur und Serviertemperatur
Am besten trinkt man diesen Wein gut gekühlt aus einem »Universal-Glas«.
Man serviert ihn als Qualitätswein mit einer Temperatur von 6–8° Celsius, als Spätlese mit 8–10° Celsius.

Lagerfähigkeit
Der Ermitage gewinnt qualitativ mit der Lagerung bis zu etwa vier bis sechs Jahren; Spitzenjahrgänge halten sich gut und gerne sechs bis zehn Jahre.

Ermitage

(Marsanne blanche)

Weißwein

Herkunft
Der Wein wird aus der Traubensorte Marsanne blanche gekeltert und stammt aus dem französischen Rhônetal. Die Rebe soll um 1850, etwa zur gleichen Zeit wie der Sylvaner, in das Wallis eingeführt worden sein und wird in der Schweiz unter den Namen Ermitage angebaut.

Verbreitung
Der Emitage gehört heute zu den mengenmäßig wichtigsten Spezialitäten der ***Schweiz*** und findet sich im ganzen Mittelwallis zwischen Martigny und Sion (Sitten).

Weinbeschreibung
Farbe: goldgelb
Bukett: zart
Geschmack: mild und kraftvoll, mit einem leicht bitteren Unterton
Gesamteindruck: Der Wein enthält oftmals noch einen Restzucker und wird mit zunehmendem Alter likörartig.

Wozu trinkt man den Wein?
Als trockener Qualitätswein paßt der Ermitage gut zu Steinbutt, Kalbsnieren, Kalbsragout, Frikassee, Geflügel in Rahmsauce und zu Bergkäse.
Als Spätlese mit einem natürlichen Restzuckergehalt wird er gerne als Aperitif, noch häufiger aber als Dessertwein getrunken. Selbstverständlich schmeckt er auch gut zu Gänseleber, aber auch zu einem pochierten Fisch.

Faberrebe

Weißwein

Herkunft
Die Rebsorte gehört zu den älteren deutschen Neuzüchtungen und ist eine Kreuzung der Landesanstalt für Rebenzüchtung in Alzey/Rheinland-Pfalz zwischen Weißem Burgunder x Müller-Thurgau. Züchter war Georg Scheu, Züchtungsjahr 1930, Zulassung (Sortenschutz) 1967, klassifiziert (für den Anbau freigegeben) in acht Anbaugebieten Deutschlands.
Der Name kommt aus dem Lateinischen und bedeutet Schmied, was auf Karl Schmitt hinweisen soll, der bei der Züchtung erfolgreich mittätig war.

Weinbau
Sortenmerkmale:
Blatt: mittelgroß, drei- bis fünflappig, gezähnter Rand, geschlossene Stielbucht
Traube: mittelgroß, walzenförmig, locker bis dichtbeerig
Beere: mittelgroß, rundlich, grüngelb

Die Rebsorte hat eine große ökologische Streubreite. Wegen ihrer großen Fruchtbarkeit und ihres mittelstarken Wachstums scheiden geringe, schwachtriebige *Böden* aus. Hingegen gedeiht die Rebe gut auf kalk- und tonhaltigen Böden. Die Ansprüche an die *Lagen* sind mit jenen des Silvaners vergleichbar, also mittel bis noch gut.
Die Rebe ist *krankheitsanfällig* gegenüber Peronospora, Oidium und Botrytis und neigt zur Stiellähme.
Der *Ertrag* ist mit 110–130 hl/ha relativ hoch. Das spezifische *Mostgewicht* liegt im Durchschnitt zwischen 80–85° Oechsle (16–17° KMW), die *Mostsäure* durchschnittlich um 10‰.

Die Rebe ***reift*** etwas früher als der Müller-Thurgau, aber die ***Lese*** erfolgt in der Regel erst Ende September oder in der ersten Hälfte Oktober (bei Spätlesen).

Verbreitung

Die Faberrebe hat in ***Deutschland*** einen Rebflächenanteil von 2% und ist vor allem in Rheinhessen (78% Produktionsanteil) zu finden. Kleinere Rebgebiete gibt es noch in der Pfalz (14%), an der Nahe (6%), aber auch in anderen Anbaugebieten. Sie wird als Ergänzungssorte für den Silvaner und Müller-Thurgau empfohlen. Ihr Anbau nimmt langsam zu.

Weinbeschreibung

Farbe: hellgelb bis goldgelb, je nach Reife
Bukett: fruchtiges, jedoch unverkennbares, dezent zurückhaltendes Muskatbukett
Geschmack: von traditioneller, frisch-fruchtiger Art, mit stabiler Säure. Die Weine zeigen Fülle und Nachhalt.
Gesamteindruck: Die kräftigen Weine der Faberrebe weisen durchwegs einen traditionellen Weincharakter auf und sind von rassiger, eleganter Art. Sie sind qualitativ zwischen Riesling und Weißem Burgunder einzustufen. Die Sorte ist auch gut für Spätlesen geeignet.

Wozu trinkt man den Wein?

Die Weine der Faberrebe sind besonders zu milden und leicht gewürzten Speisen geeignet.

Glaskultur und Serviertemperatur

Die Weine erfordern keine spezielle Glasform, weshalb sie am besten in einem »Jungwein-Glas« zu trinken sind.
Die günstigste *Serviertemperatur* liegt bei 6–8° Celsius.

Lagerfähigkeit

Aufgrund der Gesamtstruktur des Weines ist im allgemeinen eine längere Lagerzeit von etlichen Jahren möglich.

Fendant

siehe unter **Gutedel**

Findling

Weißwein

Eine Mutation der Müller-Thurgau-Rebe, die im deutschen Weinbaugebiet Mosel-Saar-Ruwer zu finden ist. Sortenschutz 1971, klassifiziert (für den Anbau freigegeben) 1972.

Weinbau

S o r t e n m e r k m a l e:
Blatt: mittelgroß, fünflappig
Traube: mittelgroß, lockerbeerig
Beere: mittelgroß bis groß, grün bis gelb

Der ***Ertrag*** ist geringer als beim Müller-Thurgau, das ***Mostgewicht*** hingegen höher, die ***Reife*** setzt früh ein.

Weinbeschreibung

Der Wein ähnelt dem Müller-Thurgau, ist jedoch in Bukett und Geschmack neutraler und soll angeblich rasch altern.

Fontanara

Weißwein

Herkunft

Eine Kreuzung der Bayerischen Landesanstalt für Weinbau und Gartenbau in Würzburg zwischen Rieslaner (= Riesling x Silvaner) x Müller-Thurgau. Züchter war Hans Breider, Züchtungsjahr 1951, Sortenschutz 1979.
Der Name bedeutet »Frische Quelle« und soll auf den Weingeschmack verweisen.
Die Sorte befindet sich noch im Versuchsbau und hat vorläufig keine wirtschaftliche Bedeutung.

Weinbau

S o r t e n m e r k m a l e:
Blatt: mittelgroß, fünflappig
Traube: mittelgroß, dichtbeerig
Beere: mittelgroß, rund, grüngelb

Die ***Beerenreife*** setzt früh bis mittel ein, die ***Lese*** erfolgt in der zweiten Hälfte September bis Anfang Oktober.

Weinbeschreibung

Farbe: gelbgrün
Bukett: neutral
Geschmack: rieslingähnlich, feinfruchtig, rassig und elegant, in geschmacklicher Hinsicht eher neutral

Gesamteindruck: Der Wein hat im allgemeinen eine höhere Qualität als der Müller-Thurgau sowie eine längere Ausbauzeit.

Lagerfähigkeit

Der Wein ist am besten frisch und jung zu trinken, läßt sich aber aufgrund seiner Säurestruktur auch für eine beschränkte Zeit lagern.

Forta

Weißwein

Eine Kreuzung des Geilweilerhofes in Siebeldingen/Pfalz zwischen Madeleine angevine x Silvaner, die inzwischen wieder zurückgezogen wurde.

Freiburger

siehe unter Freisamer

Freisamer

Freiburger

Weißwein

Synonyme:

In der Schweiz wird die Weinsorte auch Freiburger genannt.

Herkunft

Der Freisamer ist die älteste Neuzüchtung (1916) des Staatlichen Weinbauinstitutes Freiburg, Deutschland, und eine Kreuzung zwischen Silvaner x Ruländer. Die Bezeichnung der Rebe wurde aus den Ortsnamen Freiburg und Dreisam abgeleitet. Man wollte mit dieser Rebe eine pilzresistente Ersatzsorte zu dem damals noch recht ertragslabilen Ruländer schaffen. Inzwischen wurden aber die früher bestandenen weinbaulichen Nachteile des Ruländers durch eine erfolgreiche Klonenselektion weitgehend beseitigt, weshalb der Freisamer in seiner wirtschaftlichen Bedeutung sehr zurückgegangen ist und heute nur mehr Spezialitätencharakter hat.

Weinbau

Sortenmerkmale:

Blatt: mittelgroß, drei- bis fünflappig, stumpf gezähnter Rand, geschlossene bis V-förmige Stielbucht

Traube: mittelgroß, eher dichtbeerig

Beere: klein, länglich, grüngelb, bei Vollreife welk

Die Rebe stellt keine besonderen Ansprüche an die *Böden,* sie braucht jedoch mittelgute *Lagen.*
Die Rebe hat außer gegen Oidium nur eine geringe *Krankheitsanfälligkeit.*
Der *Ertrag* ist im allgemeinen hoch und liegt bei etwa 80–120 hl/ha, das *Mostgewicht* zwischen 80–100° Oechsle (16–20° KMW), wobei festzuhalten ist, daß Freisamer-Weine unter 70° Oechsle (14° KMW) in qualitativer Hinsicht wenig ansprechend sind. Die *Mostsäure* bewegt sich zwischen 7–9‰.
Die *Reife* erfolgt eher spät, die *Lese* meist erst Mitte Oktober.

Verbreitung

Der Freisamer hat eine geringe Verbreitung. In *Deutschland* beträgt sein Anteil bloß 0,04% der Gesamtrebfläche und ist eigentlich nur in Baden und Württemberg anzutreffen. Sein Ausbau ist abnehmend.
In der *Schweiz* findet man diese Rebsorte vor allem in der Bündner Herrschaft (Graubünden); kleinere Rebbestände gibt es noch in den Kantonen Thurgau, St. Gallen, Freiburg und Bern. Die Sorte konnte sich in der Praxis nicht durchsetzen und hat nirgends eine wirtschaftliche Bedeutung.
In *Österreich* wird die Sorte nicht angebaut.

Weinbeschreibung

Farbe: gelbgrün

Bukett: neutral; Weine aus nicht guten Lagen zeigen im Aroma einen sogenannten »Bonbon-Ton«.

Geschmack: Der Wein ähnelt dem Ruländer, wobei seine Qualität jedoch sehr von der Jahrgangsgüte abhängt. In schlechten Jahren weisen unreife Weine eine spitze Säure und einen leichten Holzton auf. In guten Jahren ist der Wein recht körperreich und füllig, bleibt aber immer geschmacksneutral.

Gesamteindruck: Die Vorteile liegen in seiner hohen Ertragssicherheit und seinen relativ leicht erzielbaren hohen Mostgewichten. Wegen seiner oftmals geringen Qualität infolge schlechter Traubenreife konnte er jedoch den echten Ruländer nicht verdrängen.

Wozu trinkt man den Wein?
Die Schweizer Gastronomie empfiehlt einen Freisamer zu frischem Lachs, Hecht, Forelle, Hasen, weißem Geflügel und zu gewissen Käsesorten. Im allgemeinen wird die Sorte aber als Verschnittwein verwendet, zu dem sie sich gut eignet.

Glaskultur und Serviertemperatur
Man trinkt den Wein am besten aus einem »Jungwein-Glas« und serviert ihn mit einer Temperatur von 6–8° Celsius.

Lagerfähigkeit
Einfache Qualitäten schmecken frisch und jung am besten. Prädikatsweine ab Spätlese aufwärts haben im allgemeinen eine Lagerfähigkeit von vier bis sechs Jahren.

Frühroter Veltliner

(Malvasier)

Weißwein

Synonyme
Die Sorte hat für große Verwirrung gesorgt, indem nämlich der Veltliner begriffsmäßig mit dem Malvoisie oder Malvasia in Italien, Frankreich und Spanien zusammengeworfen und namensmäßig sogar mit dem schweizerischen Malvoisie (Pinot gris) aus dem Wallis verwechselt wurde. Auch hat er außer dem Namen Veltliner mit dem Grünen Veltliner ampelographisch nichts Gemeinsames.

Die allgemeine Bezeichnung für die verschiedenen weißen und roten Spielarten, insbesondere in Italien und Spanien, ist heute Malvasia.

In Österreich und Deutschland gelten für die weißen Spielarten der Rebsorte folgende Bezeichnungen:

- Frühroter Veltliner, Malvasier, früher nach dem ersten Direktor der Klosterneuburger Weinbauschule auch Rote Babotraube genannt (Österreich)
- Roter Malvasier, Frühroter Malvasier (Deutschland)

In den südlichen Ländern heißt die Rebsorte mit ihren Spielarten

- Veltliner, Malvoisie rosso (Italien)
- Malvasia (Spanien)
- Malvoisie Rosé, Valteliner Précoce, Malvoisie Rouge d'Italie (Frankreich)
- Malvasia Fina (Portugal)
- Malmsey (England)
- Malvazija, Crvena Babovina (Kroatien)

Ein falsches Synonym ist Malvoisie, mit dem in der Schweiz ein Pinot gris (Ruländer) bezeichnet wird.

Herkunft
So wie bei vielen anderen Rebsorten ist die Heimat des Frühroten Veltliners nicht nachweisbar. Es gibt über die Herkunft der Sorte zwei Annahmen:

- Eine Vermutung ist, daß die Malvasia eine alte Rebsorte ist, die vom Peloponnes aus Griechenland stammt. Der Name Malvasia wird dabei von einer im Südosten des Peloponnes gelegenen, steilen Felseninsel namens Monemvasia abgeleitet. Man nimmt an, daß die Rebe später über Kreta, Madeira, Italien schließlich auch nach Österreich kam.
- Eine andere Version vermutet, daß die Rebe aus Gumpoldskirchen, Niederösterreich, stammt (zitiert nach dem Ampelographen Hermann Goethe), wo sie im Gegensatz zum Zierfandler (»Spätrot«) nach ihrer frühen Reife »Frührot« genannt wurde.

Als ziemlich sicher gilt, daß der Frührote Veltliner in Österreich eine alte, schon lange existierende Rebsorte ist, die allerdings immer eine eher untergeordnete Bedeutung hatte.

Weinbau
Sortenmerkmale:

Blatt: groß, fünflappig, tief eingeschnitten (gebuchtet)

Traube: groß, geschultert, dichtbeerig, Tafel- und Keltertraube

Beere: mittelgroß, rund bis oval, hellrot, dickschalig, graublau beduftet

Die Standortansprüche des Frühroten Veltliners sind gering. Die Sorte fühlt sich auf mageren, steinigen *Böden* wohl, die auch kalkhältig sein können. Zu fruchtbare Böden sind für einen Anbau nicht geeignet, denn bei allzu starkem Wuchs neigt die Sorte zum Verrieseln (Blütenabfall). Die Rebsorte kann auch auf späten *Lagen* ausgesetzt werden, mag aber allzu große Feuchtigkeit nicht, denn damit wäre ein Qualitätsabfall verbunden.

Was die *Anfälligkeit* der Rebe betrifft, so ist sie gegen Winterfrost und Spätfröste empfindlich.

Der *Ertrag* des Frühroten Veltliners ist unsicher und liegt etwa bei 50–65 hl/ha. Das *Mostgewicht* bewegt sich zwischen 70–100° Oechsle (14–20° KMW), und die *Mostsäure* schwankt zwischen 6–10‰.

Die *Reife* tritt im allgemeinen früh ein, und die *Lese* erfolgt Mitte September. Sie kann aber auch bis Anfang Oktober hinausgeschoben werden, weil die Trauben kaum dazu neigen, leicht zu faulen.

Verbreitung

Der Anbau des Frühroten Veltliners (Malvasier) ist in den mitteleuropäischen Weinbaugebieten stark rückläufig.

In *Deutschland* ist die Sorte im Anbau fast ganz verschwunden. Kleinste Anbauflächen existieren noch in Rheinhessen, vereinzelt ist sie auch noch in der Pfalz und in Baden anzutreffen.

Hauptanbaugebiet des Frühroten Veltliners ist *Österreich,* wo die Rebe einen Anteil von 1,3% an der gesamten Rebfläche hat, aber gleichfalls im Anbau rückläufig ist. Die Sorte hat ihren Schwerpunkt in Niederösterreich (mit 80% der Anbaufläche des Frühroten Veltliners) und ist auch noch im Burgenland (19%) zu finden, während sie in der Steiermark und in Wien kaum kultiviert wird.

In der *Schweiz* findet man die Sorte nicht.

Weinbeschreibung

Farbe: Die Sorte zeigt meist eine goldgelbe Farbe.

Bukett: Das Bukett ist in der Regel dezent und neutral; ein sortenspezifisches Bukett ist nicht vorhanden.

Geschmack: Im Gegensatz zum Malvasia in südlichen Ländern ist der österreichische Frührote Veltliner (Malvasier) in der Säure ausgesprochen mild und säurearm, geschmacklich kräftig und gehaltvoll, extraktreicher und alkoholreicher als der Grüne Veltliner, oftmals auch von würzigem Geschmack, wobei er dann an zarte Bittermandeln erinnert. Bei entsprechender Säure kann der Frührote Veltliner gelegentlich einen gewissen schotigen Geschmack aufweisen und erinnert dann an einen Sauvignon blanc. Bei reifen Jahrgängen zeigt der Wein eine degustatorische Ähnlichkeit mit einem Weißen Burgunder bzw. Chardonnay und weist dann gewisse »honigartige« Obertöne auf.

Gesamteindruck: Große Weine dieser Sorte sind ganz selten. Dem Frühroten Veltliner fehlt es vielfach an Charakter und Ausdruckskraft. Er liefert zwar vollmundige und extraktreiche Weine, die aber häufig konturarm und niveaulos sind. In guten Jahren, bei bewußt gering gehaltenen Erträgen im Weingarten und aus warmen, exponierten Lagen können aber, allerdings immer ab der Kabinett-Stufe aufwärts, auch interessante, extraktreiche, volle Weine erzielt werden. In weniger guten Jahren zeigen höhere Prädikatsstufen wie Spätlesen und Auslesen nicht selten einen brandigen Geschmackston und wirken wegen ihrer Säurearmut oft unausgeglichen und plump. Allen Frühroten Veltlinern ist aber immer die milde, säurearme Art gemein, wodurch sie sich vor allem jenen Weinkonsumenten empfehlen, die mit Säureproblemen zu kämpfen haben.

Wozu trinkt man den Wein?

Der Frührote Veltliner ist nur in beschränktem Ausmaß ein eigenständiger Schankwein. Im Grunde genommen ist er an sich ein Massenträger. Kabinettweine oder auch Spätlesen können aber auch – wenn die Säurewerte halbwegs passen – gut zu deftigen, rustikalen Gerichten getrunken werden.

Glaskultur und Serviertemperatur

Für einen Frühroten Veltliner nimmt man zweckmäßigerweise ein »Universal-Glas«.

Serviertemperatur: Man serviere diesen Wein mit 6–8° Celsius.

Lagerfähigkeit

Infolge seiner Säurearmut ist der Wein nur beschränkt lagerfähig und sollte am besten frisch und jung, möglichst innerhalb einer Zeitspanne von ein bis zwei Jahren getrunken werden. Weine, die aus einem sehr guten Jahrgang und aus warmen Hanglagen kommen, können selbstverständlich ohne Qualitätsverlust etwas länger gelagert werden.

Neuzüchtungen und Verwandte

Züchtungen mit dem Frühroten Veltliner sind nicht bekannt.

Der Frührote Veltliner ist mit dem Roten Veltliner **verwandt** (siehe dort).

Furmint

Weißwein

Synonyme

Die korrekte Bezeichnung dieser Rebsorte ist »Gelber Furmint«. Heute noch gebräuchliche Doppelnamen sind unter anderem:

- Mosler, Zapfner, Luttenberger (Österreich)
- Šipon, Mosler, Moslavac Bijeli (Kroatien)

Herkunft

Der Ursprung der Rebe ist unbekannt. Es gibt aber die folgenden zwei Vermutungen über die Herkunft:

- Aufgrund von Berichten des ehemaligen Direktors der Klosterneuburger Weinbauschule in

Österreich A. von Babo über den Weinbau der Kronländer Österreich-Ungarns wird angenommen, daß das Synonym Mosler auf das in Kroatien an der früheren Militärgrenze zur Türkei gelegene Moslawina hindeutet (zitiert nach dem Ampelographen Hermann Goethe). Hingewiesen wird bei dieser Annahme darauf, daß die Sorte noch immer am Balkan angebaut wird.

- Die zweite Version nimmt an, daß die Rebsorte doch aus Ungarn stammen könnte. Im Sog der Tataren-Invasion wurden im 13. Jahrhundert vom ungarischen König Bela IV. wallonische Weinbauern nach Ungarn in das Tokaj-Hegyalja-Gebiet gerufen, die angeblich die Furmint-Rebe mitbrachten (zitiert nach R. E. H. Gunyon im »Wines of Central and South-Eastern Europe«). Der Wein wurde damals nach seiner weizengelben Farbe »Froment« genannt.

Das Traubengut der Furmint-Rebe ist der Hauptbestandteil der berühmten Tokajer-Weine Ungarns (etwa zwei Drittel Furmint, etwa ein Drittel Lindenblättriger und 1–2% Gelber Muskateller). Da immer wieder der ungarische Tokajer mit anderen, dem Namen nach gleichen oder ähnlichen Weinen verwechselt wird, sei an dieser Stelle klargestellt: Der ungarische Tokajer mit Furmint als hauptverantwortlicher Rebsorte ist nicht identisch mit den Tocai-Weinen aus Italien (eigene Weißweinsorte), mit dem Tokay d'Alsace aus Frankreich (Ruländer) oder mit dem Tokayer aus der Schweiz (Ruländer).

Weinbau

Sortenmerkmale:

Blatt: groß, dreilappig, wenig gebuchtet, jedoch scharf gezähnter Rand, lederartig, oft schwarz gefleckt und punktiert, V-förmige Stielbucht

Traube: groß, länglich, lockerbeerig

Beere: sehr groß, grüngelb, bei Vollreife gelb, mit dicker Beerenhaut, sonnseitig fein punktiert, oft mit kastanienbraunen Flecken

Die Ansprüche an den ***Boden*** sind gering, wobei auf leichteren Böden erfahrungsgemäß die besseren Qualitäten geerntet werden. Hingegen sind die Ansprüche der Reben an die ***Lage*** recht hoch, so daß zum Anbau nur beste Lagen geeignet sind.

Die ***Winterfrostigkeit*** ist ausreichend, jedoch ist die Rebe gegen Oidium anfällig. Gute Botrytis-Festigkeit.

Der ***Ertrag*** kann als hoch bezeichnet werden, ist jedoch jahresmäßig sehr schwankend. Diese starke Unregelmäßigkeit im Ertrag dürfte auch die Hauptursache für den starken Rückgang im Anbau dieser Rebsorte sein. Das ***Mostgewicht*** liegt zwischen 90–110° Oechsle (18–22° KMW), die ***Mostsäure*** zwischen 6–8‰.

Die ***Reife*** setzt spät ein, die ***Lese*** erfolgt Mitte bis Ende Oktober.

Verbreitung

Das Hauptanbaugebiet der Furmintrebe ist Ungarn, vornehmlich im Tokaj-Hegyalja-Gebiet am Fuße der Karpaten in Nordost-Ungarn. Während die Sorte in ***Deutschland*** und in der ***Schweiz*** kaum vorkommt, findet man sie in ***Österreich*** auch nur mehr vereinzelt im nördlichen Bereich des Burgenlandes, hauptsächlich in den Rebflächen um Rust, wo die Traube den berühmten Ruster Ausbruch liefert.

Weinbeschreibung

Farbe: Der Wein hat in den Prädikatsweinstufen eine goldgelbe Farbe.

Bukett: Kräftiges Bukett, das oft an Kamille erinnert.

Geschmack: Der Furmint hat einen rassigen, extraktreichen, aromatischen Geschmack mit ausgeprägter Säurenote und einen hohen Alkoholgehalt. Werte von 14 %vol Alkohol sind keine Seltenheit.

Gesamteindruck: Bei günstigen Standortverhältnissen und in guten Weinjahren liefert die Furminttraube alkohol- und extraktreiche Ausbruchweine, erbringt aber bei einem Zuckergehalt unter 100° Oechsle (20° KMW) nicht immer befriedigende Weine.

Wozu trinkt man den Wein?

Den Furmint wählt man nicht zum Essen, sondern genießt ihn entweder vorher als kühl servierten Aperitif oder nachher allein für sich oder im weinkundigen Freundeskreis.

Glaskultur und Serviertemperatur

Für einen Furmint wählt man am besten ein »Universal-Glas«.

Serviertemperatur: Zum Aperitif schenkt man einen Prädikatswein mit 8° Celsius, zum Genießen nach dem Essen mit 10° Celsius ein.

Lagerfähigkeit

Der Furmint hat eine gute Haltbarkeit. Zu seiner vollen Entfaltung benötigt der Wein mindestens eine 2–3jährige Reife (Lagerung). Sein Reifehöhepunkt liegt im 3. und 4. Jahr nach der Lese. Der qualitative Abbau erfolgt etwa nach dem 8. Lebensjahr. Ausbruch und Ausleseweine halten sich naturgemäß sehr lange.

Neuzüchtungen und Verwandte

Dem Verfasser sind keine bekannt.

Gamaret

Rotwein

Herkunft

Eine Kreuzung der Eidgenössischen Landwirtschaftlichen Forschungsanstalt von Changins zwischen Gamay x Reichensteiner, also zwischen einer Rotwein- und einer Weißweinrebe. Züchter M. André Jaquinet; die Züchtung erfolgte 1970 in Pully (Domaine du Caúdoz), Kanton Waadt.

Weinbau

Sortenmerkmale:

Blatt: eher klein, fünflappig, gezähnter Rand, offene, V-förmige Stielbucht
Traube: klein, mittelbeerig
Beere: klein, rund, blauschwarz, saftig, neutraler Geschmack

Die Rebe bevorzugt sandige und leicht tonige *Böden* sowie gute *Lagen.*
Trotz Frühreife ist keine besondere *Anfälligkeit* gegenüber Krankheiten gegeben; widerstandsfähig gegenüber Fäulnis.
Der *Ertrag* ist gut und regelmäßig und liegt im Durchschnitt bei 85–90 hl/ha, das *Mostgewicht* bei 83° Oechsle (17° KMW) und die *Mostsäure* zwischen 9–10‰.
Die *Reife* ist mittelfrüh, und die *Lese* erfolgt Ende September bis Anfang Oktober.

Verbreitung

Der Gamaret ist nur im Waadtland in der *Schweiz* und auch dort vorläufig nur im Versuchsanbau zu finden.

Weinbeschreibung

Farbe: tiefrot
Bukett: neutral
Geschmack: Die Sorte erbringt eigenständige, feine und harmonische Rotweine, farbtief und füllig, mit gutem Gerbstoffgehalt.
Gesamteindruck: Der Gamaret wird als gute Ergänzungssorte zu Gamay und Blauem Burgunder beurteilt. Bisherige Versuche zur Rosé-Bereitung sind vielversprechend.

Wozu trinkt man den Wein?

Der Rotwein empfiehlt sich vor allem zu dunklen Fleischgerichten.

Glaskultur und Serviertemperatur

Man trinkt ihn am besten in einem normalen »Rotwein-Glas« und reicht ihn mit einer *Serviertemperatur* von 14–15° Celsius.

Lagerfähigkeit

Der Gamaret scheint eine relativ gute Lagerfähigkeit zu haben.

Gamay

Rotwein

Synonyme

- Gamay noir, Gamay Beaujolais, Petit Bourguignon, Petit Gamai, Gamay Rond, Plant de Montlambert, Plant Limagne (Frankreich)
- Gamay (Schweiz)
- Carcaironne (Italien)
- Game (Slowenien, Kroatien)

Herkunft

Der Ursprung der Rebe kann nicht eindeutig belegt werden. Angeblich soll sie schon zur Zeit der Römer (Kaiser Probus) aus Dalmatien nach Frankreich gekommen sein.

Weinbau

Sortenmerkmale:

Blatt: mittelgroß, dreilappig, offene, V-förmige Stielbucht, Zähne gesägt
Traube: mittelgroß, walzenförmig, kompakt
Beere: klein bis mittelgroß, blauviolett, dünnhäutig mit dickem Wachsbelag

Die Rebsorte begnügt sich mit armen *Böden,* bevorzugt Granit- und Gesteinsböden, lehnt aber schwere oder kalkhältige Böden ab. Sie braucht gute und warme *Lagen.*
Die Rebe ist sehr *robust* und gegen Pilzkrankheiten wenig anfällig, jedoch wegen des frühen Austriebs gefährdet gegen Spätfröste.
Der *Ertrag* ist hoch und liegt im Durchschnitt zwischen 50–70 hl/ha, in fruchtbaren Ebenen aber bis 200 hl/ha. Das *Mostgewicht* bewegt sich im Durchschnitt bei 85–95° Oechsle (17–19° KMW) und die *Mostsäure* bei 6–7‰.

Die *Reife* erfolgt früh und die *Lese* in der Regel in der zweiten Hälfte September.

Verbreitung

Die Hauptverbreitungsgebiete des Gamay sind Frankreich (besonders im Beaujolais), Kalifornien, Südafrika und Italien.

In der *Schweiz* hat die Sorte einen Anteil von 14% der Gesamtrebfläche und gilt nach dem Blauen Burgunder als die zweitwichtigste Rotweinsorte. Ihre Vorzugsgebiete liegen in der Westschweiz, besonders im Gebiet um den Genfersee, wo sie reinsortig gekeltert wird, sowie im La Côte im Waadtland und im Wallis.

In *Deutschland* und *Österreich* ist die Rebsorte kaum zu finden.

Weinbeschreibung

Farbe: Violettrot. Bei zunehmendem Alter wechselt die Farbe zuerst in ein helles Burgunderrot, später in das Rötliche einer Zwiebelhaut.

Bukett: fruchtig, oft an Himbeerdrops erinnernd

Geschmack: leicht, fruchtig, angenehm, weich, gerbstoffarm

Gesamteindruck: Gamay-Weine sind nicht so vollmundig und körperreich wie der Blaue Burgunder und liegen auch qualitativ darunter. Meist wird in der Schweiz die Gamay-Traube zusammen mit den Trauben des Blauen Burgunders gekeltert, was den Dôle bzw. Goron ergibt. Der Blaue Burgunder gibt ihnen dabei seine Rasse, seinen Körper und sein Bukett, der Gamay seine Robustheit und die Fruchtigkeit.

Der Dôle unterliegt in der Schweiz strengen offiziellen Qualitätskontrollen und Qualitätsanforderungen, wobei die jeweils erforderlichen Oechslegrade vom Kanton jährlich festgelegt werden. In Normaljahren liegt die Grenze in der Regel bei 83° Oechsle (17° KMW). Trauben, welche die vorgeschriebene Mindestgradation nicht erreichen, werden zu Goron gekeltert, der im Geschmack dem Dôle zwar ähnlich, jedoch im Alkoholgehalt leichter ist.

Wozu trinkt man den Wein?

Der Gamay ist im allgemeinen ein fruchtiger roter Tischwein, der zu vielen Speisen paßt, wie beispielsweise zu gebratenem Geflügel, Kalbsgeschnetzeltem, Wachteln, zu Wurstwaren und zur Käseplatte. Als Dôle wird er gerne zu Terrinen, Bündner Trockenfleisch, Fondue Bourguignonne, Ragout, Rindsfilet und auch zu einer Käseplatte gereicht.

Glaskultur und Serviertemperatur

Für Dôle, Goron und Gamay nehme man ein »Rotwein-Glas«.

Die beste *Serviertemperatur* dieser Weine liegt bei 13–15° Celsius.

Lagerfähigkeit

Nur wirklich gute und herausragende Weinjahrgänge aus ersten Lagen belohnen eine Lagerung reinsortiger Gamay-Weine mit einem Qualitätszuwachs. Hingegen läßt sich ein Dôle aus guten Jahrgängen einige Zeit durchaus lagern.

Verwandte

Spielarten (Mutationen) des Gamay noir sind der *Gamay blanc* und der *Gamay gris.*

Gelber Muskateller

siehe unter Muskateller

Gewürztraminer

siehe unter Traminer

Gletscherwein

(Rèze)

Weißwein

Herkunft und Verbreitung

Ein Weißwein aus der *Schweiz,* der früher aus der praktisch schon verschwundenen Rebsorte Rèze im Gebiet um Siders (Sierre), heute aber aus den dortigen lokalen Weißweintrauben (meist Fendant) erzeugt wird. Der Rezè darf nicht zur Gruppe der Rieslinge gerechnet werden, obwohl alte Rieslinge oftmals eine ähnliche Firne aufweisen wie der Gletscherwein.

Weinbau

S o r t e n m e r k m a l e :

Blatt: mittelgroß, stark gebuchtet, offene Stielbucht

Traube: mittelgroß, lockerbeerig
Beere: mittelgroß, gelb, leicht punktiert, dünnschalig

Weinbeschreibung

Farbe: hell, lohfarben
Bukett: dezent
Geschmack: herb und alkoholreich
Gesamteindruck: Der Wein wird meist in Lärchenholzfässern ausgebaut und ist lange haltbar.

Gloria

Weißwein

Eine Kreuzung des Geilweilerhofes in Siebeldingen/Pfalz zwischen Silvaner x Müller-Thurgau, die inzwischen wieder zurückgezogen wurde.

Goldburger

Weißwein

Herkunft

Der Goldburger ist eine Neuzüchtung (1922) der Weinbauschule Höhere Bundeslehranstalt und Bundesamt für Wein- und Obstbau in Klosterneuburg, Österreich, und ist eine Kreuzung zwischen Welschriesling x Orangetraube. Züchter war der Biologe Dr. Friedrich Zweigelt, der später Direktor der Klosterneuburger Weinbauschule wurde (1938 bis 1945). Der aus dem Traubengut dieser Rebsorte gewonnene Weißwein stellt somit eine echte österreichische Spezialität dar und wird als Ergänzungssorte zum Welschriesling betrachtet. Die Endsilbe »...burger« soll beim Namen auf Klosterneuburg hinweisen.

Weinbau

Sortenmerkmale:
Blatt: mittelgroß, fünflappig, tief gebuchtet, gezähnter Blattrand
Traube: mittelgroß, geschultert, dichtbeerig
Beere: klein, gelbgrün, dünnschalig

Die Rebsorte stellt keine besonderen Ansprüche an ***Boden*** und ***Lage*** und ist für frühe und mittelfrühe Weinberglagen geeignet.
Die ***Winterfrosthärte*** ist gut, und die Rebe hat nur eine geringe Neigung zu Pilzkrankheiten. Die Sorte ist auch recht gut zur Herstellung von Spätlesen und Auslesen geeignet, weil sie im Gegensatz zu einigen anderen Sorten nicht abbeert.
Der ***Ertrag*** ist im allgemeinen sehr gut sowie auch regelmäßig und liegt bei 80–120 hl/ha. Die ***Mostgewichte*** bewegen sich zwischen 75–95° Oechsle (15–19° KMW), die ***Mostsäure*** zwischen 8–12‰. Bemerkenswert ist, daß der Goldburger ein gutes Zuckerbildungsvermögen hat und bei gleichem bis etwas geringerem Säuregehalt stets höhere Mostgewichte als der Welschriesling aufweist.
Die ***Reife*** und die ***Lese*** erfolgen Ende September, etwa zwei Wochen vor dem Welschriesling.

Verbreitung

Die Rebsorte kommt in ***Deutschland*** und in der ***Schweiz*** nicht vor.
In ***Österreich*** sind 0,8% der gesamten Rebflächen mit Goldburger bestockt. Das Hauptanbaugebiet ist das Burgenland (71% der Anbaufläche in dieser Sorte), wo der Goldburger gerne neben oder statt dem Welschriesling angebaut wird. Weitere Weingärten liegen in Niederösterreich (15%), in der Steiermark (12%) sowie in Wien (2%).

Weinbeschreibung

Farbe: Der Wein hat in der Regel eine helle goldgelbe Farbe.
Bukett: Er weist ein fruchtiges, aber ziemlich neutrales Bukett auf. Ab einem Mostgewicht von etwa 17° KMW nimmt die Sorte im Geruch erfahrungsgemäß bereits einen gewissen Überreifecharakter an.
Geschmack: Die Sorte ist geschmacklich ein voller, kräftiger, extraktreicher Weißwein, mit meist genügend Säure, der sich aber eher neutral verkostet.
Gesamteindruck: Der Goldburger hat kein sehr ausgeprägtes Charakteristikum. Aufgrund seines guten Zuckerbildungsvermögens kann der Wein alle Qualitätsstufen bis hinauf zur Trockenbeerenauslese erreichen.

Wozu trinkt man den Wein?

Aufgrund seines neutralen Charakters läßt sich der Goldburger zu vielen Speisen heranziehen, wo eben kräftigere Weißweine gewünscht werden.

Glaskultur und Serviertemperatur

Zum Goldburger wähle man ein »Universal-Glas«.

Serviertemperatur: Der Wein ist am besten mit 6–8° Celsius zu servieren.

Lagerfähigkeit
Die Lagerfähigkeit dieses Weines hängt weitgehend vom Reifegrad der Trauben ab. Normale Qualitäten sollten besser nur kurzfristig (zwei Jahre) gelagert werden, Prädikatsweinqualitäten sind hingegen ganz gut lagerfähig.

Neuzüchtungen und Verwandte
Dem Verfasser sind keine bekannt.

Goldriesling

Weißwein

Eine von Ing. David Schantl stammende Kombinationszüchtung der Rebsorten Welschriesling x Müller-Thurgau aus den sechziger Jahren. Der Austrieb dieser österreichischen Neuzüchtung findet früher als beim Welschriesling statt. Die neue Rebe blüht vor dem Welschriesling; auch die Traubenreife ist wesentlich früher als beim Welschriesling und liegt im Bereich der Burgundersorten. Die Moste des Goldrieslings haben weniger Säure und um etwa 2° KMW höhere Zuckerwerte als jene des Welschrieslings. Der Wein erinnert geschmacklich sehr an Welschriesling.
Anläßlich der Feierlichkeiten in Österreich »100 Jahre Landes-Obst- und Weinbauverein für Steiermark« 1989 wurde die Neuzüchtung unter der Bezeichnung »Goldriesling« der Praxis übergeben.

Goron

siehe unter **Dôle**

Grando

Weißwein

Eine Kreuzung der Bayerischen Landesanstalt für Weinbau und Gartenbau in Würzburg zwischen (Riesling x Silvaner) x Müller-Thurgau, die inzwischen wieder zurückgezogen wurde.

Granoir

Rotwein

Herkunft
Eine Kreuzung der Eidgenössischen Landwirtschaftlichen Forschungsanstalt von Changins zwischen Gamay x Reichensteiner, also zwischen einer Rotwein- und einer Weißweinsorte. Züchter M. André Jaquinet; die Züchtung erfolgte 1970 in Pully, Kanton Waadt.

Weinbau
Sortenmerkmale:

Blatt: klein, siebenlappig, gezähnter Rand, offene, V-förmige Stielbucht, deutlich sichtbare Blattadern, schwach behaart
Traube: mittelgroß, mittelbeerig
Beere: mittelgroß, rund, blauschwarz, saftig, neutraler Geschmack

Die Rebe stellt keine besonderen Ansprüche an *Boden* und *Lage.*
Sie ist gegen Krankheiten wenig ***anfällig*** und ist trotz Frühreife gegen Fäulnis widerstandsfähig.
Der ***Ertrag*** ist hoch und liegt durchschnittlich zwischen 90–140 hl/ha. Das spezifische ***Mostgewicht*** ist mit 80° Oechsle (16° KMW) zufriedenstellend, und die ***Mostsäure*** liegt knapp unter 7‰.
Die ***Reife*** ist etwa drei bis fünf Tage vor dem Blauen Burgunder gegeben, und die ***Lese*** erfolgt Anfang Oktober.

Verbreitung
Die Rebsorte ist nur in der Waadt in der ***Schweiz,*** und dort vorläufig nur im Versuchsanbau zu finden.

Weinbeschreibung
Farbe: gute Rotfärbung
Bukett: fruchtig
Geschmack: Die Sorte erbringt einen eigenständigen, nicht sehr kräftigen Rotwein, recht fruchtig, aber mit geringem Säuregehalt.
Gesamteindruck: Der geringe Säuregehalt verhindert eine Überreife und damit höhere Prädikatsweine. Er kann auch als Rosé vinifiziert werden.

Wozu trinkt man den Wein?
Er empfiehlt sich eher als normaler Konsumwein.

Glaskultur und Serviertemperatur
Man trinkt den Wein am besten in einem normalen »Rotwein-Glas« und reicht ihn mit einer *Serviertemperatur* von 14–15° Celsius.

Lagerfähigkeit
Der Rotwein ist am besten jung zu trinken und sollte nicht länger als zwei bis drei Jahre gelagert werden.

Grauer Burgunder

siehe unter Ruländer

Grossvernatsch

siehe unter Trollinger

Grüner Veltliner

Weißwein

Synonyme
- Veltliner, Grüner, Weißer, früher auch Grüner Muskateller, Weißer Muskateller, Weißgipfler, Manhartsrebe genannt (Österreich)
- Veltliner (Deutschland)
- Zleni Veltinac (Balkan)
- Veltlinske zelené (Tschechien, Slowakei)
- Veltelini (Ungarn)

Herkunft
Der Grüne Veltliner ist eine urösterreichische Rebsorte. Seine Heimat läßt sich nicht genau feststellen. In der geschichtlichen Rebenforschung stößt man zwar immer wieder auf Veltliner-Typen, wie Roter, Frühroter, Rotweißer oder Brauner Veltliner, denen man teilweise sogar bis in die Römerzeit nachspüren kann. Da der Grüne Veltliner zwar dem Namen nach zur Veltlinerfamilie gehört, botanisch aber mit den aufgezählten Veltlinerarten überhaupt nicht verwandt ist, läßt sich der Weg der Rebsorte in die Jahrhunderte zurück nicht nachweisen.

Urkundlich kann der Grüne Veltliner in Österreich, und zwar in Niederösterreich nördlich der Donau und in den angrenzenden Weinbaugebieten der March und Thaya sowie im Gebiet des Manhartsberges, bis in das 18. Jahrhundert zurückverfolgt werden. Die Rebe wurde damals nicht Grüner Veltliner, sondern Grüner Muskateller genannt, eine falsche Bezeichnung, die in Österreich (Burgenland) bis in die 1930er Jahre hinein verwendet wurde. Falsch deshalb, weil man schon früh darauf kam, daß der Grüne Veltliner in Wirklichkeit weder ein Muskatbukett noch einen Muskatgeschmack hatte. Nur ganz ausnahmsweise entwickelt er bei bestimmten Kellertechniken und in gewissen Jahren einen leicht muskierten Ton, der übrigens auch ab und zu beim Rotgipfler auftreten kann.

Nach Babo-Mach war der Grüne Veltliner 1874 in Niederösterreich nördlich der Donau, vornehmlich im Retzer Raum, bereits stark verbreitet, wobei in mehreren Literaturzitaten darauf verwiesen wird, es handle sich um eine (damals) neue Rebsorte. Gesichert ist weiters, daß der heute in Österreich verbreitete Grüne Veltliner um die Jahrhundertwende bis zum Zweiten Weltkrieg eher nur vereinzelt verbreitet war und seinen Siegeszug erst in den fünfziger Jahren mit der Einführung der Lenz-Moser-Hochkultur angetreten hat.

Aber auch das heute kaum mehr gebrauchte Synonym »Mouhartsrebe« (nach Menighart von Frombach-Ratelsberg, einem der ersten Landesherrn im Kamptal des 9. Jahrhunderts) für den Grünen Veltliner weist auf eine frühere Verbreitung oder Herkunft im Gebiet des Manhartsberges hin, wo diese Sorte in den Bereichen Hollenburg a. d. Donau, Straß und bis Retz auch heute besonders typische und feine Weine hervorbringt.

Weinbau
Sortenmerkmale:

Blatt: mittelgroß, fünflappig, stumpf gezähnt, offene oder geschlossene Stielbucht
Traube: groß, kegelförmig, geschultert
Beere: groß, rund bis länglich, grün bis gelbgrün, dickschalig, bei hohem Reifegrad gelblich mit braunen Tupfen

Der Grüne Veltliner stellt keine hohen Ansprüche an den *Boden* und gedeiht auf mageren genauso gut wie auf fruchtbaren Böden. Auf Löß- und Verwitterungs(Urgesteins)böden gedeiht er am besten. Die Böden sollten dabei nicht zu trocken und auch nicht zu naß sein. Der Grüne Veltliner ist auf allen frühen

und mittelfrühen ***Lagen,*** nicht aber auf späten Lagen gut zu kultivieren.
Die Sorte hat eine mittlere ***Winterfrostigkeit,*** ist aber etwas empfindlich in der Blüte. Sehr gut geeignet ist sie für die von Lenz Moser eingeführte Hochkultur.
Bei richtiger Pflege des Weingartens sind recht gute und auch verläßliche ***Erträge*** zu erwarten. Diese liegen im langjährigen Durchschnitt zwischen 70–100 hl/ha, wobei die Zuckergradation bei guten Lagen und normalen Jahren zwischen 16–19° KMW beträgt. Das ***Mostgewicht*** liegt in der Regel zwischen 70–95° Oechsle (14–19° KMW), die ***Mostsäure*** um 8–12‰.
Die Rebsorte ***reift*** verhältnismäßig spät und braucht zur Bukett- bzw. Vollreife der Trauben einen langen, milden Herbst. Die ***Lese*** erfolgt Anfang bis Mitte Oktober.

Verbreitung

Nirgends auf der Welt sind die Standortbedingungen, wie Klima und Bodenverhältnisse, für den Grünen Veltliner so ideal wie in Österreich. Deshalb ist auch das Hauptanbaugebiet des Grünen Veltliners ohne jeden Zweifel in Österreich zu suchen. Zu finden ist die Rebe auch noch in Ungarn, Tschechien, in der Slowakei, am Balkan (Kroatien u. a.) und mit wenigen Hektar in ***Deutschland.*** In der ***Schweiz*** kommt die Rebsorte nicht vor.
In ***Österreich*** ist der Grüne Veltliner die am weitesten verbreitete Rebsorte und hat an der gesamten Rebfläche einen Anteil von 36,7%. Hauptanbaugebiet ist dabei Niederösterreich mit einem Anteil von 50% aller Rebflächen dieser Weinbauregion. Regional gesehen kommen vielleicht die besten Weine dieser Sorte aus dem Dreieck Wachau – Krems – Langenlois und der Fortsetzung der Lößböden entlang des Wagrams im donauabwärts gelegenen Teil des Weinbaugebietes Donauland. Sehr gute Grüne Veltliner wachsen aber auch im Weinviertel und im Wiener Raum.

Weinbeschreibung

Nach der Statistik ist jedes dritte Viertel Wein, das in Österreich aus der heimischen Erzeugung getrunken wird, ein Grüner Veltliner. Man kann diesen Wein hinsichtlich Bukett und Geschmack nach drei Grundtypen zuordnen:
1. Grundtyp: (vielfach durch den beim Anbau verwendeten Klosterneuburger und Kremser Klon beeinflußt) ist jener, der die Mehrzahl der Veltliner bildet und den man vielleicht als den klassischen Typ des österreichischen Grünen Veltliners ansehen könnte: ausgeprägtes, fruchtiges Sortenbukett, mit einer oft zarten Zigarrenduftnote, im Geschmack alkoholleicht, spritzig, im Idealfall leicht pfeffrig (sprichwörtliches »Pfefferl«) und von ausdrucksvoller Würzigkeit.
2. Grundtyp (vielfach durch den beim Anbau verwendeten Mössmer Klon und durch bestimmte Pflegemaßnahmen, reduktiven Weinausbau, aber auch durch den Jahrgang beeinflußt) ist die wenig bekannte Veltlinerart. Der Wein zeigt meist einen lauten und intensiven Geruch und Geschmack, der an eine Scheurebe oder zumindest an einen stärker muskierten Müller-Thurgau erinnert und manchem Weintrinker zu aufdringlich erscheinen mag. Vielfach wird dann ein Verschnitt mit muskierten Weinsorten vermutet, was aber nicht zutrifft. Wenn im Weingarten Quantität vor Qualität den Vorrang hatte, dann schmeckt der Wein außerdem noch grasig und dünn. Der sämling-ähnliche Typ ist in der Palette österreichischer Veltliner-Weine allerdings stark rückläufig und wird kaum mehr neu ausgepflanzt.
3. Grundtyp: hat sich erst in letzter Zeit herausgebildet. Es ist dies die neue Smaragdgeneration (Spätlesebereich) der Wachauer Veltliner, die dem klassischen Identitätsbild dieser Rebsorte nicht mehr entspricht. Bei diesem Weintyp ist der Sortencharakter kaum mehr erkennbar. Statt leicht, fruchtig und pfeffrig-würzig zu sein, sind diese Veltliner stoffig, konzentriert, dichtfüllig und vollmundig, außerdem von einer großen Aromafeinheit und sicherlich als große Weine zu bezeichnen.

Farbe: Die Farbe eines Grünen Veltliners ist grünlich-gelb. Im Alter nimmt sie einen goldgelben Ton an.

Bukett: Die Sorte hat ein sehr variierendes, beim klassischen Prototyp ein betont fruchtiges Bukett mit einer oft zarten Zigarrennote. Diese Fruchtigkeit im Duft verliert sich jedoch, wenn der Grüne Veltliner in eine höhere Zuckerreife (über 18° oder 19° KMW) kommt.

Geschmack: Je nach Grundtyp hat der Grüne Veltliner eine weite geschmackliche Bandbreite, die von der Wahl des Rebmaterials, der Traubenreife, der Ertragsdisziplin im Weingarten, dem Können und Wissen des Kellermeisters und schließlich von den gegebenen Bodenverhältnissen abhängt. So geben beispielsweise Urgesteinsböden dem Wein viel Rasse und feine Würze, Lößböden verleihen ihm eine besondere würzige Note, und schwere Lehm- und Tonböden machen ihn kräftiger und vielleicht urwüchsiger. Die meisten Veltliner des klassischen Prototyps schmecken jung und frisch am besten und weisen eine pfeffrige Würzigkeit auf. Man muß jedoch wissen, daß ein qualitativ hochwertiger Veltliner während seiner Flaschenreife ein verändertes Geschmacksbild in der Form erfährt, daß nach etwa vier bis fünf Jahren die pfeffrige Würzigkeit in einen mehr oder weniger deutlichen Mandelton übergeht. Bei Spätlesen und Auslesen wird dieser leichte Mandelgeschmack noch fülliger und samtig-weicher.

Gesamteindruck: Der Grüne Veltliner ist die bekannteste Weinsorte Österreichs und gilt im Ausland vielfach als das »österreichische Nationalgetränk«. Er hat qualitativ eine große Bandbreite. Seine Spannweite reicht vom einfachen Tafel- und Konsumwein bis hin zu den feinsten und auch haltbaren Spitzenweinen. Mit Ausnahme von Spätlesen und Auslesen erreicht er selten eine höhere Prädikatsstufe.

In der Regel ist der Grüne Veltliner ein Konsumwein für den Alltag und für jede Gelegenheit. Er wird überall in Österreich angeboten und stellt keine besonderen Ansprüche. Infolge seiner spritzigen und lebendigen Art trinkt man ihn immer wieder gerne. Sein Alkoholgehalt ist mäßig. Auch sein Extraktgehalt ist nicht allzu hoch.

Vorherrschend in Österreich ist der frische, spritzige Typ mit diesem bestimmten feinwürzigen, pfeffrigen Nachgeschmack. Seinen schönsten Ausdruck findet er normalerweise in der Qualitätsstufe Kabinettwein oder als beginnende Spätlese.

Wozu trinkt man den Wein?

Der Grüne Veltliner ist ein preiswerter Wein, der in seiner leichten, anspruchslosen Art für den Heurigen- oder Buschenschankbesucher wie geschaffen ist. Als G'spritzter mit Mineral- oder Sodawasser im Verhältnis 1:1 gemischt oder pur kann man ihn einen ganzen Abend hindurch trinken, ohne von ihm genug zu bekommen. Er weist alle Eigenschaften auf, die unter dem Begriff eines österreichischen Heurigen- oder Buschenschankweines gesucht werden: leicht, spritzig, würzig und mit einer lebendigen, frischen Säure versehen.

Als trockener Weißwein schmeckt der Grüne Veltliner wirklich ausgezeichnet zum Heurigenbuffet mit Back- und Brathendl, Stelzen (Eisbein), Wurst und Käse.

Aber auch zu einer Vielzahl von Gerichten ist ein Grüner Veltliner ein idealer Speisenbegleiter.

Glaskultur und Serviertemperatur

Zu einem jungen Grünen Veltliner nimmt man ein »Jungwein-Glas«. Einen schon alten, ausgereiften Grünen Veltliner schenkt man aber in ein »Universal-Glas« ein.

Serviertemperatur: Einfache Grüne Veltliner sind am besten mit einer Temperatur von 6–8° Celsius, Spät- und Auslesen mit etwa 10° Celsius in das Glas einzuschenken.

Lagerfähigkeit

Die Mehrzahl der Grünen Veltliner sind kleinere Weine und daher jung und frisch zu trinken.

Hochwertige Qualitätsweine aus »sehr guten« Jahrgängen und guten Lagen sowie Spät- und Auslesen brauchen mindestens drei Jahre Reife. Dann haben sie eine oft erstaunliche Reifespanne. Sie können leicht zehn Jahre oder auch mehr alt werden. Der Wein erfährt in dieser Reifezeit eine gewisse Geschmacksveränderung, wobei die pfeffrige Primärwürzigkeit in einen leichten, reifen Mandelton übergeht. Spätlesen nehmen dabei einen fülligen und weichen Charakter an.

Neuzüchtungen und Verwandte

An **Neuzüchtungen** sind bekannt:

Rieslinger: Riesling x Veltliner (Die Kreuzung erfolgte vor etwa 60 Jahren in Österreich, konnte sich aber nicht durchsetzen.)

Dalkauer oder Beutel-Rebe: Riesling x Veltliner

Neuerdings neigt man aber mehr zu der Annahme, daß der Dalkauer keine Kreuzung, sondern eine Mutation des Riesling ist.

Der Grüne Veltliner ist im botanischen Sinn ein **Verwandter** des Rotgipflers, nicht aber der übrigen Veltliner Sorten.

Gutedel

(Chasselas, Fendant)

Weißwein

Synonyme

- Weißer Gutedel, Gutedel, Moster (Markgräflerland), Junker (Taubertal), Schönedel (Sachsen), Krachmost, Süßtraube, Süßling, Silberling, Silberwissling, Frauentraube, Großblättrige, Doppelte Spanische (Deutschland)
- Gutedel, Moster, Wälscher, Wällische, Schönedel (Österreich)

- Chasselas (Westschweiz), Gutedel (Ostschweiz), Fendant (Wallis), Rosmarintraube (Schweiz)
- Chasselas, Chasselas Blanc, Chasselas Doré, Chasselas de Fontainebleau, Chasselas Croquant, Chasselas de Mornain, Viala, Gutedel (Elsaß), Valais Blanc, Mornen Blanc (Frankreich)
- Marzemina bianca, Trebiano tedesco, Tribi vignoble (Italien)
- Chrupka, Dobrorozne (Tschechien)
- Fábiántraube, Fehér ropogós, Gyöngyzölö (Ungarn)
- Biela plemincka praskava, Pullitat vignoble, Zupljanka (Kroatien, Slowenien)
- Royale Muscadine, Amber Chasselas, White Chasselas, Golden Bordeaux, Queen Victoria (England)

Herkunft

Der Gutedel gilt als eine der ältesten bekannten Rebsorten. Seine Herkunft verliert sich im Dunkel der Geschichte. Man vermutet, daß seine Urheimat das Jordantal in Palästina ist. Sicher verbürgt ist sein Anbau vor mindestens 5.000 Jahren in Oberägypten am mittleren Nil in einer Großoase unweit von Kairo. Mehrere Spielarten des Gutedel gedeihen dort noch bis auf den heutigen Tag. Seine weitere Verbreitung erfolgte mit großer Wahrscheinlichkeit durch die Phönizier als Seefahrervolk zu den Griechen und später zu den Römern. Urkundlich belegt ist, daß 1523 Gutedelreben von Konstantinopel nach Frankreich gebracht wurden. Die weitere Ausbreitung dürfte dann vom Rhônetal über Burgund bis ins Wallis erfolgt sein. Von der Westschweiz scheint sich die Rebsorte dann unter verschiedenen Synonymen über das Elsaß, die Pfalz, Baden und Württemberg über ganz Mitteleuropa verbreitet zu haben. In Baden, und hier vor allem im Markgräflerland, trat der Gutedel aufgrund seiner hohen Erträge zu Beginn des 18. Jahrhunderts auf.

Weinbau

Sortenmerkmale:

Blatt: mittelgroß, fünflappig, tief gebuchtet, stumpf gezähnt, V-förmige, offene Stielbucht, Herbstverfärbung gelb

Traube: groß, konisch, manchmal geschultert, locker- bis dichtbeerig, Kelter- und Tafeltraube

Beere: mittelgroß, grün bis gelbgrün, an der Sonnenseite zart bräunlich, rund, dünn und festhäutig, beim Zerbeißen krachend

Die Rebsorte bevorzugt tiefgründige, fruchtbare, nicht zu trockene *Böden* aus Lehm, Mergel, Löß und Kalk und sonnige, warme, windgeschützte *Lagen.*

Die Rebe ist wenig *anfällig* gegen Pilzkrankheiten und Fröste, aber in der Blüte bei starken Temperaturschwankungen und Feuchtigkeit *empfindlich.* Bei naßkalter Witterung ist die Befruchtung ungenügend, und sie neigt dann zum Verrieseln, d. h. die Beeren bleiben kernlos, klein und fallen ab.

Der *Ertrag* ist relativ hoch und schwankt zwischen 80–150 hl/ha. Das *Mostgewicht* beträgt in der Regel 60–75° Oechsle (13–15° KMW), in guten Jahren auch 80° Oechsle (16° KMW), und die *Mostsäure* liegt mit 5–6‰ niedrig.

Die *Traubenreife* ist mittelfrüh bis mittelspät, und die *Lese* erfolgt Ende September bis Mitte Oktober.

Verbreitung

Obwohl der Gutedel auf der ganzen Welt verbreitet ist, findet man ihn außer in Frankreich (Elsaß und Loire), Deutschland (Markgräflerland) und in der Schweiz fast nur als Tafeltraube.

In der *Schweiz* ist der Gutedel für die Weinwirtschaft des Landes die wichtigste Rebsorte. Ertrag und Qualität werden dabei stark von Boden und Klima beeinflußt, weshalb die Rebsorte immer wieder voneinander verschiedene Weintypen liefert und sich ihre Weine zwischen den erzeugenden Kantonen und auch von einer Lage zur anderen deutlich unterscheiden. Der Anteil des Gutedel beträgt 40% der gesamten Schweizer Anbaufläche und sogar 60% der Schweizer Weinernte. Hauptanbaugebiete sind dabei Wallis, Waadtland, Neuenburg, Genf, Freiburg und Bern.

In der Schweiz gilt der Dézaley (besonders am Genfersee zwischen Lausanne und Vevey) als der beste Gutedel des Landes. Weitere Gutedel von hervorragender und überdurchschnittlicher Qualität sind in der Waadt sicherlich auch noch Calamin, Aigle, Yvorne, Villeneuve u. a. Im Wallis wird der Gutedel Fendant genannt, wobei man drei Qualitätsgrade unterscheidet: *Fendant courant:* offene Literqualität, *Fendant choix:* bessere Qualitäten und *Fendant mit Gemeinde- und Lagenangabe:* (z. B. Fendant de Sion, La Guérite). Die besten kommen aus den Weingärten zwischen Sion und Martigny, wobei der Mont d'Or als besondere Spitzenlage gilt.

In *Deutschland* wächst der Gutedel vornehmlich im Markgräfler Land (Weinbaugebiet Baden), wo er von Basel bis Freiburg in zwei 70 km langen, in Nord-Süd-Richtung nahezu parallel verlaufenden Anbaustreifen kultiviert wird. Fast die Hälfte der Rebfläche des Markgräfler Landes entfällt dabei auf diese Rebsorte.

In *Österreich* wird der Gutedel meist nur als Tafeltraube vermarktet; als Wein findet man ihn nur relativ selten.

Weinbeschreibung

Farbe: gelbgrün

Bukett: Zartes, meist aber geruchsneutrales Bukett, das gelegentlich mit einem leichten Mandelton, niemals aber mit irgendeinem Muskataroma versehen ist.

Geschmack: frisch, süffig, gefällig, harmonisch, säurearm, mit einem mäßigen Alkoholgehalt. Mitunter zeigt er auch einen typischen Bodengeschmack.

Gesamteindruck: Der Gutedel ist vor allem ein »Zech- und Kneipwein«. Darunter ist ein Wein von einfacher Art zu verstehen, was gleichzusetzen ist mit einem neutralen oder zumindest zurückhaltenden Bukett, einer milden, harmonischen Säure, einer geringen oder gar keiner Restsüße und einem niedrigen, keinesfalls zu hohen Alkoholgehalt.

Der Gutedel hat es schwer, die für eine Prädikatsweinstufe erforderlichen Mindestmostgewichte zu erreichen und zeigt in höheren Qualitätsstufen nicht selten deutliche Schwächen.

Wozu trinkt man den Wein?

In erster Linie ist ein Gutedel ein bekömmlicher, süffiger Tisch- und Schankwein, der oft als magenfreundlicher Rekonvaleszentenwein Verwendung findet.

Vor einem Essen ist er auch gut gekühlt immer als Aperitif geeignet. Zu Speisen serviert, paßt er sehr gut zu Fisch (z. B. Forelle, Zander, Hecht, auch zu Seefischen mit und ohne Sauce oder nach Müllerin-Art zubereitet), Teigwaren, Kalbskopf und Wurstaufschnitt und zu bestimmten Arten von Käse wie Bergkäse, Hartkäse (z. B. Greyerzer, Emmentaler) und Schnittkäse (z. B. Tilsiter). Ganz hervorragend harmoniert dieser Wein mit heißen Käsegerichten wie Fondue und Raclette, zu denen er besonders geschätzt wird.

Gehobene Qualitäten des Gutedel (Dézaley, Calamin etc.) eignen sich ausgezeichnet zu besonderen Fischgerichten (z. B. Seezunge, Egli- und Felchenfilets), Krustentieren (Langusten, Hummer, Crevetten), Jakobsmuscheln, Froschschenkeln, Spargel und selbstverständlich zu einer Käseplatte.

Als Gesundheitstropfen bewährt sich der Gutedel für Rekonvaleszenten, weil er säuremild und magenfreundlich ist.

Glaskultur und Serviertemperatur

Zu einem Gutedel in normaler Qualität nimmt man ein »Jungwein-Glas«, zu einer gehobenen Qualität aber immer ein »Universal-Glas«.

Alle Gutedel-Weine, auch jene mit gehobener Qualität, schenkt man am besten mit einer Temperatur von 6–8° Celsius ein.

Lagerfähigkeit

Ein Gutedel ist auf einen baldigen Verbrauch ausgerichtet und schmeckt im ersten und zweiten Jahr nach der Ernte frisch und jung am besten. Im allgemeinen sollte man ihn nicht länger als drei Jahre aufheben, denn beim Gutedel ist bei zunehmender Reife und höherem Alter selten eine positive Qualitätsentwicklung wie bei manchen anderen Weinen zu erwarten. Selbstverständlich gibt es Ausnahmen, und das sind vor allem Spitzenqualitäten aus hervorragenden Weinjahrgängen und vielleicht auch Weine der oberen Qualitätsstufe. Solche Weine lassen sich ohne Qualitätsverlust durchaus sieben und auch mehr Jahre lagern.

Neuzüchtungen und Verwandte

Die wichtigsten Kreuzungszüchtungen sind:

Huxelrebe: Weißer Gutedel x Courtillier musqué (Muskat-Bukett, leicht, rassige Säure, mittlerer bis kräftiger Körper)

Nobling: Silvaner x Gutedel (zartduftiges Sortenbukett, fruchtig, rassig, körperreich)

Schönburger: Blauer Spätburgunder x (Chasselas rosa (= ital. Rosa-Gutedel) x Muscat de Hambourg) (der Wein wird meist zum Verschnitt verwendet – muskatellerartig)

Gutenborner: Müller-Thurgau x Chasselas Napoleon (Die Rebsorte wurde inzwischen von der Zuchtanstalt zurückgezogen.)

Vom Gutedel gibt es zahlreiche Spielarten (Varietäten), die durch Mutation (Erbsprünge) oder Hybridisation (spontane Kreuzungen) entstanden sind.

Die wichtigsten davon sind:

Roter Gutedel: Man nimmt heute an, daß der Weiße Gutedel aus dem Roten Gutedel mutiert ist, das heißt, daß der Rote Gutedel eigentlich die ursprünglichste Form ist.

Krachgutedel: Ihre süßen, hartfleischigen Beeren, die beim Zerbeißen krachen, ohne daß dabei der Saft herausspritzt, haben dieser Spielart den Namen gegeben.

Königsgutedel: Es handelt sich dabei um eine frühreife Tafeltraube.

Weißer Muskat-Gutedel (Muskateller-Gutedel): Meist eine Tafeltraube mit Muskatgeschmack.

Passatutti: gehört zur Spielartgruppe der Weißen

Muskat-Gutedel. Die Weine ähneln sehr dem Muskat-Ottonel.
Früher Weißer Gutedel: weiße Tafeltraube
Geschlitztblättriger Gutedel (Petersilientraube): Tafeltraube mit wenig Bedeutung, weil der Ertrag nicht zufriedenstellend ist.
Mädchentraube: Eine in Südosteuropa bis zum Neusiedlersee im Burgenland (Österreich) weitverbreitete Rebsorte, die einen trockenen, frischen Weißwein mit Gutedel-Charakter liefert.

Weinbeschreibung

Farbe: blasses Gelb
Bukett: felsig und steinig in der Nase
Geschmack: Ein qualitativ einfacher und alkoholarmer Wein mit einer starken Säurebetonung, der im ersten Moment zurückweisend und herb schmeckt, im Abgang jedoch angenehm überrascht.

Lagerfähigkeit

Der Wein ist gut haltbar und lagerfähig.

Gutenborner

Weißwein

Eine Kreuzung der Forschungsanstalt Geisenheim/Rheingau zwischen Müller-Thurgau x Chasselas Napoleon (Weißer Damaszener), die inzwischen wieder zurückgezogen wurde.

Gwäss

(Gouais)

Weißwein

Ein Schweizer Raritätenwein, der nur mehr vereinzelt im Oberwallis zu finden ist.
Man nimmt an, daß die Rebe aus Frankreich stammt, wo der Legist Philippe de Beaumanoir diese Sorte bereits 1283 in seinen »Coutumes de Beauvoisis« beschreibt.
Der Gwäss ist zwar eine widerstandsfähige, fruchtbare Rebsorte, die jedoch nur einen eher einfachen Wein liefert. Die Rebe wurde früher gerne am Rand der Rebparzellen ausgesetzt, und weil die Trauben recht sauer schmecken, hoffte man dadurch die Leute vom Stehlen der Trauben abzuhalten. Der Wein wurde entweder von den Weinbauern selbst bzw. den Arbeitern in der Landwirtschaft als Durstlöscher getrunken oder von den größeren Walliser Weinerzeugern in kleinen Mengen dem Traubengut des Fendant beigemischt. Damit sollte der Fendant nerviger und lagerfähiger gemacht werden.

Hegel

Rotwein

Herkunft

Die Rebsorte ist eine Kreuzung der Staatlichen Lehr- und Versuchsanstalt Weinsberg/Württemberg aus den beiden Neuzüchtungen Helfensteiner (Frühburgunder x Trollinger) x Heroldrebe (Portugieser x Lemberger), Züchtungsjahr 1955, Zulassung (Sortenschutz) 1987.

Weinbau

Sortenmerkmale:
Traube: mittelgroß bis groß, locker bis dichtbeerig
Beere: mittelgroß bis groß

Als *Standorte* werden für diese Rebsorte gute Schwarzriesling- oder Portugieser-Lagen bevorzugt.
Der *Ertrag* ist durchschnittlich groß, und die *Lese* wird im allgemeinen unmittelbar im Anschluß an die Schwarzriesling- oder Portugieser-Ernte, also in der zweiten Septemberhälfte oder Anfang Oktober, vorgenommen.

Verbreitung

Der Hegel ist in *Deutschland* in Versuchsanpflanzungen vor allem in Würtemberg, Rheinhessen und in der Pfalz zu finden.

Weinbeschreibung

Farbe: mittleres bis dunkles Rubinrot, das bis ins Purpurrot gehen kann
Bukett: feinfruchtig, blumig/würzig
Geschmack: elegant, warm und vollmundig
Gesamteindruck: Der Rotwein zeigt einen feinen, angenehmen, weinigen Charakter.

Wozu trinkt man den Wein?

Der Rotwein eignet sich am besten zu leichteren Gerichten, die geschmacklich jedoch nicht zu neutral sein sollten.

Glaskultur und Serviertemperatur

Es empfiehlt sich, den Wein entweder in einem normalen »Rotwein-Glas« oder im »Burgunder-Glas« zu reichen.
Die günstigste *Serviertemperatur* liegt bei 14–15° Celsius.

Lagerfähigkeit

Der Hegel hat seine optimale Reife im allgemeinen zwischen dem 3. und 5. Jahr.

Heida

(Päien)

Weißwein

Synonyme

- Diese Spezialität wird in der Schweiz auch Heida-Gletscherwein, Päien, Savagnin blanc oder Weißer Traminer genannt.

Herkunft

Der Heida ist eine alte bodenständige Rebsorte der Schweiz und dürfte aus dem französischen Jura, der Franche-Comté, stammen.

Weinbau

Die Rebe ist eine Spielart des Roten Traminers und somit eine weiße Traminersorte, aus der im Jura, Frankreich, unter dem Namen Savagnin die berühmten »Vins jaunes« erzeugt werden.
Die Rebe selbst ist schwer zu vermehren, da keine Selektionen bestehen. Da eine gute Qualität des Weines nur mit einem *Mostgewicht* um 90° Oechsle (18° KMW) erreicht werden kann, ist eine Mengenbeschränkung im Weingarten unbedingt erforderlich.

Verbreitung

Den Heida-Wein findet man nur in der *Schweiz,* und zwar fast nur noch im Vispertal, zwischen Visp und Visperterminen im Oberwallis, wo die Reben bis in eine Höhenlage von 1.100 m gedeihen. Er gilt als ausgesprochene Walliser Spezialität und ist nicht leicht zu erhalten.

Weinbeschreibung

Farbe: grünlich, mit zunehmender Reife bernsteingelb
Bukett: würziges, meist intensives, aromatisches Sortenbukett
Geschmack: aromatische Geschmacksnote, kräftig, rassige Säure, oftmals mit Restzucker versehen

Wozu trinkt man den Wein?

Am besten als Aperitif, zu Käse (insbesonders Bergkäse) und zu Fisch.

Glaskultur und Serviertemperatur

Diesen Wein trinkt man aus einem »Universal-Glas« und serviert ihn mit einer Temperatur von 6–8° Celsius.

Lagerfähigkeit

Der Wein ist einige Jahre gut lagerfähig.

Helfensteiner

Rotwein

Herkunft

Die Rebe ist eine Kreuzung der Staatlichen Lehr- und Versuchsanstalt Weinsberg/Württemberg zwischen Frühburgunder x Trollinger. Züchtungsjahr 1931. Die Sorte wurde 1960 in Deutschland in die Sortenliste eingetragen, der Sortenschutz endete jedoch Ende 1990. Der Rotwein hat keine wirtschaftliche Bedeutung.

Weinbau

Sortenmerkmale:
Blatt: groß, drei- bis ganz schwach fünflappig, überlappende Stielbucht, gesägter Blattrand
Traube: groß, lockerbeerig
Beere: groß, länglich, blau

Die Rebe bevorzugt warme, windgeschützte *Standorte* und keine triebigen Böden.
Die *Blühfestigkeit* ist gering, weshalb zur Begünstigung schwächere Unterlagen verwendet werden.
Der durchschnittliche *Ertrag* liegt bei 12.500 kg/ha, das ist etwa 95 hl/ha, das spezifische *Mostgewicht* bei 80° Oechsle (16° KMW) und die *Mostsäure* bei 11–12‰.
Die *Reife* setzt mittelfrüh ein, die *Lese* erfolgt Ende September bis Anfang Oktober.

Verbreitung

In *Deutschland* ist der Helfensteiner mit einem

Rebflächenanteil von 0,04% eigentlich nur in Württemberg mit einer bescheidenen Rebfläche zu finden, was zeigt, daß die Sorte eine echte Seltenheit ist.

Weinbeschreibung

Farbe: ziegelrot bis rubinrot
Bukett: fruchtig, zartduftig
Geschmack: neutral, feinfruchtig
Gesamteindruck: Der Rotwein ist als gefällig, zart und harmonisch zu bezeichnen. In qualitativer Hinsicht ist er dem Blauen Portugieser überlegen.

Wozu trinkt man den Wein?

Der Rotwein empfiehlt sich zu leichteren Gerichten.

Glaskultur und Serviertemperatur

Am besten serviert man den Wein in einem normalen »Rotwein-Glas« oder aber in einem »Burgunder-Glas« mit einer ***Serviertemperatur*** von 14–15° Celsius.

Lagerfähigkeit

Im allgemeinen ist der Rotwein drei bis fünf Jahre lagerfähig und beginnt dann qualitativ abzubauen.

Heroldrebe

Rotwein

Herkunft

Die Rebsorte ist eine ältere Neuzüchtung und eine Kreuzung der Staatlichen Lehr- und Versuchsanstalt Weinsberg/Württemberg zwischen Blauem Portugieser x Lemberger. Nachdem sie von August Herold in Weinsberg bereits im Jahre 1929 gezüchtet wurde, wobei sie ihm zu Ehren »Heroldrebe« genannt wurde, gehört sie zu den älteren Neuzüchtungen in Deutschland. 1960 erhielt sie den Sortenschutz, der Ende 1990 endete. Heute ist die Heroldrebe für die Anbaugebiete Baden, Franken, Pfalz, Württemberg, Saale-Unstrut klassifiziert, d. h. für den allgemeinen Anbau freigegeben.

Weinbau

Sortenmerkmale:
Blatt: groß, drei- bis schwach fünflappig, grob gezähnter Rand, überlappende Stielbucht
Traube: groß, länglich, dichtbeerig, einseitig geschultert. Bemerkenswert ist eine sehr zeitige Blaufärbung der Trauben, die eine frühe Reife vortäuscht.
Beere: mittelgroß, rund, blau beduftet

Hinsichtlich der ***Böden*** ist die Rebe recht anspruchslos. Will man qualitativ gute Weine erzeugen, so müssen gute ***Lagen*** als Standort gewählt werden.
Die Rebe ist wenig ***anfällig*** gegen Peronospora, Verrieselung und ist auch nicht durch Winterfröste gefährdet.
Der ***Ertrag*** ist sehr hoch und geht bis 140 hl/ha.
Das ***Mostgewicht*** liegt bei 70–80° Oechsle (14–16° KMW) und die ***Mostsäure*** bei 6–8‰.
Die ***Reife*** setzt mittelfrüh ein, und die ***Lese*** erfolgt Ende September bis Anfang Oktober.

Verbreitung

Die Rebe findet man eigentlich nur in *Deutschland,* wo sie einen Rebflächenanteil von 0,22% hat. Hauptanbaugebiete sind die Pfalz, Rheinhessen und Württemberg.

Weinbeschreibung

Farbe: ziegelrot
Bukett: weinig, leichte Fruchtigkeit
Geschmack: neutraler, kerniger Rotwein. In guten Jahren kommt eine gerbstoffbetonte Note hinzu, und die Weine zeigen einen fast rassigen, eleganten Charakter. Wurde die Lese zu einem frühen Zeitpunkt vorgenommen, dann weisen die Weine einen grasigen Geschmackston auf.
Gesamteindruck: Die Heroldrebe erbringt neutrale, gefällige, kernige, leichte Rotweine, die in ihrer Art dem Trollinger nahestehen. Die Sorte ist sehr gut für Weißherbst und Roséwein, aber auch gut zur Sektbereitung geeignet.

Wozu trinkt man den Wein?

Zu empfehlen ist der Rotwein für Vorspeisen und leichte Gerichte.

Glaskultur und Serviertemperatur

Empfohlen wird für diesen Wein ein normales »Rotwein-Glas« oder ein »Burgunder-Glas«.
Die beste ***Serviertemperatur*** liegt bei 12–14° Celsius.

Lagerfähigkeit

Der Rotwein hat im allgemeinen eine Lagerfähigkeit von zwei bis vier Jahren.

Himbertscha

Weißwein

Eine Schweizer Spezialität, die nur im Oberwallis (Vispertal) zu finden ist. Die Heimat ist unbekannt. Die Rebsorte ist im Weingarten gegen Krankheiten recht *widerstandsfähig,* jedoch gegen Fäulnis leicht anfällig. Sie *reift* etwas nach dem Fendant (Gutedel), also etwa in der ersten Oktoberhälfte.

Weinbeschreibung

Farbe: strohgelb
Bukett: würzig
Geschmack: Der Wein ist in der Jugend recht verschlossen und braucht bis zur Genußfähigkeit unbedingt einige Zeit zur Reife. Erst im Alter wird er offen und harmonisch. Er ist säurebetont und gewinnt mit der Lagerung an Qualität.

Lagerfähigkeit

Der Wein läßt sich einige Zeit gut lagern.

Hölder

Weißwein

Herkunft

Die Rebsorte ist eine Kreuzung der Staatlichen Lehr- und Versuchsanstalt Weinsberg/Württemberg (Züchtungsjahr 1955) zwischen Riesling x Ruländer. Sie wurde 1987 in Deutschland zugelassen, d. h. in die Sortenliste eingetragen.
Die Sortenbezeichnung erfolgte zu Ehren des Dichters und berühmtesten Sohnes der Weinstadt Lauffen am Neckar Friedrich Hölderlin (1770–1843). Für die Neuzucht wurden unter der Leitung von August Herold 66 Kreuzungskombinationen durchgeführt.

Weinbau

Sortenmerkmale:
Blatt: mittelgroß, fünflappig, überlappende Stielbucht
Traube: mittelgroß bis groß, lockerbeerig, geschultert
Beere: mittelgroß, grüngelb

Die Rebe bevorzugt tiefgründige *Böden.* Im Gegensatz zur Vergleichssorte Riesling sind die Ansprüche des Hölder an die *Weinberglage* geringer. Ihr genügen sogenannte Silvaner-Lagen oder Riesling-Randlagen, um zu voller Reife zu gelangen.
Der *Ertrag* ist mittel bis hoch (60–90 hl/ha), und die *Lese* liegt zeitlich vor der Riesling-Lese, also meist in der ersten Oktoberhälfte. Zum Erzielen einer höheren Mostqualität kann das lockerbeerige und relativ wenig botrytisanfällige Lesegut ohne die Befürchtung eines erheblichen Ernteverlustes auch über die Vollreife hinaus am Rebstock hängen.

Verbreitung

Den Hölder findet man nur in *Deutschland,* wo Versuchsanlagen in Rheinhessen, Pfalz, Württemberg und Mosel-Saar-Ruwer angelegt sind. Eine wirtschaftliche Bedeutung hat die Sorte vorläufig nicht.

Weinbeschreibung

Farbe: gelbgrün
Bukett: neutral bis feinduftig
Geschmack: kräftig, rassig, feinfruchtig, nachhaltig, mit einer herzhaften, pikanten, feinfruchtigen Säure. Der Wein läßt manchmal im Abgang eine Ruländer-Art und Fülle erkennen.
Gesamteindruck: Er ähnelt deutlich dem Riesling-Typ und wurde auch mit dem Ziel gezüchtet, eine Sorte zu schaffen, die dem Weincharakter des Riesling entspricht. Der Hölder eignet sich auch gut für die Sektbereitung.

Wozu trinkt man den Wein?

Zu empfehlen ist der Wein zu Vorspeisen, Fisch sowie zu Kalb-, Lamm- und Schweinefleischgerichten.

Glaskultur und Serviertemperatur

Empfohlen wird für diesen Wein ein »Jungwein-Glas«.
Die beste *Serviertemperatur* liegt so wie beim Riesling bei 6–8° Celsius, bei Prädikatsweinen bei 10–11° Celsius.

Lagerfähigkeit

Je nach Qualitätsstufe hat der Hölder eine Lagerfähigkeit zwischen zwei und sieben Jahren.

Humagne blanc

Weißwein

Herkunft

Eine alte Walliser Weißweinspezialität, die von Önologen als älteste Schweizer Rebsorte bezeichnet wird. Sie wurde erstmalig schon 1313 in Wallis urkundlich erwähnt und soll angeblich aus Griechenland stammen, von wo sie über Marseille, dem Rhônetal aufwärts folgend, in die Schweiz gekommen ist.

Weinbau
Konisch bis zylindrische *Trauben* mit mittelgroßen, grünen *Beeren,* die bei Vollreife hellgelb werden. Die Fruchtbarkeit der Reben ist begrenzt. Die Sorte *reift* spät.

Vorbereitung
Die Sorte wird in der *Schweiz* nur mehr selten in Walliser Weingärten angebaut.

Weinbeschreibung
Farbe: kräftiges Gelb
Bukett: fein, duftend
Geschmack: Der Wein wurde früher als belebender Krankenwein geschätzt und den Wöchnerinnen als Stärkungstrank (klassischer Kindsbettwein) gegeben.

Wozu trinkt man den Wein?
Der Humagne blanc paßt gut zu Geflügelleber, Ententerrine, Trüffelragout, Bergkäse und zu einer Käseplatte.

Glaskultur und Serviertemperatur
Man trinkt den Wein am besten aus einem »Universal Glas« und serviert ihn mit einer Temperatur von 8–10° Celsius.

Lagerfähigkeit
Er gilt als ein langlebiger Wein mit einer sehr guten Lagerfähigkeit.

Humagne rouge

Rotwein

Eine alte Schweizer Rotweinsorte, die selten und nur noch im Wallis zu finden ist. Sie ist mit dem weißen Humagne blanc nicht verwandt.
Lokal wurde er früher gerne als »Höllenwein« bezeichnet.
Die Traube *reift* spät, die *Lese* erfolgt erst im November.

Weinbeschreibung
Farbe: kräftiges Rubinrot mit violetten Reflexen
Bukett: fruchtig und sortentypisch
Geschmack: kräftig, robust, tanninreich und herb
Gesamteindruck: In günstigen Lagen kann die Rebsorte bemerkenswerte Rotweine mit rustikalem Charakter hervorbringen.

Lagerfähigkeit
Der Wein braucht einige Zeit der Reife, um zur vollen Genußreife zu kommen.

Huxelrebe

Weißwein

Herkunft
Die Rebsorte gehört zu den älteren deutschen Neuzüchtungen und ist eine Kreuzung der Landesanstalt für Rebenzüchtung in Alzey/Rheinland-Pfalz zwischen <u>Weißem Gutedel x Courtillier musqué.</u> Züchter war Georg Scheu, Züchtungsjahr 1927, Zulassung (Sortenschutz) 1968, klassifiziert (für den Anbau freigegeben) in fünf Anbaugebieten Deutschlands.
Für den Namen stand der Winzer Fritz Huxel aus Westhofen bei Worms Pate, der sich um den Anbau dieser Sorte besonders verdient gemacht hatte.

Weinbau
S o r t e n m e r k m a l e :
Blatt: groß, schwach dreilappig, mit überlappender Stielbucht und grob gesägtem Rand
Traube: groß, locker- bis dichtbeerig
Beere: grüngelb, groß, etwas abgeflacht, dünnhäutig

Die Rebsorte liebt warme, lockere und kalkarme *Böden.* Sie beansprucht gute *Lagen.*
Die Sorte ist *anfällig* für Pilzkrankheiten, *empfindlich* gegen Fröste und neigt zum Verrieseln.
Der *Ertrag* ist je nach Blüteverlauf stark schwankend und beträgt im Durchschnitt etwa 90–95 hl/ha, kann aber auch Rekordhöhen erreichen. Das spezifische *Mostgewicht* liegt bei 85–90° Oechsle (17–18° KMW), die *Mostsäure* bei 8–12‰.
Sie *reift* zeitgleich mit dem Müller-Thurgau, und die *Lese* beginnt im letzten Drittel des Septembers bis Mitte Oktober.

Verbreitung
Die Huxelrebe hat in *Deutschland* einen Rebflächenanteil von 1,5%. Bevorzugte Anbaugebiete sind Rheinhessen (55% der Anbaufläche in dieser Sorte), Pfalz (40%) und Nahe (3%). In den letzten Jahren hat die Rebe als wertvolle Ergänzungssorte

zum Gutedel eine leicht zunehmende Ausweitung erfahren.

Weinbeschreibung

Farbe: hellgelb bis goldgelb, je nach Reife

Bukett: In unreifen Weinen ist das Bukett derb und erinnert an Rhabarber. Ab Vollreife wechselt das Bukett zwischen einem feinen Muskatton und einer dezenten Pfirsichnote.

Geschmack: Die Weißweine präsentieren sich im allgemeinen leicht, rassig und reif, mit mittlerem bis kräftigem Körper. Ihr belebendes Element ist die beständige Säure, die auch höhere Prädikatsweine immer frisch und lebendig macht. Solche Prädikatsweine weisen meist einen feinen Muskatton auf.

Gesamteindruck: Die Huxelrebe ist eine deutsche Neuzüchtung mit höchster Leistungsbereitschaft, was sowohl die Menge als auch die Qualität betrifft. Bei entsprechender Ertragsbeschränkung im Weingarten sind hochwertige Prädikatsweine bis zur Trockenbeerenauslese und damit auch höchste Qualitätsauszeichnungen erzielbar. Der Wein wird gerne als Prädikatswein angeboten.

Wozu trinkt man den Wein?

Die Sorte kann bei normaler Qualitätsstufe als einfacher Kneipwein getrunken werden, wird aber als Prädikatswein höchsten Ansprüchen gerecht, wobei er gerne als Aperitif oder zu süßen Nachspeisen getrunken wird.

Glaskultur und Serviertemperatur

Je nach Anlaß nehme man ein einfaches »Jungwein-Glas« oder bei Prädikatsweinen ein »Universal-Glas«. Die passende *Serviertemperatur* ist für normale Qualitäten 6–8° Celsius, für höhere Prädikatsweine 8–10° Celsius.

Lagerfähigkeit

Die Lagerfähigkeit ist allgemein gut. Spitzenweine dieser Sorte im hohen Prädikatsweinbereich sind viele Jahre haltbar.

Irsai Oliver

Weißwein

Die Rebsorte ist eine ungarische Neuzüchtung von Kocsis Pál aus dem Jahre 1930, die aus einer Kreuzung der Sorten Pozsonyi fehér x Perle von Csaba hervorgegangen ist. Ein Nachteil bei der Kultivierung dieser Sorte ist, daß die frühreifen, dünnschaligen Beeren sehr unter Wespenfraß leiden. Rebauspflanzungen mit dieser Rebe findet man in ***Österreich*** u. a. in Podersdorf, Prellenkirchen und Gumpoldskirchen.

Weinbeschreibung

Farbe: goldgelb

Bukett: Muskatbukett

Geschmack: sortentypischer Muskatgeschmack, mild, eher extraktarm

Der Wein schmeckt jung und frisch am besten.

Isabella

Rotwein

Synonyme

- Odessa (GUS)
- Frutilla (Uruguay)

Herkunft

Die Rebsorte gehört zu den Hybriden (Direktträger) und wurde 1820 aus den USA nach Frankreich eingeführt.

Weinbau

Sortenmerkmale:

Blatt: mittelgroß, dreilappig, schwach gezähnter Blattrand, geschlossene bis überlappende, V-förmige Stielbucht

Traube: groß, zylindrisch bis konisch, geschultert, vielfach lockerbeerig, Tafel- und Keltertraube

Beere: mittelgroß, oval, tiefblau, stark beduftet, dickschalig

Die Rebe hat eine hohe ***Pilzresistenz*** und erbringt einen hohen ***Ertrag.***

Verbreitung

Die Sorte ist hauptsächlich in den GUS-Staaten, aber auch in Brasilien und Uruguay zu finden.
In der ***Schweiz*** trifft man sie vereinzelt im Tessin an.

Weinbeschreibung

Farbe: hellrot

Bukett: kräftiges Fruchtaroma

Geschmack: erinnert an künstlichen Erdbeersaft

Gesamteindruck: Ein minderwertiger Wein. Das Traubengut wird heute hauptsächlich zu Traubensaft und zu leichten Roséweinen verarbeitet.

Jubiläumsrebe

Weißwein

Synonyme

Die Rebsorte wurde anläßlich der 100-Jahr-Feier der Klosterneuburger Weinbauschule Höhere Bundeslehranstalt und Bundesamt für Wein- und Obstbau der Öffentlichkeit vorgestellt. Daher auch ihr Name Jubiläumsrebe.
Doppelnamen gibt es keine.

Herkunft

Die Jubiläumsrebe ist das Ergebnis einer erfolgreichen Züchtung der Weinbauschule in Klosterneuburg aus dem Jahre 1922 zwischen den Sorten Blauer Portugieser x Blaufränkisch. Somit entstand aus zwei Rotweinrebsorten eine Kreuzung, mit der ein Weißwein gewonnen wird. Die für diese erstaunliche Züchtung herangezogenen Kreuzungspartner sind übrigens die gleichen, wie sie für die österreichische Neuzüchtung Blauburger Verwendung fanden, aus deren Traubengut jedoch Rotwein erzeugt wird. Nicht durch Botrytis-(Edelfäule-)Befall, sondern durch ein frühzeitiges (bereits im September erfolgtes) Schrumpfen der rotbraunen bis blaßroten kleinen Beeren werden bei der Jubiläumsrebe Moste mit sehr hohen Zuckergraden erzielt, die durchschnittlich bei über 120° Oechsle (24° KMW) liegen. Die Rebe wird daher in Österreich als eine Spezialsorte zur Erzielung hoher Prädikatsweinstufen betrachtet.

Weinbau

Sortenmerkmale:

Blatt: groß, drei- bis fünflappig, stumpf gezähnter Blattrand

Traube: mittelgroß, walzenförmig, teils geschultert, dichtbeerig

Beere: klein, rotbraun bis blaßrot

Die Rebe stellt nur geringe Ansprüche an den ***Boden*** und hat eine gute Bodenverträglichkeit, auch gegenüber Muschelkalkböden. Sie soll aber für eine Prädikatsweinerzeugung nur in den besten ***Lagen*** angepflanzt werden, damit die angestrebten hohen Mostgewichte bei den Beeren auch regelmäßig erreicht werden können.
Was ihre ***Anfälligkeit*** betrifft, so ist die Sorte winterfrostempfindlich, gegen Botrytis (Edelfäule) und gegen Krankheiten im allgemeinen wenig anfällig.
Ihr ***Ertrag*** ist als gut zu bezeichnen und hängt vom jeweils erzielten Mostgewicht ab. Bei 90–100° Oechsle (18–20° KMW) Mostgewicht liegt der Durchschnittsertrag bei ca. 70 hl/ha und sinkt dann bei 130° Oechsle (25° KMW) Mostgewicht auf etwa 40 hl/ha ab. Die ***Mostsäure*** liegt bei 7–10‰.
Die ***Reife*** setzt für die normalen Qualitätssorten zwar früh, für die Prädikatsweinerzeugung aber erst spät ein, und die ***Lese*** erfolgt für die letzteren erst Mitte Oktober bis Anfang November.

Verbreitung

In ***Deutschland*** gab es nur Anbauversuche an der Nahe, wobei sich die Sorte nicht durchsetzen konnte.
In ***Österreich*** wird die Jubiläumsrebe zur Prädikatsweinerzeugung nur in einigen wenigen Weinbaubetrieben im Burgenland und in der Steiermark kultiviert. Die Rebsorte ist von der amtlichen Weinbaustatistik nicht erfaßt. Die Gesamtrebfläche in Österreich mit dieser Sorte wird auf etwa 10 Hektar geschätzt und ist seit Jahren gleichgeblieben.
In der ***Schweiz*** ist die Rebsorte nicht zu finden.

Weinbeschreibung

Farbe: Der Wein hat eine goldgelbe Farbe.

Bukett: Duft und Aroma sind von einer eigentümlichen Fruchtigkeit, wie man sie oftmals bei schweren Weißweinen in südlichen Erzeugerländern finden kann.

Geschmack: Die Prädikatsweine ab Auslese aufwärts sind durchwegs alkoholreich und schmecken mild und süß, wobei der geringe oder auch zur Gänze fehlende Botrytiston auffällt.

Gesamteindruck: Erst ab einem Mindestmostgewicht von etwa 120° Oechsle (24° KMW) werden bei der Jubiläumsrebe hochwertige Prädikatsweine, also Auslesen, Beerenauslesen, Ausbruch und Trockenbeerenauslesen, erzielt. Sie zeichnen sich durch einen deutlichen Ausbruchcharakter, ähnlich dem österreichischen Ruster Ausbruch, aus. Weine mit einem darunterliegenden Mostgewicht sind im Geruch und Geschmack oftmals unbefriedigend. Die Gesamtharmonie der höherstufigen Prädikatsweine der Jubiläumsrebe geht in Richtung Strohwein oder Tokajer.

Wozu trinkt man den Wein?

Da die Jubiläumsrebe als Qualitätswein meist nur als Prädikatswein ab Auslese aufwärts ansprechend ist, wählt man diesen Wein – mit Ausnahme zu Kuchen und bestimmten Nachspeisen auf Nuß- und auf neutral-süßer Basis – nicht zum Essen, sondern genießt ihn besser in besinnlichen und geruhsamen Stunden.

Glaskultur und Serviertemperatur

Man nehme für die Jubiläumsrebe ein »Universal-Glas«.

Serviertemperatur: Als passende Serviertemperatur für diesen Wein ist 10° Celsius anzusehen.

Lagerfähigkeit
Der Wein ist gut lagerfähig. Die eigentliche Reifespanne hängt von der Güte des jeweiligen Jahrganges ab und liegt im Durchschnitt bei drei bis sieben Jahren. Meist erst nach etwa zehn Jahren oder später tritt ein qualitativer Abbau ein.

Neuzüchtungen und Verwandte
Dem Verfasser sind weder **Neuzüchtungen** noch **Verwandte** bekannt.

Juwel

Weißwein

Herkunft
Die Rebsorte ist eine Kreuzung der Staatlichen Lehr- und Versuchsanstalt Weinsberg/Württemberg (Züchtungsjahr 1951) zwischen Kerner x Silvaner, die 1987 in Deutschland zugelassen, d. h. in die Sortenliste eingetragen wurde. Sie wurde allerdings bisher noch nicht klassifiziert. Für die Neuzucht Juwel wurden unter der Leitung von August Herold 33 Kreuzungskombinationen durchgeführt.

Weinbau
Sortenmerkmale:

Blatt: mittelgroß, fünflappig, Blattrandzähnung, V-förmige Stielbucht
Traube: mittelgroß, mittlere Beerendichte
Beere: grüngelb, rundlich, mittelgroß

Von der Blattform und dem Stockaufbau her gleicht der Juwel dem Kerner, ohne jedoch dessen starke Geiztrieb-Bildung aufzuweisen. Auffallend ist das robuste, im Herbst lang grün und damit assimilationsfähig bleibende *Laub.*
Die Rebsorte stellt keine besonderen Ansprüche an den *Boden* und wächst am besten auf Silvaner/Kerner-*Lagen,* wo sie eine gute Ertragssicherheit bei hohen Mostgewichten zeigt.
Der *Ertrag* ist mittel bis hoch (60–100 hl/ha) und das *Mostgewicht* mit über 85° Oechsle (über 17° KMW) hoch. Der Anbauvorteil liegt vor allem in der höheren Beerenreife, in der schon früh reif schmeckenden *Mostsäure* und im neutralen, feinfruchtigen Weincharakter.
Die *Reife* setzt mittelspät ein, und die *Lese* erfolgt zusammen mit der Kerner- bzw. Silvaner-Ernte, d. h. Anfang bis Mitte Oktober.

Verbreitung
Die weiße Neuzucht Juwel ist nur in *Deutschland* mit einem Anteil von 0,03% an der gesamten Rebfläche zu finden, wo sie in Rheinhessen die größte Anbaufläche hat. Kleinere mit dieser Rebe bestockte Rebflächen findet man noch im Gebiet Mosel-Saar-Ruwer, in Württemberg und in der Pfalz. Sie zählt zu den wenigen nicht klassifizierten Rebsorten, die noch deutliche jährliche Zuwachsraten haben, ohne aber bisher eine größere wirtschaftliche Bedeutung erlangt zu haben.

Weinbeschreibung
Farbe: gelbgrün
Bukett: neutral bis fruchtig, etwas dezenter als Kerner-Weine
Geschmack: feinfruchtiger und eleganter Weißwein. Wegen ihrer eleganten und feinfruchtigen Art werden die Juwel-Weine dem Riesling-Typ zugeordnet. Die Säure des Weines wird durchwegs als harmonisch und reif charakterisiert.
Gesamteindruck: Der Juwel gilt als eine ausgesprochene Qualitätssorte, die sich besonders im Prädikatsweinbereich, der im allgemeinen auch erreicht wird, durch eine selbständige, elegante, leichtfruchtige und nachhaltige Art auszeichnet.

Wozu trinkt man den Wein?
Der Juwel wird am besten zu bestimmten Vorspeisen und zu »weißen« Fleischspeisen getrunken.

Glaskultur und Serviertemperatur
Am besten eignet sich je nach Alter des Weines ein »Jungwein-Glas« oder ein »Universal-Glas«.
Die beste *Serviertemperatur* liegt bei normalen Qualitäts- und Kabinettweinen bei 6–8° Celsius; alle höheren Prädikatsweine sollten mit 9–10° Celsius eingeschenkt werden.

Lagerfähigkeit
Diese liegt je nach Qualitätsstufe bei drei Jahren und darüber.

Kanzler

Weißwein

Herkunft
Die Rebsorte gehört zu den älteren deutschen Neuzüchtungen und ist eine Kreuzung der Landesan-

stalt für Rebenzüchtung in Alzey/Rheinland-Pfalz zwischen Müller-Thurgau x Silvaner. Züchter war Georg Scheu. Züchtungsjahr 1927, Zulassung (Sortenschutz) 1967, klassifiziert (für den Anbau freigegeben) in vier Anbaugebieten Deutschlands.
Der Name der Rebe soll auf die besonderen Eigenschaften der Weine dieser Rebsorte hinweisen, wobei der Name scherzhafterweise von den deutschen Bundeskanzlern Konrad Adenauer (für Reife) und Ludwig Erhard (für Fülle) abgeleitet wurde.

Weinbau

Sortenmerkmale:
Das Erscheinungsbild des Kanzlers ähnelt stark jenem des Müller-Thurgau.

Blatt: mittelgroß bis groß, drei- bis fünflappig, mittelstark gebuchtet, gezähnter Blattrand, geschlossene bis überlappende, V-förmige Stielbucht

Traube: klein bis mittelgroß, geschultert, locker bis dichtbeerig

Beere: mittelgroß bis groß, rund bis oval, grün, dickschalig

Mittlere Bonitäten sind für die ***Böden*** ausreichend, wobei von Sand- und Tonböden abgeraten wird. Nachdem eine Ertragslabilität beim Kanzler gegeben erscheint, ist ein klimatisch günstiger ***Standort*** zum Ausgleich dieser Labilität notwendig, was einen Anbau in kalten Lagen, d. h. in Tal- und Windlagen, verbietet.
Anfälligkeit: Die Sorte hat eine mangelhafte Holzreife sowie eine geringe Frostempfindlichkeit und neigt zum Verrieseln und zu Pilzkrankheiten.
Der ***Ertrag*** ist sehr schwankend und liegt im langjährigen Durchschnitt bei 60–80 hl/ha, wobei die höheren Erträge nur bei guten Lagen erzielt werden. Es werden beim ***Mostgewicht*** fast immer 85–95° Oechsle (17–19° KMW) erreicht, die ***Mostsäure*** schwankt zwischen 7–10‰.
Der Kanzler ***reift*** früh, die ***Lese*** erfolgt im letzten Drittel September.

Verbreitung

Der Kanzler hat in ***Deutschland*** einen Rebflächenanteil von 0,06%. Bevorzugte Anbaugebiete sind Rheinhessen und die Pfalz, kleine Rebanlagen findet man noch an der Nahe und in Franken. Die Wirtschaftlichkeit der Sorte wird durch die stark schwankenden Erträge sowie durch die Tatsache, daß hauptsächlich reife Prädikatsweine geerntet werden, in Frage gestellt.
In ***Österreich*** und in der ***Schweiz*** ist die Rebsorte nicht anzutreffen.

Weinbeschreibung

Farbe: überwiegend goldgelb (wegen Prädikatsweincharakter)

Bukett: dezentes, jedoch ausgeprägtes Sortenbukett, das manchmal an die Scheurebe erinnert und erst im zweiten Jahr voll zum Ausdruck kommt

Geschmack: Die Sorte hat einen traditionellen, harmonischen Weincharakter und erinnert an einen reifen, guten Silvaner oder an einen reifen Weißen Burgunder. Die Weißweine besitzen Stoff, Fülle und Nachhalt. Selbst im Auslese- und Beerenauslesebereich ist keine spezielle Geschmacksausprägung durch die Botrytis feststellbar.

Gesamteindruck: Der Kanzler ist eine Spezialsorte zur Gewinnung hochwertiger Prädikatsweine, und es werden vielfach reife Prädikatsweine, vornehmlich im Spätlese- und Auslesebereich, geerntet.

Wozu trinkt man den Wein?

Der Wein wird meist als Solist zum stillen Genießen, als Aperitif oder auch zu pikant gewürzten Speisen getrunken.

Glaskultur und Serviertemperatur

Als passendes Weinglas für den Kanzler wähle man ein »Universal-Glas«. Nachdem die Kanzler-Weine meist mit einer gewissen Restsüße angeboten werden, empfiehlt sich als ***Serviertemperatur*** etwa 9–10° Celsius.

Lagerfähigkeit

Ein Kanzler in normaler Qualitätsstufe baut meist früh aus, weshalb seine Haltbarkeit begrenzt ist. Anders bei den Prädikatsweinen, besonders in höheren Qualitätsstufen, die längerlebig sind.

Kerner

Weißwein

Herkunft

Die Rebsorte ist eine erfolgreiche Kreuzung der Staatlichen Lehr- und Versuchsanstalt Weinsberg/Württemberg zwischen Trollinger x Riesling, also zwischen einer Rotweintraube und einer Weißweintraube, und wurde von August Herold gezüchtet. Züchtungsjahr 1929, Sortenschutz 1969, klassifiziert (für den Anbau freigegeben) in allen deutschen Weinbaugebieten. Für die Züchtung des

Kerner wurden unter der Leitung von August Herold 45 Kreuzungskombinationen durchgeführt.
Sie wurde nach dem im Jahre 1786 in Ludwigsburg geborenen Julius Kerner benannt, der seit 1819 als Oberamtsarzt in Weinsberg lebte. Er galt auch als bedeutender Lyriker der schwäbischen Romantik. Neben seiner ärztlichen Praxis, in der er als bestes Naturheilmittel für fast alle Krankheitsfälle ein gutes Glas Wein verordnete, schrieb Julius Kerner Gedichte und verfaßte heute so bekannte Lieder wie »Wohlauf noch getrunken den funkelnden Wein«, »Preisend mit viel schönen Reden« u. a.

Weinbau

Sortenmerkmale:

Blatt: mittelgroß, fünflappig, gezähnter Rand, offene bis geschlossene Stielbucht, dunkelgrün

Traube: mittelgroß bis groß, geschultert, lockerbeerig

Beere: rund, gelbgrün bis braungelb, dickschalig

Die Kerner stellt keine besonderen Ansprüche an den ***Boden*** und gedeiht fast überall. Er nimmt auch noch mit mittleren ***Lagen*** vorlieb, bevorzugt jedoch Riesling-Randlagen sowie Silvaner-Lagen.
Man kann ihn auch in frostgefährdeten Weinberglagen sowie in den nördlicheren Weinbauregionen anbauen, denn die ***Frostfestigkeit*** des Kerner ist hoch und gleicht fast jener des Riesling. Der Nachteil der Rebsorte liegt in ihrer ***Krankheitsanfälligkeit*** gegen Oidium. Außerdem führt ihre Virusanfälligkeit zu Geiztriebbildung.
Der besondere Anbauvorteil dieser Rebsorte liegt in ihrem guten und sicheren ***Ertrag,*** der mit meist 80–120 hl/ha (der langjährige Durchschnittsertrag liegt bei 100 hl/ha) um 10–15% höher ist als der Ertrag des Riesling. Doch nicht nur mengenmäßig überzeugt der Kerner, auch sein ***Mostgewicht*** mit durchschnittlich 70–90° Oechsle (14–18° KMW) und seine ***Mostsäure*** mit 8–12‰ unterstreichen seine Bedeutung für den Weinbau.
Die ***Reife*** setzt beim Kerner mittelspät ein, und die ***Lese*** wird erfahrungsgemäß Anfang bis Mitte Oktober vorgenommen.

Verbreitung

Der Kerner ist eine höchst erfolgreiche deutsche Rebenneuzüchtung und in ***Deutschland*** seit seiner ersten Auspflanzung im Jahre 1964 rebflächenmäßig die drittwichtigste Weißwein-Rebsorte mit einem Anteil von 7,4% geworden. Der Anbau erfolgt heute dank seiner Frosthärte und seinen sicheren, guten Erträgen bei zufriedenstellenden Mostgewichten praktisch in allen deutschen Weinbaugebieten. Die größten Anbaugebiete findet man dabei in der Pfalz (33% der gesamten Kerner-Rebflächen), Rheinhessen (28%), Württemberg (12%) und im Gebiet Mosel-Saar-Ruwer (12%).
In ***Österreich*** und in der ***Schweiz*** ist der Kerner eher selten anzutreffen.

Weinbeschreibung

Farbe: hellgelb bis strohgelb

Bukett: im allgemeinen feinfruchtig mit gelegentlich leichtem Muskatton

Geschmack: Ein frischer, eleganter, stoffiger, rassiger Weißwein, von deutlicher Fruchtnote geprägt, oftmals betont würzig, vielfach auch mit einer deutlichen Säure ausgestattet. Der Kerner ist durch einen kräftigen, rieslingähnlichen Geschmack mit einem feinen Muskatton gekennzeichnet, der jedoch durch den Jahrgang oder auch standortmäßig bedingt oft recht unterschiedlich sein kann. Es gibt Kerner-Weine, die an eine Scheurebe erinnern, andere wiederum haben eine typische mehr (bei guten Jahrgängen) oder weniger (bei geringen Jahrgängen) ausgeprägte Muskatnote oder sind in ihrer Fruchtigkeit sehr verhalten. Interessant ist, daß der Kerner in ausgesprochen guten, aber trockenen Jahren seine hohe Spitzenqualität oftmals nicht erreicht, während er in kleineren Jahren nicht selten überraschend gute Weine erbringt. Allgemein kann man sagen, daß jüngere Konsumweine des Kerner in ihrem Qualitätsniveau vielfach über den Müller-Thurgau-Weinen liegen.

Gesamteindruck: Der Kerner vermittelt jedenfalls eine gewisse Ähnlichkeit mit dem Riesling, zumindest was Säure und Fruchtigkeit betrifft. Kerner-Weine ergeben fast immer ein ausgeglichenes Geruchs- und Geschmacksbild. Diese Harmonie zeigt sich besonders in Auslesen und Beerenauslesen, ohne daß diese aber die besondere Finesse vergleichbarer Riesling-Auslesen erreichen.

Die aromatische Fruchtigkeit dieses Weißweines ist vor allem auch als Kabinett und Spätlese eine ideale Voraussetzung zum Ausbau von trockenen und halbtrockenen Weinen, die dann ausgesprochen herzhaft-würzig schmecken. Kerner-Weine mit einem höheren Restzuckergehalt betonen zuweilen besonders den Sortencharakter.
Beim Kauf des Kerner sollte man darauf Bedacht nehmen, daß die Sorte ihr Bukett am schönsten

entfaltet, wenn sie nicht zu spät auf die Flasche gekommen ist. Der Kerner sollte daher spätestens im Jahr nach seiner Ernte abgefüllt sein. Der Weinliebhaber kann dies anhand der amtlichen Prüfnummer selbst erkennen und überprüfen.

Wozu trinkt man den Wein?

Der Kerner eignet sich als Begleiter zu einer Vielzahl von Gerichten, insbesondere zu verschiedenen Vorspeisen wie Austern, Krustentiersalat, warmen Artischocken, weiters zu Fisch, auch geräuchert, Lachs, Spargel, gebratenem oder gegrilltem Kalbfleisch, gekochtem Schweinefleisch oder Lammkeule und zu Rotschmierkäse (Limburger, Münster, Reblochon etc.). Überhaupt wird der Kerner, so wie der Riesling, gerne bei festlichen Anlässen serviert.

Glaskultur und Serviertemperatur

Für einen normalen jungen Qualitätswein empfiehlt sich das typische »Jungwein-Glas«. Prädikatsweine sowie ältere Weine sollten jedoch aus einem »Universal-Glas« getrunken werden.
Die günstigste *Serviertemperatur* eines Kerner liegt bis zur Kabinettstufe bei 6–8° Celsius, Spätlesen sollten mit 9–10° Celsius und alle höheren Prädikatsweine mit 10–11° Celsius serviert werden.

Lagerfähigkeit

Der Kerner weist aufgrund seiner kräftigen Säure im allgemeinen eine gute Lagerfähigkeit auf, in der er sich elegant ausbaut und je nach Qualitätsstufe eine Lebensdauer von mehreren Jahren hat. Seine beste Trinkreife erreicht er meist im zweiten bis vierten Jahr nach der Lese. Ausleseweine zeigen sich auch nach einer längeren Lagerzeit als interessante Weine.

Kernling

Weißwein

Herkunft

Die Sorte ist eine Mutation aus der Neuzüchtung Kerner und wurde erst 1974 von L. Hochdörfer in einem mit Kerner bepflanzten Weingarten in der Pfalz entdeckt.
Zugelassen (Sortenschutz) wurde die Rebe 1982, bisher jedoch noch nicht klassifiziert, weshalb sie nur im Versuchsanbau mit Genehmigung des Züchters ausgepflanzt werden darf.
Die Bezeichnung wurde aus Teilen der Rebnamen Kerner und Riesling gebildet, um auf diese beiden Weintypen hinzuweisen.

Weinbau

S o r t e n m e r k m a l e:

Blatt: mittelgroß, dreilappig, überlappende Stielbucht
Traube: mittelgroß
Beere: mittelgroß bis groß, oval, rotgrau

Der Kernling stellt keine besonderen Ansprüche an *Böden* und *Lagen.*
Die Sorte scheint im Vergleich zum Kerner weniger *anfällig* gegen Oidium und Peronospora zu sein und ist auch weniger durch Stiellähmung und Botrytis gefährdet.
Der *Ertrag* ist wie beim Kerner recht gut und auch sicher, sein *Mostgewicht* ist etwas höher, und die *Mostsäure* liegt bei 8,5–11‰.

Verbreitung

Der Kernling kommt nur im Versuchsanbau in *Deutschland* vor.

Weinbeschreibung

Die Traube erbringt kräftige, gehaltvolle, fruchtige, rieslingähnliche Weine. Die Rebsorte stellt eine gute Ergänzungssorte zum Riesling dar.

Kolor

Rotwein

Eine Kreuzung des Staatlichen Weinbauinstitutes Freiburg zwischen Blauem Spätburgunder x Färbertraube, die inzwischen wieder zurückgezogen wurde.

Königin Elisabeth

Weißwein

Herkunft

Die Traubensorte ist 1916 aus einer Kreuzung zwischen Traminer x Muskat-Ottonel hervorgegangen. Ihr ungarischer Züchter János Mathiasz war ein glühender Verehrer der österreichischen Kaiserin Sissy, die bekanntlich für die Ungarn ihre Königin Elisabeth war, weshalb er seiner Rebenzüchtung diesen Namen gab.

Weinbau

Sortenmerkmale:

Blatt: fünflappig, mitteltief gebuchtet, offene, lyraförmige Stielbucht

Traube: mittelgroß, lockerbeerig, Tafel- und Keltertraube

Beere: groß, rund bis oval, gelblich bis grün, dickschalig und leicht von Wachs überzogen

Die Rebe bevorzugt ***Böden*** mit guter Wasserversorgung und warme ***Lagen.***
Sie ist ***anfällig*** gegen Oidium und Botrytis.
Der ***Ertrag*** ist mittelmäßig bis gut.
Eine frühe ***Lese*** erbringt die besseren Tafeltrauben.

Verbreitung

Die Rebsorte ist vor allem in Italien, Kroatien, Rumänien, Ungarn und in anderen Ostländern (Tschechien, Slowakei, GUS) zu finden.
In ***Österreich*** wird die Rebsorte vom Weingut Deiblhof, Familie M. u. L. Auer, in Langenlois kultiviert, das seit 1987 dafür auch das Aussetzrecht hat.

Weinbeschreibung

Farbe: goldgelb

Bukett: zurückhaltendes Muskatbukett beim richtigen Lesezeitpunkt

Geschmack: fruchtig und traubig, mit eleganter Muskatnote

Lagerfähigkeit

Die Lagerfähigkeit dieses Weines dürfte höchstens bei etwa acht bis zehn Jahren liegen.

Königsast

Weißwein

Eine aus Rumänien stammende Weinrebe, die aus einer Kreuzung zwischen Muskat x (Sylvaner x Riesling) hervorgegangen ist. Edelreiser dieser Rebsorte kamen in der Zeit zwischen den beiden Weltkriegen aus Siebenbürgen nach Österreich. Man findet die Rebe heute noch in ***Österreich,*** und zwar in Gumpoldskirchen, Perchtoldsdorf, Langenlois und in einigen anderen niederösterreichischen Gemeinden.
Der Königsast wird gerne von jenen Weinfreunden getrunken, die besonders spritzige und an natürlicher Kohlensäure reiche Weine lieben.

Weinbeschreibung

Farbe: grüngelb

Bukett: frisch, traubig

Geschmack: lebendig, fruchtig, spritzig, mit einem sortentypischen Geschmackston, der an Sauvignon blanc erinnert

Lagerfähigkeit

Besonders in höheren Qualitätsstufen ist der Wein infolge seines hohen Gehaltes an Weinsäure und Kohlensäure lange haltbar, oftmals zehn Jahre und auch noch länger.
Es gibt vom Königsast auch eine rote Sorte als Begleitrebe.

Lafnetscha

Weißwein

Eine Schweizer Spezialität, die nur im Vispertal, Oberwallis, zu finden ist, wo auch die Heimat der Rebe vermutet wird.
Der Wein wird aus der robusten Rebsorte Blanchier gewonnen. Er wurde früher immer zusammen mit einer anderen Walliser Rarität, nämlich dem Gwäss, geerntet.

Weinbeschreibung

Farbe: goldgelb

Bukett: Holunderaroma

Geschmack: In der Jugend ist er eher derb und zurückhaltend, erst nach zwei bis drei Jahren wird er richtig genußfähig und zeigt sich dann als fruchtiger, lebendiger, leichter Weißwein mit einer angenehmen Säure im Hintergrund.

Wozu trinkt man den Wein?

Der Wein paßt vorzüglich zu Crevetten, Pot au feu und Käsekuchen.

Lagerfähigkeit

Der Wein ist gut lagerfähig.

Lemberger (Limberger)

siehe unter Blaufränkisch

Mainriesling

siehe unter Rieslaner

Malvasier

siehe unter Frühroter Veltliner

Mariensteiner

Weißwein

Herkunft

Eine Kreuzung der Bayerischen Landesanstalt für Weinbau- und Gartenbau in Würzburg zwischen Silvaner x Rieslaner (Rieslaner = Silvaner x Riesling). Züchtungsjahr 1951, zugelassen (Sortenschutz) 1971, klassifiziert in Franken.
Der Name nimmt auf die Festung Marienstein in Würzburg Bezug.

Weinbau

Sortenmerkmale:

Blatt: mittelgroß, dreilappig, offene Stielbucht
Traube: mittelgroß, mittel- bis dichtbeerig
Beere: klein bis mittelgroß, länglich, grüngelb

Die Rebe hat mittlere Ansprüche an den *Boden,* jedoch hohe Ansprüche an die *Lage.*
Sie ist gegen Oidium *anfällig* und auch empfindlich gegen Spätfröste.
Der *Ertrag* liegt im langjährigen Durchschnitt bei 100 hl/ha, das *Mostgewicht* zwischen 70–85° Oechsle (14–17° KMW) und die *Mostsäure* zwischen 8–10‰.
Die *Reife* erfolgt mittelspät, und die *Lese* findet daher in der Regel in der ersten Hälfte Oktober statt.

Verbreitung

Der Mariensteiner ist nur in *Deutschland* mit einem äußerst geringen Anteil von 0,02% an der Gesamtrebfläche und fast nur in Franken zu finden.

Weinbeschreibung

Farbe: gelbgrün
Bukett: im allgemeinen neutral, manchmal leicht pfirsichähnlich
Geschmack: zartfruchtig bis kräftig, rassig mit betont stahliger Säure, nachhaltig im Abgang

Wozu trinkt man den Wein?

Er ist eher als gefälliger, süffiger Konsumwein für Speisen geeignet, zu denen auch ein Riesling passen würde.

Glaskultur und Serviertemperatur

Es empfehlen sich ein »Jungwein-Glas« und eine *Serviertemperatur* von 6–8° Celsius.

Lagerfähigkeit

Die Tafelweine und normalen Qualitäten des Mariensteiners sind schon nach einem halben Jahr trinkfähig und sollten daher möglichst jung und frisch konsumiert werden. Höhere Prädikatsstufen lassen sich je nach Säuregehalt etwas länger lagern.

Marsanne blanche

siehe unter Ermitage

Merlot

Rotwein

Synonyme

Die richtige Bezeichnung der Sorte ist eigentlich Merlot noir, im bewußten Gegensatz zur Weißweinsorte Merlot blanc. Der Name wurde vom französischen Wort Merle (Amsel) abgeleitet, weil diese Vögel die frühreifen Beeren der Rebe gerne naschen.
Es gibt noch einige sinnverwandte Namen für die Rebsorte, wie beispielsweise

- Merlau, Vitraille, Crabutet, Bigney, Sémillon Rouge, Plant Medre, Plant Medoc (Frankreich)
- Médoc noir (Ungarn)

Herkunft

Von wo eigentlich der Merlot abstammt und wie alt die Rebsorte ist, weiß niemand. Man nimmt an, daß sie aus Frankreich kommt. Urkundlich wird sie erstmals gegen Ende des 18. Jahrhunderts im Bordeaux-Gebiet erwähnt.

Weinbau

Sortenmerkmale:

Blatt: groß, drei- bis fünflappig, Oberseite blasig, hellgrün, Rand unregelmäßig gezähnt, herzförmig offene Stielbucht
Traube: mittelgroß, konisch, teils geschultert, locker gepackt, langer Stiel
Beere: mittelgroß, rund, schwarzblau, wenig beduftet, dünnschalig

Die Rebe bevorzugt leichte, trockene, warme *Böden* mit guter Wasserversorgung und mittelgute bis gute *Lagen,* die jedoch wegen Frostgefahr nicht tief gelegen sein dürfen. Am liebsten hat sie ein mildes Klima mit einem trockenen Herbst.

Die Sorte ist sehr winterfrostempfindlich. Außerdem macht sie der frühe Austrieb auch in der Blüte gegen Frühjahrsfröste ***empfindlich.*** Ihre dünnschaligen Beeren sind sehr fäulnis- und botrytisanfällig.
Der Merlot liefert mittelhohe ***Erträge,*** die jedoch jahresmäßigen Schwankungen unterliegen. Im langjährigen Durchschnitt erreicht die Rebsorte Erträge von 50–70 hl/ha. Die *Mostgewichte* liegen zwischen 70–100° Oechsle (14–20° KMW) und die *Mostsäure* zwischen 6–9‰. Die Säure nimmt mit zunehmender Reife schnell ab.
Sie *reift* mittelspät, die *Ernte* erfolgt in der ersten Oktoberhälfte.

Verbreitung

Das Hauptanbaugebiet der Merlot-Rebe ist zweifellos Frankreich, und dort wiederum vornehmlich das Bordeaux-Gebiet. Weitere Anbaugebiete in größerem Ausmaß gibt es noch in Italien, hauptsächlich in Südtirol, in Kroatien, Slowenien, Serbien und in Nord- und Südamerika (USA, Argentinien, Chile).
In *Deutschland* wird die Rebsorte zwar kultiviert, größere Anbauflächen gibt es jedoch vorläufig noch nicht. Die Sorte ist auch in der deutschen Sortenstatistik noch nicht erfaßt.
In *Österreich* wird die Sorte bisher gleichfalls noch nicht in der amtlichen Weinbaustatistik geführt, weshalb keine genaueren Angaben über die Anbaugebiete vorhanden sind. Man findet Merlot-Anbau in geringem Ausmaß in Niederösterreich, und zwar in den Gebieten um Mailberg und Krems, sowie in den Rotweinzonen des Burgenlandes.
In der *Schweiz* hat die Merlot-Rebe schon eine wesentlich größere Bedeutung. Ihr Anteil liegt bei 6% der Gesamtrebfläche. Die Hauptanbaugebiete liegen im Weinbaukanton Tessin (75% der Gesamtproduktion) und in Misox (Mesolcina, dem italienisch-sprachigen Tal zwischen Bellinzona und San Bernardino in Graubünden). In kleineren Mengen findet man die Sorte auch noch im Weinbaukanton Genf.

Weinbeschreibung

Der Prototyp eines Merlots stellt sich wie folgt dar:

Farbe: Der Wein ist von heller, rubinroter Farbe. Seine Farbbildung wird durch ein Charakteristikum des Merlots begünstigt. Bei der Kelterung extrahiert er die Farbstoffe aus der Haut der Beeren innerhalb weniger Stunden, wodurch ein langes Einmaischen nicht notwendig wird. Durch die relativ kurze Maischdauer fällt der Farbton in der Regel auch heller aus.

Bukett: Die Sorte hat ein typisches, grasiges Bukett, das in der Jugend des Weines an frisch gemähtes Gras, im Alter an welke Blätter oder Trüffel erinnert.

Geschmack: Der Merlot schmeckt frisch, süffig, trocken, eher weich und ist mit einem leicht bitteren Nachgeschmack behaftet. Der Wein hat relativ wenig Säure und weist auch einen ziemlich niedrigen Alkoholgehalt auf.
Wenn der Geschmack stark grasig erscheint, dann ist dies ein typisches Zeichen einer im Weingarten erfolgten Überproduktion.

Gesamteindruck: Je nach Ausbau ist der Merlot ein eher leichter, fruchtiger Rotwein, der zum raschen Verbrauch bestimmt ist. Die schwereren, im Holzfaß ausgebauten Weine sind hingegen tanninreicher und mit den klassischen Bordeaux-Weinen eher vergleichbar.

Der reinsortige Merlot hat in den letzten Jahren im großen Kreis der Weintrinker eine gewisse Abwertung in ganz Westeuropa erfahren. Schuld daran sind mehrere Gründe. Zum einen haben manche Winzer den großen französischen Bordeaux-Weinen nachgeeifert, wo mit wenigen Ausnahmen (z. B. Château Petrus) im Verschnitt der Anteil des Cabernets die Qualität des Weines maßgeblich beeinflußt. Dadurch wurde überall der Anbau vom Cabernet zu Lasten des Merlots gefördert. Zum anderen ist der Merlot nicht so haltbar wie die langlebigen Cabernet-Weine, insbesondere der Cabernet Sauvignon. Zum dritten ging der früher bestandene gute Ruf des Merlots dadurch verloren, daß er in den letzten Jahren oftmals, besonders bei Importweinen, mit einem Kronenkork in den Handel kam und derart als Billigwein angesehen wurde.
Diese Abwertung in der öffentlichen Beurteilung ist aber nicht gerechtfertigt. Denn der Merlot, reinsortig hergestellt, ist ein sehr ansprechender, unkomplizierter Alltagswein, der in guten Jahrgängen sogar ein beträchtliches Qualitätsniveau erreichen und dann auch einige Jahre reifen kann.
Im allgemeinen scheint der Merlot vom Weintyp den deutschen, österreichischen und Schweizer Rotweinen infolge seiner Leichtgewichtigkeit ähnlicher zu sein als beispielsweise der gerbstoffreichere und geschmacklich härtere Cabernet Sauvignon französischer Prägung.
Gerne wird die Sorte auch zum Verschnitt mit Cabernet herangezogen.

Wozu trinkt man den Wein?

Der Merlot ist in seiner Jugend und Frische ein süffiger, unkomplizierter Rotwein, den man immer ohne

Probleme trinken kann und dessen man nie über wird. Durch seinen spezifischen Grasduft, seinen trockenen, leicht herben Geschmack und seine allgemein angenehme Fruchtigkeit paßt er ausgezeichnet zu einem einfachen, kräftigen Essen.

Glaskultur und Serviertemperatur

Zum Merlot nimmt man ein »Bordeaux-Glas«.
Serviertemperatur: Die beste Temperatur zum Einschenken ist bei diesem Wein 12° Celsius.

Lagerfähigkeit

Die meisten Merlot-Weine schmecken jung und frisch am besten und sollten nicht lange gelagert werden.
Aus einem »sehr guten« Jahrgang kann ein Merlot, wenn er gut und sorgfältig gelagert ist, aber auch durchaus vier bis sechs Jahre alt werden.

Neuzüchtungen und Verwandte

Solche sind dem Verfasser nicht bekannt.

Merzling

Weißwein

Herkunft

Eine Kreuzung des Staatlichen Weinbauinstitutes Freiburg im Breisgau (1960) zwischen Seyve-Villard-5-276 x (Riesling x Ruländer), eine der fünf von diesem Institut freigegebenen pilzresistenten Neuzüchtungen.
Seyve-Villard ist der Name eines französischen Rebzuchtbetriebes. Die dort gezüchteten Kreuzungsreben mit Amerikaner-Rebgut wurden mit dem Namen dieser Züchterfirma und einer laufenden Nummer benannt und kamen ab 1928 in den französischen Weinbaugebieten zum Anbau. Einige dieser Seyve-Villard-Zuchtstämme erwiesen sich später in Freiburg als gute Elternsorten für die weitere Kreuzungsarbeit dieses Weinbauinstitutes. Für den Merzling wurde die Seyve-Villard-Rebe als Muttersorte verwendet. Die Züchtung wurde 1993 zum Sortenschutz und zur Eintragung in die Sortenliste angemeldet.

Weinbau

Sortenmerkmale:
Blatt: mittelgroß bis groß, fünflappig, überlappende Stielbucht, dunkelgrün
Traube: groß, dichtbeerig
Beere: mittelgroß bis groß, in der Vollreife gelbgrün, dünnschalig

Die Sorte bevorzugt weniger fruchtbare, mehr tiefgründige und nicht zu trockene ***Böden*** und eher höhere ***Lagen.*** Auf sehr fruchtbaren Böden und in besonders warmen Lagen kann der Wein eine breite Art und einen störenden Ton entwickeln.
Was die ***Anfälligkeit*** betrifft, so zeigt sie eine gute Resistenz gegen Pilzkrankheiten. Die Peronospora-Resistenz ist etwas schwächer ausgeprägt. Ihre Winterfrostigkeit ist gut, und die Rebe widersteht auch leichten Frühfrösten.
Der ***Ertrag*** ist hoch und entspricht etwa dem des Müller-Thurgau, liegt also zwischen 100–150 hl/ha. Das ***Mostgewicht*** bewegt sich zwischen 70–80° Oechsle (14–16° KMW) und die ***Mostsäure*** um 10‰, kann aber in guten Jahren herabsinken.
Die ***Reife*** setzt relativ früh ein, die ***Lese*** erfolgt im letzten Drittel September.

Verbreitung

Der Merzling ist nur in ***Deutschland*** zu finden, vorläufig jedoch nur in Versuchsanpflanzungen in klimatischen Randzonen der Weinbaugebiete und in höher gelegenen Müller-Thurgau-Lagen.

Weinbeschreibung

Farbe: grünlich-gelb
Bukett: fruchtig
Geschmack: fruchtig, stoffig, füllig, weitgehend neutral, in der Geschmacksprägung jedoch andes als Müller-Thurgau-Weine

Wozu trinkt man den Wein?

Der Merzling ist ein anspruchloser Alltagswein.

Glaskultur und Serviertemperatur

Es empfiehlt sich, ein »Jungwein-Glas« zu nehmen und den Wein mit 6–8° Celsius zu servieren.

Lagerfähigkeit

Der Wein ist möglichst jung und frisch zu trinken.

Morillon

siehe unter Chardonnay

Morio-Muskat

Weißwein

Herkunft

Die Rebsorte ist neben dem Müller-Thurgau und der

Scheurebe eine der ältesten deutschen Neuzüchtungen (1928). Sie ist eine Kreuzung des Institutes für Rebenzüchtung Geilweilerhof in Siebeldingen/ Pfalz zwischen Silvaner x Weißem Burgunder. Zulassung (Sortenschutz) 1956, klassifiziert (für den Anbau freigegeben) seit 1982 in sechs Anbaugebieten Deutschlands.

Den Namen erhielt die Rebsorte wegen ihres kräftigen Muskatbuketts und zu Ehren des Züchters Peter Morio, dem damaligen Leiter einer Nebenstelle der Bayerischen Rebenzüchtung, dem heutigen Geilweilerhof.

Weinbau

Sortenmerkmale:

Blatt: mittelgroß bis groß, ungeteilt, selten dreilappig, schwach gebuchtet, starke, spitze Zähnung, offene bis überlappte Stielbucht

Traube: mittelgroß, kompakt, leicht geschultert bis walzenförmig, dichtbeerig

Beere: grüngelb, klein bis mittelgroß, rundlich, saftig, dünnschalig

Die Sorte bevorzugt tiefgründige, nährstoffreiche ***Böden*** und liebt besonders Lößböden, wobei jedoch ein größerer Standortraum immer empfehlenswert ist. Die Ansprüche an die ***Lage*** sind mittel bis gut und entsprechen jenen des Silvaners.

Die Rebe ist ***anfällig*** gegen Peronospora, Oidium und Botrytis.

Der Morio-Muskat ist sehr fruchtbar und hat hohe ***Traubenerträge*** von durchschnittlich 25.000 kg/ha, das sind etwa 185 hl/ha. Seine Weine sind jedoch qualitativ nur dann wirklich ansprechend, wenn ein höheres Mostgewicht von mindestens 70–80° Oechsle (14–16° KMW) erreicht wird, weshalb der Ertrag bewußt auf 15.000–18.000 kg/ha (110–135 hl/ha) beschränkt werden sollte. Das spezifische ***Mostgewicht*** liegt im langjährigen Durchschnitt ohne Ertragsbeschränkung bzw. in kleinen Lagen nur bei 50–60° Oechsle (11–13° KMW), in guten Lagen jedoch bei 70° Oechsle (14° KMW) und mehr. Die ***Mostsäure*** bewegt sich im Schnitt bei 12–14‰, ist also relativ hoch.

Die ***Reife*** der Trauben setzt mittelspät ein, die ***Lese*** erfolgt Anfang bis Mitte Oktober.

Verbreitung

Der Morio-Muskat besitzt in ***Deutschland*** einen Rebflächenanteil von 1,7% und hat seine Hauptanbaugebiete in der Pfalz (56% der Anbaufläche in dieser Sorte) und in Rheinhessen (39%). Seit Ende der 1970er Jahre ist der Anbau dieser Sorte rückläufig, was mit der inzwischen eingetretenen allgemeinen Geschmacksänderung zusammenhängen dürfte, die sich von den meist lieblichen, sehr blumigen, an Muskat erinnernden Sorten wegbewegt.

In ***Österreich*** und in der ***Schweiz*** ist die Sorte kaum zu finden.

Weinbeschreibung

Farbe: gelbgrün, bei höherer Reife goldgelb

Bukett: Unreife Weine (mit niedrigem Mostgewicht) haben ein nicht nur aufdringliches, sondern sogar abstoßendes Bukett. Reife Weine (mit einem Mindestmostgewicht von 75° Oechsle) haben ein kräftiges, aber durchaus ansprechendes Muskatbukett.

Geschmack: Unreife Weine schmecken grasig, haben eine spitz wirkende Säure und sind von mäßiger Qualität. Reife Weine, in der Regel Prädikatsweine, zeigen eine harmonische Säure und ein blumiges Charakterbild. In den hohen Prädikatsstufen können die Weine sehr wuchtig und füllig sein und lassen Anklänge an den Gewürztraminer erkennen.

Gesamteindruck: Der Morio-Muskat liefert im allgemeinen lebhafte, frische Tafel- und Qualitätsweine. Die Weine sind besonders bei früherer Lese sehr bukettreich und weisen einen ausgeprägten Muskatton auf. Sie werden gerne als Verschnittsorte verwendet. Mit zunehmender Beerenreife wird das Bukett immer dezenter. In den hohen Prädikatsstufen ist der Morio-Muskat ein wertvoller, hochgeschätzter Liebhaberwein.

Wozu trinkt man den Wein?

Der Morio-Muskat ist in seinen niedrigen Qualitätsstufen ein einfacher, bukettbetonter Tafel-, mitunter auch Kneipwein. In höheren Qualitätsstufen ist er ein ausgesprochener Liebhaberwein für Weinfreunde, die muskatbetonte Weine zu schätzen wissen, besonders für Mußestunden geeignet, in denen man den Wein so richtig genießen kann.

Glaskultur und Serviertemperatur

Für den Morio-Muskat empfiehlt sich für höhere Qualitätsstufen ein »Universal-Glas«.

Die beste ***Serviertemperatur*** ist bei einfachen Tafel- und Qualitätsweinen 6–8° Celsius. Höhere Prädikatsweine verlangen eine höhere Serviertemperatur von etwa 8–10° Celsius.

Lagerfähigkeit

Der einfache Morio-Muskat schmeckt jung und frisch am besten. Höhere Prädikatsweine haben eine gute Lagerfähigkeit und zeigen erstaunlicherweise auch noch nach vielen Jahren ihr charakteristisches Muskatbukett.

Müllerrebe

siehe unter Schwarzriesling

Müller-Thurgau

(Riesling x Sylvaner, Rivaner)

Weißwein

Synonyme

- Müller-Thurgau, Riesling x Sylvaner (Österreich)
- Müller-Thurgau, Riesling x Silvaner, Rivaner (Deutschland)
- Riesling x Sylvaner (Schweiz, Elsaß)
- Rivaner (Luxemburg, Kroatien, Slowenien)
- Rizling-szilváni (Ungarn)

In letzter Zeit stößt man bei Weinangeboten von Winzern oder in Restaurants anstelle der üblichen Bezeichnung Müller-Thurgau bzw. Riesling x Sylvaner immer öfter auf den Namen Rivaner, der aus Teilen der Worte Riesling und Sylvaner gebildet wurde. Das dürfte vielleicht mit verkaufspolitischen Überlegungen zu erklären sein, um dem Wein durch eine andere Bezeichnung das vielfache Image eines einfachen Konsum- oder Schoppenweines zu nehmen.

Herkunft

Der Müller-Thurgau ist eine der erfolgreichsten Neuzüchtungen der Welt, wenn nicht überhaupt die erfolgreichste. In nur 100 Jahren hat diese Rebsorte eine weltweite Verbreitung gefunden. Heute ist die Sorte aus einem modernen Rebenbestand einfach nicht mehr wegzudenken.

Der Altmeister E. Hornickel schreibt so ungemein treffend über diese Weinsorte: »Der Müller-Thurgau ist keiner der Edlen, er ist nie eine große Kreszenz, kein Hochgewächs von den teuersten Weinbergen jedes Landes, er ist der charmanteste Bürgerliche unter den Rebsorten Europas, der zärtliche Kniff in die Wange einer jungen Bacchantin, er ist der Wein der Jugend, weil er selbst nicht alt werden kann.«

Der Müller-Thurgau ist eine Züchtung des Schweizer Biologieprofessors DDr. h. c. Hermann Müller, der aus Tägerwilen im Kanton Thurgau in der Schweiz stammt. Nachdem in Deutschland sowohl der Familienname Müller als auch der Vorname Hermann sehr häufig anzutreffende Namen waren, nannte er sich Müller-Thurgau. Von 1867–1890 wirkte Müller-Thurgau an der damaligen Königlichen Lehranstalt für Obst- und Weinbau in Geisenheim, Deutschland, wo er sich hauptsächlich mit Kreuzungsversuchen bei Rebsorten beschäftigte. 1891 folgte Müller-Thurgau einem Ruf in die Schweiz, um in Wädenswil bei Zürich eine Weinbauanstalt nach Geisenheimer Vorbild aufzubauen. Er ließ dabei aus seinen in Geisenheim gezüchteten Sämlingsfamilien 150 brauchbare Stecklinge nach Wädenswil nachkommen. Bei seinen weiteren Zuchtversuchen wurde Müller-Thurgau von Heinrich Schellenberg unterstützt. Diesem Mitarbeiter war es auch zu verdanken, daß im Jahre 1892 die Zucht-Nummer 58 (Kreuzung zwischen Riesling x Sylvaner, wobei der Riesling als Mutterrebe und der Sylvaner als Vaterrebe diente) als besonders wertvoll erkannt und dann später selektioniert wurde.

Gleichfalls einem früheren Mitarbeiter von Müller-Thurgau in Geisenheim und späteren langjährigen Landesinspektor für Weinbau in Bayern, dem Hofrat August Dern, kommt wiederum das Verdienst zu, daß er diese Neuzucht im Jahre 1913 nach Deutschland brachte, wo sie die Sortenbezeichnung »Müller-Thurgau-Rebe« erhielt. Der Züchter selbst lehnte eine solche Ehrung seines Namens ab und nannte seine Kreuzung immer nur nach den Elternsorten. Deshalb wird auch diese Rebsorte in der Schweiz bis heute nur stets Riesling x Sylvaner genannt. Überall sonst auf der Welt wird sie jedoch als Müller-Thurgau bezeichnet. Übrigens schreibt man in Deutschland Silvaner und nicht Sylvaner.

Heute wird allerdings die Theorie, daß der Müller-Thurgau eine Kreuzung zwischen Riesling x Sylvaner sei, in Frage gestellt, weil sich die Kreuzung züchterisch nie wieder nachvollziehen ließ. Nach neuesten Forschungen nimmt man an, daß es sich auch um eine Selbstbefruchtung des Riesling handeln könnte, also eine Riesling x Riesling-Kreuzung und daß daher die Sorte Sylvaner niemals als Vaterrebe bei der Kreuzung diente.

Sicher ist jedenfalls, daß es bis in die 1950er Jahre dauerte, bis der wirkliche Siegeszug der Müller-Thurgau-Rebe begann. Denn bis dahin gab es zwei Meinungsgruppen. Die eine lehnte die Sorte mit der Begründung ab, daß sie ein minderwertiger Bastard mit einer großen Krankheitsanfälligkeit sei, ein typischer Massenträger, der einen damals vielleicht spürbaren Fremdton in Form eines Stachelbeergeschmacks aufwies, welcher von den Weinkonsumenten nicht akzeptiert und zurückgewiesen werde.

Außerdem, so betonte man, zeige der Wein in der Flasche keine besondere Reifeentwicklung. Die andere Meinungsgruppe trat vehement und überzeugend für einen forcierten Anbau des Müller-Thurgau ein und verwies dabei auf die gute Fruchtbarkeit und Robustheit der Rebe sowie auf ihre frühe Reife mit all den damit für den Winzer verbundenen Vorteilen. Tatsache ist jedenfalls, daß die Müller-Thurgau-Rebe ab 1950/60 in den kühleren Weinbaugebieten der Welt eine ungemein rasche Verbreitung fand. Heute schätzt man, daß weltweit etwa 50.000 Hektar Rebfläche mit rund 200 Millionen Rebstöcken der Sorte Müller-Thurgau angebaut sind.

Weinbau

Sortenmerkmale:

Blatt: mittelgroß, fünf- bis siebenlappig, tief eingeschnitten, abgesägter Blattrand, überlappende Stielbucht, hellgrün

Traube: mittelgroß bis groß, locker- bis dichtbeerig, konisch, oft geschultert

Beere: gelblich-grün, mittelgroß, oval, hartschalig, leicht beduftet

Der Müller-Thurgau gedeiht nur wirklich gut in kühleren Anbaugebieten und hat daher in den nördlichen Anbaugebieten einen hohen Anbauwert. Die Rebe lehnt alle südlich gelegenen Weinbauzonen mit heißen und trockenen Sommern ab. In solchen südlichen Produktionsgebieten gewonnene Müller-Thurgau-Weine sind meist charakterlos, ohne Frische und Spritzigkeit und wirken auch im Geschmack müde und fad. Für die Qualität eines Müller-Thurgau ist nicht so sehr die Temperatur oder eine warme ***Lage*** entscheidend, als vielmehr gute ***Böden,*** nämlich nährstoffreiche, tiefgründige Löß- und Lehmböden mit guter Wasserversorgung (keineswegs aber sandige, kiesige oder felsige Böden) sowie eine qualitätsbewußte Ertragsbeschränkung. Die Rebsorte ist von überaus großer Fruchtbarkeit. Im langjährigen Durchschnitt erzielbare ***Erträge*** zwischen 100–150 hl/ha, in manchen Jahren aber auch bis 200 hl/ha sind durchaus möglich. Höhere Erträge beeinträchtigen dann aber meist auch die Qualität des Weines. Die Rebsorte hat den Vorteil, daß ihre Weine auch in ungünstigen Weinjahren selten verbesserungsbedürftig sind und sie dann immer noch gute, leichte und süffige Tafelweine erbringen kann. In guten Jahren kann sie hervorragende Weine zustandebringen. Das ***Mostgewicht*** liegt meistens zwischen 65–75° Oechsle (13–15° KMW), in guten Lagen werden aber auch leicht 80–90° Oechsle (16–18° KMW) erreicht. Die ***Mostsäure*** ist allgemein niedrig und bewegt sich meist unter 10‰ (etwa bei 8–9‰), kann in guten Weinjahren sogar bis auf 5–6‰ sinken.

Ein weiterer Vorteil des Müller-Thurgau liegt in seiner frühen bis mittelfrühen ***Reife.*** In guten Jahren ist eine Vollreife der Trauben schon Mitte September, in schlechten Jahren Ende September bis Mitte Oktober gegeben. Die ***Lese*** erfolgt im allgemeinen im letzten Drittel September bis Mitte Oktober.

Zusammenfassend kann man sagen, daß die Vorteile der Müller-Thurgau-Rebsorte in der Frühreife der Trauben, in den geringen Ansprüchen an die Lage (allerdings keine tiefen Lagen), in den hohen und sicheren Ertragsleistungen und noch in anderen vegetativen Eigenschaften liegen. Die Nachteile der Sorte sind ihre Empfindlichkeit gegen Winterfröste und ihre Anfälligkeit gegenüber Krankheiten, Peronospora, Rotem Brenner, Schwarzfleckenkrankheit, Echtem Mehltau (Oidium) und Fäulnis, wobei allerdings die Botrytis (Edelfäule) den Müller-Thurgau zu einem ganz großen Prädikatswein machen kann. Ein weiterer Nachteil ist, daß die Beeren bei Überreife leicht abfallen. Das muskatartige Bukett wird zwar weitgehend vom Sortencharakter bestimmt, hängt aber nicht zuletzt auch vom Klima und Boden ab. Der heutige Trend beim Müller-Thurgau weist vom stark bukettierten Wein weg und hin zum traubigen Aroma mit nur schwach ausgeprägtem Muskatton.

Verbreitung

Der Müller-Thurgau hat in allen nördlichen Weinbaugebieten eine weite Verbreitung gefunden.

In ***Deutschland*** ist der Müller-Thurgau überhaupt die wichtigste Rebsorte und hat einen Anteil von 23,4% an der deutschen Gesamtrebfläche. Den größten Anbau haben dabei die Weinbaugebiete Rheinhessen (23% aller Anbauflächen in dieser Sorte), Baden (23%), Pfalz (22%), Mosel-Saar-Ruwer (12%), Franken (11%) und die ostdeutschen Weinbaugebiete.

In ***Österreich*** ging der Anbau in den letzten Jahren kontinuierlich zurück. Sein Anteil beträgt heute nur mehr 7,8% der Gesamtrebfläche, womit die Rebsorte nach der österreichischen Leitsorte Grüner Veltliner durch den Welschriesling auf den dritten Platz verdrängt wurde. Die Hauptanbaugebiete liegen dabei in Niederösterreich sowie im Burgenland, weniger in der Steiermark und in Wien. Im Burgenland gehört er zu den Standardsorten für hohe Prädikatsweine.

In der ***Schweiz,*** wo der Müller-Thurgau nur Riesling x Sylvaner genannt wird, hat die Rebsorte einen Anteil von 5% an der Gesamtrebfläche. Sie ist die wichtigste Sorte in der Ostschweiz und übertrifft dort mit Abstand den Gutedel, ist aber auch in den anderen Weinbaukantonen zu finden.

Weinbeschreibung

Farbe: Der Müller-Thurgau ist ein heller Wein mit leicht grünlich-gelbem Farbschimmer. Bei höheren Qualitätsgraden nimmt er durch den Einfluß der Botrytis in der Farbe einen schönen Goldton an.

Bukett: Charakteristisch für einen Müller-Thurgau ist der leicht bis stark ausgeprägte Muskatton in Duft und Aroma. Mit zunehmender Qualität nimmt dieses typische Müller-Thurgau-Bukett ab und kann ab der Qualitätsstufe Spätlese aufwärts oft gänzlich fehlen.

Geschmack: Müller-Thurgau-Weine sind alkoholarm, frisch, spritzig, süffig sowie von feiner Fruchtigkeit. Sie zeigen sich von ihrer schönsten Seite, wenn sie aus besten, trockenen Lagen kommen. Für die Qualität eines Müller-Thurgau ist vielfach die Höhe seines Säuregrades ausschlaggebend. Oftmals weist der Wein einen zu niedrigen Säuregehalt von bloß 5–6‰ auf und schmeckt dann zu mild und ausdruckslos. Sein Extraktstoffgehalt ist im allgemeinen niedrig. Man sagt nicht von ungefähr, daß die besten Müller-Thurgau-Weine von den besten Winzern aus eher mäßigen Weinjahren kommen.

Gesamteindruck: Der Prototyp eines jungen Müller-Thurgau stellt einen frischen, spritzigen, rassigen Wein von ausgesprochen fruchtiger und säurereicher Art dar, der oftmals einen mehr oder weniger ausgeprägten Muskatton zeigt. Im Gegensatz zu deutschen, aber auch Schweizer Müller-Thurgau-Weinen, die überwiegend sehr milde Weine sind, soll nach österreichischer Ansicht ein junger Müller-Thurgau durch eine entsprechende Süffigkeit, Spritzigkeit und frische Säure bestechen und eine intensive Fruchtigkeit in der Nase spüren lassen. Er schmeckt am besten als Jungwein.

Beim Müller-Thurgau unterscheidet man zwischen drei *Grundtypen:*

1. Der klassische Prototyp des Müller-Thurgau mit seinem im Duft und Aroma leicht bis stärker auftretenden charakteristischen Muskatton (Sorteneigenart).
2. Der an eine Scheurebe erinnernde Müller-Thurgau mit einem stark ausgeprägten Geruch und Geschmack nach Muskatgewürz, der aber mitunter auch grasig und unreif schmecken kann.
3. Der durch die Botrytis (Edelfäule) geprägte Müller-Thurgau in den höheren Prädikatsweinstufen, erkennbar durch seine goldene Farbe und seinen Honigton im Geschmack. Die Botrytis-Variante kann zwar in den unteren Qualitätsstufen mitunter auch auftreten, wird aber dann von Konsumenten wenig geschätzt.

Diese drei Grundtypen sind selten klar voneinander zu trennen, sondern gehen meistens fließend ineinander über.

Wozu trinkt man den Wein?

Ein Müller-Thurgau mit seiner mehr oder weniger ausgeprägten Muskatnote ist im allgemeinen ein anspruchsloser Alltagswein, der gerne beim Buschenschank oder als Schankwein (Schoppenwein) getrunken wird.

Trocken oder halbtrocken ausgebaut paßt ein Müller-Thurgau bei einem nicht zu stark ausgeprägten Muskatbukett immer zu einem herzhaften, einfachen Essen.

Müller-Thurgau-Weine mit einer lieblicheren Geschmacksnote werden gerne als Bowlen- oder Partyweine verwendet.

Glaskultur und Serviertemperatur

Das passende Glas für den Müller-Thurgau, als Qualitäts- und Kabinettwein getrunken, ist das »Jungwein-Glas«. Dieses schlanke, tulpenförmige Weinglas bringt die Frische und Fruchtigkeit voll zur Geltung. Das Glas soll dabei nur zur Hälfte eingeschenkt werden, damit sich der charakteristische Muskatton im freien Raum des Glases sammeln und beim Trinken von der Nase wahrgenommen werden kann.

Müller-Thurgau-Weine in höheren Prädikatsstufen (von Auslese aufwärts) sind am besten in einem »Universal-Glas« zu genießen, das den typischen Botrytiston besser zum Ausdruck bringen kann.

Serviertemperatur: Diesen Wein schenkt man mit 6–8° Celsius ein. Höhere Prädikatsstufen (ab Auslese aufwärts) serviert man besser mit 9–10° Celsius.

Lagerfähigkeit

Müller-Thurgau-Weine entwickeln sich sehr rasch und sollten trocken ausgebaut und – von höheren Prädikatsstufen abgesehen – möglichst jung und frisch getrunken werden. Ihren geschmacklichen Höhepunkt erreicht die normale Sorte (Tisch- und Tafelwein) bereits vier Wochen nach der Lese, die einfachen Qualitätsweine etwa nach drei Monaten und Kabinettweine sowie Spätlesen etwa nach sechs Monaten.

Wegen seiner Sorteneigenschaften baut der Müller-Thurgau seine Spritzigkeit und Fruchtigkeit rasch ab. Man sollte einen Müller-Thurgau nicht länger als zwei, höchstens drei Jahre lagern. Große Prädikatsweine (Ausbruch, Beeren- und Trockenbeerenauslese) lassen sich hingegen ohne weiteres zehn bis zwanzig Jahre lagern. Allerdings geht dann der typische muskierende Müller-Thurgau-Charakter gänzlich verloren.

Neuzüchtungen und Verwandte

Viele wichtige Kreuzungen der jüngsten Zeit haben den Müller-Thurgau als Vater- oder Muttersorte aufzuweisen. Von den wichtigsten **Neuzüchtungen** in Deutschland seien erwähnt:

Bacchus: (Silvaner x Riesling) x Müller-Thurgau (ähnlich wie Müller-Thurgau-Weine).

Faberrebe: Weißer Burgunder x Müller-Thurgau (frisch, fruchtig, feinrassig, rieslingähnlicher Geschmack).

Findling: Mutante aus Müller-Thurgau (ähnelt den Müller-Thurgau-Weinen, altert aber rascher, in schlechten Jahren wirkt er dünn).

Kanzler: Müller-Thurgau x Silvaner (ausgeprägtes Sortenbukett, feinfruchtig, ähnelt einem guten, reifen Silvaner).

Optima: (Silvaner x Riesling) x Müller-Thurgau (feinduftig, elegant bis rassig).

Ortega: Müller-Thurgau x Siegerrebe (feinfruchtiges Muskat-Pfirsich-Bukett, extraktreich und kräftig, oft rieslingähnlich).

Perle: Gewürztraminer x Müller-Thurgau (aromatisch, würzig, mild).

Würzer: Gewürztraminer x Müller-Thurgau (Muskatbukett, in guten Weinjahren frisch, rassig, aromatisch).

Multaner

Weißwein

Eine Kreuzung der Forschungsanstalt Geisenheim/Rheingau zwischen Riesling x Silvaner, die inzwischen wieder zurückgezogen wurde.

Muscabona

Weißwein

Eine Kreuzung der Bayerischen Landesanstalt für Weinbau und Gartenbau in Würzburg zwischen Siegerrebe x Müller-Thurgau, die inzwischen wieder zurückgezogen wurde.

Muscat blanc (du Valais)

Weißwein

Eine Spezialsorte der ***Schweiz*** und ein Wein für Liebhaber, der in den Kantonen Wallis und Waadt zu finden ist.

Zum Unterschied vom Muskateller in anderen Ländern wird der Schweizer Muscat völlig durchgegoren angeboten, jedoch mit gleichfalls typischem aromatischem Muskatbukett und Muskatgeschmack. Oftmals werden die Muskattrauben zusammen mit Fendant(Chasselas)- oder Sylvaner(Johannisberg)trauben vergoren, wobei das schöne Muskataroma in diesem Traubengemisch deutlich erhalten bleibt.

Im *Geschmack* ist der Muscat blanc trocken, elegant und alkoholarm. Er eignet sich am besten als Aperitif- oder Dessertwein und sollte jung getrunken werden (als einjähriger, höchstens zweijähriger Wein).

Muskateller

(Gelber Muskateller)

Weißwein

Synonyme

Zunächst sei einmal klargestellt: Es gibt den »Gelben Muskateller« und den »Roten Muskateller«. Der Rote Muskateller ist eine Mutation des Gelben Muskatellers, bei dem mit Ausnahme der rötlich gefärbten Beeren alle übrigen Eigenschaften vollständig gleich sind. Im folgenden wird nur der Gelbe Muskateller beschrieben, weil der Rote Muskateller in Europa praktisch nirgends mehr angebaut wird.

So wie bei jeder alten Rebsorte hat auch der Muskateller viele Doppelnamen. Die noch heute gebräuchlichsten sind:

- Muskateller, Grobschmeckender, Katzendreckler, Gelber Weihrauch (Österreich)
- Muskateller, Weiße Muskattraube (Deutschland)
- Muscat Blanc, Muscat de Frontignan, Muscat Blanc Commun, Blanc Doux (Frankreich)
- Moscato bianco, Moscatello bianco, Moskat bianco (Italien)
- Muscat blanc (Schweiz)
- Moscatel de Setúbal (Portugal)
- Moscatel, Zoruna (Spanien)

- Muscat Lunel, Weyrer Muskatály, Bela Dinka, Muskat beli (Ungarn)
- Muškát žltý (Tschechien, Slowakei)
- Rumeni muškat (Balkan)

Vom Muskateller existiert eine große Vielzahl von Spielarten mit weißen, grauen, roten und violetten Beeren. Man spricht von rund 200 Mutationen, von denen die meisten aber wiederum Spielarten von Muskateller-Mutationen, sind. Es gibt aber auch Sorten, die zwar in ihrer Bezeichnung den Namen Muskat aufweisen, um damit ihr typisches Muskatbukett anzuzeigen, die aber mit dem Muskateller überhaupt nicht verwandt sind (z. B. Muskat-Sylvaner, Morio-Muskat, Muscadet, Muscadelle, Grüner Muskateller).

Herkunft

Zweifellos gehört der Muskateller zu den ältesten Rebsorten der Welt und dürfte, so wie beispielsweise die uralte Sorte Gutedel, aus Vorderasien stammen. Es ist erwiesen, daß der Muskateller von den Phöniziern und Griechen aus Ägypten nach Europa (wahrscheinlich zuerst nach Südfrankreich) gebracht wurde.

Der Muskateller-Wein ist in den vergangenen Jahrhunderten oftmals in Liedern besungen und in Dichtungen erwähnt worden. Auch auf der Tafel von Kaisern und Fürsten durfte er nicht fehlen und war hochgeschätzt. So galten Karl der Große und Kaiser Barbarossa als ausgesprochene Verehrer dieses Weines. In Deutschland wird die Rebsorte nachweislich seit dem 12. Jahrhundert angebaut.

In Österreich läßt sich der Muskateller seit etwa 1400 in der Wachau (Dürnstein) urkundlich nachweisen, was ihn damit zur ältesten belegten (!) Rebsorte in diesem Land macht.

Weinbau

Sortenmerkmale:

Blatt: mittelgroß bis groß, drei- bis fünflappig, blasig, gelbgrün, scharf gezähnter Blattrand, offene, V-förmige Stielbucht

Traube: mittelgroß, dichtbeerig, meist konisch, dünnschalig, kurzer, starker Stiel, Tafel- und Keltertraube

Beere: mittelgroß, rund bis leicht länglich, Farbe je nach Spielart gelbgrün, braunrot, rot oder graurot

Der Muskateller ist mit Ausnahme von kalkhältigen fast für alle ***Böden,*** auch Stein- und Sandböden, geeignet, wenn sie genügend tiefgründig und nicht allzu trocken sind.

Er verlangt jedoch ein wärmeres Klima und warme *Hanglagen.* Wird er auf nicht windgeschützten Standorten ausgesetzt, dann neigt er zum Verrieseln (Abfall von nicht oder nur teilweise befruchteten Blüten).

Bezüglich ihrer ***Anfälligkeit*** ist die Sorte gegenüber Frösten und Pilzbefall empfindlich. Infolge der Dünnhäutigkeit ihrer Beeren springen diese bei feuchtem Wetter leicht auf und sind dann fäulnisanfällig (Beerenfäule).

Der ***Ertrag*** ist unsicher und hängt weitgehend vom Standort ab. Nur in warmen Lagen kann er befriedigen und erbringt dann im langjährigen Durchschnitt etwa 50–65 hl/ha. Die ***Mostgewichte*** schwanken in der Regel zwischen 70–85° Oechsle (14–17° KMW), und die ***Mostsäure*** liegt bei 8–10‰.

Der Muskateller ***reift*** relativ spät. Seine ***Ernte*** liegt erfahrungsgemäß in der ersten Hälfte Oktober, wobei aber bei nassem Wetter die Lese wegen der leichten Fäulnisanfälligkeit der Trauben oftmals auch schon früher erzwungen wird.

Verbreitung

Die heutigen Anbaugebiete des Muskateller sind über ganz Europa verstreut.

In ***Deutschland*** hat er nur eine geringe Verbreitung und einen Rebflächenanteil von bloß 0,05%. Auf winzigen Parzellen findet man in Baden sogar noch den Roten Muskateller. Sonst sind seine Hauptanbaugebiete in Baden, Württemberg und in der Pfalz, kleinere Rebflächen gibt es noch an der Nahe und in Rheinhessen.

In ***Österreich*** spielt der Muskateller gleichfalls nur mehr eine untergeordnete Rolle, obwohl die Rebsorte gerade in jüngster Zeit wieder ihre speziellen Liebhaber gefunden hat. Ihr Anteil an der gesamten österreichischen Rebfläche beträgt zwar nur 0,2%, aber vermehrte Auspflanzungen bestätigen das wiedererwachte Interesse. 62% der mit dieser Sorte bepflanzten Weingärten liegen in der Südsteiermark (hauptsächlich um Glanz und Gamlitz), 22% in Niederösterreich und 14% im Burgenland um den Neusiedlersee.

In der ***Schweiz*** gibt es noch kleine Anbauflächen am Genfer See, im Wallis und im Waadtland.

Weinbeschreibung

Farbe: Der Muskateller hat eine grünlich-gelbe Farbe, die bei Beeren- und Trockenbeerenauslesen goldgelb wird.

Bukett: Alle Muskateller-Weine haben ein traubiges, ausgeprägtes Muskatbukett, das deutlich die frische Muskatellertraube spürbar werden läßt. Selbst in den höchsten Qualitätsstufen, wie beispielsweise noch in der Trockenbeerenauslese, ist neben einem mehr oder weniger deutlichen

Botrytiston dieses traubige Muskataroma noch erkennbar. In kleinen Weinjahren wirkt das Bukett des Muskateller allerdings oft aufdringlich und derb.

Geschmack: Der Wein ist leicht und frisch, nicht allzu hoch im Körper und vielfach mit einer fruchtigen Säure versehen. Meistens wird er heute trocken ausgebaut.

Gesamteindruck: In guten Weinjahren vermag man vom Muskateller einen durchaus selbständigen Flaschenwein zu gewinnen, der als Spezialität seine volle Anerkennung findet. In kleinen, weniger günstigen Jahren verwendet man ihn hingegen gerne für Verschnittzwecke (besonders für Riesling, Weißen Burgunder und Silvaner).

Im Gegensatz zu früher, wo man fast alle Muskateller-Weine mit einem hohen Restzuckergehalt anbot, geht der heutige Trend eindeutig zum trocken ausgebauten Muskateller bis zur Spätlese oder Auslese, der aber dabei immer mit einer pikanten und rassigen Säure ausgestattet sein sollte.

Wozu trinkt man den Wein?

Da man beim Muskateller im Duft, Aroma und Geschmack immer gleich an eine frische Muskatellertraube erinnert wird, verträgt sich dieser Wein infolge seines ausgeprägten Eigengeschmacks nicht immer zum Essen. Man kann ihn aber sicherlich zu sommerlichen Salaten, einer Quiche Lorraine (Lothringer Käsekuchen) und eventuell zu leichten Fischgerichten trinken. Höhere Prädikatsstufen mit einem Restzuckerwert passen sicherlich auch zu süßem Backwerk. Immer aber eignet sich ein kühler, trockener Muskateller ganz hervorragend als Aperitifwein. Oder aber man genieße das edle und köstliche Aroma dieses Weines für sich allein in stillen Stunden oder zum Abschluß eines schönen Abends.

Glaskultur und Serviertemperatur

Für einen Muskateller nimmt man am besten ein »Universal-Glas«, will man das Bukett und Aroma voll genießen.

Serviertemperatur: Eine Temperatur von 7–9° Celsius ist die vorteilhafteste zum Servieren dieses aromatischen Weines.

Lagerfähigkeit

Ein Muskateller schmeckt am besten frisch und jung. Denn sein frisches, traubiges Aroma bleibt nur etwa zwei bis drei Jahre unverändert und verliert sich mit zunehmender Reife, wobei es dann von einem Altersfirn, eventuell auch mit Petrolcharakter überdeckt wird. Beeren- und Trockenbeerenauslesen behalten ihren typischen Muskatton hingegen zehn Jahre und auch darüber und können daher wesentlich länger gelagert werden.

Neuzüchtungen und Verwandte

Es gibt vom Mukateller folgende Kreuzungen:

Huxelrebe: Gutedel x Courtillier musqué (der Wein ist in seiner Art dem Müller-Thurgau ähnlich und wird häufig als Prädikatswein angeboten).

Schönburger: Blauer Spätburgunder x (Chasselas rosa x Muskat Hamburg) (die Sorte liefert bukettbetonte Qualitätsweine, wird als Traminerersatz betrachtet und meist als Verschnittwein verwendet).

Als verwandte Rebsorten gelten:

Morio-Muskat: siehe dort.

Muskat-Ottonel: siehe dort.

Muskat-Trollinger: Ein fruchtiger, hellfarbiger Rotwein mit einem für Rotwein ungewöhnlich zarten Muskatbukett und Muskatgeschmack. In seinem Weincharakter ist er dem Trollinger (Vernatsch) ähnlich.

Rosenmuskateller: Eine Spezialität in Südtirol mit einem an Rosen erinnernden Bukett.

Roter Muskateller: Die rottraubige Art des Gelben Muskateller mit ähnlichen Eigenschaften, meist aber als Tafeltraube geerntet.

Muskat-Sylvaner

siehe unter Sauvignon blanc

Muskat-Ottonel

Weißwein

Synonyme

- Im Volksmund wird die Sorte auch Feinschmeckerter genannt (Österreich)
- Muskataly (Ungarn)
- Muscadel Ottonel (Südafrika)

Herkunft

Die Rebsorte stammt vermutlich aus Frankreich und dürfte eine Spielart des Muskatellers sein (zitiert nach Hornickel).

Weinbau

Sortenmerkmale:

Blatt: mittelgroß, drei- bis fünflappig, scharf gezähnter Blattrand, tiefe Blattbuchten, V-förmige bis geschlossene Stielbucht

Traube: mittelgroß, walzenförmig, locker- bis dichtbeerig (je nach Verrieselung)

Beere: mittelgroß, gelblich-grün, sonnseitig braunfleckig, dickschalig, hartfleischig

Die Rebe verlangt fruchtbare, kräftige *Böden* mit einer guten Wasserversorgung. Trockene, stark kalkhältige oder lehmige Böden sind zur Ausplanzung nicht geeignet. Die *Lagen* sollten immer windgeschützt und möglichst sonnig sein.

Bezüglich *Anfälligkeit* ist die Sorte gegen Winterfröste widerstandsfähig, nicht aber gegen Spätfröste, da sie sehr blüteempfindlich ist und leicht zum Verrieseln (Abfall nicht oder nur teilweise befruchteter Blüten) neigt.

Der Muskat-Ottonel ist ertragsunsicher und infolge seiner Empfindlichkeit gegenüber Witterung, Lage und Böden im *Ertrag* nicht immer der beste. Erträge mit 60–65 hl/ha sind schon als recht gut anzusehen, meist liegen sie aber zwischen 30–60 hl/ha. Das *Mostgewicht* dieser Sorte bewegt sich zwischen 70–85° Oechsle (14–17° KMW), und die *Mostsäure* beträgt in der Regel 6–9‰.

Die Sorte *reift* früh, und die *Lese* erfolgt in der ersten Hälfte September.

Verbreitung

Neben Österreich wird die Rebsorte in größerem Ausmaß noch in Frankreich ausgepflanzt. Kleinere Rebbestände gibt es auch noch auf dem Balkan.

In *Deutschland* ist die Sorte nur mehr selten anzutreffen. Ihr Rebflächenanteil beträgt bloß 0,01%. Zu finden ist sie in Franken und Baden, ganz vereinzelt auch in der Pfalz und im Gebiet Mosel-Saar-Ruwer.

In *Österreich* ist der Muskat-Ottonel noch immer recht beliebt. Er nimmt einen Rebflächenanteil von 1,1% ein, wobei der größte Teil des Anbaues dieser Sorte (89% Produktionsanteil) im nördlichen Bereich des Burgenlandes rund um den Neusiedlersee liegt. Kleinere Parzellen findet man noch in Niederösterreich.

In der *Schweiz* ist die Sorte kaum anzutreffen.

Weinbeschreibung

Farbe: Seine Farbe ist grünlich-gelb, bei höheren Prädikaten goldgelb.

Bukett: Der Muskat-Ottonel hat meist ein sehr intensives, jedoch feines und würziges Muskatbukett, das man auch noch bei ganz trockenen Weinen finden kann, was bei dieser Art von Weinen nicht immer selbstverständlich ist.

Geschmack: Dieser ist bei diesem Wein voll, mild und relativ niedrig im Alkoholgehalt, je nach Reifezustand extraktarm bis vollmundig, aber immer mit einem intensiven, feinen Muskatton versehen, der besonders im Abgang spürbar ist.

Gesamteindruck: Der Muskat-Ottonel gilt bei entsprechender Reife nach allgemeiner Meinung als ein vornehmer Wein. Niemals darf jedoch bei Bouteillenweinen sein Muskatbukett und Muskatgeschmack aufdringlich wirken, denn dann ist er nur als Verschnittwein, nicht aber als selbständiger Wein geeignet. Höhere Prädikatsweine, wie Beeren- und Trockenbeerenauslesen, zeigen noch nach Jahren das für diese Sorte typische Muskataroma, ohne dabei vom Altersfirn überdeckt zu werden. Als Verschnittwein paßt er gut zum Silvaner und Weißen Burgunder, deren neutralen Charakter er mit seiner Muskatwürze gut auszugleichen versteht.

Wozu trinkt man den Wein?

Der Muskat-Ottonel ist ein ausgesprochener Liebhaberwein, der vielleicht für manchen Weinfreund zufolge seines Muskatbuketts und Muskatgeschmacks zu intensiv erscheinen mag. Aufgrund seines starken Eigengeschmacks ist er zum Essen nicht gerade der passendste Wein. Er wird vielmehr gerne zum Abschluß eines netten Abends oder am Ende einer Weinverkostung getrunken.

Glaskultur und Serviertemperatur

Für den Muskat-Ottonel empfiehlt es sich, ein »Universal-Glas« zu nehmen.

Serviertemperatur: Am besten serviere man den Wein mit 7–9° Celsius. Höhere Prädikatsweine verlangen eine um etwa 1–2° Celsius höhere Serviertemperatur.

Lagerfähigkeit

Der Muskat-Ottonel schmeckt jung und frisch am besten. Seine gesamte Reifespanne liegt bei entsprechend hoher Säure und vorhandenem Restzucker zwischen einem und sechs Jahren.

Höhere Prädikatsweine haben selbstverständlich eine längere Haltbarkeit und zeigen erstaunlicherweise noch nach vielen Jahren ihr charakteristisches Muskatbukett, ohne daß dieses vom Altersfirn oder einem Petrolton verdeckt wird.

Neuzüchtungen und Verwandte

Dem Verfasser sind keine **Kreuzungen** mit Muskat-Ottonel bekannt.
Verwandt ist die Rebe mit den Muskateller-Sorten.

Nebbiolo

Rotwein

Synonyme

- Spanna, Spana, Chiavennasca, Picotener, Prugnet, Nebbiolo Canavesano, Lampia, Michet (Italien)

Herkunft

Eine hervorragende italienische Rotweinrebe, die als die älteste bodenständige (13. Jahrhundert) und zugleich auch beste Sorte des Piemont, Italien, gilt und sich durch eine natürliche Selektion weiterentwickelt hat. Der Name leitet sich vom Wort »nebbia« (Nebel) ab. Sie gedeiht dort am besten, wo im Herbst häufig milde Frühnebel die Trauben zum Reifen bringen und weist gleichzeitig auch auf die späte, vielfach erst im November stattfindende Ernte hin.

Weinbau

Sortenmerkmale:

Blatt: mittelgroß bis groß, drei- bis fünflappig, gezähnter Blattrand, offene bis geschlossene, V-förmige Stielbucht

Traube: mittelgroß bis groß, pyramidenförmig, geschultert, dichtbeerig

Beere: klein und unscheinbar, rund, dunkelviolett, dünnschalig, bereifte Schale.

Die Rebe gedeiht am besten auf steinigen *Hang-* oder *Steinlagen.*
Sie ist blüteempfindlich, gegen Oidium sehr ***anfällig*** und neigt zum Verrieseln.
Der *Ertrag* ist mittelmäßig und bewegt sich im allgemeinen zwischen 50–60 hl/ha.

Verbreitung

Hauptanbaugebiet ist Italien (besonders Piemont und die anschließenden Weinbauregionen). Kleinere Kulturen findet man noch in der *Schweiz.* In *Österreich* und *Deutschland* gibt es die Nebbiolo-Rebe nur im Versuchsweinbau.

Weinbeschreibung

Farbe: granatrot bis tief dunkelrot, mit orangeroten Reflexen. Die Weine sind etwas lichtempfindlich und können im Alter leicht bräunliche Töne annehmen.

Bukett: reiches, mit ätherischen Bestandteilen versehenes, intensives Bukett mit goudronartigem Duft und Aroma (vielschichtige Geruchsmischung aus Veilchen und Teer)

Geschmack: trocken, kraftvoll im Körper, vollmundig, kernig und mit entsprechender Säure und Alkoholgehalt ausgestattet. In der Jugend schmeckt der Wein infolge seines Tanningehalts rauh und herb. Mit zunehmendem Alter verfeinert er sich zusehends. Er verliert dabei seine Herbheit und schmeckt dann weich, samtig und voll auf der Zunge.

Gesamteindruck: ein hochwertiger, alkoholreicher, langlebiger Rotwein

Lagerfähigkeit

Nebbiolo-Weine brauchen im allgemeinen längere Zeit, um zu reifen. Sie sind aus guten Jahren äußerst langlebig.

Neuburger

Weißwein

Synonyme

- Grüner Burgunder (Österreich)

Herkunft

Die Heimat des Neuburger ist unbekannt. Obwohl ampelographisch (rebsortenkundlich) nicht belegt, scheint man heute der Auffassung zuzuneigen, daß der Neuburger eine Zufallskreuzung zwischen Weißem Burgunder und Silvaner ist. Für diese Annahme gibt es auch Gründe:
Der füllige und vollmundige Geschmack des Neuburgers erinnert deutlich an den Weißen Burgunder. Der Wuchs, die Blätter und die Trauben des Rebstockes weisen wiederum auf einen Silvaner hin. Mit großer Wahrscheinlichkeit kann jedenfalls angenommen werden, daß der Neuburger österreichischen Ursprungs ist und daher als bodenständige Rebsorte gilt.
Um den Neuburger ranken sich nette Geschichten, die, wenn nicht wahr, so doch gut erfunden sind und daher nicht unerwähnt bleiben sollen:

- Der Überlieferung nach wurde in den sechziger Jahren des 19. Jahrhunderts bei Oberarnsdorf in der Wachau, Österreich, ein Bündel mit Reben angeschwemmt, das von den beiden Weinhauern Christoph Ferstl und Franz Marchendl gefunden wurde. Die beiden pflanzten das Rebholz in Arnsdorf aus und konnten bereits 1872 aus dem Traubengut dieser unbekannten Rebsorte einen durchaus beachtenswerten Wein keltern. Von Arnsdorf kam dann die Rebe nach Spitz an der Donau, wo sie bei der Ruine Hinterhaus, die im Volksmund die »Burg« genannt wurde, ausgesetzt wurde. Das dürfte ihr auch den Namen Neuburger verschafft haben, womit auf die »neue Rebe von der Burg« hingewiesen wurde. Noch heute ist sie im trockenen Spitzer Graben des Wachau-Tales die dominierende Rebsorte.

- Eine zweite, nicht minder amüsante Geschichte lesen die Chronisten aus einer Urkunde heraus, wonach zur Zeit des 30jährigen Krieges der Kommandant einer schwedischen Kampftruppe vom Bürgermeister und Gemeinderat des Ortes Weißenkirchen in der Wachau mit einem guten »Neuburger« Wein bedankt wurde, weil er die Gemeinde vor Zerstörung und Plünderung durch die schwedischen Soldaten geschützt hatte.

Ansprüche auf die Heimat und Abstammung der Rebe gibt es somit zwei. Jedenfalls dürfte mit großer Wahrscheinlichkeit die Rebe eine österreichische und von der Wachau in andere Weinbaugebiete Österreichs gekommen sein. In Ländern außerhalb Österreichs war und ist der Neuburger unbekannt, weshalb er als typisch österreichische Regionalspezialität und Traditionssorte gilt.

Weinbau

Sortenmerkmale:

Blatt: groß, breit, dreilappig, schwach gebuchtet, stumpf gezähnter Blattrand

Traube: klein bis mittelgroß, walzenförmig, dichtbeerig, kurzstielig

Beere: mittelgroß, grün, sonnenseitig braun gefärbt, punktiert, dickschalig, stark beduftet

Der Neuburger hat nur geringe Standortansprüche an Boden und Lage. Er gedeiht noch recht gut auf schweren und kalkreichen ***Böden,*** wird aber aufgrund seiner guten Resistenz gegenüber Trockenschäden auch mit Erfolg auf trockenen und kargen Böden, somit auch in typischen Grenzregionen, ausgepflanzt. Urgesteinsböden werden von ihm bevorzugt, wobei er, wie die Neuburger-Weine aus der Wachau zeigen, auf solchen Böden eine bemerkenswerte Feinwürzigkeit entwickelt. Die Sorte erhebt auch keinen Anspruch auf die allerbesten ***Lagen*** und verlangt nur mittelgute bis gute, allerdings luftige Lagen.

In der Blütezeit ***neigt*** die Rebe sehr leicht zum Verrieseln (Abfallen von nicht oder nur teilweise befruchteten Blüten). Auch ist sie bei schlechter Durchlüftung des Laubes botrytisanfällig.

Im ***Ertrag*** ist die Rebsorte niedrig bis mittelhoch, vor allem aber recht unsicher (blüte-, fäulnis- und spätfrostempfindlich) und liegt im langjährigen Durchschnitt bei 30–65 hl/ha. Ihre ***Mostgewichte*** bewegen sich zwischen 85–110° Oechsle (17–22° KMW) und ihre ***Mostsäure*** liegt bei 7–11‰.

Die Rebe ***reift*** mittelfrüh, und die ***Lese*** erfolgt Ende September bis Anfang Oktober.

Verbreitung

Nachdem der Neuburger eine typisch österreichische Spezialität ist, findet man die Rebsorte in Ländern außerhalb Österreichs mit Ausnahme der Slowakei nicht, weshalb die Sorte auch in ***Deutschland*** und in der ***Schweiz*** nicht anzutreffen ist.

In ***Österreich*** nimmt der Neuburger am gesamten Rebgebiet einen Anteil von 2,4% ein und ist leicht rückläufig. Er ist besonders in Niederösterreich (53% der Anbaufläche dieser Sorte) und im Burgenland (46%) zu finden. Die Anbauzentren in Niederösterreich sind vor allem die Thermenregion im Raum Gumpoldskirchen und die Wachau (um Spitz und Loiben) sowie auch die Gegenden um Krems und Straß. Im Burgenland trifft man einen in der Regel gehaltvollen und alkoholreichen Neuburger in den klimatisch begünstigten Gebieten um den Neusiedlersee mit den Zentren Rust und Gols an.

Weinbeschreibung

Farbe: Der Wein hat in seinen normalen Qualitäten eine gelbe Farbe mit leichtem Goldschimmer, die bei höheren Qualitätsstufen in einen immer kräftigeren goldgelben Ton übergeht.

Bukett: Sein fein-zartes Bukett erinnert an Nüsse; der Wein kann aber oftmals auch geruchsneutral sein. Als Jungwein kann er auch sehr fruchtig duften.

Geschmack: Der Neuburger braucht unbedingt eine entsprechende Gradation (Mostgewicht) sowie eine ein- bis zweijährige Reifezeit auf der Flasche, um sich dann zu einem ausgesprochen vollmundigen, milden, feinwürzigen Wein mit einem typisch nußartigen Geschmack entwickeln zu können. Bei niedrigen Mostgewichten ist der Neuburger im Geschmack neutral bis eigenartig krautig, wobei sich extraktarme Weine vielfach ausdruckslos, ja mitunter völlig charakterlos zeigen. Sein Säuregehalt ist selten hoch, weshalb bei nicht sorgfältiger Vinifizierung die Weine auch plump und süß geraten können. Die Sorte gehört zu den Weinen mit einem mittleren Alkoholgehalt (11–12,5 %vol). In klimatisch begünstigten Anbaugebieten kann er jedoch auch recht alkohol- und extraktreich ausfallen. Weist der Wein dabei zuviel Restzucker auf, können seine typischen Sortenmerkmale jedoch weitgehend verschwinden. Deshalb verlangt der Kenner beim Neuburger einen trockenen oder halbtrockenen Ausbau, wobei eine dezente Restsüße dem Wein durchaus schmeicheln und ihn harmonischer machen kann. Auffallend ist sein anhaltender Nachgeschmack, ein Wein also, der nicht nur auf der Zunge, sondern auch noch beim Schlucken gegenwärtig ist.

Der Neuburger gilt allgemein als Wein von mittlerer Qualität, der erfahrungsgemäß meist erst ab der Spätlese aufwärts zu einer oft erstaunlichen Güte gelangt.

Kraftvolle Auslesen lassen sich auch vorsichtig (bei kürzerer Schulungszeit) in Barriques ausbauen, wobei dann die typischen Nußtöne des Neuburger sowie seine vielfältigen Aromen noch deutlicher zum Ausdruck kommen.

Gesamteindruck: Die Sorte Neuburger gilt in Österreich als eine Weißweinsorte mittler Qualität. Bei Vollreife der Trauben, also in guten Weinjahren und bei entsprechend hohem Mostgewicht, kann sie jedoch an Ausdruckskraft sehr gewinnen und zu einem ausgezeichneten Qualitätswein werden, wenn der Wein eine sorgfältige Vinifizierung erfährt, ein Ausbau zum Süßwein vermieden und ihm eine zumindest ein- bis zweijährige Flaschenreife gegeben wird, damit er seinen Jungweincharakter ablegen kann. Prädikatsweine von der Spätlese aufwärts finden bei Kennern als ausdrucksvolle Qualitätsweine große Anerkennung und Wertschätzung.

Wozu trinkt man den Wein?

Bei trockenem oder halbtrockenem Ausbau wird der Neuburger als milder und süffiger Konsumwein in Buschenschänken, aber auch als ansprechender Qualitätswein geschätzt. Beim Essen ist er besonders passend zu allen Gerichten, die mit Saucen verbunden sind (Sauce hollandaise, Sauce béarnaise, Basilikum-Tomaten-Püree etc.), zu gegrilltem, gebackenem und gebratenem Geflügel sowie zu Räucherlachs und Geflügelpasteten.

Glaskultur und Serviertemperatur

Zum Neuburger nehme man immer ein »Universal-Glas«, denn dieser Wein sollte erst dann getrunken werden, wenn er nach einer gewissen Reife seinen Höhepunkt erreicht hat.

Serviertemperatur: Den Neuburger schenkt man am besten bei einer Temperatur von 6–8° Celsius in das Glas. Höhere Prädikatsweine (Auslesen) verlangen selbstverständlich eine höhere Temperatur von 8–10° Celsius.

Lagerfähigkeit

Der Neuburger hält sich lagermäßig in »kleinen« Weinjahren nur recht bedingt. Bei »guten« Jahrgängen beginnt sein Reifehöhepunkt im 2. oder 3. Lebensjahr und hält sich dann ohne jeden spürbaren Qualitätsabfall etwa bis zum 4. oder 5. Jahr.

Prädikatsweine sind hingegen gut lagerfähig und haben im allgemeinen eine Reifespanne bis zu zehn Jahren und auch noch darüber.

Neuzüchtungen und Verwandte

Dem Verfasser sind keine bekannt.

Noblessa

Weißwein

Eine Kreuzung des Geilweilerhofes in Siebeldingen/Pfalz zwischen Madeleine angevine x Silvaner F2, die inzwischen wieder zurückgezogen wurde.

Nobling

Weißwein

Herkunft

Die Rebsorte ist eine Kreuzung des Staatlichen Weinbauinstitutes Freiburg zwischen Silvaner x Gutedel. Züchter war Dr. J. Zimmermann, Züchtungsjahr 1939, Sortenschutz 1971, klassifiziert 1972, jedoch nur im Weinbaugebiet Baden. Der Name der Rebe soll die Steigerung zu »edel« andeuten.

Weinbau

Sortenmerkmale:

Blatt: mittelgroß, fünflappig
Traube: mittelgroß bis groß, dichtbeerig
Beere: mittelgroß, flach, grün und fein punktiert

Der Nobling verträgt keinen trockenen ***Boden,*** sondern gedeiht nur auf tiefgründigen Standorten mit guter Wasserversorgung. Er beansprucht gute ***Lagen.***
Die Sorte ist relativ winterfest, aber ***anfällig*** für Botrytis. Der späte Austrieb macht sie spätfrostsicher.
Der *Ertrag* liegt im langjährigen Durchschnitt um 90 hl/ha, sein *Mostgewicht* bei 80–90° Oechsle (16–18° KMW) und seine *Mostsäure* zwischen 10–13‰.
Der Nobling ***reift*** mittelfrüh, und die *Lese* erfolgt Ende September bis Anfang Oktober.

Verbreitung

Der Nobling ist praktisch nur in *Deutschland* zu finden und hat bloß einen Rebflächenanteil von 0,13%. Er ist eine ausgesprochene Spezialsorte des Markgräflerlandes im Weinbaugebiet Baden und wird dort als Ergänzungssorte zum Gutedel angebaut. Im Weinbaugebiet Baden hat sich seine Marktposition im Laufe der Jahre auch als Sekt-Weinsorte gefestigt. Fast alle größeren Winzerbetriebe und vor allem die genossenschaftlichen und privaten Kellereien des Markgräflerlandes bieten nach dem klassischen Flaschengärverfahren bereitete Nobling-Sekte an, die abnahmemäßig ihre Liebhaber finden.

Weinbeschreibung

Farbe: gelbgrün, goldgelb bei Auslesequalitäten
Bukett: verhaltenes, zartduftiges, sortentypisches Bukett
Geschmack: nobel, fruchtig, rassig, körperreich. Man bezeichnet den Nobling gerne als den Riesling des Markgräflerlandes. Zur Gewinnung von Spät- und Auslesen ist der Wein sehr gut geeignet.
Gesamteindruck: Im europaweiten Vergleich gesehen, ist der Nobling ein typischer Weißwein der nördlicheren, kühleren, sommerfeuchten Anbaugebiete. Eine echte Qualität beginnt erst bei einem Mostgewicht von 80° Oechsle aufwärts.

Wozu trinkt man den Wein?

Als trockener, fruchtiger, rassiger Weißwein paßt der Nobling zu allen Speisen, zu denen auch ein Riesling-Wein passen würde.

Glaskultur und Serviertemperatur

Als passendes Weinglas empfiehlt sich das typische »Jungwein-Glas«. Für Spätlesen oder Auslesen ist ein »Universal-Glas« zu nehmen.
Die günstigste *Serviertemperatur* liegt bis einschließlich der Kabinettstufe bei 6–8° Celsius, Spätlesen und Auslesen sollten mit 9–11° Celsius serviert werden.

Lagerfähigkeit

Diese ist beim Nobling nach Rebstandort, Jahrgang und Qualitätsstufe sehr verschieden. Als Qualitätswein ohne Prädikat weist er nach drei bis vier Jahren eine optimale Reife auf, wobei erfahrungsgemäß nach etwa sechs Jahren ein Qualitätsabfall eintritt. Als Spätlese bzw. Auslese ist die optimale Reife mit fünf bis zehn Jahren gegeben und ein qualitativer Abfall ist meist erst ab fünfzehn Jahren zu erwarten.

Nostrano

Rotweingemisch

Der Nostrano ist eigentlich keine Weinsorte, sondern der im *Schweizer Kanton Tessin* gebräuchliche Ausdruck für die dortigen einheimischen Rotweine, ausgenommen Merlot, der als einzige Rotweinsorte im Tessin nicht als Nostrano vermarktet wird.
Der Nostrano ist meist ein Gemisch verschiedener Rotwein-Trauben (hauptsächlich Bondola, aber auch Freisa, Bonarda und Malbec) mit einem eher niedrigeren Alkoholgehalt. Infolge seines Tanningehaltes schmeckt er leicht rauh und herb. Typisch für ihn ist auch sein goût de terroir (Erdgeschmack). Der Wein wird hauptsächlich für den Eigenbedarf erzeugt und im Tessin selbst getrunken. Nur wenig wird außerhalb des Kantons verkauft, wenn doch, dann kommt er meist unter dem Namen *Colli del Ticino* in den Handel.

Oeil-de-Perdrix

Roséwein

Dieser aromatische und fruchtige Roséwein wird nur in der *Schweiz* gewonnen, und zwar durch eine kurze Maischegärung des Pinot noir. Der Wein ist eigentlich eine im Kanton Neuenburg entstandene »Erfindung«, die dann von anderen Schweizer Kantonen übernommen wurde. Diese geschützte Bezeichnung leitet sich von seiner lachsartigen Farbe ab, die mit der Augenfarbe eines sterbenden Rebhuhns verglichen wird.

Optima

Weißwein

Herkunft

Die Rebsorte ist eine Kreuzung des Institutes für Rebenzüchtung Geilweilerhof in Siebeldingen/Pfalz zwischen (Silvaner x Riesling) x Müller-Thurgau. Sie hat somit die gleichen Eltern wie die Rebsorte Bacchus. Zulassung (Sortenschutz) 1970, klassifiziert (für den Anbau freigegeben) seit 1972 in sieben Anbaugebieten Deutschlands.
Der Name Optima kommt aus dem Lateinischen und heißt »Die Beste«.

Weinbau

Sortenmerkmale:

Blatt: mittelgroß, drei- bis fünflappig, schwach gebuchtet, grob gesägter Blattrand, lyraförmige Stielbucht, offen bis überlappt
Traube: klein bis mittelgroß, dichtbeerig
Beere: rund, gelb bis grüngelb, dickschalig

Die Rebe stellt nur geringe Ansprüche an ***Boden*** und ***Lage.*** Mittelschwere bis schwere Lehmböden und eine luftige Lage sagen ihr gut zu.
Die Sorte ist ***empfindlich*** gegen Oidium und Botrytis und neigt zu Geiztriebbildung.
Im langjährigen Durchschnitt liegt der relativ niedrige ***Traubenertrag*** bei 10.000 kg/ha, das sind etwa 75 hl/ha. Als ***Mostgewicht*** werden 95–100° Oechsle (19–20° KMW) erzielt, was unter anderem auch die hohe Qualität der Weine erklärt. Die ***Mostsäure*** bewegt sich zwischen 7–10‰.
Die Rebe gehört zur Gruppe der ***frühreifen*** Sorten, und die ***Lese*** erfolgt in der Regel 10–12 Tage vor dem Müller-Thurgau, also etwa knapp vor oder um Mitte September bis Anfang Oktober.

Verbreitung

Die Rebsorte hat in ***Deutschland*** einen Rebflächenanteil von 0,42%, wobei die Hauptanbaugebiete Mosel-Saar-Ruwer, Rheinhessen und mit Abstand Nahe und Pfalz sind. Nachdem die Erträge nicht allzu hoch sind und die Weine einen typischen Auslesecharakter haben, ist eine größere Verbreitung nicht gegeben. Die Sorte hat nur für Betriebe mit Qualitätsweinerzeugung eine echte Bedeutung.
In ***Österreich*** und in der ***Schweiz*** ist die Optima, von etlichen Auspflanzungen für Versuchszwecke abgesehen, nicht zu finden.

Weinbeschreibung

Farbe: gelbgrün, bei reifen Weinen goldgelb
Bukett: zartes, feinduftiges, rieslingähnliches Bukett
Geschmack: elegant, oft rassig, jedoch immer mit einem harmonischen Zucker-Säure-Verhältnis, vielfach auch mit einem feinen bis stärkeren Botrytiston versehen
Gesamteindruck: Die Optima gehört allgemein zu den qualitativ hochwertigen Sorten und ist ein Rieslingtyp. Aufgrund ihres hohen Mostgewichtes erreicht sie leicht die Kabinettstufe. In guten Jahren können fast immer Ausleseweine, sogar bis hinauf zu Trockenbeerenauslesen, gewonnen werden. Allerdings fehlt diesen Weinen dann oft doch die belebende Säure, und sie wirken geschmacklich weich, und ihr Bukett ist mitunter allzu vordergründig. Doch wenn alle positiven Voraussetzungen gegeben sind, kann die Sorte hohe und höchste Spitzenqualitäten hervorbringen.

Wozu trinkt man den Wein?

Nachdem Optima-Weine in der Regel typische Ausleseweine sind, sind sie am besten in stillen, beschaulichen Stunden als Meditationsweine zu genießen. Sie eignen sich aber auch gut zu Gänseleber und zu süßem Dessert.

Glaskultur und Serviertemperatur

Das passende Weinglas für einen Optima-Wein ist das »Universal-Glas«.
Als ***Serviertemperatur*** seien 9–10° Celsius empfohlen.

Lagerfähigkeit

Aufgrund des oft fehlenden Rückgrats der Säure ist bei der Lagerfähigkeit Vorsicht geboten.

Orangetraube

Weißwein

Herkunft und Verbreitung

Diese Rebsorte ist in ***Österreich*** (Burgenland) bereits seit etwa 50 Jahren bekannt. Über ihre Heimat weiß man nichts Näheres. Man vermutet, daß sie aus Deutschland gekommen ist. Früher gab es reine Sätze mit dieser Rebe in Österreich, und zwar in Klosterneuburg, Retz und Mörbisch am See. Heute ist sie im Aussterben begriffen, und man findet die Rebe nur mehr selten kultiviert. Bloß in der Klosterneuburger Neuzüchtung »Goldburger« (Kreuzung zwischen Welschriesling x Orangetraube – siehe dort) erinnert sie häufiger an ihr einstiges Vorkommen.

Weinbau

Sortenmerkmale:

Blatt: klein, rund, wenig gebuchtet, stumpf gezähnter Blattrand, offene Stielbucht
Traube: klein, dichtbeerig
Beere: klein, rund, gelbgrün, punktiert, dickschalig

Die Orangetraube ist gegen Winterfrost wenig empfindlich, jedoch botrytis***anfällig.***
Sie erbringt einen gleichmäßigen, mittleren ***Ertrag*** und hat eine mittlere ***Reife*** (Ende September – Mitte Oktober).

Weinbeschreibung

Farbe: goldgelb
Bukett: feines Aroma, das mit dem Geschmack weitgehend ident ist und an Orangenblüten erinnert
Geschmack: In guten Weinjahren (bei Vollreife der Trauben) milder, vollmundiger, eigenartiger, fruchtiger, an Orangenblüten erinnernder Geschmack.
Gesamteindruck: Wird auch als Spätlese ausgebaut. Ist jedoch am besten frisch und jung zu trinken.

Oraniensteiner

Weißwein

Eine Kreuzung der Forschungsanstalt Geisenheim/Rheingau zwischen Riesling x Silvaner, die inzwischen wieder zurückgezogen wurde.

Orion

Weißwein

Herkunft

Die Rebsorte ist eine relativ junge Kreuzung des Institutes für Rebenzüchtung Geilweilerhof in Siebeldingen/Pfalz zwischen Optima x Villard blanc. Das dabei vom Institut verfolgte Hauptziel war die Entwicklung einer pilzresistenten Keltertraubensorte mit guten Qualitätseigenschaften. Die Rebe ist vorläufig noch nicht klassifiziert und daher auch nicht zum Anbau zugelassen. Erlaubt ist nur ein begrenzter Anbau für Versuchszwecke.
Der Name der Sorte stammt aus der griechischen Mythologie, wo Orion als Sohn des Poseidon ein schöner Jäger von riesenhafter Gestalt ist.

Weinbau

Sortenmerkmale:

Blatt: klein, stellenweise bronziert, U-förmige, offene Stielbucht
Traube: mittelgroß, lockerbeerig
Beere: mittelgroß, grüngelb, rund

Die Sorte eignet sich in erster Linie für Müller-Thurgau-***Böden*** und ***-Lagen.***
Aufgrund ihrer ***Winterfrostresistenz*** kann sie auch in Randlagen befriedigende Erträge und Qualitäten produzieren. Die Rebe hat eine hohe ***Resistenz*** gegen Peronospora, Oidium und Botrytis.
Im 12jährigen Durchschnitt liegt der ***Traubenertrag*** bei 16.500 kg/ha, das sind etwa 125 hl/ha, das ***Mostgewicht*** bei 75–80° Oechsle (15–16° KMW) und die ***Mostsäure*** bei 8–9‰.
Die ***Beerenreife*** tritt mittelfrüh und zeitgleich mit dem Müller-Thurgau ein, die ***Lese*** erfolgt Ende September bis Mitte Oktober.

Verbreitung

Die Sorte ist nur in ***Deutschland*** im Versuchsanbau zu finden.

Weinbeschreibung

Farbe: grünlich-gelb
Bukett: mehr oder weniger starkes Muskatbukett
Geschmack: Die Weine sind frisch, blumig und ähneln vielfach denen des Müller-Thurgau.

Lagerfähigkeit

Nach den bisherigen Erfahrungen neigen die Weine zu einer raschen Alterung. Die Lagerfähigkeit ist daher nur begrenzt.

Ortega

Weißwein

Herkunft

Kreuzung der Bayerischen Landesanstalt für Weinbau und Gartenbau/Würzburg zwischen Müller-Thurgau x Siegerrebe (Siegerrebe = Madeleine angevine x Gewürztraminer). Züchter ist Prof. Dr. Hans

Breider, Züchtungsjahr 1948. Sie erhielt 1971 den Sortenschutz und wurde 1972 in sieben deutschen Weinbaugebieten sowie im Regierungsbezirk Köln klassifiziert.
Die Rebsorte ist nach dem spanischen Dichter und Philosophen José Ortega y Gasset (1883–1955) benannt worden.

Weinbau

Sortenmerkmale:

Blatt: mittelgroß, dreilappig, geschlossene bis V-förmige Stielbucht
Traube: klein bis mittelgroß, pyramidenförmig, teilweise auch geschultert, locker- bis dichtbeerig, Kelter- und Tafeltraube
Beere: mittelgroß, rundlich, grüngelb, fest

Die Rebe bevorzugt tiefgründige, gut durchlüftete ***Böden,*** lehnt aber sehr trockene oder sehr kalkhältige sowie tonige Böden ab. Ihre Ansprüche an die *Lage* sind gering. Insgesamt sind ihre Ansprüche an das Standort-Klima geringer als beim Müller-Thurgau, weshalb die Ortega-Rebe eine wertvolle Alternative zum Müller-Thurgau ist.
Sie hat eine gute Winterfrostigkeit und ist gegen Pilzkrankheiten und Stiellähme wenig *empfindlich.* Allerdings ist sie blüteempfindlich sowie chlorose- und maifrostempfindlich und weist eine gewisse Neigung zum Verrieseln auf
Der *Ertrag* ist hoch und schwankt infolge Blüteempfindlichkeit zwischen 65–140 hl/ha. Im langjährigen Durchschnitt liegt der Traubenertrag bei 100 hl/ha. Das relativ hohe *Mostgewicht* bewegt sich zwischen 80–95° Oechsle (16–19° KMW) und liegt im Durchschnitt bei 90° Oechsle (18° KMW). Die ***Mostsäure*** ist niedrig und schwankt etwa zwischen 5–8‰; im Durchschnitt liegt sie bei 6‰.
Die sortenspezifische *Reife* erfolgt sehr früh, auch in Jahren mit allgemein später Traubenreife, und die *Lese* wird in der Regel etwa Mitte bis Ende September vorgenommen. Bei späterer Lese können mitunter sehr hohe Mostgewichte zur Gewinnung von Prädikatsweinen erreicht werden.

Verbreitung

Der Ortega kommt praktisch nur in *Deutschland* vor und hat dort einen Anteil von 1,2% an der Gesamtrebfläche. Seine Hauptanbaugebiete liegen in Rheinhessen (54% aller Anbauflächen in dieser Sorte), Pfalz (30%) und im Gebiet Mosel-Saar-Ruwer (9%). Kleinere mit dieser Sorte bepflanzte Weingärten findet man auch noch in Franken, reliktische Auspflanzungen in fast allen anderen deutschen Weinbaugebieten. Der Anbauwert der Ortega-Rebe liegt vor allem in ihrer frühen Reife und in ihrem hohen Traubenertrag bei gleichzeitig allgemein guten Mostgewichten, wodurch eine wertvolle Alternative zum Müller-Thurgau gegeben ist.

Weinbeschreibung

Farbe: gelbgrün
Bukett: feines, unaufdringliches, sortentypisches Muskat-Pfirsich-Bukett
Geschmack: extraktreich, kräftig, vollmundig mit viel Körper und einer milden, bekömmlichen Säure. Die Auslesen sind edelsüß und aromatisch. Bei ungenügender Traubenreife können die Weine einen leicht bitteren Geschmackston aufweisen.
Gesamteindruck: Ortega-Weine sind in ihrer Qualität dem Müller-Thurgau deutlich überlegen. Auch in geringen Weinjahrgängen und aus weniger guten Weinberglagen werden relativ reife Trauben geerntet, die Weine von guter Qualität ergeben. Die Sorte ist ein hochwertiger Auslesetyp; der Anteil an Prädikatsweinen ist in der Regel hoch. Ortega-Trauben finden auch zur Herstellung von Süßreserven und des Federweißer Verwendung.

Wozu trinkt man den Wein?

Normale Qualitäten werden zu Speisen serviert, zu denen auch ein Müller-Thurgau paßt. Prädikatsweine werden gerne zum Nachtisch oder als Aperitif getrunken.

Glaskultur und Serviertemperatur

Für normale Ortega-Qualitäten empfiehlt sich ein »Jungwein-Glas«, für Prädikatsweine ein »Universal-Glas«.
Ortega-Wein in Normalqualität ***serviert*** man mit einer Temperatur von 6–8° Celsius, Prädikatsweine mit 9–10° Celsius.

Lagerfähigkeit

Höhere Qualitätsstufen von Ortega-Weinen sind im allgemeinen gut lagerbar.

Osiris

Weißwein

Eine Kreuzung der Bayerischen Landesanstalt für Weinbau und Gartenbau in Würzburg zwischen Rieslaner (= Riesling x Silvaner) x Silvaner, die inzwischen wieder zurückgezogen wurde.

Osteiner

Weißwein

Herkunft

Die Rebsorte ist eine Kreuzung der Forschungsanstalt Geisenheim/Rheingau zwischen Riesling x Silvaner. Züchtungsjahr 1929, Zulassung (Sortenschutz) 1984.
Der Name ehrt den Grafen von Ostein, der in Geisenheim bemerkenswerte Bauten und Gärten errichten ließ.

Weinbau

Sortenmerkmale:

Blatt: mittelgroß, fünflappig, etwas überlappende Stielbuchtform, breit gezähnter Blattrand
Traube: mittelgroß, kegelförmig, kompakt
Beere: mittelgroß, grüngelb, rund, beduftet, festschalig

Die Sorte verlangt mittlere ***Böden,*** die auch relativ trocken sein können, und so wie beim Riesling und Silvaner mittlere bis gute ***Lagen.***
Die Rebe hat gute Winterfrostigkeit und gute Blütefestigkeit und ist gegen Chlorose wenig ***empfindlich.***
Der ***Ertrag*** ist ähnlich wie beim Riesling, zwischen 60–100 hl/ha. Die Sorte erbringt im Vergleich zum Silvaner ein um 5–10° Oechsle höheres ***Mostgewicht,*** also in kleinen Lagen etwa 65–75° Oechsle (13–15° KMW) und in guten Lagen über 90° Oechsle (18° KMW). Auch die ***Mostsäure*** liegt um 1–2‰ über jener des Silvaners und somit bei 10–13‰.
Die ***Reife*** setzt wie beim Silvaner mittelspät ein, und die ***Lese*** erfolgt Anfang bis Mitte Oktober.

Verbreitung

Der Osteiner hat in ***Deutschland*** einen Rebflächenanteil von kaum 0,01% und ist wirtschaftlich ohne Bedeutung.

Weinbeschreibung

Farbe: gelbgrün
Bukett: neutral
Geschmack: fruchtig, kräftig, extraktreich, nachhaltig
Gesamteindruck: Der Osteiner ist ein rieslingähnlicher, reifer Weißwein, vielleicht geschmacklich etwas neutraler. Er wird als gute Ergänzungssorte für Riesling und Silvaner beurteilt.

Wozu trinkt man den Wein?

Nachdem er nur geringe Anbauflächen aufweist, ist er eher als Rarität anzusehen.

Glaskultur und Serviertemperatur

Am besten reicht man den Wein in einem »Jungwein-Glas«.
Als *Serviertemperatur* sind 6–8° Celsius zu empfehlen.

Lagerfähigkeit

Der Osteiner schmeckt jung und frisch am besten. Eine längere Lagerung empfiehlt sich nicht.

Österreichisch-Weiß

(Weiße, Kahlenberger Weiße)

Weißwein

Herkunft

Diese war eine in der zweiten Hälfte des vorigen Jahrhunderts in **Österreich** rund um den Wiener Kahlenberg sehr stark verbreitete Rebe (Klosterneuburg, Weidling, Nußdorf, Heiligenstadt, Grinzing). Die Weine wurden allgemein als sauer, jedoch als geschmackvoll bezeichnet. Die große Ausdehnung der Weingärten des Chorherrenstiftes Klosterneuburg bei Wien und deren seinerzeit beinahe ausschließlicher Satz mit dem Österreichisch-Weiß deutet darauf hin, daß die Sorte in früheren Zeiten daselbst eingeführt und auch von da aus verbreitet wurde.

Weinbau

Sortenmerkmale:

Blatt: eher hellgrün als dunkelgrün, tief gelappt, gezähnt, unbehaart
Traube: groß, wenig verästelt, eher locker- als dichtbeerig. Das typische Traubenmerkmal sind die rechtwinkelig abstehenden Beerenstiele.
Beere: rund, gelbgrün, in guten Jahren in der Reife zartrosa überlaufend, dickschalig

Reife und *Lese* erfolgen nach dem Grünen Veltliner, also etwa Mitte Oktober.

Weinbeschreibung

Farbe: gelbgrün
Bukett: neutral
Geschmack: kräftig, säurebetont, mittlerer Alkoholgehalt

Lagerfähigkeit

Der Wein hat eine mittlere Lagerfähigkeit.

Passatutti

Weißwein

Eine Spielart des Gutedel (siehe dort). Er wird vor allem als Tafeltraube geschätzt. Der aus dem Traubengut gekelterte Wein weist einen typischen Muskatgeschmack auf.

Perle

Weißwein

Herkunft

Die Rebe ist eine Kreuzung der Bayerischen Landesanstalt für Weinbau und Gartenbau/Würzburg zwischen Gewürztraminer x Müller-Thurgau. Die Züchter der Sorte waren Georg Scheu (mit seiner 1927 gezüchteten Perle von Alzey) und Prof. Dr. Hans Breider (1950: selektive Bearbeitung). Sie erhielt 1961 den Sortenschutz und wurde 1968 klassifiziert, also für den Anbau zugelassen.

Weinbau

Sortenmerkmale:

Blatt: klein, fünflappig, gezähnter Rand, wenig offene Stielbucht
Traube: mittelgroß, dichtbeerig
Beere: klein bis mittelgroß, rundlich, rosa

Die Ansprüche an den ***Boden*** sind eher gering, besonders arme Böden sind jedoch nicht geeignet. Ebenso sind die Ansprüche an die ***Lage*** relativ gering, diese sollte aber wegen der Gefahr der Traubenfäule luftig sein.
Weil die Rebe spät austreibt, ist sie wenig gegen Winter- und Spätfröste ***empfindlich,*** wohl aber ist sie gegen Oidium und Beerenfäule anfällig.
Der ***Ertrag*** ist gut und liegt bei 80–100 hl/ha. Die ***Mostgewichte*** bewegen sich zwischen 60–80° Oechsle (13–16° KMW) und die ***Mostsäure*** zwischen 6–7‰.
Die ***Reife*** ist mittelfrüh, die ***Lese*** erfolgt meist Ende September.

Verbreitung

Die Perle kommt praktisch nur in ***Deutschland*** vor, ihr Anteil beträgt 0,2% an der deutschen Gesamtrebfläche. Sie ist vor allem in den Weinbaugebieten Franken und Rheinhessen zu finden. Ihr Anbau ist allgemein, besonders aber in Rheinhessen, rückläufig.

Weinbeschreibung

Farbe: gelbgrün
Bukett: neutral, mitunter fremdartig
Geschmack: leicht, aromatisch, würzig, mild und weich
Gesamteindruck: Die Weinqualität wird mit Ausnahme von Franken vielfach als enttäuschend beurteilt. In Jahren, die eine höhere Säure erbringen, ist der Wein ansprechender.

Wozu trinkt man den Wein?

Der Wein ist eher als Rarität anzusehen und wird meist nur als Solist getrunken.

Glaskultur und Serviertemperatur

Am besten nimmt man zu diesem Wein ein »Jungwein-Glas«.
Als ***Serviertemperatur*** sind 6–8° Celsius zu empfehlen.

Lagerfähigkeit

Der Wein ist möglichst jung und frisch zu trinken.

Perle von Csaba

Weißwein

Synonyme

- Csabagyöngye (Ungarn)
- Cabski Biser, Julski Muscat (Slowenien)
- Zemcug Saba (GUS)

Herkunft

Eine ungarische Züchtung (Züchter Adolf Stark aus Bekescsaba, Ungarn) aus dem Jahre 1904 aus Madeleine angevine x Muscat Courtillier. Schon 1906 kamen die ersten Reben dieser Sorte nach Österreich.

Weinbau

Sortenmerkmale:

Blatt: mittelgroß, kreisförmig, ganzrandig bis schwach dreilappig, lyraförmige, offene bis überlappende Stielbucht
Traube: mittelgroß, walzen- bis kegelförmig, kompakt, Kelter- und Tafeltraube
Beere: rund, weißgelb, bereift, empfindlich

Die Ansprüche an den ***Boden*** sind mittelmäßig. Die Rebe benötigt ***Lagen,*** welche die Frühreife begünstigen.

Die Sorte ist gegen Oidium ***empfindlich,*** auch winterfrostgefährdet und bildet gerne Geiztrauben, die entfernt werden müssen. Bei Vollreife fallen nicht selten die Beeren ab.
Der ***Ertrag*** ist im allgemeinen mäßig, weshalb sie einen langen Rebschnitt braucht, um den Ertrag zu steigern.
Die ***Reife*** setzt früh ein, die ***Lese*** erfolgt Mitte bis Ende September.

Verbreitung

Die Perle von Csaba ist hauptsächlich in Frankreich, aber auch in Italien, Tunesien und Argentinien zu finden.
In ***Österreich*** wurde vor einiger Zeit in Bad Kleinkirchheim, Kärnten, ein Weingarten mit dieser Rebe bepflanzt.

Weinbeschreibung

Farbe: goldgelb
Bukett: muskatähnliches Sortenbukett
Geschmack: spritzig, muskatbetont, etwas süßlich, alkoholleicht (10,5–11 %vol)
Gesamteindruck: Die Sorte wird eigentlich mehr als frühreifende Tafeltraube geschätzt und viel seltener zur Weinbereitung verwendet.

Lagerfähigkeit

Der Wein sollte möglichst frisch und jung getrunken werden.

Phoenix

Weißwein

Herkunft

Die Rebsorte ist eine junge Kreuzung des Institutes für Rebenzüchtung Geilweilerhof in Siebeldingen/Pfalz zwischen Bacchus x Villard blanc. Das dabei verfolgte Hauptziel war die Entwicklung einer pilzresistenten Keltertraubensorte mit guten Qualitätseigenschaften. Die Rebe erhielt zwar 1992 den Sortenschutz, ist aber nicht klassifiziert und daher nicht zum Anbau zugelassen. Erlaubt ist nur ein begrenzter Anbau für Versuchszwecke.
Der Name Phoenix weist auf ein Fabelwesen der Antike hin, das sich selbst verbrannte, um aus der Asche neu zu entstehen.

Weinbau

Sortenmerkmale:
Blatt: klein, stellenweise bronziert, lyraförmige Stielbucht, schwach behaart
Traube: groß, leicht geschultert, dichtbeerig, Kelter- und Tafeltraube
Beere: groß, etwas länglich, gelbgrün, leichter Muskat-Geschmack, Kelter- und Tafeltraube

Die Rebe stellt keine besonderen Ansprüche an die ***Böden,*** bevorzugt jedoch tiefgründige. Sie gedeiht gut in mittleren bis guten ***Lagen.***
Die Sorte hat eine hohe ***Resistenz*** gegenüber Oidium und Peronospora und eine mittlere bis gute Widerstandsfähigkeit gegen Botrytis. Eine Pilzbekämpfung ist im allgemeinen nicht notwendig. Die Beeren platzen zur Reifezeit gerne nach Niederschlägen auf.
Im langjährigen Durchschnitt liegt der ***Traubenertrag*** bei 120–130 hl/ha, das ***Mostgewicht*** bei 70° Oechsle (14° KMW) und die ***Mostsäure*** bei 8,5‰.
Die ***Reife*** setzt mittelfrüh ein, die ***Lese*** erfolgt etwa zeitgleich mit dem Müller-Thurgau, also im letzten Drittel September bis Mitte Oktober.

Verbreitung

Die Sorte ist nur in ***Deutschland*** im Versuchsanbau zu finden.

Weinbeschreibung

Farbe: gelbgrün
Bukett: dezentes, muskatähnliches Sortenbukett
Geschmack: vollmundig, mit frischer, ansprechender Säure und einem angenehmen Muskatton
Gesamteindruck: Der Phoenix erinnert zuweilen an einen Bacchus. Mit zunehmender Reife werden auch Bukett und Geschmack verhaltener. Die Sorte ist auch als Tafeltraube empfehlenswert.

Lagerfähigkeit

Der Wein sollte eher jung und frisch getrunken werden.

Pinot blanc

siehe unter Weißer Burgunder

Pinot gris

siehe unter Ruländer

Pinot noir

siehe unter Blauer Burgunder

Pollux

Weißwein

Herkunft

Die Rebsorte ist eine Kreuzung des Institutes für Rebenzüchtung Geilweilerhof in Siebeldingen/Pfalz zwischen (Vitis riparia x Gamay) F 2 x Foster's White Seedling. Sortenschutz seit 1982, jedoch noch nicht klassifiziert, das heißt für den Anbau noch nicht zugelassen. Das dabei vom Institut verfolgte Hauptziel war die Entwicklung einer pilzresistenten Keltertraubensorte.

Der Name der Rebsorte bezieht sich auf einen der beiden Zwillingssterne (Morgen- und Abendstern) im Sternbild Gemini; es ist der hellste Stern in diesem Sternbild.

Weinbau

Sortenmerkmale:

Blatt: fünfeckig, ganzrandig bis dreilappig, U-förmige Stielbucht, weit offen
Traube: mittelgroß, kompakt bis lockerbeerig
Beere: mittelgroß, gelbgrün, rund

Die Sorte bevorzugt tiefgründige, humose *Böden* und klimatisch begünstigte *Lagen.*

Sehr gute Winterfrostfestigkeit und hohe *Resistenz* gegen Peronospora, Botrytis und Stiellähme; mittlere Oidium-Resistenz.

Im langjährigen Durchschnitt ist der *Traubenertrag* sehr hoch und liegt bei 160 hl/ha, das *Mostgewicht* bei 75° Oechsle (15° KMW) und die *Mostsäure* bei 11–12‰.

Die *Beerenreife* tritt relativ spät ein, und die *Lese* erfolgt im Oktober.

Verbreitung

Die Sorte ist bloß in *Deutschland,* und dort auch nur im Versuchsanbau zu finden.

Weinbeschreibung

Farbe: grüngelb
Bukett: duftig
Geschmack: neutral, vollmundig, kräftig und extraktreich, mit lebendiger, erfrischender Säure
Gesamteindruck: Der Wein bekommt sein Geschmacksoptimum erst nach einer gewissen Flaschenreife.

Lagerfähigkeit

Der Wein läßt sich einige Zeit gut lagern.

Rabaner

Weißwein

Eine Kreuzung der Forschungsanstalt Geisenheim/Rheingau zwischen Riesling x Riesling, die inzwischen wieder zurückgezogen wurde.

Rathay

Rotwein

Herkunft

Die Rebsorte ist eine Kreuzung der Weinbauschule Höhere Bundeslehranstalt und Bundesamt für Wein- und Obstbau in Klosterneuburg, Österreich, zwischen Blauburger x (Seyve Villard 18–402 x Blaufränkisch). Züchter ist Dr. Gertrude Mayer, Züchtungsjahr 1970. Das angestrebte Kreuzungsziel war die Entwicklung einer hochqualitativen Rotweinsorte mit einer deutlich verminderten Anfälligkeit gegen Pilzkrankheiten.

Namensgeber war Professor Emmerich Rathay, der zwischen 1893–1900 zweiter Direktor der Klosterneuburger Weinbauschule war (geboren 1845 in Budapest, gestorben 1900 in Klosterneuburg).

Weinbau

Sortenmerkmale:

Blatt: mittelgroß, fünflappig, rundgewölbte Zähnung, glatt und glänzend, offene, lyraförmige Stielbucht
Traube: mittelgroß, leicht geschultert, kurzstielig, dichtbeerig
Beere: mittelgroß, rund, schwarzblau, stark beduftet, rosa Beerensaft

Die Rebe stellt keine besonderen Ansprüche an *Boden* und *Lage.*

Ihre *Krankheitsanfälligkeit* kann als sehr gering gegen Peronospora und als gering gegen Oidium und Botrytis bezeichnet werden, was eine wesent-

liche Reduzierung der notwendigen Pflanzenschutzmittel ermöglicht. Sie hat eine gute Winterfrostfestigkeit und eine geringe Blüteempfindlichkeit.
Im Durchschnitt liegt der *Ertrag* bei 50–70 hl/ha, das *Mostgewicht* bei 75–95° Oechsle (15–19° KMW) und die *Mostsäure* bei 7–9‰.
Die *Reife* setzt mittelfrüh ein, und die *Lese* erfolgt Mitte September bis Anfang Oktober.

Verbreitung

Die Rebsorte ist nur in *Österreich* im Versuchsanbau zu finden.

Weinbeschreibung

Farbe: extrem tiefes, dunkles Blaurot (in normalen Weinjahren)
Bukett: neutral
Geschmack: dicht, konzentriert, extraktreich, vollmundig
Gesamteindruck: Der Rathay ist ein eigenständiger Rotwein, aber auch als Farbspender für Verschnitte sehr gut geeignet.

Lagerfähigkeit

Ausreichende Erfahrungswerte fehlen zwar noch, aber es scheinen alle Voraussetzungen vorhanden zu sein, daß die Rotweinsorte eine längere (drei bis fünf Jahre) Lagerfähigkeit besitzt.

Räuschling

Weißwein

Synonyme

In der Schweiz wird die Sorte auch noch Züribebe genannt.

Herkunft

Bevor der Riesling x Sylvaner (Müller-Thurgau) aufkam, war der Räuschling neben dem Elbling die am meisten verbreitete Weißweinsorte der Schweiz, somit eine alteingesessene Rebsorte dieses Landes. Die Herkunft der Rebe ist unbekannt.
Seinen Namen soll der Räuschling von seinem robusten Laubwerk erhalten haben, das im Wind besonders kräftig rauschen soll.

Weinbau

Sortenmerkmale:
Blatt: mittelgroß, dreilappig, stumpf gezähnter Rand, spitz offene Stielbucht
Traube: groß, länglich, locker- bis dichtbeerig
Beere: groß, rund, hellgrün, punktiert, dünnhäutig und durchscheinend, bei Vollreife bronziert

Die Rebsorte bevorzugt fruchtbare und tiefgründige *Böden,* die nicht zu trocken sein dürfen, sowie warme *Lagen.*
Sie ist eine besonders empfindliche Rebsorte, die vor allem in der Blütezeit gegenüber Schädlingen und Fäulnis recht *anfällig* ist und außerdem zum Verrieseln neigt.
Diese Empfindlichkeit in der Blüte sowie ihre Spätreife bewirken einen von Jahr zu Jahr recht schwankenden *Ertrag.*
Die *Reife* erfolgt relativ spät, die *Lese* findet in der Regel Ende September bzw. Anfang Oktober statt.

Verbreitung

Der Räuschling war früher außer in der Schweiz noch in Deutschland (am Oberrhein und in Baden) und im Elsaß verbreitet. Heute ist die Rebsorte außer einem kleinen Relikt in Baden, *Deutschland,* nur mehr in der *Schweiz* anzutreffen, wo sie an der Eidgenossenschaftlichen Forschungsanstalt in Wädenswil erhaltungszüchterisch bearbeitet wird. Angebaut wird die Rebsorte besonders im Kanton Zürich, und zwar am Zürichsee, im Limmattal und im Zürcher Weinland um den Irchel. Kleinere Rebbestände findet man außerdem noch in den Kantonen Schwyz und Schaffhausen.

Weinbeschreibung

Farbe: grünlichgelb
Bukett: dezent fruchtig
Geschmack: trocken, süffig, spritzig, mit viel eleganter Säure und manchmal einem leichten Hefeton
Gesamteindruck: Der Räuschling war lange Zeit hindurch durch den Riesling x Sylvaner ersetzt worden, weil er im Ertrag, aber auch in der Qualität jahresmäßig sehr unterschiedlich ist. In letzter Zeit wächst jedoch wieder das Interesse an dieser Sorte, da dem Wein eine Originalität nicht abzusprechen ist und er auch ausgezeichnete Qualitäten hervorbringen kann.

Wozu trinkt man den Wein?

Die Schweizer Gastronomie empfiehlt den Räuschling besonders zu einem Hors d'oeuvre, zu Fisch, Krustentieren, weißem Geflügel sowie allgemein zu schwach gewürzten Speisen.

Glaskultur und Serviertemperatur

Man trinkt den Weißwein gut gekühlt aus einem

»Jungwein-Glas« und *serviert* ihn mit einer Temperatur von 6–8° Celsius.

Lagerfähigkeit

Der Räuschling ist am besten in den Sommermonaten jung und frisch zu trinken. Er läßt sich aber infolge seiner eleganten Säure durchaus auch einige Jahre lagern.

Regent

Rotwein

Herkunft

Die Rebsorte ist eine junge Kreuzung des Institutes für Rebenzüchtung Geilweilerhof in Siebeldingen/Pfalz zwischen (Silvaner x Müller-Thurgau) x Chambourcin. Das dabei vom Institut verfolgte Hauptziel war die Entwicklung einer pilzresistenten Keltertraubensorte. Die Rebe erhielt 1994 den Sortenschutz, ist aber noch nicht klassifiziert und daher auch nicht zum Anbau zugelassen. Erlaubt ist nur ein begrenzter Anbau für Versuchszwecke.
Der Sortenname weist auf einen großen Diamanten aus Indien hin, der heute im Louvre ausgestellt ist.

Weinbau

Sortenmerkmale:

Blatt: drei-, selten fünflappig, lyraförmige Stielbucht, offen bis überlappt

Traube: mittelgroß, im Vergleich zum Spätburgunder weniger kompakt

Beere: klein bis mittelgroß, mit dem Spätburgunder vergleichbar

Die Rebe stellt an die *Böden* und *Lagen* keine besonderen Ansprüche, doch sollten auf alle Fälle kalte, windoffene Lagen vermieden werden. Die Sorte ist auch für Rotweinrandlagen durchaus geeignet.
Der Regent hat eine hohe *Resistenz* gegen Oidium und Botrytis und eine sehr gute Winterfrostfestigkeit.
Der *Ertrag* liegt zwischen dem des Spätburgunders und des Portugiesers, also bei etwa 120–140 hl/ha. Im langjährigen Durchschnitt liegt das *Mostgewicht* bei 80° Oechsle (16° KMW) und die *Mostsäure* bei etwa 7–8‰.
Die *Beerenreife* ist mittelfrüh, kurz vor bzw. zeitgleich mit dem Portugieser, und die *Lese* erfolgt etwa Mitte September.

Verbreitung

Die Sorte ist nur in *Deutschland* im Versuchsanbau zu finden.

Weinbeschreibung

Farbe: tiefrot

Bukett: zarter, dezenter Duft

Geschmack: kräftig, mit viel Rotweinart. Er erinnert zuweilen an südländische Rotweintypen, vor allem wenn bei der Weinbereitung eine längere Maischestandzeit vorgenommen wurde.

Gesamteindruck: Die Rotweine sind im allgemeinen von hoher Qualität und übertreffen qualitativ nicht selten den Spätburgunder. Die Sorte wird auch als Rosé ausgebaut.

Lagerfähigkeit

Der Rotwein läßt sich für eine beschränkte Zeit auch lagern.

Regner

Weißwein

Herkunft

Die Rebsorte gehört zu den älteren deutschen Neuzüchtungen und ist eine Kreuzung der Landesanstalt für Rebenzüchtung in Alzey/Rheinland-Pfalz zwischen Luglienca bianca x Gamay früh. Luglienca bianca (Gelbe Seidentraube) ist eigentlich eine weiße Tafeltraube. Gamay hingegen ist eine rote Keltertraube, die vor allem im Burgund angebaut und unter anderem zur Erzeugung der Beaujolais-Weine herangezogen wird. Züchter des Regner war Georg Scheu, Züchtungsjahr 1929, Zulassung (Sortenschutz) 1978 und klassifiziert (für den Anbau freigegeben) seit 1979, allerdings nur in einem einzigen deutschen Anbaugebiet (Rheinhessen).
Mit dem Namen der Rebsorte wurde die langjährige Mitarbeiterin des Züchters Georg Scheu, Frau Maria Regner, geehrt. Später hat sich herausgestellt, daß diese Bezeichnung nicht gerade verkaufsfördernd wirkt.

Weinbau

Sortenmerkmale:

Blatt: mittelgroß, drei- bis fünflappig, deutlich gebuchtet, gezähnt, überlappende Stielbucht

Traube: mittelgroß bis groß, dichtbeerig, pyramidenförmig

Beere: mittelgroß, rundlich, grüngelb, saftiger Geschmack mit dezentem Muskatton

Die Rebe braucht kalkarme, gut durchlüftete und tiefgründige *Böden.* Für Rieslinggebiete ist sie we-

gen zu niedrigen Säuregehalts nicht geeignet. Ihre Ansprüche an die *Lage* sind nicht sehr hoch und gleichen jenen des Müller-Thurgau.
Die Sorte hat eine geringe Frostempfindlichkeit und eine *Neigung* zu Oidium und Botrytis.
Der *Ertrag* ist relativ hoch sowie sicher und bewegt sich im Durchschnitt zwischen 100–120 hl/ha. Das *Mostgewicht* erreicht im langjährigen Schnitt 80° Oechsle (16° KMW), die *Mostsäure* liegt zwischen 6–7‰.
Die *Reife* ist früh und zeitgleich mit dem Müller-Thurgau gegeben; die *Lese* erfolgt im letzten Drittel September bis Mitte Oktober.

Verbreitung

Der Regner hat in *Deutschland* einen Rebflächenanteil von 0,16%, und man findet ihn eigentlich nur in Rheinhessen. Er hat somit Seltenheitswert.

Weinbeschreibung

Farbe: gelb bis gelbgrün
Bukett: leichter Muskatton
Geschmack: Dieser ist von traditioneller Art, an Müller-Thurgau erinnernd, harmonisch, ausgeglichen, mild (säurearm). Wurde die Sorte in Rieslinggebieten ausgepflanzt, so weist der Wein manchmal eine zu niedrige Säure auf und wirkt dann weich und charakterlos.
Gesamteindruck: Ein Weißwein, der schon sehr früh (Anfang Dezember) seine Genußreife erreicht.

Wozu trinkt man den Wein?

Der Regner schmeckt gut zu kräftigen und leicht gewürzten Speisen sowie zu gebackenem Fisch und eignet sich gut als Schoppenwein.

Glaskultur und Serviertemperatur

Der Wein wird zweckmäßigerweise in einem »Universal-Glas« gereicht.
Die beste *Serviertemperatur* liegt bei 8–10° Celsius.

Lagerfähigkeit

Wegen seiner Säurearmut sollte man den Wein frisch und jung trinken. Seine Lagerfähigkeit ist begrenzt.

Reichensteiner

Weißwein

Herkunft

Die Rebsorte ist eine Kreuzung der Forschungsanstalt Geisenheim/Rheingau zwischen Müller-Thurgau x (Madeleine angevine x Calabreser-Froelich).
Züchtungsjahr 1939, Zulassung (Sortenschutz) 1978 und klassifiziert (für den Anbau freigegeben) in fünf Anbaugebieten Deutschlands.
Der Name der Rebe leitet sich von der Burg Reichenstein bei Trechtingshausen am Mittelrhein ab.

Weinbau

Sortenmerkmale:
Blatt: mittelgroß, drei- bis fünflappig, starke Randzähnung, V-förmige, offene Stielbucht
Traube: groß, lockerbeerig, kegelförmig, teils geschultert
Beere: rund, mittelgroß, gelbgrün; bei Vollreife nehmen die Beeren eine leicht rötlichbraune Färbung an.

Die Ansprüche an den Standort sind weitgehend vergleichbar mit denen des Müller-Thurgau, das heißt die Rebe braucht tiefgründige, fruchtbare *Böden,* die keinesfalls zu trocken sein dürfen. Die *Lagen* müssen windgeschützt und frostfrei sein.
Die *Krankheits-* und *Fäulnisanfälligkeit* ist gering, wobei besonders die geringe Anfälligkeit gegen Botrytis zu erwähnen ist, die zusätzliche Pflanzenschutzmaßnahmen weitgehend erübrigt und überdies ein längeres und besseres Ausreifen des Traubengutes ermöglicht. Die *Winterfrostigkeit* ist nur mittelmäßig.
Der *Ertrag* liegt ähnlich hoch wie beim Müller-Thurgau und bewegt sich im langjährigen Durchschnitt zwischen 100–150 hl/ha. Die Trauben weisen im Vergleich zum Müller-Thurgau ein um 5–10° Oechsle höheres *Mostgewicht* auf, also meistens zwischen 70–85° Oechsle (14–17° KMW), in guten Lagen auch bis 100° Oechsle (20° KMW). Die *Mostsäure* liegt bei 6–11‰ je nach Jahrgang.
Die *Reife* setzt mittelfrüh nach dem Müller-Thurgau ein, die *Lese* erfolgt etwa Ende September oder im Oktober.

Verbreitung

Der Reichensteiner hat in *Deutschland* einen Rebflächenanteil von 0,32%. Seine bevorzugten Anbaugebiete liegen in den nördlich gelegenen Rebgebieten, am Mittelrhein, in Rheinhessen, an der Mosel-Saar-Ruwer und in der Pfalz.
Der Reichensteiner war und ist vielleicht auch heute noch ähnlich umstritten, wie es seinerzeit der Müller-Thurgau und später dann die Scheurebe war. Inzwischen hat man zumindest einige weinbauliche Vorzüge erkannt und nutzt sie. Wenn auch langsam, so nimmt die Anbaufläche mit dieser Sorte in Deutschland stetig zu.

Weinbeschreibung

Farbe: gelbgrün, bei Prädikatsweinen schöner Goldton

Bukett: schwach, duftig, manchmal mit einem Muskatton in Duft und Aroma versehen

Geschmack: süffig, neutral bis blumig, bei zu hohen Ernteerträgen auch extraktarm

Gesamteindruck: Der Reichensteiner findet als selbständiger Weißwein immer mehr Anklang, wobei er sich in allen Qualitätsstufen gleichermaßen typisch darstellt und manchmal an einen Weißen Burgunder erinnert. Er ist für einen trockenen Ausbau hervorragend geeignet. Bei später Lese wird er gerne und mit Erfolg zur Gewinnung von Prädikatsweinen herangezogen, weil die Säure beim Most um etwa 1–2‰ höher als beim Müller-Thurgau ist. Vielfach wird er als Verschnittwein und die Moste zur Herstellung von Süßreserven verwendet.

Wozu trinkt man den Wein?

Er ist im allgemeinen ein anspruchsloser Alltagswein, der immer zu einem herzhaften, einfachen Essen paßt.

Glaskultur und Serviertemperatur

Für diesen Wein nehme man am besten ein »Jungwein-Glas«.

Die *Serviertemperatur* liegt bei 6–8° Celsius, für höhere Prädikatsweine bei 9–10° Celsius.

Lagerfähigkeit

Der Reichensteiner baut infolge seiner Sorteneigenschaften relativ rasch ab, weshalb er nicht länger als zwei bis drei Jahre gelagert werden soll. Höhere Prädikatsweine haben selbstverständlich eine entsprechend längere Lagerfähigkeit.

Neuzüchtungen

Gamaret: Gamay x Reichensteiner (ein Schweizer Rotwein – siehe dort)

Granoir: Gamay x Reichensteiner (ein Schweizer Rotwein – siehe dort)

Rèze

siehe unter Gletscherwein

Rheinriesling

siehe unter Riesling

Rieslaner

(Mainriesling)

Weißwein

Herkunft

Die Rebsorte ist eine Kreuzung der Bayerischen Landesanstalt für Weinbau und Gartenbau/Würzburg zwischen Silvaner x Riesling. Sie wurde schon 1921 von Dr. August Ziegler gezüchtet. Prof. Dr. Hans Breider hat sie 1950 wiederentdeckt und mit ihrer erhaltungszüchterischen Bearbeitung begonnen. 1968 wurde die Sorte in die Sortenliste eingetragen und ist in Franken, Rheinhessen und in der Pfalz klassifiziert (zum Anbau freigegeben).

Der Name wurde von den Elternreben (Riesling-Silvaner) abgeleitet.

Weinbau

Sortenmerkmale:

Blatt: mittelgroß, drei- bis fünflappig, stumpf gezähnter Rand, V-förmige bis geschlossene Stielbucht

Traube: mittelgroß, dichtbeerig, geschultert

Beere: kleiner als die Rieslingbeeren, rund, gelbgrün

Die Ansprüche an den ***Boden*** sind mäßig, auch Kalkböden sind zum Anbau geeignet. Hingegen sind die Ansprüche an die ***Lage*** wegen des späten Reifebeginns und des hohen Säuregehaltes hoch, sie müssen gut und windgeschützt sein.

Die ***Krankheitsanfälligkeit*** und die Empfindlichkeit gegen Winterfrost sind gering.

Der ***Ertrag*** ist schwankend (50–100 hl/ha) und liegt im langjährigen Durchschnitt bei etwa 75 hl/ha. Das ***Mostgewicht*** bei Traubenvollreife liegt zwischen 90–110° Oechsle (18–22° KMW) und die hohe ***Mostsäure*** zwischen 11–13,5‰.

Die ***Traubenreife*** beginnt beim Rieslaner zwar spät, jedoch nicht ganz so spät wie beim Riesling, die ***Lese*** erfolgt daher in der Regel in der ersten Hälfte Oktober.

Verbreitung

Der Rieslaner ist eigentlich nur in ***Deutschland*** zu finden, wo die gesamte bestockte Rebfläche dieser Sorte allerdings bloß rund 60 Hektar beträgt. Hauptanbaugebiet ist dabei Franken. Die Anbaufläche hat sich aber in den letzten Jahren deutlich vergrößert.

Weinbeschreibung

Farbe: gelbgrün

Bukett: fruchtig, sortenspezifisch

Geschmack: Die Weine des Rieslaner sind von traditioneller Art und besitzen einen rieslingähnlichen Geschmack. Trotz vieler Gemeinsamkeiten mit Riesling-Weinen hat der Rieslaner einen unverwechselbaren, sortenspezifischen Charakter. Bei ausreichendem Mostgewicht (mindestens 85° Oechsle = 17° KMW) sind Rieslaner-Weine feinfruchtig, rassig (markante Säure), extraktreich und nachhaltig. Bei niedrigem Mostgewicht sind sie hingegen ausdruckslos und zeigen eine unreife und spitze Säure.

Gesamteindruck: Der Rieslaner ist für die Gewinnung hochwertiger Weine prädestiniert. Der Anbauwert beruht vor allem auf der guten Qualität und Haltbarkeit seiner Weine. Es dürfte in Franken wohl nur wenige andere Rebsorten geben, die in geeigneten Lagen den Rieslaner in der Qualität seiner Weine einschließlich seiner Lagerfähigkeit übertreffen könnten. Hochwertige Rieslaner-Weine gelten daher als eine typische fränkische Spezialität.

Wozu trinkt man den Wein?

Man kann einen Rieslaner überall dort servieren, wo ein Riesling dazu passen würde. Bei seiner Auswahl zum Essen sollte man aber unbedingt auf seinen Restzuckergehalt achten.

Glaskultur und Serviertemperatur

Bis zur Kabinettstufe empfiehlt sich ein »Jungwein-Glas«, für höhere Prädikatsweine sollte man ein »Universal-Glas« nehmen.

Einen Rieslaner ***serviert*** man bis zur Qualitätsstufe Kabinett am besten mit einer Temperatur von 6–8° Celsius, alle höheren Qualitäten mit 9–11° Celsius.

Lagerfähigkeit

Hochwertige Rieslaner-Weine können längere Zeit gelagert werden.

Riesling

(Rheinriesling)

Weißwein

Synonyme

Die korrekte Sortenbezeichnung ist »Weißer Riesling«, meist wird er aber nur Riesling genannt. In Österreich wird er zur besseren Unterscheidung gegenüber dem Welschriesling vielfach als Rheinriesling bezeichnet.

Die Doppelnamen sind bei dieser Sorte sehr zahlreich. Die wichtigsten Synonyme für den Riesling sind:

- Rheingauer, Johannisberger, Hochheimer, Klingelberger, Gräfenberger, Kleinriesling, Gewürztraube (Deutschland)
- Petit Riesling, Riesling Blanc (Frankreich)
- Riesling, Petit Rhin (Westschweiz)
- Riesling renano (Italien)
- Rézlink, Ryzlink rýnský, Starovětske (Tschechien, Slowakei)
- Rajnai Rizling, Grauer Riesling (Ungarn)
- Risling, Risling rejuski (GUS)
- Rajnski Rizling, Starovetski (Slowenien)
- Graschevina (Kroatien)
- White Riesling, Johannisberg (USA)
- Rheinriesling (Australien)

Es soll jedoch klargestellt sein, daß trotz Namensähnlichkeit keine wie auch immer geartete Verwandtschaft zum Welschriesling, Goldriesling oder Schwarzriesling (Müllerrebe) besteht und diese drei Sorten mit dem Weißen Riesling nichts gemein haben.

Herkunft

Der Riesling wird gerne als »König der Weißweinreben« oder als »edelste Weißweinrebe der Welt« bezeichnet. Sicherlich ist unbestritten, daß der Riesling die wertvollste Weißweinsorte der nördlichen Anbaugebiete ist. Und das zu Recht, wenngleich auch andere Spitzensorten dem Riesling qualitativ nicht nachstehen mögen.

Die Herkunft kann, so wie bei vielen sehr alten Rebsorten, nicht genau bewiesen werden. Wahrscheinlich dürfte sie ihren Ursprung in Deutschland haben, wo sie von einer im Rheintal beheimateten Wildrebe (Vitis vinifera var. silvestris) abstammen dürfte.

Tatsache ist jedenfalls, daß der Anbau der Rieslingrebe im Jahre 1435 in Rüsselsheim, Deutschland, also vor mehr als 500 Jahren, eindeutig nachweisbar ist. Aber jahrhundertelang brachte die Sorte den Weinbauern nur Enttäuschung. Und man hielt den Riesling bis in das 18. Jahrhundert hinein für eine schlechte Traube zur Weingewinnung und baute ihn meist nur im Mischsatz zusammen mit anderen Rebsorten (Elbling, Silvaner, Gutedel, Traminer) an. Das kam daher, daß man seine typischen Sorteneigenschaften bis zum 18. Jahrhundert einfach nicht erkannt hatte.

Der Riesling gelangt nämlich erst im Oktober oder November zur Vollreife seiner Beeren und wird meist als letzte der angebauten Ertragssorten geerntet. Seine kleinen, runden Beeren brauchen unbedingt ein warmes, herbstliches Schönwetter, um den für eine gute Qualität notwendigen Zuckergehalt anreichern zu können. Erst dieser Trauben- und Fruchtzucker erbringt in Verbindung mit der charakteristischen Säure die wunderbare Harmonie des Riesling-Weines. Ist diese Zuckeranreicherung durch zu wenig Sonneneinwirkung nicht möglich geworden oder wird der Riesling zu früh geerntet, dann vermag man aus dieser Traube nur harte und saure Weine zu gewinnen. Ein Zufall führte zur entscheidenden, heute schon selbstverständlichen Erkenntnis, daß ein Riesling erst dann zu einem großartigen Wein werden kann, wenn diese Rebsorte reinsortig und nicht im gemischten Satz angebaut wird und ihre Trauben erst spät und nach erfolgter Vollreife gelesen werden. Und darüber wird folgende Geschichte erzählt:

Im 18. Jahrhundert wohnten wieder einmal Benediktinermönche im uralten, schon um 1100 gegründeten Kloster auf dem Johannisberg im Rheingau, Deutschland, und bearbeiteten fleißig ihre Weinberge. Dabei wurde der Riesling im Gegensatz zu dem damals üblichen Mischsatz ausnahmsweise in reiner Monokultur angebaut. Jedes Jahr im Herbst, wenn die Trauben reif waren, schickten die Mönche einen Kurier mit einer Traubenprobe zu ihrem Fürstabt (einen in den Reichsfürstenstand erhobenen Abt des Benediktinerordens) nach Fulda, um von ihm die offizielle Leseerlaubnis zu erhalten. Im Jahre 1775 verspätete sich nun aus Gründen, die sich im Dunkel der Geschichte verlieren, der Johannisberger Kurier bei seiner Rückkehr. Und die Mönche vom Schloß Johannisberg warteten und warteten. Sie, die mit dem gekelterten Wein einen wesentlichen Teil ihres Lebensunterhaltes bestritten, waren schon der Verzweiflung nahe, weil die überreifen Trauben an den Rebstöcken geschrumpft waren und bereits teilweise zu faulen begonnen hatten. Als dann der nach Fulda entsandte Kurier schließlich doch noch verspätet mit der Leseerlaubnis des Fürstabtes nach Schloß Johannisberg zurückkehrte, führten die Mönche eine getrennte Lese nach grünen und fast faulen Trauben durch. Und siehe da, aus den überreifen, zum Teil schon faulen (edelfaulen) Trauben kelterten sie den köstlichsten Riesling, den man bis dahin je getrunken hatte.

Die Geschichte ist sicherlich wahr und wird von Schloß Johannisberg in wirtschaftlicher Hinsicht auch bestens vermarktet. Allerdings dürfte die Spätlese nicht erst mit der verspäteten Rückkehr des Johannisberger Kuriers entdeckt worden sein. Denn schon aus der Antike hörte man von einer späten Lese der Trauben. Und in Österreich ist urkundlich bewiesen, daß bereits weit früher im Burgenland aus überreifen und edelfaulen Beeren Ausbruchweine hergestellt worden waren.

Weinbau

S o r t e n m e r k m a l e :

Blatt: mittelgroß, drei- bis fünflappig, wenig gebuchtet, stumpf gezähnter Rand, überlappende Stielbucht

Traube: klein bis mittelgroß, einfach geschultert, mittel- bis dichtbeerig

Beere: klein, rund, grün bis gelbgrün und sonnseitig gelbbraun

Der Riesling stellt nur geringe Ansprüche an den *Boden* und gedeiht praktisch auf allen Bodenarten, sofern sie leicht erwärmbar und durchlässig sind.

Die elegantesten und duftigsten Weine dieser Sorte findet man jedoch auf Schiefer- und Urgesteinsverwitterungsböden in besten Lagen. Mit ein bißchen Übung vermag man verhältnismäßig bald einen auf Schieferböden gewachsenen duftigen, rassigen und spritzigen Riesling von einem auf Urgesteinsverwitterungsböden herangereiften Riesling zu unterscheiden, der vielleicht weniger spritzig, duftig und pikant sein mag, dafür aber eine einmalige Harmonie zwischen Frucht, Säure und Süße aufweist. Auf Kies- oder Sandböden ausgepflanzte Rieslinge fallen hingegen in ihrem Charakter eher breit und wuchtig aus. Lehm- und Lößböden sind für den Anbau dieser Sorte nicht sehr geeignet. Sie erbringen zwar gute Ernteerträge, die Weine wirken aber meist ausdruckslos, weil ihnen Rasse und Fruchtigkeit fehlen.

An die *Lage* stellt der Riesling immer allerhöchste Ansprüche. Da seine Trauben nur bei ausreichender Wärme zu ihrer unbedingt notwendigen Vollreife gelangen, sind für einen Anbau am besten warme, windgeschützte, möglichst südseitige Hanglagen heranzuziehen. Und diese sollten wenn möglich noch an Flußtälern oder zumindest in der Nähe anderer Gewässer liegen, weil der Riesling während seiner Reifezeit eine hohe Luftfeuchtigkeit zur Traubenreife und Edelfäule braucht. Auch an Waldrändern gedeiht er manchmal recht gut.

Im Hinblick auf *Krankheiten* ist er nicht besonders anfällig. Sein Anbau ist problemlos. Allerdings wird er öfters von der Stielfäule und Stiellähme heimgesucht.

Der *Ertrag* der Riesling-Rebe ist im allgemeinen mittelhoch und liegt zwischen 60–100 hl/ha (in manchen Weinbaugebieten aber nicht unwesentlich darunter). Gute Riesling-Klone bringen dabei einen ziemlich gleichmäßigen Ertrag. Das ***Mostgewicht*** liegt im langjährigen Durchschnitt bei 70–90° Oechsle (14–18° KMW), die ***Mostsäure*** ist je nach Reifegrad mit 10–15‰ relativ hoch und wird gerne als das Rückgrat des Riesling bezeichnet. Im Gegensatz zu manchen anderen Rebsorten wirkt aber eine hohe Säure beim Riesling kaum qualitätsmindernd.

Unerläßlich für eine gute Qualität des Riesling ist die unbedingt benötigte ***Vollreife*** der Beeren, ein ständiger Wunschtraum aller Riesling-Erzeuger, hat doch der Riesling von allen Ertragssorten die späteste Reife. Wichtig für die Vollreife der Trauben ist, daß die Blüte bei dieser Rebsorte vor dem 25. Juni abgeschlossen ist, daß außerdem in der Hauptvegetationszeit (April–Oktober) in regelmäßigen Zeitabständen genügend Regen fällt und daß ein sonnenwarmer Herbst für eine zufriedenstellende Zuckerbildung in den Trauben sorgt. Die ***Lese*** erfolgt selten vor Mitte Oktober oder sogar auch im November; nicht selten auch erst im Dezember. Ein sonnenarmer Herbst, vielleicht die Rebe noch dazu in einer schlechten Lage angebaut, wird aus einem Riesling erfahrungsgemäß niemals einen zufriedenstellenden Qualitätswein hervorbringen.

Verbreitung

Der Riesling ist auf der ganzen Welt verbreitet. In quantitativer Hinsicht haben aber nur Deutschland, Österreich und das Elsaß Bedeutung.

Deutschland hat mit Abstand das größte Rieslinganbaugebiet der Welt, und der Riesling ist nach dem Müller-Thurgau die zweitwichtigste Rebsorte. Sein Rebflächenanteil liegt bei 21,3%, wobei innerhalb von Deutschland seine größten Anbaugebiete sind:

Rheingau mit 80% Rieslinganteil an der Anbaufläche dieses Gebietes. Die Rieslinge sind dort besonders landeinwärts (Bergstraßen) ganz große Spitzenqualitäten.

Mittelrhein mit 74% Rieslinganteil in diesem Weinbaugebiet. Die Rieslinge sind etwas kerniger, meist Konsum- und Schoppenweine für den Alltag.

Mosel-Saar-Ruwer mit 54% Rieslinganteil, wobei die Spitzenqualitäten besonders feinfruchtig, elegant, rassig und würzig sind.

Hessische Bergstraße mit einem Rieslinganteil von gleichfalls 54% in diesem Weinbaugebiet.

Rieslinganpflanzungen findet man aber auch in allen übrigen deutschen Anbaugebieten. Nicht unerwähnt darf bleiben, daß die Forschungsanstalt Geisenheim/Rheingau für diese Rebsorte der größte Erhaltungs- und Klonenzüchter Deutschlands ist.

In ***Österreich*** sind 2,2% der gesamten Weinbaufläche mit Riesling kultiviert. Die größten Anbaugebiete mit Riesling befinden sich in der Wachau (7% Rieslinganpflanzung in diesem Weinbaugebiet), in Krems, Langenlois mit dem berühmten Zöbinger Heiligenstein, Klosterneuburg und Wien (Wiener Nußberg).

In der ***Schweiz*** gilt der Riesling als Rarität. Man findet kleine Rieslinganpflanzungen im Wallis, aber auch im Waadtland und in Neuenburg.

Weinbeschreibung

Farbe: Der normale Riesling zeigt eine grünlichgelbe Farbe, wobei in den nördlichen Anbaugebieten dieser Rebsorte die grünliche Komponente, in den südlicheren Gegenden die gelbliche stärker in Erscheinung tritt. Mit zunehmendem Alter und auch bei höheren Qualitätsstufen wechselt die grünlich-gelbe Farbe in einen schimmrigen Goldton über. Bei den sehr seltenen Trockenbeerenauslesen kann die Farbe sogar einen bernsteinfarbigen Ton annehmen.

Bukett: Immer wieder wird das Bukett eines Rieslings mit dem Duft und Aroma von Steinobst (Pfirsichen, Aprikosen) oder gar mit jenem von Rosen oder Rosenholz verglichen. Das mag vielleicht in ganz seltenen Fällen zutreffen. Meistens dürfte es einem jedoch schwerfallen, ein solches Bukett objektiverweise nachzuempfinden, wenn man ehrlich sein will. In Wirklichkeit besticht der Riesling nämlich durch die außergewöhnlich traubige Fruchtigkeit seines Buketts, das bei keiner anderen Sorte so fein, so edel und so ausgeprägt sein kann wie gerade beim Riesling.

Das unverwechselbare Rieslingbukett entsteht dabei vorwiegend durch die alkoholische Gärung und durch die Reifung der Weine, wobei die verschiedenen Säuren, Alkohole und ihre Verbindungen dafür verantwortlich zeichnen.

Diese Besonderheit seines Buketts setzt aber immer eine durch genügend Sonne und späte Lese gegebene Vollreife der Trauben voraus. In weniger guten Weinjahren ist im Duft und Aroma ein deutlicher Ton von Unreife bemerkbar, der gebietsunabhängig ist und woran man gleichfalls einen Riesling erkennen kann.

Mit zunehmendem Alter und bei längerer Flaschenlagerung verändern sich die Aromastrukturen des Riesling-Buketts. Man spricht dann von sekundärem und tertiärem Bukett. Die Aromen werden dichter, vielschichtiger, komplexer und erinnern an reife Ananas und an Mandelwürze. Dabei wird die Reifeentwicklung beim Riesling in ganz hohem Maße vom Jahrgang und von seiner Lage beeinflußt. In kleinen Jahren und bei kleinen Lagen erfolgt die Entwicklung des Sekundärbuketts viel rascher und vielfach auch weniger positiv als in großen Jahren und bei besten Lagen, wenn eine volle physiologische Reifung des Lesegutes eintreten konnte. Bei solchen kleineren Jahrgängen tritt im höheren Alter ein nicht immer geschätzter, mehr oder weniger ausgeprägter Petrolton auf, der von seinen Liebhabern als »edle Firne« bezeichnet wird.

Geschmack: Der Riesling weist je nach Anbaugebiet viele Geschmacksfacetten auf. Die hervorstechendsten Kennzeichen des Rieslings sind seine edle, fruchtige, rassige Art und sein harmonischer Gleichklang von Säure und Süße. E. Hornickel schreibt in seinem Buch »Die Sorten«, daß der Riesling in mittleren Weinjahren einen anregenden, rassigen Tischwein, in guten Jahren einen sehr harmonischen, immer eleganten blumigen Wein, bei großen Jahrgängen und auf guten Lagen einen der weißen Spitzenweine der Welt, durch und durch edel, bukettreich und voller Varianten im Spiel, hervorbringt. Was Hornickel nicht sagt, ist, daß der Riesling in kleinen Weinjahren oft unreif, ja manchmal richtig grasig schmeckt, wobei einem dann seine Säure recht unangenehm auffällt.

Ein Riesling hat üblicherweise einen mittleren Alkohol- und einen mittleren Extraktgehalt. Wie vielleicht bei keiner anderen Weinsorte wird sein Geschmack durch den Gehalt an Säure und Süße beeinflußt. Sie erst bestimmt die Harmonie dieses Weines, seine Rasse, Frische und Finesse. Riesling-Weine sind immer stark säurebetont und weisen im allgemeinen einen Säuregehalt von 7–9‰ auf. Sinkt der Säureanteil merkbar unter 7‰, dann wirkt der Wein meist müde, wenig frisch und wenig belebend.

Gesamteindruck: Den allgemeinen Ruhm des Rieslings begründet nicht ein hoher Alkoholgehalt, sondern die feine, fruchtige und rassige Art dieser Sorte. Er fasziniert vor allem durch seine unerreichte Feinfruchtigkeit, Rasse und sein herrliches, würziges Säurespiel.

Seinen schönsten Ausdruck, besonders im Sortenbukett, findet der Riesling zweifellos in der Qualitätsstufe Kabinettwein, vor allem, wenn er trocken ausgebaut wurde. Bei Spätlesen und Auslesen wird dieses feine Sortenbukett von Extraktstoffen und von der Botrytis teilweise überlagert. Einen Barrique-Ausbau lassen seine charakterlichen Eigenschaften nicht zu, ohne daß der Wein dabei echt abgewertet wird.

Wozu trinkt man den Wein?

Der Riesling eignet sich zu einer Vielzahl von Gerichten und wird besonders gerne bei festlichen Anlässen gereicht. Ein guter Riesling kann zu einem passenden Gericht den Geschmack der Speise ungemein verfeinern, wobei aber besonders auf die oft geschmacksbildenden Saucen Rücksicht zu nehmen ist. Bei der Wahl eines Rieslings zum Essen sollte man unbedingt auf seinen vorhandenen Gehalt an Restsüße achten.

Glaskultur und Serviertemperatur

Das für einen normalen Riesling bis einschließlich Qualitätsstufe Kabinett passende Weinglas ist das »Jungwein-Glas«.

Alle Riesling-Prädikatsweine, also Spätlesen, Beeren- und Trockenbeerenauslesen, Eiswein, sowie besonders alte, würdige Riesling-Weine sollten jedoch aus einem »Universal-Glas« getrunken werden, denn erst in dieser Glasform finden sie den vollen Ausdruck ihrer Eigenart.

Serviertemperatur:

Einen Riesling serviert man bis zur Qualitätsstufe Kabinett am besten mit einer Temperatur von 6–8° Celsius, Spätlesen mit 9–10° Celsius und alle anderen Prädikatsweine (ab Auslese aufwärts) mit 10–11° Celsius.

Lagerfähigkeit

Riesling-Weine lassen sich gut lagern. Trockene Rieslinge aus mäßigen Weinjahren altern allerdings relativ rasch, während edelsüße Prädikatsweine durch ihre konservierende Süße erst nach zehn Jahren interessant werden. Entscheidend für die Lagerfähigkeit sind neben einer selbstverständlich einwandfreien Lagermöglichkeit immer Jahrgang,

Lage, Säure- und Restzuckergehalt sowie die Qualitätsstufe des Weines.

In kleinen Weinjahren ist der Riesling bereits nach sechs Monaten auf seinem reiflichen Höhepunkt angelangt, auf dem er sich dann noch etwa zwei Jahre hält. In »guten« und »sehr guten« Jahren kann man einen normalen Riesling etwa drei bis vier Jahre ohne Qualitätsverlust lagern.

Kabinettweine aus guten Jahren und Lagen lassen sich vier bis sechs Jahre recht gut aufheben. Spätlesen verfeinern ihr Aroma noch bis zum 4. Lebensjahr, halten sich dann weitere zwei bis vier Jahre auf ihrem Reifehöhepunkt und beginnen erst dann langsam Ermüdungserscheinungen zu zeigen. Ausleseweine halten sich je nach Jahrgang und Prädikatsstufe zehn bis zwanzig Jahre und noch länger. Ganz ausgezeichnete Jahrgänge lassen die Lagerfähigkeit aller Qualitätsstufen wesentlich verlängern, manchmal sogar verdoppeln.

Neuzüchtungen und Verwandte

Infolge des hohen Anbauwertes des Riesling sind auch die in erster Linie in Deutschland vorgenommenen **Neuzüchtungen** zahlreich. Angeblich gibt es allein in Deutschland bereits über 40 Riesling-Neuzüchtungen, wobei einige der vielleicht interessantesten jene sind, wo Kreuzungen nochmals mit Kreuzungen gezüchtet werden, wie beispielsweise Arnsburger x Reichensteiner oder Rotberger x Reichensteiner. Von den wichtigsten Neuzüchtungen mit Riesling-Klonen seien erwähnt:

Albalonga: Rieslaner (= Silvaner x Riesling) x Silvaner (fruchtig und elegant, besondes im Auslesebereich)

Arnsburger: Riesling x Riesling (sehr fruchtig, rieslingähnlich)

Bacchus: (Silvaner x Riesling) x Müller-Thurgau (bei Traubenvollreife erbringt die Kreuzung leichte bis mittelkräftige Qualitätsweine, selten im Auslesebereich)

Ehrenfelser: Riesling x Silvaner (rieslingähnlich mit etwas geringerer Säure, reift rascher, guter Auslesetyp)

Hölder: Riesling x Ruländer (ähnelt dem Riesling, gut für Sektbereitung)

Kerner: Trollinger x Riesling (ähnelt hinsichtlich Fruchtigkeit und Säure dem Riesling und liegt qualitativ vielfach über dem Müller-Thurgau)

Mariensteiner: Silvaner x Riesling (zartfruchtig, rassig, mit gutem Körper)

Müller-Thurgau: Riesling x Silvaner (siehe unter Müller-Thurgau)

Optima: (Silvaner x Riesling) x Müller-Thurgau (elegant, oft Spitzenqualitäten im Auslesebereich)

Osteiner: Riesling x Silvaner (rieslingähnlich, geschmacklich etwas neutraler)

Rieslaner: Silvaner x Riesling (nur bei erreichter Traubenvollreife charaktervoller, rieslingähnlicher, rassiger bis kerniger Wein)

Rotberger: Trollinger x Riesling (Rotwein, der dem Trollinger ähnelt)

Scheurebe: Silvaner x Riesling (siehe unter Scheurebe)

Die Riesling- Kreuzungen ***Oranienstein****er* (Riesling x Silvaner), ***Thurling*** (Müller-Thurgau x Riesling) und ***Zähringer*** (Traminer x Riesling) wurden von den Zuchtanstalten zurückgezogen.

Als **Verwandter** des Weißen Riesling ist vor allem der ***Rote Rheinriesling*** (Roter Kleinriesling, Rotriesling, Riesling Rot) zu erwähnen.

Die Sorte ist eine typische Begleitrebe des Weißen Rieslings und diesem auch gleichgeartet; der Unterschied liegt nur in der Beerenfarbe. Die Traube gleicht jener des Weißen Riesling, besitzt jedoch eine rote Beerenhaut, die starke Wachsausscheidungen aufweist. Die Fruchtbarkeit ist nicht übermäßig. Da rote Trauben am sommergrünen Rebstock mehr auffallen als grünfärbige Trauben, ist man oft irrtümlich bereit zu sagen, der rottraubige Riesling ist reichtragender, was aber nicht stimmt. Im Anbauwert steht der Rote Riesling hinter dem Weißen Riesling.

Riesling-Sylvaner

siehe unter **Müller-Thurgau**

Rivaner

siehe unter **Müller-Thurgau**

Roesler

Rotwein

Herkunft

Die Rebsorte ist eine Kreuzung der Weinbauschule Höhere Bundeslehranstalt und Bundesamt für

Wein- und Obstbau in Klosterneuburg, Österreich, zwischen Zweigelt x (Seyve Villard 18-402 x Blaufränkisch). Züchter ist Dr. Gertrude Mayer, Züchtungsjahr 1970. Das angestrebte Kreuzungsziel war die Entwicklung einer hochqualitativen Rotweinsorte mit einer deutlich verminderten Anfälligkeit gegen Pilzkrankheiten.
Namensgeber war Hofrat Dr. Leonhard Roesler (geboren 1839 in Nürnberg, gestorben 1910 in Krems), der langjähriger Direktor der seinerzeitigen K.u.K. chemisch-physiologischen Versuchsstation für Wein- und Obstbau in Klosterneuburg war.

Weinbau

Sortenmerkmale:

Blatt: groß, blasig, derb, fünflappig, offene, U-förmige Stielbucht, dunkelgrün
Traube: groß, breit geschultert mit 1–2 Nebentrauben, lockerbeerig
Beere: klein bis mittelgroß, rund, dunkelblau (fast schwarzblau), wenig beduftet, fleischig, rosa Beerensaft

Die Rebe stellt keine besonderen Ansprüche an ***Boden*** und ***Lage*** und ist auch kalkverträglich.
Ihre ***Krankheitsanfälligkeit*** ist sehr gering gegen Peronospora und Botrytis sowie gering gegen Oidium, was eine wesentliche Reduzierung der notwendigen Pflanzenschutzmittel ermöglicht. Sie hat eine hohe Winterfrostigkeit und eine geringe Blüteempfindlichkeit.
Im Durchschnitt liegt der ***Ertrag*** bei 60–80 hl/ha, das ***Mostgewicht*** bei 75–95° Oechsle (15–19° KMW) und die ***Mostsäure*** bei 8–10‰.
Die Sorte ***reift*** mittelfrüh, und die ***Lese*** erfolgt in der zweiten Septemberhälfte bis Mitte Oktober.

Verbreitung

Die Rebsorte in nur in ***Österreich*** im Versuchsanbau zu finden.

Weinbeschreibung

Farbe: sehr farbintensiv mit einem leicht violetten Farbstich (wie beim Zweigelt)
Bukett: fruchtig in Richtung Waldbeeren
Geschmack: sehr vollmundig, gerbstoff- und extraktreich, samtig, fruchtiger Geschmackston
Gesamteindruck: Bei entsprechender Vinifizierung besitzt die Sorte alle Voraussetzungen, um ein großer, eigenständiger Rotwein zu werden.

Lagerfähigkeit

Erwartet wird eine gute Lagerfähigkeit, da der Wein ein hohes Potential an Säure, Gerbstoff und Extraktstoffen hat. Allerdings fehlen noch ausreichende Erfahrungswerte.

Rotberger

Rotwein

Herkunft

Die Rebsorte ist eine Kreuzung der Forschungsanstalt Geisenheim/Rheingau zwischen Trollinger x Riesling und ist mit dem Kerner verwandt. Züchtungsjahr 1928, Zulassung (Sortenschutz) 1969, klassifiziert (für den Anbau freigegeben) seit 1972 in drei Anbaugebieten Deutschlands.

Weinbau

Sortenmerkmale:

Blatt: mittelgroß bis groß, drei- bis fünflappig, dunkelgrün, grob gezähnter Blattrand, geschlossene, überlappende Stielbucht
Traube: mittelgroß, kegelförmig, locker- bis dichtbeerig
Beere: mittelgroß bis groß, rund, blaurot, beduftet, rundlich

Die Sorte braucht mittlere, tiefgründige, feinerdige, nicht allzu trockene ***Böden*** und geringe bis mittlere ***Lagen.***
Die Rebe ist gegen Oidium etwas ***anfällig.***
Der ***Ertrag*** ist hoch und beträgt 120–130 hl/ha und darüber. Das ***Mostgewicht*** liegt bei 75–95° Oechsle (15–19° KMW) und damit über dem Portugieser, desgleichen auch die ***Mostsäure*** mit 7–10‰.
Die Sorte ***reift*** früh, und die ***Lese*** erfolgt zeitgleich mit dem Spätburgunder, also meist Anfang bis Mitte Oktober.

Verbreitung

Der Rotberger hat in ***Deutschland*** einen Rebflächenanteil von 0,03% und ist vor allem in Rheinhessen und im Rheingau, aber auch an der Ahr und der Hessischen Bergstraße zu finden. In ***Österreich*** und der ***Schweiz*** kommt er nicht vor.

Weinbeschreibung

Farbe: hellrubinrot; die Farbausbildung ist schwach
Bukett: duftig
Geschmack: fruchtig, kernig, kräftig, körperreich
Gesamteindruck: Der Rotwein ähnelt dem Trollinger, hat jedoch einen markanten, sortentypischen Geschmack. Er eignet sich be-

sonders gut für die Gewinnung von Roséwein und Rotsekt.

Wozu trinkt man den Wein?

Der Rotwein paßt am besten zu einer einfachen, eher derben Hausmannskost bzw. zu einem herzhaften Essen. Er eignet sich auch als Kneipwein.

Glaskultur und Serviertemperatur

Für den Rotberger nimmt man zweckmäßigerweise ein übliches »Rotwein-Glas«.
Die *Serviertemperatur* soll niedrig sein und nicht über 12–13° Celsius liegen.

Lagerfähigkeit

Der Rotwein baut relativ rasch aus und sollte möglichst jung und frisch getrunken werden.

Roter Veltliner

Weißwein

Synonyme

In Österreich und Deutschland hat die Sorte noch die Bezeichnung Rot-Weißer-Veltliner, Rote Fleischtraube, Großer Roter Veltliner, Feldleiner, Rotreifler, Ranfler, Rothlichter u. a. Fälschlicherweise wird sie auch Roter Muskateller oder Großer Traminer genannt.

Herkunft

Eine Version sagt, daß die Rebsorte aus Österreich, und zwar aus Niederösterreich, stammt.
Nach einer anderen Ansicht soll der Rote Veltliner aus Italien stammen, und zwar aus dem Val-Tellina in der Nähe des Como-Sees, von wo die Rebe nach Österreich und Deutschland kam.

Weinbau

Sortenmerkmale:

Blatt: groß, fünflappig, tief eingeschnitten
Traube: groß bis sehr groß, geschultert, dichtbeerig
Beere: länglich bis oval, fleischrot, bei guter Reife bräunlich, dickschalig

Der Rote Veltliner hat an den *Boden* nur mittlere, an die Lage jedoch hohe Ansprüche. Die Rebe gedeiht am besten auf fruchtbaren Lehm- und Lößböden, aber auch auf Kalkböden. Auf Stein- und Sandböden werden die Weine ziemlich charakterlos. Als Standort braucht sie warme, möglichst nach Süden ausgerichtete *Hanglagen.*

Was ihre *Anfälligkeit* betrifft, so ist die Sorte sehr empfindlich gegenüber Winter- und Spätfrösten, aber auch in der Blüte, wo sie zum Verrieseln neigt. Sie ist weiters sehr krankheits- und botrytisanfällig.
Der *Ertrag* ist recht schwankend und unsicher, im allgemeinen aber hoch. Er liegt im Durchschnitt zwischen 80–120 hl/ha. Die *Mostgewichte* bewegen sich zwischen 70–95° Oechsle (14–19° KMW) und die *Mostsäure* zwischen 8–12‰.
Ihre *Reifezeit* ist spät, die *Lese* erfolgt Mitte Oktober.

Verbreitung

Die langsam aussterbende Sorte ist hauptsächlich in *Österreich* zu finden, wo sie noch einen Rebflächenanteil von 0,5% hat. Vor allem kommt sie dabei in Niederösterreich (92% der Anbaufläche dieser Sorte) in den Gebieten Hollabrunn, Wagram, Krems und Gedersdorf vor. Die Rebsorte hätte auch in Österreich schon längst keine Bedeutung mehr, wenn nicht das Weingut Mantlerhof in Gedersdorf bei Krems durch Generationen hindurch diese Rebsorte besonders gehegt, selektioniert und marktfähig gemacht hätte.
In *Deutschland* und in der *Schweiz* ist der Rote Veltliner kaum zu finden.

Weinbeschreibung

Der Rote Veltliner ist ein Massenträger und liefert meist extrem hohe Erträge mit entsprechend geringen Weinqualitäten. Wenn die Sorte jedoch mengenmäßig im Weingarten bewußt niedrig gehalten wird und bei guten Wachstumsbedingungen (Traubenvollreife, fruchtbare, schwere Böden und warme Lagen) sowie nach entsprechender Reifezeit ergibt die Traube weinmäßig folgenden Prototyp:

Farbe: grünlich-gelbe Farbe mit leichten Goldreflexen
Bukett: fruchtiger Duft und feinwürziges Aroma. Nach einer längeren Flaschenreife entsteht meist ein Altersbukett, das an Trüffel erinnert.
Geschmack: extraktreicher, würziger Geschmack mit einer im Vergleich zum Grünen Veltliner weicheren Säurenote. Nach längerer Flaschenreife entwickelt der Wein im Abgang eine zartbittere Mandelnote.
Gesamteindruck: Der Roter Veltliner ist kein leichtgewichtiger Wein, sondern in seinen besten Qualitäten ein Wein mit Kraft und Rückgrat, der immer etwas von der Botrytis geprägt wird. Die Qualität des Weines hängt sehr stark vom Mengenertrag, von der Güte des Jahrganges (Vollreife der Trauben) und vom geeigneten Standort und Boden ab. Kalte Lagen sowie stei-

niger und sandiger Boden bringen nur ausdruckslose, dünne Weine hervor, die nicht zu befriedigen vermögen. Unter guten Bedingungen kann sich der Wein jedoch zu einer fülligen und extraktreichen Qualität entwickeln, die auch von Kennern anerkannt und geschätzt werden muß.

Wozu trinkt man den Wein?
Bei guter Qualität und kräftiger Säure ist ein reifer, trocken ausgebauter Roter Veltliner ein ausgezeichneter Aperitifwein und paßt auch zum Essen vorzüglich zu bestimmten Gerichten, wie beispielsweise zu Nudelgerichten mit Käse, Rotschmierkäse (Limburger, Romadur etc.), aber auch zu dunklem Geflügel (Ente) und sogar zu gekochtem Rind schmeckt er vorzüglich.

Glaskultur und Serviertemperatur
Man nehme zum Roten Veltliner ein »Universal-Glas«.

Serviertemperatur: Der Wein ist am besten mit einer Temperatur von 6–8° Celsius zu servieren.

Lagerfähigkeit
Erfahrungsgemäß baut der Rote Veltliner nur langsam aus und braucht zur vollen Entwicklung seiner Qualität eine längere Flaschenreife. Gute Qualitätsweine lassen sich auch gut lagern, werden im Alter immer besser und weisen oft eine erstaunliche Frische und Lebendigkeit auf. Die Reifespanne hängt somit sehr von der Qualität des Weines ab und liegt zwischen drei und zehn Jahren.

Neuzüchtungen und Verwandte
Solche sind dem Verfasser nicht bekannt.

Rotgipfler

Weißwein

Synonyme
Um Mißverständnisse von vornherein zu vermeiden: Beim Rotgipfler handelt es sich um keinen Rotwein, sondern um einen goldgelb funkelnden Weißwein. Sein Name leitet sich von den roten, oder besser gesagt, von den bronzierten Spitzen seiner Triebe ab.

An Doppelnamen werden verwendet:
- Reifler, Rotreifler (Österreich)
- Slatzki zelenac (Slowenien, Kroatien)

Herkunft
Die Heimat der Rebe ist unbekannt. Man glaubt, daß der Rotgipfler eine ältere Rebsorte sein dürfte, denn sie läßt sich urkundlich bis zum Jahre 1840 zurückverfolgen, wo sie in Beschreibungen über die Steiermark erwähnt wird (zitiert nach Hornickel). Von dort dürfte sie sich dann über Niederösterreich die Donau aufwärts bis nach Deutschland verbreitet haben. In Württemberg, Baden und auch im Elsaß, wo früher etwas Rotgipfler angebaut wurde, ist sie allerdings heute nicht mehr zu finden.

Oft mit dem Zierfandler als »Spätrot-Rotgipfler« ausgebaut, half dieser Wein entscheidend mit, den weltweiten Ruf der klassischen Gumpoldskirchner Weine aus Österreich zu begründen.

Der Gumpoldskirchner Markenschutzverband in Österreich schützt unter anderem auch den Rotgipfler durch ein spezielles Flaschenetikett mit dem Aufdruck »Gumpoldskirchner Königswein«. Damit wird bestätigt, daß der Wein aus den Rieden dieser Weinbaugemeinde kommt, kommissionell verkostet wird und ein Originalwein aus Gumpoldskirchen ist.

Weinbau
Sortenmerkmale:

Blatt:	mittelgroß, fünflappig, dunkelgrün, stumpf gezähnter Blattrand, offene Stielbucht
Traube:	groß, dichtbeerig, konisch geschultert, kurzstielig
Beere:	mittelgroß, rund bis oval, grüngelb, sonnseitig auch bräunlich gefärbt, dickschalig

Der Rotgipfler fühlt sich am wohlsten auf fruchtbaren, mittelschweren ***Kalkböden,*** wobei er aber unbedingt beste, nach Süden ausgerichtete warme ***Hanglagen*** braucht, die wegen Fäulnisgefahr bei den Beeren keine allzu große Luftfeuchtigkeit haben dürfen.

Die Rebsorte ist ***empfindlich*** gegen Winterfröste und botrytisanfällig.

Die Fruchtbarkeit des Rotgipflers ist hoch. Um gute Qualitäten zu erhalten, muß der Rebstock stark ausgedünnt werden. Dann liegt der ***Ertrag*** etwa bei 50–65 hl/ha. Er erlangt dabei ***Mostgewichte*** von durchschnittlich 85–100° Oechsle (17–20° KMW). Aber auch ein Mostgewicht bis 120° Oechsle (24° KMW) ist nicht selten, das die Sorte ohne Botrytisbefall, ausschließlich durch Schrumpfung mit entsprechendem Wasserverlust erreichen kann. Die ***Mostsäure*** liegt erfahrungsgemäß bei 9–12‰.

Der Rotgipfler ***reift*** spät, die ***Lese*** erfolgt meist Mitte Oktober.

Verbreitung
Der Rotgipfler ist eine typisch österreichische Spezialsorte, die zusammen mit dem Zierfandler sehr

viel zum internationalen Prestige österreichischer Weine beigetragen hat. Leider ist seine Verbreitung stark gesunken, und in *Österreich* gibt es nur mehr knapp 150 Hektar, die mit Rotgipfler kultiviert sind. Das Hauptanbaugebiet liegt dabei in der Thermenregion, in den Gemeinden Gumpoldskirchen, Traiskirchen, Pfaffstätten und Baden (Niederösterreich).
In *Deutschland* und in der *Schweiz* ist die Rebsorte nicht zu finden.

Weinbeschreibung

Farbe: Der Wein hat eine goldgelbe Farbe, die im Vergleich zum Zierfandler etwas dunkler ist.

Bukett: So wie der Zierfandler weist auch der Rotgipfler ein arteigenes, ausgesprochen markantes Sekundärbukett und kein eigentliches Primärbukett auf, das beim Jungwein manchmal auch sehr fruchtig sein kann.

Geschmack: Die Sorte besticht durch ihre frische, würzige Art und hat eine Vielfalt an geschmacklichen Nuancen aufzuweisen. Auffallend ist ihre markante, aber immer angenehme Säure, die den extrakt- und meist alkoholreichen Wein ausgesprochen harmonisch und ausgewogen macht. Im Vergleich zum Zierfandler wirkt er im Geschmack vielleicht etwas breiter und runder.

Gesamteindruck: So wie der Zierfandler zeigt auch der Rotgipfler ein fülliges Geschmacksbild, wobei er im Vergleich zum Zierfandler der etwas unkompliziertere Wein ist. Die Qualitätsleiter reicht vom einfachen Buschenschankwein bis hinauf zur höchsten Prädikatsstufe. Ihre schönste Qualität erreichen die Weine in guten Jahren als Spätlese, Auslese oder Beerenauslese, wo sie mit einem ausgeprägten Überreifebukett, einer feinen, reifen Säure und einer edelsüßen Vollmundigkeit im Geschmack ganz besonders auffallen. In kleinen, nicht so günstigen Weinjahren dürfte der Rotgipfler im Ausdruck dem Zierfandler überlegen sein. Der Rotgipfler wird zwar gleichfalls sortenrein, häufiger aber noch mit dem Zierfandler als »Spätrot-Rotgipfler« ausgebaut, wobei es bei der Harmonie des Weines sehr auf das Sortenverhältnis ankommt. Zu seiner großen Vollendung braucht er in den höheren Qualitätsstufen unbedingt ein bestimmtes Maß an Restsüße, die beim »Königswein« erfahrungsgemäß zwischen 10 und 20 Gramm pro Liter liegt. Im allgemeinen wird daher der Rotgipfler mit einer gewissen Restsüße erzeugt, in den normalen Qualitäten aber auch trocken angeboten.

Wozu trinkt man den Wein?

Ein trocken ausgebauter Rotgipfler paßt zu einer Vielzahl von Gerichten, insbesondere zu kräftigen Speisen.
Ältere, gereifte Jahrgänge oder höhere Qualitäten eines Rotgipflers sollte man am besten in stillen und besinnlichen Stunden genießen.
Feinschmecker reichen ihn aber auch, wenn er mit einer feinen Restsüße versehen ist, gerne zu getrüffelter Gänseleber, kräftigem, scharfem Käse (Gorgonzola, Roquefort etc.), aber auch zu Ziegenkäse sowie zu Kuchen und Desserts, die auf Nuß- oder Fruchtbasis zubereitet sind oder aber neutral-süß schmecken (Nuß- oder Mandelkuchen, Nußkranzkuchen, Frucht- und Obsttorten, Apfel-, Zwetschken- und Marillenkuchen, Marillen- und Pfirsichknödel, Brandteigkrapferl, Blätterteig-Gebäck, Streuselkuchen, Dampfnudeln mit Vanillesauce, Grieß- und Kaiserschmarren, Palatschinken mit Nuß- oder Cremefüllung etc.).

Glaskultur und Serviertemperatur

Junge Rotgipfler trinkt man aus einem »Jungwein-Glas«, reifere und ältere sowie höherstufige Prädikatsweine aus einem »Universal-Glas«.
Serviertemperatur: Einen Rotgipfler darf man nicht allzu kühl servieren. Als Einschenktemperatur empfiehlt sich 8° Celsius für die normale Qualität einschließlich Kabinettwein, eine etwas höhere Temperatur von etwa 10° Celsius für die Prädikatsweine ab Spätlese aufwärts.

Lagerfähigkeit

Ein Rotgipfler baut nur langsam aus. In der Jugend ist er mitunter schwierig und wird oft als zu süß empfunden. Der Wein sollte daher erst nach einer entsprechenden Faßreife und nach einer gewissen Flaschenlagerung getrunken werden. Seine Reifespanne liegt zwischen drei und zehn Jahren, je nach Ausbau und Jahrgang, bei hohen Prädikatsweinen auch wesentlich darüber.

Neuzüchtungen und Verwandte

Neuzüchtungen sind dem Verfasser keine bekannt. In verwandtschaftlicher Hinsicht gehört er zur Familie der Veltliner, hat aber mit dieser Rebsorte wenig ampelographische (rebsortenkundliche) Merkmale gemeinsam.

Rotling

Traubengemisch

Keine Rebsorte, sondern eine in ***Deutschland*** übliche Bezeichnung für eine Weinart (Weinkategorie). Der Wein wird aus blauen und weißen Trauben (bzw. Maische) erzeugt, wobei die Maische vor der Kelterung kurze Zeit angegoren wird (kein Most- oder Weinverschnitt!)

Andere Bezeichnungen für Rotling sind in

- Württemberg: *Schillerwein* (Rebsorten sind nicht vorgeschrieben)
- Baden: *Badisch-Rotgold* (aus den zwei vorgeschriebenen Rebsorten Spät- und Grauburgunder erzeugt)

Ruländer

(Pinot gris, Grauer Burgunder)

Weißwein

Synonyme

So wie bei vielen anderen alten Rebsorten hat auch der Ruländer zahlreiche Doppelnamen aufzuweisen, die oftmals recht verwirrend sind und auf Rebsorten hinweisen, die mit dem Ruländer in keinem verwandtschaftlichen Verhältnis stehen und mit ihm überhaupt nichts zu tun haben:

- Pinot gris, Grauer Burgunder, Grauburgunder (Österreich)
- Grauer Burgunder, Grauclevner (Deutschland)
- Tokayer (Nord- und Ostschweiz, Elsaß)
- Malvoisie (Westschweiz)
- Pinot Gris, Auvernas Gris (Frankreich)
- Pinot grigio (Italien)
- Grauer Mönch, Szürkebarát (Ungarn)
- Rulanda (Rumänien)
- Rulandac (Slowenien)
- Rulandské (Tschechien, Slowakei)

Herkunft

Der Ruländer ist höchstwahrscheinlich durch eine Knospenmutation aus dem Blauen Burgunder entstanden. Diese enge Verwandtschaft zum Blauen Burgunder zeigt sich nicht nur durch die in Österreich und Deutschland für diese Sorte noch übliche Bezeichnung Grauer Burgunder, sondern auch am Wuchs und Aussehen der Rebstöcke. Seine Beeren haben große Ähnlichkeit mit jenen des Blauen, aber auch des Weißen Burgunders und können während des Wachstums bis in den Sommer hinein kaum unterschieden werden. Erst mit der Verfärbung der Trauben vermag man die drei Rebsorten der Burgunder-Familie klar zu unterscheiden. Mit zunehmender Reife nehmen die Beeren des Ruländers immer mehr eine graurote Farbe an. Dieser graue Schleier der Beeren dürfte auch zur Bezeichnung Grauer Burgunder geführt haben. Oft findet man an den Trauben des Ruländers einzelne weiße oder rote Beeren, was gleichfalls auf die nahe Verwandtschaft mit dem Blauen und Weißen Burgunder hinweist.

Die Heimat des Ruländers ist so wie bei den anderen Burgundersorten Burgund in Frankreich. Von dort dürfte der Ruländer im 14. Jahrhundert durch die Mönche des Zisterzienserordens, die sich bekanntlich als Weinpatres um die Weinpflege und Rebenverbreitung in früheren Jahrhunderten große Verdienste erwarben, nach Österreich gebracht worden sein. Man vermutet, daß ein Zisterzienserabt bei seinen Besuchen im Stift Heiligenkreuz zu den in regelmäßigen Zeitabständen erfolgenden Generalkapiteln (Versammlung der Ordensoberen) Stecklinge vom Ruländer mitgenommen hatte und hier aussetzen ließ. Entweder von Heiligenkreuz oder vielleicht auch direkt aus Burgund kam dann die Rebsorte mit den Zisterziensern nach Ungarn, wo sie auf Wunsch von Kaiser Karl IV. am Balaton (Plattensee) angepflanzt wurde. In Anspielung an die mit grauen Kutten bekleideten Mönche des Zisterzienserordens wird daher noch heute der Ruländer in Ungarn auch »Grauer Mönch« genannt.

In Deutschland wurde der Ruländer aber erst viel später heimisch. Entscheidend für seine Verbreitung war der Kaufmann Johann Seger Ruland aus Speyer, der im Jahre 1711 die Rebe in einem verödeten, aufgelassenen Weingarten fand. Als er nämlich den von ihm angekauften Garten säubern und herrichten ließ, wurden einige unbeschädigte Weinstöcke vorgefunden. Der Verdienst von J. S. Ruland war es nun, daß er die Rebstöcke neuerdings auspflanzen ließ, aus den Trauben einen reinsortigen Wein kelterte und gleichzeitig den Anbauwert dieser Sorte erkannte. Mit dem Verkauf von Stecklingen sorgte er dann rasch für seine Verbreitung innerhalb Deutschlands und dann auch in Österreich. Später ging der Anbau immer mehr zurück, denn die Erträge wurden durch Degenerationserscheinungen der Rebe immer kleiner. Erst mit Hilfe der modernen Klonenselektierung gelang es, den Ertrag der Stöcke wieder zu steigern und bei den Winzern neues Interesse für den Anbau dieser Rebsorte zu wecken. Außer Zweifel steht wohl, daß die Sortenbezeichnung

Ruländer auf den Kaufmann J. R. Ruland aus Speyer als Wiederentdecker der Rebe zurückzuführen ist.

Weinbau

Sortenmerkmale:

Blatt: mittelgroß, dreilappig, derb, blasig, stumpf gezähnter Blattrand, offene, V-förmige Stielbucht

Traube: klein bis mittelgroß, walzenförmig bis geschultert, sehr dichtbeerig

Beere: klein, rund bis oval, graurot, dünnschalig

Der Ruländer ist in seinem Standort gegenüber Böden und Lagen recht anspruchsvoll. Er verlangt tiefgründige, fruchtbare ***Böden*** in warmen ***Hanglagen,*** mit einer ausreichenden Wasserversorgung. Kies- und Sandböden lehnt er ab, Vulkan- und Lößböden hingegen bevorzugt er. Auf solchen Böden kann man auch die charaktervollsten Ruländer-Weine finden.

Die Sorte ist ***chloroseempfindlich*** (diese Rebkrankheit führt zur Gelbfärbung des Laubes und in späterer Folge zur Verrieselung der Blüten) und wegen ihres dichten Beerenstandes auch ***botrytisanfällig.***

Im Gegensatz zu früheren Jahren zählt der Ruländer heute dank einer sorgfältigen Klonenselektierung zu den mittelgut und regelmäßig tragenden Rebsorten. Er liefert im langjährigen Durchschnitt ***Erträge*** von 60–80 hl/ha, je nach Boden und Erziehung. Die ***Mostgewichte*** liegen zwischen 85–105° Oechsle (17–21° KMW). Ruländer-Weine mit einem Mostgewicht unter 70° Oechsle (15° KMW) sind qualitativ kaum ansprechend. Gute Spätlesen beginnen erst ab 95° Oechsle (19° KMW).

Die ***Mostsäure*** ist relativ niedrig und bewegt sich um 6–8‰.

Seine ***Reife*** ist mittelspät; die ***Lese*** erfolgt meist Mitte Oktober, wenn die Zuckerwerte schon entsprechend hoch sind.

Verbreitung

In *Deutschland* hat der Ruländer einen Anteil von 2,4% an der gesamten bestockten Rebfläche, wobei das Hauptanbaugebiet Baden (64% der gesamten Ruländer-Anbauflächen) ist. Mit wesentlich kleineren Rebflächen folgen die Pfalz (15%), dann Rheinhessen (12%) und die Nahe (4%). Der Anbau ist langsam steigend, weil der Ruländer zu den besten Sorten des deutschen Rebsortiments zählt.

Zur Pflege des Ruländers besteht in Speyer eine Ruländer-Akademie.

In *Österreich* nimmt der Ruländer an der gesamten Rebfläche einen Anteil von 0,7% ein, wobei sich seine Verbreitung auf das nördliche Burgenland (mit 63% aller österreichischen Ruländer-Anbauflächen) konzentriert, während in den übrigen Bundesländern Steiermark (18%), Niederösterreich (17%) und Wien (2%) sein Anteil bescheiden ist. Der Anbau der Sorte ist seit Jahren konstant geblieben.

In der ***Schweiz*** findet man den Ruländer in den meisten kantonalen Rebflächen, doch hat er überall nur eine geringe Bedeutung.

Weinbeschreibung

Farbe: Der Ruländer neigt grundsätzlich zur Hochfärbigkeit und ist im Vergleich zu anderen Weißweinsorten fast immer intensiver gefärbt. Seine tiefe gelbgrünliche Farbe weist in der Regel auch einen leicht goldenen Schimmer auf, so daß man bei reifen Weinen eigentlich von einer goldgelben Farbe sprechen kann. Mit zunehmender Reife kann sie auch in eine Bernsteinfarbe übergehen. Witterungsbedingte heiße Jahrgänge führen oftmals dazu, daß die Farbe des Ruländers einen rötlichen, kupferartigen Goldton annimmt. Je südlicher die Rebe angepflanzt wird, desto stärker ist dieser rötliche Farbton zu finden.

Bukett: Die Sorte besitzt ein sehr delikates, unaufdringliches Sortenbukett von großer Beständigkeit. Infolge seiner zielbewußt herbeigeführten Vollreife und des oftmals damit verbundenen Befalles der Beeren mit Edelfäule zeigt der Ruländer oft ein kräftiges, von der Botrytis geprägtes Aroma mit typischem Honigton.

Geschmack: Die Weine des Ruländers zählen zu den extraktreichsten unter den Weißweinen. Sie verlangen bei der Kelterung hohe Mostgewichte, was zu ihrer Fülle und Vollmundigkeit, aber auch gleichzeitig zu einem hohen Alkohol- und Glyceringehalt führt. Man spricht daher beim Ruländer gerne von einem »Maul voll Wein«.

Während in früheren Jahren der Ruländer eher säurearm (5 Gramm/Liter und auch darunter) erzeugt wurde, baut man in jüngster Zeit den fülligen und oftmals wuchtig wirkenden Wein reduktiv (unter möglichstem Luftabschluß) mit einem höheren Säuregehalt (5–7 Gramm/Liter) aus, wodurch man ihn frischer und harmonischer gestaltet. Der Säuregehalt ist beim Ruländer ein wichtiger Qualitätsfaktor. Denn weist der Wein, insbesondere in trockenen Jahren, einen Säuremangel auf, dann wirkt

er mitunter zu wuchtig und plump. Verfügt er aber über genügend Säure, dann besticht er durch Harmonie und Eleganz.
Der Ruländer wird meistens mit einer spürbaren Restsüße angeboten und schmeckt dann oft karamelartig. Die Notwendigkeit zu restsüßen Weinen wird damit begründet, daß der Wein zum Ausgleich seines hohen Extrakt- und Alkoholgehaltes eben eine entsprechende Süße braucht. In letzter Zeit setzt sich jedoch der Wunsch nach trockenen Weinen bei allen Sorten immer mehr durch, weshalb in zunehmendem Maße auch trockene Ruländer angeboten werden, die vereinzelt sogar bis in die Stufe der Spätlesen reichen.

Gesamteindruck: Der Ruländer gehört zweifellos zu den qualitativ hochwertigen Weißweinen. Allerdings verlangt er immer eine volle Reife der Trauben, denn erst mit einem Mostgewicht von 90° Oechsle (18° KMW) aufwärts gilt der Wein als ansprechend. Neben seinem Mostgewicht braucht der Ruländer aber auch noch einen entsprechenden Extraktgehalt. Erst Mostgewicht und Fülle zusammen bestimmen die Güte eines Ruländers. Hohe Prädikatsstufen, wie Auslesen, Beerenauslesen, Ausbruch und Trockenbeerenauslesen, gelten bei entsprechendem Säuregehalt als ausgesprochene Spitzengewächse, die in ihrer Reife und Fülligkeit kaum noch zu überbieten sind.

Wozu trinkt man den Wein?

Einen Ruländer darf man sich wohl kaum als Heurigen- oder Kneipwein vorstellen, wohl aber als passenden Begleiter eines kräftigen und würzigen Essens. Reife Auslesen, Beeren- und Trockenbeerenauslesen werden gerne als Meditationsweine oder für besondere Gelegenheiten verwendet. Sie werden aber auch – richtig gekühlt – als Aperitifwein herangezogen.
Einfache Qualitätsweine, Kabinettweine und trockene Spätlesen vom Ruländer eignen sich gut zu einer Reihe von Gerichten, wie beispielsweise zu Hummer, Langusten, Fisch in schweren Cremesaucen, gebratenem oder gebackenem weißem Fleisch u. a. Ruländer-Spätlesen mit Restsüße passen recht gut zu verschiedenen Desserts und süßem Gebäck, können aber auch als Aperitif angeboten werden.

Glaskultur und Serviertemperatur

Als passendes Weinglas für den Ruländer gilt das »Universal-Glas«, das in seiner schlichten Eleganz für diesen kräftigen und alkoholreichen Wein prädestiniert erscheint.
Serviertemperatur: Normale Qualitäts- und Kabinettweine des Ruländers schenkt man am besten kühl mit 6–8° Celsius ein. Spätlesen und höhere Prädikatsweine vertragen aber zum Einschenken durchaus Temperaturen um 8–10° Celsius.

Lagerfähigkeit

Die Lagerfähigkeit des Ruländers ist im allgemeinen nur bei den Prädikatsweinen ab Spätlese aufwärts eine gute, wobei dann sein Reifehöhepunkt etwa zwischen drei und sechs Jahren liegt. Einfachere Qualitäten, vor allem aber Weine aus weniger guten Weinjahren, sollten eher jung getrunken und nicht mehr als zwei bis vier Jahre gelagert werden.

Neuzüchtungen und Verwandte

Folgende **Neuzüchtungen** mit Ruländer sind in Deutschland entwickelt worden:
Freisamer: Silvaner x Ruländer (Der Wein hat ein neutrales Bukett mit einem typischen Bonbon-Ton, ist aber sonst im Extrakt- und Alkoholgehalt dem Ruländer recht ähnlich. Weine aus kleinen Jahrgängen zeigen oft starke Qualitätsschwankungen.)
Deckrot: Ruländer x Färbertraube (Der Wein wird nur als Deckrotwein, nicht jedoch als selbständiger Rotwein verwendet.)
Ruling: Ruländer x Riesling (Der Name setzt sich aus der ersten und aus der zweiten Silbe der Elternnamen zusammen. Siehe auch unter Ruling.)
Hölder: Riesling x Ruländer; siehe auch unter Hölder.
Eine ampelographische **Verwandtschaft** ist mit der Burgunder-Familie gegeben.

Ruling

Weißwein

Herkunft

Die Rebsorte ist eine Kreuzung der Staatlichen Lehr- und Versuchsanstalt Weinsberg/Württemberg zwischen Ruländer x Riesling. Züchtungsjahr 1955, Zulassung (Sortenschutz) 1985.
Der Name setzt sich aus der ersten und aus der zweiten Silbe der Elternnamen zusammen.

Weinbau

S o r t e n m e r k m a l e :
Traube: mittelgroß, dichtbeerig
Beere: mittelgroß

Mittlerer *Ertrag* (60–80 hl/ha), relativ späte *Lese* (Mitte bis Ende Oktober).

Verbreitung
Nur Versuchsanlagen in *Deutschland.*

Weinbeschreibung
Farbe: gelbgrün
Bukett: neutral
Geschmack: neutral, extraktreich und markant kräftig, mit rassiger bis spitzer Säure
Gesamteindruck: Im Vergleich zur Muttersorte Ruländer erbringt die Kreuzung höhere und beständigere Erträge bei gleichem Mostgewicht und guter Säure.

Lagerfähigkeit
Der Wein läßt sich beschränkt lagern.

Sämling 88

siehe unter **Scheurebe**

Samtrot

Rotwein

Synonyme
Die richtige Sortenbezeichnung ist »Blauer Spätburgunder Klon Samtrot«.

Herkunft
Der Samtrot ist eine unbehaarte Mutation der Müllerrebe (Schwarzriesling) und gilt laut Deutschem Bundessortenamt als Klon des Blauen Spätburgunders. Entdeckt wurde diese Mutante vom Klonenzüchter Hermann Schneider im Jahre 1928. Die Selektion erfolgte dann von der Staatlichen Lehr- und Versuchsanstalt Weinsberg/Württemberg.

Weinbau
Die Rebe bevorzugt warme, windgeschützte *Lagen* und wegen Blühempfindlichkeit nur schwächere *Unterlagen.*
Der *Traubenertrag* ist schwankend. Im langjährigen Durchschnitt werden 8.000 kg/ha, das ist etwa 60 hl/ha erzielt. Das durchschnittliche *Mostgewicht* liegt bei 85° Oechsle (17° KMW) und die *Mostsäure* bei 11‰.
Die *Reife* ist mittelspät, und die *Lese* erfolgt meist in der ersten Oktoberhälfte.

Verbreitung
Man findet Samtrot eigentlich nur in *Deutschland,* und dort fast ausschließlich in Württemberg (120 ha).

Weinbeschreibung
Farbe: gedeckt rot bis braunrot
Bukett: zartduftig, mit ausgeprägtem Burgunderton
Geschmack: Im allgemeinen ist der Rotwein bedingt durch hohe Traubenreife stoffig, kräftig und füllig-wuchtig.
Gesamteindruck: Der Wein ähnelt dem Blauen Spätburgunder, liegt aber in qualitativer Hinsicht darunter. Die Rebsorte ist besonders zur Prädikatsweinerzeugung geeignet.

Wozu trinkt man den Wein?
Ein Samtrot eignet sich so wie der Blaue Spätburgunder zweifellos zu einem guten, insbesondere festlichen Essen. Ebenso kann man ihn aber auch außerhalb der Mahlzeiten allein zum stillen Genuß trinken.

Glaskultur und Serviertemperatur
Für den Samtrot wird ein »Burgunder-Glas« empfohlen.
Die günstigste *Serviertemperatur* liegt bei 13–15° Celsius.

Lagerfähigkeit
Der Rotwein hat im allgemeinen eine mittlere Lagerfähigkeit.

St. Laurent

Rotwein

Synonyme
Der Name St. Laurent bezieht sich auf den Tag des Heiligen Laurentius (10. August), dem Zeitpunkt, ab dem die Traube üblicherweise auszureifen beginnt. An Doppelnamen für die Rebsorte sind noch gebräuchlich:
- Laurenzitraube, Sankt-Lorenz-Traube, Pinot St. Laurent (Österreich und teilweise Deutschland)
- Vavrinecké (Tschechien, Slowakei)
- Šentlovrenka (Kroatien, Slowenien)

Herkunft

Die Rebe dürfte ihren Ursprung in Frankreich haben, obwohl sie heute dort kaum mehr ausgepflanzt wird. Entdeckt wurde sie vom Ampelographen (Rebenforscher) Bronner aus Wiesloch, und zwar im Elsaß, wo sie unter dem Namen Schwarzer bekannt war (zitiert nach Hornickel). Wo aber die Sorte in Frankreich heranwuchs, das weiß heute niemand mehr. Ziemlich sicher scheint zu sein, daß sie mit dem gleichnamigen Weinbauort im Haut Medoc, Bordeaux, nichts zu tun hatte, denn dort ließ sich ein früherer Anbau dieser Rebe bisher nicht feststellen. Der Sohn des oben erwähnten Ampelographen, Carl Bronner, war Rebenzüchter und hat die Sorte in Deutschland erst bekannt gemacht. Von dort dürfte sie dann nach Österreich gekommen sein, wo sie aber erst mit der Einführung der Hochkultur Verbreitung fand.

Weniger durch rebenkundliche Anzeichen, sondern mehr durch Farbe, Duft und Geschmack hat man bisher angenommen, daß der St. Laurent aus einer Mutation des Blauen Burgunders (Pinot noir) hervorgegangen sein könnte. Beweise für eine solche Abstammungstheorie konnten aber nicht erbracht werden. Nach neuesten Untersuchungen von Dr. K. Wenzel, Institut für Mikrobiologie in Geisenheim/Rhein sollte diese Annahme nicht stimmen. Es stellte sich nämlich bei Untersuchungen der Farbstoffe heraus, daß die Sorte St. Laurent acylierte Anthocyane (Pflanzenfarbstoffe) enthält, die beim Blauen Spätburgunder und seinen Spielarten nicht auftreten (zitiert nach Walter Hillebrand).

Weinbau

Sortenmerkmale:

Blatt: mittelgroß, drei- bis fünflappig, wenig gebuchtet, derb und blasig

Traube: mittelgroß, kegelförmig, dichtbeerig

Beere: rund, schwarzblau, hell beduftet, dickschalig

Der St. Laurent stellt an den ***Boden*** keine besonderen Ansprüche, wobei er leichtere, kalkhältige Böden jedoch mehr liebt als schwere und tonige.

Wegen ihrer relativ frühen Reife braucht die Sorte möglichst frühe oder mittelfrühe und nicht zu kühle ***Hanglagen.*** In kühlen Lagen entwickelt sie zu hohe Säurewerte.

Die Rebe ist sehr ***empfindlich*** gegen Spätfröste (Maifröste) und in der gesamten Blütezeit gegen Schlechtwetter. Hinsichtlich Krankheiten ist sie gegenüber Oidium und Peronospora ***anfällig.*** Aufgrund ihrer dicken Beerenhäute neigt sie weniger zu Botrytisbefall. Gegenüber Winterfrösten hat sie eine mittlere Empfindlichkeit.

Der ***Ertrag*** ist im allgemeinen als guter Durchschnitt zu bezeichnen, allerdings wegen ihrer Blüteempfindlichkeit unsicher. Er liegt bei etwa 70–80 hl/ha. Der St. Laurent trägt sich relativ rasch ab. Vom 10. bis 12. Jahr an beginnt die Rebe starke Ertragsrückgänge zu verzeichnen. Die ***Mostgewichte*** liegen zwischen 75–100° Oechsle (15–20° KMW), im Durchschnitt etwa bei 80° Oechsle (16° KMW) und die ***Mostsäure*** im Mittel bei 6–9‰.

Die ***Reife*** des St. Laurent erfolgt zwar relativ früh, doch sollte die ***Lese*** nicht vor Ende September erfolgen.

Die ***Anbauvorteile*** liegen vor allem darin, daß die Rebe früh, noch vor dem Blauen Portugieser, reift und als eine robuste Sorte in weinbautechnischer Hinsicht ziemlich problemlos ist. Ihre Nachteile liegen in der hohen Maifrost- und Blüteempfindlichkeit und damit im unsicheren Ertrag.

Verbreitung

Österreich gilt heute nach Tschechien als das größte Anbaugebiet des St. Laurent in Europa. Sein Anteil beträgt 0,8% der Gesamtrebfläche, wobei der Anbau allerdings seit Jahren rückläufig ist. Dies dürfte vor allem auf seine Anfälligkeit gegenüber Maifrösten und auf seine Blüteempfindlichkeit zurückzuführen sein. Die Hautanbaugebiete liegen zu je 48% in Niederösterreich (Thermenregion, Kamptal, Weinviertel, Wachau) und im Burgenland (vor allem im Weinbaugebiet Neusiedlersee).

In ***Deutschland*** ist der Anbau gleichfalls stark zurückgegangen, und es gibt heute nur mehr wenige Weingärten, vornehmlich in der Pfalz (Schwerpunkt Birkweiler), im Rheingau, in Rheinhessen und in Baden, die mit St. Laurent ausgepflanzt sind.

In der ***Schweiz*** trifft man die Sorte nicht an.

Weinbeschreibung

Der klassische Prototyp eines St. Laurent stellt sich wie folgt dar:

Farbe: Der Wein hat eine kräftige, dunkelrote Farbe.

Bukett: Er besitzt ein sehr feines, fruchtiges Bukett, das irgendwie an frische Weichseln erinnert.

Geschmack: Als Jungwein ist er infolge seiner Tanninstruktur streng herb sowie außerdem säurereich, weshalb er unbedingt eine gewisse Reifezeit benötigt. Als Altwein schmeckt er samtig-trocken, vollmundig und angenehm gerbstoffhaltig. Er liegt im Alkohol eher höher und hat einen guten Extraktgehalt. Wird er süßlich ausgebaut, dann schmeckt er fad und ausdruckslos. Weine aus ungünstigen und kalten Lagen haben oftmals einen zu hohen Säuregehalt.

Gesamteindruck: Der St. Laurent ist, was seine Qualität betrifft, als langlebiger Rotwein einzustufen und gehört im internationalen Vergleich zweifellos zur gehobenen Qualitätsklasse. Dabei wird aber vorausgesetzt, daß die Sorte im Weingarten ertragsmäßig nicht überfordert und auf günstigen Lagen kultiviert wird.

Wozu trinkt man den Wein?

Die trockenen und ausdrucksvollen Weine des St. Laurent sind ideale Speisenbegleiter und werden gerne zu einem festlichen Essen getrunken. Sie schmecken besonders zu kräftigen, dunklen Fleischgerichten.

Glaskultur und Serviertemperatur

Der St. Laurent verlangt ein »Burgunder-Glas«, das aber immer nur zu einem guten Drittel bis maximal zur Hälfte gefüllt werden darf.
Bei herausragenden Spitzenqualitäten kann man ruhig auch einmal zu einem »Burgunder-Pokal« greifen, um die Besonderheit des Weines gebührend hervorzuheben.
Serviertemperatur: Dabei ist auf das Alter des Weines zu achten. Wenn der Wein noch ziemlich jung ist, dann ist zum Einschenken eine Temperatur von 12–14° Celsius gerade richtig. Ältere Weine und Weine aus großen Jahrgängen serviert man mit einer Temperatur von 14–16° Celsius.

Lagerfähigkeit

Der St. Laurent gilt unter den österreichischen Rotweinen als einer der langlebigsten. Daher ist es gut zu wissen, daß dieser Wein durch Flaschenlagerung an Qualität noch gewinnen kann. Sein Reifehöhepunkt liegt bei »guten« (nicht kleinen) Jahrgängen zwischen zwei und fünf Jahren und kann sich bei sehr guten Jahrgängen auf bis zu zehn Jahre erstrecken.

Neuzüchtungen und Verwandte

Eine **Neuzüchtung** mit der St.-Laurent-Rebe ist der Zweigelt (siehe dort).
Bezüglich **Verwandtschaftsverhältnisse** siehe unter Herkunft der Rebe.

Sauvignon blanc

(Muskat-Sylvaner)

Weißwein

Synonyme

Korrekt heißt die Rebsorte »Sauvignon blanc«. In Deutschland und Österreich wird der Wein teils Sauvignon, teils Muskat-Sylvaner genannt, obwohl er weder mit dem Muskateller noch mit dem Silvaner etwas zu tun hat. Auch darf er mit der Rotweinsorte Cabernet Sauvignon nicht verwechselt werden, mit der er in keiner Weise identisch ist.
Seine gebräuchlichsten Doppelnamen sind:

- Sauvignon blanc, Muskat-Sylvaner, Feigentraube (Österreich)
- Muskat-Silvaner (Deutschland)
- Sauvignon Blanc, Sauvignon Jaune, Sauvignon Fumé, Blanc Fumé Surin, Puinéchon, Quinechon, Savagnin, Fié dans le Neuvillois, Gentin à Romorantin (Frankreich)
- Spergolina, Pellegrina (Italien)
- Sovinjon, Muskatni Silvanec (Balkan)
- Sauvignon (Rumänien)
- Sauvignon (Tschechien, Slowakei)
- Genetin (Luxemburg)
- Gros Sauvignon, Pinot Mestny Bely (GUS)

Herkunft

Die Rebsorte stammt aus dem Südwesten Frankreichs, wo sie urkundlich seit der ersten Hälfte des 18. Jahrhunderts nachweisbar ist. Auch heute wird sie in Frankreich noch viel im Bordeaux-Gebiet (mit Sémillon zu den berühmten Sauternes-Weinen verschnitten), aber auch in anderen Weinbaugebieten, wie beispielsweise an der Loire (Sancerre-, Pouilly-Fumé-, Quincy-, Reuilly- und Meneton-Salon-Weine), angebaut.
Über den Sauvignon gibt es eine schöne Geschichte, die recht amüsant klingt, auch wenn sie vielleicht nicht ganz wahr sein dürfte. In Frankreich lebte 1553–1610 der spätere König Heinrich IV. (König von Navarra). Schon unmittelbar nach seiner Geburt soll ihm angeblich sein Großvater bereits als Säugling die Lippen mit einer Knoblauchzehe eingerieben haben und ihm dann einen winzigen Schluck Sauvignon eingeflößt haben. Das soll später dazu geführt haben, daß dieser als Erwachsener zu einem der größten Genießer unter den französischen Königen geworden ist. Die Geschichte klingt nett, wenn auch nicht sehr überzeugend.

Weinbau

Sortenmerkmale:

Blatt: klein, hellgrün, zur Reifezeit auffallend gelb gefärbt, fünflappig, gewellt, stumpf gezähnt, offene, V- oder U-förmige Stielbucht
Traube: klein, zylindrisch, dichtbeerig, kurz gestielt
Beere: klein bis mittelgroß, gelblich-weiß, in der Überreife braun punktiert, dickschalig

Die Rebsorte stellt hohe Ansprüche an den Standort. Sie gedeiht am besten auf mageren und trockenen *Böden.* Die Trauben kommen auch nur in warmen, nach Süden ausgerichteten *Lagen* mit höherer Bodenfeuchtigkeit voll zur Reife. Wichtig für die Sauvignon-Rebe ist auch eine entsprechend hohe Luftfeuchtigkeit, welche die Entwicklung des Buketts beeinflußt.

Ihre Festigkeit gegen Winterfröste ist gering, gegen Beerenfäule, Oidium und Verrieselung ist sie *anfällig.* Der *Ertrag* ist mittelhoch und ziemlich unregelmäßig. Er schwankt zwischen 50–100 hl/ha, im Durchschnitt dürfte er bei etwa 60 hl/ha liegen. Die *Mostgewichte* bewegen sich bei 70–95° Oechsle (15–19° KMW) und die *Mostsäure* beträgt 8–12‰. Die Rebsorte *reift* relativ spät, so daß die *Lese* erst im Oktober erfolgen kann. Gute und hochwertige Weinqualitäten erzielt man nur bei Vollreife und ausreichendem Extrakt der Trauben, sonst erhält man nur dünne Weine.

Verbreitung

Das Hauptverbreitungsgebiet dieser Rebsorte liegt eindeutig in Frankreich.

In *Deutschland* soll die Sorte angeblich nur in einem einzigen Weingut (Gräfl. Wolff-Metternich'sches Weingut in D-77770 Durbach) zu finden sein.

In *Österreich* nimmt der Sauvignon blanc einen Anteil von 0,3% an der gesamten Rebfläche ein, wobei die Sorte hauptsächlich in der Steiermark (64% aller Anbauflächen dieser Rebsorte, und zwar in der Südsteiermark sowie um Klöch und Mureck), auf kleineren Flächen im Burgenland (18%) und in Niederösterreich (17%) verbreitet ist. Der Anbau zeigt eine deutlich steigende Tendenz.

In der *Schweiz* finden sich vereinzelt Sauvignon-Rebflächen kleinsten Ausmaßes im Kanton Tessin.

Weinbeschreibung

Im europäischen Vergleich zeigen die Sauvignon-Weine kein einheitliches Geschmacksbild. Denn die Qualität des Sauvignon hängt außerodentlich stark vom jeweiligen Jahrgang und vom Standort ab. Grundsätzlich muß man bei dieser Sorte zwischen zwei *Grundtypen* unterscheiden, die weitgehend von der Vollreife der Sauvignon-Trauben abhängen:

Farbe: Bei beiden Typen zeigt der Wein eine blaßgelbe, meist mit einem Grünstich versehene Farbe; bei den höheren Prädikatsstufen eine goldgelbe.

Bukett: Beim ersten Grundtyp zeigt der Sauvignon – besonders in der Jugend – im Duft und Aroma eine betont grasig-paprizierte Note. Sogar im Alter behält er diese spezifische, dezente, würzige Bukettnote bei.
Beim zweiten Typ tritt diese grasige Würze in den Hintergrund und wird durch bestimmte Fruchtaromen, wie beispielsweise schwarze Johannisbeeren, ersetzt.

Geschmack: Beim ersten Typ zeichnet sich der Sauvignon auch im Geschmack durch eine grasige Würze aus, wobei man vielfach meint, einen leichten, eher unreifen Wein vor sich zu haben.
Die zweite Variante mit seiner vollreifen Ausprägung zeigt eine eher extraktreichere, breitere und wenig markante Geschmacksnote. Dabei verliert sich der sonst übliche grasige Geschmack, was auf die Vollreife der Trauben zurückzuführen ist, und die Sorte gewinnt ungemein an Tiefe und Aromakomplexität.
Beide Grundtypen schmecken immer trocken und rassig am besten. Bestechend ist auch die saftige, vornehme Säure, die diesem Wein eine bemerkenswerte Frische gibt.
Selbstverständlich sind die Prädikatsweine des Sauvignons in den höheren Qualitätsstufen edelsüß, zeichnen sich aber gleichfalls bis in das hohe Alter durch eine rassige Säure aus.

Gesamteindruck: Das Bukett- und Geschmacksbild eines Sauvignon ist sehr uneinheitlich und hängt weitgehend vom jeweiligen Jahrgang und vom Standort ab. In guten Jahren und bei entsprechender Reife können ganz hervorragende Qualitäten mit gutem Körper und gutem Alkoholgehalt geerntet werden. In schlechten Jahren bleiben die Weine vielfach dünn und ausdruckslos sowie alkohol- und extraktarm und lassen die gesuchte samtig-würzige Sämigkeit vermissen.

Wozu trinkt man den Wein?

Es ist vielleicht anmaßend, aber trotzdem wahr: Sauvignon-Weine werden meist nur von Kennern und wahren Weinliebhabern geschätzt. Dabei ist der Sauvignon, wenn er trocken ausgebaut ist, ein ausgezeichneter Aperitifwein und ein ganz hervorragender Speisenbegleiter. Besonders gut eignet er sich zu würzigeren Speisen, wie beispielsweise zu Gerichten mit Curry oder Kräutersaucen, zu Käsekuchen (Quiche Lorraine), Nudeln mit Gorgonzola- oder Fischsauce, gegrillten oder gebackenen Meeresfischen in kräftigen Saucen, Spargel mit Hollandaise- oder Kräutersauce, gekochtem Schinken, hellem Fleisch mit Rahmsauce u. a. m.

Beeren- und Trockenbeerenauslesen schmecken edelsüß und können einen köstlichen Abschluß zu einem festlichen Mahl bilden.

Glaskultur und Serviertemperatur

Der Sauvignon braucht ein »Jungwein-Glas«, das gerade bei diesem Wein das spezifisch würzige Bukett hervortreten und voll zur Geltung bringen läßt. Das Glas ist dabei immer nur halb voll einzuschenken, so daß sich im freien Raum der Duft voll entfalten kann.

Serviertemperatur: Der Sauvignon gehört gut gekühlt serviert und ist daher mit einer Temperatur von 6–8° Celsius einzuschenken. Prädikatsweine der höheren Qualitätsstufen entfalten ihre vollen Eigenschaften erst bei einer wärmeren Temperatur und sind mit 10° Celsius zu servieren.

Lagerfähigkeit

Trockene, durchgegorene Sauvignon-Weine schmecken jung und frisch am allerbesten. Je nach Jahrgang und Ausbauart liegt der Reifehöhepunkt zwischen dem 2. und 4. Jahr.

Ausgesprochene Spitzenqualitäten, besonders die extraktreichen, edelsüßen Prädikatsweine, lassen sich aber auch sehr gut lagern und werden im Alter immer harmonischer und vollmundiger. Ihre Reifespanne kann bis zu acht Jahren und darüber reichen.

Verwandte

Es gibt noch *Sauvignon rosé* und *Sauvignon rouge,* die sich vom Sauvignon blanc nur durch die Beerenfarbe unterscheiden.

Schantl-Traube

Weißwein

Um etwa 1976 tauchte in Österreich, und zwar in der Südsteiermark, eine neue Weißweinsorte auf, deren Weine spritzig und fruchtig sind. Der Züchter Ing. David Schantl begann etwa 1950 mit dem Kreuzen von Reben. Aus einer Reihe von Kreuzungen konnte er schließlich eine Kreuzung Müller-Thurgau x Ruländer als zukunftsträchtig auswählen. Im Verhalten gegenüber Pilzkrankheiten ist die Neuzüchtung den weniger anfälligen, in der Steiermark bodenständigen Sorten zuzuordnen.

Die moderne, auf wissenschaftlicher Grundlage aufgebaute Rebenzüchtung in der Steiermark geht auf das Jahr 1923 zurück. Schon in diesem Jahre sind an der Silberberger Weinbauschule in der Steiermark unter der Leitung des Direktors Ing. Brüder in den von Fachlehrer Michael Schlager verwalteten Weingärten der Anstalt, wie auch im Engelweingarten bei Stainz, von Demonstrator Schmidt zahlreiche Kreuzungen durchgeführt worden. In diese Zeit fallen auch die in späteren Jahren etwas bekannter gewordenen Neuzüchtungen Schlager-Muskat und Schlagerblut.

Scheurebe

(Sämling 88)

Weißwein

Synonyme

Neben dem eigentlichen Sortennamen Scheurebe wird auch die Bezeichnung »Sämling 88«, mitunter auch nur die Zuchtnummer »S 88« verwendet. Andere sinnverwandte Namen hat die Sorte keine.

Herkunft

Die Rebsorte gehört zu den ältesten deutschen Neuzüchtungen. Sie dürfte neben dem Müller-Thurgau mit eine der erfolgreichsten Kreuzungen sein, die sich in Deutschland durchsetzen konnte. In ihrer Bedeutung war sie in Expertenkreisen anfangs äußerst umstritten. Heute aber wird sie allgemein als eine wertvolle neue Sorte beurteilt und zählt zum Standardsortiment der deutschen Weine.

Die Scheurebe ist eine Kreuzung der Landesanstalt für Rebenzüchtung in Alzey/Rheinland-Pfalz zwischen den beiden Standardsorten Silvaner x Riesling. Züchter war Georg Scheu, nach dem sie zu seinen Ehren auch benannt wurde. Züchtungsjahr war 1916, die Zulassung (Sortenschutz) erfolgte 1956. Die Kreuzung ist in elf Anbaugebieten Deutschlands klassifiziert (für den Anbau freigegeben).

Weinbau

Sortenmerkmale:

Blatt:	mittelgroß, meist fünflappig, dunkelgrün, überlappende »Stielbuchtfahne« am Stielansatz
Traube:	mittelgroß, dichtbeerig, oft geschultert
Beere:	grüngelb, mittelgroß, rund

Die Ansprüche an den *Boden* sind gering, denn die Sorte gedeiht auch noch auf trockenen, steinigen oder auch auf schwersten Kalk- und Mergelböden. Die besten Weine kommen immer von tiefgründigen, kräftigen Böden.

Wesentlich höhere Ansprüche stellt sie an die *Lage.* Wirklich gute Weine werden nur aus besseren bis Spitzenlagen und bei einem großzügigen Zeilenabstand der Pflanzen gewonnen. Denn in geringen Lagen entwickeln die Weine eine spitze Säure und erhalten dann einen unreifen Bukett- und Geschmackston.

Die Rebe ist *winterfrostempfindlich* und gegen Botrytis sowie gegenüber verschiedenen *Krankheiten* (Peronospora = gefürchtete Pilzkrankheit, und Oidium = durch Schimmelpilz hervorgerufene Rebkrankheit) anfällig.

Der Ertrag ist relativ hoch und liegt im langjährigen Durchschnitt bei etwa 100–120 hl/ha. Das *Mostgewicht* liegt bei 80° Oechsle (16° KMW) und mehr. In geringen Lagen kommt es jedoch kaum über 70° Oechsle (14° KMW) hinaus. Die *Mostsäure* liegt im allgemeinen bei 10‰, in geringen Lagen bei 13‰ und mehr.

Die Rebsorte *reift* spät. Die *Lese* erfolgt im Oktober. Bei später Lese kann man ein vollreifes Traubengut ernten, das Weine mit einer reifen Säure und einem harmonischen Bukett hervorbringt.

Verbreitung

Die Scheurebe ist besonders in *Deutschland* verbreitet, wo sie einen Rebflächenanteil von 3,85% hat. Ihre starke Verbreitung ist vor allem mit ihren geringen Bodenansprüchen zu erklären. Bevorzugte Anbaugebiete sind Rheinhessen (54% aller Anbauflächen in dieser Sorte), Pfalz (31%) und mit Abstand auch Nahe (8%) und Franken (4%).

In *Österreich* hat die Sorte bisher keine allzu große Verbreitung gefunden, da sie im überwiegenden Ausmaß nur zur Herstellung höherer Prädikatsweine herangezogen wird. In der amtlichen Weinbaustatistik ist die Sorte noch nicht separat erfaßt. In ganz Österreich dürften nur etwa 300–400 Hektar Rebfläche mit dieser Sorte bestockt sein, die sich auf alle weinerzeugenden Bundesländer verteilen. Einen stärkeren Scheureben-Anbau für Spätlesen- und Auslesen-Erzeugung findet man in den Anbaugebieten Neusiedlersee, Neusiedlersee-Hügelland, Donauland und Kamptal.

In der *Schweiz* ist die Scheurebe kaum zu finden.

Weinbeschreibung

Farbe: Unreife Weine zeigen eine hellgelbe, reife Weine hingegen eine goldgelbe Farbe.

Bukett: Unreife Weine (mit weniger als 80° Oechsle = 16° KMW Mostgewicht) haben ein ordinäres, lautes, aufdringliches, meistens sogar ein richtig abstoßendes Bukett.
Reife Weine (mit 85° Oechsle = 17° KMW und darüber) besitzen ein eigenartiges, aber feines, kräftiges Bukett, das an schwarze Johannisbeeren erinnert. Dieses Sortenbukett ist selbst noch in Beerenauslesen deutlich erkennbar.

Geschmack: Unreife Weine weisen auch im Geschmack die gleichen Eigenschaften wie beim Bukett auf: ordinär, aufdringlich und unharmonisch. Die Säure kann dabei recht stechend sein. Man spricht dann bei solchen Weinen vom typischen »Sämlingston«, was meistens ein wertminderndes Urteil zum Ausdruck bringt.
Reife Weine erreichen in der Regel besonders auf der Prädikatsweinstufe eine durchaus edle bis hochfeine Qualität. Sie haben dann einen harmonischen und auch rieslingähnlichen, rassigen Geschmack, wobei sogar bei Beeren- und Trockenbeerenauslesen die feine Säure und Fülle auffällt. Prädikatsweine aus der Scheurebe sind zumeist mit einem spürbaren Restzucker versehen.

Gesamteindruck: Unreife Weine werden gerne als Verschnitt zur Aufbesserung neutraler, ausdrucksloser Weine verwendet. Spät- und Auslesen sind jedoch Weißweine von besonderer Güte. In den höchsten Qualitätsstufen sind sie kaum mehr zu übertreffen und erreichen dann auch höchste Prämiierungsergebnisse. Entscheidend für die Güte der Scheureben-Weine sind immer die Lage des Weingartens und die erreichte Vollreife der Trauben. Nur wenn beide Faktoren ausreichend vorhanden sind, kann ein hochwertiger Wein erwartet werden. Bei unreifem Traubengut bildet sich der sogenannte »Sämlingsgeschmack« unangenehm aus.
Im Gegensatz zu Deutschland, wo die aus der Scheurebe gewonnenen Weine im allgemeinen von guter Qualität sind, erreichen die *österreichischen Weine* – vielleicht die Steiermark ausgenommen – nur von der Spätlese aufwärts eine annehmbare Güte. Das dürfte damit zusammenhängen, daß die Scheurebe speziell für die klimatischen Randgebiete im nördlichen Weißweinanbau Deutschlands gezüchtet worden ist. Solche Klimaverhältnisse sind in den österreichischen Weinbaugebieten eher selten gegeben.
Vom Züchter *Georg Scheu* wurden im Jahre 1948 (ein Jahr vor seinem Tod) den Weinen aus der Scheurebe folgende Cha-

raktereigenschaften zugeschrieben: »Ergibt in guten Jahrgängen und Lagen höchste Spitzenweine. Bei nicht genügender Reife ist das Bukett, wie bei fast allen bukettreichen Traubensorten, vielleicht etwas aufdringlich, wird aber mit der Zeit auf der Flasche immer feiner. Diese Weine sind aber zum Verschnitt namentlich mit dem Riesling und Silvaner hervorragend geeignet. Die Taxation für die Weine liegt sogar erheblich über der des Rieslings und Silvaners.«

Wozu trinkt man den Wein?

Nachdem es nicht ganz einfach ist, die Scheurebe beim Essen den passenden Gerichten zuzuordnen, seien folgende Empfehlungen gegeben:
Die Scheurebe harmoniert in der Qualitäts- und Kabinettstufe besonders zu Fischmousse mit kräftiger Sauce, gebratenem Kalbsbries mit Sauce, Lothringer Käsekuchen (Quiche Lorraine), gekochtem Hähnchen und Poulard und zur gekochten Lammkeule.
In den höheren Prädikatsstufen ab Auslese aufwärts paßt der Wein vorzüglich zu Gänseleber (auch Gänseleberterrinen), Salat mit Krustentieren sowie zu Kuchen und süßen Nachspeisen, die besonders Bananen, Birnen, Mandarinen, Mangos oder Passionsfrüchte enthalten.

Glaskultur und Serviertemperatur

Für diesen Wein nimmt man am besten ein »Universal-Glas«.
Serviertemperatur: Die geeignetste Serviertemperatur liegt bei den einfachen Qualitätsweinen bei 6–8° Celsius und bei den Prädikatsweinen bei 8–10° Celsius.

Lagerfähigkeit

Die Scheurebe ist als Prädikatswein gut lagerfähig. Solche Weine halten sich auf der Flasche lange frisch.

Neuzüchtungen und Verwandte

Solche sind dem Verfasser nicht bekannt.

Schilcher

siehe unter Blauer Wildbacher

Schiller

Roséwein

Der Schiller ist keine Rebsorte, sondern eine in der *Schweiz* (besonders in Chur) übliche Bezeichnung für einen aus blauen und weißen Trauben gemischt gekelterten Roséwein. Er darf nur als Traubengemisch, nicht aber als Verschnitt von Rot- und Weißweinen angeboten werden.

Schillerwein

Traubengemisch

In *Deutschland* bezeichnet man damit einen nur im Weinbaugebiet Württemberg hergestellten Rotling (siehe dort).

Schönburger

Weißwein

Herkunft

Die Rebsorte ist eine Kreuzung der Forschungsanstalt Geisenheim/Rheingau zwischen <u>Blauem Spätburgunder x (Chasselas rosa [= ital. Rosa Gutedel] x Muscat de Hambourg).</u> Die Chasselas rosa x Muscat de Hambourg ist eine italienische Muskatsorte. Ihre Züchter sind Luigi und Alberto Pirovano aus Vaprio d'Adda, die diese Tafeltraube nach 1892 gezüchtet haben. Ursprungszüchter des Schönburgers war die Reichsrebenzüchtung Rheingau. Zulassung (Sortenschutz) 1979, klassifiziert (für den Anbau freigegeben) in drei Anbaugebieten Deutschlands.
Der Name der Sorte leitet sich von der Schönburg in Oberwesel ab, eine der gewaltigsten Burganlagen am Rhein, womit auf ihre rheinische Herkunft hingewiesen werden soll.

Weinbau

Sortenmerkmale:

Blatt: mittelgroß, meist fünflappig, oberseits dunkelgrün mit gesägtem Blattrand, offene bis sich berührende, V-förmige Stielbucht

Traube: mittelgroß, kegelförmig, teils geschultert, dichtbeerig
Beere: klein, rund, dickschalig

Die Sorte braucht nährstoffreiche, mittlere bis tiefgründige ***Böden*** und lehnt trockene, steinige oder kiesige Böden ab. Sie bevorzugt gute, warme ***Lagen,*** die nicht windoffen sein sollten.
Aufgrund der allgemeinen Robustheit der Sorte bringt sie wenig anbautechnische Probleme und ist wenig ***empfindlich*** gegen Krankheiten und Fröste.
Der ***Ertrag*** ist gleichmäßig und mittelhoch und liegt bei 80–100 hl/ha. Die Traube erbringt ***Mostgewichte,*** die um etwa 10–15° Oechsle höher liegen als beim Riesling, also um 80–105° Oechsle (16–21° KMW), die aber nur eine durchschnittliche ***Mostsäure*** von 6–7‰ aufweisen, was in manchen Jahren bei der Weinbereitung Probleme schafft.
Die ***Traubenreife*** setzt spät ein, und die ***Lese*** erfolgt Mitte bis Ende Oktober.

Verbreitung

Der Schönburger hat in ***Deutschland*** einen Rebflächenanteil von 0,05% und ist vor allem in Rheinhessen, etwas auch an der Nahe und am Mittelrhein zu finden. Versuchsanbauten in etwas größerem Ausmaß gibt es noch in der Pfalz.
Der Anbauwert dieser Sorte ist umstritten, weil andere ähnliche Neuzüchtungen bessere Leistungen erbringen.

Weinbeschreibung

Farbe: gelbgrün
Bukett: feiner, traminerartiger, würziger Duft
Geschmack: würzig, mit dezentem Muskatgeschmack (muskatellerartig), fruchtig, wenn die Säure ausreichend hoch ist, vielfach aber neutral schmeckend
Gesamteindruck: Der Weißwein überzeugt nicht immer und hat mitunter einen leichten Fremdton. Als trockener Wein ausgebaut, wirkt der Schönburger aufgrund der niedrigen Säure oftmals etwas brandig. Am besten präsentiert sich die Sorte als Prädikatswein mit einem höheren Restzuckergehalt.

Wozu trinkt man den Wein?

Der Schönburger wird meist zum Verschnitt verwendet. Von Freunden traminer-muskatellerartiger Weine wird er aber auch als Liebhaberwein geschätzt.

Glaskultur und Serviertemperatur

Für den Schönburger empfiehlt sich ein »Universal-Glas«.
Die beste ***Serviertemperatur*** liegt für Prädikatsweine bei 8–10° Celsius.

Lagerfähigkeit

Der Wein schmeckt jung und frisch am besten. Infolge seiner relativ geringen Säure ist meistens nur eine beschränkte Lagerfähigkeit gegeben.

Schwarzriesling

(Müllerrebe)

Rotwein

Synonyme

Offiziell wird die Rebsorte in Deutschland als Müllerrebe geführt. Nachdem sie aber zum größten Teil in Württemberg angebaut und dort als Schwarzriesling bezeichnet wird, ist sie besser als Schwarzriesling bekannt. Doppelnamen für diese Sorte sind:

- Müllerrebe, Schwarzriesling (Deutschland)
- Müllerrebe, Schwarzriesling, Blaue Postitschtraube (Österreich)
- Pinot Meunier, Plant Meunier, Gris Meunier, Munier, Auvergnat Gris, Farineux Noir, Morillon Taconé, Plant de Brie (France)
- Rana Modra Mlinaria (Balkan)
- Millers Burgundy (Australien)

Herkunft

Die Herkunft der Müllerrebe geht auf das Burgund zurück, wo sie schon seit über 400 Jahren bekannt ist. Die Rebsorte ist eine stark behaarte Mutation des Spätburgunders und hat ampelographisch mit dem Weißen Riesling überhaupt nichts zu tun. Der Name Müllerrebe wurde von den wie mit Mehl bestäubten hell behaarten Triebspitzen und Blattunterseiten abgeleitet.

Weinbau

Sortenmerkmale:
Blatt: mittelgroß, fünflappig, Oberseite sehr rauh und blasig, Unterseite dichtwollig behaart, geschlossene, V-förmige Stielbucht
Traube: mittelgroß, dichtbeerig
Beere: klein bis mittelgroß, rund bis oval, schwarzblau

Die Rebsorte bevorzugt einen eher lockeren Kieselerde-***Boden*** und lehnt reinen Kalkboden ab. Die Ansprüche an die ***Lage*** sind relativ gering.
Die Sorte ist ***anfällig*** gegen Oidium, sonst aber ist ihre Krankheitsanfälligkeit gering. Allerdings ist ihre Widerstandsfähigkeit gegen Fäulnis besonders in feuchten Jahren, weil ihre Beeren dicht beieinander

liegen, sehr gering. Dagegen zeigt sie eine gute Frosthärte und widersteht auch Frühjahrsfrösten gut. Der *Ertrag* ist mittelhoch und liegt bei 60–80 hl/ha. Die *Mostgewichte* betragen im Schnitt etwa 70–80° Oechsle (14–16° KMW) und die *Mostsäure* ist etwa 5–8‰.
Die Rebe *reift* früh bis mittelfrüh, und die *Lese* erfolgt in der zweiten Hälfte September bis Anfang Oktober.

Verbreitung

Die Sorte wird vor allem in Frankreich in der Champagne ausgepflanzt, wo ihr Wein vornehmlich zur Champagner-Erzeugung herangezogen wird. Angebaut wird sie aber auch im Loire-Gebiet und im Elsaß.
In *Deutschland* ist der Schwarzriesling mit einem Anteil von 1,9% der Gesamtrebfläche die viertwichtigste Rotweinsorte. Sie ist dabei hauptsächlich in Württemberg (86% aller deutschen Schwarzrieslingflächen) beheimatet. Kleinere Anbaugebiete gibt es noch in Baden (7%), in der Pfalz (3%) und in Franken. In Württemberg wird er gerne zur Erzeugung des Schillerweines herangezogen.
In *Österreich* ist die Rebsorte nur selten, vornehmlich in der Steiermark, zu finden und ist in der amtlichen Sortenstatistik nicht erfaßt.
Auch in der *Schweiz* ist die Sorte kaum anzutreffen.

Weinbeschreibung

Farbe: tiefrot bis schwarzrot
Bukett: burgunderähnlich
Geschmack: fruchtig, leicht und mild bis feinrassig. Im Vergleich zum Blauen Burgunder ist der Schwarzriesling vielleicht etwas betonter in der Säure, aber im Alkoholgehalt und im Körpergewicht eher niedriger.
Gesamteindruck: Der Schwarzriesling zählt zu den mittleren Rotweinqualitäten. Im Vergleich zum Blauen Burgunder liegen seine Vorteile mehr in den niedrigen Ansprüchen der Rebe an Boden und Lage, die Nachteile hingegen hauptsächlich in seiner geringeren Qualität.

Wozu trinkt man den Wein?

Der Schwarzriesling paßt vorzüglich zu einer ganzen Reihe von Fleischspeisen, wie beispielsweise Wildgeflügel (Rebhuhn, Wachtel etc.), geschmortem Kalbfleisch, gebratenem Lammfleisch, gegrilltem oder geschmortem Rindfleisch, kaltem Roastbeef und zu Käse, insbesondere zu Roquefort und Weichkäse mit Schimmelbildung. Als Schillerwein oder Weißherbst wird er vielfach zu Terrinen und gewissen Vorspeisen getrunken.

Glaskultur und Serviertemperatur

Für einen Schwarzriesling nimmt man ein übliches »Rotwein-Glas«.
Serviertemperatur: Da dieser Rotwein frisch und jung getrunken werden soll, braucht er eine etwas kühlere Serviertemperatur von etwa 12–13° Celsius.

Lagerfähigkeit

Ein Schwarzriesling schmeckt am besten in den ersten zwei bis drei Jahren. Eine längere Lagerung ist nur bei »ausgezeichneten« Weinjahren zu empfehlen.

Neuzüchtungen und Verwandte

Neuzüchtungen mit der Müllerrebe sind dem Autor nicht bekannt.
Bezüglich **Verwandte** siehe unter Blauer Burgunder (Synonyme).

Seifert

Rotwein

Herkunft

Die Rebsorte ist eine Kreuzung der Weinbauschule Höhere Bundeslehranstalt und Bundesamt für Wein- und Obstbau in Klosterneuburg, Österreich, zwischen Blauburger x (Seyve Villard 18-402 x Blaufränkisch). Züchter ist Dr. Gertrud Mayer, Züchtungsjahr 1970. Das angestrebte Kreuzungsziel war die Entwicklung einer hochqualitativen Rotweinsorte mit einer deutlich verminderten Anfälligkeit gegen Pilzkrankheiten.
Namensgeber war Hofrat Professor Wenzel Seifert, ehemaliger Direktor (1909–1922) der Klosterneuburger Weinbauschule (geboren 1862 in Böhmen). Seifert war auch der Begründer der systematischen Weinhefereinzucht.

Weinbau

Sortenmerkmale:
Blatt: groß, fünflappig, offene, V-förmige Stielbucht, dunkelgrün
Traube: mittelgroß, leicht geschultert, kurzstielig, dichtbeerig. Als Kelter-, aber auch als Speisetraube verwendbar.
Beere: groß, rund, dunkelblau, wenig beduftet

Die Rebe stellt keine besonderen Ansprüche an *Boden* und *Lage.*
Ihre *Krankheitsanfälligkeit* kann als sehr gering gegen Peronospora und als gering gegen Oidium

bezeichnet werden. Eine wesentliche Reduzierung der notwendigen Pflanzenschutzmittel ist daher möglich.
Im Durchschnitt liegt der *Ertrag* bei 60–80 hl/ha, das *Mostgewicht* bei 75–90° Oechsle (15–18° KMW) und die *Mostsäure* bei 5–8‰.
Die *Reife* setzt wie beim Portugieser früh ein, die *Lese* erfolgt aber etwas später als beim Portugieser, etwa Mitte September bis Anfang Oktober.

Verbreitung

Die Rebsorte ist nur in *Österreich* im Versuchsanbau zu finden.

Weinbeschreibung

Farbe: ziegelrot
Bukett: dezent, erinnert mitunter an Weichsel
Geschmack: weinig-fruchtig, nicht so extraktreich wie die anderen Klosterneuburger Neuzüchtungen Rathay und Roesler
Gesamteindruck: Die Sorte reiht sich eher in die klassische österreichische Rotweinpalette von Portugieser, Blauburger, Blaufränkisch ein.

Lagerfähigkeit

Es liegen noch keine ausreichenden Erfahrungswerte vor. Der Rotwein dürfte jedoch am besten frisch und fruchtig zu trinken sein.

Senator

Weißwein

Die Sorte ist eine (angezweifelte) Mutation des Silvaners, die neutrale, milde Weine mit Auslesecharakter erbringt. Ihr Anbau ist noch im Versuchsstadium.

Septimer

Weißwein

Eine Kreuzung der Landesanstalt für Rebenzüchtung in Alzey zwischen Gewürztraminer x Müller-Thurgau, die inzwischen wieder zurückgezogen wurde.

Siegerrebe

Weißwein

Herkunft

Die Rebsorte gehört zu den älteren deutschen Neuzüchtungen und ist aus der Landesanstalt für Rebenzüchtung in Alzey/Rheinland-Pfalz als Freiblüte zwischen Madeleine angevine x Gewürztraminer hervorgegangen. Züchter war Georg Scheu. Züchtungsjahr 1929, Zulassung (Sortenschutz) 1958, klassifiziert (für den Anbau freigegeben) in vier Anbaugebieten Deutschlands.

Weinbau

Sortenmerkmale:
Blatt: klein bis mittelgroß, drei- bis fünflappig, stumpf gezähnter Blattrand, überlappende Stielbucht
Traube: mittelgroß, lockerbeerig, breit geschultert
Beere: groß, rund, rosa bis rot, der Saft hat einen Muskatgeschmack

Die Sorte bevorzugt kalkarme und nicht allzu schwere *Böden.* Die Blüteempfindlichkeit verbietet einen Anbau in windoffenen und kühlen *Lagen.*
Bei feuchtem und kühlem Wetter *neigt* die Sorte zum Verrieseln.
Der *Ertrag* ist gering bis mittel; im Durchschnitt werden 40–60 hl/ha erreicht. Das sortenspezifische *Mostgewicht* ist hoch und liegt durchschnittlich bei 85–100° Oechsle (17–20° KMW). Die *Mostsäure* ist hingegen sehr gering und bewegt sich zwischen 4,5–6‰.
Die frühe *Reife* (eine der frühesten Keltertrauben) bedingt auch eine frühe *Lese,* die in guten Jahren Mitte September, in schlechten Jahren Ende September vorgenommen wird.

Verbreitung

Die Siegerrebe hat in *Deutschland* einen Rebflächenanteil von 0,2%. Bevorzugte Anbaugebiete sind Rheinhessen und die Pfalz. Sie stellt eine Spezialsorte dar, weshalb ihr Anbauwert begrenzt ist.

Weinbeschreibung

Farbe: gelb, gelbgrün bis goldgelb, je nach Reife
Bukett: Der Wein weist ein traminerähnliches, extrem starkes bis aufdringliches Sortenbukett auf.
Geschmack: sehr mild und reif, alkohol- und extraktreich, mit einem starken Muskataroma
Gesamteindruck: Die Siegerrebe ist ein sehr ei-

genständiger Weißwein, der gerne zu Auslesen ausgebaut wird, die dann eine beachtliche Fülle und Wucht aufweisen.

Wozu trinkt man den Wein?

Das einmalige Aroma macht diesen Wein zu einer echten Weinspezialität, die von Liebhabern für Muskatsorten zu besonderen Gelegenheiten getrunken wird. Er eignet sich aber auch als Aperitifwein und zum Dessert.

Glaskultur und Serviertemperatur

Es empfiehlt sich, für eine Siegerrebe ein »Universal-Glas« zu nehmen.
Die beste *Serviertemperatur* liegt bei 8–10° Celsius.

Lagerfähigkeit

Hochkarätige Auslesen haben eine längere Haltbarkeit und zeigen noch nach vielen Jahren ihr charakteristisches Muskataroma.

Silcher

Weißwein

Herkunft

Die Rebsorte ist eine Kreuzung der Staatlichen Lehr- und Versuchsanstalt Weinsberg/Württemberg zwischen Kerner x Silvaner. Züchtungsjahr 1951. Sie wurde 1990 in Deutschland zugelassen, das heißt in die Sortenliste eingetragen. Für die Neuzucht zeichnete August Herold verantwortlich.
Der Name weist auf den Komponisten Friedrich Silcher (1789–1860) hin.

Weinbau

Sortenmerkmale:

Blatt: mittelgroß, kreisförmig, angedeutet fünflappig, etwas überlappende Stielbucht
Traube: mittelgroß, locker- bis dichtbeerig
Beere: groß, rund, grüngelb

Die Neuzucht Silcher ähnelt im ***Stockhabitus*** und beim Wein dem Silvaner, bringt jedoch bei etwas früherer Reife und gleichem Ertragsniveau (um 80 hl/ha) rund 10% höhere ***Mostgewichte*** (in kleinen Lagen etwa um 65–70° Oechsle = 14–15° KMW und in guten Lagen über 90° Oechsle = 18° KMW).
Die Sorte ***reift*** mittelfrüh, die ***Lese*** erfolgt Ende September bis Anfang Oktober.

Verbreitung

Den Silcher findet man nur in ***Deutschland,*** wo Versuchsanlagen vor allem in Württemberg, in kleinerem Ausmaß auch noch in Rheinhessen und in der der Pfalz sind. Die Sorte hat keine wirtschaftliche Bedeutung.

Weinbeschreibung

Farbe: gelbgrün bis gelb
Bukett: neutral bis fruchtig, zartduftig
Geschmack: feinfruchtig, elegant, kräftig, vollmundig, ein nachhaltiger Weißwein
Gesamteindruck: Beim Silcher ergibt sich im Vergleich zum Silvaner durch seine fruchtigere und reifere Säure zwar ein ebenfalls vollmundiger Weißwein, jedoch mit mehr Eleganz und Rasse. Im langjährigen Durchschnitt weist der Silcher 23 g/l zuckerfreien Extrakt auf.

Lagerfähigkeit

Im allgemeinen verträgt er eine Lagerung zwischen drei bis maximal sechs Jahren.

Silva

Weißwein

Herkunft

Die Rebsorte ist eine Kreuzung des Institutes für Rebenzüchtung Geilweilerhof in Siebeldingen/Pfalz zwischen Bacchus x Villard blanc. Das dabei vom Institut verfolgte Hauptziel war die Entwicklung einer pilzresistenten Keltertraubensorte. Die Rebe ist nicht klassifiziert und daher nicht zum allgemeinen Anbau zugelassen. Erlaubt ist nur ein begrenzter Anbau für Versuchszwecke.
Der Name der Rebe nimmt auf einen namhaften Lyriker im spanischen Sprachraum Bezug.

Weinbau

Sortenmerkmale:

Traube: mittelgroß bis groß, lockerbeerig
Beere: etwas oval geformt

Die Ansprüche an die ***Böden*** sind gering, jene an die ***Lagen*** mittel bis hoch. Es sollten immer gute Silvaner-Lagen gewählt werden.
Im langjährigen Durchschnitt liegt der ***Traubenertrag*** bei 16.000 kg/ha, das sind 120 hl/ha, das ***Mostgewicht*** bei 70° Oechsle (14° KMW) und die ***Mostsäure*** um etwa 10‰.
Die ***Beerenreife*** erfolgt mittelspät und die ***Lese*** Anfang bis Mitte Oktober.

Verbreitung
Die Sorte ist nur in ***Deutschland*** im Versuchsanbau zu finden.

Weinbeschreibung
Farbe: gelbgrün
Bukett: duftig
Geschmack: kräftig, von neutraler bis fruchtiger Art
Gesamteindruck: Silva-Weine sind in qualitativer Hinsicht zwischen Silvaner und Riesling einzuordnen.

Lagerfähigkeit
Der Wein ist am besten frisch und jung zu trinken.

Silvaner

(Grüner Silvaner)

Weißwein

Synonyme
Die Anzahl der Doppelnamen vom Grünen Silvaner ist groß und oftmals widersprüchlich, was auf die verschiedenen Wanderwege dieser Sorte hinweist. Im übrigen sei vermerkt, daß die übliche Schreibweise in Deutschland S<u>i</u>lvaner ist, in Österreich und in der Schweiz hingegen S<u>y</u>lvaner.
Die wichtigsten davon sind
- Grüner Sylvaner, Roter Sylvaner, Grüner bzw. Roter Zierfandl, Fliegentraube (Österreich)
- Silvaner, Grüner Silvaner, Sylvaner, Grünfränkisch, Österreicher, Frankenriesling (Deutschland)
- Johannisberger, Gros Rhin, Grüner Sylvaner (Schweiz)
- Sylvaner, Silvain Vert, Gentil Vert, Picardon Blanc, Gamay Blanc, Clozier (Frankreich)
- Silvania, Silvaner bianco (Italien)
- Silvánske zelené, Moravka (Slowakei)
- Zöldszilváni (Ungarn)
- Silvanac, Zelena Sedmogradka, Silvanai Zeleni (Balkan)

Herkunft
Die immer wieder auftauchende Meinung, daß die Silvanerrebe aus Transsylvanien (Siebenbürgen) in Rumänien stammt und deshalb auch den heute gebräuchlichen Namen erhielt, ist falsch. Denn der erste nachweislich bezeugte Anbau des Silvaners erfolgte 1665 durch die Zisterzienserabtei Ebrach in Deutschland (Bildstock im Würzburger Stein). Jüngste Nachforschungen haben ergeben, daß der Silvaner in Transsylvanien, und zwar in einem Versuchsweingarten der landwirtschaftlichen Lehranstalt zu Mediasch, erst viel später, nämlich im Jahre 1875, angebaut wurde. Seine unbefriedigenden Erträge und vor allem seine Empfindlichkeit gegen die harten Winterfröste in Transsylvanien haben einen weiteren Anbau verhindert. Infolge dieser Zeitdifferenz kann Transsylvanien nicht das Herkunftsland des Silvaners sein (zitiert nach H. Acker).
Der nachweisliche Ursprung des Silvaners bleibt daher vorläufig ungeklärt. Sicher scheint jedenfalls, daß die Rebe ihren späteren Weg entlang des Rheins nahm. Dies mag wahrscheinlich auch der Grund sein, daß die Sorte im Schweizer Kanton Wallis als »Rhin« bezeichnet wird.

Weinbau
Sortenmerkmale:
Blatt: mittelgroß, rund, schwach dreilappig, schwach gezähnter Blattrand, V-förmige bis geschlossene Stielbucht
Traube: mittelgroß, dichtbeerig, walzenförmig bis geschultert, kompakt
Beere: mittelgroß, rund, grünlich, sonnenseitig braun punktiert

Der Silvaner benötigt fruchtbare ***Böden*** mit guter Nährstoff- und Wasserversorgung. Bessere und wertvollere Silvaner-Weine brauchen immer gute ***Hanglagen;*** in schlechten Lagen liefert die Rebsorte meist nur Verschnittwein-Qualitäten. Der Silvaner erreicht aber – und das ist sein Vorteil – in Lagen, in denen der Riesling kaum mehr reif wird, noch verhältnismäßig gute Mostgewichte.
Die Sorte ist ***empfindlich*** gegen Winterfröste sowie anfällig gegen Botrytis und verschiedene Rebkrankheiten wie Peronospora (gefürchtete Pilzkrankheit), Oidium (Schimmelpilzkrankheit) und Chlorose (Gelbsucht der Rebe, die zur Verrieselung der Blüten führt).
Der ***Ertrag*** der Rebe ist im allgemeinen hoch, aber nicht immer zuverlässig. Im langjährigen Durchschnitt liefert der Silvaner Ernten von etwa 80 hl/ha. Spitzenerträge von 120 hl/ha, ja sogar bis 150 hl/ha sind aber durchaus möglich. Die ***Mostgewichte*** des Silvaners liegen in kleinen Lagen bei 60–65° Oechsle (13–14° KMW), in guten Lagen jedoch über 80° Oechsle (16° KMW). Man muß wissen, daß gute Kabinettweine immer ein Mostgewicht von mindestens 80° Oechsle benötigen. Die ***Mostsäure*** beträgt in der Regel 9–12‰, wobei höhere Säurewerte den Wein spitz und grasig erscheinen lassen. Dies versucht man durch eine spätere Lese zu verhindern.
Die ***Reife*** der Silvanertrauben ist mittelspät, die ***Lese*** erfolgt Anfang bis Mitte Oktober.

Verbreitung

In *Deutschland* war der Silvaner früher einmal die wichtigste Rebsorte. Heute ist er mit einem Anteil von 7,3% aller deutschen Rebflächen nach dem Müller-Thurgau, Riesling und Kerner auf den vierten Platz zurückgefallen. Die größte Verbreitung hat die Sorte in Rheinhessen (44% aller deutschen Silvaner-Anbauflächen), in der Pfalz (22%) und in Franken (15%). Kleinere Anbaugebiete gibt es noch in Baden (6% – vorwiegend am Kaiserstuhl), Nahe und in Württemberg. Nachdem sein Anbau in Deutschland viele Jahre hindurch rückläufig war, zeigt sich in letzter Zeit wieder eine langsame Zunahme der Bedeutung dieser Sorte.

In *Österreich* ging der Anbau des Sylvaners in den letzten Jahrzehnten unaufhaltsam zurück und ist heute von der Sortenpalette österreichischer Weine praktisch verschwunden. In ganz Österreich sind nur mehr 0,1% der Gesamtrebfläche mit Sylvaner bestockt, wobei fast zwei Drittel in Niederösterreich ausgesetzt sind. Die Gründe hierfür sind mehrere. Zum einen ist er im Ertrag nicht zuverlässig. Zum anderen eignet sich die Rebsorte nicht für eine Hochkultur nach Lenz Moser, die in verschiedenen Abänderungen zu einem hohen Anteil in Österreich verwendet wird. Und schließlich ist der Sylvaner eine Sorte, die in Österreich wenig Spitzenweine, sondern mehr mittelmäßige Qualitäten oder Verschnittweine hervorbringt.

In der *Schweiz* hat der Grüne Sylvaner einen Anteil von 2% der Gesamtrebfläche, wobei man ihn hauptsächlich im Wallis, im Waadtland sowie in Neuenburg, Genf und Bern findet.

Weinbeschreibung

Farbe: Diese ist bei den Tafel- und einfachen Qualitätsweinen grünlich-gelb, in den höheren Qualitätsstufen eher goldgelb.

Bukett: Als Tafel- und einfacher Qualitätswein ist das Bukett des Silvaners neutral, weshalb er in einer verdeckten Weinverkostung am Geruch oder Aroma kaum zu erkennen ist. Bei höheren Qualitäten kann man aber ein zartes, sortenspezifisches und auch meist nachhaltiges Bukett sehr wohl feststellen, das vielleicht an Stachelbeeren erinnern mag. Besonders im Abgang ist ein spezifisches Aroma spürbar, das am besten mit verbranntem Gummi verglichen werden kann.

Geschmack: Der Silvaner gilt von Natur aus als ein milder (meist unter 6‰ Säure) und geschmacksneutraler Wein mit einem mittleren Alkoholgehalt. Da er keine große Restsüße verträgt, ohne gleich plump oder pappig zu wirken, baut man ihn heute fast durchwegs trocken oder halbtrocken aus. Das gilt allerdings nicht für Spätlesen und höherwertigere Prädikatsweine, die infolge des Botrytisbefalles einen größeren Extraktgehalt und gleichzeitig auch eine höhere Restsüße aufweisen.

Gesamteindruck: Der Silvaner hat in qualitativer Hinsicht eine relativ große Bandbreite, die in geschmacklicher Hinsicht von mild und säurearm bis kräftig, füllig und stoffig reichen kann. Im allgemeinen erbringt die Sorte einen mittelmäßigen, geschmacksneutralen, milden Wein, der gerne als Schankwein oder aber für Verschnittzwecke (hauptsächlich mit Riesling-Weinen) Verwendung findet. Wertvolle Silvaner-Weine sind bloß in guten Lagen und immer mit vollreifen Trauben und daher nur mit höheren Mostgewichten (ab 80° Oechsle = 16° KMW) zu erreichen. Dann aber können durchwegs bemerkenswerte Qualitätsweine gewonnen werden, die deutlich über dem Niveau der üblichen Schankweine liegen. In jüngster Zeit streben daher die Silvaner-Erzeugerbetriebe bei der Traubenernte höhere Mostgewichte (im Prädikatsweinbereich) sowie den früher üblichen klassisch-trockenen Ausbau an.

Wozu trinkt man den Wein?

Als gefälliger, süffiger Alltagswein ist der Silvaner für einen Schankwein sehr gut geeignet. Höhere Qualitätsstufen, wie beispielsweise Kabinettweine und Spätlesen, schmecken am besten zu einer besinnlichen und geruhsamen Stunde. Wer im Wein die Säure nicht verträgt, trinkt gerne diesen Wein. Infolge seiner geruchs- und geschmacksneutralen Eigenschaften ist er als trockener Tafel- oder einfacher Qualitätswein auch zum Essen ideal, denn er beeinflußt kaum den Eigengeschmack der Speisen.

Glaskultur und Serviertemperatur

Da ein Silvaner in jungen Jahren am besten schmeckt, soll man für diesen Wein immer ein »Jungwein-Glas« nehmen.

Serviertemperatur: Man serviere diesen Wein mit einer Temperatur von 6–8° Celsius.

Lagerfähigkeit

Die Tafelweine und die normalen Qualitäten des Silvaners sind schon nach einem halben Jahr trinkfähig. Daher sollten sie möglichst jung und frisch genossen werden. Infolge ihrer Säurearmut vertragen diese Weine im allgemeinen keine längere Lagerung. Wenn der Silvaner jedoch eine Säure über 7‰ und einen Alkoholgehalt von mindestens 11 %vol hat, dann eignet er sich durchaus für eine längere Lagerung, die je nach Jahrgang fünf bis zehn Jahre betragen kann.

Neuzüchtungen und Verwandte

Der Silvaner ist eine sehr wandlungsfähige Rebsorte und wird daher in Deutschland schon seit langem gerne zu Kreuzungen mit anderen Sorten herangezogen. Die bekanntesten **Neuzüchtungen** unter Verwendung der Silvanerrebe sind:

Albalonga: Rieslaner x Silvaner (Wird vollreifes Traubengut gekeltert, dann sind die Weine fruchtig, rassig-elegant, säurebetont, vielfach würzig und nachhaltig im Abgang.)

Bacchus: (Silvaner x Riesling) x Müller-Thurgau (eine dem Müller-Thurgau ähnliche Weinsorte mit deutlichem Muskatton im Bukett und Geschmack).

Ehrenfelser: Riesling x Silvaner (ein rieslingähnlicher Wein mit einer feinen, allerdings etwas geringeren Säure, der aber trotzdem als Riesling-Ergänzungssorte geschätzt wird).

Freisamer: Silvaner x Ruländer (Die Weine sind geschmacklich mild bis lieblich und dem Silvaner ähnlich, wobei sie ihn an Extraktgehalt übertreffen. Sie besitzen ein dezentes, neutrales Sortenbukett, bei schlechten Lagen jedoch einen »Bonbon-Ton«.)

Juwel: Kerner x Silvaner (feinfruchtiger und eleganter Weißwein, der dem Riesling-Typ zugeordnet wird).

Kanzler: Müller-Thurgau x Silvaner (ausgeprägtes Sortenbukett, das an die Scheurebe erinnert, und feiner, fruchtiger Geschmack. Die Weine ähneln sehr reifen und guten Silvanern oder Weißen Burgundern.)

Mariensteiner: Silvaner x Rieslaner (rassige, säurebetonte, extraktreiche Weine, nachhaltig im Abgang; im Vergleich zum Silvaner eleganter und schwerer).

Morio-Muskat: Silvaner x Weißer Burgunder (Weine mit einem Muskatbukett, das bei niedrigen Mostgraden nicht nur sehr aufdringlich, sondern sogar abstoßend wirken kann. Bei Vollreife der Trauben wird ein wertvoller, wuchtiger und fülliger, muskatähnlicher Wein gekeltert, der Anklänge an den Gewürztraminer erkennen läßt. Bei geringer Reife ist der Wein spitz, dünn und von mäßiger Qualität.)

Noblessa: Madeleine angevine x Silvaner (meist Auslesewein)

Nobling: Silvaner x Gutedel (Weine mit elegantem und fruchtigem Geschmack, mild und extraktreich, mit fruchtiger Säure. Spätlesen und Auslesen sind meist beiden Elternteilen hinsichtlich Fruchtigkeit und Eleganz überlegen.)

Optima: (Silvaner x Riesling) x Müller-Thurgau (bei entsprechend hoher Säure vermag die Sorte Spitzenqualitäten hervorzubringen)

Osteiner: Riesling x Silvaner (rieslingähnlicher Weißwein, der als Ergänzungssorte für Riesling und Silvaner gilt)

Regent: (Silvaner x Müller-Thurgau) x Chambourcin (kräftiger Rotwein)

Rieslaner: Silvaner x Riesling (Nur bei Vollreife der Trauben werden charaktervolle, selbständige Weine gewonnen, die dann mit dem Riesling vergleichbar sind. Bei geringem Mostgewicht – unter 90° Oechsle [18° KMW] – zeigt der Wein oft eine spitze und hohe Säure.)

Scheurebe (Sämling 88): siehe unter Scheurebe.

Silcher: Kerner x Silvaner (ein nachhaltiger Weißwein, feinfruchtig und kräftig)

Als **verwandte** Rebsorte gilt der *Blaue Silvaner,* der zwar blaurote Beeren hat, aber einen Weißwein erbringt. Die Sorte wird von Kaspar Steinmann in Sommerhausen züchterisch weiterentwickelt.

Sirius

Weißwein

Herkunft

Die Rebsorte ist eine relativ junge Kreuzung des Institutes für Rebenzüchtung Geilweilerhof in Siebeldingen/Pfalz zwischen Bacchus x Villard blanc. Das dabei vom Institut verfolgte Hauptziel war die Entwicklung einer pilzresistenten Keltertraubensorte mit guten Eigenschaften für einen Qualitätswein. Die Rebe ist nicht klassifiziert und daher nicht zum Anbau zugelassen. Erlaubt ist nur ein begrenzter Anbau für Versuchszwecke.

Die Sorte wurde nach dem Stern Sirius im Sternbild des Großen Hundes benannt.

Weinbau

Sortenmerkmale:

Blatt: dreilappig, offene, lyraförmige Stielbucht, gezähnter Blattrand

Traube: groß, im Vergleich zum Müller-Thurgau stärker geschultert

Beere: groß, gelbgrün, rund

Die Ansprüche an die *Böden* sind gering, hingegen sind zur Erzielung höherer Mostgewichte bessere

Lagen vorzuziehen. Randlagen sind für die Sorte ungeeignet.
Die Rebsorte hat eine hohe Winterfrostigkeit, Oidium- und Botrytis*resistenz.*
Im langjährigen Durchschnitt liegt der *Traubenertrag* bei 140–150 hl/ha, das *Mostgewicht* bei 65–70° Oechsle (etwa 14° KMW) und die *Mostsäure* bei 9‰.
Die *Traubenreife* liegt zwischen dem Müller-Thurgau und dem Silvaner, und die *Lese* erfolgt Anfang Oktober.

Verbreitung
Die Sorte ist nur in *Deutschland* im Versuchsanbau zu finden.

Weinbeschreibung
Farbe: gelbgrün
Bukett: fruchtiges Aroma
Geschmack: Die Weißweine sind kräftig und von deutlicher Fruchtigkeit.
Gesamturteil: Ein Rieslingtyp.

Lagerfähigkeit
Der Wein ist am besten frisch und jung zu trinken.

Sissi

Weißwein

Eine Kreuzung der Bayerischen Landesanstalt für Weinbau und Gartenbau in Würzburg zwischen Silvaner x Siegerrebe, die inzwischen wieder zurückgezogen wurde.

Spätrot

siehe unter Zierfandler

Staufer

Weißwein

Herkunft
Die Rebsorte ist eine junge Kreuzung des Institutes für Rebenzüchtung Geilweilerhof in Siebeldingen/Pfalz zwischen Bacchus x Villard blanc. Das dabei vom Institut verfolgte Hauptziel war die Entwicklung einer pilzresistenten Keltertraubensorte. Die Rebe ist vorläufig noch nicht klassifiziert und daher auch nicht zum Anbau zugelassen. Erlaubt ist nur ein begrenzter Anbau für Versuchszwecke.

Weinbau
Sortenmerkmale:
Blatt: klein, dreilappig, offene, U-förmige Stielbucht, stellenweise bronziert
Traube: mittelgroß bis groß, locker- bis dichtbeerig
Beere: mittelgroß bis groß, etwas oval geformt, gelbgrün; bei fortschreitender Reife lösen sich die Beeren leicht vom Stielgerüst, was bei der Wahl des Lesetermines zu berücksichtigen ist.

Die Sorte eignet sich besonders für Müller-Thurgau-*Böden.* Ihre Ansprüche an die *Lage* sind mittel bis hoch, wobei sich vor allem gute Silvaner-Lagen empfehlen.
Ihre *Widerstandsfähigkeit* gegen Botrytis ist gut, gegen Oidium im allgemeinen ausreichend.
Im 12jährigen Durchschnitt liegt der *Traubenertrag* bei etwa 120 hl/ha, das *Mostgewicht* bei 70–80° Oechsle (14–16° KMW) und die *Mostsäure* bei 10‰.
Die *Beerenreife* ist mittelspät, nach jener des Müller-Thurgau, und die *Lese* erfolgt Ende September bis Mitte Oktober.

Verbreitung
Die Sorte ist nur in *Deutschland* im Versuchsanbau zu finden.

Weinbeschreibung
Farbe: grünlich-gelb
Bukett: neutral
Geschmack: kräftig, von neutraler bis fruchtiger Art, qualitativ vielfach zwischen Silvaner und Riesling einzuordnen

Lagerfähigkeit
Der Wein ist am besten jung und frisch zu trinken.

Sulmer

Rotwein

Herkunft
Die Rebsorte ist eine Kreuzung der Staatlichen Lehr- und Versuchsanstalt Weinsberg/Württemberg zwi-

schen Lemberger x Schwarzelbing. Züchtungsjahr 1955. Der Sortenschutz wurde 1985 erteilt.

Weinbau
Die Rebsorte benötigt gute ***Lagen*** und ist durch Spätfröste ***gefährdet.***
Die ***Reife*** erfolgt spät, die ***Lese*** etwa Mitte bis Ende Oktober.

Verbreitung
Nur Versuchsanlagen in ***Deutschland.***

Weinbeschreibung
Farbe: rubin- bis tiefrot, relativ farbintensiv
Bukett: verhaltenes, burgunderähnliches Sortenbukett
Geschmack: feinfruchtig, rassig, vollmundig
Gesamteindruck: Der Rotwein gleicht dem Lemberger (Blaufränkisch), hat aber eine reifere und kräftigere Art.

Lagerfähigkeit
Der Rotwein ist beschränkt lagerfähig, wobei seine Reifespanne stark von der jeweiligen Jahrgangsgüte abhängt.

Süßdruck

Roséwein

Unter »Süßdruck« oder auch »Süßabdruck« bezeichnet man in der Schweiz einen Roséwein, der aus blauen Trauben, die nur kurze Zeit an der Maische gegärt haben und dann abgepreßt wurden, hergestellt wird. Oeil-de-Perdrix (siehe dort) ist eine geschützte Bezeichnung für einen Roséwein in der Schweiz, der nur aus Schweizer Blauburgunder-Trauben bereitet wurde.

Syrah

Rotwein

Synonyme
- Bragiola, Neretto di Saluzzo (Italien)
- Schiras, Sirac, Syra, Syrac, Sira, Petite Syrah, Serène, Marsanne Noir (Frankreich)
- Hermitage (Australien, Südafrika)
- Shiraz, Balsamina (Argentinien)
- Sirac, Candine, Marzane noir (Marokko)

Herkunft
Eine französische Rotweinrebe von weltweiter Bedeutung. Angeblich sollen 1224 die Kreuzritter die Rebsorte aus der im Iran gelegenen Stadt Shiraz nach Frankreich gebracht haben. Nach einer anderen Quelle existiert die Rebe seit dem 3. Jahrhundert in Frankreich, als Kaiser Probus ihre Anpflanzung in Gallien förderte.

Weinbau
Sortenmerkmale:
Blatt: mittelgroß, fünflappig, schwach offene, lyraförmige Stielbucht, rotgefärbte Blattränder im Herbst
Traube: mittelgroß, kompakt, zylindrisch, teilweise geschultert
Beere: klein, blauschwarz, stark beduftet

Die Rebe stellt keine großen Ansprüche an den ***Boden,*** schätzt aber fruchtbare Böden nicht. Wohl aber braucht sie windgeschützte ***Lagen.*** Sie gedeiht recht gut auf armem und steinigem Untergrund (Granit), was ihre Anspruchslosigkeit zum Ausdruck bringt.
Gegen ***Krankheiten*** (Peronospora, Oidium und Schwarzflecken) ist sie im allgemeinen recht widerstandsfähig, zeigt aber eine gewisse Schwäche gegen Botrytis, Clorose, Milben, Traubenwickler und auch gegen Trockenheit.
Der ***Ertrag*** ist stark vom Rebschnitt abhängig. Ein kurzer Rebschnitt erbringt durchschnittlich nur 30 hl/ha, ein langer Rebschnitt 80–150 hl/ha. Sie liefert gute ***Mostgewichte.*** Die ***Mostsäure*** ist relativ niedrig.
Die ***Reife*** setzt mittelspät ein, die ***Lese*** erfolgt Anfang bis Mitte Oktober.

Verbreitung
Die Syrah-Rebe ist heute hauptsächlich in Frankreich, Italien, Griechenland, Südafrika, Australien, Argentinien, Brasilien, Neuseeland und Kalifornien verbreitet. In ***Deutschland*** und ***Österreich*** findet man sie nur im Versuchsweinbau.

Weinbeschreibung
Farbe: tieffarbiges Rot
Bukett: ausdrucksvolles Sortenbukett nach Veilchen und Reseda
Geschmack: körperreich, würzig, herb, hoher Extrakt- und Tanningehalt. Die Weine zeigen wie die Cabernet-Weine einen leichten Cassiston sowie einen leicht bitteren Nachgeschmack.
Gesamteindruck: Der Weincharakter des Syrah wird wesentlich durch seinen Standort und Ertrag bestimmt. Bei hohen Ernteerträgen schmecken Syrah-Weine süßlich,

sind dünn und ausdruckslos und neigen leicht zur Oxydation (Braunfärbung). Bei bewußter Ertragsbeschränkung können hervorragende Rotweine gewonnen werden.

Lagerfähigkeit

Gute Syrah-Weine benötigen einige Jahre (in der Regel fünf, manchmal auch zehn Jahre und länger), um sich voll zu entwickeln. Sie sind daher gut lagerfähig.

Tamara

Weißwein

Eine Kreuzung der Bayerischen Landesanstalt für Weinbau und Gartenbau in Würzburg zwischen Müller-Thurgau x Siegerrebe, die inzwischen wieder zurückgezogen wurde.

Thurling

Weißwein

Eine Kreuzung der Landesanstalt für Rebenzüchtung in Alzey, Rheinland-Pfalz, zwischen Müller-Thurgau x Riesling, die inzwischen wieder zurückgezogen wurde.

Traminer

(Gewürztraminer)

Weißwein

Sind Traminer und Gewürztraminer zwei verschiedene Rebsorten?
Die **deutschen Ampelographen** verneinen dies entschieden und bestreiten, daß der Gewürztraminer eine Spielart des Traminers sei. Nach deutscher Auffassung ist die korrekte Bezeichnung dieser Sorte »Roter Traminer«, wobei die Zusatzbezeichnung rot auf die rötliche Haut der Beeren verweist. Diese verleiht auch dem Wein mitunter einen leicht rötlichen Schimmer. Der »Gewürztraminer« ist nach ihrer Meinung nur eine Klonenbezeichnung, die angewendet wurde, als nach dem Zweiten Weltkrieg mit der Verklonung des Traminers begonnen wurde. Bis dahin bezeichnete man den weniger bukettierten Wein dieser Rebsorte als Traminer und seine würzigere Variante eben als Gewürztraminer.
Nach **französischer Auffassung** (INRA, Institut National de la Recherche Agronomique, des Nationalen Landwirtschafts-Forschungsinstituts mit Hauptsitz in Paris) gibt es hingegen drei Spielarten des Traminers, die untereinander bedeutende Unterschiede aufweisen:
Weißer Traminer (Savagnin Blanc): Es ist dies die Rebsorte, die den berühmten Vin Jaune (Gelbwein) des Jura in Frankreich erbringt. In degustativer Hinsicht ist sie mit den beiden – nach französischer Meinung – anderen Spielarten überhaupt nicht vergleichbar, weil sie völlig geruchsneutral ist.
Roter Traminer = Traminer (in Frankreich heißt sie auch Savagnin Rosé, im Elsaß Klevner de Heiligenstein):
Typische Kennzeichen: Lyraförmige Stielbucht bei den Blättern – bis zur beginnenden Beerenreife keine exakte Unterscheidung möglich, in der Reife jedoch blau-rötliche Beeren – zu Beginn der Verfärbung durchscheinende Traubenschalen mit unterscheidbaren Kernen – höherer Säurewert (bei gleichzeitig niedrigerem pH-Wert).
Gewürztraminer = Gelber Traminer (in Frankreich auch Savagnin Rosé Aromatique genannt):
Typische Kennzeichen: Überlappte Stielbucht bei den Blättern – in der Reife rote Beeren mit gelbbraunen Nuancen – keine durchscheinenden Traubenschalen – leichtere Verrieselung während der Blütezeit – kräftigeres, würzigeres und aromatischeres Sortenbukett sowie betonter aromatischer Geschmack – weniger Säuregehalt – höherer Gehalt an Terpenalkohol (gaschromatographisch nachweisbar).

Synonyme

Beim Traminer findet man folgende, heute noch vielfach verwendete Doppelnamen:

- Traminer, Roter Traminer, Gewürztraminer (Österreich)
- Traminer, Roter Traminer, Gewürztraminer, Clevner, Klävner (Deutschland)
- Roter Traminer, Heida, Heidenwein, Païen, Savagnin blanc (Schweiz)
- Savagnin Rosé, Savagnin Rosé Aromatique, Traminer Musqué, Traminer Parfumé, Traminer Aromatique, Gentil Rosé Aromatique, Fromenteau Rouge (Frankreich)

- Traminer, Gewürztraminer, Klevner (Elsaß)
- Traminer, Gewürztraminer, Traminer rosa (Südtirol)
- Traminer aromatico, Termeno aromatico (Italien)
- Tramini, Fermentin rouge (Ungarn)
- Rusa (Rumänien)
- Traminac, Crevena Ruziva (Balkan)
- Tramin, Tramin červený (Tschechien, Slowakei)
- Mala Dinka (Bulgarien)

Herkunft

Den exakten Ursprung dieser Rebsorte zu nennen, ist nicht möglich. Über ihre Herkunft gibt es verschiedene Annahmen:

- Die eine verlegt die Heimat in das alte Ägypten zur Zeit der Pharaonen, weil man bei Ausgrabungen Traubenkerne des Traminers gefunden hat und deren Alter mit dem Radiokohlenstoff-Verfahren bestimmt haben will.
- Nach einer anderen Quelle soll die Heimat des Traminers im nördlichen Griechenland, in Thessalien gewesen sein, von wo die Rebe dann später nach Italien gebracht wurde.
- Eine dritte Meinung verlegt den Ursprung nach Südtirol, von wo die Römer die Rebsorte nach Deutschland gebracht und sie im oberen Rheintal und in der Pfalz im Mischbau ausgepflanzt haben sollen.

Nach dem heutigen Stand der Forschung scheint nur nachweisbar zu sein, daß der Name Traminer auf den Weinort Tramin, südlich von Bozen, in Südtirol, zurückgeführt werden kann, ohne daß aber gleichzeitig irgendeine Bestätigung auf seine Herkunft aus Südtirol gegeben werden kann. Sicher ist jedenfalls, daß es sich beim Traminer um eine der ältesten Rebsorten handelt, die uns bekannt sind.

Auch in den zentraleuropäischen Erzeugerländern gilt der Traminer als alte Rebsorte. Dies lassen verschiedene Umstände erkennen. So gibt es beispielsweise in Deutschland, und zwar in der Rheinpfalz an der »Südlichen Weinstraße« in Rhodt bei Hainfeld, einen Traminer Weingarten, dessen Rebstöcke bereits über 300 Jahre alt sein sollen, also angelegt in den Jahren nach dem Dreißigjährigen Krieg. Dieses kleine Rebfeld mit etwa 300 Stück unter Naturschutz gestellten Traminer Rebstöcken, aufgereiht in drei Rebzeilen, bringt in guten Jahren vielleicht etwa 500 Liter Traminer Wein, in schlechten Weinjahren überhaupt nichts.

Weinbau

Sortenmerkmale:

Blatt: klein, dreilappig, wenig gebuchtet, derb, V-förmige bis geschlossene Stielbucht

Traube: klein bis mittelgroß, dichtbeerig, »gleichseitiges Dreieck« bildende (dreiecksförmige) Traubenform

Beere: klein, rund bis oval, blau-rötliche (Traminer) bzw. rote (Gewürztraminer) Färbung in der Reifeperiode, dickschalig

Der Traminer stellt hohe Ansprüche an Boden und Lage. Er bevorzugt leicht erwärmbare, tiefgründige, fruchtbare und immer etwas feuchte ***Böden*** und gedeiht besonders gut auf vulkanischem Tuffgestein, aber auch auf reinen Lehm- und Lößböden sowie auf schweren, tonigen Böden. Seine Kalkverträglichkeit ist gering (maximal 20%).

Weiters verlangt er, so wie der Rheinriesling, beste ***Lagen*** (Südlagen), die nicht frostgefährdet sein dürfen.

Bezüglich ***Anfälligkeit*** ist festzuhalten:

Gegen Winterkälte gilt der Traminer als eine der widerstandsfähigsten Rebsorten. Allerdings neigt er bei schlechtem Blütewetter zum Verrieseln, da die Blüten sehr witterungsempfindlich sind. Bei einem verregneten Frühsommer bringen daher die blüteempfindlichen Reben oft nur einen geringen Mengenertrag.

Die Sorte neigt gerne zur Degeneration, da sie sehr virusanfällig ist. Außerdem ist sie empfindlich gegen Stiellähme (eine Rebkrankheit, die zum Absterben der Traubenstiele und damit zum Abfallen der Trauben vom Stock führt), gegen Stielfäule (eine Rohfäule, die besonders die noch unreifen Traubenstiele befällt und von der Botrytis verursacht wird) und gegen Chlorose (führt zur Gelbfärbung des Laubes und in späterer Folge zur Verrieselung der Blüten).

Sein ***Ertrag*** ist gering bis mittelhoch und liegt selten über 50 hl/ha, was damit zusammenhängt, daß der Traminer nicht leicht zu selektionieren ist. Die ***Mostgewichte*** bewegen sich in der Regel zwischen 80–100° Oechsle (16–20° KMW), die ***Mostsäure*** liegt um 7–8‰, mitunter auch darunter.

Die ***Traubenreife*** des Traminers ist mittelspät, und die ***Lese*** erfolgt in der Regel in der ersten Hälfte Oktober, kurz vor jener des Rieslings. Der Traminer muß immer im Zustand der Vollreife gelesen werden, da die Weinqualität nur bei einem hohen Mostgewicht befriedigen kann.

Verbreitung

Die Traminerrebe ist in fast allen wichtigen europäischen und außereuropäischen Weinbauländern anzutreffen, wobei das Hauptanbaugebiet Frankreich (insbesonders das Elsaß) ist. Größere Traminer-Anpflanzungen findet man Italien (besonders in Südtirol), auf dem Balkan, in Kalifornien, Südafrika, Australien und Neuseeland.

Die hohen Standortansprüche und die geringen Mengenerträge beim Traminer sowie wahrscheinlich auch der allgemeine Geschmackswandel beim Konsumenten haben den Anbau von Traminer stark zurückgehen lassen. Wenn trotzdem immer wieder renommierte Erzeugerbetriebe Traminer-Weine herstellen, so dürfte dazu nicht unwesentlich der Umstand beitragen, daß der Traminer wegen seiner außergewöhnlichen Qualitätseigenschaften, insbesondere in den höheren und höchsten Prädikatsstufen, bei Prämiierungen ein willkommener Medaillenbringer ist, der höchste Auszeichnungen in einem überdurchschnittlichen Umfang erreicht.

In ***Deutschland*** kommt der Traminer außer an der Ahr und im Gebiet Mosel-Saar-Ruwer in allen übrigen Weinbaugebieten vor. Sein Anteil an der gesamten deutschen Rebfläche beträgt allerdings nur 0,8%. Hauptanbaugebiete sind die Pfalz (mit 36% der gesamten Anbaufläche in dieser Sorte), Baden (35%) und Rheinhessen.

Auch in ***Österreich*** gilt der Traminer als Spezialsorte mit geringer Verbreitung. 0,8% der österreichischen Rebfläche sind mit dieser Rebe kultiviert. Die Sorte kommt praktisch in allen österreichischen Weinbaugebieten vor. Ihre größte Verbreitung hat sie unzweifelhaft im Burgenland (fast 60% der Anbaufläche bei dieser Sorte). Als besondere Spezialität gilt sie in der Südsteiermark (auf die Steiermark entfällt ein Rebflächenanteil von 20% in dieser Sorte). Aber auch in den Trockengebieten in Niederösterreich (20% Sortenanteil), insbesondere in der Thermenregion und im Weinviertel, ist sie zu finden.

In der ***Schweiz*** wird sie selten angebaut. Sie ist zwar in vielen Weinbaugebieten zu finden, nimmt aber überall nur eine untergeordnete Bedeutung ein. In Visperterminen, dem mit 1.100 m höchstgelegenen Weinbauort des Landes, wird die Sorte Heida (Païen, Savagnin blanc) genannt.

Weinbeschreibung

Farbe: Die Farbe des Traminer ist intensiver als bei den meisten Weißweinen und liegt zwischen grüngelb und goldgelb. Wenn er eine goldgelbe Farbe aufweist, so ist diese auf die rote Traminertraube und auf einen hohen Extraktgehalt zurückzuführen. Ähnlich wie beim Ruländer zeigt der Wein oftmals einen leicht rötlichen Schimmer.

Bukett: Der Traminer gehört zur den klassischen Bukettsorten. Sein Duft und Aroma ist stark ausgeprägt, würzig und aromatisch und erinnert deutlich an Rosenduft. Vor allem aber zeichnet ihn eine beeindruckende traubige Fruchtigkeit aus, die mitunter bei jungen Weinen zu einer Verwechslung mit Muskatsorten führen kann. Bei guter Reife hat der Traminer sicher das feinere und dezentere Sortenbukett, der Gewürztraminer hingegen das weitaus kräftigere und aromatischere Bukett. Dadurch ist auch eine deutliche Unterscheidung zwischen den beiden Weinen möglich. Wird der Traminer aus unreifen Trauben gekeltert, so weisen die Weine eine Art Gerbton wie bei der Lederherstellung auf.

Geschmack: Der Traminer ist ein ausgesprochen fülliger und kräftiger Wein mit einem relativ hohen Extrakt- und hohen Alkoholgehalt (mitunter bis 14 ‰vol). Sein zuckerfreier Extraktgehalt liegt mit 25 Gramm pro Liter, vielfach aber auch darüber, vom Burgunder abgesehen über den üblichen Extraktwerten der normalen Weißweine. Diese Vollmundigkeit des Weines ist vielleicht beim Gewürztraminer noch stärker ausgeprägt. Traminer-Weine haben immer wenig Säure, wobei der Gewürztraminer meist den geringeren Säuregehalt aufweist. Sie zeigen aber dann Rasse, wenn sie mit 6–7‰ Säure abgefüllt werden. Meistens werden Traminer-Weine mit einer gewissen Restsüße ausgebaut; es gibt aber auch trockene Weine in dieser Sorte.

Gesamteindruck: Traminer-Weine zählen zu den edelsten Weißweinen der Welt. Die Rebe selbst ist allerdings eine schwierige Sorte für den Winzer. Sie braucht unbedingt die Vollreife der Beeren, um durch hohe Mostgewichte mit den damit verbundenen hohen Extrakt-, aber auch Alkoholwerten wirklich Spitzenqualitäten erreichen zu können. Typisch ist das prägnante und ausgeprägte traubige Rosenaroma. Die charakteristischen und zugleich auch optimalen Qualitätseigenschaften des Traminers findet man vor allem in den Reifestufen Kabinett, Spätlese und Auslese.

Der Unterschied zwischen Traminer und Gewürztraminer liegt degustatorisch im Duft und Aroma begründet, wobei der Gewürztraminer im Vergleich zum Traminer das kräftigere, würzigere und aromatischere Sortenbukett hat. Jedenfalls wirkt ein Traminer (Gewürztraminer) im Duft und Geschmack immer lange nach.

Wozu trinkt man den Wein?

Infolge seines kräftigen Aromas, seiner großen Fülle und seiner verhaltenen Säure gilt ein Traminer als alles andere als ein gemütlicher Heurigen- oder Schoppenwein für alle Tage. Ein Traminer, insbesondere ein Gewürztraminer, wünscht immer geruhsam und mit Bedacht gläschenweise getrunken zu werden. Entweder gut gekühlt vor einem Essen als Aperitifwein oder noch besser zum Abschluß nach einem Essen oder vielleicht am Ende einer Weinprobe. Verlangt die Sorte vom Konsumenten doch ein gewisses Maß an innerer Bereitschaft, die Feinheit des ausgeprägten Sortenbuketts und das finessenreiche Aromaspiel voll in sich aufzunehmen und zu genießen.

Die Verwendung eines Traminers oder Gewürztraminers zum Essen ist daher nur in einem beschränkten Ausmaß möglich. Traminer-Weine mit Restsüße werden bei Vorspeisen gerne zur Gänseleberpastete oder auch zu gewissen Nachspeisen, wie beispielsweise zu nicht allzu süßen Cremespeisen, Lebkuchen oder Rahmkuchen, auf Nußbasis zubereiteten Desserts usw., verwendet. Trockene Traminer empfehlen sich zu einem Zwiebelkuchen (Quiche Lorraine), eventuell auch noch zu mildem Ziegen- oder Schafkäse. Im Elsaß trinkt man einen Gewürztraminer gerne zum Münsterkäse.

Glaskultur und Serviertemperatur

Traminer-Weine trinkt man aus einem »Universal-Glas«. In dieser Glasform findet der Wein am besten den Ausdruck seiner würzigen und aromatischen Eigenarten.

Serviertemperatur: Traminer und Gewürztraminer sollten mit einer Temperatur von 6–8° Celsius eingeschenkt werden. Spät- und Auslesen vertragen eine etwas höhere Temperatur, die aber trotzdem nur bei 9–10° Celsius liegen sollte.

Lagerfähigkeit

Traminer-Weine bauen ziemlich rasch aus, halten sich dann aber auf der Flasche noch relativ lange auf ihrem Reifehöhepunkt. Dies trotz des Umstandes, daß der Traminer eher ein säurearmer Wein ist. Vermutlich dürfte die gute Haltbarkeit auf den hohen Alkohol- und Glyceringehalt zurückzuführen sein. Verfügt ein Traminer über einen höheren Säuregehalt (bei dieser Sorte zwischen 6 und 7‰), dann läßt er sich gut und gerne zehn bis zwanzig Jahre lagern. Solche Traminer-Weine mit entsprechendem Säuregerüst entwickeln sich bei ihrer Extraktfülle oft zu hochgeschätzten Spitzengewächsen mit viel Eleganz und Rasse.

Neuzüchtungen und Verwandte

In Deutschland existieren insgesamt 11 **Kreuzungen** mit Traminer oder Gewürztraminer, wobei nur drei davon, nämlich Ortega, Perle und Siegerrebe, bisher eine wirtschaftliche Bedeutung erlangt haben. Die wichtigsten Traminer-Kreuzungen sind:

Ortega: Müller-Thurgau x Siegerrebe (feinfruchtiges Muskat-Pfirsich-Bukett, voll und harmonisch, langer Abgang, guter Auslesewein).

Perle: Gewürztraminer x Müller-Thurgau (zart-aromatisch, würzig, mild).

Septimer: Gewürztraminer x Müller-Thurgau (kräftiges Traminerbukett, relativ säurearm, manchmal unharmonisch und mit leichtem Scheurebeton).

Siegerrebe: Madeleine angevine x Gewürztraminer (traminerähnliches, intensives, feines bis aufdringliches Sortenbukett, alkohol- und extraktreich, säurearm, meist zum Verschnitt verwendet, aber auch guter Auslesewein).

Würzer: Gewürztraminer x Müller-Thurgau (Muskatbukett, frisch, rassig, aromatisch).

Bezüglich **Verwandte** siehe Seite 225.

Trebbiano

(Ugni blanc)

Weißwein

Synonyme

- Trebbiano, Trebbianello, Procanico, Turbiano, Lugana, Greco, Rossola, Rossetto, Rusciola, Perugino, Buzzetto, Spoletino, Albano, Santoro, Bobiano (Italien)
- Ugni Blanc, St-Emilion des Charentes, Clairette Ronde, Clairette de Vence, Clairette Rosé, Roussan, Gredelin, Muscadet Aigre (Frankreich)
- Thalia, Douradinha, Branquinha (Portugal)
- Juni blan, Unji blan (Balkan)
- Saint Emilion, Trebbiano (Rumänien)
- Trebbiano (Australien, Chile, Südafrika, Zypern)
- Ugni blanc (Algerien, Argentinien, Australien, Chile, Griechenland, Morokko, Südafrika, Tunesien, Uruguay, Zypern)

Herkunft

Die Rebe stammt aus Italien, wahrscheinlich aus der Gegend von Neapel.

Weinbau

S o r t e n m e r k m a l e :

Blatt: groß, fünflappig, Blattränder nach oben eingerollt, wenig offene bis überlappende Stielbucht

Traube: sehr groß, schlank und lang, walzenförmig, geschultert

Beere: klein, rund, goldgelb, bei Vollreife sonnseitig rosa bis kupferrot, saftiges Fruchtfleisch

Die Rebe bevorzugt leichte ***Böden*** und stellt keine großen Ansprüche an die ***Lage.***
Sie ist ***anfällig*** gegen Oidium, Peronospora und Schwarzfäule, hat eine schwache Winterfrostresistenz, ist windbruchgefährdet, aber durch ihre dicke Beerenhaut gegen Botrytis widerstandsfähig.
Der Trebbiano gilt als eine der ertragreichsten Rebsorten der Welt. Sein ***Ertrag*** liegt bei 100–150 hl/ha, vielfach auch bis 200 hl/ha (in Italien).
Die ***Traubenreife*** setzt spät ein, die ***Lese*** erfolgt im Oktober.

Verbreitung

Die gesamte mit Trebbiano bestockte Rebfläche dürfte weltweit bei rund 200.000 ha liegen. Ihre größte Verbreitung hat sie in Italien.
In ***Österreich*** findet man sie vereinzelt im Versuchsanbau.

Weinbeschreibung

Farbe: stroh- bis blaßgelb
Bukett: dezentes, charakteristisches Sortenbukett
Geschmack: Trebbiano-Weine sind aufgrund ihrer Herkunft geschmacklich sehr unterschiedlich und decken die gesamte Skala von leichter, harmonischer, säurebetonter bis körperreicher, alkoholreicher Art ab. Im allgemeinen weisen sie aber einen mittleren Alkoholgehalt auf und haben vielfach einen sortentypischen, zarten Bittermandelton im kurzen Abgang.
Gesamteindruck: Sie werden gerne mit anderen Sorten verschnitten, um ihre Qualität zu verbessern. Der Trebbiano wird zur Cognac- und Armagnac-Erzeugung herangezogen.

Lagerfähigkeit

Im allgemeinen schmecken reinsortige Trebbiano-Weine frisch und jung am besten.

Trollinger

(Großvernatsch)

Rotwein

Synonyme

Die Rebsorte heißt korrekt »Blauer Trollinger«. Besser bekannt ist sie in Deutschland und Österreich nur unter der Bezeichnung Trollinger. In Südtirol wird die Sorte Großvernatsch genannt und ist dort die wichtigste Rebsorte. Als Tafeltraube oder Gewächshaustraube wird sie unter der Bezeichnung Meraner Kurtraube, Brüsseler Treibhaustraube oder als Black Hamburg verkauft.
Für den Trollinger gab es seit jeher eine Vielzahl von sinnverwandten Bezeichnungen. Die häufigsten, zum großen Teil noch heute gebräuchlichsten sind:

- Großer Burgunder, Ägyptischer (Österreich)
- Trollinger, Troller, Fleischtraube, Bockstraube, Bocksauge, Bocksbeutel, Hammelshoden, Zottelwälscher, Schwarzwälscher, Lambert, Bammerer, Pommerer, Schwarzer, Frankenthaler (Deutschland)
- Großvernatsch, Edelvernatsch, Meraner Kurtraube (Südtirol)
- Schiava grossa, Schiavone, Uva cenerente (Italien)
- Raisin bleu de Frankenthal, Frankenthal Noir, Chasselas de Jérusalem, Raisin de Languedoc (Frankreich)
- Modri tirolan (Balkan)
- Black Hamburg, Black Tripoli (England)
- Gros bleu (Belgien)

Herkunft

Mit großer Wahrscheinlichkeit kann man annehmen, daß die Rebsorte aus Südtirol stammt. Dort wurde sie schon zur Römerzeit angebaut. Die Römer waren es auch, welche die Rebe an den Rhein brachten, von wo sie dann ihre weitere Verbreitung in anderen Ländern fand. Heute gelten als Hauptanbaugebiete Südtirol und Württemberg. Der Name Trollinger dürfte aus einer Verkürzung des Wortes Tirolinger entstanden sein, was gleichfalls auf Südtirol als Urheimat schließen läßt.

Weinbau

Sortenmerkmale:
Blatt: groß, schwach drei- bis fünflappig, blasig, etwas breiter als lang, tief eingeschnitten, V-förmige bis geschlossene Stielbucht
Traube: sehr groß, pyramidenförmig, lockerbeerig, mit langem Stiel, Kelter- und Tafeltraube
Beere: groß, rund bis oval, rotblau bis tiefblau, sehr beduftet, dickhäutig, sehr saftig

Die Rebe wächst am besten auf warmen, steinigen Muschelkalk- und Keuper***böden,*** begnügt sich aber auch mit armen, steinigen Kalkböden.
Ihre Ansprüche an die ***Lage*** sind weit höher. Sie bevorzugt geschützte, frostfreie und südliche Hanglagen.

Die Sorte hat eine gute *Widerstandskraft* gegen Winterfrost und ist vom Klima her eine recht problemlose Sorte. Auch ist sie gegen Fäulnis der Beeren nicht sehr anfällig.
Die *Erträge* der Rebsorte können sehr groß sein; sie erreicht in guten Lagen Durchschnittserträge von 100–150 hl/ha. Für eine gute Qualität ist bei zu hohem Traubenansatz eine Traubenverdünnung erforderlich. Die *Mostgewichte* liegen im langjährigen Durchschnitt bei etwa 70° Oechsle (14° KMW) und die *Mostsäure* bei 7–10‰.
Der Trollinger ***reift*** relativ spät, und seine *Lese* erfolgt Anfang bis Mitte Oktober. In schlechten Jahren und bei hohen Ertragsansätzen färben die sehr großen Trauben nicht immer gleichmäßig aus. Wegen seiner großen Trauben ist ein lockeres und luftiges Erziehungssystem notwendig.

Verbreitung

Hauptverbreitungsgebiete dieser Rebsorte sind Südtirol (wo sie Großvernatsch genannt wird) und Württemberg. Als Tafeltraube kommt die Sorte auch in England, Belgien und Holland vor.
In *Deutschland* liegt der Trollinger unter den Rotweinen an dritter Stelle und nimmt einen Anteil von 2,3% der deutschen Gesamtrebfläche ein, wobei die Rebsorte aber fast ausschließlich nur mehr in Württemberg zu finden ist. Dort bestreitet sie rund 20% des württembergischen Rebsortenspiegels und gilt als eine der Hauptrebsorten dieses Weinbaugebietes.
In *Österreich* und in der *Schweiz* ist die Sorte kaum anzutreffen.

Weinbeschreibung

Farbe: Je nach Jahrgang ist die Farbe des Trollingers heller oder dunkler. In kleinen Weinjahren ist sie meistens leuchtend hell- bis blaßrot, man darf ruhig sagen roséfarbig, in guten oder sehr guten Jahren kräftig rubinrot.

Bukett: Der Wein zeigt ein frisches, fruchtiges, feinblumiges Bukett mit einem zarten Muskatton.

Geschmack: Der Trollinger ist ein leichter (alkoholarmer) Rotwein mit einem frischen, fruchtigen, allerdings gerbstoffarmen, jedoch aufgrund der deutlichen Säure betont rassigen Geschmack. In guten Jahren kann er sehr an Güte gewinnen und wirkt dann viel körperreicher und kerniger.

Gesamteindruck: Der Trollinger ist in der Regel ein süffiger, spritziger, recht bekömmlicher Konsum- und Tafelwein. In Württemberg wird der Trollinger gelegentlich auch als Weißherbst verkauft. Er erreicht nur ausnahmsweise das Qualitätsniveau eines echten Spitzenweines. Womit wieder einmal die Behauptung bekräftigt wird, daß Rebsorten, die neben Keltertrauben gute Tafeltrauben hervorbringen, nur in den seltensten Fällen auch Spitzenweine erbringen können.

Wozu trinkt man den Wein?

Einen Trollinger trinkt man am besten zu einfacher, derber Hausmannskost und zu einem herzhaften Essen.

Glaskultur und Serviertemperatur

Man nehme für den Trollinger ein übliches »Rotwein-Glas«.
Serviertemperatur: Den Wein serviere man am besten kühl mit 12° Celsius. An heißen Sommertagen verträgt er vielleicht eine noch um 1° niedrigere Einschenktemperatur.

Lagerfähigkeit

Der Trollinger baut rasch aus und kommt für eine längere Lagerung kaum in Betracht. Seine Haltbarkeit entspricht etwa der des Beaujolais. Daher sollte er auch jung und frisch getrunken werden. Nur Trollinger, die auf schweren, kalkhältigen Böden gewachsen sind, erreichen erst nach eineinhalb Jahren Flaschenlager ihre volle Reife. Normalerweise beginnt er jedoch schon nach zwei bis drei Jahren an Qualität abzubauen. Nur in »sehr guten« Jahren kann eine über diesen Zeitraum hinausgehende Lagerung empfohlen werden.

Neuzüchtungen und Verwandte

Neuzüchtungen mit der Trollinger-Rebe als Vater- oder Muttersorte gibt es folgende in Deutschland:
Dornfelder: Helfensteiner (Frühburgunder x Trollinger) x Heroldrebe (Blauer Portugieser x Lemberger) (ansprechender, fruchtiger, körperreicher, dunkelroter Rotwein mit einer deutlichen Tanninnote)
Helfensteiner: Blauer Frühburgunder x Trollinger (gefälliger, harmonischer, selten anzutreffender Rotwein, vorläufig ohne jede wirtschaftliche Bedeutung; in der Qualität ist er dem Blauen Portugieser überlegen)
Kerner: Trollinger x Riesling (ein rieslingähnlicher Weißwein, frisch, fruchtig, mit einer mehr oder minder ausgeprägten Muskatnote)
Rotberger: Trollinger x Riesling (ein feinfruchtiger, kräftiger Rotwein und extraktreicher als der Trollinger. Er findet als Tisch- und Kneipwein Verwendung und ist auch zur Herstellung von Rotsekt geeignet.)

Witberger: Trollinger x Riesling (eine Weißweinsorte, ohne wirtschaftliche Bedeutung)
An **Spielarten** des Trollingers sind bekannt:
Muskat-Trollinger: ein ansprechender Rotwein mit einem ausgeprägten, jedoch eleganten Muskatbukett.
Grauvernatsch: Er gilt in qualitativer Hinsicht als der eleganteste und edelste unter den Vernatschweinen, ist aber reinsortig kaum mehr anzutreffen.
Kleinvernatsch (Mitter- oder Gemeinvernatsch, Schiave gentile): ein rubinroter, vollmundig und würzig schmeckender Wein, der die Qualität des Großvernatsch (Trollinger) meist übertrifft.
Tschaggelevernatsch: ein ähnlicher Rotwein wie der Kleinvernatsch.
In Südtirol werden Grauvernatsch, Kleinvernatsch und Tschaggelevernatsch seit Jahren in Neuanlagen nur mehr selten ausgepflanzt, weil sie im Vergleich zum Trollinger (Groß- und Edelvernatsch) weniger Ertrag bringen und gegen Krankheiten anfälliger sind.

Uhudler

Rotwein

Dieser im Volksmund »Uhudler« genannte Wein ist eigentlich ein Sammelbegriff für sogenannte Direktträger (Hybriden), also für unveredelte Edelrebsorten wie Noah Grün, Othello Blau, Isabella, Elvira, Seibel, Concord u. a. Man findet die Rebe fallweise in ***Österreich,*** aber nur im Südburgenland, vor allem im Gebiet von Güssing und Heiligenbrunn, wo sie als Kuriosität immer wieder erwähnt wird.
Den Namen schreibt man einem Ausspruch der Frauen von Weinhauern zu. Der von den Hybriden gekelterte Wein diente nämlich früher als Haustrunk für den Eigenverbrauch der Winzer. Wenn die Weinhauer zu sehr diesem Wein in ihren Weinkellern gefrönt hatten und berauscht nach Hause kamen, sollen die Frauen angeblich gesagt haben: »Du schaust aus wie ein Uhu!« Daher der Name Uhudler.
Der Uhudler fristete viele Jahre lang ein illegales Dasein. Sein Ausschank war nämlich gesetzlich verboten. Man durfte als Winzer zwar einen Uhudler keltern und ihn selbst trinken, nicht aber verkaufen. Was natürlich den Reiz, einen solchen Wein zu besitzen, nur erhöht hat.
Dies galt bis zum Sommer 1992. Ab 1. August 1992 darf der Uhudler nunmehr nach der österreichischen Weingesetz-Novelle 1991 in den Uhudler-Wein erzeugenden acht Gemeinden Eberau, Strem-Moschendorf, Heiligenbrunn, Güssing, Neustift bei Güssing, Burgauberg-Neudauberg, Heiligenkreuz und Eltendorf (alle im Burgenland, Österreich) als Tafelwein auch offiziell verkauft werden.

Weinbeschreibung

Farbe: ähnelt im Aussehen einem rosafarbenen Schilcher
Bukett: unverkennbares Bukett nach Erdbeeren und schwarzen Johannisbeeren
Geschmack: eigenartiger fuchsiger (foxiger), scharfer Geschmack, wobei er vielleicht auch ein bißchen an einen trockenen Erdbeerwein erinnern mag.

Lagerfähigkeit

Der Uhudler ist immer frisch und jung zu trinken.

Vernatsch

siehe unter **Trollinger**

Weißer Burgunder

(Pinot blanc)

Weißwein

Synonyme

Wie die meisten älteren Rebsorten hat auch der Weiße Burgunder, oder auch nur kurz Weißburgunder genannt, mehrere Doppelnamen, wie

- Klevner, Weißer Klevner, Pinot blanc (Österreich)
- Weißer Klevner, Clevner oder Clävner, Weißer Ruländer, Weißer Arbst, Pinot blanc (Deutschland)
- Pinot Blanc, Pinot Chardonnay, Blanc de Champagne, Auvernat Franco (Frankreich)
- Pinot blanc (Schweiz)
- Pinot bianco (Italien)
- Beli burgundac (Balkan)
- Burgundské biele (Tschechien, Slowakei)
- Fehérburgundi, Burgundi fehér, Kisburgundi fehér (Ungarn)

Der österreichische *Morillon* wird fälschlicherweise oft für eine Spielart des Weißen Burgunders gehalten. Das ist er aber nicht. Er ist ident mit dem Chardonnay und gehört daher in diese Sortengruppe eingereiht.

Herkunft

Allgemein wird heute angenommen, daß alle Burgunder-Arten letztlich auf den Blauen Burgunder zurückzuführen sind. Der Ruländer dürfte direkt durch eine Mutation aus dem Blauen Burgunder und der Weiße Burgunder wieder durch eine Mutation aus dem Ruländer entstanden sein. Mit ziemlicher Sicherheit gilt Burgund in Frankreich als Heimat des Weißen Burgunder, wobei die Rebsorte urkundlich erst im 14. Jahrhundert nachweisbar ist (Hornickel). Siehe auch unter Blauer Burgunder.

Weinbau

Sortenmerkmale:

Blatt: mittelgroß, dreilappig, wenig eingeschnitten, stumpf gezähnter Rand, V-förmige, offene Stielbucht

Traube: klein bis mittelgroß, dichtbeerig, walzenförmig, manchmal geteilt

Beere: klein, gelbgrün, dünnschalig, durchscheinende, fein punktierte Schalen

Der Weiße Burgunder stellt an Boden und Lage hohe Ansprüche, weil die zur Kelterung bestimmten Trauben ein Mindestmostgewicht von über 85° Oechsle (17° KMW) aufweisen müssen, um die notwendige Fülle zu erreichen und damit in qualitativer Hinsicht befriedigen zu können. Die *Böden* müssen daher tiefgründig und nährstoffreich sein sowie über eine ausreichende Feuchtigkeit verfügen. Sand- und Gesteinsböden sind für einen Anbau nicht geeignet, denn der Wein erreicht dann zu wenig Extraktgehalt. Abgerundete Weine gedeihen besonders auf kalkhältigen Böden. Gleichzeitig braucht der Weiße Burgunder gute und warme *Lagen*.

Die Rebe ist gegen kalte Winter wenig *empfindlich*, wohl aber gegen Spätfröste. Sie ist nicht überempfindlich gegen Peronospora, Roten Brenner, Oidium, Schwarzfleckenkrankheit, Botrytis, Stielfäule und Stiellähme, jedoch sehr anfällig gegen Traubenwickler.

Der *Ertrag* ist gut bis sehr gut und regelmäßig. Er liegt bei 80–85 hl/ha im langjährigen Durchschnitt. Die *Mostgewichte* liegen zwischen 80–100° Oechsle (16–20° KMW), und die *Mostsäure* schwankt zwischen 8–12‰.

Die *Reife* des Weißen Burgunders erfolgt mittelspät und die *Lese* Anfang bis Mitte Oktober.

Die drei wichtigsten Rebsorten der Burgunder-Familie, nämlich der Weiße Burgunder, der Ruländer und der Blaue Burgunder, sind bis in den Sommer hinein an den Rebstöcken zunächst kaum zu erkennen. Erst mit der Verfärbung der Trauben kann man die Rebsorte deutlich unterscheiden. Im übrigen finden sich die Farben der reifen Trauben im Wein wieder: grünlich-gelb beim Weißen Burgunder, goldschimmernd beim Ruländer und rubinrot beim Blauen Burgunder.

Verbreitung

Der Weiße Burgunder ist stark verbreitet in Frankreich, Norditalien, Tschechien, Slowenien, Chile und Kalifornien.

In *Deutschland* sind 1,3% der gesamten Rebfläche mit Weißem Burgunder angebaut, wobei die Rebsorte mit Ausnahme des Weinbaugebietes Ahr überall zu finden ist. Die Hauptanbaugebiete liegen dabei in Baden (53% der deutschen Anbaufläche in dieser Sorte), in der Pfalz (22%), in Rheinhessen (13%), Nahe, Sale-Unstrut und Sachsen. Nur reliktische Vorkommen gibt es am Mittelrhein, an der Hessischen Bergstraße, in Württemberg und im Rheingau.

In *Österreich* ist der Rebflächenanteil 4,8%. Auf das Burgenland und auf Niederösterreich entfallen davon je 40% Sortenanteil, der Rest hauptsächlich auf die Steiermark.

Die *Schweiz* besitzt nur unbedeutende Anbauflächen mit dieser Rebe in Bern, Freiburg, Genf, Graubünden, St. Gallen und im Waadtland.

Weinbeschreibung

Farbe: Beim Weißen Burgunder hängt die Farbe des Weines stark vom Reifezustand der gekelterten Trauben ab. Bei normal gereiften Trauben (für Qualitätsweine und Kabinettweine) zeigt der Wein eine typische grünlich-gelbe Farbe. Bei Vollreife der Trauben (für Spätlesen und Auslesen) wird der Farbton zunehmend blasser und strohgelb. In diesem Zusammenhang ist zu bemerken, daß der Weiße Burgunder farbmäßig viel weniger als andere Weißweinsorten von der Edelfäule (Botrytis) beeinflußt wird und daher die Farbe bei den höheren Prädikatsweinstufen kaum goldgelb wird.

Die Farbe hilft auch mit, zwischen einem Weißen Burgunder und einem Ruländer leichter unterscheiden zu können. Gleiche Mostgrade vorausgesetzt, läßt der Weiße Burgunder eine stärkere grünlich-gelbe Farbe erkennen, während beim Ruländer die gelbliche, in höheren Qualitätsstufen goldgelbe Farbkomponente stärker in den Vordergrund tritt.

Bukett: Der Weiße Burgunder hat kein spezifisches Sortenbukett. Sein Duft ist ausgesprochen verhalten, erinnert aber oft an Lindenblüten. Bei guter Traubenreife läßt er eine tiefe Fruchtigkeit im Duft und Aroma erkennen, die dann übrigens auch im Geschmack zusammen mit einer spürbaren Frische zum Ausdruck kommt.

Geschmack: Die Weinsorte ist bei entsprechender Traubenreife elegant und harmonisch, vollmundig und extraktreich (allerdings niedriger im Extraktgehalt als der Ruländer), ohne dabei schwer und füllig zu wirken. In der Regel hat sie einen mittleren Alkoholgehalt (etwa 11 bis 12,5 %vol) und weist am Gaumen eine mehr oder weniger deutliche Walnußnote auf. Infolge seiner reifen Säure ist der Weiße Burgunder für einen trockenen Ausbau recht gut geeignet. In guten Weinjahren zeigt er sich von der Spätlese aufwärts von höchster Güte, wobei einem immer bewußt sein sollte, daß ein Weißer Burgunder erst bei entsprechend hohen Zucker- und Säurewerten seinen edlen Charakter und seine ganze Vollmundigkeit voll zur Geltung bringen kann. Bei sehr hohem Zuckergehalt und hoher Botrytis (Edelfäule) können schwere und feine Spätlesen bis Beerenauslesen mit dem gewissen Botrytiston erzeugt werden.

Gesamteindruck: Der Weiße Burgunder zählt auf der ganzen Welt zu den klassischen Weißweinsorten. In etlichen Erzeugerländern fand er erst spät jene Wertschätzung, die ihm aufgrund seiner qualitativen Eigenschaften zusteht. Einer der Hauptgründe dieser späten Anerkennung dieses Weines könnte vielleicht darin liegen, daß er oftmals auf zu hohe Erträge ausgerichtet wird und dann seine typischen Merkmale nicht hervorkehren kann. Bei zu hohen Erträgen vermag er einfach nicht zu befriedigen und schmeckt derb und aufdringlich. Aber nicht nur die notwendige Ertragsbeschränkung ist für seine Güte entscheidend, sondern auch der Grad der erreichten Traubenreife. Seine besten Qualitäten erreicht ein Weißer Burgunder meist erst ab der Grenze zwischen Kabinett und Spätlese (90–95° Oechsle, d. h. 18–19° KMW) aufwärts. Dann können sehr vornehme Weine von hoher Güte gewonnen werden.

Degustations-Unterscheidung

Die oft gefragte sensorische Unterscheidung des Weißen Burgunders zum Ruländer ergibt sich aus dem

- *Farbton:* Bei gleichem Mostgewicht hat der Weiße Burgunder eine stärkere grünlich-gelbe Farbkomponente, im Gegensatz zum Goldgelb beim Ruländer.
- *Bukett:* Der Weiße Burgunder hat ein stark verhaltenes, vielleicht manchmal auch fruchtiges Bukett.
- *Geschmack:* Der Weiße Burgunder erscheint einem allgemein leichter und macht einen süffigeren Gesamteindruck mit höherer Fruchtsäure und weniger Extrakt- und Alkoholgehalt.

Wozu trinkt man den Wein?

Der Weiße Burgunder eignet sich hervorragend als Speisenbegleiter und ist, trocken ausgebaut, geradezu prädestiniert für die Verfeinerung eines großen Festmahles. Ganz besonders wird er zu geräucherten Fischen, Krustentieren des Meeres und zu hellem, abgebratenem Fleisch bevorzugt. In zunehmendem Maße wird er gut gekühlt in höheren Prädikatsstufen auch als Aperitifwein sowie als Wein außerhalb von Mahlzeiten für besinnliche Stunden herangezogen.

Ausleseweine (Auslesen, Beerenauslesen, Ausbruch, Trockenbeerenauslesen) vom Weißen Burgunder passen auch gut zu Edelpilzkäse oder Grauschimmelkäse, Frischkäse, Molkenkäse oder Sauermilchkäse und zu Nachspeisen (Aufläufen, Millirahmstrudel, Früchtekuchen, Omeletten, Pfannkuchen, gefüllten Fruchtknödeln usw.).

Glaskultur und Serviertemperatur

Ideal für einen trockenen Weißen Burgunder ist das »Universal-Glas«.

Serviertemperatur: Weiße-Burgunder-Weine sollten am besten bei einer Temperatur von 6–8° Celsius gereicht werden. Höhere Prädikatsweine mit 9–10° Celsius.

Lagerfähigkeit

Reife Weiße Burgunder lassen sich im allgemeinen gut lagern, wobei jedoch die Qualitätsstufe ausschlaggebend ist. Normale Qualitätsweine aus »guten« Jahrgängen erreichen ihren Reifehöhepunkt meistens schon im 3. Jahr. Die Reifespanne der Weißen Burgunder ist recht unterschiedlich. Reife Spätlesen und selbstverständlich alle höheren Qualitäten der Ausleseweine werden im Alter immer besser und weisen bei sehr guten Jahrgängen oftmals

Neuzüchtungen und Verwandte

Als **Neuzüchtungen** in Deutschland sind zu erwähnen:

Faberrebe: Weißer Burgunder x Müller-Thurgau (Der Wein ist fruchtig, frisch, rassig, mit ausdrucksvoller Säure und leichtem Muskatton im ausgeprägten Sortenbukett.)

Morio-Muskat: Silvaner x Weißer Burgunder (Der Wein hat ein ausgeprägtes Muskatbukett, kurzen Abgang und wirkt erst ab einem höheren Mostgewicht [80° Oechsle = 16° KMW] überzeugend. Er wird gerne als Verschnittwein, beispielsweise mit Silvaner, verwendet.)

Zur **Verwandtschaft** ist folgendes zu sagen: Der Weiße Burgunder gehört genetisch zur Burgunder-Familie. Der Ahnherr dieser Familie, also die Ausgangsform aller Burgundersorten, dürfte der Blaue Burgunder gewesen sein, was man aufgrund von Untersuchungen an Wildreben anzunehmen glaubt.

Weißherbst

Roséwein

Dieser ist keine Rebsorte, sondern eine in Deutschland übliche Bezeichnung für einen aus hell-gekelterten Rotweintrauben unter folgenden Voraussetzungen hergestellten Roséwein:

Der Wein muß:

- rebsortenrein (kein Verschnitt von Weiß- und Rotweinen) und
- ein Qualitätswein aus einem deutschen Anbaugebiet sein.

Welschriesling

Weißwein

Synonyme

Mitunter wird der Welschriesling fälschlicherweise auch Riesling genannt, obwohl er mit dem Weißen Riesling (Rheinriesling) keine botanischen Gemeinsamkeiten hat. Ampelographisch (rebsortenkundlich) unterscheidet er sich vom Weißen Riesling deutlich durch seine Blätter (Welschriesling: scharf gezähnte Blätter – Weißer Riesling: größere und stumpf gezähnte Blätter) und durch seine Traubenform (Welschriesling: walzenförmig und meist mit Beitraube verästelt – Weißer Riesling: einfach geschultert und mittel- bis dichtbeerig).

- fälschlich: Riesling, Riesler (Österreich)
- Riesling italico (Italien)
- Olaszrizling (Ungarn)
- Laški rizling, Taljanski rizling, Graševina (Balkan)
- Rizling vlašský, Ryzlink vlašský (Tschechien, Slowakei)
- Riesling italian (Rumänien)
- Riesling, Italiansky Rizling (Bulgarien)

Herkunft

Über die Abstammung des Welschrieslings gibt es zwei Meinungen:

- Einige Ampelographen vermuten, daß die Sorte aus Italien kommt, und verweisen dabei darauf, daß der Name der Rebe auf das Welschland, also auf Italien, hinweist.
  Diese Annahme scheint aber nicht allzu stichhaltig zu sein, wenn man bedenkt, daß in der ehemaligen österreich-ungarischen Monarchie zeitweise alle Rebsorten mit ausländischem Ursprung mit dem Wort »Welsch« bezeichnet worden waren.
- Heute dürfte die Ansicht überwiegen, daß der Welschriesling aus der Champagne in Frankreich stammt (zitiert nach Hermann Goethe) und über Deutschland (Heidelberg), wo er wegen seiner französischen Herkunft »Wälschriesling« genannt wurde, nach Österreich und Ungarn gekommen ist.

Weinbau

Sortenmerkmale:

Blatt: mittelgroß, fünflappig, tief eingeschnitten, scharf gezähnte Blätter, offene Stielbucht

Traube: mittelgroß, dichtbeerig, walzenförmig (meist mit Beitraube verästelt), auffallend langer Stiel

Beere: klein bis mittelgroß, rund, hellgrün bis honiggelb, dünnschalig, punktiert

Der Welschriesling braucht tiefgründige, warme, nährstoffreiche ***Böden,*** die auch kalkreich sein können, aber nicht zu trocken sein dürfen. Seine ***Lagenansprüche*** sind hoch, und die Rebe bevorzugt windgeschützte Südhänge.

Empfindlichkeit: Die Sorte hat eine mittlere Winterfrostwiderstandsfähigkeit und ist blütefest sowie gegen Fäulnis wenig anfällig. Bei Hochkultur holzt sie leicht ab, was einen Rückgang des Triebwachstums bewirkt. Außerdem ist sie gegen Trockenheit,

besonders auf leichten Böden, empfindlich. Sie neigt wenig zu Pilzkrankheiten und Verrieselung.
Der *Ertrag* ist regelmäßig und gilt als gut bis sehr gut. Im Durchschnitt dürfte er bei etwa 80–100 hl/ha liegen. Die *Mostgewichte* bewegen sich zwischen 70–105° Oechsle (14–21° KMW), und die *Mostsäure* ist mit 10–15‰ hoch.
Die Rebsorte *reift* spät, die *Lese* erfolgt Ende Oktober.

Verbreitung

Das Hauptverbreitungsgebiet des Welschriesling liegt in Südosteuropa, Österreich, Ungarn, Südtirol und Norditalien.
In *Österreich* nimmt die Rebsorte mit 9% an der gesamten Anbaufläche nach dem Grünen Veltliner und Müller-Thurgau den dritten Platz ein. Ihre größte Verbreitung hat sie im Burgenland (51% Sortenanteil), dann folgen Niederösterreich (33%), Steiermark (15%) und Wien (1%).
Zu Spitzenqualitäten in Form ganz ausgezeichneter Prädikatsweine bringt es der Welschriesling besonders im Burgenland. Die dort anzutreffenden Beerenauslesen, Ausbruchweine und Trockenbeerenauslesen gehören ohne Zweifel zu den besten Spitzenweinen, die dieses Bundesland zu bieten hat. Die vielleicht für die Sorte Welschriesling charakteristischsten Weine mit ihrer vollen Frucht- und Saftigkeit dürften aber aus der Steiermark kommen, während die guten, reschen Tafelweine und mittleren Qualitäten, aber auch die Mehrzahl der für die Sektherstellung verwendeten Grundweine in der Hauptsache aus Niederösterreich und hier wiederum vorwiegend aus dem östlichen Teil des Weinviertels stammen.
In *Deutschland* und in der *Schweiz* ist die Rebsorte nicht verbreitet.

Weinbeschreibung

Farbe: In jungen Jahren hat der Wein eine zartgrüne Farbe, im Alter bei entsprechender Flaschenreife sowie bei den höheren Prädikatsweinen eine gelbgrüne.

Bukett: Sofern der Wein nicht aus Trauben gekeltert wurde, die mit Botrytis befallen waren, ist das Bukett ausgesprochen als frisch, fruchtig (Johannis- bzw. Stachelbeeren) und feinwürzig anzusprechen.

Geschmack: Ein Welschriesling aus einer guten Lage und aus einem guten Weinjahr erinnert im Geschmack infolge seiner ausgesprochen fruchtigen Art an einen saftigen Apfel oder an saure Drops. Diese frische, leicht spritzige Fruchtigkeit ist gerade für diesen Wein typisch, zusammen mit einer süffigen, feinwürzigen, reschen, also immer etwas säurebetonten Geschmacksnote. Sein Abgang kann als zartherb bezeichnet werden.
Ein Welschriesling aus einer ungünstigen Lage und aus einem kleinen Weinjahr ist hingegen vielfach dünn und außerdem hart und hoch in der Säure; er gilt dann als minderwertiger Vertreter seiner Sorte.

Gesamteindruck: Der Welschriesling ist ein charaktervoller und zugleich vielseitiger Weißwein mit einer großen Qualitätsspanne, auch wenn er nur in seltenen Fällen das Qualitätsniveau eines sehr guten Weißen Rieslings erreicht. Immer abhängig vom Standort kann er bei entsprechender Lage und Weinjahr entweder ein guter Tafelwein sein oder auch zu einem vorzüglichen Qualitätswein heranwachsen, der gerade durch seine fruchtige und feinwürzige Art hochgeschätzt wird. Auslesen und darüberliegende edelsüße Prädikatsweine erlangen nach entsprechender Flaschenlagerung oftmals Spitzenqualitätsniveau. Aus schlechten Lagen und Weinjahren kommend, ist er dünn und allzu säurereich und als qualitativ minderwertig einzustufen.
Er eignet sich sehr gut zur Erzeugung von Sektgrundweinen und infolge seiner späten Lese auch zur Prädikatsweinherstellung.

Wozu trinkt man den Wein?

Ein trockener, gut gekühlter Welschriesling ist mit seinem fruchtigen Bukett und saftigen Geschmack hervorragend als problemloser Konsumwein in fröhlicher Tischrunde geeignet. Er paßt aber auch vorzüglich als Aperitifwein und als Begleiter zum Essen, wobei er sich, trocken ausgebaut, zu einer Vielzahl von Gerichten empfiehlt.
Beeren- und Trockenbeerenauslesen, Ausbruchweine und Eiswein schmecken edelsüß und können einen köstlichen Abschluß zu einem festlichen Mahl bilden. Sie werden auch gerne zum Dessert und zu Kuchen gereicht, die neutral-süß schmecken (Gugelhupf, Hefezopf, Blätterteig-Gebäck ohne Füllung, Kaiserschmarren, Dampfnudeln mit Vanillesauce, Palatschinken mit Cremefüllung, Baiser, Sabayon, Windbeutel mit Creme- oder Obersfüllung, Weincreme etc.).

Glaskultur und Serviertemperatur

Zum Welschriesling nimmt man immer das schlanke, tulpenförmige »Jungwein-Glas«. Durch den

leicht nach außen geschwungenen Mundrand des Glases läuft der Wein beim Trinken nicht gleich aus dem Glashals direkt auf die Zungenmitte, sondern springt zuerst auf die Zungenspitze. Und nur diese und sonst kein anderer Teil des Mundes vermag die feine Fruchtsäure und die durch die Kohlensäure bewirkte Spritzigkeit des Weines voll wahrzunehmen. Dadurch empfindet man beim Trinken den Wein besonders erfrischend und belebend.
Das Glas darf dabei immer nur halb voll eingeschenkt werden, damit die feinen Duftstoffe des Weines sich im Glas sammeln und nicht gleich entweichen können.
Serviertemperatur: Der Welschriesling soll immer gut gekühlt mit einer Temperatur von 6–8° Celsius eingeschenkt werden. Süße Beeren- und Trockenbeerenauslesen sowie Ausbruchweine und Eisweine, die ihre vollen Qualitäten erst bei einer höheren Temperatur entfalten, sollten mit 9–10° Celsius serviert werden.

Lagerfähigkeit

Der Welschriesling ist als junger Wein frisch und fruchtig zu genießen. Bei entsprechender Traubenreife gekeltert, ist er auch für kürzere Zeit lagerfähig. Spätlesen, Beerenauslesen, Ausbruch, Trockenbeerenauslesen und Eisweine erreichen oft eine überragende Qualität, wobei Spät- und Auslesen etwa bis zu drei bis fünf Jahren, höchste Prädikatsweine bis zu acht bis zehn Jahren lagerbar sind; bei entsprechend hohem Säuregehalt sind Beerenauslesen, Ausbruch, Trockenbeerenauslesen und Eiswein sogar noch darüber hinaus lagerbar.

Neuzüchtungen und Verwandte

Dem Verfasser sind keine bekannt.

Witberger

Weißwein

Eine Kreuzung der Forschungsanstalt Geisenheim/Rheingau zwischen Trollinger x Riesling, die inzwischen wieder zurückgezogen wurde.

Würzer

Weißwein

Herkunft

Die Rebsorte ist eine Kreuzung der Landesanstalt für Rebenzüchtung in Alzey/Rheinland-Pfalz zwischen Gewürztraminer x Müller-Thurgau. Es war dies eine der letzten Züchtungen von Georg Scheu. Züchtungsjahr 1932, Zulassung (Sortenschutz) 1978, klassifiziert (für den Anbau freigegeben) seit 1979 in zwei Anbaugebieten Deutschlands.
Der Name Würzer soll auf die besondere Würzigkeit dieser Sorte aufmerksam machen.

Weinbau

Sortenmerkmale:

Blatt: mittelgroß, drei- bis fünflappig, deutlich gezähnt, tief gebuchtet
Traube: mittelgroß, länglich, häufig geschultert, lockerbeerig
Beere: mittelgroß, rund, grüngelb, bei Vollreife goldgelb, dünnhäutig

Die Rebe bevorzugt tiefgründige, möglichst kalkfreie ***Böden,*** wobei warme Böden auszuscheiden sind. Sie braucht mittlere bis gute ***Lagen;*** frostgefährdete Lagen sind nicht geeignet.
Der ***Ertrag*** liegt im Durchschnitt bei 80 hl/ha. Das spezifische ***Mostgewicht*** erreicht durchschnittlich 75–80° Oechsle (15–16° KMW). Die ***Mostsäure*** beträgt 7–10‰.
Die Traube ***reift*** zusammen mit dem Müller-Thurgau, und die ***Lese*** erfolgt im letzten Drittel September bis Mitte Oktober.

Verbreitung

Der Würzer hat in ***Deutschland*** einen Rebflächenanteil von 0,11%. Sein bevorzugtes Anbaugebiet ist Rheinhessen, kleinere Rebflächen findet man noch an der Nahe. Die Sorte ist eine Ergänzungssorte für bukettreiche Weine.

Weinbeschreibung

Farbe: gelbgrün bis goldgelb, je nach Reife
Bukett: Bei bewußter Ertragsbegrenzung und in reifen Jahren (bei Mostgewichten von 80° Oechsle [16° KMW] und darüber) zeigt die Sorte ein elegantes, dezentes Muskataroma. In schlechten Jahren und in ungünstigen Lagen haben die Weine vielfach ein unharmonisches Bukett.
Geschmack: feinfruchtig, frisch, elegant und belebend, weil der Wein mit einer pikanten Säure ausgestattet ist. In schlechten Jah-

ren, bei Massenerträgen und bei niedrigen Mostgewichten ist der Wein wenig ansprechend und schmeckt grasig.

Gesamteindruck: In reifen Jahren kann der Weißwein durchaus mit einem Gewürztraminer mithalten. Weine im Bereich von Spätlesen und Auslesen sind zwar selten, verdienen aber dann, als echte Rarität angesehen zu werden.

Wozu trinkt man den Wein?

Der Würzer erwartet vom Konsumenten, daß dieser eine »Bukettsorte« zu schätzen weiß und verlangt damit die innere Bereitschaft, das finessenreiche Aromaspiel und die Feinheit des dezenten Muskatbuketts voll in sich aufzunehmen und zu genießen.

Zum Essen ist der Würzer nur im beschränkten Ausmaß heranzuziehen, wobei er dann zu pikanten und herzhaft gewürzten Speisen am besten paßt.

Glaskultur und Serviertemperatur

Würzer-Weine trinkt man aus einem »Universal-Glas«, wo er am besten seine würzigen und aromatischen Eigenheiten zeigt.

Die *Serviertemperatur* ist mit 6–8° Celsius am günstigsten. Spät- und Auslesen vertragen eine etwas höhere Temperatur, die aber trotzdem nur bei 9–10° Celsius liegen sollte.

Lagerfähigkeit

Der Würzer baut rasch aus, hält sich aber auf der Flasche noch relativ lange auf seinem Höhepunkt, wenn ein entsprechender Säuregehalt vorhanden ist. Reife Prädikatsweine können jedoch bedenkenlos über Jahre gelagert werden.

Zähringer

Weißwein

Eine Kreuzung des Staatlichen Weinbauinstitutes Freiburg zwischen Traminer x Riesling, die inzwischen wieder zurückgezogen wurde.

Zierfandler

(Spätrot)

Weißwein

Synonyme

In Österreich wird der Zierfandler häufig auch »Spätrot« genannt. Den Namen Spätrot erhielt er deshalb, weil sich seine Beeren erst beim Eintreten der Vollreife rötlich färben.

Für den Zierfandler gibt es folgende Synonyme:

- Spätrot, Rubiner, Rotreifler (Österreich)
- Zerjavina (Slowenien)
- Cirfandli (Ungarn)

Herkunft

Der Zierfandler gehört in ampelographischer Hinsicht zur Familie des Grünen Veltliner, obwohl er weder bukett- noch geschmacksmäßig mit dieser Sorte eine Ähnlichkeit hat.

Über die Herkunft des Zierfandler weiß man nichts Genaues. Es gibt zwei Vermutungen darüber:

- Die einen glauben, daß die Rebsorte aus der Gegend des Comer Sees in Italien kommt (zitiert nach Dümmler), was aber eher unglaubwürdig ist.
- Weitaus wahrscheinlicher dürfte die Annahme sein, daß die Sorte aus Niederösterreich stammt und sich von dort in die seinerzeitige Untersteiermark (heute Slowenien), wo sie kaum mehr angebaut wird, und später nach Ungarn verbreitet hat.

Zusammen mit der Sorte Rotgipfler hat der Zierfandler, wie kaum ein anderer österreichischer Wein, weltweiten Ruhm erlangt und dadurch Gumpoldskirchen zu dem wahrscheinlich berühmtesten Weinort des Landes gemacht.

In Österreich schützt der Gumpoldskirchner Markenschutzverband seinen aus der Gemeinde Gumpoldskirchen stammenden Zierfandler durch ein besonderes Flaschenetikett mit der Aufschrift »Gumpoldskirchner Königswein«. Damit wird bestätigt, daß es sich bei dem angebotenen Wein auch tatsächlich um einen kommissionell verkosteten, qualitativ hochwertigen und der Rebsorte entsprechenden Originalwein aus Gumpoldskirchen handelt.

Weinbau

Sortenmerkmale:

Blatt: mittelgroß bis groß, fünflappig, hellgrün, geschlossene Stielbucht

Traube: groß, walzenförmig, dichtbeerig

Beere: mittelgroß, rund, hellrot (fleischfarbig) bis dunkelrot (bei Vollreife), dünnschalig

Der Zierfandler stellt an den *Boden* keine hohen Ansprüche. Er begnügt sich mit normalen, kalkhältigen Böden, die auch steinig sein können. Hingegen verlangt er allerbeste und warme *Lagen,* die auch für die Qualität des Weines mitentscheidend sind. Süd- bzw. Südostlagen sind für die Sorte am günstigsten.

Was ihre *Anfälligkeit* betrifft, so ist die Rebe allgemein robust, allerdings gegen Winterfröste sehr empfindlich. Außerdem sind die Trauben auf der Sonnenseite botrytisanfällig, während sie auf der der Sonne abgewandten Seite unreif bleiben können. Dieses Zusammenspiel wirkt sich bei der Weinbereitung äußerst günstig aus. In heißen Weinjahren, wo der Säuregehalt allgemein zurückfällt, ist beim Zierfandler immer noch eine bemerkenswerte Säurestruktur gegeben.

Der *Ertrag* ist recht gut, leider aber auch unregelmäßig und liegt im Durchschnitt bei 50–80 hl/ha. Das *Mostgewicht* bewegt sich zwischen 85–110° Oechsle (17–22° KMW). Die *Mostsäure* ist hoch und erreicht 10–14‰.

Die Sorte *reift* spät, die *Lese* erfolgt Mitte Oktober.

Verbreitung

Der Zierfandler ist eine typische österreichische Spezialsorte, die früher zusammen mit dem Rotgipfler für das Prestige österreichischer Weine hauptverantwortlich war. Heute existieren in ganz *Österreich* nur mehr etwas über 100 Hektar Rebfläche mit dieser Sorte, wobei das Hauptanbaugebiet in der Thermenregion, und zwar in den Gemeinden Gumpoldskirchen, Traiskirchen, Pfaffstätten, Baden und Guntramsdorf, liegt, wo der Anbau durch ein für sie äußerst günstiges Mikroklima, durch schwere, für die Sorte vorteilhafte Kalk- und Schotterböden und durch warme Lagen am sonnigen Südosthang des Anningers und an der Thermenlinie außerordentlich begünstigt wird.

In *Deutschland* und in der *Schweiz* ist die Rebsorte nicht zu finden.

Weinbeschreibung

Farbe: Die Sorte hat eine goldgelbe Farbe, die im Vergleich zum Rotgipfler hochfärbiger ist.

Bukett: Der Wein weist kein eigentliches Primärbukett, dafür aber ein ausgeprägtes Sekundärbukett auf. Gegenüber dem Rotgipfler ist sein Aroma zarter und nobler.

Geschmack: Der Zierfandler zeichnet sich durch einen würzigen Extraktreichtum, durch einen meist kräftigeren Alkoholgehalt und durch eine fruchtige Säure aus, die bei den höheren Prädikaten zusammen mit einer honigartigen Restsüße eine höchst bemerkenswerte, harmonische Geschmacksfülle ergeben. Gegenüber dem Rotgipfler wirkt er in guten Jahren geschmacklich feiner und eleganter.

Gesamteindruck: Der Zierfandler zeigt in seinem Geschmacksbild eine außerordentliche Vielseitigkeit, verbunden mit großer Fülle. Manche Weinfreunde – und sie müssen nicht immer aus Gumpoldskirchen sein – geraten beim Genuß dieses Weines geradezu in Entzücken und bezeichnen seine Eigenschaften als letztlich unbeschreiblich. Die Skala seiner Qualitätsstufen reicht vom einfachen Buschenschankwein bis zu den schönsten und besten Gewächsen, die Österreich zu bieten hat. Ab der Spätlese aufwärts zählt er zu den großen Weinen Österreichs. Seine Auslesen bestechen durch eine oft unglaubliche Geschmacksfülle, markante Säure und raffinierte Finesse. Er wird entweder reinsortig oder zusammen mit dem Rotgipfler als »Spätrot-Rotgipfler« ausgebaut. Zu seiner vollen Harmonie und für eine wirklich gute Qualität benötigt er immer eine entsprechende Reife mit einem guten Mostgewicht. Aber auch in schwächeren Jahren erbringt der Zierfandler mit Mostgraden von 80–85° Oechsle (16–17° KMW) noch immer gehaltvolle und duftige Weine, die vielen Sorten überlegen sind. In den höheren Qualitätsstufen braucht er ein gewisses Maß an Restzucker, das beim »Königswein« erfahrungsgemäß zwischen 10 und 20 Gramm pro Liter liegt.

Wozu trinkt man den Wein?

Nachdem der Zierfandler heute nicht selten auch trocken ausgebaut wird, paßt er zu einer Vielzahl von Speisen.

Aber auch zu bestimmten Gerichten kann ein lieblich ausgebauter Zierfandler gut passen, wie beispielsweise zu Gänse- oder Entenleber, in Pastetenform oder abgebraten, zu Edelpilz- oder Blauschimmelkäse, eventuell auch zu Frischkäse und zu auf Nuß- oder Fruchtbasis zubereiteten Kuchen und Süßspeisen (verschiedene Arten von Nußkuchen, Apfel-, Pflaumen- und Marillenkuchen, Apfelstrudel, Früchtebrot, Palatschinken mit Nuß- oder Cremefüllung, Kaiser- oder Grießschmarren etc.).

Glaskultur und Serviertemperatur

Junge Zierfandler trinkt man aus einem »Jungwein-

Glas«, länger gereifte und höhere Prädikatsweine aus einem »Universal-Glas«.
Serviertemperatur: Diesen Wein sollte man nicht ganz kühl servieren. Bei den normalen Qualitäten, einschließlich Kabinettwein, paßt am besten eine Serviertemperatur von 8–9° Celsius, ab der Spätlese aufwärts eine solche um etwa 10° Celsius.

Lagerfähigkeit

Infolge seiner Säure, seines Extrakt- und Alkoholgehaltes ist der Zierfandler für eine Lagerung geradezu prädestiniert. Je nach Ausbau und Jahrgang beträgt seine Reifespanne zwischen zwei und zehn Jahren, bei höheren Prädikatsstufen erreicht er seinen Qualitätshöhepunkt oft erst im zweiten Jahrzehnt.

Neuzüchtungen und Verwandte

Neuzüchtungen sind dem Verfasser nicht bekannt. Bezüglich **Verwandtschaft** siehe unter Herkunft auf Seite 237.

Zweigelt

(Rotburger)

Rotwein

Synonyme

Sinnverwandte Bezeichnungen für diese Rebsorte sind in Österreich: Rotburger, Blaue Zweigeltrebe, Blauer Zweigelt oder Zweigelt blau. Der Züchter der Rebsorte, Dr. Fritz Zweigelt, nannte sie Rotburger und wollte mit der Endsilbe »...burger« zum Ausdruck bringen, daß die Züchtung aus Klosterneuburg, Österreich, stammt. Im allgemeinen wird die Rebe und der Wein in Österreich einfach nur Zweigelt genannt.
In anderen Ländern existieren keine Synonyme.

Herkunft

Der Zweigelt ist eine Neuzüchtung der Weinbauschule Höhere Bundeslehranstalt und Bundesamt für Wein- und Obstbau in Klosterneuburg, Österreich, aus dem Jahre 1922 und ein Kreuzungsprodukt aus St. Laurent x Blaufränkisch. An der Züchtung hatte Dr. Zweigelt maßgeblichen Anteil, weshalb die Sorte auch nach ihm benannt worden ist.
Dr. Fritz Zweigelt (1886–1965) studierte an der Universität Graz Biologie und promovierte dort 1911. Ein Jahr später kam er nach Klosterneuburg in die Weinbauschule. Zusammen mit Dipl.-Ing. P. Steingruber und Ass. F. Voboril hat er die Bundesrebenzüchtungsstation der Schule gegründet. Von 1938–1945 war er Direktor der Klosterneuburger Weinbauschule.

Weinbau

Sortenmerkmale:

Blatt: dreilappig, derb, mehr breit als lang, stumpf gezähnt
Traube: mittelgroß bis groß, kegelförmig, geschultert, dichtbeerig
Beere: mittelgroß, hartschalig, saftig

Die Rebsorte stellt keine besonderen Ansprüche an den *Boden.* Um Höchsterträge zu erzielen, braucht die Rebe allerdings tiefgründige und nährstoffreiche Böden. Ihre Kalkverträglichkeit ist nicht sehr hoch. Sie benötigt frühe oder mittelfrühe *Lagen.*
Im Vergleich zum Blauen Portugieser ist die Rebsorte gegen Frost wesentlich *widerstandsfähiger* und hat eine mittlere Winterfrostempfindlichkeit. Sie hat eine gute Trockenresistenz und ist weitgehend blütefest. Gegenüber Krankheiten ist sie ebenfalls wenig empfindlich.
Im *Ertrag* ist die Zweigeltrebe regelmäßig und hoch. Bei hohem Ertrag müssen allerdings deutliche Qualitätseinbußen hingenommen werden, die je nach Standort (Lage) unterschiedlich sind. Der Durchschnittsertrag liegt in guten Jahren bei etwa 80–100 hl/ha und in kleinen (schlechten) Jahren bei etwa 50–60 hl/ha. Erzielte Ernten, die über diese Ertragswerte hinausgehen, gehören bereits in den Bereich des Massenertrages mit der ganzen damit verbundenen Qualitätsproblematik. Eine Ertragsbeschränkung, von der in dieser Weinsortenbeschreibung immer wieder die Rede ist, liegt erfahrungsgemäß dann vor, wenn die Ernte unter den oben angeführten Durchschnittserträgen liegt, wobei, wie gesagt, die Güte des jeweiligen Weinjahres von großer Bedeutung ist. Die *Mostgewichte* liegen zwischen 75–95° Oechsle (15–19° KMW) und die *Mostsäure* zwischen 7–10‰.
Die Sorte *reift* mittelfrüh, die *Lese* erfolgt in der zweiten Septemberhälfte bis Anfang Oktober.

Verbreitung

Hauptverbreitungsgebiet ist *Österreich,* wo die Rebsorte einen Anteil von 7,9% an der Gesamtweinbaufläche hat. Damit ist sie die meistverbreitete Rotweinsorte des Landes. Ihr Anbau nahm in den letzten Jahren stetig zu und hat die frühere Hauptrotweinsorte, nämlich den Blauen Portugieser, aber auch schon den Blaufränkisch überholt. Die Sorte ist in allen österreichischen Weinbauregionen verstreut heimisch, wobei von der gesam-

ten Sortenanbaufläche 46% auf Niederösterreich, 45% auf das Burgenland und 8% auf die Steiermark entfallen.
In *Deutschland* findet man die Sorte nur sporadisch in Sachsen. In der *Schweiz* ist der Anbau nicht bekannt.

Weinbeschreibung

Durch die hohe Fruchtbarkeit erbringt die Sorte in manchen Jahren sehr hohe Erträge, die aber zugleich immer zu Lasten der Qualität gehen. Bei bewußter Ertragsbeschränkung erbringt die Rebsorte folgenden Wein-Prototyp:

Farbe: Der Wein ist immer gut gefärbt und zeigt eine kräftige, rubinrote Farbe mit einem leichten violetten Schimmer. Bei erzielten Höchsterträgen oder auch im Alter wechselt die Farbe auf ein helles Ziegelrot über bzw. kann der Wein auch einen Blaustich bekommen.

Bukett: Das Bukett von guten Qualitätsweinen ist ausgeprägt fruchtig-würzig und erinnert an Beerenfrüchte. Bei Massenweinen ist der Geruch meist herb.

Geschmack: Ein guter Zweigelt ist ein voller, kräftiger Rotwein, geschmacklich leicht würzig, körper- und gerbstoffreich und mit einer ansprechenden Säurestruktur versehen.
Als Jungwein schmeckt er rassig, oft herb und hart. Als Altwein eher mild und samtig. Wird er als Massenwein hergestellt, dann ist er allzuhäufig dünn im Körper sowie herb-sauer im Geschmack und ohne jede Ausdruckskraft.

Gesamteindruck: Ein Zweigelt ist ein beaujolaisähnlicher Rotwein, ohne besondere Ansprüche an den Konsumenten zu stellen. Leider ist er eben von recht unterschiedlicher Qualität. Für seine Güte ist von ausschlaggebender Bedeutung, ob im Weingarten eine Ertragsbegrenzung vorgenommen wurde oder nicht.
Bei Ernten mit niedrigen Erträgen und richtigem Ausbau sind die Weine jedenfalls vollmundig und körperreich und auch für einen Ausbau in Barrique-Fässern geeignet. Solche Weine halten auch einem internationalen Vergleich durchaus stand.

Wozu trinkt man den Wein?

Da ein Zweigelt von guter Qualität immer ein problemloses Trinken garantiert, ist er auch ein idealer Begleiter zum Essen.

Glaskultur und Serviertemperatur

Zum Zweigelt nimmt man ein »Bordeaux-Glas«, das diesen beaujolaisartigen Rotweintyp sehr gut zum Ausdruck bringen kann. Aber immer nur halb voll eingießen!
Serviertemperatur: Da sich in einem Raum mit Personen jeder Wein rasch erwärmt, hat man dies beim Einschenken zu berücksichtigen. Man gieße daher den Rotwein nur mit einer Temperatur von 12–13° Celsius in die Gläser.

Lagerfähigkeit

Zweigelt-Weine sind, sofern sie die erwartete Qualität mitbringen, für eine gewisse Lagerung durchaus geeignet. Ihre Reifespanne liegt zwischen zwei und vier Jahren. Erfahrungsgemäß baut der Wein in der Qualität nachher ab. Weine aus »sehr guten« Jahrgängen halten sich etwas länger.

Neuzüchtungen und Verwandte

Solche sind dem Verfasser nicht bekannt.

Umgang mit Wein

Wein und Kultur sind untrennbar miteinander verbunden. Zum Begriff Weinkultur gehört aber auch der richtige Umgang mit Wein. Und je höher die Anforderungen der neuen, anspruchsvollen Eßkultur heute sind, desto wichtiger ist es auch, mit dem Wein entsprechend umgehen zu können. Um ein Glas Wein zu genießen, muß man kein Weinkenner sein. Allein schon, wenn ein Wein zusagt, ist man am besten Wege, ein Weinliebhaber zu werden. Trotzdem sollte man sich einige Grundkenntnisse aneignen, um seinen eigenen Weingenuß und die Sinnesfreuden des Weines bei seinen Gästen steigern zu können. Dies ist der Sinn der folgenden Ausführungen.

Passende Weingläser

Bei einem guten Essen darf ein schönes Weinglas nicht fehlen. Es gibt einfache und billige Weingläser, die im allgemeinen robust und beim Abwaschen gegen Hitze ziemlich unempfindlich sind. Sie werden durch maschinelles Pressen hergestellt. Dann gibt es aus Bleiglas erzeugte Kristallgläser, die entweder maschinell oder aber bei den teuren Vertretern mit der Glasmacherpfeife mundgeblasen werden.

Nach dem Gebrauch von Gläsern unterscheidet man grundsätzlich zwischen

- Bechern mit kurzem Fuß und ohne Stiel,
- Schalen mit Fuß, Stiel und flachem Kelch,
- Kelchgläsern mit Fuß, Stiel und verschiedenartig geformtem Kelch.

Während man früher den Wein gerne aus farbigen oder geschliffenen bzw. geätzten Gläsern mit und ohne Stiel getrunken hat, so wird heute diese Art von Weingläsern immer mehr abgelehnt. Man vertritt nämlich den Standpunkt, daß ein Wein nur durch ein farbloses, ungeschliffenes und dünnwandiges Glas voll zur Geltung kommen kann. Sieht man von dem aus Traditionsgründen verwendeten dickschaligen Heurigenglas mit Henkel ab, so gibt ein klarsichtiges Weinglas mit einem längeren Stiel die Gewähr, daß man bei gleichzeitiger Beurteilungsmöglichkeit der Weinfarbe das Glas gut halten kann, ohne dabei den Kelch selbst zu berühren und damit die Temperatur des Weines zu beeinflussen. Außerdem vermag man den Wein in einem Glas mit Stiel besser zu schwenken, wodurch die Duftstoffe voller zur Entfaltung gebracht werden können.

Immer wieder werden Weinkenner gefragt, ob nun das größere oder das kleinere Weinglas für einen Rotwein geeigneter sei. Dazu ist grundsätzlich zu sagen, daß im Gegensatz zu früher heute das kleinere Weinglas für einen Weißwein und das größere Glas für einen Rotwein verwendet wird. Der Grund hiefür ist einleuchtend: Weißwein wird wesentlich kühler als Rotwein getrunken. Bei einem kleinen Glas kann man nur weniger (kühlen) Wein eingießen. Man leert das kleinere Glas schneller und gießt auch öfter kühlen Weißwein nach.

Größe und Form des Weinglases beeinflussen sehr nachdrücklich die Bukettentfaltung und das geschmackliche Empfinden des Weines und können damit entscheidend die Qualität eines Weines mitbestimmen. Man muß dabei wissen, daß man im Mund grundsätzlich nur vier Geschmacksrichtungen (süß, salzig, sauer und bitter) wahrnehmen kann. Alles andere sind entweder Kombinationen oder aber Empfindungen aromatischer Natur, die man nur mit Hilfe des Geruchsinns bemerkt. Und darauf hat die Beschaffenheit eines Weinglases Rücksicht zu nehmen.

Die für einen bestimmten Weintyp zweckmäßigste Glasform sollte daher bewirken, daß die Zunge die entsprechenden geschmacklichen Auswirkungen des einzelnen Weintyps direkt erfährt. Der Wein sollte nicht einfach unkontrolliert in den Mund fließen, sondern zuerst auf jene Stellen der Zunge gelangen, die für das erforderliche Geschmacksempfinden am ehesten prädestiniert sind. Also süße oder spritzige (kohlensäurehaltige) Weine zuerst auf die Zungenspitze, die eben Süße und Spritzigkeit am besten wahrnimmt, säurebetonte Weine auf die hintere Randzone der Zunge, die auf sauer reagiert, Rotweine mit ihrem Gerbstoffgehalt auf den Zungenhintergrund, der den bitteren Geschmack registriert (siehe auch im Kapitel »Sensorik« auf Seite 287).

Wichtig ist weiters zu wissen, daß man beim Trinken eines Weines aus einem ganz normalen Weinglas die einzelnen Geschmacksrichtungen niemals gleichzeitig, sondern nur mit unterschiedlichen Zeitabständen wahrnehmen kann. Auch die Duft- und Aromastoffe eines Weines sollten durch ein passendes Weinglas deutlich und merkbar wahrgenommen werden können.
Diese zeitliche Differenzierung der Geschmacksfeststellung und die durch die Art des Glaskelchs verbesserte Möglichkeit zur Geruchs- und Aromawahrnehmung haben sich die Hersteller der Weingläser zunutze gemacht und verschiedene Glasformen entwickelt. Diese lassen die typischen Eigenschaften eines Weißweines (Rotweines), eines trockenen (süßen) oder eines jungen (alten) Weines besser und deutlicher hervortreten.
Ursprünglich meist in den traditionellen Weinanbaugebieten speziell für die dort produzierten Weine hergestellt, sind die heute bekanntesten und allgemein verwendeten Weingläser folgende:[1]

Jungwein-Glas (Riesling-Glas):

Diese Glasform ist am besten für junge, fruchtige, leichte, trockene Weißweine mit höherer Säure geeignet. Nippt man oder trinkt man aus diesem schlanken, tupenförmigen Glas, so bewirkt die am Mundrand vorgenommene Auslippung des Glases, daß sich die Zunge sofort etwas aufstellt. Der Wein gelangt zuerst auf die süß und zugleich auch spritzig fühlende Zungenspitze und läuft dann erst über die auf salzig und sauer reagierenden Zungenränder bis zum hinteren Teil der Zunge ab. Man empfindet daher den im Wein vorhandenen Restzucker und seine ganze Frische und Spritzigkeit zuallererst. Gleichzeitig ist das Glas bewußt schmal gestaltet, um den Duftstoffen keinen zu großen Raum zur Verflüchtigung zu geben.

Passende Weine für dieses Glas sind beispielsweise Riesling (bis einschließlich Kabinettstufe), Kerner, Bacchus, Grüner Veltliner, Welschriesling.

Universal-Glas (klein):

In diesem Glas entfalten sich optimal ältere sowie vollmundige, körperreiche Weißweine. Der Kelch des Glases ist apfelförmig gestaltet und verjüngt sich nach oben zu. Im Gegensatz zum Riesling-Glas kann man daraus einen Wein nur schlecht nippen, sondern muß ihn förmlich heraussaugen. Ein mit dem Nippen des Weines verbundenes Aufstellen der Zunge im Mund ist dabei nicht ohne weiteres möglich. Durch das leichte Saugen aus dem Glas springt der Wein über die Zungenspitze hinweg sofort auf die Zungenmitte und gelangt damit zuerst auf die Zungenränder und auf den Zungenhintergrund. Die salzigen, sauren und bitteren Geschmacksempfindungen werden um eine Spur früher wahrgenommen als die Süße- und Frischeempfindung. Durch das apfelförmige Glasdesign sammeln sich besser die Duftstoffe über der Weinoberfläche und werden beim Einatmen in weit konzentrierterer Form empfunden.

Passende Weine für dieses Glas sind beispielsweise Müller-Thurgau, Sauvignon blanc, Silvaner, Scheurebe, Traminer, Muskat-Ottonel, Muskateller.

1 Die auf dieser und den folgenden Seiten abgebildeten Weingläser stammen aus der Glasserie »Sommeliers« von Claus Josef Riedel Tiroler Glashütte Ges.m.b.H., A-6330 Kufstein, Tel. (0 53 72) 64 8 96 – Fax (0 53 72) 63 2 25.

Universal-Glas (groß):

Diese Glasform eignet sich besonders für Weine der Burgunder-Familie und für alle großen, anspruchsvollen Weißweine, bei denen sich vor allem ihre feinen und reifen Aromen entfalten sollten.

Passende Weine sind beispielsweise Weißer Burgunder, Chardonnay, Ruländer, Riesling-Spätlesen (Smaragd).

Rotwein-Glas:

Dieses Weinglas ist ähnlich dem Universal-Glas, jedoch etwas kleiner und soll bewirken, daß sich die bitteren, herben, adstringierenden Geschmacksempfindungen ziemlich gleichzeitig mit den sauren entwickeln und der süße Geschmack zeitlich erst um eine Spur später erfolgt.

Passende Weine für dieses Glas sind alle jungen und alltäglichen Rotweine wie beispielsweise Blauer Portugieser, Trollinger, Müllerrebe.

Burgunder-Glas

Burgunder-Pokal

Burgunder-Glas:

Rote Burgunder-Weine sowie bestimmte anspruchsvolle Rotweine verlangen ein großes, bauchiges Glas, damit sich der Duft möglichst voll und rasch entfalten und sich unmittelbar über der Oberfläche des Weines konzentriert sammeln kann. Bevor man trinkt, genießt man zuerst den Duft, wobei zu beachten ist, daß Burgunder-Gläser immer nur bis zu einem Drittel eingeschenkt werden dürfen.
Für ganz große Gewächse kann man auch den »Burgunder-Pokal« servieren, um bei einem festlichen Essen die ganz besondere Güte des Weines zu betonen.

Passende Weine für Burgunder-Gläser sind beispielsweise Blauer Burgunder/Spätburgunder, St. Laurent, eventuell Blauburger.

Bordeaux-Glas

Bordeaux-Pokal

Bordeaux-Glas:

Dieses Weinglas wirkt durch sein Design immer schlank und streng. Alte und für dieses Glas passende Rotweine haben meist ein Depot, weshalb sich vor dem Trinken ein vorsichtiges Dekantieren empfiehlt. Im Gegensatz zum Burgunder-Glas ist der Kelch dieses Glases zunächst am Boden leicht bauchig, um sich dann nach oben zu verjüngen. Bei dieser Glasform ist eine Konzentration der Duftstoffe nicht so extrem gegeben wie beispielsweise beim Burgunder-Glas. Der Duft des Weines steigt langsam zur Nase hoch und läßt vielleicht eine komplexe Bukettstruktur besser ergründen. Auch bei diesem Glas gießt man den Wein nur zu etwa einem Drittel ein.
Für ganz große Gewächse nimmt man, um eine festliche Stunde besonders zu betonen, einen »Bordeaux-Pokal«.

Passende Weine für ein Bordeaux-Glas sind beispielsweise Cabernet Sauvignon, Merlot, Blaufränkisch/Lemberger, Zweigelt.

Rosé-Glas:

Dieses Glas ist für die typischen Roséweine bestimmt. Diese Weine sind herb und trocken und zeigen hohe Säurewerte, Geschmacksnoten, die durch diese Glasform eine besondere Ausdruckskraft bekommen.

Dessertwein-Glas:

Von einem Dessertwein trinkt man normalerweise schon wegen seiner großen Süße wesentlich weniger. Deshalb ist auch das Dessertwein-Glas immer etwas kleiner gehalten als das normale Weiß- oder Rotweinglas. Auch hier saugt man gewissermaßen den Wein aus dem Glas. Dabei soll möglichst schon der erste Schluck die vorhandenen Aromastoffe voll zur Geltung bringen und zusätzlich betonen.
Man kann dieses Glas aber auch für extrem reife, trockene Weißweine mit einem erkennbaren Altersfirn nehmen.

Passende Weine für diese Gläser sind Auslesen, Beeren- und Trockenbeerenauslesen, Eiswein, Strohwein, Ausbruch-Weine.

Schaumwein-Gläser:

Hier unterscheidet man drei Glasformen, nämlich das Sektglas mit einer normalen Kelchform, das Sektglas mit Syskaform und die Sektschale.

Die klassische ***Kelchform*** ist die vielleicht üblichste Sektglasform und läßt das wunderschöne Spiel der in winzigen Perlen aufsteigenden Kohlensäure deutlich in Erscheinung treten. Durch im Glas eventuell zusätzlich eingeschliffene Mousseux-Punkte (frz. mousse = Schaum, Mousseux-Punkte = in Schaumweingläser eingeschliffene Rauhstellen) können die Schaumperlen immer von der gleichen Stelle aus aufsteigen, wodurch ein gleichmäßigeres Moussieren erfolgt. Und diese feine Perlage – ein Qualitätsmerkmal guter Schaumweine – ist auf der Zungenspitze deutlich wahrnehmbar. Diese Glasform betont besonders die Frucht und Frische von Schaumweinen.

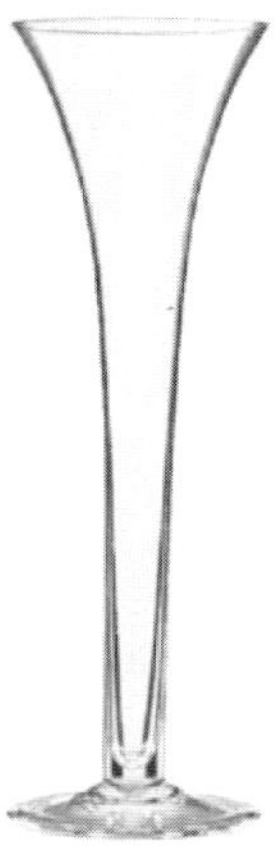

Die ***Syskaform*** (sys = zusammenziehend) verhindert die sonst bei Sektweinen übliche Schaumbildung im Mund. Infolge dieser Glasform ist ein Heraussaugen des Schaumweines aus dem Glas kaum möglich. Jeder Saugvorgang betont aber einen gewissen Unterdruck in der Mundhöhle. Die Folge dieses Unterdruckes ist, daß die Kohlensäurebläschen zerplatzen, wodurch im Mund Schaum erzeugt wird. Schaumwein-Gläser in Syskaform sind für frockene Schaumweine besonders geeignet.

Die ***Sektschale*** war die ursprüngliche Form des Schaumwein-Glases. In früheren Zeiten pflegte man darin beim Nachtisch einen trockenen Kuchen einzutauchen. Heute verwendet man die Sektschale immer dann, wenn beim Essen Sekt zweimal serviert wird. Zum Beispiel einmal zur Vorspeise und dann wieder zum Nachtisch. Bei dieser Glasform wird die Kohlensäure viel schneller freigesetzt. Man kann den Schaumwein sehr viel schneller trinken. Auch bei besonders aromatischen oder süßen Schaumweinen verwendet man gerne Sektschalen, weil man dabei den kräftigen Duft solcher Weine besser einatmen kann bzw. die Süße im Geschmack betont wird.

Alle Schaumwein-Gläser dürfen immer bis nahe an den Rand eingeschenkt werden, da man diese Gläser nicht zur Duftentfaltung zu schwenken pflegt; die Kohlensäureperlen zerplatzen ohnedies an der Oberfläche.

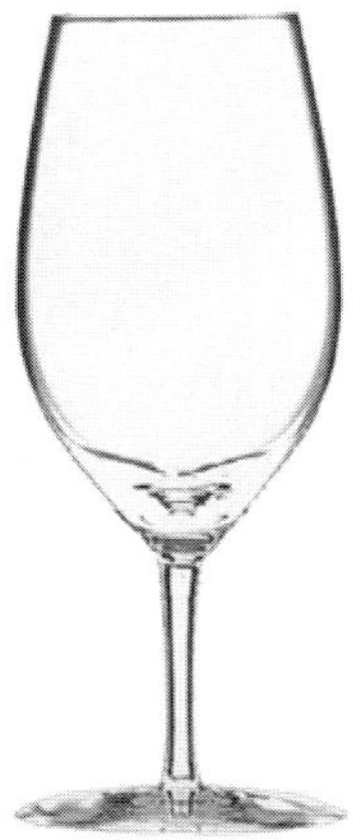

Portwein-Glas:

Auf der Suche nach der idealen Glasform für Portwein wählten Experten dieses Glas aus, das eine optimale Balance von Frucht – Säure – perfektem Abgang vermittelt. Eine Glasform, die durch etliche Portwein-Degustationen aus der Praxis heraus geschaffen wurde.

Wein aus verschiedenen Gläsern serviert, vermag durchaus unterschiedlich zu schmecken. Versuchen Sie es einmal selbst, und trinken Sie den gleichen Wein aus verschieden geformten Weingläsern. Bei einem bewußten Trinken lassen sich dabei die unterschiedlichsten Geschmackserlebnisse feststellen. Versuchen Sie es einmal, und trinken Sie einen wirklich guten Blauen Burgunder zuerst aus einem Bordeaux-Glas und dann aus einem Burgunder-Glas. Sie werden sicherlich einen kleinen geschmacklichen Unterschied feststellen können.

Servier- und Trinktemperatur

Zur entsprechenden Weinkultur und zum korrekten Weinservice gehört auch das Wissen um die richtige Servier- und Trinktemperatur. So wie in einer anspruchsvollen Küche die punktgenaue Garung gewisser Speisen passen muß, so muß auch beim Wein die Temperatur stimmen.

Geruch und Geschmack

Eine falsche Temperierung des Weines gehört zu den häufigsten Fehlern, die man beim Umgang mit Wein macht. Werden nämlich Weine zu kalt oder zu warm getrunken, so kann der Genuß ernsthaft in Frage gestellt werden. Denn die Trinktemperatur beeinflußt den Geruch und Geschmack des Weines ganz entscheidend. Dazu sollte man wissen:
Die im Wein enthaltenen Duft- und Aromastoffe werden bei Weißweinen ab 8–10° Celsius und bei Rotweinen ab 16–18° Celsius freigesetzt. Werden nun die Weine zu kalt getrunken, so kann sich das Bukett, aber auch der Geschmack nicht richtig entfalten. Werden sie dagegen zu warm ge-

trunken, dann verflüchtigen sich die Duft- und Aromastoffe zu rasch, und Säure, Alkohol und Gerbstoffe bestimmen den Geruchs- und Geschmackseindruck des Weines über Gebühr. Jeder Wein braucht daher eine bestimmte Balance bei der Entfaltung der Bukettstoffe, um sich von seiner besten Seite zu zeigen. Und diese Balance wird eben durch die richtige Temperatur des Weines hergestellt.
Extreme Trinktemperaturen beim Wein sind unbedingt zu vermeiden. Zu niedrige Temperaturen des Weines machen nämlich die Zunge zum Teil geschmacksunempfindlich, weil ihre Geschmacksknospen durch Kälteeinwirkung betäubt werden. Zu hohe Trinktemperaturen hingegen verhindern, daß die spezifischen Eigenschaften des Weines zur Geltung gebracht werden können. Eine falsche Temperatur kann einem Wein viel mehr Schaden zufügen, als man allgemein zu glauben geneigt ist.

Chambrieren

Früher galt als Grundregel ganz allgemein: Weißweine sind zu kühlen, Rotweine sind zu chambrieren. Unter dem Begriff »chambrieren« verstand man dabei, die Weine auf Zimmertemperatur zu bringen. Damals ging das auch zweifellos in Ordnung. Man hatte noch keine Zentralheizung, und die Wohnungen und Häuser wiesen üblicherweise Raumtemperaturen von etwa 18° Celsius auf. Der Rotwein wurde aus dem kühlen Keller mit einer Temperatur von 8–12° Celisus gebracht und in einer Zimmerecke, abseits vom Kamin oder vom Ofen, einige Stunden bis zum Konsum liegen oder bei Rotweinen, die ein Flaschendepot hatten, stehen gelassen. Wenn man dann diese Weine während des Essens in die Gläser goß, hatten sie eine Trinktemperatur von etwa 18° Celsius, was als richtig empfunden wurde.
Heute sind die Menschen offensichtlich gegen Kälte empfindlicher geworden. Trotz aller Appelle zum Energiesparen herrscht in den Wohnungen infolge der Zentralheizungen meistens eine Raumtemperatur von 20–22° Celsius. Aber auch Zimmertemperaturen von 24° Celsius sind durchaus keine Seltenheit mehr. Man kann also mit dem überholten Begriff Zimmertemperatur als Maßstab für die richtige Trinktemperatur eines Rotweines heute nicht mehr viel anfangen.

Temperaturzonen

Der Mensch bevorzugt von Natur aus kalte Getränke, da sie durch ihren Erfrischungseffekt den Durst rascher löschen können als heiße oder warme Getränke. Das ist nichts Neues. Versierte Weinverkäufer nützen diese Tatsache nicht selten dadurch aus, daß sie besonders darauf achten, Weine mit kleinen Schwächen oder vielleicht sogar mit Grundfehlern immer sehr gut gekühlt servieren zu lassen. Niedrige Temperaturen vermögen manche Weinfehler zu kaschieren und lassen oft auch schwachbrüstige Weine viel besser erscheinen, als sie in Wirklichkeit sind. Bei ahnungslosen Konsumenten hinterläßt dann der Wein im Augenblick des Trinkens den Eindruck einer angenehmen Erfrischung.
Wird ein Wein zu warm gereicht, dann überdeckt die weinige Beschaffenheit und Struktur die individuellen Charaktermerkmale der betreffenden Weinsorte. Ein mit 14° oder 15° Celsius servierter weißer Tafelwein oder ein mit 20° oder 21° Celsius eingeschenkter Rotwein wird schon nach dem ersten Schluck als müde, langweilig und kraftlos empfunden. Wird er vielleicht gar mit einer Temperatur von 22° oder 23° Celsius angeboten, wie es leider immer wieder vorkommt, dann empfindet man ihn als eine Art Weinsuppe. Alle zu warm eingeschenkten Weine lassen den erfrischenden Effekt vermissen, der doch in gewissem Grad von jedem Wein erwartet wird. Außerdem kann man bei zu warm servierten Weinen keine sorten-, gebiets- oder jahrgangstypischen Eigenschaften mehr erkennen, die eben erst einen Wein individuell und vollendet erscheinen lassen.

Wenn man die Kunst des Weinservierens beherrschen will, dann muß man auf die verschiedenen Temperaturzonen, die jede Weinsorte und Qualitätsstufe braucht, entsprechend Rücksicht nehmen. Denn erst die richtige Temperatur macht es möglich, das spezifische Eigenleben der einzelnen Weine voll entfalten und so das Trinken zum echten Genuß werden zu lassen.
Im Handel erhält man dazu die verschiedensten Arten von Thermometern, die entweder die Temperatur des Weines direkt oder bloß die Temperatur der Flasche mit dem Wein in Form eines Flaschenmanchetten-Thermometers und schließlich die Kellertemperatur und die Luftfeuchtigkeit des Kellers messen.

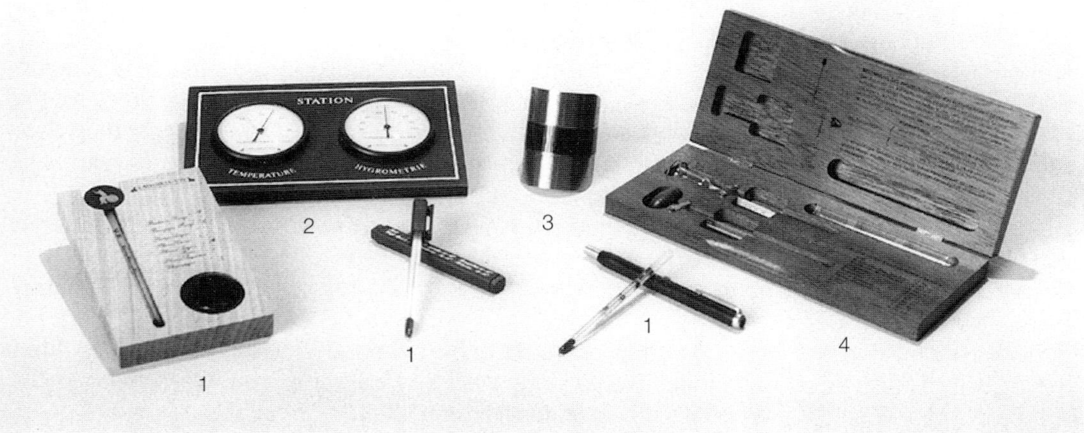

1 Weinthermometer[2]
2 Keller-Thermometer mit Hygrometer[2]
3 Flaschenmanchetten-Thermometer[2]
4 Thermometer und Alkoholmesser in Buchenkassette[2]

Wichtig dabei ist, den gesunden Menschenverstand einzusetzen. Jeder Weintyp weist eine ganz bestimmte Struktur auf, die bei der vorzugebenden Trinktemperatur unbedingt zu beachten ist. Alkohol, Restzucker und Tanningehalt im Wein üben einen unmittelbaren Reiz auf die Mundschleimhäute aus und rufen dadurch bestimmte Geschmacks- und Wärmeempfindungen hervor. Man muß nur einmal versuchen, einen trockenen, leichten Weißwein oder einen süßen, schweren Weißwein oder einen Rotwein mit ganz gleichen Temperaturen zu trinken. Dann wird man deutlich verschiedene Empfindungen verspüren. Den süßen Wein vermeint man aufgrund seines vorhandenen Restzuckers und seines höheren Gehaltes an Ethanol (Äthylakohol) viel wärmer als den trockenen zu spüren. Ein noch stärkeres Empfinden hat man beim Rotwein, bei dem das durch das Tannin ausgelöste adstringierende Moment vermehrt noch hinzukommt.
Daher raten die Fachleute zu sogenannten **idealen Trinktemperaturen,** die jeder Weintyp und jede Güteklasse braucht, um die ganze Bukett- und Geschmacksfülle entfalten zu können. Im grundsätzlichen gilt bei diesen Empfehlungen folgendes:

2 *Bezugsquelle:* Vinothek-Weinkellerei Niedermayer, A-1140 Wien, Pfadenhauergasse 4, Telefon (0 222) 982 51 49 – Fax DW 11

- Alle Schaumweine, Sekte und als Aperitif angebotenen Weine verlangen eine niedrige Kühltemperatur (6–8° Celsius), weil dadurch ihre Frische besonders gut zum Ausdruck kommt.
- Bei Weißweinen hat der Grundsatz zu gelten: Je feiner und qualitativ höherwertiger der Wein ist, desto weniger Kühlung verlangt er.
- Trockene, schlanke, fruchtige Weißweine in Tafel-, Qualitäts- und Kabinettstufe werden am besten mit einer Temperatur von 8–10° Celsius getrunken.
- Weißweine mit Restsüße oder aber aromatische Weine mit ausgeprägtem Duft und Aroma sollten mit einer höheren Temperatur (9–11° Celsius) genossen werden, denn solche Weine wirken um so zurückhaltender, je kühler sie genossen werden.
- Etwa im gleichen Temperaturbereich wie halbsüße (liebliche) oder aromatische Weißweine sind Roséweine zu konsumieren (9–11° Celsius).
- Weißweine in höheren Qualitätsstufen (Prädikatsweine) brauchen zur Geschmacksentfaltung eine Trinktemperatur von etwa 11–12° Celsius.
  Manche Gourmets sind dagegen der Auffassung, daß höherstufige Prädikatsweine (Beeren- und Trockenbeerenauslesen sowie Eisweine) möglichst kühl getrunken werden sollten, um ihre Restsüße zu verdecken und ihre Säure stärker hervortreten zu lassen. Diese Ansicht mag dann ihre Berechtigung haben, wenn solche Weine zum Aperitif gereicht werden, wohl kaum aber, wenn sie zum Dessert oder als Meditationsweine bestimmt sind.
- Bei den Rotweinen ist zwischen frischen, jungen Weinen und schweren, reifen Qualitätsweinen zu unterscheiden.
  Einfache, fruchtige Rotweine trinkt man am besten mit einer für Rotweine niedrigen Trinktemperatur von 12–14° Celsius.
  Schwere, reife Rotweine sind aufgrund ihrer meist außerordentlichen Qualität und ihres Alters mit größerem Respekt zu behandeln. Sie verlangen wegen ihrer komplexen Geruchs- und Geschmackseigenschaften eine höhere Trinktemperatur von 14–18° Celsius.

Serviertemperatur

Der wirkliche Idealzustand der angestrebten Temperaturen wird in der Praxis allerdings selten erreicht, weil es immer wieder gewisse Schwankungsbreiten zwischen der empfohlenen bzw. gewünschten und jener Temperatur gibt, die im Zeitpunkt des Trinkens tatsächlich gegeben ist. Diese Schwankungen sind auf verschiedene Umstände zurückzuführen. In erster Linie wohl darauf, daß sich die Temperatur des Weines während des Transportes aus dem Keller in die Wohnung und der Präsentation der Flasche mitunter ganz stark verändert.

Wissenschaftliche Untersuchungen haben ergeben, daß sich ein mit 8° Celsius aus dem Weinkeller geholter und in das Glas eingeschenkter, normaler Tafelwein innerhalb einer halben Stunde auf 12° Celsius, also um nicht weniger als 4° Celsius erwärmt. Innerhalb der nächsten halben Stunde steigt die Temperatur des Weines auf 14° Celsius an. Während des Essens erwärmt sich der Wein weiter recht rasch. Denn man nimmt das Weinglas doch öfters in die Hand und überträgt dabei automatisch etwas von seiner eigenen Körperwärme auf das Glas und damit auf den Wein. Schwenkt man vielleicht noch ab und zu den Wein im Glas, um auch das Bukett voll genießen zu können, dann entsteht durch die Reibung des Weines an der Innenwand des Glases ein weiterer Wärmeeffekt.

Um diese Schwankungsbreiten möglichst einzuengen und den vollen Weingenuß durch richtige Trinktemperaturen zu erreichen, **empfiehlt es sich, den Wein immer um 1–2° Celsius kälter zu servieren, als die Trinktemperatur angestrebt oder empfohlen wird.**

Dabei soll man sich aber nicht auf eigene Schätzungen über die bestehende Weintemperatur verlassen, sondern ein Weinthermometer (Vinometer) verwenden. Man glaubt gar nicht, wie oft man sich verschätzen kann, wenn keine korrekte Messung vorgenommen wird.

***Ideale Trinktemperaturen von Weinen** (in Grad Celsius)*

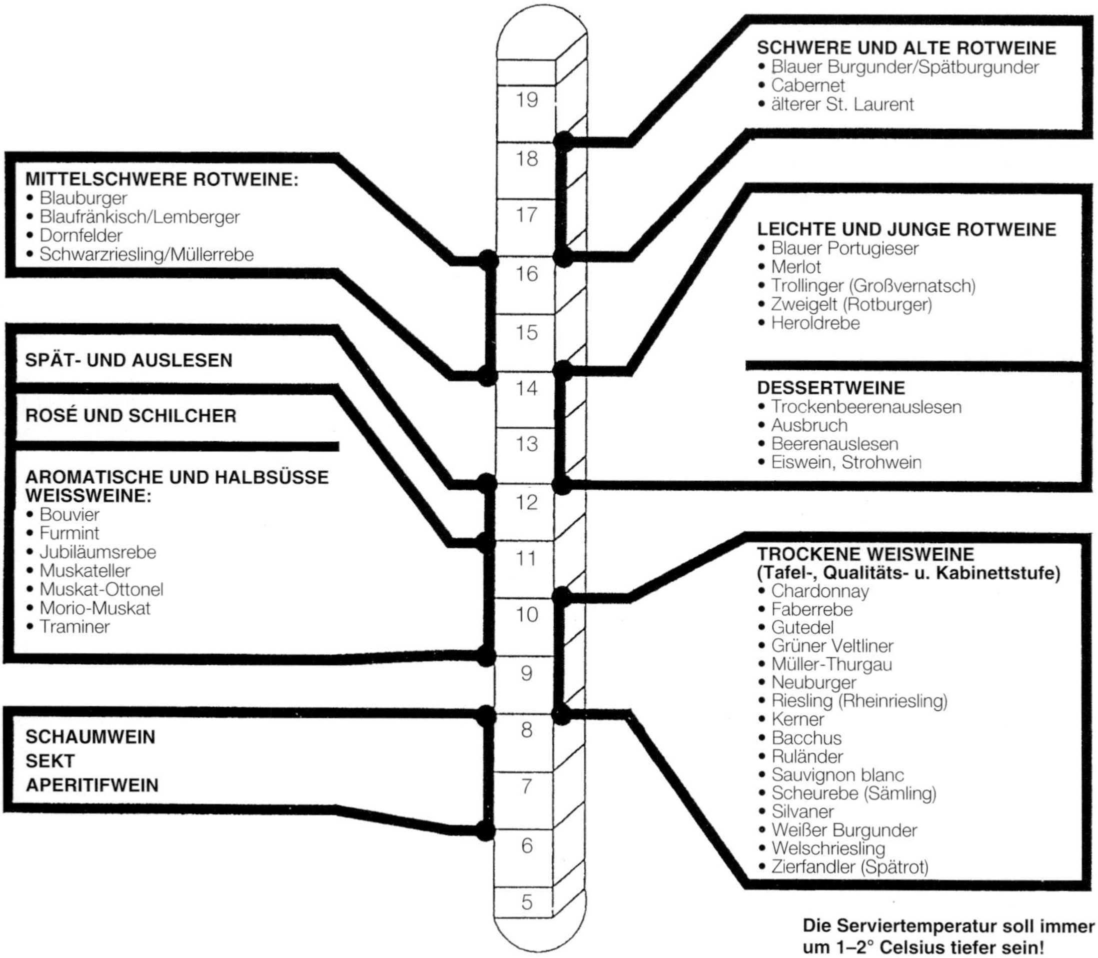

Die Serviertemperatur soll immer um 1–2° Celsius tiefer sein!

Unsitten bei der Weintemperierung

Immer wieder stößt der Weinkenner im Restaurant oder auch bei privaten Einladungen auf gewisse Unsitten bei den Bemühungen, die Weine mit einer möglichst richtigenTrinktemperatur anzubieten. Da ist einmal die weitverbreitete Praxis, zu warme Weißweine vor dem Servieren noch schnell für eine Viertelstunde in ein Tiefkühlfach zu legen. Oder aber den Wein in einem Sektkübel mit Eiswürfeln schlagartig herunterzukühlen. Oder gar einige Eiswürfel in den Wein selbst zu geben. Alle diese Schocktherapien verursachen nur eines: Der Wein verliert seinen typischen Charakter, wird stumpf und schal.

Eine andere bisher noch nicht auszurottende Unsitte ist, die Rotweine im Gastraum des Restaurants oder Hotels bei der jeweiligen Zimmertemperatur einfach lagern zu lassen, bis sie bei Gebrauch dem Konsum zugeführt werden. Derart werden die Weine im Winter mit 22–25° Celsius und im Sommer an heißen Tagen, wenn die Temperaturen weiter hochklettern, noch wesentlich wärmer ausgeschenkt.

Um die wichtigsten Charaktereigenschaften und typischen Hauptmerkmale der Weine voll zur Geltung bringen zu können und das Weintrinken wirklich zu einem echten Genuß werden zu lassen, muß man sich bemühen, die Weine möglichst mit ihrer richtigen Temperatur zu trinken, falsch temperiert sind alle Weine nur noch die Hälfte wert. Erst ein richtig temperierter Wein belohnt den Gastgeber damit, daß er alle seine guten Eigenschaften entfalten wird.

Vom Servieren des Weines

Ein richtiges Servieren des Weines ist besonders bei festlichen Anlässen erforderlich und kann mitunter sogar zu einem kleinen, feierlichen Zeremoniell werden. Hier einige Ratschläge dazu:

Aufdecken der Gläser

Die Weinkultur beginnt bekanntlich schon beim Decken des Tisches. Die Gläser werden rechts oben neben den Hauptteller gestellt und sollen sich in den Rahmen aus Teller und Besteck harmonisch einfügen.

Man sollte eigentlich nicht mehr als vier Gläser aufdecken. Die am häufigsten angewendete Form ist die Längsform. Die halbrunde Form wählt man dann, wenn ein Sektglas als viertes Glas auf den Tisch kommen soll. Die Blockform nimmt man zweckmäßigerweise, wenn zwischen den einzelnen Gedecken bei Tisch wenig Platz ist. Beim Aufstellen der Gläser ist immer die Einschenkfolge der Weine (Weißwein, Rotwein, Sekt) zu beachten.

Beim Aufstellen der Gläser gibt es prinzipiell drei Möglichkeiten:

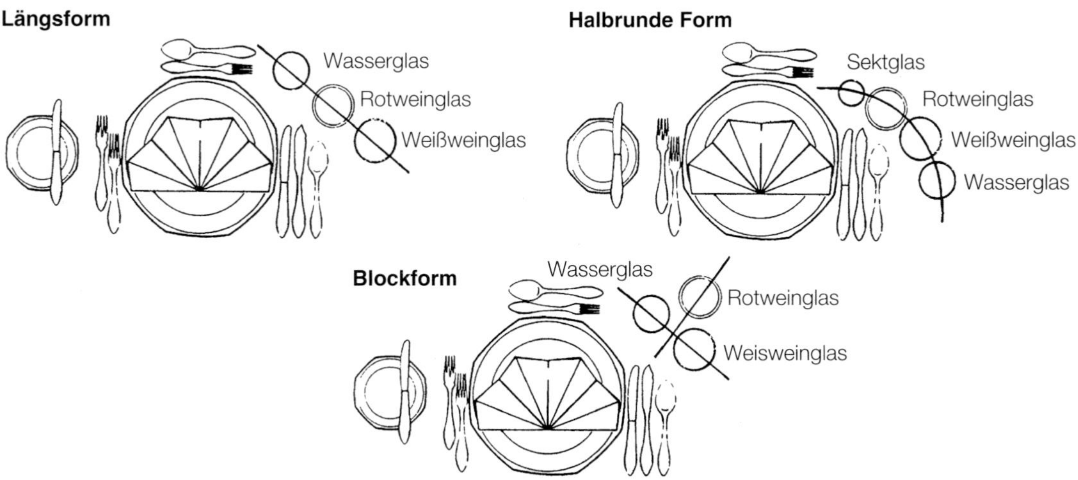

Wird zum Nachtisch Dessertwein getrunken, dann reicht man das Dessertwein-Glas erst unmittelbar vor dem Servieren der Nachspeise. Oder aber man deckt das Glas schon vorher auf und wählt die halbrunde Form der Gläser-Plazierung, wobei anstelle des Sektglases eben das Dessertwein-Glas gestellt wird.
Man kann heute immer öfter beobachten, daß auch bei Festessen nur mehr zwei Gläser (ein Weißwein- und ein Rotweinglas) aufgedeckt werden. Wassergläser werden dann auf Wunsch und weitere Weingläser zu den entsprechenden Gängen gereicht.

Öffnen der Flasche

Eine Weinflasche richtig zu öffnen, gehört zwar zu den Selbstverständlichkeiten einer gehobenen Weinkultur, auf einige, vielleicht nicht immer bekannte Details sollte jedoch trotzdem aufmerksam gemacht werden.
Zuerst wird die Flaschenkapsel mit einem kleinen, scharfen Messer – und nicht etwa mit der Spitze des Korkenziehers – knapp unter dem gläsernen Verstärkungswulst am Flaschenhals abgeschnitten. Dann wird der abgeschnittene Kapselteil völlig entfernt. Der Wein darf nämlich beim Einschenken niemals mit einer eventuellen Metallfolie der Kapsel in Berührung kommen, weil er sonst metallisch schmecken könnte. Heute werden aber schon die meisten Weine entweder überhaupt mit keiner Kapsel mehr oder aber mit einer Kapsel, die nicht aus einer Metallfolie gefertigt ist, ausgestattet. Am besten mit einer Papierserviette säubert man jetzt – und nicht erst wenn der Korken schon herausgezogen ist und die Gefahr besteht, daß ein vorhandener Schmutz in die offene Flasche hineingewischt werden könnte – die Flaschenöffnung und die Oberfläche des Korkens, um einen eventuell bei der Lagerung entstandenen Korkenschimmel oder einen vorhandenen Schmutz zu beseitigen. Mit der Spiralspitze des Korkenziehers sticht man nun in die Mitte des Korkens und zieht ihn langsam, aber zügig unter leichtem Umdrehen heraus.

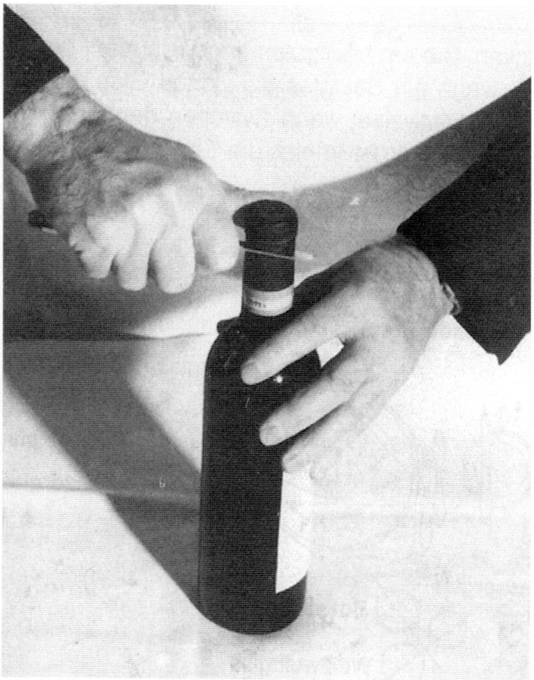

Der Korkenzieher sollte dabei den Korken nicht durchstoßen, damit keine kleinen Korkenstückchen in den Wein fallen können. Dann reinigt man nochmals mit einer sauberen Papier- oder Stoffserviette den Flaschenrand, aber auch den inneren Flaschenhals, um eventuelle dort befindliche Korkensplitter oder angelagerte Weinsteinkristalle zu entfernen.
Sollte beim Herausziehen ein Teil des Korkens abgebrochen oder gar zerkrümelt worden und in die Flasche gefallen sein, was immer wieder und auch dem erfahrensten Weinkenner passieren kann, dann hilft nur ein sofortiges Umfüllen in eine Karaffe oder in eine andere Flasche. In diesem Fall gießt man am besten den Wein durch einen mit einem Papierfilter oder einem dünnen Leinentuch ausgelegten Trichter in die Karaffe oder in eine andere saubere und gut ausgetrocknete Flasche.

Flaschenkapsel entfernen

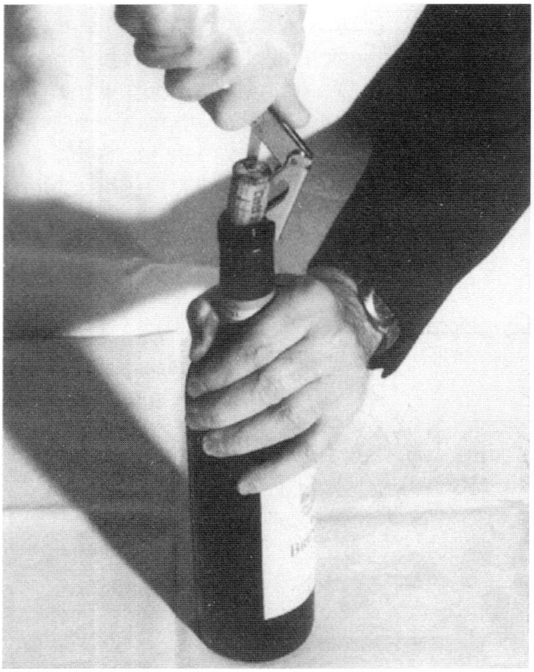

Korken herausziehen

Flaschenrand und inneren Flaschenhals reinigen

Ziehen ganz alter Korke

Ein echtes Problem kann mitunter das Ziehen von Korken bei ganz alten Weinen schaffen. Hier geht man folgendermaßen vor: Vielfach haben sehr alte Weine einen Siegellackverschluß. Um diesen von der Flasche abzubekommen, legt man ein Stofftuch um Flaschenmund und Flaschenhals und klopft den Lack vorsichtig durch das Tuch ab. Am besten nimmt man zum Abklopfen die Metallseite eines Kellnerkorkenziehers oder den Rücken eines Küchenmessers. Dann wischt man den Flaschenmund und -hals mit einem feuchten Tuch sauber. Zum eigentlichen Ziehen des Korkens verwende man nur den festen Teil eines Screwpull-Korkenziehers ohne Stützteil (Standmodell), also nur jenen Teil, bei dem Griff und Spirale fest verbunden sind. (Anstelle eines Screwpull kann man auch einen einfachen Griffkorkenzieher verwenden.) Die Spirale wird nun in den Korken gedreht und der Korken dann langsam und vorsichtig unter Zuhilfenahme des Daumens und Zeigefingers aus dem Flaschenhals herausgewuchtet, immer möglichst ruckfrei, um das Depot in der Flasche nicht aufzurühren. Bei dieser Prozedur ist es von Vorteil, wenn ein Helfer die Flasche festhält. Wenn trotz aller Vorsicht der Kork abreißt, dann muß man eben mit der Spirale des Screwpull geschickt versuchen, die im Flaschenhals verbliebenen Korkreste herauszubekommen. Sollten dabei Korkkrümel in den Wein fallen, ist das später beschriebene Dekantieren mit einem Sieb vorzunehmen.

1 Tastevin-Verkostungsschale[3]
2 Degustationsgläser[3]
3 Weintrichter[3]

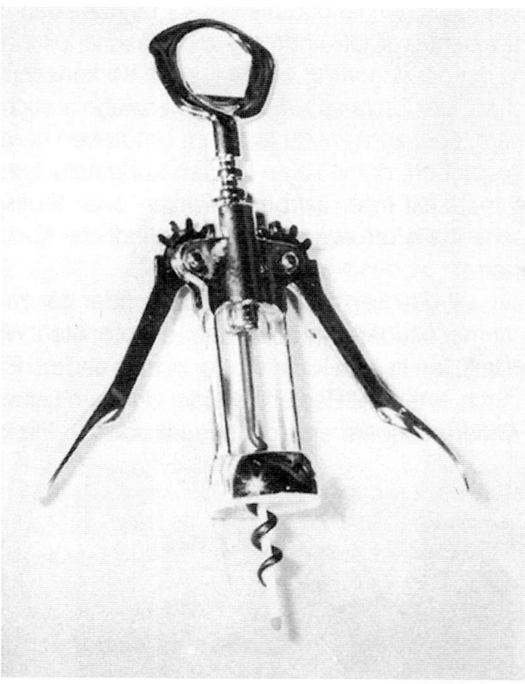

Hebelkorkenzieher mit »Seele«

Korkenzieher

Es gibt ungezählte Arten von Korkenziehern. Die klassischen Korkenzieher bestehen immer aus einer Metallspirale. Die modernen Korkenzieher arbeiten hingegen mit Kohlensäuregas oder Druckluft, wobei der Korken herausgedrückt wird. Diese Art konnte sich aber bei uns nicht durchsetzen. Für Flaschen, die mit einem Kronenkorken versehen sind, braucht man einen Kronenkorkenöffner. Weinflaschen mit Kronenkorken werden aber schon in der Küche oder in einem Nebenraum und nicht vor den Augen der Gäste geöffnet.

Bei dem richtigen klassischen Korkenzieher darf die vorhandene Spitze nicht einem Bohrer oder einer Schraube ähneln. Sie muß eine gleichmäßig gewundene und offene Spirale mit einer sogenannten »Seele« aufweisen. Das heißt, in die Mitte der Metallspirale, also durch ihre innere Windung, sollte man immer ein Streichholz durchstecken können.

3 *Bezugsquelle:* Vinothek-Weinkellerei Niedermayer, A-1140 Wien, Pfadenhauergasse 4, Telefon (0 222) 982 51 49 – Fax DW 11

Sehr gut haben sich die aus den USA stammenden Screwpulls (Schraubenspindel-Korkenzieher) sowie die Hebelkorkenzieher (Glockenkorkenzieher mit Hebelgriffen – sogenannte »Schmetterlinge« – oder aber die französischen Kellnerkorkenzieher mit kleinem Messer und Entkapsler) bewährt. Der beste derzeit auf dem Markt befindliche Korkenzieher dürfte das »Screwpull Lever Modell« sein, der allerdings sehr teuer ist. Das kraftanstrengende, freihändige Ziehen eines Korkens mit einem ganz einfachen Korkenzieher überläßt man am besten Jugendlichen oder Sportlern.

Korkenzieher: [4]

1 Hebelkorkenzieher
2 Kellnerkorkenzieher
3 Screwpull-Standmodell
4 Folienschneider
5 Screwpull
6 Screwpull Lever Modell
7 Vacu-Vin mit Verschlußzapfen
8 Screwpull Sekt- und Champagneröffner

Ein Rotwein sollte möglichst einige Zeit vor dem Konsum geöffnet werden, um ihm Gelegenheit zum »Atmen« zu geben, wodurch er seine Duft- und Bukettstoffe entfalten kann. Ältere Rotweine bedürfen vor dem Entkorken allerdings einiger Vorbereitungen, um das Depot nicht aufzuwirbeln und den Wein zu trüben. Solange Wein getrunken wird, bleibt die Flasche – auch bei Weißweinen – immer offen. Es ist nicht richtig, nach jedem Ausschenken die Flasche wieder zu verkorken.

4 *Bezugsquelle:* Vinothek-Weinkellerei Niedermayer, A-1140 Wien, Pfadenhauergasse 4, Telefon (0 222) 982 51 49 – Fax DW 11

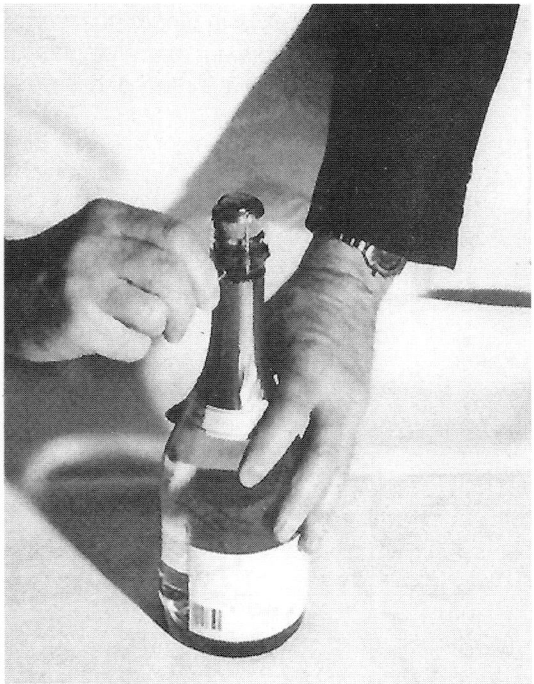

Nach Entfernung der Stanniolfolie Drahtknebel aufdrehen

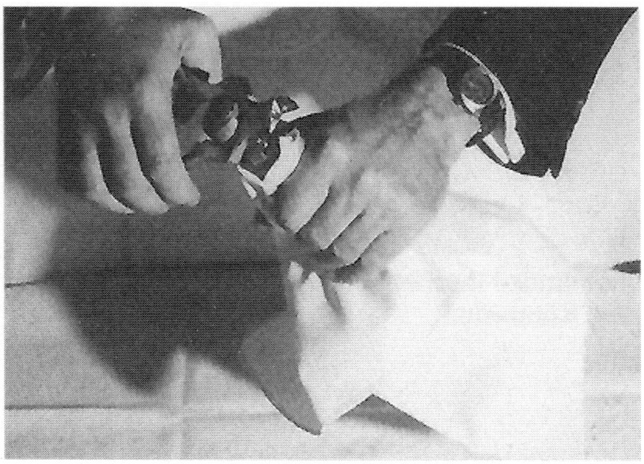

Sektkorken mit Hilfe einer Sektzange herausdrehen

Öffnen der Sektflasche

Beim Öffnen einer Sektflasche ist zu beachten: Es ist eine Unsitte und verstößt gegen den guten Ton, den Korken beim Öffnen einer Sektflasche wie eine Rakete zur Zimmerdecke schießen zu lassen. Das würde kein Fachmann mehr tun. Für das Öffnen empfiehlt sich daher für Sektlaien folgender Vorgang: Zunächst entfernt man das Stanniol, dann biegt man die kleine Drahtschlinge hoch, dreht sie gegen den Uhrzeigersinn auf und nimmt die Metallfolie und die Drahtkappe ab. Dabei sichert man mit der anderen Hand den Korken ab, da sonst der Korken infolge des in der Flasche herrschenden hohen Innendrucks herausgetrieben werden könnte. Bei gut gekühlten und unmittelbar aus dem Kühlschrank genommenen Schaumweinen ist diese Gefahr jedoch gering. Beim Öffnen hält man bei leicht schräg geneigter Flasche mit einer Hand den herausstehenden Teil des Sektkorkens fest und dreht mit der anderen Hand langsam die Flasche (nicht den Korken drehen!). Sobald sich der Korken spürbar hebt, drückt man fest dagegen, so daß er nicht herausfliegen kann. Zur Vorsicht wischt man vor dem Einschenken noch die Flaschenöffnung mit einer Stoffserviette sauber.

Das eigentliche Servieren

Gerade dem richtigen Servieren des Weines sollte man entsprechende Aufmerksamkeit schenken, denn dabei kann man seinen Gästen vieles über die Qualitäten und Vorzüge des gebotenen Weines aufzeigen.

Über den Einfluß, den eine richtige Temperatur des Weines und passende Weingläser ausüben können, wurde bereits früher in diesem Kapitel geschrieben.

Bevor nun ein Wein serviert wird, ist es angezeigt, daß der Gastgeber oder der Sommelier im Restaurant bekanntgibt, welcher Wein (Sorte, Jahrgang, Qualitätsstufe und Herkunft) zum Essen oder zum jeweiligen Menügang vorgesehen ist. Unmittelbar vor dem Einschenken bei seinen Gästen füllt der Gastgeber nach dem Öffnen der Flasche ein wenig Wein in sein eigenes Glas und kostet ihn. Dabei hat er festzustellen, ob der Wein in Ordnung ist, keinen Korkengeschmack hat, die richtige Temperatur aufweist etc. Mit den ersten Tropfen aus der Flasche gießt er aber auch gleichzeitig eventuell beim Öffnen in die Flasche gefallene Korkstückchen in sein eigenes Glas und verhindert dadurch, daß sich solche Korkenreste in die Gläser seiner Gäste verirren. Dann gießt man den Wein mit ruhiger Hand in die Gläser ein. Unbedingt zu vermeiden ist, den Wein etwa in einem hohen Bogen in das Glas zu gießen oder sich beim Einschenken mit dem Flaschenhals auf das Weinglas zu stützen, was man immer wieder beobachten kann. Dünnwandige Weingläser könnten dabei allzuleicht absplittern.

Beim Einschenken selbst versucht man die Flasche so zu halten, daß auch der Gast das Flaschenetikett sehen und bei Interesse lesen kann. Der Wein wird dem Gast immer von seiner rechten Seite aus in das Weinglas gegossen. Der Gastgeber schenkt sich selbst zuletzt ein oder läßt sich als letzter einschenken. Die Gläser dürfen, mit Ausnahme von Schaumweinen, niemals bis zum Rand gefüllt werden. Beim Weißwein gießt man sie etwa zur Hälfte bis zwei Drittel voll. Beim Rotwein nimmt man immer ein größeres Weinglas und füllt es bei Burgunder- oder Bordeaux-Gläsern nur zu einem Drittel, bei einem normalen Rotweinglas bis zur Hälfte voll. Unmittelbar nach dem Eingießen macht man aus dem Handgelenk eine kurze, schnelle Drehung mit der Flasche, damit beim Wegnehmen der Flasche kein Tropfen Wein auf das Tischtuch fällt. Zweckmäßigerweise hält man mit der linken Hand eine Serviette bereit und tupft gleich nach jedem Einschenken den Flaschenmund ab. Oder aber man verwendet einen Tropfenfänger (ein kleiner Ring mit einem austauschbaren Schaumgummi), den man auf den Flaschenhals aufsetzt. Nachgeschenkt wird immer erst dann, wenn die Gläser entweder schon leer oder zumindest fast leer sind.

Ist zum Essen ein Wein aus einer Zweiliterflasche (Doppelliter) vorgesehen, dann füllt man ihn zuerst in eine Weinkaraffe oder in einen Weinkrug und gießt damit ein. In diesem Fall wird nicht aus der Flasche eingeschenkt.

Serviert man Sekt oder Champagner, nimmt man das Sektglas mit der linken Hand vom Tisch, hält es etwas schräg und gießt dann ein. Dadurch vermeidet man ein Überschäumen des Glases. Sektgläser dürfen, müssen aber nicht, bis nahe an den Rand eingeschenkt werden.

Weinkühler

Nach dem Einschenken stellt man Weißwein in einen Weinkühler, damit der Wein während des ganzen Essens die richtige Temperatur behält.

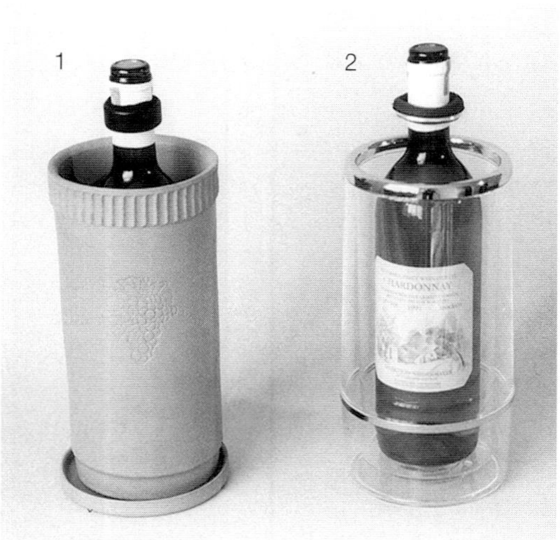

1 Tischweinkühler aus Ton [5]
2 Tischweinkühler, Klarsicht [5]
3 Tischweinkühler (glatt) [6]

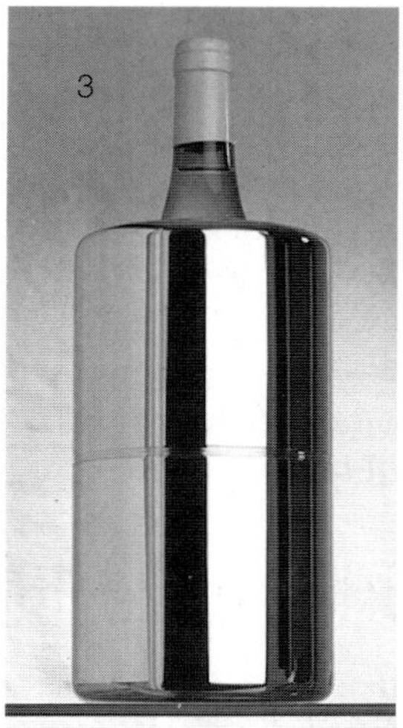

5 *Bezugsquelle:* Vinothek-Weinkellerei Niedermayer, A-1140 Wien, Pfadenhauergasse 4, Telefon (0 222) 982 51 49 – Fax DW 11

6 *Bezugsquelle:* Vinophilia, Tischkultur rund um den Wein, A-1180 Wien, Währinger Straße 145, Telefon (0 222) 470 01 11

Am besten gibt man ihn in einen Vinocool- oder Chambrair-Flaschenkühler, die immer mit einem Plexiglas isoliert sind und eine Erwärmung des Weines in der Flasche wesentlich verzögern können. Höhere Prädikatsweine oder Dessertweine stellt man gleichfalls in solche Flaschenkühler, nicht aber in Thermokühler. Solche Thermokühler sind mit eigenen Kühlzellen oder Kühlelementen ausgestattet. Diese werden vor Gebrauch im Tiefkühlfach aufbewahrt und kühlen einen Wein noch weiter herunter. Sie sind daher für höherstufige Weißweine, die immer etwas wärmer getrunken werden, nicht geeignet.
Auch Rotweine werden aus dem gleichen Grund nicht in einen Thermokühler abgestellt. Rotweinflaschen versieht man am besten nach dem Servieren mit einer aus einer Papier- oder Stoffserviette geschlungenen »Krawatte« und stellt sie auf einem Flaschenuntersatz, einem Unterteller oder auf einem kleinen Serviertablett ab.
Eine neue Art der Weinkühlung ist der **Weinkühler »Rapid Ice«,** der sich bisher recht gut bewährt hat.
Dieser – übrigens mit einer Erfinderprämie in England anerkannte – Weinkühler ist eine etwa 17 cm hohe unzerbrechliche, mit höchster Präzision hergestellte Manchette, die innen mit sechs länglich geformten Polstern versehen ist. Diese Polster enthalten eine farblose, völlig ungiftige Gel-Flüssigkeit, die auch bei niedrigsten Temperaturen (bis –40° C) nicht zu Eis gefriert, sondern geschmeidig bleibt. Vor Gebrauch gibt man die silbrig glänzende Manchette für mindestens sechs Stunden in ein Tiefkühlfach oder in eine Gefriertruhe. Will man diesen Weinkühler nun benützen, so nimmt man ihn aus dem Tief-

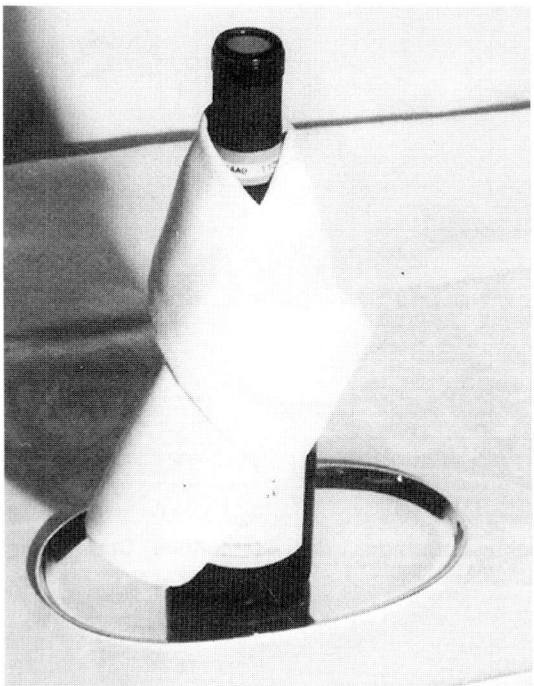

Oben:
»Rotweinflasche mit Krawatte«

Links:
Weinkühler »Rapid Ice«[7]

7 *Bezugsquelle:* Müller Rudolf, Import-Export-Großhandel, A-3430 Tulln, Seilergasse 9, Österreich, Telefon (0 22 72) 57 94 – Fax (0 22 72) 57 95

kühlfach und schiebt die Manchette mit beiden Händen langsam über die Flasche nach unten. Dabei darf der Flaschenhals ruhig herausschauen, was den Kühlprozeß nicht beeinflußt. Nach etwa fünf bis zehn Minuten weist der Wein in der Flasche die richtige Serviertemperatur auf und hält sich dann noch stundenlang kalt, wenn die Manchette auf der Flasche belassen wird.
Solche Weinkühler verwendet man natürlich nur für Weißweine. Für Rotweine sind sie nicht geeignet, weil diese prinzipiell wärmer getrunken werden.

Dekantieren

Bei bestimmten Weinen empfiehlt sich ein Dekantieren aus zwei Gründen:
- um etwaige in der Flasche gebildete Rückstände (Depot) vom klaren Wein zu trennen,
- um den Wein mit der Luft in Berührung zu bringen und dadurch seine Duft- und Aromastoffe voll entfalten zu lassen.

Das Depot

Viele ältere Rotweine, mitunter aber auch Weißweine scheiden im Laufe der Jahre während ihrer Lagerung feste Bestandteile aus, die sich in der Flasche als Bodensatz, dem sogenannten Depot, absetzen. Diese Ablagerungen bestehen bei den Rotweinen hauptsächlich aus bitter schmeckenden Gerb- und Farbstoffen. Bei Weißweinen sind es meist farb- und geschmacklose Weinsteinkristalle.
Übrigens sei an dieser Stelle vermerkt, daß ein Auftreten von Weinstein von Nichtkennern oft als Weinfehler – meist unwissend als Zucker – beurteilt wird. Das ist falsch. Weinsteine sind geschmacksneutrale, harmlose Weinsäurekristalle, die sich bei abgefüllten Weinen bei zu niedrigen Lagertemperaturen in der Flasche bilden können. Ein in der Flasche vorhandener Weinstein beeinträchtigt in keiner Weise die Güte eines Weines; im Gegenteil, er ist meistens sogar ein untrügliches Zeichen für eine gute Weinqualität.

Die Notwendigkeit zum Dekantieren

Rotweine mit Depot verlangen vor dem Konsum ein ganz bestimmtes Vorbereitungsservice, das man Dekantieren nennt. Der Ausdruck hat gewiß nichts mit Dekadenz zu tun, sondern ist nur die

1 Dekantierente [8]
2 Dekantierkaraffe [8]
3 Abtropfständer mit Dekantierkaraffe [9]

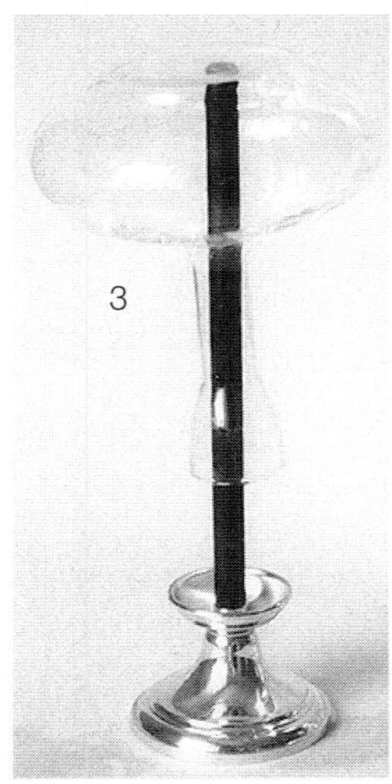

8 *Bezugsquelle:* Vinophilia, Tischkultur rund um den Wein, A-1180 Wien, Währinger Straße 145, Tel. (0 222) 470 01 11
9 *Bezugsquelle:* Vinothek-Weinkellerei Niedermayer, A-1140 Wien, Pfadenhauergasse 4, Tel. (0 222) 982 51 49 – Fax DW 11

fachliche Bezeichnung für das Umgießen eines Weines in eine Dekantierkaraffe oder in einen Dekantierkrug bei gleichzeitiger Trennung des Weines vom vorhandenen Bodensatz.
Wirbelt man beim Hantieren oder Öffnen der Flasche ein Flaschendepot auf, so wird der Rotwein sofort trübe und vorübergehend ungenießbar. Die Qualität selbst wird jedoch davon nicht beeinträchtigt. Man muß den Wein dann nur zwei bis drei Tage ruhig stehen lassen, damit sich der aufgewirbelte Bodensatz wieder absetzen kann. Dann ist der Wein genauso genießbar wie vorher.
Der zweite Grund, warum man einen Wein dekantiert, liegt darin, daß man ihn bewußt mit dem Sauerstoff der Luft in Verbindung treten läßt, wodurch sich seine Duft- und Aromastoffe rascher und besser entfalten können. Der Sinn ist naheliegend. Denn wenn man eine Flasche Rotwein entkorkt und offen stehen läßt, kann nur eine sehr kleine Oberfläche vom Wein durch die Flaschenöffnung mit der Luft in Berührung kommen. Gießt man den Wein jedoch in eine Karaffe oder in einen Krug um, dann kommt beim ganzen Flascheninhalt ein unmittelbarer Kontakt mit der Luft zustande.
In diesem Zusammenhang erhebt sich die Frage, ob auch körperreiche Weißweine, wie beispielsweise Traminer, Weißer Burgunder, Ruländer etc., dekantiert werden sollen, damit sie durch einen besseren Luftkontakt ihr Bukett rascher entfalten können. Nachdem alle Weißweine je nach Qualitätsstufe mehr oder weniger kalt serviert werden, lösen sich die Bukettstoffe im Glas viel schwerer als bei Rotweinen, die mit einer höheren Temperatur gereicht werden. Sieht man von einem allenfalls notwendigen Ausscheiden von Weinsteinkristallen ab, so wäre ein Dekantieren von Weißwein zum Freisetzen seiner ätherischen Stoffe – und nur aus diesem Grund – grundsätzlich durchaus zweckmäßig; aber nur dann, wenn man den Wein auch weiter kühl halten könnte. Und das spricht im allgemeinen gegen ein Dekantieren von Weißweinen. Denn die meisten herkömmlichen Weinkaraffen oder Dekantierkrüge passen nicht in einen Flaschenkühler hinein, denn sie sind zu groß dazu. Und in eine leere Weinflasche mit Hilfe eines Trichters zu dekantieren, bietet sicher keinen schönen Anblick und dürfte in der Praxis nur selten anwendbar sein. Allerdings gibt es seit kurzem spezielle Karaffen, die eigens für Weißweine angefertigt werden und die so schlank sind, daß sie in einen Vinicool- oder Chambrair-Flaschenkühler hineinpassen.

Die Vorbereitung

Bevor man einen Wein dekantieren will, ist es notwendig, die Flasche ein bis zwei Tage vorher im Weinkeller aus dem Regal zu nehmen und aufrecht stehen zu lassen. Dadurch setzt sich das

1 Dekantierspange[10]
2 Dekantierkorb[10]

10 *Bezugsquelle:* Vinothek-Weinkellerei Niedermayer, A-1140 Wien, Pfadenhauergasse 4, Telefon (0 222) 982 51 49 – Fax DW 11

während der waagrechten Lagerung innen auf der Flaschenlängsseite gebildete Depot auf dem Flaschenboden ab. Am Tage der Konsumation trägt man die aufrecht gerichtete Flasche vorsichtig in die Wohnung bzw. in den Speiseraum. Ist ein vorheriges ein- oder zweitägiges Aufstellen der Flasche aus zeitlichen Gründen nicht möglich, dann legt man unmittelbar nach der Herausnahme aus dem Flaschenregal den Wein behutsam in ein Flaschenkörbchen, ohne ihn aber zu drehen. In diesem Fall öffnet man die Flasche vorsichtig in schrägliegendem Zustand im Körbchen, nimmt aber dann zum Dekantieren die Flasche heraus.
Ein **Flaschenkörbchen** benutzt man eigentlich immer nur für den Transport eines Weines vom Keller bis zum Speisezimmer oder aber bei Rotweinen älterer Jahrgänge, die man, ohne sie einige Tage vorher aufrecht stellen zu können, unmittelbar dekantieren muß. Sonst verwendet man ein Flaschenkörbchen zum »vornehmen« Einschenken immer nur dann, wenn man der Hausfrau in Form zahlreicher Rotweinflecken auf dem weißen Tischtuch Ärger machen oder wenn man überhaupt bewußt Weinsnobismus betreiben will.

Spindel- oder Doppelknebel-korkenzieher für Weine mit Depot

Zum Öffnen einer Flasche Wein mit einem Depot verwendet man am besten einen Spindel- oder Doppelknebelkorkenzieher, also einen Glockenkorkenzieher mit einem Gegengewinde. Damit ist man imstande, einen Korken sehr vorsichtig aus einer Flasche zu entfernen, und das Risiko, daß beim Entkorken das Flaschendepot aufgewirbelt wird, ist äußerst gering.
Nach der Entfernung des abgeschnittenen Kapselteiles und der Säuberung der Flaschenöffnung hält man mit der linken Hand die Flasche fest und dreht mit der rechten Hand die Metallspirale mit Hilfe der Spindel in den Korken, bis dieser langsam und ohne jegliche Sogwirkung aus der Flasche kommt. Man prüft den Korken mit der Nase, ob er nur nach Wein riecht. Hat er einen typischen Korkengeruch, dann muß man den Wein unmittelbar nach dem Dekantieren verkosten. Aber mancher vermeintliche Korkengeschmack verflüchtigt sich rasch nach einem Luftkontakt.

Dekantieren von altem Rotwein

Das Dekantieren

Bevor man mit dem eigentlichen Dekantieren beginnt, zündet man eine Kerze oder eine andere, möglichst punktförmige Lichtquelle (z. B. Taschenlampe) an. Dann beginnt man mit dem Dekantieren. Das ist bei einem großen und teuren Wein, der vielleicht viele Jahre diesem Ereignis entgegengereift ist, ein feierlicher Augenblick, den ein echter Weinfreund voll auskosten soll. Man hält dabei den Flaschenmund in die Öffnung der Dekantierkaraffe oder des Dekantierkruges und beginnt langsam und vorsichtig umzugießen. Sobald der Wein nicht mehr gluckert und gleichmäßig zu fließen beginnt, hält man die Flaschenschulter (nicht den Flaschenhals) über die Kerze oder Lichtquelle und darf dann schneller gießen. Die Karaffe hält man dabei etwas schräg geneigt, denn der Wein soll an der Innenseite des Dekantiergefäßes entlangfließen und möglichst mit viel Luft in Berührung kommen. Wenn man durch den Lichtschein erkennt, daß die ersten Spuren des Bodensatzes am unteren Teil des Flaschenhalses erscheinen, hört man sofort mit dem Umgießen auf.

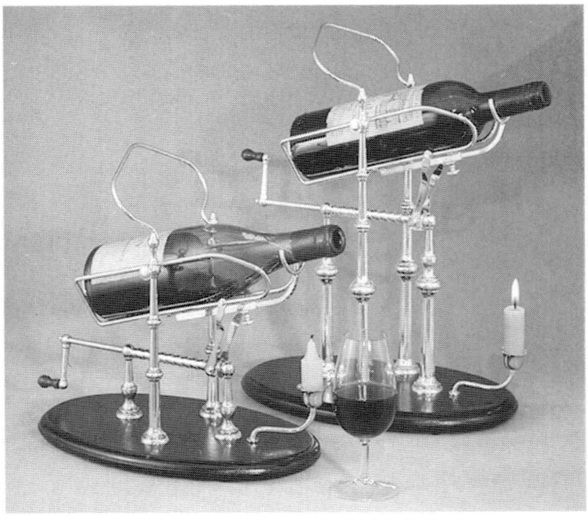

Dekantiermaschinen[11]

Verwendet man zum Dekantieren eine eigens dafür konstruierte **Dekantiermaschine,** dann geht man wie folgt vor: Man spannt die Flasche in die Maschine ein, adjustiert die Lichtquelle auf die Flaschenschulter, hält die Karaffe ordentlich zum Flaschenmund und setzt den Kurbelmechanismus in Bewegung. Es empfiehlt sich, diesen Vorgang vorher einige Male mit Wasser zu üben, denn das Herausfließen aus der Flasche erweist sich mitunter als tückisch.

Nach dem Dekantieren sollte man die leere Originalflasche auf den Speisetisch oder auf einen nebenstehenden Ablagetisch stellen, damit ein interessierter Gast das Etikett dieses köstlichen Tropfens studieren kann.

Dekantiert man einen jungen Rotwein, um seine ganze Blume und Fruchtigkeit entfalten zu lassen, dann benötigt man beim Umgießen selbstverständlich keine Lichtquelle. Man hält wieder mit einer Hand die Karaffe etwas schräg und füllt den Wein so rasch um, daß er leicht aufspritzt und mit der Luft intensivst in Verbindung treten kann.

Der Zeitpunkt

Wann ist nun der beste Zeitpunkt für das Dekantieren eines älteren Rotweines? Darüber gehen die Meinungen, auch die der Fachleute, sehr auseinander. Der richtige Zeitpunkt dürfte wohl weitgehend von der betreffenden Weinsorte, vom Alter des Weines und vom persönlichen Geschmack abhängen. Fast jeder Wein ändert sich nach dem Dekantieren deutlich spürbar. In vielen Fällen dürfte es genügen, einen reifen Rotwein zwei bis drei Stunden auslüften zu lassen. In dieser Zeit erreichen die meisten Weine ihren duft- und aromamäßigen Höhepunkt. Es gibt alte Weine, die schon kurz nach dem Dekantieren in sich zusammenfallen. Solche Weine muß man wie einen Kranken zart und behutsam behandeln. Es gibt aber auch ganz alte und sehr große Weine, die nach dem Dekantieren erst so richtig lebendig werden. Beispielsweise enthüllt oft ein reifer Barolo aus dem Piemont gleich nach dem Öffnen außer Strenge und Härte am Gaumen fast kaum etwas. Aber nach einigen Stunden beginnt sich ein Bukett zu zeigen, das immer feiner und intensiver wird, bis man schließlich in den höchsten Duft- und Aromagenüssen zu schwelgen beginnt. Je besser ein Rotwein hinsichtlich Qualität, Herkunft und Jahrgang ist, um so mehr kann er sich bei einer längeren Berührung mit der Luft entfalten. Nicht selten ist ein Rotwein unmittelbar

11 *Bezugsquelle:* Vinophilia, Tischkultur rund um den Wein, A-1180 Wien, Währinger Straße 145, Tel. (0 222) 470 01 11

nach dem Entkorken eine reine Enttäuschung. Aber nach einigen Stunden kann sich dieser Wein grundlegend verändert haben. Ist man als Gastgeber im Zweifel, wann der richtige Zeitpunkt des Öffnens und Umgießens ist, dann sollte man einen Wein erst kurz vor dem Servieren dekantieren. Das Dekantieren ist gewiß eine Sache für Weinkenner.

Lagerfähigkeit

Der Wein ist ein lebendes Produkt. Er ist wie der Mensch dem Gesetz des Werdens, des Reifens und des Abbaues unterworfen. Jung – entwickelt – reif – hochreif – abgebaut – firn – passé (gebrochen), so lautet seine Reifekurve.
Selbst Fachleute vermögen die Lagerfähigkeit eines Weines nicht exakt vorauszusagen. Bei manchen Weinen läßt sich der Höhepunkt der Entwicklung oft etliche Jahre konstant erhalten. Andere Weine hingegen bauen nach Erreichung ihres qualitativen Höhepunktes rasch ab, verlieren bald ihre Frische und ihre sortentypischen Eigenschaften und werden schal und leer.
Tatsache ist jedenfalls, daß die Weine noch vor einigen Jahrzehnten allgemein mit einem höheren Schwefelgehalt versetzt wurden, als es heute der Fall ist. Zumindest bis zum Zweiten Weltkrieg pflegte man in Kreisen der Weinkenner und Weinliebhaber keine jungen Weine zu trinken. Man legte Wert auf gut gereifte, meist zehn oder noch mehr Jahre alte Weine, bei denen der Schwefelgehalt schon wesentlich abgebaut war. Sie galten allgemein als bekömmlich. Eine lange Lagerung wurde als qualitätssteigernd angesehen. Heute bevorzugt man den frischen Konsumwein im jugendlichen Stadium. Diese Art von Weinen hält sich sicherlich nicht allzu lange. Ja, manche Produzenten sagen sogar frei heraus, daß ihre Weine nicht lange lagerfähig sind, und verweisen stolz darauf, daß ihre Weine nur einer minimalen Schwefelung unterzogen worden sind.

Faktoren der Lagerfähigkeit

Die Lagerfähigkeit aller Weine ist immer von bestimmten Faktoren abhängig, deren wichtigste sind:

- **Rebsorte:** Weine mit hohem Säuregehalt, hohem Extraktgehalt oder mit hohem Gerbstoffgehalt brauchen zu ihrer Reifung mehr Zeit als weichere (milde) oder gerbstoffärmere Weine; sie halten sich aber dann auch länger in der Flasche.
- **Qualitätsklasse:** Die Qualitätsstufe eines Weines (Tafelwein, Qualitätswein, Prädikatswein) hat einen wesentlichen Einfluß auf die Dauer der Lagerfähigkeit.
- **Jahrgang:** Weine aus kleinen (mäßigen oder schwachen) Weinjahrgängen haben im allgemeinen nur eine kurze Lagerfähigkeit. Weine aus sehr guten oder ausgezeichneten Jahrgängen hingegen können eine wesentlich längere, mitunter sogar eine doppelt so lange Haltbarkeit haben, allerdings immer unter der Voraussetzung, daß ihr Säuregehalt nicht zu gering ist.
- **Herkunft, Ausbau- und Kellereimethoden** (Alkoholgehalt, Restsüße, Schwefeldioxyd, Ascorbinsäure, Abfülltermin etc.) beeinflussen gleichfalls die Haltbarkeit eines Weines. So haben beispielsweise mit Branntwein aufgespritete, süße Dessertweine ein gutes Alterungsvermögen.
- **Flaschengröße:** Reifezeit, Qualität und Lebensdauer stehen in direktem Zusammenhang mit der Flaschengröße. Weine im Gebinde (Korbflaschen etc.) sind wegen ihrer Größe und ihres Verschlusses für eine längere Lagerung ungeeignet. Ebenso solche in kleinen 0,2-Liter-Flaschen. Hingegen sind Weinflaschen mit einem größeren Inhalt, wie beispielsweise eine Magnumflasche (1,5 Liter) oder eine Doppelmagnumflasche (3 Liter), sehr günstig für eine längere Lagerung.

Reifeverlauf beim Wein

Grundsätzlich ist man gut beraten, wenn die Weine in ihrer Hochform, also in der Periode ihres Reifehöhepunktes, getrunken werden.
Die graphische Darstellung veranschaulicht den üblichen Reifeverlauf der Weine:

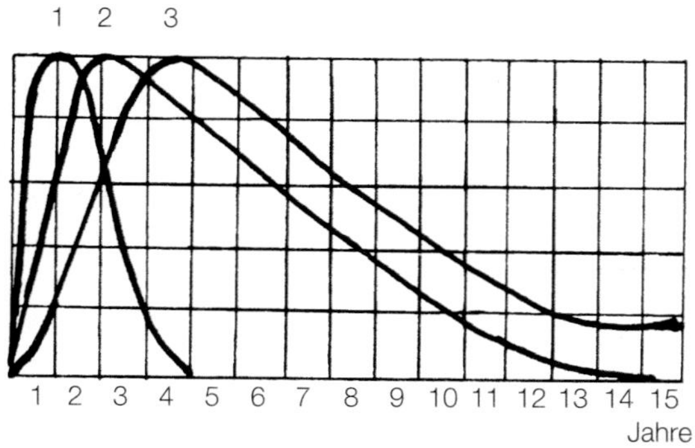

1 einfache, wenig haltbare Weine
2 Qualitätsweine haltbarer Sorten
3 Prädikatsweine sehr gut haltbarer Sorten

Sehr vereinfacht könnte man zu dieser Darstellung zusätzlich noch folgendes sagen:

- Mit der Höhe der Qualitätsstufe des Weines steigt grundsätzlich auch seine Lagerfähigkeit.
- Die große Masse der leichten Tafel- und Qualitätsweine mit wenig Säuregehalt sollte möglichst jung getrunken werden, etwa im Alter von einem bis zwei Jahren.
- Qualitätsweine (einschließlich Kabinett) mit einem höheren Säuregehalt oder aber solche von langsam ausbauenden Sorten erreichen ihren reifemäßigen Höhepunkt etwa zwischen dem zweiten und fünften Lebensjahr.
- Spätlesen reifen langsamer und haben ihren qualitativen Höhepunkt etwas später. Man trinkt sie am zweckmäßigsten zwischen ihrem dritten und zehnten Lebensjahr. Nur wenn sie einen recht geringen Säuregehalt haben, sollten sie dem Konsum früher zugeführt werden.
- Auslesen, vor allem Beerenauslesen, Ausbruch und Trockenbeerenauslesen halten sich jahrzehntelang.

Aber diese Grundregeln können sich oftmals als trügerisch erweisen, denn zu viele Faktoren beeinflussen die Lagerfähigkeit des Weines.
Einfluß auf die Lebensdauer beim Wein haben Alkohol, Säure, Extraktstoff, Gerbstoff (Tannin), Kohlensäure sowie die Flaschengröße, Lagerungsverhältnisse, Korken und der Zeitpunkt der Flaschenabfüllung:
Alkohol: Alkoholreiche Weine halten sich im allgemeinen länger, denn der Alkohol konserviert. Dies gilt besonders für alle mit Alkohol verstärkten Weine (Sherry, Port u. a.).
Säure: Weine mit einem hohen Säuregehalt, insbesondere solche, die aus vollreifem Traubenmaterial gekeltert wurden (Mostgewicht ab 90° Oechsle bzw. 18° KMW) lassen sich erfahrungsgemäß immer etwas länger lagern. Daher bauen vergleichweise trockene Weine auch viel rascher ab als fruchtige, die meist einen höheren Säuregehalt haben. Dabei müssen Weißweine mit einem Säureanteil von acht bis zehn Promille nicht sauer schmecken. Schon ein kleiner, im Wein verbliebener Restzucker kann die volle Harmonie wiederherstellen.
Extraktstoff: Extraktreiche Weine, besonders aus großen Jahrgängen sowie Auslesen und Eisweine aus guten Lagen, halten im Vergleich zu extraktarmen Weinen länger.
Gerbstoff (Tannin): Besonders bei den Rotweinen übt der Gehalt an Gerbstoff einen oft entscheidenden Einfluß auf seine Reifefähigkeit und damit auf seine Lebensdauer in der Flasche aus. Als Jungwein noch rauh und bitter schmeckend, können Rotweine im Laufe ihrer Lagerjahre ungemein an Harmonie gewinnen. Sie werden dann edel, rund und samtig, vielleicht sogar fines-

senreich und voller Tiefe. Man sagt, daß der Gerbstoff den Rotwein anfangs mit strenger, später jedoch nur mehr mit sanfter Gewalt zusammenhält.

Kohlensäure: Kohlensäurereiche Weine bleiben länger frisch und lassen sich daher besser lagern als kohlensäurearme Weine, die oft schon als junge Weine fad und ausdruckslos schmecken.

Flaschengröße: Ein in kleinen Flaschen (0,3 oder 0,5 Liter) abgefüllter Wein entwickelt sich reifemäßig viel rascher als in größeren Flaschen wie Magnum- (1,5 Liter) oder Doppelmagnumflaschen, in denen das Reifepotential des Weines immer höher ist. Jeder im Vergleich zum Weinvolumen größere Luftraum in der Flasche durch Flaschenschwund schafft einen größeren Raum für Sauerstoff und fördert eine raschere Oxydation des Weines.

Lagerverhältnisse, Korkgröße: Und schließlich kommt es auch sehr auf die vorgegebenen Lagerbedingungen an, wie beispielsweise Temperatur und Luftfeuchtigkeit. Eine zu warme Lagerhaltung läßt den Wein viel rascher altern. Wenn die Temperatur des Weinkellers durch längere Zeit hindurch 10° über der normalen Trinktemperatur liegt (also vielleicht bei 20–22° Celsius), altert ein Weißwein in der halben Zeit.

Schließlich sei auch noch auf die Bedeutung des Korkens hingewiesen. Kurze, vielleicht sogar noch schlecht sitzende Korken führen besonders bei zu geringer Luftfeuchtigkeit im Keller leichter zu seinem Austrocknen und in weiterer Folge zu einem Flaschenschwund mit allen seinen negativen Auswirkungen auf den Wein.

Zeitpunkt der Flaschenabfüllung: Einen Einfluß auf die Lagerfähigkeit hat auch der Zeitpunkt, wann ein Wein vom Faß abgezogen und in Flaschen gefüllt wird. Sehr früh in Flaschen abgefüllte Weine, besonders aus sehr reifen, aber vielleicht trockengeschädigten Jahrgängen, sollten immer früher getrunken werden.

Jedenfalls schaffen die beachtlichen Fortschritte in der modernen Kellertechnik heute viel ausgeglichenere und stabilere Weine als in früheren Zeiten. Daher soll ausdrücklich festgehalten werden, daß voll ausgereifte Weine guter Lagen und guter Jahrgänge, eine richtige Kellerpflege vorausgesetzt, ihre angenommenen Lebenserwartungen erheblich überschreiten können.

Flaschenschwund

Bei alten Weinen ist unbedingt auf den Flaschenschwund, also auf das vorhandene Füllniveau in der Flasche, zu achten. Das Füllniveau gibt eine wertvolle Information über den möglichen Zustand des Weines und ist ein erstes optisches Signal für die Einschätzung der Weinqualität in der Flasche. Wein ist ein lebendes Produkt und wird durch den bei Naturkorken gegebenen Luftaustausch beeinflußt. Je größer nun der Füllschwund in der Flasche ist, desto mehr

Beim Füllniveau unterscheidet man:
1. ***Korkvoll: normales Füllniveau***
2. ***Flaschenhalsniveau: wird auch als normales Füllniveau beurteilt***
3. ***Hochschulterniveau: wird bei alten Weinen als normales Füllniveau angesehen***
4. ***Oberes Schulterniveau: signalisiert bereits einen leichten Schwund***
5. ***Unteres Schulterniveau: Zeichen für Korkschwäche, fortgeschrittene Oxydation und schrittweise Essigbildung***

Luft (Sauerstoff) kann auf den Wein einwirken, was zur Oxydation und schließlich zum schrittweisen Essigwerden des Weines führt. Selbstverständlich spielen dabei die Qualität des Korkens sowie die gegebenen Lagerbedingungen eine entscheidende Rolle. Kosterfahrungen haben dabei gezeigt, daß Rotweine gegenüber durch Flaschenschwund ausgelöste Oxydationserscheinungen viel anfälliger sind als Weißweine. Dies hängt damit zusammen, daß Weißweine eine höhere Säure aufweisen, was offenbar den Oxydationsverlauf verzögert.

Kontrolle

Der Wein verändert sein Charakterbild im Laufe der Jahre, weshalb er bei einer längeren Lagerung im Keller regelmäßig kontrolliert und verkostet werden muß. Denn oftmals verliert ein Wein ganz plötzlich seine Qualität, obwohl er vielleicht ursprünglich gute Ansätze für eine längere Lagerung gezeigt hatte.

Es kann auch passieren, daß man mit einer Ladung neu in den Keller gebrachter Weine die Korkmotte einschleppt, die in einem Weinkeller erheblichen Schaden anrichten kann. Aus den Eiern nämlich, die sie an der Oberfläche des Korkens ablegt, entwickeln sich kleine Raupen, die sogenannten Korkwürmer. Sie bohren sich allmählich in den Korken ein und fressen sich im Laufe der Zeit durch den besten Korken hindurch. Der Wein bekommt dann Luft und verdirbt. Man merkt das Vorhandensein von Korkmotten an einer Art Mehlaufwurf auf der Oberseite des Korkens, der aber nicht mit dem normalen Pilzbelag auf der äußeren Oberfläche des Korkens verwechselt werden darf. Jeder Korkenverschluß fördert nämlich die normale Evaporation (Verdunstung). Der Wein dringt während der Flaschenlagerung langsam und ganz allmählich durch den Korken. Der Luftaustausch ist dabei genau in jenem Umfang gegeben, der die Reifung des Weines in der gewünschten Weise fördert. Und während dieses Luftaustausches lagern sich die nicht flüchtigen Extraktstoffe des Weines auf der Korkenoberfläche ab und bilden unter der Kapsel einen schwarzen oder schimmeligen Belag. Dieser hat auf die Qualität des Weines keinen Einfluß, außer wenn diese Schimmelpilze infolge einer schlechten Korkenqualität im Verlauf einer längeren Flaschenlagerung in den Wein eindringen können und ihn so ungenießbar machen. Deshalb soll und muß man die Flaschen bei einer längeren Lagerung kostbarer Weine von Zeit zu Zeit neu verkorken und nachher möglichst versiegeln, denn auch die besten Korken können bereits nach zehn Jahren durchlässig werden und haben im allgemeinen keine längere Lebensdauer als fünfundzwanzig Jahre.

Beim Umkorken muß der im Laufe der Jahre entstandene Flüssigkeitsverlust immer ausgeglichen werden. Das geschieht dadurch, daß die umzukorkenden Flaschen mit dem gleichen Wein wieder zur Gänze aufgefüllt werden. Selbstverständlich wird man dies nur bei größeren Vorräten an gleichen Altweinen machen. Hat man in seiner Privatvinothek nur eine oder zwei Flaschen eines alten, edlen Gewächses, dann korkt man nicht um, sondern läßt es darauf ankommen, daß der Korken länger halten und nicht zerbröseln wird.

Weinlagerung

Wozu Weine einlagern?

Was sind eigentlich die Gründe, sich einen Vorrat von Wein zu halten? Im wesentlichen sind es vier:

- Ein Wein sollte nach jedem Transport, auch wenn es nur ein kurzer Weg vom Geschäft nach Hause war, wieder zur Ruhe kommen. Denn die beim Transport unvermeidbaren Erschütterungen haben seine Bukett- und Geschmackseigenschaften gestört. Der Wein muß daher mindestens einige Tage, wenn möglich sogar zwei bis drei Wochen, gelagert werden, bevor er getrunken wird.
- Der Durchschnittsverbrauch von Wein liegt in Deutschland bei 25, in Österreich bei 33 und in der Schweiz bei 49 Liter pro Kopf und Jahr. Da Kinder keinen Wein zu trinken pflegen, ist die eigentliche Verbrauchsquote der Erwachsenen entsprechend höher anzusetzen. Der Wunsch, einen gewissen Weinvorrat im Haus zu haben, ist daher bei einer solchen Verbrauchsquote verständlich, sei es für Gäste, sei es für den eigenen Bedarf.
- Als Restaurantbetrieb ist es natürlich eine selbstverständliche kommerzielle Voraussetzung, ein entsprechendes Weinlager zu haben, denn alte Wein haben oft einen stolzen Preis.
- Und schließlich kann es durchaus zweckmäßig und oftmals notwendig sein, den Wein in der Flasche reifen zu lassen. Denn Wein ist nun einmal eines der wenigen lebenden Produkte unter den Nahrungs- und Genußmitteln, das zu seiner Entwicklung und Läuterung einen mehr oder weniger langen Reife- und Lagerungsprozeß benötigt, damit seine duftmäßigen und geschmacklichen Werte ausgeformt, seine Aromastoffe abgerundet und seine Farbtöne tiefer und vollkommener werden können. Oft mutet es einen fast als ein Wunder an, wenn ein Rotwein, in der Jugend infolge seines bitteren Gerbstoffanteiles kratzig, streng und hart, sich nach einigen Jahren der stillen Reife zu einem Gewächs mit einer vielleicht unglaublichen Geschmacksfülle und raffinierten Finesse entwickelt hat.

Aufbewahrung geöffneter Flaschen

Schon geöffnete, teilweise geleerte Flaschen sollten immer möglichst rasch ausgetrunken werden, denn längeres Stehenlassen kann den Wein durch Oxydation nachteilig verändern. Dies gilt allerdings nicht bei den sogenannten Likörweinen oder bei Weinen, die durch einen Alkoholzusatz verstärkt wurden. Solche Weine lassen sich auch bei erst teilweise geleerten Flaschen einige Zeit im Kühlschrank oder in einem Kühlraum aufbewahren, ohne daß der Wein oxydiert.

Bei angebrochenen Flaschen empfiehlt sich die Verwendung eines **Vacu-Vin**, um den Weinrest in der Flasche länger konsumfähig zu erhalten.

Dieser aus Holland stammende »Frischhalter« besteht aus einer einfachen Handpumpe und einem Verschlußzapfen aus Gummi. Die Bedienung ist sehr einfach. Man verschließt die angebrochene Flasche statt mit einem Korken mit diesem Gummipfropfen, der in der Mitte einen kleinen Schlitz aufweist. Dieser kleine Schlitz öffnet sich, wenn man ihn an der markierten Stelle »press« etwas zusammendrückt. Man setzt die kleine Handpumpe auf den Gummiverschluß und pumpt die in der Flasche vorhandene Luft heraus. Sobald beim Pumpen Widerstand spürbar ist, ist die Flasche weitgehend vaku-

***Vacu-Vin*[12]**

12 *Bezugsquelle:* MR Müller Rudolf, Import-Export-Großhandel, A-3430 Tulln, Seilergasse 9, Österreich, Telefon (0 22 72) 57 94 – Telefax (0 22 72) 57 95

umverschlossen. Die Pumpe wird wieder abgenommen und der Wein aufrechtstehend kühl verwahrt. Will man die Weinflasche öffnen, drückt man an der markierten Stelle den Gummiverschluß wieder zusammen. Die Luft strömt in die Flasche und der Verschluß läßt sich leicht entfernen.
Tatsächlich wird durch das Abpumpen der in der angebrochenen Flasche vorhandene Sauerstoff vermindert und der Wein dadurch eine gewisse Zeit länger haltbar gemacht. Allerdings mit dem Nachteil, daß man bei spritzigen Weinen durch das Abpumpen auch gleichzeitig den Kohlensäuregehalt reduziert und solche Weine im Geschmack schaler werden. Vacu-Vin eignet sich daher besser für Rotweine.

Lagerbedingungen

Zur Weinlagerung eignet sich am besten **ein ruhiger, licht- und geruchsgeschützter, gut durchlüftbarer Raum mit einer relativen Luftfeuchtigkeit von 70 bis 80 Prozent und einer möglichst gleichbleibenden Temperatur zwischen 8–12° Celsius.**
Die Gründe für eine solche Forderung zur optimalen Weinlagerung sind einleuchtend:

- Ein Wein, der immer wieder eine Erschütterung erfährt oder unter Lichteinfluß gelagert wird, zerfällt einfach. Eine Flasche Wein, die einige Zeit hindurch im Schaufenster dem Licht und der Erschütterung der Straße ausgesetzt war, dürfte eigentlich nicht mehr verkauft werden.
- Jeder Wein atmet durch den Korken, auch bei bester, sachgemäßer Lagerung. Dadurch können sich fremde Gerüche stark riechender Lebensmittel oder anderer Vorratsmittel, wie beispielsweise Heizöl, Petroleum, Putzmittel, Benzin, Zwiebel, ja auch Autoreifen etc., leicht auf den Wein in das Innere der Flasche übertragen. Der Wein nimmt dann gleichfalls diesen Geruch an und schmeckt auch danach.
- Jeder Raum zur Weinlagerung sollte gut durchlüftbar sein. Infolge mangelnder Luftbewegung kann sich nämlich eine »stehende Feuchte« bilden, die zu verschimmelten Korken oder zur Sporenbildung an den Flaschenetiketten führt. Auch kommt es immer wieder vor, daß ein Wein durch einen schlechten Korken langsam austritt und dann so lange einen üblen Geruch im Weinkeller erzeugt, bis man eine solche »nässende« Flasche aufgespürt und entfernt hat.
- Jeder Lagerraum für Wein muß immer eine bestimmte Luftfeuchtigkeit aufweisen. Lagert ein Wein zu trocken, dann schrumpft der Korken, wodurch ein Zutritt von Luft und damit von Sauerstoff ermöglicht wird. Der Wein oxydiert, verfärbt sich goldbraun, bekommt den berüchtigten Sherry- oder Firnton und »bricht« schließlich. Auch Essigbakterien können bei einem ausgetrockneten Korken eindringen und den Wein ungenießbar machen. Lagert ein Wein hingegen zu feucht, dann kommt es zur schon erwähnten Sporenbildung, und die Etiketten lösen sich, oder es kommt zu einer unerwünschten Schimmelbildung auf den Korken. Dieser Schimmelpilz kann mit der Zeit durch den Korken wachsen und verleiht dann dem Wein den bekannten »Korkgeschmack«. Schon beim ersten Schluck hört man dann den ärgerlichen Ausruf: »Der Wein hat einen Korken!« Ein solcher Wein ist nicht mehr trinkbar.
- Für die Reifung und Haltbarkeit eines Weines ist eine möglichst gleichbleibende Temperatur des Lagerraumes von großer Bedeutung. Entscheidend ist dabei immer, daß die Kellertemperatur während der gesamten Lagerzeit so konstant wie möglich bleibt und während des Jahres, also zwischen Winter- und Sommerzeit, keine größeren Schwankungsbreiten als etwa 4° Celsius hat. Grundsätzlich gilt dabei: Kühle, also niedrige Temperaturen verzögern eine Ausreifung des Weines in der Flasche (und können sogar zur Ausscheidung des zwar für Geschmack und Bukett völlig harmlosen, optisch aber unerwünschten Weinsteins führen). Wärme, also höhere Temperaturen, beschleunigt hingegen den Reifevorgang durch eine verstärkte Aktivierung der Mikroorganismen im Wein. Gilt doch bei Chemikern die Regel, daß jeder chemische Prozeß bei höheren Temperaturen entsprechend schneller verläuft. Das mag bei

jungen, frischen Rotweinen mitunter sogar erwünscht sein. Erhalten doch Rotweine erst durch eine entsprechend lange Reife ihre optimalen Eigenschaften. Diese Reifezeit kann man aber durch eine höhere Kellertemperatur verkürzen.
Die Weine verderben zwar nicht, wenn die Temperatur im Lagerraum während des Sommers auf 15 oder 16° Celsius hinaufklettert. Aber sie altern viel schneller, wodurch gerade Weißweine die erwünschte Frische verlieren und eine volle Entfaltung ihrer edlen Eigenschaften verhindert wird.
Lagerräume, die im Winter eine Temperatur unter 10°, im Sommer aber über 20° Celsius aufweisen, sind für den Reifeverlauf und den Qualitätszustand der Weine langfristig immer kritisch.

Wie ist der Wein zu lagern?

Lagert man die Weine liegend oder stehend?
Die Antwort ist: Das hängt immer vom Verschlußsystem ab. Weinflaschen mit einem Naturkorken sind liegend, möglichst mit dem Etikett nach oben, zu lagern. Dann vermag der Wein den Korken zu umspülen. Er bleibt feucht, dehnt sich aus und schließt den Flaschenkopf gut ab. Ein schädlicher Sauerstoffzutritt wird dadurch vermieden, gleichzeitig aber ein minimaler Luftaustausch ermöglicht, der zur Reifung eines Weines erwünscht und notwendig ist.
Flaschen mit einem Kronenkorken oder Schraubverschluß, einem sogenannten Pilferproof, können aber auch stehend gelagert werden. Gegen die Verwendung solcher Flaschenverschlüsse spricht, daß infolge des fehlenden Luftaustausches die notwendige Entwicklung und Reife besonders bei hochwertigen Prädikatsweinen nicht im gewünschten Umfang möglich ist. Für die Verwendung solcher Flaschenverschlüsse spricht jedoch, daß diese Verschlußart zumindest einige Zeit hindurch eine hohe Gasdichte in der Flasche sichern hilft, womit die Frische und Jugendlichkeit eines Weines länger erhalten bleibt. Das ist bei einfachen Tisch-, Schank- und Konsumweinen, die für einen baldigen Konsum bestimmt sind, sicherlich erwünscht.
Die Korken für Weinflaschen werden aus der Rinde der Korkeiche gewonnen, wobei die besten aus Spanien und Portugal kommen. Ein guter Flaschenkorken soll bei der dem Wein zugewendeten Seite einen glatten Spiegel haben, wenig Poren aufweisen und mindestens sechs Schichten zeigen, was besagt, daß er zumindest sechs Jahresringe aufweist.
Ein anderes wichtiges Qualitätskriterium ist die Länge des Korkens. Sehr edle Weine werden mit besonders langen Korken (bis zu 60 mm) verschlossen.
Schließlich sei noch darauf hingewiesen, daß Flaschenweine grundsätzlich ausgepackt und nicht in Kisten oder Kartons aufbewahrt werden sollten.

Aufbewahrungsort

Zur Lagerung des Weines ist ein kühler, trockener Naturkeller wahrscheinlich der idealste Ort. Besitzt man keinen solchen Keller, was bei den meisten Weinliebhabern der Fall sein dürfte, dann tut es selbstverständlich auch ein **Kellerabteil** im eigenen Haus, das man als Weinkeller einrichtet. Es soll aber weit weg von einer eventuell vorhandenen Zentralheizung sein, möglichst auf der Nordseite des Hauses liegen und gut durchlüftbar sein. Im Gegensatz zu den Trauben verträgt der Wein weder Sonne noch viel Licht. Er liebt es dunkel. Deshalb ist es notwendig, das Kellerfenster gut abzudunkeln und keine Festbeleuchtung zu installieren, sondern sich mit einer schwachen Glühbirne zu begnügen.
Ein einfaches Thermometer, besser noch ein Minimum-Maximum-Thermometer, im Weinkeller gibt Auskunft, ob die wichtigste Forderung an einen Weinkeller, nämlich eine möglichst konstante Temperatur das ganze Jahr hindurch, erfüllt wird.
Die Obergrenze, bis zu der eine noch einigermaßen gute Weinlagerung möglich ist, dürfte etwa

bei 15° oder 16°, äußerstenfalls bei 18° Celsius liegen. Als Untergrenze ist 5° Celsius anzusehen, da ab dieser Temperatur der Ausbau der Weine praktisch zum Stillstand kommt.
Grundsätzlich gilt, daß Weißweine Dauertemperaturen von 15° oder 16° Celsius nicht sehr gut vertragen und auch wesentlich rascher altern. Für Sekt und Champagner ist bereits 12° Celsius eine absolute Obergrenze. Rotweine quittieren Langzeittemperaturen unter 5° Celsius mit einem Stopp ihres Ausbaues. Alle diese Aussagen sind natürlich nur im Zusammenhang mit der gesamten Lagerdauer zu betrachten.
Sollte also während des Sommers die Temperatur im Weinkeller über die vorhin angeführte Obergrenze klettern, so gibt es zwei Möglichkeiten zur Abhilfe: Die eine besteht darin, daß man die Kellerwände und den Plafond mit einfachen Styroporplatten belegt oder beklebt. Eine solche Styroporverkleidung ist allerdings nicht ganz billig, vermag aber den Kellerraum etwa 2–4° Celsius kühler als ohne Verkleidung zu halten.
Die andere Möglichkeit wäre die, im eigenen Weinkeller ein speziell dafür konstruiertes Kühlaggregat installieren zu lassen. Solche vollautomatische Kühlanlagen bieten eine ganze Reihe darauf spezialisierter Firmen an.
Am besten ist es natürlich, wenn beim Bau eines Hauses von vornherein ein eigener **Weinkeller** mitberücksichtigt wird. Hierbei soll man beachten, daß er nordseitig gelegen ist, die Wände möglichst aus Bruchsteinen bestehen und die Decke aus Hohlsteinen oder anderem wärmeisolierendem Material wie Bimssteinziegeln, Hochofenschlackensteine etc. Auf die Decke kommt dann noch zweckmäßigerweise eine etwa 30 Zentimeter starke Isolierschicht aus einem schlechten Wärmeleiter wie Styropor, Glas- oder Steinwolle. Der Boden soll offen bleiben.
Besteht beim stolzen Besitzer der Wunsch nach einer eigenen **Kellerbar,** dann soll eine solche Weinprobierecke unbedingt vom eigentlichen Weinkeller abgesetzt sein und räumlich woanders untergebracht werden. Denn der Wein braucht Ruhe, Kühle, eine ordentliche Luft und soll nicht »in Fahrt kommen«, wie es die Weinverkoster während eines Degustationsabends bei ihren Zuhörern vielleicht anstreben. Der Wein wird es seinem Besitzer zu danken wissen.
Im Zusammenhang mit einem eigenen Weinkeller sei auch kurz der **Kellerschimmel** erwähnt, den man oft bei einem Kellerbesuch an den Wänden sieht. Dieser Kellerschimmel, auch Kellertuch oder lateinisch Cladiosporium cellare genannt, ist ein graugrüner, fast schwarzer Schimmelpilz, der sich rasenförmig auf den Kellerwänden, Fässern oder auf Flaschen absetzt. Er ernährt sich ausschließlich von den in der Kellerluft enthaltenen flüchtigen Stoffen des Weines wie Alkohol, Essigsäure und bestimmten Weinestern. Im Vergleich zu anderen Schimmelarten zeigt der Kellerschimmel jedoch keinen unangenehmen Geruch. Im Gegenteil, der Weinhauer schätzt ihn, weil er mithilft, die Luftfeuchtigkeit im Weinkeller zu regulieren. Das ist gerade bei einer Holzfaßlagerung nicht unwichtig. Allerdings muß darauf geachtet werden, daß er nicht überhand nimmt.
Hat man keinen eigenen Weinkeller und auch kein geeignetes Kellerabteil, jedoch das Herz und auch die dazu notwendige Geldbörse, dann sollte man sich einen speziellen **Getränkekühlschrank** (Weinklimaschrank) anschaffen, da die üblichen Haushaltskühlschränke für eine Weinlagerung ungeeignet sind. Bei solchen speziell für die Lagerung von Weinen entwickelten Kühlschränken sorgt eine eingebaute Zwangsumluftkühlung für eine gleichmäßige Temperatur im ganzen Schrank. Im allgemeinen liegt der Temperatureinstellungsbereich zwischen +2 bis +12° Celsius. Verstellbare Roste bieten dabei eine ideale Raumnutzung.
Diese Weinklimaschränke haben entweder eine einzige (selbst wählbare) Temperaturzone oder mehrere Temperaturbereiche. Bei der Auswahl eines passenden Klimaschrankes ist immer das gewünschte Ziel entscheidend. Will man seine Weine längere Zeit hindurch nur lagern und reifen lassen, dann empfiehlt sich die Anschaffung eines Klimaschrankes mit einer einzigen Temperaturzone (z. B. für 8° C). Will man sich eher einen Schrank anschaffen, der einem die Weine sofort zu den gewünschten Serviertemperaturen liefert, dann sollte man sich für einen Klimaschrank entweder mit zwei Temperaturzonen (z. B. für Weiß-, Rosé- und Schaumweine mit 6–8° C und für

Rotweine mit 16° C) oder mit drei Temperaturbereichen (z. B. einstellbar auf 4–9° C für Weißweine, 10–15° C für eine Lagerung und Reifung der Weine und 14–18° C für Rotweine) entscheiden. Dann gibt es noch die sogenannten Servithek-Schränke (mit mehreren Temperaturbereichen in

Weinklimalagerschrank »Chambrair« [13]

Zwischenstufen einstellbar von 6–18° C), die speziell für die Gastronomie und Weinhändler bestimmt und auch entsprechend teuer sind. Sie dienen vor allem dazu, den Tagesbedarf aller auf einer Weinkarte aufscheinenden Weine mit der jeweils für die betreffende Sorte und Qualitätsstufe idealen Trinktemperatur für den sofortigen Konsum bereitzustellen. Alle diese Weinklimaschränke werden heute von etlichen Lieferfirmen in den verschiedensten Fassungsgrößen und Preislagen angeboten.

Es gibt auch begehbare **Kleinkühlzellen,** die einen ausgezeichneten Ersatzkeller für solche Häuser oder Wohnungen abgeben, die über keine geeigneten Möglichkeiten zur Weinlagerung verfügen.

Fehlt aber jeglicher geeignete Raum oder kann man sich nicht zum Kauf eines Weinklimaschrankes entschließen, dann wähle man für ein kleines Weinlager die kühlste und ruhigste Ecke der Wohnung und umwickle jede einzelne Flasche mit einer dicken Schicht Zeitungspapier. Auch so kann man einige Flaschen Wein über eine beschränkte Zeitdauer lagern.

Zuletzt sei noch auf eine Möglichkeit für eine private, fachgemäße Weinlagerung aufmerksam gemacht. Einzelne Weingüter bieten in alten Gewölben abschließbare **Weinboxen** zur Vermietung an, in denen mehrere hundert eigene Weinflaschen ideal gelagert werden können. Außerdem gibt es dort auch gemütliche Koststüberl, die man benützen kann, wenn man mit Freunden bei eigenen Weinen irgendeinen besonderen Anlaß feiern will.

---

13 *Bezugsquelle:* Chambrair Österreich, Vinothek am Aumannplatz Handels Ges.m.b.H./Vinophilia, A-1180 Wien, Währinger Straße 145, Telefon (0 222) 470 01 11 – Fax DW 15

Vinothek – Weinkeller

Manche Leute pflegen heute nicht mehr von ihrem Weinkeller, sondern nur mehr von ihrer Vinothek zu sprechen. Falls es kein kaufmännisch geführter Betrieb ist, dann liegt der Unterschied zwischen Weinkeller und Vinothek nur im Snobismus, es sei denn, man meint darunter wirklich einen sorgfältig nach Plan sortierten Weinkeller mit genauer Buchführung. Denn in einer Vinothek muß man einen guten Überblick über seinen Weinvorrat haben, um Weine nicht erst dann zu öffnen, wenn sie bereits einen Qualitätsverlust aufweisen oder ihre Qualität gar schon verloren haben.
Das Angebot an geeigneten **Hilfsmitteln für eine übersichtliche Lagerung** von Weinflaschen ist heute erfreulicherweise sehr groß. So gibt es:

- das klassische Regal aus Holzleisten und Holzlatten, welches durch eingelassene Sperrholzbretter gut unterteilt werden kann;
- Metallregale im Anbauverfahren, die im allgemeinen recht preiswert sind;
- Drahtgestelle, freistehend oder an den Wänden aufhängbar;
- Lagergestelle aus Kunststoff, die nach dem Baukastensystem aufstockbar sind und überdies den Vorteil haben, daß im Boden jedes Regals Rillen vorhanden sind, die ein Nachrollen der Flaschen verhindern;
- Flaschenboxen aus Styropor, die gleichfalls übereinander gestapelt werden können;
- Regale aus Drainagerohren, die auch in Mörtel verlegt oder eingegipst werden können; diese Tonröhren sind allerdings ziemlich platzaufwendig, außerdem nicht billig und hinsichtlich der gelagerten Flaschen unübersichtlich;
- Boxen aus Bimsstein, Schwemmstein oder aus Betonplatten, die zwar recht stabil sind, aber ebenfalls viel Platz benötigen.

Man sollte darauf achten, daß der Weinlagerraum nicht völlig mit Regalen oder sonstigen Lagergestellen vollgepfropft ist. Denn immer sollte eine freie Fläche als Zwischenlager zum Stapeln von Weinholzkisten, Weinkartons aus Pappe oder Styroporverpackungen vorhanden sein.
Jeder Besitzer eines eigenen Weinkellers soll von vornherein bemüht sein, im Reiche der Weinflaschen peinliche Ordnung zu halten. Denn die Weine haben es nicht gerne, wenn sie immer wieder in die Hand genommen und – aus welchen Gründen auch immer – bewegt oder gar geschüttelt werden.
Eine übersichtliche, systematische **Lagereinteilung** zur Vorratshaltung von Wein ist daher sehr zu empfehlen. Dazu gibt es viele Vorschläge, und der eigenen Phantasie sind keine Grenzen gesetzt. Entweder teilt man sein Weinlager nach einfachen Tischweinen, Qualitäts- bzw. Prädikatsweinen und seinen »Weinschätzen« ein oder nach Jahrgängen oder nach Weinsorten oder nach Anbaugebieten oder nur nach Ländern usw. Nach Möglichkeit sollte dabei die natürliche Thermik eines Weinkellers ausgenützt werden, indem die Rotweine im oberen Regalbereich, die Weißweine im unteren und die Roséweine auf halber Höhe gelagert werden.
Wichtig für eine übersichtliche Lagereinteilung ist eine sinnvolle **Beschriftung.** Denn das Heraussuchen eines bestimmten Weines soll erfolgen können, ohne daß die anderen Flaschen bewegt werden müssen. Am besten beschriftet man durch kleine Etiketten, die man an den Regalen anbringt. Wer es besonders gut mit seinen Weinen meint, kann auch den Flaschenboden einzelner Bouteillen mit einem selbstklebenden Etikett versehen, auf dem er Jahrgang, Weinsorte, Qualitätsstufe, Name des Winzers anmerkt.
Zu jedem ordentlich geführten Weinkeller gehört ein sogenanntes **Kellerbuch.** Aus diesem Buch sollen ersichtlich sein: Bestand der Flaschenweine mit allen Detailangaben, Bezugsquelle, Einkaufspreis, Zeitpunkt der optimalen Reife, Besonderheiten, die man beim Einkauf vermerken konnte, Datum und Anlaß der Konsumation, kurze Beschreibung des konsumierten Weines.

Sensorik

Anleitung zur Weindegustation

Die Weinbeurteiltung kann man durchaus erlernen und damit vom Weintrinker zum Weinkenner werden.
Der auf diesem Gebiet international anerkannte Fachmann Michael Broadbent schreibt in seinem Buch WEINE – PRÜFEN – KENNEN – GENIESSEN: »Wer Speisen wirklich schmecken kann, kann auch Wein degustieren. Allgemein gesprochen: Was gut riecht und schmeckt, ist gut; was fremdartig riecht oder einen verdorbenen Geschmack aufweist, ist schlecht. Ich glaube, daß hier der Grund dafür liegt, daß die meisten Menschen zu einer treffenden Einstufung von verschiedenen Weinen fähig sind – einfach deshalb, weil dieser und jener besser riecht und schmeckt als der andere.«
Das ist, präzise ausgedrückt, die Grundbasis für eine Weinbeurteilung. Selbstverständlich bedarf es dazu noch eines ständigen Lernens und Übens. Berufsmäßige Weinprüfer (Degustatoren) verfügen zwar über ein besonders ausgeprägtes Geschmacks- und Geruchsempfinden, müssen aber trotzdem ständig üben. Es gibt nicht wenige Weinprüfer, die fast täglich Weine verkosten, einfach um nicht aus der Übung zu kommen und um sich ständig zu perfektionieren. Denn von einem Professionellen erwartet man ein sicheres und unbestechliches Urteil über die Qualität eines Weines. Man soll aber nicht erwarten, daß ein Weinprüfer gleich den Jahrgang, die Lage und vielleicht noch den Weinbaubetrieb errät.
Aber hier soll nicht von berufsmäßigen Weinkennern die Rede sein, sondern von Weinliebhabern, die lernen wollen, einen Wein hinsichtlich seiner Güte und Eigenheiten zu beurteilen. **Wer sich selbst testen will, ob er über ein feines Geschmacksempfinden verfügt, der kann folgenden Versuch machen** (Werte für Testlösungen nach europäischen Vereinbarungen):

Man löst jeweils in 1 Liter destilliertem Wasser auf:

- süße Lösung: 6 Gramm Zucker (Saccharose)
- saure Lösung: 0,6 Gramm Zitronensäure (oder Weinsäure)
- salzige Lösung: 0,8 Gramm Kochsalz (NaCl)
- bittere Lösung: 4 mg (0,004 g) Chininhydrochlorid (besser: kristallines Koffein)

Man kann seine persönliche Geschmacksschwelle noch weiter testen, indem man in einer zweiten Testreihe die Lösungen auf folgende Werte reduziert: süß mit 3 g Zucker, sauer mit 0,4 g Zitronensäure, salzig mit 0,6 g Kochsalz und bitter mit 2 mg Koffein.
Wer nun die vier Geschmacksrichtungen süß, sauer, salzig und bitter richtig herauszuschmecken vermag, der verfügt über eine gute Zunge zur Geschmacksbeurteilung.
Einen Wein zu verkosten oder zu prüfen heißt nichts anderes, als einen Wein mit den natürlichen Sinnesorganen des Menschen, wie Sehen, Geruch und Geschmack, zu analysieren. Man spricht dabei von einer sensorischen Analyse, wobei es im Gegensatz zur chemischen Analyse (zahlenmäßiges Erfassen der Inhaltsstoffe) ausschließlich darauf ankommt, aufgrund der subjektiv vorgenommenen Sinneseindrücke sofort (direkt) die wichtigsten Merkmale eines Weines herauszufinden und zu beurteilen. Man prüft daher zuerst das äußere **Erscheinungsbild** des Weines, dann seinen **Geruch** und schließlich seinen **Geschmack.** Als leicht faßliche Formel für die Reihenfolge einer Weinverkostung gelten die Buchstaben COS, die Anfangsbuchstaben für **C**olor (Farbe), **O**dor (Geruch) und **S**apor (Geschmack).
Dazu gibt es eine nette Geschichte: Der ungarische Tokajer wurde im Ausland von den Polen als erstes entdeckt. Schon im 16. Jahrhundert reisten zahlreiche polnische Weinhändler nach Ungarn, um dort den Tokajer einzukaufen. Meist reisten sie dabei zu zweit. Der eine von ihnen war der eigentliche Weinfachmann, der andere der Finanzier, der das zum Einkauf nötige Geld in einer »Geldkatze« bei sich trug. Sobald die beiden bei einem Winzer, der Tokajer verkaufen wollte,

ankamen, nahmen sie in dessen Keller der Reihe nach von allen Weinfässern Kostproben. Bei jenen Fässern, wo der polnische Weinfachmann das magische Wort COS sprach, wurde der Wein sofort gekauft und gleich bezahlt. In dieser einen Silbe faßten die polnischen Weineinkäufer alle bei einem Spitzenwein erwarteten Eigenschaften hinsichtlich Farbe, Geruch und Geschmack zusammen.

Um alle Eindrücke beim Weinverkosten auch richtig erfassen zu können, dürfen die entsprechenden Sinnesorgane nicht behindert sein. Man darf also bei einer Weindegustation keinen Schnupfen haben, es dürfen auch vorher oder zwischendurch keine scharfen Speisen oder Getränke gereicht werden, und Zigaretten-, Zigarren- oder Pfeifenrauchen ist strengstens verpönt! Auch mit der üblichen Sitte, zwischen den Weinverkostungen Käseproben anzubieten, sollte endlich Schluß gemacht werden. Denn das Kauen von Käse verursacht im Mund durch den Speichel eine vermehrte Stärkeverzuckerung und kann damit zu einer Verfälschung der Geschmackseindrücke führen.

Nicht unwesentlich für eine einwandfreie Weinverkostung ist auch das dabei verwendete **Glas.** Es soll farblos, dünn und durchsichtig sein, der Kelch sich nach oben zu leicht apfel- oder zumindest tulpenförmig verengen und einen Stiel haben. Farblos und transparent deshalb, um eindeutig die Farbe und Klarheit des Weines beurteilen zu können. Nach oben leicht apfel- oder tulpenförmig verengt, damit sich die Duftstoffe des Weines im Glas sammeln können und die Nase den Duft genießen kann. Und schließlich soll es auch einen Stiel haben, damit sich der Wein beim mehrfachen Anfassen des Glases nicht zu rasch erwärmt und damit die Hand auch genügend weit von der Nase entfernt ist, um eine Geruchsbeurteilung nicht durch eventuelle Düfte der Hand abfälschen zu können.

Das heute bei professionellen Weinverkostungen am meisten verwendete **Degustationsglas** ist das von der Deutschen Landwirtschafts-Gesellschaft im Jahre 1980 geschaffene DLG-Kostglas »Kabinett« für Weiß- und Rotweine. Es ist insgesamt 135 mm hoch und faßt 125 ml.

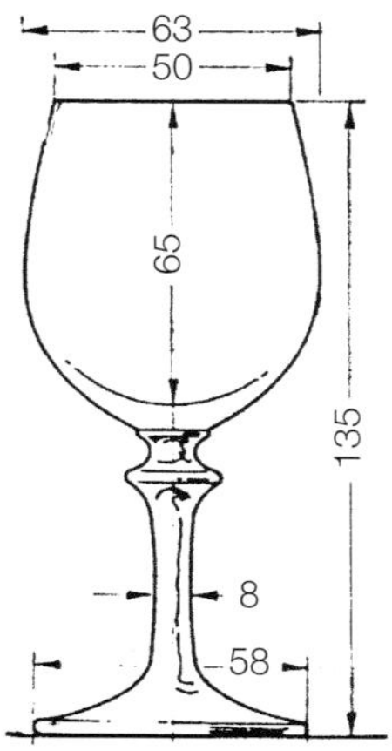

DLG-Kostglas »Kabinett«

Das vielleicht revolutionierendste und angeblich »beste« Kostglas, das heute auf dem Markt zu finden ist, dürfte das seit 1987 angebotene Pascot-Degustationsglas »Taster« sein. Es hat innen zwei Höcker, die den Wein »brechen« und eine Sauerstoffaufnahme mit der damit verbundenen Entfaltung des Weinaromas fördern. Die Aromaentfaltung soll bei diesem Glas angeblich weitaus besser sein als bei herkömmlichen Kostgläsern, die bestenfalls eine Geruchsentfaltung von einem Drittel ermöglichen.

Einen wichtigen Einfluß bei der Weinverkostung hat auch die **Temperatur** des Weines. Ein zu kalter oder zu warmer Wein kann eine völlig andere Sinnesempfindung hervorrufen. Als optimale Temperatur zur Weinverkostung sind beim Weißwein etwa 10–12° Celsius (Prädikatsweine 12–14° C) und beim Rotwein 16–18° Celsius zu verstehen.

In dem Raum, wo die Weinverkostung stattfindet, sollen auch gute **Lichtverhältnisse** herrschen. Der Raum muß hell sein. Die Tische sollten nach Möglichkeit eine weiße Tischdecke haben, damit man die Farbe des Weines richtig beurteilen kann. Zumindest die Wände sollten hell sein.

Bewertungssysteme

Die im deutschsprachigen Zentraleuropa am meisten angewandten Beurteilungssysteme beim Wein sind die beiden folgenden:

Internationales 20-Punkte-Schema

Weinbezeichnung	Punkte
I. Aussehen	
Farbe:	
– nicht entsprechende Farbe	0
– entsprechende Farbe	1
– besonders schöne Farbe	2
Klarheit:	
– opalisierend, gebrochen, sätzig	0
– trüb, verschleiert, staubig	0–1
– klar (glanzlos)	1–2
– kristallklar, glanzhell, spiegelnd	2
II. Geruch	
– fremder, fehlerhafter, kranker, verdorbener Geruch	0
– schwacher, ausdrucksloser, charakterloser, indifferenter Geruch	1–2
– entsprechender und feiner Geruch	4
III. Geschmack und Gesamteindruck	
– fremder, kranker, fehlerhafter, verdorbener Geschmack	0
– fehlerfrei, rein, jedoch leer und unharmonisch	1–4
– harmonisch, jedoch leer, mit wenig Charakter	5–7
– harmonisch, voll, rund, charakteristisch, von ausgezeichnetem Aroma und betontem Charakter	12

Nach dieser international üblichen Methode können maximal je 2 Punkte für die Farbe und Klarheit, 4 Punkte für den Geruch und 12 Punkte für den Geschmack und Gesamteindruck, somit also höchstens 20 Punkte, gegeben werden.
International werden dabei die Weine wie folgt **klassifiziert:**

1–10	fehlerhaft
10–12	nicht oder kaum zufriedenstellend
12–14	gut
14–16	sehr gut
16–18	ausgezeichnet
18–20	Spitzen- bzw. Jahrhundertwein

DLG-5-Punkte-Schema (**D**eutsche **L**andwirtschafts-**G**esellschaft)

Dieses Weinprüfungsschema wird in Deutschland zur Durchführung der im Weingesetz vorgeschriebenen Sinnenprüfung von den in den weinbautreibenden Ländern tätigen Prüfungskommissionen angewandt.
Bewertet werden dabei die Prüfmerkmale **Geruch, Geschmack** und **Harmonie.**

Sensorische Vorbedingungen (typisch für ...)

Vorab sind folgende sensorische Vorbedingungen auf eine Ja/Nein-Entscheidung zu prüfen, wobei ein Nein den Ausschluß von der weiteren Prüfung bedeutet:

- Rebsorte
  (wenn angegeben, aber nicht typisch, kann der Wein ohne Rebsortenangabe zugelassen werden)

- Prädikat
(wenn nicht für das beantragte, aber für ein anderes Prädikat typisch, kann der Wein für dieses zugelassen werden)
- bestimmtes Anbaugebiet bzw. Bereich
- Farbe
- Klarheit

Fünf-Punkte-Skala

Punkteskala		
Punkte	von–bis	Qualitätsbeschreibung
5	4,50–5,00	hervorragend
4	3,50–4,49	sehr gut
3	2,50–3,49	gut
2	1,50–2,49	zufriedenstellend
1	0,50–1,49	nicht zufriedenstellend
0		keine Bewertung, d. h. Ausschluß des Weines

Sensorische Prüfmerkmale (Punktevergabe und Gewichtung)

Prüfmerkmal	Möglichkeiten der Punktevergabe[1]										Gewichtungs-faktor	Gewichtete Bewertung
Geruch	5	4,5	4	3,5	3	2,5	2	1,5	1	0	x 1	=
Geschmack	5	4,5	4	3,5	3	2,5	2	1,5	1	0	x 1	=
Harmonie[2]	5	4,5	4	3,5	3	2,5	2	1,5	1	0	x 1	=
Gewichtete Gesamtbewertung												= Σ

1 Es können halbe Punkte vergeben werden.
2 Unter Harmonie ist das Zusammenwirken von Geruch, Geschmack und sensorischen Vorbedingungenzu verstehen. Ihre Bewertung darf gegenüber Geruch und Geschmack um höchstens 1,0 Punkt nach oben abweichen. Sind Geruch und Geschmack unterschiedlich bewertet, so gilt jeweils die höhere Punktezahl.

Mindestpunktezahlen und Qualitätszahl

$$\frac{\text{Gewichtete Gesamtbewertung}}{\text{Summe der Gewichtungsfaktoren}} = \frac{\Sigma}{3} \quad \boxed{}$$

Bei dem 5-Punkte-Schema ist die Mindestpunktezahl für jedes einzelne sensorische Prüfmerkmal 1,5. Dabei sind alle Prüfungsmerkmale bei der Beurteilung als gleich wichtig anzusehen. Die durch drei geteilte Summe der für Geruch, Geschmack und Harmonie erteilten Punkte ergibt die **Qualitätszahl,** die für Weine aller Qualitätsstufen entscheidend ist und mindestens 1,50 betragen muß.

Wie geht man bei einer Wendegustation vor?

Gehen wir nun der Reihe nach durch, was bei einer Weinverkostung berücksichtigt werden sollte:

Aussehen (Farbe)

Zunächst prüft man den Wein mit dem Auge hinsichtlich
- **Farbton**
- **Farbtiefe**
- **Klarheit**
- **Flüssigkeitszustand**
- **Schaum (Perlen)**

Die **Farbe** beurteilt man im durchscheinenden Licht. Dazu hält man das Glas mit Wein etwas schräg zu einer weißen Fläche (Tischtuch, Wand). Die Farbe verrät schon viel vom Wein. Sie ist gewissermaßen das »Gesicht« des Weines.

Farbton

Der Farbton des Weines ist weitgehend von der Rebsorte, der jeweiligen Jahrgangsgüte und der Vinifizierung abhängig. Er ist ein Hinweis auf die Weinsorte, kann aber auch zugleich einen Anhaltspunkt über den Jahrgang geben. Sehr gute Jahrgänge erbringen hohe Extraktwerte, die sich beim Wein in tieferen und satteren Farbtönen ausdrücken. Auch die Ausbauweise des Weines hat Auswirkungen auf die Farbe des Weines. Leichte, duftige Weine haben meist ein helles Aussehen, während alkohol- und extraktschwere Weine naturgemäß einen satteren Farbton anzeigen. Rotweine können mitunter einen Blaustich bekommen, der entweder sortenmäßig bedingt (z. B. Zweigelt) oder ein Zeichen dafür ist, daß der Wein zuviel geschwefelt wurde.

Bei den Farbtönen des Weines unterscheidet man:

Weißwein:	*Sorten:*
grünlich-gelb	Furmint, Riesling, Kerner, Bacchus, Grüner Veltliner, Roter Veltliner, Müller-Thurgau, Muskateller, Muskat-Ottonel, Sauvignon blanc, Silvaner, Welschriesling u. a.
strohgelb	Chardonnay, Weißer Burgunder u. a. – aber auch Hinweis auf einen trockenen Wein.
goldgelb	Bouvier, Frühroter Veltliner, Goldburger, Jubiläumsrebe, Neuburger, Rotgipfler, Ruländer – Hinweis auf das Erreichen eines gewissen Alters, z. B. bei Grünem Veltliner, Riesling u. a. bzw. bei Prädikatsstufen (Spätlesen, Auslesen).
altgold	Hinweis auf einen Süßwein (Dessertwein), auf einen höherstufigen Prädikatswein (Beerenauslese, Trockenbeerenauslese), auf einen Strohwein oder eventuell auf einen schon länger in der Flasche gelagerten Wein.
bernstein- bis braunfarbig	Hinweis, daß der Weißwein am Ende seiner Entwicklung angelangt ist, oder Hinweis für einen mehr oder weniger stark oxydativen bzw. oxydierten Wein, der meist seine Frische schon verloren hat und müde und matt schmeckt.
Rotwein:	*Sorten:*
hellrot	Blauer Portugieser, Trollinger – Hinweis auf einen extrem jungen bzw. nicht ausgereiften Rotwein.
purpurrot	Blauburger
rubinrot	Blauer Burgunder/Spätburgunder, Blaufränkisch/Lemberger, Merlot, Zweigelt
granatrot	Cabernet (in der Jugend)
dunkelrot	Cabernet (im Alter), St. Laurent

Roséwein:	*Sorten:*
blaßrosa	Blauer Portugieser
hellrosa	Blauer Burgunder/Spätburgunder
zart-kirschrosa	Zweigelt, Blaufränkisch/Lemberger
zwiebelfarbig	Schilcher (Blauer Wildbacher)

Farbtiefe

Die Farbtiefe (Farbenintensität) verrät den Entwicklungsstand (Alter) des Weines. Junge Weißweine zeigen vielfach eine hellere Farbe oder sind überhaupt nahezu farblos. Reifere Weißweine präsentieren sich eher goldfarben und farbdunkler. Rotweine hingegen verraten ihre Jugend durch eine tiefe, satte Farbe, oft auch mit violetten Reflextönen versehen. Erst mit zunehmendem Alter werden sie unter Einfluß von Oxydationsvorgängen immer heller und erhalten mehr oder weniger starke Brauntöne. Manche Weinkenner behaupten sogar, daß beim Rotwein der bräunliche Rand am Glas, der einen bereits erfolgten längeren Reifeprozeß des Weines anzeigt, mit den Jahresringen eines Baumes vergleichbar ist und das Alter eines schon länger gereiften Rotweines verrät. Und zwar soll ein Millimeter Rand etwa mit zehn Reifejahren des Weines gleichzusetzen sein. Nun, darüber läßt sich sicherlich diskutieren.

Jedenfalls unterscheidet man bei der Farbtiefe:

Weißwein:

farblos — Weißweine tendieren dazu, mit zunehmendem Alter ihre Farbe zu intensivieren.
sehr blaß
mittelfarbig
tieffarbig

Rotwein:

blaßrot — Ein guter, auf dem Reifehöhepunkt befindlicher Rotwein besitzt immer eine lebendige purpur-, rubin-, granat- oder dunkelrote Farbe. Im Laufe der Jahre verschwindet dieser volle und satte Rotton langsam, die Farbe wird allmählich ziegelrot und schließlich infolge verschiedener Faktoren immer mehr rotbraun. Der Wein beginnt sich zu maderisieren (braun zu verfärben).
kräftig/satt
ziegelrot
rotbraun

Klarheit

Um die Klarheit eines Weines beurteilen zu können, hält man das Glas gegen eine Lichtquelle. Noch besser ist es, wenn man eine Hand vor die Lichtquelle hält und das Licht durch einen schmalen Spalt, der durch einen leicht geöffneten Zeige- und Mittelfinger gebildet wird, auf das Glas fallen läßt.
Ein klarer Wein hat Brillanz. Er strahlt gewissermaßen selbst Licht aus und zeigt an, daß er Qualität hat. Hat der Wein eine Trübung durch Trubstoffe oder sogar Wolken durch irgendwelche undefinierbare Substanzen, so ist dies ein schlechtes Zeichen. Dann ist auf jeden Fall Vorsicht geboten, denn solche Weine sind meist auch fehlerhaft.

Bei der Klarheit des Weines unterscheidet man:

		Sonstige Bezeichnungen:
POSITIV:	**blank**	brillant, spiegelblank, blitzblank, hochglänzend
	kristallklar	glanzhell, klar, rein, vollkommen klar, transparent, strahlend
ABWERTEND:	**staubig**	trüb

wolkig	schleierig
matt	stumpf, gebrochen, blind

Auch die Draufsicht eines Weines ist unbedingt zu betrachten. Sie soll immer hell, spiegelblank und sauber sein, nicht aber trüb, matt, schillernd oder gar vielleicht fleckig erscheinen.

Flüssigkeitszustand

Durch die Prüfung des Flüssigkeitszustandes des Weines bekommt man einen Hinweis über seinen Alkohol- und Extraktstoffgehalt. Wenn man den Wein im Glase schwenkt, dann entsteht an der Glaswand über der Oberfläche ein Schlieren, so als ob schwere, große Tränen am Glas herunterrollen würden, die sich zu schmalen oder breiteren Kirchenfenstern ausformen. Das hängt mit der Oberflächenspannung des Weines zusammen. Je höher nun die Konzentration des Alkohols und der Extraktstoffe im Wein ist, desto reicher fließen die Tränen. Man könnte auch sagen: Die Tränen sind der Geist des Weines, der sich im Glas verdichtet. Aber aufgepaßt! Wenn Gläser mit oberflächenentspannenden Mitteln (z. B. Priel) gewaschen werden, kann es zu einem täuschend ähnlichen Schlieren kommen. Leider läßt sich aber durch den Flüssigkeitszustand nicht zwischen unaufgebesserten, gehaltvollen und stark aufgezuckerten Weinen unterscheiden.

Schaum (Perlen)

Auch bei einem Schaumwein (Sekt) lassen sich Qualitätsrückschlüsse durch eine optische Bewertung der Schaumstruktur und der Schaumkrone herbeiführen. Hiebei ist die **Struktur** der Schaumbläschen, nämlich der aufsteigenden Kohlensäurebläschen (Feinheit und Dauer), entscheidend. Bei einem guten Sekt (oder Champagner) müssen die Perlen fein und dürfen nicht zu üppig und zu grob sein. Sie müssen wie an einer Perlenschnur gereiht gleichmäßig aufsteigen und nach einigen Sekunden wieder verschwinden, ohne daß jedoch die Sektoberfläche dabei völlig zur Ruhe kommt. Ein guter Sekt perlt immer lange und fein. Auch die **Beständigkeit** der Schaumkrone ist ein weiteres Qualitätsmerkmal.

Die **Struktur** des Schaumes hängt wesentlich ab:

- von der Dauer der Lagerung des Sektes unter Druck und
- von der Verweilzeit des Sektes auf dem Hefedepot.

So gibt beispielsweise ein Sekt, der zu wenig lang unter Druck gelagert wurde, seine Kohlensäure wie ein Mineralwasser in großen Bläschen ab.

Geruch

Der Wein enthält eine große Zahl von flüchtigen Geruchssubstanzen. Sie sind nicht nur äußerst zahlreich, sondern auch vielschichtig. Ein guter Wein weist immer einen angenehmen Duft auf, der mit Genuß eingeatmet wird. Große Weinkenner geben offen zu, daß ihnen das Riechen eines guten Weines fast ebensoviel Vergnügen bereitet wie das Trinken selbst. Sie widmen daher dem Riechen des Weines viel Zeit. Vielleicht auch deshalb, um den Augenblick des Trinkens hinauszuzögern.

Das **Geruchsempfinden** nimmt beim Menschen mit zunehmender Übung und Erfahrung zu, um allerdings bei älteren Personen merklich abzusinken. Was das Geruchsvermögen von männlichen und weiblichen Personen betrifft,so sind bisher keine Unterschiede nachgewiesen worden. Vielleicht ist in diesem Zusammenhang die Feststellung interessant, daß dicke Personen gegenüber schlanken Menschen besser riechen können, also eine niedrigere Geruchsschwelle haben.

Das **Geruchsorgan** des Menschen befindet sich im obersten Teil der Nasenhöhle, und zwar in den mittleren Nasenmuscheln unterhalb des Siebbeines auf einer Fläche von ca. 5 cm^2. Dort liegt die Geruchsschleimhaut mit 10–200 Millionen Riechnervzellen, womit das Organ mehrere tausend Geruchsmerkmale zu unterscheiden vermag. Zum Vergleich sei erwähnt, daß ein Schäferhund etwa 220 Millionen Riechnervzellen hat. Die Geruchsempfindung wird über das Nervensystem zum Gehirn weitergeleitet, wo die Wahrnehmung registriert, formuliert und auch gespeichert wird. Die Schwellenwerte für die Geruchsempfindung unterliegen beim Menschen sowohl in subjektiver als auch in objektiver Hinsicht großen Schwankungen. Jedenfalls findet bei einer längeren Einwirkung des gleichen Geruches eine zunehmende Abschwächung statt. Die natürliche Sensibilität beim Menschen reicht normalerweise zwar aus, um Gerüche mehr oder weniger als vorhanden festzustellen, nicht immer aber um sie auch richtig ein- und zuordnen zu können. Die Geruchssensibilität ist weitgehend von Erfahrungen abhängig.
Die eigentliche **Geruchsanalyse** erfolgt in zweifacher Weise. Durch das Einatmen nimmt man den **Duft** des Weines wahr, durch das Ausatmen das **Aroma.**
Beim Einatmen gelangen die im Wein vorhandenen Duftstoffe durch die Nase gasförmig und mit Luft vermischt zur Geruchsschleimhaut des Menschen. Die Aromastoffe des Weines sammeln sich hinten in der Rachenhöhle, wenn also der Wein noch im Mund ist, und werden von dort beim Ausatmen mit der Luft oder durch die Schluckbewegung zur Nasenhöhle transportiert, wo sie zur Kenntnis genommen werden.
Diese Wahrnehmung über die Rachenhöhle zum Riechzentrum in der Nase ist oft intensiver als beim direkten Einatmen, weil die Aromastoffe durch die Erwärmung im Rachenraum flüchtiger werden und leichter das Riechzentrum erreichen.
Die Aromastoffe sind also immer zu den Geruchsstoffen zu zählen, obwohl man sie – aber eben nur scheinbar – durch den Geschmackssinn zu bemerken glaubt. Beide Wahrnehmungen zusammengenommen, nämlich Duft und Aroma, bilden das **Bukett** des Weines. Beim Weißwein werden die Duft- und Aromastoffe schon bei 8–10° Celsius freigesetzt, beim Rotwein werden sie am besten bei einer Temperatur von 16–18° Celsius wahrgenommen.

Eine gute Möglichkeit zum **Training des eigenen Geruchssinns** und zum besseren Kennenlernen der wichtigsten Duftstoffe des Weines bieten die nun schon seit Jahren von einigen Weinaccessoire-Firmen angebotenen Sets mit verschiedenen Aromastoffen, die auch im Wein zu finden sind. Früchte, Kräuter, Gewürze und ähnliches kann man anhand dieser Essenzen studieren und damit seine weindegustatorischen Fähigkeiten hinsichtlich des Geruches entwickeln.

Aromastoff-Set[1]

1 *Bezugsquelle:* Manfred O. Pfurtscheller, Amraser Straße 1, A-6020 Innsbruck, Telefon (0 512) 56 27 49 – Fax (0 512) 57 66 87

Die Sets sind meist mit 24 oder 54 verschiedenen Duftfläschchen und mit Karten ausgestattet, die eine Beschreibung der Aromastoffe mit entsprechenden Weinhinweisen geben.

Wie geht man bei einer Geruchsanalyse vor?

Bei der Beurteilung des Geruches wird das Glas zuerst ruhig gehalten und der Duft eingeatmet. Dabei soll die Nase in das Glas hineinreichen. Man kann dieses Einatmen durch eine Art Schnüffeln intensivieren. Durch dieses Schnüffeln oder Schnuppern entstehen Luftwirbel, die bewirken, daß die in der Atemluft befindlichen Duftmoleküle der Riechzone intensiver zugeführt werden. Es ist falsch, den Duft mit tiefen Zügen einzuatmen. Denn dadurch bringt man die Duftstoffe nicht vermehrt in die Nase, sondern nur in die Lunge, in der man jedoch kein Riechempfinden hat. Dann schwenkt man das Glas (die Professionellen sagen dazu, einen »Sechser« machen!), damit sich die verschiedenen Duftstubstanzen entfalten und besser aus dem Glas entweichen können.
Was sich beim Degustieren eines Weines geruchlich ankündigt, das wird sich geschmacklich auch vielfach bestätigen. Allerdings muß hier festgehalten werden, daß sich Weinfehler geruchlich nicht in jedem Fall offenbaren. Sicher scheint aber, daß sich bei höherer Konzentration ein Fehler im Wein sowohl geruchlich als auch geschmacklich anzeigt, in niedriger Konzentration aber vorwiegend geschmacklich empfunden wird. So läßt sich beispielsweise ein nur geringer Schimmelfehler über den Geruch viel weniger als beim Geschmack feststellen.

Bewertung des Geruches

Am besten nimmt man eine **Bewertung des Geruchs** in dreifacher Hinsicht vor:

1. Nach der **Reintönigkeit:** Zunächst ist die Frage zu klären, ob der Wein reintönig ist oder nicht.

		Sonstige Bezeichnungen:
POSITIV:	**reintönig**	sauber
ABWERTEND:	**dumpf**	muffig, schimmelig
	Korkgeruch	korkeln, stoppeln
	Käseln	nach Käse riechend
	unsauber	unrein, unangenehm, störend
	fehlerhaft	krank

2. Nach der **Intensität:** Hier unterscheidet man in folgender Hinsicht:

		Sonstige Bezeichnungen:
POSITIV:	**verschlossen**	verdeckt, verhalten, zurückhaltend, überdeckt, verhangen
	dezent	unaufdringlich, distinguiert
	zart	duftig, flüchtig, fragil, zerbrechlich
	ausgeprägt	aromatisch, bukettreich, betontes Bukett, vordergründig, hochgerüchig
	intensiv	ausdrucksstark, laut, Duftorgie
	edelfirnig	abgeklärt
ABWERTEND:	**neutral**	duftlos, indifferent, ohne Duft, ohne Bukett
	bukettarm	wenig Duft
	penetrant	aufdringlich, parfümiert, gärig, scharf
	altersfirnig	Juchten, Petrol, Firn, Altl
	oxydativ	Acetaldehyd, Rahnton

3. Nach der **Art (Weinaromen):** Diese kann sein

		Sonstige Bezeichnungen:
ALLGEMEIN:	**weinig:**	traubig, rebsortenbetont; wenn der Wein jung ist: hefig, mostig
	blumig:	Lindenblüten, Rosen, Veilchen, Akazien, Geranien, Orangenblüten, Feldblumen
	fruchtig:	*nach Beerenobst:* Brombeeren, Himbeeren, Erdbeeren, roten Beeren, Schwarzen Johannisbeeren, Stachelbeeren *nach Stein- und Kernobst:* Kirschen, Marillen, Pfirsiche, Äpfel *nach tropischen Früchten:* Ananas, Bananen, Mango, Papaya, Quitten, Honigmelonen *nach Zitrusfrüchten:* Grapefruit, Zitrone *nach Dörrobst:* Rosinen, Dörrpflaumen, getrocknete Feigen *nach sonstigem:* Erbeermarmelade, Brausepulver
	würzig:	Zimt, Nelke, Gewürznelke, Minze, Kräuter, Schwarzer Pfeffer, Lakritze, Anis
	nussig:	Walnuß, Haselnuß, Mandel
	vegetativ:	frisches Gras, krautige Pflanzen, grüner Paprika, Minze, Eukalyptus, grüne Bohnen, grüner Spargel, schwarze Oliven, Artischocken, Heu, Stroh, Tee, Tabak, Sauerkraut, Pilze
	stoffig:	Honig, Karamel-Bonbon, Butter, Sojasauce, (Bitter-)Schokolade, Melasse, Brot, Zeder, Eiche, Vanille, rauchig, verbrannter Toast, Kaffee, erdig, Staub
	chemisch:	Petroleum, Benzin, Diesel, Kerosin, Goudron (Teer), Feuerstein, gekochter Kohl, Knoblauch, Gummi, Essigsäure, Ethylacetat, Seife, Fischgeruch, Menthol

		Sorten:
SORTEN-SPEZIFISCH:	**muskiert**	Muskateller, Muskat-Ottonel
	grasig	Sauvignon blanc, Scheurebe (jung)
	Pfefferschoten (»Pfefferl«)	Grüner Veltliner
	Pfirsiche, Marillen	Riesling, Kerner
	Stachelbeeren	Silvaner, Riesling
	Heublumen, Wiesenblumen	Blauer Portugieser, junger Grüner Veltliner
	Lindenblüten	Weißer Burgunder
	schwarze Johannisbeeren	Cabernet, Scheurebe
	Weichseln, Kirschen	St. Laurent
	Bittermandeln	Blauer Burgunder/Spätburgunder
	Rosen, Gewürze	Traminer, Gewürztraminer
	Feuerstein	Chardonnay
	Sauerampfer, Brennesseln	Schilcher (Blauer Wildbacher)

Kamille	Furmint
gebratene Äpfel	wenn eine Eiswein-Erzeugung in mehreren Etappen erfolgt
frisches Brot	oxydativ ausgebaute Weine

Die oft großen **Unterschiede bei Geruchsbeurteilungen** von Weindegustatoren haben vor allem zwei Ursachen:

- Meist sind verschiedene Duftsubstanzen im Glas vermischt. Je besser der Wein ist, desto komplexer sind auch seine Düfte. Und je mehr man sich auf die Düfte des Weines konzentriert, desto schwieriger wird eine Beurteilung. Die Verdunstung des Weines geht nämlich stufenweise vor sich. Mit dem Alkohol entweichen zunächst die flüchtigen (ätherischen) Substanzen. Dann erst folgen die schwereren, die »fetteren« Gerüche.
  Diese Duftsubstanzen werden nun vom Menschen verschieden wahrgenommen. Beim Riechen des Weines geht es einem so ähnlich, wie wenn man ein Delikatessengeschäft betritt. Zuerst nimmt man vielleicht nur den Duft nach frischem Brot wahr. Nach kurzer Zeit bemerkt man diesen Brotgeruch nicht mehr, weil man sich bereits daran gewöhnt hat. Statt dessen spürt man vielleicht einen Käsegeruch, später einen Wurstgeruch usw. Ein anderer empfindet vielleicht eine andere Geruchsfolge oder nur einen Teil der Gerüche. So ähnlich ist es eben auch beim Wein.
- Die Weindegustatoren haben verschiedene Duftbezeichnungen für die gleiche Duftstubstanz. So wird beispielsweise eine Mandelessenz von dem einen als Bittermandel bezeichnet, von einem anderen als Pistazie und von einem dritten vielleicht als Kirschlikör. Allen drei Bezeichnungen liegt aber die gleiche chemische Substanz zugrunde.

Wesentlich ist jedenfalls, daß das Bukett eines Weines immer ehrlich und harmonisch sein soll und keine innerlichen Aversionen hervorufen darf. Riecht ein Wein nicht reintönig und sauber, ist das immer ein Alarmsignal und deutet einen Fehler an. Denn man merke sich eines: **Das Bukett eines wirklich großen Weines ist nicht nur überwältigend, sondern klingt noch lange nach, auch dann noch, wenn der letzte Tropfen ausgetrunken ist!**

Geschmack

Der Geschmack kommt aus einem Zusammenspiel mehrerer unterschiedlicher Empfindungen wie Temperatur, Druck und der eigentlichen Geschmacksempfindung zustande. Die Geschmacksrezeptoren sind die auf der Zungenoberfläche verstreut liegenden Geschmackspapillen. Die Papillen haben die Form kleiner Pilze von etwa einem Millimeter Durchmesser. Jede Papille ist wiederum mit einigen hundert Geschmacksknospen ausgestattet. Beim erwachsenen Menschen dürfte dabei die Zahl der Geschmacksknospen bei etwa 2.000 liegen, wobei ihre Zahl mit zunehmendem Alter abnimmt. Bei einem Greis liegt sie nur mehr bei 600–700 Geschmacksknospen.
Während man mit Hilfe der Nase Tausende Geruchsarten unterscheiden kann, vermag man hingegen im Mund nur vier **Geschmacksempfindungen** wahrzunehmen: süß, salzig, sauer und bitter. Alle anderen im Mund wahrgenommenen Empfindungen sind aromatischer Art und werden nicht mittels der Zunge, sondern beim Ausatmen durch den Geruchssinn bemerkt. Die Geschmackspapillen reagieren dabei auf der Zunge an bestimmten Stellen verschieden. Man spricht daher von einzelnen **Geschmackszonen** der Zunge.

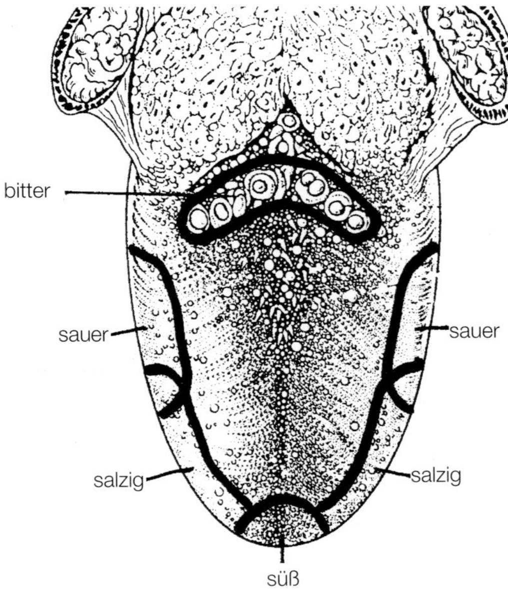

Geschmackszonen der Zunge

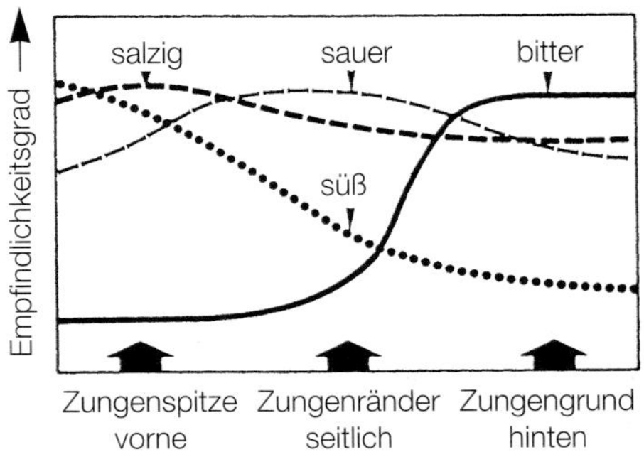

Empfindlichkeitsgrade der Geschmackszonen
Quelle: **Troost,** »Technologie des Weines«

Auf der Zungenspitze wird die Süße – zugleich aber auch die Kohlensäure, also die Frische und Spritzigkeit – eines Weines wahrgenommen. Die vorderen Seitenzonen der Zunge reagieren auf salzig, die hinteren Randzonen auf sauer. Auf einem schmalen, hufeisenförmigen Teil des Zungenhintergrundes wird der bittere Geschmack eines Weines lokalisiert. Der bittere Geschmack wird erst relativ spät registriert und hält auch lange an, weil diese Geschmacksart durch tief in die Zunge eingesenkte Papillen wahrgenommen wird.
Die übrigen Teile der Zungenoberfläche sind geschmacksunempfindlich. Hingegen sind Gaumen, Rachenraum und Teile des Kehlkopfes geschmacksempfindlich. Lippen und Wangen nehmen kaum Geschmacksempfindungen wahr, sprechen aber auf Wärme und auf Tastreize an. Wenn man manchmal den Eindruck hat, daß die Lippen oder der Gaumen auf süß oder sauer reagieren, dann stimmt dies nicht, denn solche Reize werden in Wirklichkeit nur von der darübergleitenden Zunge mittels ihrer darauf befindlichen Papillen empfunden.
Beim Trinken eines Weines nimmt man nun die einzelnen Geschmacksreize niemals gleichzeitig und auch nicht in gleich langen **Zeitabständen** wahr. Das haben sich übrigens die Hersteller von Weingläsern zunutze gemacht und verschiedene Glasformen entwickelt. Diese lassen die typischen Eigenschaften eines Weiß- oder Rotweines, eines jungen oder alten Weines und eines trockenen oder süßen Weines besser und deutlicher hervortreten (tulpenförmiges Riesling-Glas, apfelförmiges Universal-Glas, ausgelipptes Rosé-Glas, Burgunder-Glas, Bordeaux-Glas usw.).
Im Augenblick des **Schluckens** werden die Geschmacksempfindungen immer am intensivsten empfunden. Berühmte Degustatoren empfehlen sogar, während der paar Sekunden, die man den Wein im Mund behält, zwei- oder dreimal eine ganz geringe Menge zu schlucken. Mit einem Schluck soll man dabei die Säure würdigen, mit einem anderen die Süße und mit einem dritten bei Rotweinen den Gerbstoff.
Eine andere Möglichkeit zu einer intensiveren Geschmacksempfindung ist das »Beißen« des Weines (siehe nächste Seite).

Wie geht man bei einer Geschmacksbeurteilung vor?

Man nimmt soviel Wein in den Mund, daß man den Schluck leicht über die ganze Zungenoberfläche fließen lassen kann, um den Wein mit möglichst vielen Geschmackspapillen der Zunge in Berührung zu bringen. Bei einer Degustation darf man den Wein sogar schlürfen, denn die durch das Schlürfen bewirkte Luftzufuhr verdeutlicht noch besser die Sinneseindrücke. Dann rollt man den Schluck Wein im Mund hin und her, preßt ihn vielleicht etwas gegen den Gaumen, läßt ihn wiederum zu den Lippen zurückfließen. Man kann den Wein auch in dieser Phase noch etwas lüften, indem man die Lippen so wie beim Pfeifen zusammenzieht und gleichzeitig ein bißchen Luft einatmet. Oder man »beißt« gewissermaßen den Wein, das heißt, man versucht ihn wie eine feste Speise zu kauen. Davon kommt auch das Wort »Weinbeißer«. Wie man sieht, gibt es verschiedene Wege, den Wein im Mund mit möglichst vielen Geschmackspapillen in Berührung treten zu lassen. Auf jeden Fall wiederholt man diesen Vorgang der Geschmacksprüfung im Mund so oft, bis man sich ein Urteil über den Wein gebildet hat.

Grundsätzlich beurteilt man bei einer Geschmacksprüfung des Weines:
Basisgeschmack (sauer, süß, bitter)
Harmonie
Alter
Körper
Alkohol
sortenspezifischer Geschmack
Nachgeschmack
Abgang (Nachklang)

Basisgeschmack

Saurer Geschmack

So wie der Zuckergehalt, beeinflußt auch der Gehalt an Säuren stark den Geschmack des Weines. Der saure Geschmack wird durch Säuren und saure Salze hervorgerufen. Eigentlich wissen wir über den sauren Geschmack noch wenig. Er wird weder durch den analytisch gemessenen Säuregrad noch durch den pH-Wert verläßlich definiert. Eher vielleicht durch die Konzentration der nicht dissoziierten (in Jonen aufgespaltenen) Säuremoleküle. Bei den Säuren im Wein handelt es sich vor allem um die hauptsächlich vorkommende Weinsäure und Apfelsäure (Äpfelsäure), um die durch die malolaktische Gärung (biologischer Säureabbau) entstandene mildere Milchsäure und in sehr geringen Mengen um Essigsäure, eventuell Zitronensäure und Bernsteinsäure. Da die einzelnen Säuren unterschiedlich stark sauer wirken, ist der im Mund wahrnehmbare saure Geschmack von der Summe aller Säurearten (Gesamtsäure), vom gegenseitigen Anteil der einzelnen Säurearten, vom pH-Wert der Säuren und vom Verhältnis Säure zu Süße abhängig. Zusätzlich wird der saure, aber auch der süße Geschmack vom Alkoholgehalt nicht unwesentlich beeinflußt. Der Alkohol reduziert dabei die saure Wirkung und verstärkt durch den eigenen süßlichen Geschmack des Alkohols noch die Süße beim Wein.

		Sonstige Bezeichnungen:
POSITIV:	**mild**	weich, sanft, lind, säurearm, zarte Säure, feine Säure, einschmeichelnd, abgerundet, abgeschliffen
	frisch	spritzig, lebendig, prickelnd, pikant, anregend, animierend, munter, kohlensäurehältig, belebend

	rassig	freinrassig, markig, kernig, viel Nerv und Biß, nervig, **stahlig** (Steigerung von rassig)
	säurebetont	säurereich, resch, Säurebiß, mit feinem Säurespiel, reife Säurestruktur, dominante Säure
ABWERTEND:	**schal**	fad, stumpf, matt, abgestanden, schlaff, schlapp
	hart	eckig, spitz, schroff, **knochig** (Steigerung von hart)
	sauer	scharf, stechend, bissig, aggressiv, Säurebiß, schwefelsäurefirnig
	unreif	grasig, grün (Vorsicht: bei Sauvignon blanc unter Umständen sortentypisch!)

Süßer Geschmack

Dieser wird von den Zuckerarten Glucose (Traubenzucker) und Fructose (Fruchtzucker) bestimmt. Nachdem die Süßkraft dieser Zuckerarten unterschiedlich hoch ist, nimmt nicht nur ihre Gesamtmenge, sondern auch ihr anteiliges Verhältnis zueinander einen deutlichen Einfluß auf die schmeckbare Süße beim Wein. Wichtig zu wissen ist, daß die Geschmacksschwelle für Glucose höher liegt als jene für Fructose. Die Fructose süßt etwa doppelt so stark wie Glucose. Ebenfalls süß wirkt auch das Gärungsnebenprodukt Glycerin, aber auch der Alkohol. Die Kompliziertheit einer Zuordnung der Geschmacksempfindungen zeigt die Tatsache, daß auch Stoffe, die einer anderen Geschmacksart zuzuordnen sind, wie z. B. Kochsalz, ebenfalls süß empfunden werden können. Auffallend ist, daß die Geschmacksempfindung für süß und für bitter häufig ineinander übergeht und dadurch zu Verwechslungen führen kann. Nicht unerwähnt soll bleiben, daß warme Weine süßer als kalte schmecken.

Bei den süßen Geschmacksempfindungen unterscheidet man:

		Sonstige Bezeichnungen:
POSITIV:	**trocken**	durchgegoren, betont trocken, Diabetikerwein **knochentrocken** (Steigerung von trocken)
	halbtrocken	anklingende Süße, leicht süßlich
	lieblich	süßlich, dienende Süße, dezente Süße, harmonische Süße, halbsüß, süßlich unterlegt, erkennbare Restsüße, zarte Extraktsüße
	süß	deutlicher Zuckerrest
	edelsüß	extraktsüß, betonte Süße, vordergründige Süße, honigartige Restsüße, cremige Süße
ABWERTEND:	**plump**	pappig (überentsäuert), klebrig
	picksüß	aufdringlich süß, üppig süß, übersüß, Zuckerwasser, einseitig süß
	süß-sauer	eckig

Bitterer Geschmack

Dieser und damit zugleich auch der adstringierende (zusammenziehende) Geschmack im Mund rührt hauptsächlich vom Gerbstoff (Tannin, Gerbsäure) her, der in den Schalen und Kernen der Trauben sowie in den Traubenstielen (Kämmen) enthalten ist. Reichlich Gerbstoff enthält das Eichenholz der Fässer, was besonders bei den Barrique-Weinen stark spürbar ist. Bei den Rot-

weinen ist der Gerbstoff ein essentieller Bestandteil des Geschmacks. Rotweine enthalten in der Regel 100–300 mg Gerbstoffe. In älteren Rotweinen gehört der Gerbstoff zum Depot, der sich bei guten Qualitäten nach einigen Jahren absetzt, womit auch gleichzeitig der gesamte Gerbstoffgehalt im Wein geringer wird. Die Weißweine sind hinsichtlich der Gerbstoffe differenzierter zu betrachten. Im allgemeinen enthalten Weißweine nur einen Gerbstoffgehalt von 20–30 mg pro Liter. Daraus läßt sich folgern, daß ein leicht bitterer oder herber Geschmack als durchaus angenehm empfunden wird und daher als positiv zu bewerten ist. Ist er aber zu bitter oder trocknet er gar den Mund aus, so werden solche deutlichen Bittertöne als negative Merkmale gewertet. Solche Merkmale treten meist bei einem unreifen Traubengut und infolge hohen Druckes beim Keltern auf.
Der bittere Geschmacksreiz wird beim »Kauen« des Weines kaum wahrgenommen, sondern erst als Nachgeschmack. Dabei wird die Empfindung für bitter länger empfunden als die Empfindung süß oder sauer.

Bei den bitteren Geschmacksempfindungen unterscheidet man:

		Sonstige Bezeichnungen:
POSITIV:	**samtig**	geschmeidig, rund, warm, seidig, weiches Tannin, samtige Textur, Schmelz am Gaumen **mollig** (Steigerung von samtig)
	zartherb	leichtes Bitterl, feinherb, zartes Tannin
	herb	gerbstoffreich, tanninreich, gerbstoffbetont, Tanninbiß
ABWERTEND:	**verschlossen**	verdeckt, sperrig, spröde, unzugänglich, unnahbar, verkapselt
	adstringierend	pelzig, stumpf (»Der Wein bleibt hinter den Zähnen!«)
	rauh	streng, **kratzig** (Steigerung von rauh)
	bitter	Rappengeschmack, zuviel an Gerbstoff, noch nicht harmonisierte Gerbstoffe

Harmonie

Sehr wesentlich für eine gute Qualität ist, daß der Wein harmonisch schmeckt. Oder anders ausgedrückt, ob im Wein ein möglichst perfektes Gleichgewicht zwischen Säure, Süße und den übrigen Komponenten besteht.
Beim Verkosten eines Weißweines verspürt man zuerst die Säuren, die im Wein enthalten sind. Diese sind in erster Linie die Weinsäure, die am konzentriertesten vorhanden ist, dann die übrigen Säuren. Unmittelbar danach nimmt man die Süße des Weines wahr, zusammen mit einer gewissen Empfindung, die man vielleicht am besten mit Samtigkeit (Weichheit) bezeichnen könnte. Dieser Eindruck der Süße und Samtigkeit des Weines wird durch eine Reihe von Inhaltsstoffen hervorgerufen, wie beispielsweise durch Restzucker, Glycerin, Alkohol und sonstige Extraktstoffe, die im Wein enthalten sind.
Ein **junger, noch unausgereifter Weißwein** wird immer den Eindruck eines zu hohen Säureanteils vermitteln, oft verstärkt durch den Gehalt an Kohlensäure, weshalb er vielleicht als unharmonisch empfunden werden mag. Hingegen hat ein **alter, firniger Weißwein** möglicherweise schon eine Entwicklung hinter sich, in der die Aromastoffe bereits soweit verändert worden sind, daß er als alt oder unharmonisch erscheint. Erst ein Wein, bei dem Säure und Süße in einem gut abgestimmten Verhältnis zueinander stehen, wenn also kein Faktor überwiegt, wird als harmonisch empfunden.

Beim Rotwein kommt zu Säure und Süße als drittes Beurteilungskriterium noch der adstringierende Geschmacksfaktor hinzu. Hier müssen also die Komponenten sauer, süß und adstringierend (zusammenziehend) in einem ausgeglichenen Verhältnis zueinander stehen, wenn er als harmonisch gelten soll. Vor allem benötigt ein solcher Wein ausreichend Extraktstoffe.

Die Bezeichnungen zur Beurteilung der Harmonie lauten daher dementsprechend:

		Sonstige Bezeichnungen:
POSITIV:	**rustikal**	urwüchsig, deftig, bäuerlich, schlicht, anspruchslos, burschikos
	ehrlich	sauber, ordentlich, unverfälscht, seriös, solid, reintönig, sympathisch, ansprechend, zusagend, gefällig, unkompliziert, süffig, sauber vinifiziert, gekonnt ausgebaut, solider Ausbaustil, klare Konturen, einfach, **gediegen** (Steigerung von ehrlich)
	markant	prägnant, eigenständig Weine mit sorten- und gebietstypischen Eigenschaften: **charakteristisch** (Steigerung von markant) **stilistisch** (weitere Steigerung)
	harmonisch	ausgewogen, ausgeglichen, balanciert, abgerundet, glatt
	fruchtig	zartfruchtig, feinfruchtig, delikate Fruchtnote, verhaltene Frucht, feiner Fruchtschmelz, verspielte Frucht, pikante Frucht, seidige Frucht, köstliche Fruchtstilistik, Frucht im Hintergrund fruchtbetont, konzentrierte Frucht, Fruchtschmelz, mit viel Frucht, saftig
	finessenreich	komplex, raffiniert, geschliffen, facettenreich, nuancenreich, differenziert, vielschichtig, individuell, mit Pfiff (»Der Wein tapeziert den Gaumen aus!«)
	elegant	nobel, erlesen, distinguiert, vornehm, prächtig, groß, delikat, beeindruckend **edel** (Steigerung von elegant)
	vollkommen	perfekt, komplett, vollständig, vollendet, aristokratisch, hochedel, kaum zu übertreffen, Ausnahmewein
ABWERTEND:	**klein**	ohne Substanz, ohne Rückhalt, ohne Tiefe, oberflächlich, seicht, gering
	unharmonisch	unausgeglichen, unausgewogen, uncharmant, eckig, kantig, überladen, klotzig, aufdringlich, einseitig
	derb	grob, klobig, klotzig
	ausdruckslos	nichtssagend, charakterlos, langweilig, steril, ausdrucksschwach
	unsauber	Weine mit Fremdton

Alter (Reife)

Der Wein ist ein lebendes Produkt und wie der Mensch dem Gesetz des Werdens, des Reifens und des Abbaues unterworfen. Die Bezeichnungen zur Beurteilung des Alters eines Weines entsprechen seiner Reifekurve:

		Sonstige Bezeichnungen:
POSITIV:	**jung**	jugendlich, lebhaft, ungestüm, erst im Aufbau (»Der Wein hat Leben!«)
	ausgebaut	entwickelt, genußreif, zugänglich, konsumfertig
	reif	ausgereift, Reifehöhepunkt, vital, (»Am Zenit seiner Entwicklung!«) **abgelagert** (Steigerung von reif)
	edelfirnig	edelreif, vergeistigt, tolerierbarer Petrolton (individuell verschieden)
ABWERTEND:	**streng**	schwer zugänglich, noch unruhig und maskiert, verhalten (bei zu jungen Weinen)
	unfertig	mostig, hefig (mit Hefeton), unentwickelt, noch nicht ausgebaut, noch keine Trinkreife, ruppig, roh
	abgebaut	müde, welk, verblüht, mürb (»Der Wein zeigt Ermüdungserscheinungen!«)
	firnig	abgelebt, dekadent, Höhepunkt überschritten, Alt!
	passé	umgekippt, umgeschlagen, überaltert, ausgezehrt, ausgetrocknet, greisenhaft, senil, morbid
	tot	abgestorben, verdorben, ungenießbar, hinüber (»Der Wein ist hinüber!«)

Körper (Extrakt)

Der Körper eines Weines ist sein Gehalt an Stoffen, die beim Verdampfen zurückbleiben; das sind Glycerin, alle nichtflüchtigen Säuren und die nichtflüchtigen Substanzen sowie Restzucker, die der Wein aufzuweisen hat. Daher unterscheidet man:

		Sonstige Bezeichnungen:
POSITIV:	**schlank**	zart, subtil, feingliedrig, leichtgewichtig
	füllig	stoffig, gut gebaut, gut strukturiert, mittelgewichtig, muskulös, mundig (»Der Wein ist zum Beißen!«)
	kompakt	dicht, konzentriert, tiefgründig, substanzreich, inhaltsreich, engmaschig
	extraktreich	körperreich, vollmundig, gehaltvoll, mundfüllend, opulent, üppig, massiv, korpulent, mit Rückgrat, voluminös, gewichtig, mit viel Körper (»Der Wein schlägt im Mund ein Pfauenrad!« – »Der Wein liegt schwer auf der Zunge!« – »Ein Maul voll Wein!«)
ABWERTEND:	**leer**	gehaltlos, saftlos, kraftlos, hohl
	dünn	extraktarm, körperarm, substanzarm, flach, schwachbrüstig, platt
	breit	füllige Weine mit wenig Säure, die unharmonisch schmecken, dick, klotzig, schmalzig,

Alkohol

Das Geschmacksbild eines Weines wird nicht unwesentlich durch die Höhe des Alkoholgehaltes beeinflußt. Einfache Tafel- und Konsumweine mit einem sehr niedrigen Alkoholgehalt schmecken fast immer nichtssagend und ausdruckslos,während Weine mit einem zu hohen Alkoholgehalt vielfach brandig und alkoholüberladen schmecken. Den Alkohol im Wein (Vinosität) merkt man durch den angenehmen, wärmend-scharfen Geschmack, den die Anwesenheit des Alkohols bewirkt. Dieser tritt zum eigentlichen Geschmack des Weines hinzu und verbindet sich mit den übrigen Eigenschaften. Allerdings läßt sich der Alkoholgeschmack erst von einer gewissen Konzentration des Alkohols an feststellen. Diese Konzentrationsschwelle, bei der man die Vinosität zu spüren beginnt, liegt erfahrungsgemäß bei 11,5 bis 12 %vol, denn diese Alkoholmenge ist notwendig, damit der Alkoholeffekt die speichelbedeckten Schleimhäute im Mund durchdringt.

Bei der Alkoholfeststellung eines Weines unterscheidet man:

		Sonstige Bezeichnungen:
POSITIV:	**leicht**	alkoholarm, leichtgewichtig
	kräftig	mittelschwer, mittelgewichtig, kraftvoll, kernig
	schwer	alkoholreich, stark, wuchtig, mächtig, machtvoll, feurig (Rotwein)
ABWERTEND:	**mager**	alkoholschwach
	brandig	überladen, alkoholdominierend, alkohollastig, zu hoher Alkoholgehalt
		spritig (Steigerung von brandig) Weinbrandnote

Sortenspezifischer Geschmack

Der Charakter eines Weines wird neben anderen Faktoren wesentlich durch die jeweilige Rebsorte geprägt. Dieser Sortencharakter kommt auch beim Geschmack zum Ausdruck. Übliche Bezeichnungen dazu sind beispielsweise (für Prototypen):

	Sorten:
würzig-pfeffrig	Grüner Veltliner
würzig-nußartig	Neuburger, Ruländer
würzig	Traminer
grasig	unreifer Riesling, Sauvignon blanc, Cabernet
mandelartig-bitter	Blauer Burgunder, Weißer Burgunder
aromatischer Muskatton	Muskateller, Muskat-Ottonel
salzig	Chardonnay, Sherry
Pflaumen (Zwetschken)	Zweigelt
Brombeeren	Blauer Burgunder/Spätburgunder
saftiger Apfel	Welschriesling
saure Drops	Welschriesling
frische Weichseln	St. Laurent
pilzähnlich, dumpfes Laub	reifer Ruländer
leicht verbrannter Gummi (im Abgang)	reifer Silvaner
honigähnlich	Weine mit Edelfirne (Auslesen bis Trockenbeerenauslesen)
Vanille, Karamel, Kaffee	Geschmackstöne von Barrique-Fässern

Nachgeschmack

Weiters unterscheidet man bei der Geschmacksbeurteilung zwischen Nachgeschmack und Abgang. Wenn man beim Trinken ein bißchen Wein in den Mund nimmt, hat man sofort eine ganz bestimmte Geschmacksempfindung. Dann schluckt man den Wein hinunter. Hat man nach dem

Schlucken eine **andere** Empfindung als vorher, dann liegt ein Nachgeschmack vor. Gewöhnlich ist er sauer oder bitter. Ein saurer Nachgeschmack deutet auf ein Übermaß von Säure, also meist auf ein unharmonisches Verhältnis im Wein, hin. Ein bitterer Nachgeschmack kann je nach der Stärke des Bittergeschmackes eine positive oder negative Empfindung auslösen.

Abgang

Eine andere Art des Nachempfindens beim Wein ist der geschmackliche Nachklang, der sogenannte Abgang bzw. auch »Schweif« (oder »Schwanz«) genannt. Man vergleicht dabei gleichfalls den Schluck Wein nach dem Trinken mit jener Empfindung, die man gehabt hatte, als man noch vor dem Schlucken den Wein im Munde hatte. Bemerkt man nach dem Hinunterschlucken des Weines immer noch einen intensiven, anhaltenden, und zwar **gleichen** Geschmack wie vorher, dann lausche man innerlich in sich hinein und registriere die Dauer, wie lange man einen solchen intensiven Geschmack noch zu verspüren meint. Nach und nach schwächen sich nämlich diese Empfindungen in aufeinanderforlgenden Wellen ab und hören schließlich ganz auf. Man kann dieses Nachempfinden des Weines auch in Sekunden messen:

- Klingt er nur 3–4 Sekunden nach, dann spricht man von einem kurzen Abgang. Das ist bei leichten (alkoholarmen) Weinen der Fall.
- Klingt er etwa 8 Sekunden nach, dann bewertet man ihn als guten Abgang. Einen guten Abgang hat man bei mittelkräftigen Weinen.
- Klingt der Geschmack etwa 12 oder noch mehr Sekunden nach, dann spricht man von einem langen Abgang, oder der Wein hat einen »Schweif«. Das tritt erfahrungsgemäß bei sehr guten Weinen von internationalem Niveau ein.

Die Summe aller Sinneseindrücke durch Auge, Nase und Mund ergibt das Gesamtbild des Weines. Als Ungeübter oder Ungeschulter wird man höchstwahrscheinlich neun- von zehnmal nichts sonderlich Bemerkenswertes feststellen. Vielleicht aber wird man beim zehnten Mal ganz überraschend zur Erkenntnis kommen, was einen guten Wein von einem schlechten unterscheidet und welche Besonderheiten bei jedem Wein seine Größe oder seine Schwäche ausmachen. Und je öfter man eine Weinverkostung mitmacht, desto mehr wird man zur richtigen Einschätzung der vielfachen und oftmals nur feinen Unterschiede im Wein kommen.

Weinfehler

Beim Genuß von Wein stößt man immer wieder auf Überraschungen, sowohl positiver als auch negativer Art. Wein ist bekanntlich ein äußerst empfindliches Genußmittel. Aufgrund bestimmter Gegebenheiten, die bereits vor der Kelterung der Trauben über die Vergärung des Mostes bis zur Abfüllung in Flaschen, aber auch noch während der Flaschenlagerung eintreten können, ist der Wein vielfachen Gefahren einer Schädigung ausgesetzt, die unter Umständen bis zu seinem völligen Verderb führen können. Die Ursachen solcher Weinschädigungen können unter anderem im schlechten Traubengut, in einer falschen Gärung, in ungenügender Kellerhygiene und in einem nicht richtigen Ausbau samt unzureichender Stabilisierung bzw. Stabilität der Weine liegen.
Die Folge davon sind abnorme Beschaffenheiten im Aussehen, Geruch und Geschmack der Weine von kaum merkbaren Beeinträchtigungen bis hin zur Genußuntauglichkeit (Verdorbenheit). Solche qualitätsmindernde Veränderungen des Weines nennt man Weinfehler, Weinkrankheiten oder Weinmängel, im allgemeinen Sprachgebrauch als »Weinfehler« zusammengefaßt.
Die eigentlichen **Weinfehler** werden auf chemische oder physikalische Vorgänge oder aber auf den Eintrag fremder Stoffe zurückgeführt. Als Ursache für **Weinkrankheiten** sind abnorme Beeinflussungen durch Mikroorganismen anzusehen, wobei durch Umsetzung von Weinbestandteilen neue und zumindest zum Teil unerwünschte Stoffe synthetisiert werden. **Weinmängel** werden durch einen Mangel oder ein Übermaß an wesentlichen Weinelementen bestimmt.
Die Gründe für die am häufigsten vorkommenden Fehlentwicklungen beim Wein und ihre typischen Erkennungsmerkmale sind die folgenden:

Acetaldehyd (Äthanal)

Acetaldehyd ist ein Nebenprodukt der Gärung und ist vor allem in Jungweinen nach der Gärung zu finden. Er stellt die Vorstufe des bei der Gärung entstehenden Ethanols (Äthylalkohol = Weingeist) dar und entsteht eigentlich durch Oxydation von Ethanol. Acetaldehyd stört das Geschmacksbild im Wein und ist für das Entstehen des Alters- und Luftgeschmackes im Wein verantwortlich. Durch eine ausreichende Schwefelung kann dieser Acetaldehyd abgebunden werden. Wird der Wein jedoch zu schwach geschwefelt (unterschwefelt), so erfolgt eine Alkohol-Oxydation, und der Acetaldehyd ist riech- und schmeckbar.
Erkennungsmerkmale (geruchlich und geschmacklich):
Man erkennt die Unterschwefelung am typischen Geruch und Geschmack nach gemaischten (zerquetschten) Äpfeln. Bei einer stärkeren Acetaldehyd-Konzentration erinnert der Geruch an angestochene Äpfel. Man sagt dann, der Wein ist »aldehydig«.

Bakterientrübung (Säureabbau, Zähwerden)

Diese Trübung entsteht durch Bakterienwachstum und tritt fast ausschließlich bei jungen und gerbstoffarmen Weinen auf. Haupttrübungsursache sind äpfelsäureabbauende Bakterien. Sie finden bei hohen pH-Werten des Weines noch optimale Wachstumsbedingungen vor und bauen Äpfelsäure zu Milchsäure und Kohlensäure ab. Zusätzlich zur Trübung ist meist eine kräftige Schaumbildung zu beobachten.
Bildet der Wein in bereits geöffneten Flaschen über längere Zeit hinweg einen Schaumkranz, so läßt dieser auf eine Bakterientrübung schließen. Genaue Ergebnisse sind nur durch mikrobiologische Untersuchungen unter einem Mikroskop zu erhalten. Die gängigsten Bakterienarten sind Leuconostoc oenos, Laktobazillus, Pediokokkus, Diplokokkus.
Unter sehr hohen pH-Werten kann die Trübung bis zum Zähwerden des Weines führen.
Erkennungsmerkmal (optisch):
Beginnende Schleimbildung kann man erkennen, wenn man den Wein beim Einschenken in das Glas beobachtet. Der Wein ist leicht trüb und zeigt eine ölige, dickflüssige Beschaffenheit. Tropft

der Wein am Ende des Eingießens nicht nach, sondern reißt wie ein dünner Faden ab, so liegt ein starker Verdacht auf Bakterienwachstum vor. Im Wein befindliche Kohlensäurebläschen steigen nur sehr langsam auf.

Bittermandel

Wenn beispielsweise durch schadhafte Stellen des Schutzüberzuges bei aus Eisen bestehenden Gerätschaften Eisen in den Most oder Wein gelangt, wird eine Blauschönung durchgeführt. Dabei werden die löslichen Eisenverbindungen durch Zusatz von gelbem Blutlaugensalz in eine unlösliche blaue Substanz verwandelt und ausgefällt. Wenn die Dosierung nicht ganz exakt erfolgt, kann es zu einer Überschönung des Weines kommen.
Erkennungsmerkmale (geruchlich und geschmacklich):
Die Farbe des Weines bekommt oftmals einen Blaustich, und der fehlerhafte Wein (Gefahr freier Blausäure) weist einen deutlichen Geruch und Geschmack nach Bittermandeln auf. Er darf nicht mit einem an Mandeln erinnernden Geruchs- und Geschmackston verwechselt werden, der weitgehend sortenbedingt ist und nach längerer Flaschenlagerung insbesondere beim Blaufränkischen (Lemberger) und Blauen Burgunder (Spätburgunder) auftreten kann.

Böckser

Der Böckser des Weines ist eine Weinkrankheit und wird durch schwefelhaltige Substanzen im Wein verursacht. Die Bezeichnung kommt vom »Böckeln« oder »Stinken wie ein Bock«. Die chemische Reinsubstanz des Böcksers ist Schwefelwasserstoff, der aus verschiedensten Schwefelverbindungen im Zuge der alkoholischen Gärung entstehen kann. Schwefelwasserstoff ist ein flüchtiges Gas. Es gibt jedoch eine Reihe anderer Substanzen, die ähnlich riechen und schmecken. Weine mit einem leichten Böckser sind geruchlich kaum feststellbar, sondern weisen nur ein sehr intensives Bukett auf, das auch als »Überbukett«, »Stinkerl« oder »Aromaböckser« angesprochen wird.
Erkennungsmerkmal (geruchlich):
Weine mit einem **intensiven** Böckser riechen nach faulen Eiern. Man kann den Weinfehler leichter erkennen, wenn man den Glasinhalt intensiv schüttelt und danach sofort riecht.
Liegt nur ein **leichter** Böckser vor, so ist dieser kaum mehr als Geruch nach faulen Eiern zu definieren und weist dann nur mehr ein intensives Bukett (»Stinkerl«) auf.
Ob ein Wein einen Böckser aufweist, ist relativ leicht festzustellen, indem man einige Tropfen einer 0,1%igen Kupfersulfatlösung in das Weinglas gibt und leicht schüttelt. Anschließend vergleicht man mit der unbehandelten Probe. Ist der übliche Geruch weniger merkbar oder ganz beseitigt worden, handelt es sich um einen Böckser.
Eine andere Erkennungsmöglichkeit ist die sogenannte »Sommelier-Probe«. Man gießt in ein zweites Glas etwas von dem mit einem (angeblichen?) Böckser behafteten Wein und legt ein Kupfer/Messing-Geldstück dazu. Wenn der Böcksergeruch in diesem Glas nach kurzer Zeit verschwindet, so liegt ein Böckserfehler des Weines vor.
Siehe auch die Ausführungen auf Seite 105.

Brauner Bruch: siehe Braunfärbung

Braunfärbung (Brauner Bruch, Hochfärbigkeit)

Die meisten Weine neigen beim Stehen an der Luft oder bei übermäßig starkem Luftzutritt während des Weinausbaues zur Braunfärbung. Besonders ausgeprägt ist diese Neigung unmit-

telbar nach der Gärung. Maßgeblich verantwortlich sind dafür oxydierbare Polyphenole (Gerbstoffe). Beschleunigt wird diese Reaktion durch Enzyme, die Polyphenoloxydasen. Die Bräunung kann so weit gehen, daß nach einiger Zeit braune Trubteilchen entstehen, die sich dann rasch absetzen.
Tritt die Bräunungsreaktion im Rotwein auf, so werden dabei die Rotweinfarbstoffe zerstört. Sie werden ebenfalls oxydiert, und es kann sich ein Trubdepot bilden. Je nach Alter des Weines kann eine gewisse Hochfärbigkeit toleriert werden. Zur Verhinderung von enzymatischen Bräunungen wird Schwefelige Säure eingesetzt. Die Weine sollten möglichst unmittelbar nach der alkoholischen Gärung im Jungweinstadium geschwefelt werden. Treten Braunfärbungen allerdings schon vor der Jungweinschwefelung auf, so lassen diese auf eine weniger schonende Traubenverarbeitung schließen.
Erkennungsmerkmale (optisch und geschmacklich):
Der Wein färbt sich von der Oberfläche her braun, wobei auch ein dünnes, schillerndes Häutchen entstehen kann. Bei Rotwein wird der rote Farbstoff zerstört. Bei sehr gerbstoffreichen Rotweinen kann es im Zuge der Flaschenlagerung zum Absetzen eines Trubdepots kommen. Die Weine mit einem Braunen Bruch weisen einen Geschmack nach gedörrtem Obst auf.

Eiweißtrübung

Die im Wein enthaltenen höher molekularen Stickstoffsubstanzen werden mit einem Sammelbegriff als »Weineiweiß« bezeichnet. Die Löslichkeit dieser Substanzen ist bei Wein nicht sicher kalkulierbar, weshalb sie zur Vermeidung von Trübungen vor der Flaschenabfüllung aus dem Wein entfernt werden müssen. Häufige Ursachen für Trübungen infolge Eiweißausflockens bei unsachgemäß (d. h. nicht eiweißstabil) abgefülltem Wein sind zu hohe (möglicherweise schon ab einer Lagertemperatur von 20° C) oder zu tiefe Temperaturen, die dem Wein zugemutet werden. So tritt eine solche Weintrübung beispielsweise durch längeres Stehenlassen der vollen Weinflaschen in der Auslage eines Weingeschäftes ein, wenn der Wein dabei zu sehr der Sonne ausgesetzt wird. Auch eine Flaschenlagerung bei ungünstigen Keller- oder Verkaufsraumtemperaturen, aber auch bei extremen Temperaturschwankungen, kann für eine derartige Weintrübung verantwortlich sein. Um solche Trübungen zu vermeiden, setzt der Winzer bereits im Most oder später im Wein Bentonit ein. Dieses Tonmineral ist in der Lage, thermolabiles Eiweiß aus dem Wein restlos zu entfernen. Der Wein ist danach wärmestabil.
Erkennungsmerkmal (optisch):
Der Wein weist optisch eine schleimartige, manchmal auch flockige, weiße Trübung auf. Er wird unansehnlich »staubig«, ändert sich aber kaum im Geschmack. Die Trübung zeigt sich bei horizontal gelagerten Flaschenweinen durch einen weißen Faden an der Flaschenunterseite.

Essigsäureethylester (Ethylacetat)

Diese Weinkrankheit ist mit dem Essigstich eng verwandt. Meist entsteht Essigsäureethylester bereits im Weingarten. Häufige Ursache sind Verletzungen an den Beeren durch z. B. Vogelfraß, Insekten, Hagelschlag und Schimmelpilze. Besonders empfindlich sind dünnschalige, frühreifende Sorten wie Müller-Thurgau, Frühroter Veltliner und Portugieser. Risse in der Beerenhaut können auch durch übermäßiges Dickenwachstum der Beeren aufgrund sehr hoher Niederschläge während der Reifezeit entstehen. Sind Beeren verletzt, so kann Saft austreten, und es kommt zur Alkohol- und in weiterer Folge zu Ethylester- und Essigsäurebildung. Trauben mit derartig verletzten Beeren können keinen einwandfreien Wein ergeben. Diese Umsetzungen verlaufen besonders rasch bei warmen Lesewetter. Auch durch zu lange Wartezeit zwischen Lese und Traubenverarbeitung können solche Fehler im späteren Wein hervorgerufen werden.

Erkennungsmerkmale (geruchlich und geschmacklich):
Der Wein weist einen Essiggeruch und einen essigartigen, stark kratzenden Geschmack auf.

Essigstich (Flüchtige Säure)

Der Essigstich ist eine der häufigsten und auch gefährlichsten Weinkrankheiten. Essigbakterien bauen bei Luftzutritt Alkohol über das Zwischenprodukt Acetaldehyd zu Essigsäure ab. Gesunde Weine haben einen Gehalt an flüchtiger Säure zwischen 0,3–0,6 g/l. Man geht davon aus, daß analytisch ab 1,3 g/l bei Weißweinen und ab 1,6 g/l bei Rotweinen Verdorbenheit vorliegt.
Es gibt mehrere mögliche Ursachen der Entstehung eines Essigstiches:

- Die Essigsäurebakterien können sich schon im Weingarten auf aufgesprungenen oder verletzten Beeren entwickeln und gelangen dann beim Keltern in den Most.
- Wesentlich häufiger entsteht ein Essigstich im Zuge der Maischegärung bei Rotweinen.
- Oder aber während der Lagerung des fertigen Weines, wobei aber immer ein verstärkter Luftzutritt die Ursache ist. Sind nämlich die Fässer nicht spundvoll, so kann Luftsauerstoff auf die Oberfläche des Weines einwirken. In der Folge können Kahmhefen anwachsen und eine Kahmdecke (weiße Haut an der Oberfläche) bilden. Auf dieser finden Essigsäurebakterien ausgezeichnete Wachstumsbedingungen vor und produzieren aus dem Alkohol verstärkt Essigsäure.
- Besonders anfällig sind Weine mit einem geringen Alkoholgehalt (unter 12 %vol) und Weine mit einem niedrigen Gehalt an freier Schwefeliger Säure.

Essigsäurebakterien sind gegen Schwefelige Säure empfindlich. Daraus ergibt sich, daß diese Weinkrankheit bereits durch einfache kellerwirtschaftliche Maßnahmen (u. a. durch rasche Gärungseinleitung, Schwefelung, Spundvollhalten) vermieden werden kann. Das Auftreten eines Essigstiches ist somit als quasi »gärungstechnischer Kunstfehler« anzusehen.
Ähnlich dieser Krankheit sind Beeinträchtigungen, die im wesentlichen durch mikrobiell induzierte Synthese von Ethylacetat verursacht werden und sich in einem estrigen und an Lacklösungsmittel erinnernden Geruch zeigen.
Erkennungsmerkmale (eventuell optisch, immer jedoch geruchlich und geschmacklich):
Optisch kommt es manchmal zu Trübungen. Ein von Essigsäurebakterien befallener Wein riecht nach Nagellack, schmeckt immer unharmonisch sauer und hinterläßt einen stichigen, an Salatessig erinnernden Eindruck.

Faßgeschmack (Muffton, Schimmelgeschmack)

Ein schlecht gepflegtes Holzfaß stellt die Hauptursache dieser relativ oft zu findenden Weinkrankheit dar. Sie kann besonders in einfachen, kleinen Hauerkellern entstehen, wenn die wesentlichsten Hygienevoraussetzungen (ausreichend Wasser mit entsprechendem Druck zur Faßreinigung) nicht gegeben sind. Als besonders problematisch ist die Konservierung des Faßinneren anzusehen. Es liegt in der Natur der Sache, daß von den Poren des Holzes Wein aufgenommen wird, und nach dem Abziehen selbst bei gründlichster Reinigung immer noch Weinreste im Holz enthalten sind. Bei älteren Fässern kommen noch bis zu mehrere Zentimeter dicke Weinsteinkrusten dazu. Sie stellen einen idealen Nährboden für Schimmelpilze und andere Mikroorganismen dar. Während der Leerstandzeit müssen die Fässer daher konserviert werden. Dies geschieht hauptsächlich mit Schwefeldioxyd-Gas in Form des periodischen Ausbrennens mit Schwefeleinschlag oder durch Befüllen des Fasses mit 0,05% wäßriger Schwefeliger Säure. Werden hiebei Fehler begangen, so können die einmal in das Holz eingewachsenen Pilzhyphen nicht oder nur mehr unzureichend entfernt werden. Alle danach eingefüllten Produkte werden einen Muffton annehmen. Ein von Schimmelpilzen befallenes Holzfaß darf nicht mehr mit Wein befüllt werden, es sei denn, man hobelt einige Millimeter der angeschimmelten Holzoberfläche ab. Dazu wird es aber notwendig sein, die Fässer zu zerlegen.

Neben mangelhafter Konservierung kann aber auch unrein riechende Kellerluft für einen dumpfen Muffton im Wein verantwortlich sein. Hiebei kann die Luft durch die Poren des Holzfasses diffundieren und so den Wein bei länger dauernder Lagerung negativ beeinflussen. Das gleiche gilt auch für die Lagerung von Flaschenweinen. Auch der Naturkork ist gasdurchlässig und kann Mufftöne in den Wein passieren lassen. Deshalb sollten Faßweinkeller und Flaschenlager immer gut belüftet sein.

Erkennungsmerkmale (geruchlich und geschmacklich):

Ein Wein mit Faßgeschmack riecht nach Schimmel oder Pilzbefall und weist einen muffigen Geschmack auf.

Filtergeschmack (Papiergeschmack)

Weine werden während ihrer Entwicklung ein oder mehrmals filtriert. Dabei wird der Wein blitzblank, und möglichen Fehlentwicklungen durch Trubstoffe oder Mikroorganismen wird vorgebeugt. Als Filtermaterial werden Filterschichten bestehend aus Zellulose, Kieselgur und anderen Materialien verwendet. Sie geben zu Beginn der Filtration einen papierartigen, bitteren Eigengeschmack ab. Um dies zu verhindern, müssen die Filterschichten zunächst einmal gründlich gewässert werden, bis das aus dem Filter herausfließende Wasser keinen Fremdgeschmack mehr aufweist. Bei der anschließenden Weinfiltration müssen einige Liter Vorlauf abgetrennt werden.

Erkennungsmerkmal (geschmacklich):

Der Wein hat im hinteren Teil der Zunge einen harten und kratzigen Geschmack nach Papier oder Zellulose (Melitta-Filter).

Frostgeschmack

Gefrieren ungenügend ausgereifte Trauben durch Frühfrost, kommt es in den Beeren zu Veränderungen. Zellverbände werden zerrissen, die Trauben werden unansehnlich braun bis violett, und bereits im Most kommt es zu einem fremdartigen, eigentümlichen Geruch. Der Wein wirkt grasig, dünn und etwas süßlich. Derart geschädigtes Traubenmaterial sollte bereits im Most mit hohen Mengen Aktivkohle zur Entschmackung behandelt werden.

Wesentlich anders schmecken Trauben, die im reifen Zustand gefrieren. In diesem Fall sind die Zellverbände schon wesentlich dehnbarer und werden durch die Volumensvermehrung durch Eiskristallbildung nicht mehr zerstört. Das Wasser friert teilweise aus, der Zucker und alle anderen Inhaltsstoffe des Mostes werden dadurch konzentrierter.

Erkennungsmerkmale (optisch und geschmacklich):

Der Wein hat eine leicht geblich-braune Farbe und weist einen ganz eigenartigen, leicht süßlichen Geschmack auf.

Geranienton

Dieser eigenwillige, bittere Geruch und Geschmack erinnert an Pelargonien (Geranien). Verursacht wird diese Weinkrankheit durch den Abbau von Sorbinsäure durch Milchsäurebakterien. Die Sorbinsäure ist ein Konservierungsmittel und wird in Weinen zur Verbesserung der Haltbarkeit (Verminderung des Risikos einer Nachgärung) eingesetzt. Sie bringt eine antimikrobielle Wirkung gegen Hefen und Schimmelpilze, wirkt aber kaum gegen Milchsäurebakterien.

Wird Most in der Gärung mittels Sorbinsäure gehemmt, um Traubensaft relativ einfach ohne Pasteurisation haltbar zu machen, ist darauf zu achten, daß Holzfässer, die einmal mit sorbinsäurehältigem Most befüllt wurden, nicht mehr mit Wein befüllt werden, da schon geringste Mengen Sorbinsäure einen Geranienton hervorrufen können.
Erkennungsmerkmale (geruchlich und geschmacklich):
Der Wein hat einen unangenehmen Geruch und einen deutlichen Geschmack nach der aus Südafrika stammenden Topfgeranie (Pelargonium).

Gerbstofftrübung: siehe Metalltrübung

Hefetrübung: siehe Nachgärung

Hochfärbigkeit: siehe Braunfärbung (Brauner Bruch)

Holzgeschmack (Lohegeschmack, Neuerl, Eichel)

Der Holzgeschmack entsteht, wenn ein Wein in ein neues Holzfaß gefüllt wird, das vorher nicht ausreichend gewässert (weingrün gemacht) wurde. Dann gehen Gerb- und andere Stoffe des Holzes in Lösung, die den Wein geschmacklich verändern und zuweilen auch hochfärbig (gelbfärbig) werden lassen. Der Sortencharakter des Weines kann völlig verschwinden. Besonders stark wirkt sich dieser Umstand bei kleinen, dünnen Weinen aus. Der Wein wird äußerst unharmonisch und kratzig.
Im Gegensatz dazu steht der bewußt herbeigeführte Weinausbau im Barrique. Hiebei sollen die wertvollen Komponenten des Weines durch Lohestoffe eine Unterstützung erhalten. Bei gekonntem Barrique-Ausbau werden die Weine in der Tat gehaltvoller, runder und breiter. Besonders der gehaltvolle, gedeckte Rotwein kann durch die Barrique-Lagerung an Eleganz und Lagerfähigkeit gewinnen.
Erkennungsmerkmale (optisch und geschmacklich):
Optisch ist dieser Weinfehler manchmal schon in der Hochfärbigkeit des Weines erkennbar. Typisch ist jedenfalls der herbe, holzhältige Geschmack, der vielfach an Weinbrand erinnert.

Kahmigwerden

Sind nach der Vergärung die Behälter nicht spundvoll, so können an der Oberfläche Kahmhefen wachsen und eine weiße Haut und später eine mehrere Millimeter starke Decke bilden. Die Hefen ernähren sich aus Weininhaltsstoffen wie Alkohol und Säuren, brauchen zu ihrer Entwicklung aber unbedingt Sauerstoff. Stoffwechselprodukte sind u. a. Essigsäure, Ethylacetat und Äthanal. Besonders anfällig sind junge, leichte, alkoholarme Weine unter 12 %vol Alkohol mit einem geringen Schwefeldioxyd-Gehalt. Meist treten die Kahmhefen in Verbindung mit Essigsäurebakterien auf.
Eine wichtige Aufgabe des Kellermeisters ist daher das Spundvollhalten der Weinbehälter. Durch ein- bis zweimaliges Nachfüllen pro Woche muß gewährleistet sein, daß die Kahmhefen keine Entwicklungsmöglichkeit haben.
Erkennungsmerkmal (optisch):
An der Weinoberfläche sieht man matte, ölige Flecke, die später in eine weiße bis grauweiße Haut übergehen.

Käseln

Diese Weinkrankheit erinnert etwas an einen Böckser und kommt meist nur in Flaschenweinen vor. Maßgeblich beinflußt wird dieser Geruch nach Käse durch Lichteinwirkung. Gefüllte Weine in farblosen Flaschen, längere Zeit bei Tages- oder Kunstlicht gelagert, können diesen Fehler bekommen. Weine in braunen oder dunkelgrünen Flaschen sind in dieser Hinsicht wenig oder gar nicht empfindlich. Maßgeblich beteiligt an dieser Aromaveränderung dürften Eiweißstoffe sein.
Erkennungsmerkmal (geruchlich):
Dieser Fehler ist im Geruch bemerkbar. Der Wein riecht nach Käse sowie abgestanden und schal.

Korkgeschmack

Eine vor allem für den Konsumenten mitunter festzustellende Fehlentwicklung beim Wein ist der Korkgeschmack und alle negativen Veränderungen, die der Kork mit sich bringt. Denn nicht immer gibt ein deutlicher Mufftton Anlaß dazu, einen Wein zu beanstanden. Oft sind es nur sehr geringe geruchliche oder geschmackliche Veränderungen, die den Wein nicht mehr so fruchtig, elegant oder reintönig schmecken lassen. Der Weingenießer kann in solchen Fällen keinen Korkgeschmack feststellen. Probiert er jedoch mehrere Flaschen ein und derselben Füllung, so schmeckt jede etwas anders.
Gegen einen Korkgeschmack ist kein Winzer gefeit. Er kann beim besten Wein und bei Verwendung des teuersten Korken vorkommen. Die Weinwissenschaft kennt heute mehrere Ursachen des Korkgeschmackes. Zunächst ist einmal die Art der Korkverarbeitung zu erwähnen. Nach dem Schälen der Korkeiche werden die Rindenstücke einige Zeit im Freien gelagert. Hiebei kann es durch Feuchtigkeit und Wärme zu Schimmelpilzbildung kommen. Rissige, poröse Rindenstücke sind dabei verstärkt schimmelanfällig. Als weiterer Grund für einen Korkgeschmack wird die Bleichung der Korkrinde mit Chlor angesehen. Das hiebei entstehende Trichloranisol konnte als Leitsubstanz für den Korkgeschmack identifiziert werden. Auch eine unsachgemäße (feuchte) Lagerung des Korkens beim Korkhändler ober beim Weinproduzenten kann zu einem späteren Korkgeschmack im Wein führen. Schließlich soll nicht unerwähnt bleiben, daß eine muffige, stickige Luft im Aufbewahrungsraum für Korken oder aber auch Maden der Korkmotte, die sich durch den Flaschenkork gefressen haben, den Korken negativ verändern können.
Meistens rührt der Korkgeschmack von einem Schimmelpilz (penicillium roquefortii) oder von Terpenen her.
Erkennungsmerkmale (geruchlich und geschmacklich):
Der Korkgeschmack äußert sich durch einen muffigen, an Schimmel erinnernden Beigeschmack, den man meistens schon nach dem Öffnen der Flasche durch Riechen am Kork erkennen kann. Nicht selten wird er aber auch bei länger gelagerten Flaschen mit einem Sekundärbukett des Weines verwechselt. Geschmacklich zeigt sich ein Korkfehler niemals im Rachen des Mundes, sondern immer unmittelbar hinter der Zungenspitze, das heißt, man glaubt beim Verkosten des Weines einen »Süßkern« zu verspüren, der in Wirklichkeit aber ein Korkgeschmack ist. Auch ist ein Korkgeruch an frischen Schnittflächen des Korken oder beim Reiben über Glaspapier besonders deutlich.
Am besten kann man ihn mit Hilfe folgender Methode feststellen: Man gießt zur vorgegebenen Weinprobe die doppelte Menge Wasser dazu. Dann hält man das Glas mit der Hand zu, schüttelt den Wein gut durch und riecht daran. Jeder etwa vorhandene Korkgeschmack ist sofort eindeutig am Schimmelgeruch feststellbar.

Kristallausscheidung

Eine Kristallausscheidung sollte nicht als echter, sondern höchstens als optischer Weinfehler angesehen werden. Je reifer die Trauben bei der Weinlese sind, desto höher ist auch ihr Gehalt an Mineralien (Kalium, Calcium, Magnesium etc.) sowie der relative Anteil der Weinsäure am gesamten Säuregehalt des Weines. Wenn nun ein Flaschenwein kleine, weiße, glänzende Kristalle aufweist, die sich nicht auflösen, dann spricht man nicht etwa von einem ungelösten Zucker, sondern von Kristallausscheidungen. Die wichtigsten Kristalle, die im Wein ausgeschieden werden können, sind Weinstein und Calciumtartrat.
Der Löslichkeit eines **Weinsteins** (Kaliumhydrogentartrat) ist vor allem abhängig von der Temperatur. Werden die Weine sehr kalt gelagert, so wird die Weinsteinbildung gefördert. Besonders anfällig für Kristallausscheidungen sind Weine, die sehr jung auf die Flasche gefüllt werden. Die Weinsteinbildung ist weiters abhängig vom Alkoholgehalt, pH-Wert, Kalium- und Weinsäuregehalt. Der Weinstein kann in Flaschenweinen wunderschöne Formen annehmen. Es können mehrere Millimeter große Drusen zusammenwachsen, die je nach Weinart auch verschieden gefärbt sein können. Sehr unangenehm kann Weinstein in Sekt oder Perlwein werden, da es beim Öffnen der Flasche zu einer heftigen Kohlensäureentwicklung kommt. Die Kohlensäure entbindet sich dabei leicht an den scharfen Kanten des Weinsteins, und die Flasche schäumt über.
Wenn der Wein bei der Anlieferung zum Abnehmer noch sehr jung ist und beim Transport oder bei der Zwischenlagerung tiefe Temperaturen herrschen, dann kann es zu einer Ausfällung von instabilem Weinstein kommen. Dieses Phänomen ist nicht selten in den Wintermonaten und bei lange gelagerten Weinen zu beobachten. Bei alten Weinen sind Weinsteinausscheidungen oft anzutreffen und sind sogar ein gewisses Qualitätszeichen. Bei jungen und einfachen Weinen ist bei stärkerer Weinsteinausbildung und wenn viele Flaschen davon betroffen sind der Lieferant zu benachrichtigen.
Mit freiem Auge vom Weinstein kaum unterscheidbar ist **Calciumtartrat** (Calciumsalz der Weinsäure). Unter dem Mikroskop jedoch ist Ca-Tartrat deutlich unterscheidbar von Weinstein. Weinstein hat ein eher unregelmäßiges, birnenförmiges Aussehen, während Ca-Tartratkristalle wie geschliffen wirken und eine Ähnlichkeit mit einem Sargdeckel aufweisen. Calciumtartrat entsteht bei überhöhtem Calciumgehalt, etwa durch eine Kalkentsäuerung von Wein.
Eine weitere Ausscheidung, die man vor allem in Prädikatsweinen finden kann, ist das Calciumsalz der Schleimsäure, **Calciummucat.** Es ist deutlich unterscheidbar vom Calciumtartrat. In der Flasche haben die Kristalle ein Aussehen wie Schneebälle. Die Schleimsäure kommt jedoch nur in edelfaulem Traubenmaterial vor und wird von der Botrytis cinerea gebildet.
Erkennungsmerkmal (optisch): Kristallausscheidung oder Trübung.

Luftgeschmack (Oxydation)

Dieser Weinfehler kann bei einer mangelhaften Kellerwirtschaft, bei nicht spundvollen Weinfässern und bei nicht ausreichend geschwefelten Weinen entstehen. Läßt man nämlich Wein längere Zeit offen an der Luft stehen, so verflüchtigen sich wichtige Bukett(Aroma)stoffe, die im Wein vorhandene Schwefelige Säure nimmt ab, und es kommt zu einer Oxydation des Weines. Der Wein wird dabei früher oder später hochfärbig (gelbbraun) und ungenießbar.
In der Kellerwirtschaft ist es daher wichtig, daß alle Behälter (Fässer) spundvoll gehalten werden. Dies ist nicht immer leicht, zumal der Wein oft sehr starken Temperaturschwankungen unterliegt, und bei Abkühlung verringert sich das Volumen oft beträchtlich. Auch durch Verdunstung kann es insbesondere bei warmer Lagerung zu erheblichen Weinverlusten kommen, die regelmäßig durch Auffüllen (auch »Stiften« genannt) ausgeglichen werden müssen. Wird Sortenreinheit gefordert, so soll das Aus- und Auffüllen mit Wein der gleichen Sorte und Qualitätsstufe geschehen.

Besonders häufig kommt ein Oxydationsfehler vor, wenn eine Flasche Wein angebrochen wird und halb voll weder verschlossen noch kühl gelagert herumsteht.
Erkennungsmerkmale (optisch, geruchlich und geschmacklich):
Der Luftgeschmack (Rahnton) äußert sich manchmal in einer Hochfärbigkeit, jedenfalls aber in einem typischen Sherry- oder Firnton bzw. in einem matten und schalen Beigeschmack nach abgestandenem Wein. Im Extremfall riechen oxydierte Weine wie ein leeres Bierglas.

Mäuseln

Der Mäuselton ist eine Weinkrankheit, die häufig in jenen säurearmen Weinen, vor allem bei Rotweinen, vorkommt, die einer längeren Oxydation ausgesetzt waren. Besonders oft weisen Obst- und Beerenweine – aber auch Bier – einen solchen Geruch und Geschmack nach Mäuseharn (daher auch der Name) auf.
Man findet das Mäuseln oftmals bei Jahrgängen mit wenig Mostsäure und hohen pH-Werten beim Wein. In der Entwicklung eines mäuselnden Weines kann dieser Mäuseton einmal stärker, dann wieder weniger stark zum Vorschein kommen. Verantwortlich dafür sind nach neueren Erkenntnissen u. a. auch bestimmte Milchsäurebakterien und gewisse Hefestämme.
Erkennungsmerkmale (geschmacklich):
Der Mäuselton äußert sich durch einen widerwärtigen, bitteren, den Mund austrocknenden Geschmack, der erst einige Sekunden nach dem Weingenuß stark hervortritt. Im Extremfall erinnert er an ekelerregenden Mäuseurin.

Medizinton

Mit diesem Sammelbegriff werden Weine bezeichnet, die nach Medikamenten (Apotheke) oder Chemikalien riechen und schmecken. Der Medizinton tritt bei stark angefaultem Lesegut auf. Bei unsachgemäßer Lagerung von adsorptiv wirkenden Weinbehandlungsmitteln, wie z. B. Bentonit, kann dieser Fremdgeruch aus der Umgebung auf das Schönungsmittel übertragen werden und nach Einsatz im Wein einen Fehlgeschmack hinterlassen.
Erkennungsmerkmale (geruchlich und geschmacklich):
Der Wein riecht und schmeckt nach Jodoform.

Metalltrübung (Schwarzer Bruch)

Metalle wie Eisen, Kupfer, Zinn, Aluminium usw. können mit Inhaltsstoffen des Weines unlösliche Verbindungen ergeben. Bei zu hohem Metallgehalt entstehen weißliche bis grauschwarze Trübungen, die sich meist sehr schlecht absetzen. Man spricht von einer opaleszierenden Trübung. Der überhöhte Anteil an Metallen kann teilweise natürlich bedingt sein, meist jedoch sind dafür ungeeignete, korrodierbare Geräte der Kellerwirtschaft verantwortlich. Für Eisenabgabe können etwa Lesewagen, Rebler, Maischebehälter, Presse, Filterapparate etc. verantwortlich sein, für Kupfer sind es vor allem Messingarmaturen und eine unsachgemäße Kupferbehandlung zur Böckserbekämpfung.
Erkennungsmerkmal (optisch):
Der Wein weist eine weißliche bis grauschwarze Trübung auf.

Milchsäurestich (Buttersäurestich)

Der Milchsäurestich ist eine Weinkrankheit, die durch Milchsäurebakterien hervorgerufen wird und meist nach der Gärung auftritt. Verantwortlich ist im wesentlichen die Substanz Diacetyl (Butan-

dion 2,3). Besonders gefährdet sind Weine, die einen hohen pH-Wert aufweisen. Vor allem Weine, die im Säuregehalt sehr tiefgestellt wurden oder von Natur aus wenig Säure haben, können bei einem nachfolgenden bakteriellen Äpfelsäureabbau (biologischen Säureabbau) einen Milchsäurestich bekommen.
Ebenfalls durch Milchsäurebakterien kann Mannit gebildet werden. Mannit ist ein sechswertiger Alkohol, seine Bildung wird meist von Essigsäure begleitet. Besonders anfällig sind Moste, die warm gären und bei geringen Zuckerresten in der Gärung »steckenbleiben«.
Erkennungsmerkmale (optisch, geruchlich und geschmacklich):
Der Wein weist eine Trübung auf, hat einen Geruch nach frischem Sauerkraut und schmeckt meist süßsauer.

Muffton (muffig)

Der Weinfehler entsteht bei schimmeligem Traubengut, bei Lagerung in muffigen Fässern oder bei Benützung muffiger Schläuche und Geräte. Er kann mitunter auch nach einer Faßkonservierung auftreten.
Erkennungsmerkmal (geruchlich):
Er äußert sich durch einen dumpfen, muffigen Geruch.

Nachgärung (Hefetrübung)

Bei Weinen mit Restzucker, die infolge einer nicht weinsterilen Vorgangsweise bei der Flaschenabfüllung noch lebende Hefen in der Flasche enthalten, können sich diese weiter vermehren und dadurch den Wein trüb machen, wobei der unvergoren gebliebene Zuckerrest weiter in Alkohol und Kohlensäure vergoren wird. Man spricht in diesem Falle von einer »Nachgärung«.
Schon durch das Vorhandensein einer einzigen aktiven Hefezelle in der Flasche kann es zu dieser Nachgärung und zur Bildung von Acetaldehyd kommen. Vorbedingungen dazu sind insbesondere eine hohe Lagertemperatur (ab 15° C) und ein niedriger Alkohol- und Schwefeldioxydgehalt. Das Produkt trübt sich wie beim Bakterienwachstum ein, gleichzeitig entsteht auch Kohlensäure, und der Wein verändert sich sehr im Geschmack. Die Schwefelige Säure nimmt ab. Bei Nachgärung von hohen Zuckerresten kann es sogar zum Heraustreiben des Korkens bzw. zum Zerplatzen der Flasche kommen.
Hauptursache für Hefewachstum in der Flasche ist immer eine unsterile Abfüllung. Jeder flaschenfüllende Betrieb sollte einen Hygienestandard aufweisen, der es erlaubt, den Wein hefefrei in die Flasche zu füllen.
Erkennungsmerkmale (optisch, geruchlich und geschmacklich):
Man erkennt einen Wein mit Nachgärung entweder schon an dem abgelagerten Hefedepot in der Flasche bzw. an einem leichten Schleier im Wein oder aber beim Öffnen der Flasche durch ein typisches Gärungsbukett sowie durch ein mehr oder weniger starkes Moussieren des Weines infolge der bei der Nachgärung entstandenen Kohlensäure. Im Geschmack ist ein Acetaldehydton erkennbar.

Oxydation: siehe unter Luftgeschmack

Papiergeschmack: siehe unter Filtergeschmack

Rauchgeschmack

Beim Abbrennen von Mülldeponien neben Weingärten oder bei sonstigen Raucheinwirkungen kann sich der Rauch auf den Beerenhäuten der Weintrauben ablagern.
Erkennungsmerkmale (geruchlich und geschmacklich):
Ein typischer Rauchton im Geruch und Geschmack des Weines.

Säureabbau: siehe unter Bakterientrübung

Säuresturz

Bei Rotweinen, vereinzelt aber auch bei Weißweinen, wird als eine der Entsäuerungsmöglichkeiten beim Wein der bakterielle Äpfelsäureabbau (auch als Malolaktische Gärung oder als biologischer Säureabbau bezeichnet) angewendet. Es ist dies eine vom Winzer geduldete oder aber bewußt herbeigeführte Veränderung des Weines im Faß oder im Tank, wodurch die auf der menschlichen Zunge spitz-sauer wirkende Apfelsäure (Äpfelsäure) im wesentlichen in die weit milder wirkende Milchsäure abgebaut wird. Diese Maßnahme erfordert ein hohes kellertechnisches Geschick und Wissen. Einen unkontrollierten oder nicht vermiedenen übermäßigen bakteriellen Äpfelsäureabbau bezeichnet man hingegen als Säuresturz. Besonders Rotweine sind dafür anfällig.
Erkennungsmerkmale (optisch, geruchlich):
Man kann einen Säuresturz an der Schaumbildung, der Eintrübung und dem ranzigen Geruch des Weines erkennen. Eventuell tritt auch gleichzeitig vermehrt Kohlensäure auf. Unter Umständen kommt es auch zu einem Zähwerden des Weines.

Schimmel (Muffton)

Dieser ist ein eindeutiger Ablehnungsgrund beim Wein. Er entsteht durch faules, verschimmeltes Lesegut oder durch Verwendung schimmeliger Kellergeräte.
Erkennungsmerkmale (geruchlich und geschmacklich):
Typischer Schimmel- oder Muffgeruch sowie ein widerlich bitterer, muffiger, teils auch brennendscharfer Geschmack.

Schwarzer Bruch: siehe unter Metalltrübung

Schwefeldioxyd-Armut: siehe unter Acetaldehyd

Schwefelsäurefirn

Die Ursache dieser Weinkrankheit liegt in der periodisch wiederkehrenden Einschwefelung leerstehender Holzfässer. Die dabei zur Verbrennung gelangenden Schwefelschnitten liefern durch Abbrennen Schwefeldioxyd, ein stechend riechendes Gas, das von dem an den Faßinnenwänden haftenden Feuchtigkeitsfilm leicht absorbiert und auch teilweise zu Schwefelsäure oxydiert wird. Vor der nächsten Befüllung muß das Faß gründlich gereinigt oder mehrere Tage ausgewässert werden.
Erkennungsmerkmal (geschmacklich):
Man erkennt den Schwefelsäurefirn durch einen scharf-sauren, harten Geschmack, der sich besonders durch ein scheinbares Stumpfwerden der Zähne bemerkbar macht. Schwefelsäure ver-

mag die Fettschicht auf den Zähnen zu lösen, und dadurch bekommt man ein unangenehmes Gefühl, als ob die Zähne länger geworden wären. Reibt man sie aneinander, so kommt es zu einem unangenehmen Knarren. Weine mit Schwefelsäurefirn schmecken kantig, sauer und hart, ohne dabei unbedingt eine hohe Säure aufzuweisen.

Tank (Styrol)

Weine, die längere Zeit in Kunststofftanks gelagert werden, können bei nicht einwandfreien Kunststoffbehältern einen Styrolgeschmack aufweisen.
Erkennungsmerkmale (geruchlich und geschmacklich):
Der Styrolton äußert sich durch einen Geruch nach Lack, mitunter aber auch durch einen Geruch nach Erdbeeren sowie durch einen unverkennbaren Plastikgeschmack.

Teergeschmack

Beim Asphaltieren von Straßen und Güterwegen kann sich der Teergeruch auf den Beerenhäuten der Weintrauben ablagern und Teer damit in die Kelterung kommen.
Erkennungsmerkmale (geruchlich und geschmacklich):
Er äußert sich beim Wein durch einen typischen Teergeruch und Teergeschmack.

Trestergeschmack

Dieser Weinfehler entsteht, wenn das Traubengut zusammen mit den Kämmen vermaischt und die Maische zu lange stehengelassen wird.
Erkennungsmerkmale (geruchlich und geschmacklich):
Der Fehler ist optisch nicht erkennbar, wohl aber durch einen Geruch nach Treberbrand und einen bitter-kratzigen Geschmack.

Überentsäurerung

In Jahren mit einem überdurchschnittlichen hohen Säuregehalt der Trauben bzw. des Weines wird der Wein durch eine kellertechnische Entsäuerung milder gemacht. Das geschieht meistens entweder durch einen biologischen Säureabbau oder durch Zusatz von kohlensaurem Kalk. Wenn die Säurekorrektur mittels Kalk zu stark ausfällt und das notwendige Mindestmaß an Weinsäure im Wein nicht erhalten bleibt, spricht man von einer Überentsäuerung. Der Wein enthält zu hohe Calciumwerte.
Erkennungsmerkmal (geschmacklich):
Durch diesen Weinfehler wird das Bukett nicht beeinträchtigt, wohl aber bekommt der Wein einen faden, dumpfen oder vielleicht auch erdigen Geschmack.

Überschwefelung

Wenn ein Wein einen zu hohen Gehalt an Schwefeliger Säure aufweist, dann spricht man von einem Überschwefeln des Weines, was gleichfalls einen Weinfehler darstellt.
Erkennungsmerkmale (optisch, geruchlich und geschmacklich):
Man erkennt eine Überschwefelung optisch an einer gewissen Hellfärbigkeit (Wässerigkeit) des Weines, an einem stechenden Geruch und an einem stumpfen, harten, kratzigen Geschmack im Abgang.

Weinsteinausscheidung: siehe unter Kristallausscheidung

Wildverbiß

Das Wild (Hasen, Rehe) kann im Winter durch Annagen der Rinde bzw. Borke der Rebstöcke oder im Frühjahr durch Abfressen der zarten Triebspitzen im Weingarten, besonders bei Junganlagen, schwere Schäden anrichten. Der Weinhauer versucht sich davor unter anderem durch Anwendung von Wildverbißmitteln auf Kreosot-Basis zu schützen. Nun ist aber die Wachsschicht der Beerenhäute imstande, solche Kreosot-Substanzen aufzunehmen. Im Zuge der Traubenverarbeitung gelangen diese sehr intensiv auf Geruch und Geschmack wirkenden Substanzen dann in den Most und damit später in den Wein.
Erkennungsmerkmale (geruchlich und geschmacklich):
Dieser Weinfehler äußert sich durch einen Geruch nach Apotheke (Jodoform) und einen typischen Geschmack, der immer an Farbe erinnert (Lackgeschmack).

Zähwerden: siehe unter Bakterientrübung und Säuresturz

Erkennen von Weinfehlern

Für einen weniger geschulten Weininteressierten ist es oft schwer, einen beim Verkosten aufgetretenen Weinfehler richtig zu erkennen. Manche Weinfehler sind untereinander oft so ähnlich in Aussehen, Geruch oder Geschmack, daß es auch für professionelle Weinkenner nicht ganz einfach ist, eine richtige Zuordnung vorzunehmen. Der nachfolgende Überblick soll eine solche Zuordnung erleichtern:

Trübungen im Wein könnten hinweisen auf
- Eiweißtrübung
- Nachgärung (Hefetrübung)
- Milchsäurestich (Buttersäurestich)
- Bakterientrübung
- Säuresturz
- Metalltrübung (Schwarzer Bruch)

Hochfärbigkeit könnte hinweisen auf
- Oxydation
- Holz (Neuerl)
- Brauner Bruch

Geruch nach gemaischten Äpfeln oder nach frischem Sauerkraut könnte hinweisen auf
- Acetaldehyd
- Unterschwefelung (Schwefeldioxyd-Armut)
- Milchsäurestich (Buttersäurestich)

Schimmelgeruch bzw. Schimmelgeschmack könnte hinweisen auf
- Faß
- Schimmel beim Lesegut oder bei Kellergeräten
- Kork
- Muffton im Keller

Kratziger, scharfer, harter Geschmack könnte hinweisen auf
- Essigstich bzw. Essigsäureethylester

- Filter
- Trester
- Überschwefelung
- Schwefelsäurefirn

Bitterer Geschmack könnte hinweisen auf

- Bitterwerden der Rotweine
- Rappen(Kamm)geschmack = Gerbstoffgeschmack

Eigenartiger (nicht sortenbedingter), leicht süßlicher Geschmack könnte hinweisen auf

- Frost
- Kork

Fader, dumpfer, schaler, abgestandener Geschmack könnte hinweisen auf

- Schimmel
- Überentsäuerung
- Überschönung
- Luftton (verrauchte Frucht)

ÜBERSICHT ÜBER KRANKHEITEN, FEHLER, MÄNGEL UND VERFÄLSCHUNGEN BEIM WEIN

Krankheit	Fehler	Mängel	Verfälschung
Hefe	**Sauerstoff**	sauer	**Mitverwendung von:**
gärig	oxydativ	unreif (grasig)	Wasser
kahmig	(Geruch, Geschmack)	picksüß	Bukettstoffe
gelägerig	aldehydig	süß-sauer	Aromastoffe
Hefeton	(Geruch, Geschmack)	rauh	Alkohol
faulig	hochfärbig	kratzig	Direktträger (Fox)
Böckser	braunbrüchig	bitter	
Bakterien:	**Eisen:**	unharmonisch	**nachgemachter Wein:**
Ethylacetat	Schwarzer Bruch	unsauber	Kunstwein
Essigstich	Grauer Bruch	brandig	Trester
Fruchtester	**Sulfat:**	spritig	Geläger
Buttersäure	firnig	Kristallabscheidung	Schlempe
Milchsäure			
käseln			**unzulässige**
mäuseln	Filter		**Technologie:**
Säuresturz	(Papier, Zellstoff)		fehlender
zähwerden	Metall		Weincharakter
	Kupfertrübung		übermäßige
Schimmel	Kohle		Aktivkohlebehandlung
Korkschimmel	Faß (Neuerl, Holz)		Überentsäuerung
Faßschimmel	Tank (Styrol)		(pappig)
Schlauchschimmel	Fremdgeschmack		Überschwefelung
Phenol	Mineralöl		
(Geruch,	Lösungsmittel		
Geschmack)	Teer		
Jodoform	Rauch		
	Kreotsot		

Wein und Gesundheit

Chemische Zusammensetzung des Weines

Wein besteht im wesentlichen aus 70–80% Wasser und 20–30% sogenannter Inhaltsstoffe. Diese setzen sich aus zahlreichen Komponenten zusammen, von denen aber bis heute noch nicht alle erforscht sind.

Abhängigkeitsfaktoren

Die chemische Zusammensetzung eines Weines hängt weitgehend von verschiedenen Faktoren ab. Die wichtigsten davon und ihre an einigen Beispielen aufgezeigten Auswirkungen sind:
Traubensorten: Diese beeinflussen den Zuckergehalt, Säureanteil, Aromastoffe, Eiweißstoffe, Farbkonzentration bei Rotweinen. Sorten mit einem höheren Zucker- und Säureanteil sind beispielsweise Traminer, Weißer Burgunder, Riesling oder Silvaner, zucker- und säureärmere Sorten hingegen sind Gutedel, Blauer Portugieser oder Trollinger.
Reifegrad der Trauben: Dieser wirkt sich auf den Zuckergehalt des Mostes und damit bei der Vergärung auf den Alkoholgehalt aus, weiters auf den Gehalt von Glycerin, Mineralstoffen, Proteinen, Aromastoffen.
Jahrgang: Er bestimmt weitgehend das Verhältnis der Äpfel- zur Weinsäure und beeinflußt in regenreichen Jahren auch den Gehalt an Mineralstoffen und Eiweißstoffen.
Bodenart und Düngung: Sie üben einen Einfluß auf die Aromastoffe, aber auch auf den Mineralstoffgehalt aus.
Klimafaktoren des Standortes: Dadurch werden der Säure- und Gerbstoffgehalt sowie die Aromastoffe beeinflußt.
Art der Vinifizierung: Most- oder Maischevergärung, der Ausbau des Weines sowie die Faßlagerung haben Auswirkungen auf den Restzucker-, Farb- und Gerbstoffgehalt, auf die Höhe der Kohlenhydrate, Aromastoffe u. a.

Inhaltsstoffe

Übersicht (Angaben in Gramm pro Liter)

	Most	Wein
Wasser	60–80%	70–80%
Ethanol	–	50–130
Methanol und Höhere Alkohole	–	0,200–0,800
Mehrwertige Alkohole (Glycerin u. a.)	–	6–24
Säuren	5–20	4–10
Kohlenhydrate	130–350	1–250
Stickstoffverbindungen	0,2–1,4	0,3–1,0
Phenole und Polyphenole	0,2–5,0	0,2–4,0
Aromastoffe	0,8–1,2	0,8–1,2
Mineralstoffe und Spurenelemente	3–10	1,8–2,5
Vitamine (nur wasserlösliche)	0,5–2,5	0,4–0,65
Aldehyd	–	0,01–0,10
Kolloide	0,15–1,0	0,15–1,0

Die wichtigsten Inhaltsstoffe beim Wein sind:

Ethanol (Äthanol, Äthylalkohol, Weingeist)

Durch die Vergärung des Trauben- und Fruchtzuckers in den Beeren mit Hilfe der Hefen entsteht Alkohol.

Ganz allgemein kann man dabei sagen, daß aus 2 Teilen Zucker im Most 1 Teil Alkohol und 1 Teil Kohlendioxyd entsteht. (Ganz genau: Aus 100 g Zucker gewinnt man in der Praxis 47 g Ethanol [Alkohol] und ebensoviel Kohlendioxyd. Die Differenz entfällt auf die mit Hilfe der Hefen gebildeten Gärungsnebenprodukte, wie Glycerin und andere Stoffwechselprodukte; außerdem kann es bei der Vergärung noch zu Alkoholverlusten kommen.)

Ethanol (Alkohol) ist normalerweise im Wein in einer Menge von 65–130 Gramm pro Liter (letztere Menge nur bei ausgezeichneten Jahrgängen) vorhanden. Je höher nun die Zuckergradation in der Beere ist, desto mehr Alkohol kann man gewinnen. Normale Hefen bewirken eine Vergärung bis maximal 16,5 %vol Alkohol (130 Gramm Alkohol pro Liter). Alkoholresistente Spezialhefen vermögen jedoch einen Alkoholgehalt bis zu 18 %vol (142 g/l) zu erzeugen.

Wenn die Gärung bis zur gänzlichen Umwandlung des im Most enthaltenen Zuckers in Alkohol durchgeführt wird, spricht man von gänzlich **trockenen** oder **durchgegorenen** Weinen (Diabetikerweinen). Weine mit viel Restzuckergehalt, wie Beeren- oder Trockenbeerenauslesen, haben in den meisten Fällen nur einen niedrigen Alkoholgehalt mit etwa 8–10 %vol.

Der Alkoholgehalt vermag das Geschmacksbild eines Weines nicht unwesentlich zu beeinflussen. Einfache Konsum- oder Tafelweine mit einem niedrigen Alkohlgehalt schmecken nicht selten nichtsagend und charakterlos. Weine mit viel Alkohol können wiederum alkoholdominierend, also brandig oder gar spritzig schmecken.

Methanol (Methylalkohol, Holzgeist)

Dieser entsteht durch den enzymatischen Abbau der Pektine. Methanol ist in höherer Konzentration giftig und kann je nach Dosis zu Kopfschmerzen, Erbrechen, Krämpfen, Atembeschwerden, Unterleibsschmerzen, Sehschwäche bis hin zur totalen Erblindung und Tod führen. Weißweine haben in der Regel einen Methanolgehalt von 20–110 mg/l (relativ höhere Dosen entstehen bei Weinen, die lange auf der Maische stehen gelassen wurden), Rotweine von 60–230 mg/l (der höhere Anteil ist auf die Maischevergärung zurückzuführen). Wie man sieht, sind **alle diese Methanolanteile im Wein nur in ganz geringen Mengen vorhanden und mit Gewißheit für den menschlichen Körper ungefährlich!**

Höhere Alkohole (Fuselöle)

Sie entstehen während der Gärung aus dem Zucker des Mostes und sind Stoffwechselprodukte der Hefen aus der Umwandlung der Aminosäuren und der Kohlenhydrate. Ihr Gehalt ist stark vom Extraktreichtum des Mostes abhängig, und ihre Konzentration nimmt mit steigendem Mostgewicht zu. Fuselöle finden sich daher eher in sehr körper- und extraktreichen Weinen. **In normalen Weinen sind die Fuselöle nur in allergeringsten Mengen vorhanden.** Alle höheren Alkohole sind toxischer als Ethanol, wirken narkotisch und verbleiben auch länger im Körper, weil die Leber sie langsamer als Ethanol abbaut. Weine mit einem höheren Gehalt an Fuselölen können Kopfschmerzen auslösen und für einen Kater mit allen seinen unangenehmen Nachwirkungen verantwortlich sein (siehe auch Seite 338).

Glycerin

Glycerin entsteht ebenfalls bei der alkoholischen Gärung und ist ein dreiwertiger Alkohol (drei OH-Gruppen). Er bewirkt die Vollmundigkeit und Samtigkeit des Weines und trägt viel zu seinem Körper bei. Sein Anteil im Wein liegt je nach Beschaffenheit des Mostes zwischen 6–8 g/l.

Säuren

Diese tragen viel zum Geschmacksbild des Weines bei.

Titrierbare Säuren

Der Gehalt aller im Wein vorhandenen Säuren wird als »titrierbare Säure« angegeben und als Weinsäure in g/l = ‰ (Promille) berechnet. Nur Frankreich gibt sie in Schwefelsäure an. Die titrierbare Säure liegt bei Weißweinen zwischen 4–9 g/l und bei Rotweinen zwischen 4–6 g/l.
Die wichtigsten Säuren beim Wein sind die Weinsäure und die Äpfelsäure. Ihr Verhältnis zueinander ist stark vom jeweiligen Jahrgang abhängig. In kleinen bis schlechten Weinjahren kann der Gehalt an der auf der Zunge spitz-sauer wirkenden Äpfelsäure drei- bis viermal so hoch sein wie jener der Weinsäure. Die Weinsäure wird im allgemeinen als zarter und harmonischer Geschmacksfaktor empfunden. Der Anteil der Weinsäure im Wein liegt zwischen 0,5–4 g/l, jener der Äpfelsäure zwischen 0–6 g/l.
Neben diesen beiden dominierenden Säuren gibt es noch folgende titrierbare Säuren:

Milchsäure:	0,8–3,3 g/l	Schleimsäure:	0–1,5 g/l
Bernsteinsäure:	0,5–1,3 g/l	Citronensäure:	0–0,3 g/l
Glukoronsäure:	0,2–0,6 g/l	Glykolsäure:	0–0,2 g/l
Galakturonsäure:	0,2–0,6 g/l	Oxalsäure:	0–0,2 g/l
		Glukonsäure:	0–0,04 g/l

Flüchtige Säuren

Neben den obigen im Wein verbleibenden Säuren gibt es die sogenannten flüchtigen Säuren, von denen die **Essigsäure** mit 0,15–1,2 g/l den weitaus größten Anteil bestreitet. Die Essigsäure entsteht als Nebenprodukt der Gärung. Ein höherer Gehalt an Essigsäure ist immer auf unerwünschte mikrobiologische Veränderungen im Wein zurückzuführen.

Kohlenhydrate

Hauptbestandteil dieser Gruppe von Inhaltsstoffen sind die Saccharide, vor allem **Traubenzucker** (Glucose, Dextrose) sowie **Fruchtzucker** (Fructose). Der im Wein verbliebene Restzucker besteht im wesentlichen aus Fruchtzucker. Dieser süßt dabei etwa doppelt so viel wie Traubenzucker und dominiert anteilsmäßig auch bei den meisten Weinen mit Restzuckergehalt (bei höheren Prädikatsweinen).
Außerdem sind im Wein noch **Pektine** (Kittsubstanzen zwischen den Zellen) vorhanden, die gleichfalls zur Gruppe der Kohlenhydrate zählen. Die löslichen Pektine werden durch Enzyme zu Galakturonsäure und Methanol abgebaut. Der Pektinabbau fördert die Auslaugung der Farbstoffe bei der Rotweinbereitung, weiters die Preßbarkeit der Maische und auch die Klärung von Most und Wein.

Stickstoffverbindungen

Dazu gehören unter anderem die **Eiweißstoffe** (Proteine und Aminosäuren), die im Most der Hefe bei der Gärung als Nahrung dienen. Im Wein können sie die Ursache von Trübungen sein.

Aus den Aminosäuren können durch den Stoffwechsel bestimmter Bakterien im Most **biogene Amine** entstehen, bevor sie von den sich schnell vermehrenden Hefezellen beseitigt werden. Eines dieser biogenen Amine ist das schon in geringster Konzentration physiologisch höchst wirksame giftige Histamin.

Histamin

Höhere Konzentrationen an Histamin sind dabei meist auf eine mangelhafte Kellerhygiene, unsaubere alkoholische Gärung, vor allem aber auf einen unkontrollierten bakteriellen Äpfelsäureabbau (biologischer Säureabbau) zurückzuführen. Einmal entstandenes Histamin kann nachträglich durch Schönungsmittel (Bentonit u. a.) nur zu einem Teil entfernt werden. Daher muß schon während der Weinbereitung durch geeignete technologische Maßnahmen die Bildung von Histamin verhindert werden.

Histamin kann Symptome wie Kopfschmerzen, Erhöhung der Herzfrequenz, Blutdrucksenkung, Hitzegefühl, Magen- und Darmbeschwerden, Asthmaanfälle und Nesselausschläge besonders bei empfindlichen Personen verursachen.

Im Wein können beim bakteriellen Äpfelsäureabbau bis zu 300 mg/l Histamin entstehen. Aber die Durchschnittswerte der Histaminkonzentrationen im Wein liegen ganz entscheidend niedriger. Bei sorgfältiger kellertechnischer Verarbeitung unter Verwendung von Reinzuchthefen und von gesundem Traubenmaterial entstehen kaum nennenswerte Mengen an Histamin.

In Österreich wurden 1992 von der Weinbauschule Höheren Bundeslehranstalt und Bundesamt für Wein- und Obstbau, Klosterneuburg, 136 Weiß- und Rotweine österreichischer Handelsware auf ihren Histamingehalt untersucht, wobei folgendes Ergebnis erzielt wurde:

Histamingehalt in Milligramm pro Liter Wein			
	Probenzahl	durchschnittlicher Histamingehalt	minimaler bis maximaler Wert
Weißweine	56	0,83	0,16–4,22
Rotweine	38	1,20	0,21–6,33
Prädikatsweine	16	0,38	0,16–0,83
Schaumweine	26	0,56	0,16–5,90

Wie man aus der Tabelle ersieht, ist die Histaminkonzentration durchwegs äußerst niedrig, wobei die Rotweine allerdings generell höhere Werte aufweisen. Bei der Untersuchung wurde auch festgestellt, daß die Konzentration für Histamin mit dem Gehalt an Milchsäure ansteigt. Übrigens sind international Bestrebungen im Gange, Weine mit einem höheren Histamingehalt nicht mehr als verkehrsfähig zu erlauben.

Nur der Vollständigkeit halber sei an dieser Stelle noch vermerkt, daß Histamin bei einer Reihe von Lebensmitteln in erheblich höheren Mengen vorkommt, wie beispielsweise in Käse, Schokolade, Thunfisch, Sardinen, Sauerkraut u. a.

Phenole und Polyphenole (Gerbstoffe, Tannin, Farbstoffe)

Die **Gerbstoffe** bzw. **Tannin** sind für das Bittere und Adstringierende im Wein verantwortlich. Ihr Gehalt hängt stark von der Traubensorte, Reife und der Art der Traubenverarbeitung ab (Ent-

rappen, Kelterung, Art und Dauer der Maischegärung). Er liegt bei den Weißweinmosten zwischen 100–300 mg/l und wird bei einem zu hohen Anteil im Wein (z. B. aus Scheitermost erzeugtem Wein oder bei zu langem Stehenlassen der Maische) als störend empfunden. Rotweinmoste haben einen 3- bis 5fach höheren Gerbstoffgehalt. Sie sind bis zu einem bestimmten Ausmaß erwünscht, weil sie das charakteristische Geschmacksbild eines Rotweines erbringen.
Zur Gruppe der Polyphenole gehören weiters die **Farbstoffe** (Anthocyane). Sie sind in der Beerenhaut enthalten und von der Traubensorte sowie von der Dauer und Intensität der Sonnenbestrahlung abhängig. Bei den Rotweinen nimmt ihr Gehalt mit zunehmender Alterung durch Oxydationsvorgänge ab.

Aromastoffe

Im Wein sind Hunderte Aromastoffe enthalten, die labormäßig mit Hilfe der Gas-Chromatographie bestimmt werden. Sie haben insgesamt einen Anteil von 0,8–1,2 g/l im Wein, gelten als flüchtige chemische Verbindungen und neigen vielfach zur Oxydation. Die Aromastoffe werden unterteilt in Bukettstoffe (Primär-, Sekundär- und Lagerbukett) und Geruchsstoffe. Die Aromastoffe sind stark von der Traubensorte, aber auch vom Pilzbefall auf der Beere (Botrytis cinerea) abhängig. Ihre Zusammensetzung verändert sich deutlich durch den Reife- und Alterungsprozeß des Weines im Faß und auf der Flasche.

Mineralstoffe und Spurenelemente

Der Gehalt (Ascheanteil) an Mineralstoffen und Spurenelementen im Wein schwankt zwischen 1,8–2,5 g/l. Ihre Konzentration ist in trockenen Weinjahren geringer, in feuchten Jahren sowie bei höheren Prädikatsweinen (Beeren- und Trockenbeerenauslesen) höher.
Die wichtigsten Mineralstoffe und ihr Gehalt im Wein sind:

Kalium:	370–1.120 mg/l	Magnesium:	60–140 mg/l
Phosphat:	130– 230 mg/l	Natrium:	7– 15 mg/l
Calcium:	70– 140 mg/l		

An Spurenelementen enthält der Wein in allerkleinsten Mengen auch noch Mangan, Zink, Kupfer, Eisen, Fluor, Jod, Brom u. a.
Bekanntlich sind Mineralstoffe, aber auch Spurenelemente für den menschlichen Organismus sehr wichtig. Vor allem spielt das Kalium eine bedeutende Rolle bei der Energiegewinnung durch Kohlenhydrate und Fette. Der Tagesbedarf des Menschen liegt bei etwa 800 mg. Calcium dient wiederum zum Aufbau des Knochengerüstes, für die Muskelkontraktion und ist wichtig bei der Blutgerinnung. Der Bedarf liegt etwa bei 700 mg pro Tag. Magnesium hilft beim Zuckerabbau im menschlichen Körper und vermindert die Gefahr eines Herzinfarktes und der Arteriosklerose. Sein täglicher Bedarf dürfte bei 200–300 mg liegen.
Die im Wein enthaltenen Mineralstoffe und Spurenelemente können dem menschlichen Organismus, insbesondere bei Rekonvaleszenten und alten Menschen, als Ergänzungsstoffe nützen, wobei man **ihre Werte zweckmäßiger Weise immer mit jenen der handelsüblichen Multivitamin-Präparate vergleichen sollte.**

Vitamine

Bisher sind im Wein eine ganze Reihe von Vitaminen nachgewiesen worden, vor allem Vitamine der B-Gruppe (für ältere Menschen besondes wertvoll ist das Vitamin B 6) sowie das Vitamin C, wobei letzteres während der Gärung und Lagerung weiter abnimmt. Den relativ höchsten Vitamingehalt hat der Wein im Stadium des noch ungeklärten Jungweines als »Federweißer« bzw. »Staubiger«. Aber der gesamte Vitamingehalt im Wein ist so gering, daß er zur Deckung des normalen Vitaminbedarfes beim Menschen kaum Bedeutung hat. Allerdings vermag er vielleicht **als Ergänzung die Vitamin-Gesamtbilanz des Menschen in positiver Hinsicht zu beeinflussen.**

Enzyme (Fermente)

Der Stoffwechsel jedes lebendigen Organismus ist eine Frage ineinandergreifender biochemischer Reaktionen, die durch Enzyme bewirkt und gesteuert werden. Sie können sowohl bei Aufbau- als auch bei Abbaureaktionen mithilfen. Enzyme wurden früher als Fermente bezeichnet und sind kompliziert aufgebaute Eiweißstoffe, die größtenteils von den Hefen erzeugt werden. Die gesamte alkoholische Gärung ist immer ein durch Enzyme gesteuerter Prozeß. Auch gewisse Alterungsvorgänge beim Wein werden durch Enzyme bewirkt. Die Enzyme haben daher in der Kellerwirtschaft eine große Bedeutung.

Kohlendioxyd (CO_2)

Das im Wein gelöste Kohlendioxyd stammt von der alkoholischen Gärung. Auch beim bakteriellen Äpfelsäureabbau (biologischer Säureabbau) wird Kohlendioxyd freigesetzt. Weiters kann Kohlendioxyd auch von der chemischen Entsäuerung herrühren. Es ist in hohem Maße für die Frische und Spritzigkeit des Weines verantwortlich. Sein Gehalt ist sehr unterschiedlich. Im Durchschnitt liegt der natürliche Kohlensäuregehalt beim Weißwein etwa zwischen 0,5–1,2 g/l und beim Rotwein bei 0,5 g/l.

Schwefelige Säure (SO_2)

Noch ein kurzes, ergänzendes Wort zur Schwefeligen Säure im Wein, die eine gewisse Rolle bei seiner Verträglichkeit für den Menschen spielt, aber im allgemeinen weit überschätzt wird. Die Schwefelige Säure wird seit Jahrhunderten auf der ganzen Welt dem Wein zugesetzt. Das chemische Element Schwefel hat eine reduzierende Wirkung, wodurch einer Oxydation des Weines entgegengewirkt wird. Damit wird bei der Erzeugung ein Braunwerden des Jungweines verhindert und gleichzeitig auch die Haltbarkeit des fertigen Weines verlängert. Weiters bindet der Schwefel das bei der Gärung entstehende freie Acetaldehyd im Wein, das das Geschmacksbild des Weines stört.
An Versuchen hat es nicht gefehlt, die Schwefelige Säure als Konservierungsmittel durch andere chemische Mittel zu ersetzen. Aber immer ohne Erfolg. Kleine Mengen Schwefeliger Säure sind beim Menschen völlig unproblematisch. 70–95% der Schwefeligen Säure werden im Darm resorbiert, zu Sulfat oxydiert und innerhalb von 24 Stunden mit dem Harn ausgeschieden. Der Rest wird auf natürliche Weise mit den menschlichen Exkrementen beseitigt, und nur Spuren bleiben im Körper zurück. Somit kommt es nur bei Überdosen (500–1.000 mg/Liter) zu Folgeerscheinungen wie Magenstörungen, Durchfall oder Kopfschmerzen. Eine sparsame Schwefelung ist jedenfalls zur Hygiene und Konservierung der Weine erforderlich. Daher haben alle Weinerzeugerländer auf der ganzen Welt gesetzliche Bestimmungen über den Maximalgehalt an Schwefeliger Säure im Wein erlassen. Die WHO hat den für eine tägliche Aufnahme akzeptablen Wert auf 0,7 mg pro Kilogramm Körpergewicht festgelegt.

Aspekte des Weinkonsums

Herz- und Kreislaufsystem

Seriöse wissenschaftliche Untersuchungen haben gezeigt, daß regelmäßig konsumierte, kleinere Mengen von Wein zur Vorbeugung gegen Herzinfarkt, Arteriosklerose, Angina pectoris und Schlaganfälle ganz ausgezeichnete Dienste leisten können, weil Alkohol die Herzkranzgefäße erweitert und die Durchblutung des Herzmuskels fördert.

Herzinfarkt (Schädigung des Herzmuskels)
Seit vielen Jahren ist bereits bekannt, daß in Ländern mit einem höheren Weinverbrauch die Sterblichkeitsrate durch Herzinfarkt deutlich niedriger liegt. Eine Stundie der Harvard Medical School in Boston über den Einfluß von Alkohol auf das Reinfarktrisiko, die im Dezember 1993 im renommierten »New England Journal of Medicine« veröffentlich wurde, stellte fest, daß eine enge Verbindung zwischen einem täglichen Alkoholkonsum und dem Reinfarktrisiko bei Patienten, die schon einen Herzinfarkt hatten, besteht. Und zwar ergab die Untersuchung, daß – umgerechnet auf Wein – eine tägliche Menge von 0,4 Liter das Reinfarktrisiko um 50% reduziert. Es gibt wohl kaum eine andere Wirksubstanz, die eine Halbierung des Infarktrisikos bewirkt.

Arteriosklerose (Gefäßverkalkung)
Darunter versteht man bekanntlich eine mit zunehmendem Alter fortschreitende Erkrankung der arteriellen Blutgefäße. Zuerst erfolgt dabei eine Ablagerung von Fettsubstanzen (vor allem von Cholesterin), aber auch von Triglyceriden, Phospholipiden u. a. an der Gefäßinnenwand, später die Kalkablagerung an den veränderten Gefäßwänden. Die Adern verhärten sich, und ihr Querschnitt verringert sich. Es bilden sich gewissermaßen Buckeln an den Gefäßwänden, wodurch das Blutgefäß (Röhre), in dem der Blutstrom fließt, immer enger wird.
Durch diese Einengung des Gefäßvolumens kommt es zu einer Verschlechterung in der Blutversorgung der einzelnen Organe und damit zu einem ständig stärker werdenden Absinken der Organleistungen des Menschen. Wenn durch bereits zu weitgehend zugewachsene Blutgefäße nur mehr wenig Blut zum betreffenden Organ kommt, dann erhält dieses zuwenig Nahrung und Sauerstoff, und die Zellen degenerieren und sterben schließlich ab. Der natürliche körperliche Alterungsvorgang beim Menschen erklärt sich zum Teil aus einer Minderdurchblutung der einzelnen Organe und ihrem damit gleichzeitig verbundenen Leistungsabfall.
Zahlreiche, über längere Zeiträume durchgeführte medizinische Untersuchungen haben eindeutig gezeigt, daß bei Weintrinkern oder bei Leuten, die in Weinbaugebieten leben, Gefäßveränderungen durch Arteriosklerose entweder nur sehr selten auftreten oder aber die Schwere von Gefäßerkrankungen deutlich geringer ist als bei Abstinenzlern.
Der Wein greift dabei in die Körperfunktionen insofern ein, als er die Gefäße erweitert und damit gleichzeitig die Blutzirkulation fördert. Mäßiger Alkoholkonsum bewirkt eine geringere Gerinselbildung im Blut, wodurch die Gefahr einer Verstopfung der Herzkranzgefäße durch Thromben (Gefäßverstopfungen) und Embolien (Blutpropfen in den Adern) vermindert wird. Und was ganz wichtig ist: Der Wein vermag auch die Löslichkeit der im Blut befindlichen Fettsubstanzen (Cholesterin) zu erhöhen.
Bei Cholesterin muß man zwischen HDL-Cholesterin (High Density Lipoproteins) und LDL-Cholesterin (Low Density Lipoproteins) unterscheiden. Das LDL ist das sogenannte »böse« Cholesterin, das sich zum Teil in den Blutgefäßen ablagert. Je mehr LDL-Partikel im Blut sind, desto schneller entwickelt sich die Arteriosklerose. Das HDL ist das »gute« Cholesterin, das mithilft, die in den Blutgefäßen abgelagerten LDL-Partikel zur Leber abzutransportieren, wo sie z. B. zu Gallensäure abgebaut werden. Wissenschaftliche Untersuchungen haben nun eindeutig gezeigt, daß bei einem regelmäßigen Trinken einer kleinen Weinmenge (etwa zwei bis drei Gläser täglich) der

Zusammenhang zwischen der Rate letaler Herz-Kreislauferkrankungen von Männern zwischen 55 und 64 Jahren und dem Weinkonsum

(»Französisches Paradoxon«)

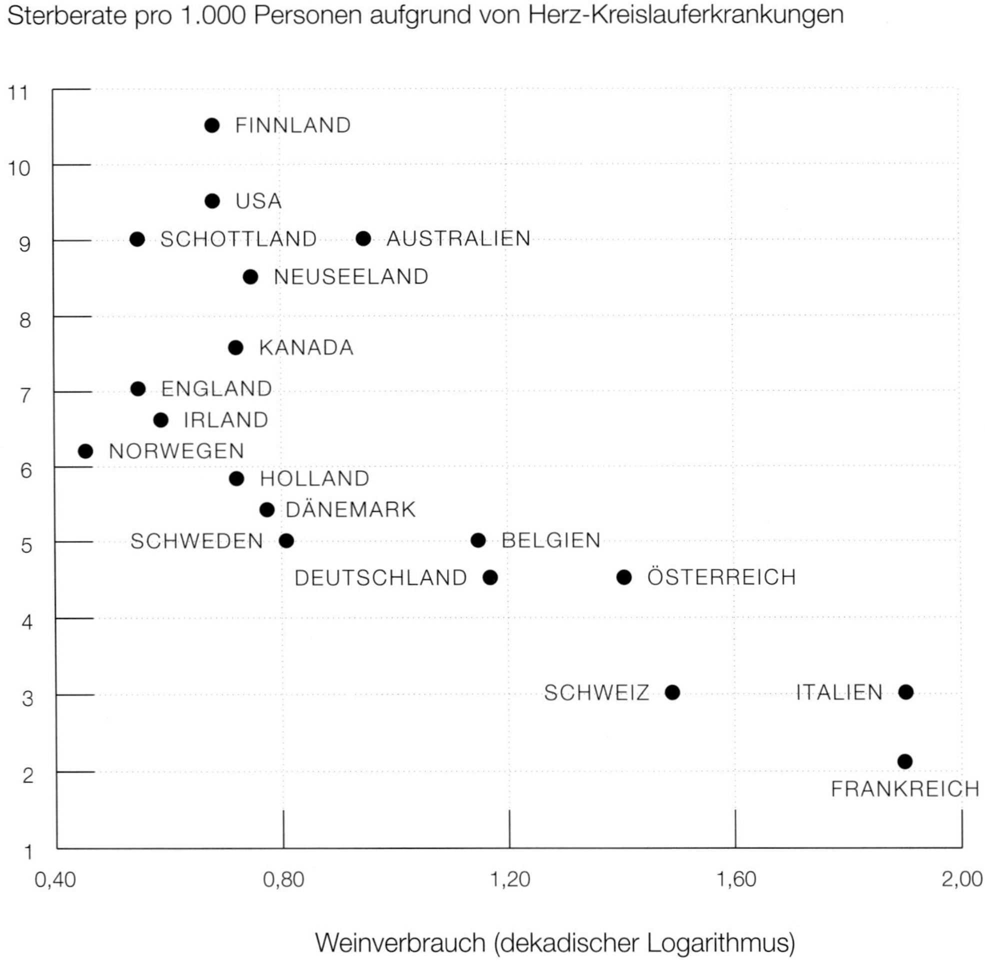

Quelle: Bulletin de L.O.I.V. (Organisation International du Vin), 1986

Als »Französisches Paradoxon« wird der Umstand bezeichnet, daß in Frankreich weit weniger Menschen an Herzkrankheiten sterben als in anderen Ländern, obwohl in Frankreich nicht weniger fetthaltig gegessen wird als anderswo. Allerdings trinken die Franzosen weit mehr Wein als andere Völker. Und im Wein ist Salicylsäure enthalten, die nicht nur Blutfette abbauen und damit den Cholesterinspiegel senken kann, sondern vor allem das Blut so verdünnt, daß Blutgerinsel, welche die Arterien verstopfen könnten, aufgelöst werden.
Amerikanische Wissenschaftler haben nun herausgefunden, daß im Wein etwa 60 Milligramm Salicylsäure pro Liter enthalten ist (im Rotwein etwas mehr), somit also ungefähr die doppelte Menge, die von den Ärzten als tägliche Dosis Aspirin – dessen Hauptbestandteil bekanntlich Salicylsäure ist –, zur Vorbeugung von Herzkrankheiten empfohlen wird.

Anteil des »guten« HDL-Cholesterins im Blut erhöht wird. Gleichzeitig wird auch das Risiko eines Schlaganfalles wesentlich vermindert.
Wein in mäßigen Mengen genossen, übt somit eine wichtige Schutzwirkung gegenüber Herz- und Kreislaufkrankheiten aus.

Alkoholmißbrauch
Wird jedoch durch einen übermäßigen Alkoholkonsum Mißbrauch am Körper betrieben, dann kann es zu einer Steigerung des Blutdruckes mit allen damit verbundenen Herz- und Kreislaufstörungen und in weiterer Folge zu einer Veränderung des Herzmuskels mit Herzrhythmusstörungen oder schließlich sogar zu einer Schädigung des Herzmuskels kommen.
Auf eines soll in diesem Zusammenhang unmißverständlich aufmerksam gemacht werden: Wenn einmal eine Herzkrankheit eingetreten ist, dann gehört dieser Mensch in die Hände eines Arztes. Auf keinen Fall sollte man versuchen, sich mit Wein selbst zu kurieren.

Bluthochdruck

Unter Blutdruck versteht man den Druck, der in den Gefäßen des Körper- und Lungenkreislaufes herrscht. Man unterscheidet zwischen dem systolischen und dem diastolischen Blutdruck.
Der systolische Blutdruck (Spitzendruck) entsteht, wenn sich der Herzmuskel zusammenzieht und dabei Blut in die Arterien pumpt (Normalwert etwa 120 mm Quecksilbersäule, im Alter jedoch höher). Der diastolische Blutdruck (Taldruck) erfolgt, wenn der Herzmuskel erschlafft ist und sich wieder mit Blut füllt (Normalwert etwa 80 mm Quecksilbersäule. – Bei Werten über 90 mm spricht man von erhöhtem Blutdruck). Die größere Bedeutung hat dabei der diastolische Blutdruck, weil er u. a. auch etwas über die Elastizität der Blutgefäße aussagt.
Die Ursachen eines erhöhten Blutdruckes (Hypertonie) sind verschiedene. Sicher ist jedenfalls, daß übermäßiger Alkoholkonsum dazu führen kann. Hingegen wirkt sich ein mäßiger Weinkonsum bei zu niedrigem Blutdruck (Hypotonie) positiv aus.

Verdauungssystem

Wein braucht nicht wie andere Nahrungsmittel (Kohlenhydrate, Eiweiß, Fett) durch den Verdauungsprozeß erst aufgespalten zu werden. Der Alkohol im Wein wird vom Körper bereits im Magen (20%), zum größten Teil aber im Dünndarm (80%) aufgenommen (resorbiert). Die Alkoholaufnahme wird dabei durch warme alkoholische Getränke (Glühwein) sowie durch kohlensäurereiche Getränke (Sekt) beschleunigt. Der Alkohol (Ethanol) übt dabei einen schwachen Reiz auf die Magenschleimhäute aus, wodurch das Hormon Gastrin freigesetzt wird. Und dieses Hormon führt wiederum eine **vermehrte Erzeugung der Magensäfte (Salzsäure und Pepsin)** herbei. Außerdem wird durch die bessere Durchblutung der Magenschleimhaut auch gleichzeitig die Sekretion der Gallenblase und der Bauchspeicheldrüse angeregt.
Nachdem der Säurewert des Weines im allgemeinen zwischen 3–4 pH liegt und damit dem Säurewert des Magens mit etwa 3 pH ziemlich nahe kommt, werden mäßige Weinmengen vom Menschen als angenehm empfunden. Um die Magensäfte anzuregen und die Verdauung zu fördern, wird Wein auch gerne als Aperitif vor einer größeren Mahlzeit getrunken.
Diese vermehrte Salzsäure- und Pepsinbildung ist gerade bei älteren Menschen bedeutungsvoll, wenn man bedenkt, daß der Säuregehalt beim Menschen mit zunehmendem Alter ständig abnimmt. Bei einem 70jährigen Menschen beträgt der Säuregehalt des Magensaftes nur mehr 35% seines Normalwertes, bei einem 85jährigen kann er sogar bis auf 15% absinken. Ein oder zwei Gläser Wein, besonders eines trockenen und vielleicht etwas säurehältigen, wirken sich hier äußerst positiv aus.

Menschen mit hoher Magensäure sollten aber lieber mildere Weine trinken, um kein Sodbrennen zu bekommen und eine Reizung der Magenschleimhaut zu vermeiden.
Wein vermag im Verdauungstrakt des Menschen auch eine **desinfizierende und bakterientötende Wirkung** auszuüben. Schon die alten Völker wußten, daß der Wein bei Infektionskrankheiten (Ruhr, Typhus, Cholera u. a.) – sowohl als Vorbeugungsmittel als auch als Heilmittel – angewendet werden kann. Auch bei gewöhnlichen Darminfekten wirkt Wein, besonders der Rotwein durch seinen Tanningehalt, bakterientötend, und viele Diarrhoen im Urlaub könnten durch einen regelmäßigen Weinkonsum vermieden werden.
Bei Magenschleimhautentzündungen, vor allem aber bei Magen- oder Zwölffingerdarmgeschwüren, muß jedoch von jedem Weinkonsum dringend abgeraten werden.

Nieren

Die Nieren haben eine Schlüsselfunktion bei der Ausscheidung von Giftstoffen aus dem Körper. Ohne die Nieren wäre der Mensch nicht lebensfähig. Die Giftstoffe, vor allem die Harnsäure und ihre Salze, die ausgeschieden werden müssen, würden im Körper verbleiben, und der Mensch müßte innerhalb kürzester Zeit an innerer Blutvergiftung zugrundgehen.
Der Alkohol übt auf die Nieren eine vermehrte Durchblutung und eine harntreibende Wirkung aus. Besonders leichte, trockene Weißweine wirken harntreibend. Nach einem größeren Weinkonsum muß man öfters auf die »Toilette« gehen. Zwar können damit bestimmte Stoffwechselprodukte rascher und intensiver ausgeschieden werden, gleichzeitig verliert man aber mehr Flüssigkeit, als man zu sich nimmt und trocknet in der Folge aus. Dadurch kann man wieder bestimmte Nierenerkrankungen heraufbeschwören. Diesen Flüssigkeitsentzug muß man daher in Form nichtalkoholischer Getränke wieder ergänzen.
Überall, wo eine vermehrt erzeugte Harnsäure nur schlecht und mangelhaft durch die Nieren ausgeschieden wird, also bei einem erhöhten Harnsäurespiegel, bei Gichtanfällen, bei Neigung zur Bildung von Nierensteinen, aber auch bei Diabetes, ist Wein immer nur mit Vorsicht zu genießen.

Leber

Der vom Menschen konsumierte Alkohol des Weines gelangt vom Blut in die Leber. Nun muß man wissen, daß **im menschlichen Körper als einziges Organ nur die Leber den Alkohol abbauen (resorbieren) kann.** Eine kleine Menge des aufgenommenen Alkohols wird über Lunge, Haut und Harn ausgeschieden. Eine gesunde Leber vermag dabei kleinere Mengen Alkohol, gelegentlich sogar auch einmalige Überdosen von Alkohol, zu verkraften, ohne einen funktionellen Schaden zu nehmen. Dabei spielt das Enzym Alkoholdehydrogenase eine wesentliche Rolle. Der Alkoholabbau erfolgt nämlich in der Leber durch Oxydation mittels dieses Enzyms Alkoholdehydrogenase zunächst zu Acetaldehyd, das dann zu Essigsäure weiteroxydiert wird.
Wenn jedoch eine längere Zeit hindurch hohe Dosen von Alkohol konsumiert werden, bleibt der Leber nicht mehr genügend Zeit, sich zu regenerieren. Die Folge davon sind alkoholbedingte Leberkrankheiten, wie Fettleber, alkoholische Hepatitis und Leberzirrhose. Die Schäden an der Leber sind von der Höhe des Alkoholkonsums und von der Dauer der Alkoholzufuhr abhängig. Wird nun ein auf eine gewisse Zeit beschränkter chronischer Alkoholkonsum für drei bis vier Wochen vollständig unterbrochen, dann bildet sich in der Regel eine Leberzellverfettung (Fettleber) wieder zurück. Wird jedoch Jahre hindurch fortgesetzt zuviel Alkohol (z. B. täglich 60–100 g reiner Alkohol beim Mann, wesentlich weniger bei der Frau, und dies über mehr als fünf Jahre) dem Körper zugeführt, dann tritt oftmals zu einer Fettlebererkrankung eine Leberentzündung hinzu, die zu einer Leberzirrhose (Leberschrumpfung) führen kann. Bei einer Leberzirrhose in einem frühen Stadium kann der weitere Krankheitsablauf vielleicht zum Stillstand gebracht werden, wenn der Al-

koholkonsum sofort und zur Gänze gestoppt wird, allerdings mit bleibenden Lebervernarbungen. In diesem Fall können die restlichen Leberzellen den menschlichen Organismus bis zu einem gewissen Maß noch ausreichend betreuen. Wenn der Alkoholkonsum aber nicht völlig unterbrochen und weiterhin ein chronischer Alkoholmißbrauch betrieben wird, dann stellt die Leber ihre Funktion ein. Der Mensch hat keine Überlebenschance mehr und stirbt an Leberkoma.
Es kommt also immer auf die Menge und Dauer des Alkoholkonsums sowie auf die begleitenden Umstände wie Nahrungsmittelaufnahme vor oder zum Alkoholgenuß, Körpergewicht, Geschlechtsunterschied u. a. an. Immer ist dabei zu beachten, daß die Gefährdungsgrenze für Frauen wesentlich niedriger liegt.

Atmungsorgane

Sehr oft wird auch die Frage aufgeworfen, ob Wein eine positive Auswirkung auf das Atmungssystem hat.
Dazu kann festgestellt werden, daß Wein als Vorbeugungsmittel gegen Schnupfen, Husten und sonstige Erkältungskrankheiten sicherlich einen positiven Stellenwert besitzt. Denn Wein hat eine gewisse bakterizide Wirkung. Allerdings nur in kleineren Mengen. In größeren Mengen bewirkt Wein vielfach das Gegenteil, indem die Abwehrkräfte des menschlichen Körpers bei übermäßigem Weinkonsum herabgesetzt werden und der Wein atemdepressiv wirkt, was bei hohen Alkoholdosen mitunter zu einer Atemlähmung führen kann.
Weiters wäre noch zu sagen, daß Wein in kleinen Mengen zu einer Vertiefung der Atmung führt und damit das Atmungssystem anregt und beschleunigt. Wein wirkt somit auf das Atmungssystem ähnlich wie Atemgymnastik, vermag sie aber selbstverständlich nicht zu ersetzen.

Hormonsystem

Wein hat Einfluß auf das gesamte Hormonsystem, somit auf die Schilddrüse, die Nebennierenrinde, die Bauchspeicheldrüse und natürlich auch auf die Sexualorgane. Geringe Weinmengen wirken sich allerdings überhaupt nicht aus, mäßige Weinmengen haben die relativ größten positiven Auswirkungen, während große Alkoholmengen hingegen die Hormonproduktion einschränken.
So wird bei mäßigem Weinkonsum die Libido angeregt, bei größeren Weinmengen aber die Potenzfähigkeit in der Regel stark herabgesetzt.
Auch ist bekannt, daß Alkohol die Produktion und Wirkung von Östrogen fördert. Das machen sich manche Frauen im Klimakterium zunutze und erhöhen durch einen mäßigen Weinkonsum ihren Östrogenspiegel, was zu einer Normalisierung ihrer Körperfunktionen beiträgt.

Psyche und Nervensystem

Die Wirkungen des Weines auf die menschliche Psyche und auf das Nervensystem gehen in erster Linie vom Ethanol (Äthylalkohol) aus. Je nach konsumierter Menge wirkt er anregend oder entspannend, kann aber auch echt schaden.
Bei **mäßigem** Alkoholgenuß hilft der Wein mit, die Erholungsphase am Abend einzuleiten, während des Tages entstandene physische Spannungen abzubauen, Konflikte zu lösen, menschliche Beziehungen aufzubauen, kurzum, er fördert die allgemeine Gemütlichkeit und bringt Ruhe und Entspannung nach den Mühen und Plagen eines anstrengenden Arbeitstages. Überhaupt bewirkt der Alkohol im Wein eine verstärkte Sauerstoffversorgung des ganzen Körpers und eine vermehrte Durchblutung des Gehirns, wodurch es zu einer allgemeinen Stimulation vieler Körperfunktionen kommt.

Bei **höheren** Alkoholmengen tritt das Gegenteil ein. Es kommt zu stark dämpfenden Auswirkungen im Körper, eventuell zu Kurzschlußhandlungen bis hin zu Persönlichkeitsveränderungen oder gar zum Persönlichkeitsverfall. Wird er in Übermaß und noch außerdem zu häufig oder andauernd getrunken, kann es zu einer echten Schädigung des Nervensystems mit Sensibilitätsstörungen (alkoholische Polineuropathie) kommen.

Die Alkoholisierungsgrade beim Menschen

Betrachten wir doch einmal die Wirkungen des Alkohols auf das Nervensystem und auf die Psyche des Menschen, gemessen an den verschieden hohen Alkoholisierungsgraden:
1. Phase (bis 0,8 Promille Blutalkohol): Jeder kennt den anregenden und stimulierenden Effekt des Weines in dieser Phase des Weinkonsums. Eine Wirkung des Alkohols ist meist noch nicht sichtbar. Hemmungen werden abgebaut, die Stimmung steigt, die Kontaktfreudigkeit und Gesprächsbereitschaft wachsen, und ein gesteigertes Wohlbefinden und eine gewisse Euphorie stellen sich ein. Die Gedanken werden lebhafter, die Redelust stärker, und der Mut, etwas zu tun, wird größer. Es tritt auch eine gesteigerte Libido ein, die je nach Charakter enthemmt oder zudringlich werden läßt. Gleichzeitig erfolgen aber schon leichte Aufmerksamkeitsschwankungen und ein vermindertes Urteilsvermögen.
Ab 0,6 Promille Alkoholgehalt besteht für einen Autolenker bereits ein doppeltes Unfallrisiko, denn die Tiefenwahrnehmung des Auges verschlechtert sich, und Fehler bei der Geschwindigkeitseinschätzung können auftreten. Bei einem Autounfall kann man daher auch bei einer Blutalkoholkonzentration unter 0,8 Promille wegen Alkoholisierung bestraft werden.
2. Phase (»Mittlerer Rausch« – 0,8 bis 1,4 Promille Blutalkoholgehalt): In dieser Phase treten erfahrungsgemäß zu den oben erwähnten Veränderungen gewisse Anzeichen von Rechthaberei, Streitlust, Angeberei und ein Gefühl der Stärke auf. Gleichzeitig machen sich leichte lähmende Wirkungen des Alkohols bemerkbar. Es treten Bewegungsstörungen, Gleichgewichtsstörungen und leichte Sprachstörungen auf. Die Auffassungsfähigkeit und das Reaktionsvermögen werden herabgesetzt (übrigens auch die Schmerzempfindlichkeit).
Beim Autofahrer besteht ein 4- bis 15faches Unfallrisiko, weshalb man in dieser Alkoholisierungsphase ein Auto nicht mehr selbst lenken sollte.
3. Phase (»Stärkerer Rausch« – 1,4 bis 1,8 Promille Blutalkoholgehalt): Zusätzlich zu den oben erwähnten Veränderungen werden die Risikobereitschaft und der allgemeine Wagemut weiter gesteigert. Es tritt eine zusätzliche Enthemmung und Kritiklosigkeit auf. Die Sprache wird verwaschen, die Bewegungskoordination klappt nicht mehr so recht, und beim Gehen und Stehen ist ein deutliches Schwanken bemerkbar. Oftmals ist auch eine Tendenz zum plötzlichen Einschlafen gegeben, oder es kommt zu einem auffallenden Stimmungswechsel, der nicht selten zu Aggressionen führen kann.
Beim Autofahren besteht ein 20- bis 40faches Unfallrisiko.
4. Phase (»Starker Rausch« – 1,8 bis 2,3 Promille Blutalkoholgehalt): Zusätzlich zu den oben erwähnten Veränderungen tritt eine allgemeine Apathie und Müdigkeit ein, das Schlafbedürfnis steigt stark an. Große Schwierigkeiten zeigen sich beim Gehen und Stehen. Übelkeit und Erbrechen, schwere Orientierungs- und Wahrnehmungsstörungen und Erinnerungsverluste sind weitere Zeichen.
Ein Fortsetzen des Trinkens kann gefährlich oder sogar lebensbedrohlich werden. Das Unfallrisiko beim Autofahren ist extrem hoch geworden.
5. Phase (»Vollrausch« – ab 2,3 Promille Blutalkoholgehalt): In dieser letzten Phase führt die Alkoholvergiftung zu Bewußtlosigkeit und im Extremfall zu Lähmungserscheinungen von Herz, Kreislauf und Atmung.

Wir sehen an diesen Beispielen, wie unterschiedlich die Auswirkungen des Alkohols – je nach der konsumierten Menge – sein können. Die Wirkung des Alkohols ist selbstverständlich auch vom Alter und Geschlecht abhängig. Für ein fünfjähriges Kind liegt beispielsweise die Letaldosis bereits bei 30 Gramm Alkohol.

Nervenerkrankungen

Bei allen Erkrankungen des Zentralnervensystems (Neuralgie, Nervenentzündung, Epilepsie u. ä.) sowie bei schweren psychischen Störungen sollten Wein und alle übrigen alkoholischen Getränke strikt gemieden werden, weil schon geringe Alkoholmengen die Krankheit verschlimmern können.

Diabetes

Die Diabetes (Zuckerkrankheit) beruht auf einer Störung des Kohlenhydratstoffwechsels mit einem übermäßigen Zuckergehalt im Blut und Harn. Für einen Diabetiker ist es nun wichtig, daß er über einen Wein – der vielleicht sogar noch mit Most gesüßt ist – keinen Traubenzucker aufnimmt. Denn im Stoffwechsel eines Diabetikers ist der Abbau von Traubenzucker nicht möglich und wird über den Harn ausgeschieden. Wohl aber kann sein Stoffwechsel in gewissem Ausmaß Fruchtzucker verwerten, d. h. abbauen. Deshalb dürfen für Diabetiker geeignete Weine nur maximal 4 Gramm Traubenzucker pro Liter enthalten.

Trockene Diabetikerweine können neben bestimmten Diätvorschriften aber auch in die klassischen Therapiemaßnahmen für einen Diabetiker eingebaut werden, wobei jedoch keine schweren Fälle von Übergewicht, Leberschäden oder peripheren Nervenerkrankungen vorhanden sein dürfen. Dabei sollte unbedingt darauf geachtet werden, daß Diabetiker den Wein nicht auf leeren Magen trinken. Dies deshalb, weil der Alkohol eine insulinartige Wirkung ausüben und den Blutzuckerspiegel ganz plötzlich senken kann.

Weitere Heiltherapien mit Wein

Bis in die Mitte des 19. Jahrhunderts wurde Wein zielbewußt als Arznei eingesetzt. Dann hat die Chemotherapie den Wein als Heilmittel verdrängt, wobei die Heilkräfte des Weines aber nicht widerlegt wurden. In letzter Zeit finden alte Heiltherapien, bei denen Wein gezielt eingesetzt wird, wieder zunehmende Beachtung und Aufmerksamkeit, besonders bei folgenden Beschwerden und Krankheiten:

- **Schwäche- und Erschöpfungszuständen:** In Weinhauerkreisen werden Brot oder Kartoffeln mit Wein noch immer als ein erprobtes Stärkungsmittel angesehen.
- **Rekonvaleszenten** nach schweren Krankheiten und bei **Appetitmangel:** Ein Achtelliter Rotwein, eventuell erwärmt und mit einem hineingequirlten Eidotter und etwas Honig, jeweils eine halbe Stunde vor den Mahlzeiten getrunken, wirkt allgemein stärkend.
- **Kreislaufschwäche:** Ein bis zwei Gläser eines trockenen, weißen Sektes täglich zwischen den Mahlzeiten wirken kreislaufanregend.
- **Altersschwäche:** Ein bis zwei Achtelliter eines trockenen Rotweines, mittags und abends zu den Mahlzeiten getrunken, unterstützen den Stoffwechsel alternder Menschen, lassen besser schlafen und besser durchatmen.
- **Nervösen Depressionen:** Je ein Achtelliter Rotwein vor und während der Mahlzeiten wirkt besonders bei älteren Menschen beruhigend und entspannend, dämpft emotionelle Erregungen und mildert Unlustgefühle und depressive Zustände.

- **Schlaflosigkeit:** Ein halber Liter Rotwein nach dem Abendessen wirkt beruhigend und kann vielfach auch Schlaftabletten ersetzen.
- **Blähungen:** Zwei Viertelliter eines trockenen, jungen Weißweines zwischen den Hauptmahlzeiten getrunken, hilft die Darmträgheit zu bekämpfen.
- **Durchfall:** Ein Viertelliter eines älteren Rotweines, mit Zimt versetzt, kann helfen.
- **Akuten Fieberzuständen:** Ein Viertelliter Glühwein – jedoch nicht aufgekocht, um keine Vitamine des Weines zu zerstören – hilft, den Körper zum Schwitzen zu bringen.

Zusammenfassung der Auswirkungen des Weines

Jedes Ding im Leben hat zwei Seiten. In vielen Belangen ist es lediglich eine Frage der Dosierung und des richtigen Zeitpunktes, ob sich etwas für den Menschen positiv oder negativ auswirkt. Und das gilt vielleicht im verstärktem Maße auch beim Wein.

POSITIVE AUSWIRKUNGEN

(Wenn der Wein in mäßigen Mengen getrunken und richtig eingesetzt wird)

- bessere **Herzmuskeldurchblutung** und damit Verminderung des Herzinfarktrisikos;
- Erhöhung des **»guten« HDL-Cholesterins** und damit Verminderung der Gefahr von Gefäßveränderungen durch Arteriosklerose;
- der gesamte **Blutkreislauf** und die **Gehirndurchblutung** werden angeregt und gefördert;
- der **Alterungsprozeß** im Bereich der Blutgefäße wird hinausgezögert;
- die **Nierenfunktion** und die Produktion von **Verdauungssäften** wird angeregt;
- als Vorbeugungsmittel bei gewissen **Infektionskrankheiten** (Diarrhoe u. ä.);
- die **Atmung** wird angeregt und vertieft;
- als Vorbeugungsmittel bei gewissen **Erkältungskrankheiten;**
- die **Hormonfunktion** wird verbessert.
- auf die **Psyche** kann eine beruhigende und aufheiternde Auswirkung erfolgen;
- **Gewichtsabnahme** und **Entschlackung** bei kurmäßigem Einsatz.

NEGATIVE AUSWIRKUNGEN

(Vom Weinkonsum ist abzuraten bei)

- bereits eingetretenen **Herz-** und **Kreislauferkrankungen;**
- **Magen- und Zwölffingerdarmgeschwüren** und **-entzündungen;**
- **Leberentzündungen, Fettleber** und **Leberzirrhose;**
- akuten **Gallen-** und **Nierenerkrankungen** (Prostatahypertrophie, stark erhöhtem Harnsäurespiegel, Gallen- und Nierensteinen, Blasenkrämpfen);
- Krankheiten der **Bauchspeicheldrüse** und schweren **Stoffwechselstörungen** (Gicht);
- **Bluthochdruck;**
- Erkrankungen des **Zentralnervensystems** (Neuralgie, Nervenentzündung, Epilepsie);
- **Schilddrüsenüberfunktion** (Basedow'sche Krankheit);
- **Gehirn-** und **Rückenmarkschäden;**
- **Schwangerschaft** (besonders in den ersten drei Monaten) und **Stillzeit;**
- **Kindern** und **Jugendlichen** unter 18 Jahren.

Alkoholbestimmung

Der konsumierte Alkohol geht aus dem Magen mit rund 20% und aus dem Dünndarm mit rund 80% zunächst in die Blutbahn und von da über die Blutkapillaren in das Körpergewebe, also in den Körper, über (Resorption). Die Menge an Blut im Körper schwankt von Mensch zu Mensch zischen fünf und sieben Litern. Große und schwere Menschen haben in der Regel mehr Blut im Körper als kleine und leichte. Je größer nun die Körperfläche eines Menschen (also Körpergewicht und Körperfläche) ist, desto größer ist auch der Raum, in dem sich der Alkohol verteilen kann und desto geringer wird auch die Blutalkoholkonzentration im Körper sein. Im Gegensatz zu Blut, können Fettgewebe und Knochen kaum Alkohol aufnehmen. Daher spielt das im Körper bestehende Verhältnis von Blut (Körperflüssigkeit) zu Fett für die Blutalkoholkonzentration des Menschen eine entscheidende Rolle. Bei einem kleinen, korpulenten Menschen mit starkem Fettansatz vermag sich der Alkohol relativ nur auf einen kleineren Teil Körperflüssigkeit aufzuteilen. Der Alkohol wird weniger verdünnt, und die Alkoholkonzentration im Blut ist dadurch höher. Bei einem mageren Menschen kann sich der Alkohol relativ besser ausbreiten, die Alkoholkonzentration im Blut wird demnach geringer sein.

Alkoholverträglichkeit

Außerdem gibt es einen geschlechtsspezifischen Unterschied bei der Alkoholverträglichkeit zwischen Mann und Frau. **Der weibliche Organismus verträgt weniger Alkohol als jener des Mannes.** Die Folge davon ist, daß bei der Frau bei gleichem Alkoholkonsum die Alkoholkonzentration höher ist als beim Mann und die Wirkung des Alkohols bei ihr stärker in Erscheinung tritt. Warum der weibliche Organismus weniger Alkohol verträgt als jener des Mannes, hängt von mehreren Ursachen ab: vom allgemein geringeren Körpergewicht der Frau, von der fettreicheren Körpermasse, von der Größe und der stärkeren Belastung der weiblichen Leber durch Östrogene sowie von der Verdauungsfunktion und der Magensafterzeugung. Tatsache ist jedenfalls, daß die Alkoholverträglichkeit von Frauen um etwa 10% geringer ist als jene des Mannes. Dieser Umstand muß daher bei der Alkoholbestimmung entsprechend berücksichtigt werden.[1]

Alkoholabbau

Im menschlichen Organismus fällt der Leber die Aufgabe zu, den Alkohol abzubauen. Und zwar werden etwa 90% des vom Körper aufgenommenen Alkohols über die Leber »verbrannt«. Nur etwa 10% werden mit dem Harn über die Nieren, mit der Atemluft über die Lunge und mit dem Schweiß über die Haut ausgeschieden.

Sehr vergröbert und vereinfacht kann man über den Abbau des Blutalkoholgehaltes folgendes sagen: **Die durchschnittliche Abbaugeschwindigkeit beträgt beim Mann 0,10–0,15 Promil-**

1 Eine Theorie, warum Frauen im Vergleich zu den Männern weniger Alkohol vertragen, kommt aus Italien. Wissenschaftler der Universität Triest sollen angeblich festgestellt haben, daß Männer in ihrem Magen ganz bestimmte Enzyme produzieren, die den Alkohol durch eine chemische Umwandlung zum Teil neutralisieren, bevor er über das Blut zur Leber gelangt. Die Frauen sollen eine wesentlich geringere Erzeugung dieser Enzyme haben. Dadurch gelangt im Vergleich zu den Männern bei gleich schweren und gleich großen Frauen um – wie es heißt – ein Drittel mehr Alkohol in das Blut. Das heißt wiederum, daß bei Frauen bei gleichem Alkoholkonsum der Promillegehalt im Blut entsprechend höher ist und diese daher alkoholgefährdeter sind als Männer.

le pro Stunde und bei der Frau 0,085–0,10 Promille pro Stunde. Da aber niemand seine eigene Alkoholabbaurate exakt kennt, dürfte es am sichersten sein, immer mit der niedrigsten Rate zu rechnen.
Der angeführte Abbau des Alkohols im Körper ist selbstverständlich nur mit einer völlig gesunden, in ihrer Funktion nicht eingeschränkten Leber möglich.
Wie schon erwähnt, geht der aufgenommene Alkohol vom Magen-Darm-Trakt aus sofort ins Blut und von dort in den Körper über. **Die Aufnahme (Resorption) und die Verteilung des Alkohols im Körper beginnen unmittelbar nach Trinkbeginn und sind** – vom Zeitpunkt des Endes eines Alkoholkonsums (Trinkende) gemessen – **innerhalb von einer bis maximal eineinhalb Stunden abgeschlossen.** Das heißt, die Alkoholkonzentration im Blut ist spätestens eineinhalb Stunden nach Trinkende am höchsten. Die Geschwindigkeit, mit der die Resorption vor sich geht, hängt dabei weitgehend von der getrunkenen Alkoholmenge und von bestimmten anderen Umständen wie der augenblicklichen Verfassung der Magenschleimhäute oder vom aktuellen Funktionszustand des Magens und Dünndarms ab.

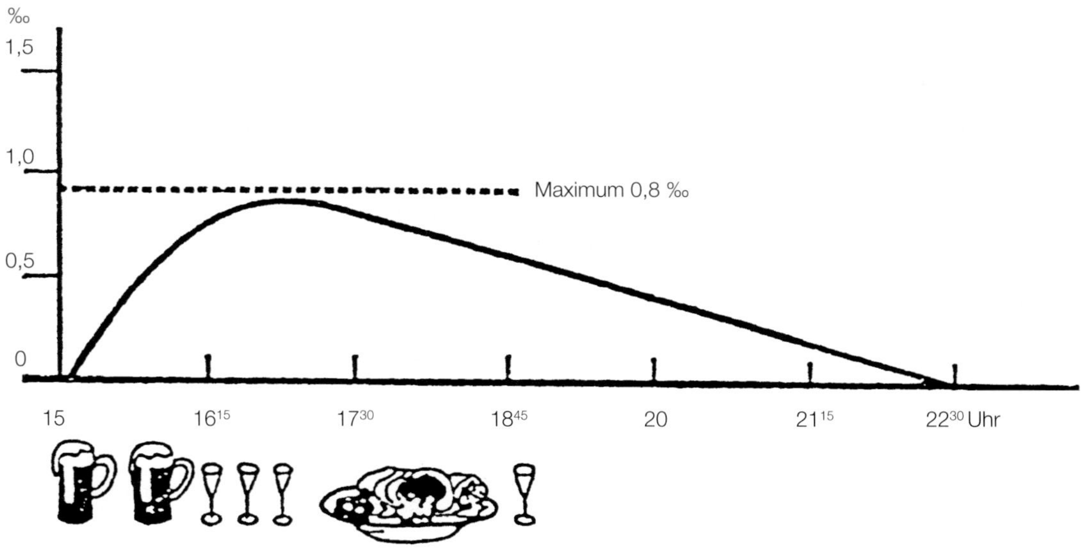

Verlauf der Blutalkoholkurve nach Aufnahme von 6 x 7,5 Gramm Alkohol (nach Erik Jacobsen, »Omgang met Alkohol«, Kopenhagen)

Durchführung einer Blutalkoholbestimmung

Die Blutalkoholkonzentration wird in Promille (‰) angegeben. Sie sagt aus, wieviel Gramm Alkohol in einem Liter Blut vorhanden sind. Ein Blutalkohol von 0,8‰ bedeutet also, daß in jedem Liter Blut im menschlichen Körper 0,8 Gramm reiner Alkohol (Ethanol) enthalten sind.
Bei einer groben und über den Daumen gepeilten **Blutalkoholbestimmung** geht man dabei folgendermaßen vor:

1. Zunächst ermittelt man nach der »Alkohol-Konsumtabelle« die getrunkene Alkoholmenge in Gramm reinen Alkohols.

2. Diese Alkoholmenge sucht man dann auf der waagrechten Achse im Diagramm auf Seite 330, wobei man zwischen Mann und Frau unterscheiden muß.
3. Im Diagramm geht man dann senkrecht nach oben, bis man zu seinem eigenen Körpergewicht kommt.
4. Von diesem Schnittpunkt aus geht man dann waagrecht nach links und ermittelt den entsprechenden Promillewert seines Alkoholgehaltes.
5. Dann stellt man fest, wie lange man schon alkoholhaltige Getränke konsumiert hat und zieht vom vorhin ermittelten Promillewert für jede Stunde Trinkdauer 0,10–0,15‰ (bei Frauen 0,085–0,10‰) ab, um seinen Alkoholpegel bei Trinkende festzustellen.

Alkoholkonsum-Tabelle

	Alkoholgehalt	Menge	Alkoholmenge in Gramm	Menge	Alkoholmenge in Gramm
Weiß- und Rotwein, Sekt	10 %vol	Achterl (0,125 l)	10	Vierterl (0,25 l)	20
	10,5 %vol	(0,125 l)	10,5	(0,25 l)	21
	11 %vol	(0,125 l)	11	(0,25 l)	22
	11,5 %vol	(0,125 l)	11,5	(0,25 l)	23
	12 %vol	(0,125 l)	12	(0,25 l)	24
	12,5 %vol	(0,125 l)	12,5	(0,25 l)	25
	13 %vol	(0,125 l)	13	(0,25 l)	26
	13,5 %vol	(0,125 l)	13,5	(0,25 l)	27
	14 %vol	(0,125 l)	14	(0,25 l)	28
Dessertweine					
Tokajer		(0,125 l)	16	(0,25 l)	32
Malaga		(0,125 l)	16,5	(0,25 l)	33
Jerez		(0,125 l)	18	(0,25 l)	36
Portwein		(0,125 l)	20,5	(0,25 l)	41
Madeira		(0,125 l)	19	(0,25 l)	38
Marsala		(0,125 l)	19	(0,25 l)	38
Samos		(0,125 l)	19	(0,25 l)	38
Wermutweine					
Vermouth di Torino		(0,125 l)	14,5	(0,25 l)	29
Martini		(0,125 l)	17	(0,25 l)	34
Deutscher Wermut		(0,125 l)	16	(0,25 l)	32
Amarena		(0,125 l)	15	(0,25 l)	30

Alkoholkonsum-Tabelle

Der Vollständigkeit halber seien hier noch einige **andere alkoholische Getränke angeführt:**

	Alkohol gehalt	Menge	Alkohol menge in Gramm	Menge	Alkohol menge in Gramm
Bier (Schank-Bier)	3,5 %vol	Seidel (0,3 l)	8		
	3,5 %vol	Krügerl (0,5 l)	14		
Starkbier	6,5 %vol	Seidel (0,3 l)	15,5		
	6,5 %vol	Krügerl (0,5 l)	26		
Cognac Enzian Williams Birne	40 %vol	Glas (0,02 l)	6,5		
Gin	40 %vol 47 %vol	Glas (0,02 l)	6,5 7,5		
Rum	40 %vol 73 %vol	Glas (0,02 l)	6,5 11,5		
Steinhäger Obstler Doppelkorn Aquavit	38 %vol	Glas (0,02 l)	6		
Wodka	40 %vol 55 %vol	Glas (0,02 l)	6 9		
Calvados	42 %vol	Glas (0,02 l)	7		
Kirsch Slibovitz	40 %vol 50 %vol	Glas (0,02 l)	7 8		
Likör	20 %vol 38 %vol	Glas (0,02 l)	3 6		
Whisky	43 %vol	Glas (0,02 l)	7		

Beispiel:

A. Ein 90 kg schwerer Mann hat zwei Viertel Weißwein mit 12,5 %vol Alkohol getrunken. Wieviel Promille Alkohol hat er nach einer Stunde Trinkdauer im Blut?

- In der »Alkoholkonsum-Tabelle« ist ersichtlich, daß zwei Viertel Wein mit 12,5 %vol Alkoholgehalt 2 x 25 = 50 Gramm reinen Alkohol enthalten.
- Im »Diagramm für den Mann« sucht man nun auf der waagrechten Achse die 50-Gramm-Alkoholkonsummenge auf, geht dann die Linie senkrecht hoch bis zu der mit 90 kg Körpergewicht eingezeichneten schrägen Linie. Beim Schnittpunkt geht man dann waagrecht nach links und liest ~0,8 Promille Blutalkohol ab.

Blutalkoholbestimmung

Graphik

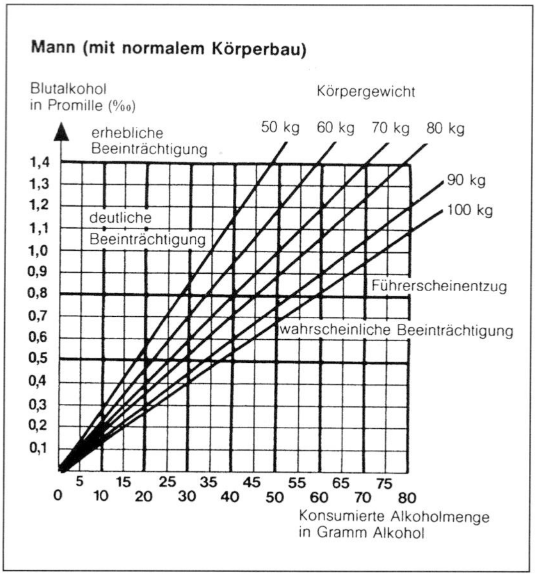

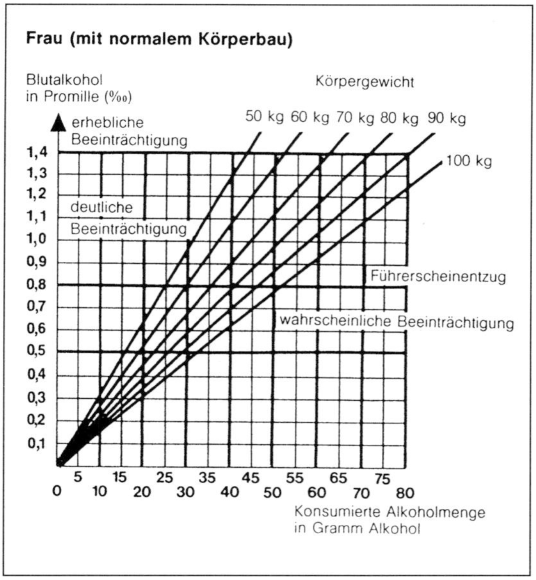

- Davon zieht man nun 0,1 ‰ Abbaurate ab und erzählt zum Trinkende einen Alkoholpegel von 0,7 Promille, also bereits bedenklich an der Grenze des Erlaubten

B. Eine Frau mit 70 kg Körpergewicht hat ein Viertel und ein Achtel Wein mit 13 %vol Alkoholgehalt getrunken. Wie hoch ist ihr Alkoholspiegel nach einer Stunde Trinkdauer im Blut?

- In der »Alkoholkonsum-Tabelle« ermittelt man zunächst die konsumierte Alkoholmenge in Gramm Alkohol. 1 Viertel = 26 g und 1 Achtel = 13 g Alkohol; somit hat die Frau insgesamt 39 g reinen Alkohol zu sich genommen.
- Im »Diagramm für die Frau« sucht man in der waagrechten Achse die ~40 g konsumierte Alkoholmenge auf, geht dann die Linie senkrecht hoch. Der Schnittpunkt mit der 70-kg-Körpergewichtslinie zeigt an, daß die Frau einen Blutalkoholgehalt von 0,9 Promille aufweist.
- Davon zieht man 0,09 ‰ Abbaurate für eine Stunde Trinkdauer ab und erhält einen Alkoholpegel von etwa 0,8 Promille. In diesem Fall hat man seinen eigenen Wagen stehenzulassen und mit einem Taxi oder mit der Straßenbahn nach Hause zu fahren.

Es sei ausdrücklich darauf aufmerksam gemacht, daß alle in der obigen Tabelle bzw. in den nebenstehenden Diagrammen enthaltenen Aussagen und Angaben lediglich als Anhaltspunkte zu beurteilen sind. Allgemein festliegende Grenzwerte gibt es aus physiologischen und juristischen Gründen nicht.[2]

2 Die genaue Berechnungsart für die Bestimmung des Blutalkohols ist als »Anhang« zu diesem Kapitel auf Seite 343 angeführt.

Alkoholtestgerät

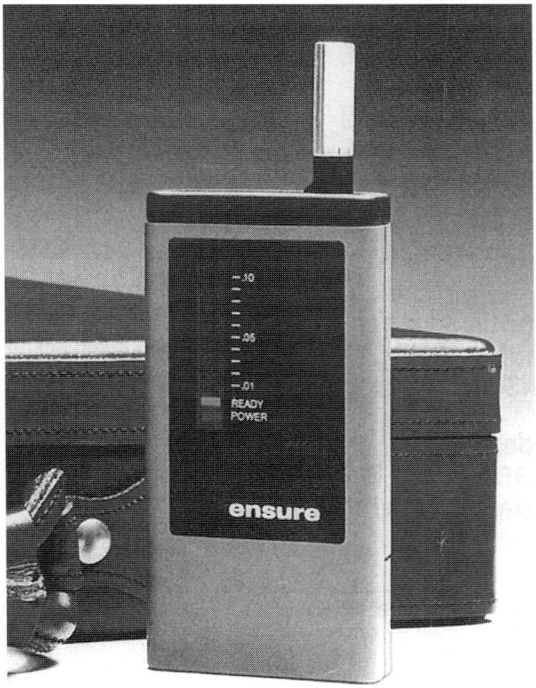

»Ensure«-Alkoholtester[3]

Zur Selbstkontrolle nach einem Weinkonsum eignet sich recht gut der Alkoholtester **»ENSURE«.**
Es ist dies ein Testcomputer, der auf Mikro-Chip-Basis funktioniert und zur Messung des Blutalkohols dient. Der Hersteller, Alcohol Countermeasure Systems (ACS), versorgt übrigens weltweit die Polizei mit tragbaren Alkoholtestgeräten.
Das kleine Gerät (Größe: 13 x 6,5 x 2,5 cm) ist einfach zu bedienen. Man schaltet es ein, indem man das eingebaute, auswechselbare Mundstück senkrecht aufstellt. Ein rotes Licht leuchtet auf. Vor jeder Messung führt das Gerät zunächst einen Selbsttest durch, bei dem allfällige Alkoholrestmengen aus der vorigen Messung beseitigt werden, bevor es seine Aufnahmebereitschaft für eine neue Messung durch einen kurzen Signalton und ein grünes Lämpchen anzeigt. Man bläst nun so lange in das Mundstück, bis ein akustisches Signal mit einem hohen Abschlußton ertönt. Damit ist die Alkoholmessung abgeschlossen, und man kann sofort auf der Meßskala die eigene Blutalkohol-Konzentration in Promille ablesen.

Der »Ensure«-Alkoholtester zeigt die Höhe des Blutalkohols immer nur für den Zeitpunkt an, zu dem gerade der Alkoholtest durchgeführt wird. Man muß daher nicht nur den Mund-Alkoholgehalt beachten, sondern auch berücksichtigen, daß die Alkoholaufnahme des Körpers nach Trinkende erst nach ein bis eineinhalb Stunden abgeschlossen ist und somit von diesem Zeitpunkt an ein konstanter Alkoholabbau (Resorption) eingesetzt. Wenn also eine Alkoholmessung mit dem Gerät unmittelbar nach Beendigung des Alkoholkonsums (Trinkende) durchgeführt wird, muß man wissen, daß die Blutalkoholkurve in den nächsten ein bis eineinhalb Stunden noch ansteigen wird und der im Blut befindliche Alkohol erst dann langsam um 0,10–0,15 Promille pro Stunde abbaut.
Ein Grundsatz sei zum Abschluß dieses Themas jedem Benützer eines privaten Alkoholtest-Gerätes ans Herz gelegt: Kein Alko-Tester, egal um welche Marke es sich handelt, soll und darf dazu verwendet werden, um sich mit Hilfe des Gerätes allmählich an die gesetzlich zulässige Promillegrenze heranzutrinken. Jedes private Alkoholtestgerät sollte daher immer nur dafür verwendet werden, ein Gefühl für den Zusammenhang von aufgenommener Alkoholmenge und der daraus resultierenden Alkoholkonzentration zu entwickeln. Der Alkoholtester »Ensure« zeigt die Promillewerte eines Alkoholkonsums relativ genau an, ist aber störungsanfällig.

3 *Bezugsquelle:* Monfort Versand, Hartmanngasse 11, A-6830 Rankweil, Österreich, Telefon (0 55 22) 44 9 60 – Fax DW 9

Alkoholmessungen mit Alkomat Deutschland

(Gemeinsamer Erlaß der Bundesländer von 1977 über die Feststellung von Alkohol im Blut)

Für die Alkoholmessungen mit dem »Alkomat« gibt es in Deutschland keine gesetzliche Regelung. Mit dem Alkomat festgestellte Atemalkoholwerte haben vor Gericht keine Beweiskraft. In Deutschland kann ein Kraftfahrer nur zur Verantwortung gezogen werden, wenn eine Blutuntersuchung ergeben hat, daß der zulässige Blutalkoholwert überschritten wurde.
Bei begründetem Verdacht der strafbaren oder ordnungswidrigen Alkoholisierung eines Fahrzeugführers ist bereits der feststellende Polizeibeamte berechtigt, eine Blutabnahme anzuordnen. Der Beschuldigte hat dabei eine gesetzliche Duldungspflicht. Mit anderen Worten, eine Blutabnahme kann gegen den Willen des Betroffenen zwangsweise – allerdings nur durch einen Arzt – durchgeführt werden. Zur Bestimmung der exakten Blutalkoholkonzentration wenden die Landesuntersuchungsämter zwei verschiedene chemische Methoden an und teilen den daraus errechneten Mittelwert den Strafverfolgungsbehörden mit. Zur Feststellung des genauen Wertes zur Tatzeit bedienen sich die Gutachter wissenschaftlich anerkannter Rückrechnungsmethoden. In den Fällen, wo der Beschuldigte Nachtrunk geltend macht, darf eine zweite Blutentnahme angeordnet werden.
Das deutsche Recht unterscheidet beim Lenken eines Kraftfahrzeuges unter Alkoholeinwirkung im öffentlichen Straßenverkehr bei der Blutalkoholkonzentration (BAK) zwischen drei Begriffen:

- Die **absolute Fahruntauglichkeit** ist gegeben, wenn die BAK-Untersuchung den Beweisgrenzwert (Mittelwert) von mindestens 1,1 Promille (‰) ergibt. Bei einer BAK von 1,1 Promille und mehr bedarf es keiner weiteren Beweise, wie z. B. Fahrunsicherheit und dergleichen, zum Nachweis der Tat.
- Die **relative Fahrunsicherheit** ist anzunehmen, wenn die BAK weder zur Fahrzeit noch nachher den Grenzwert von 1,1 Promille erreicht, der Kraftfahrer aber in seinen Funktionen so beeinträchtigt ist, daß er über längere Strecken schwierige Verkehrslagen nicht sicher meistern kann. Eine relative Fahrunsicherheit kann allerdings schon ab 0,3 Promille BAK im Zusammenhang mit alkoholbedingten Ausfallerscheinungen entstehen, wie z. B. Schlangenlinien fahren, erhebliche Fahrfehler, Gleichgewichts- oder Sprachstörungen. Je niedriger die BAK zur Tatzeit ist, um so gewichtiger müssen die Beweisanzeichen sein, je höher die BAK, um so weniger zusätzliche Indizien sind zur Beweisführung notwendig.

In beiden Fällen ist das Alkoholdelikt ein Vergehen und wird mit Freiheitsstrafe bis zu einem Jahr oder mit einer Geldstrafe geahndet. Wird in obigen Fällen z. B. durch einen Verkehrsunfall Leib oder Leben eines anderen oder fremdes Eigentum von bedeutendem Wert gefährdet, kann die Tat mit einer Freiheitsstrafe von bis zu fünf Jahren oder einer Geldstrafe geahndet werden. Bei der absoluten wie auch bei der relativen Fahruntauglichkeit wird die Fahrerlaubnis für einen bestimmten Zeitraum entzogen.

- Lenkt jemand im Straßenverkehr ein Kraftfahrzeug, obwohl er **0,8 Promille BAK** hat (jedoch nicht mehr als 1,1 Promille), begeht er eine Ordnungswidrigkeit (sog. Verwaltungsunrecht) und wird mit einer Geldbuße bis zu 3.000 DM und einem Fahrverbot belegt. Diese Bestimmung verbietet das Lenken eines Kraftfahrzeuges ab einer BAK von 0,8 Promille, ohne Rücksicht darauf, ob der Täter noch fahrsicher ist.

Obwohl gesetzlich nicht zwingend vorgeschrieben, stehen den Polizeibeamten bei der Frage, ob eine Alkoholisierung vorliegt bzw. wie hoch sie ist, zwei Entscheidungshilfen in Form von Atemalkoholuntersuchungen zur Verfügung: Das bekannte Alkoholtest-Röhrchen (»in die Tüte blasen«) sowie der Alkomat, der seit 1985 in Deutschland fast überall angewendet wird und durch den relativ schnell und genau der tatsächliche Grad der Alkoholbeeinflussung bestimmt werden kann.
Die **Atemalkoholüberprüfung** mittels Alkomat (bzw. Alkotest-Röhrchen) ist für den Polizeibeamten lediglich eine Entscheidungshilfe, um feststellen zu können, ob eine Blutuntersuchung anzuordnen ist oder unterbleiben kann. Die Mitwirkung des Probanten ist freiwillig. Verweigert er je-

doch die Atemalkoholuntersuchung, wird eine Blutabnahme angeordnet, die auch gegen seinen Willen durchgeführt werden darf.
Das Ergebnis der (freiwilligen) Messung mit dem Alkomat beeinflußt die Entscheidung über die weiteren Maßnahmen des Polizeibeamten vor Ort:

- Sollte der Wert unter 0,8 Promille liegen und sind keine Anzeichen für relative Fahruntüchtigkeit vorhanden, kann der Betroffene seine Fahrt unbehelligt fortsetzen.
- Bei Verdacht auf absolute oder relative Fahruntüchtigkeit wird eine Blutabnahme angeordnet, der Führerschein sichergestellt und die Weiterfahrt unterbunden.
- Sollte der Wert zwischen 0,8 und 1,1 Promille liegen und keine alkoholbedingten Fahrfehler oder Ausfallerscheinungen hinzukommen, wird wegen Verdachts der Ordnungswidrigkeit eine Blutabnahme angeordnet und die Weiterfahrt unterbunden, wobei jedoch in diesem Fall die Sicherstellung des Führerscheins unterbleibt.

Österreich

(Österreichische 19. Straßen-Verkehrs-Verordnungs-Novelle, gültig ab 1. Oktober 1994)

Von der Polizei und Gendarmerie werden Alkoholmessungen bei Autofahrern heute ausschließlich mit einem **Atemalkohol-Analysengerät,** dem sogenannten »Alkomat«, vorgenommen. Wenn am Ort der Diensthandlung kein Alkomat zur Verfügung steht und der Sicherheitsbeamte eine durch Alkohol hervorgerufene Fahrbeeinträchtigung beim Autofahrer vermutet, kann er verlangen, daß eine Alkoholmessung unverzüglich bei der nächsten Dienststelle durchgeführt wird. Die früher üblichen Messungen mit dem »Alkohol-Teströhrchen« dürfen heute von der Exekutive nicht mehr durchgeführt werden, weil sie ungenaue Prüfungsergebnisse erbracht hatten.
Die in der Praxis zum Einsatz gelangenden Alkomaten arbeiten auf optischer Basis unter Verwendung einer Infrarotlicht-Adsorption. Das Gerät zeigt dabei die Alkoholwerte in Milligramm pro Liter Atemluft an. Für die Promilleumrechnung sind die ermittelten Werte zu verdoppeln. Eine Messung durch den Alkomaten mit 0,4 Milligramm Alkohol je Liter Atemluft entspricht daher 0,8 Promille Blutalkohol bei einer gleichzeitig vorgenommenen Blutabnahme. Mit diesen gesetzlich zugelassenen Promillemeßgeräten ist es jetzt im Vergleich zu der früher angewandten Teströhrchen-Praxis zu einer wesentlichen Vereinfachung bei Alkoholgehaltsmessungen durch öffentliche Sicherheitsbeamte gekommen. Einwände gegen den Alkomaten sind inzwischen insoferne ausgeräumt worden, als durch Sachverständigengutachten festgestellt wurde, daß zwischen Blut- und Atemalkoholbestimmungen eine überaus hohe Übereinstimmung besteht.
Eine Verweigerung des Alkoholtest gegenüber einem Sicherheitsbeamten ist strafbar und führt zur Einleitung eines Strafverfahrens. In der Praxis bedeutet dies, daß beim ersten Mal der Führerschein für vier Wochen entzogen wird. Desgleichen erbringt auch ein schlechtes Hineinblasen in das Atemgerät die gleiche Konsequenz. Überhaupt ist die vielfach von betrunkenen Autofahrern gehegte Hoffnung, das Atemgerät durch irgendwelche Tricks (Lutschen saurer Drops, Anwendung von Mundspray etc.) überlisten zu können, wirklich nicht berechtigt.
Allerdings muß nach Trinkende vor einem vorzunehmenden Alkoholtest 15–20 Minuten gewartet werden. Der Speichel in der Mundhöhle enthält nach dem letzten Schluck eines alkoholartigen Getränkes noch den sogenannten »Mundalkohol«. Und dieser könnte ein Testergebnis verfälschen, weil er einen höheren Atemalkoholgehalt vortäuschen könnte, wenn sofort nach Trinkende gemessen werden würde. Innerhalb von 15–20 Minuten nach dem letzten Schluck verflüchtigt sich jeder im Speichel gelöste Mundalkohol. Deshalb geht die polizeiliche Bedienungsanleitung für eine Alkoholmessung mit dem Alkomaten davon aus, daß nach dem letzten Alkoholkonsum eine 15 Minuten lange Wartezeit eingehalten werden muß. Es kann daher jedem Autofahrer empfohlen werden, einen amtshandelnden Sicherheitsbeamten auf diese vorgeschriebene Wartezeit aufmerksam zu machen. Das gilt auch bei Großrazzien, selbst wenn sich durch solche 15minüti-

ge Wartezeiten endlose Staus bilden könnten. Schließlich ist diese Wartezeit auch in jenen seltenen Fällen zu beachten, wenn sich Sicherheitsbeamte direkt vor einer Gaststätte oder Diskothek aufgestellt haben, um die sich zur Heimfahrt anschickenden Besucher sofort zu testen. Keinem Kraftfahrer dürfen dabei Schwierigkeiten oder Nachteile daraus erwachsen, wenn er auf die Einhaltung einer mindestens 15minütigen Wartezeit besteht.
Ein Autofahrer hat nicht das Recht, nach einem vom Sicherheitsbeamten vorgenommenen Alkoholtest zu verlangen, einem Amtsarzt vorgeführt zu werden. Nur wenn aus medizinischen Gründen (z. B. Lungenkrankheit) eine Alkoholmessung mit einem Alkomaten nicht möglich erscheint oder der Alkoholtest eine Minderalkoholisierung knapp unter 0,4 Milligramm Alkohol (= 0,8 Promille) erbringt, muß der Autofahrer einem Amtsarzt zugeführt werden, der dann bei seiner amtsärztlichen Untersuchung zwingend eine Blutuntersuchung vorzunehmen hat.
Wenn bei einem Autofahrer bei einem Alkoholtest ein positives Testergebnis vorliegt, dann steht ihm die Möglichkeit offen, zum nächsten diensthabenden Arzt einer öffentlichen Krankenanstalt zu fahren, um von ihm eine Blutabnahme zu verlangen. Der diensthabende Arzt (nicht aber ein Amtsarzt) ist verpflichtet, eine Blutabnahme durchzuführen und das abgenommene Blut unverzüglich der nächsten Polizei- bzw. Gendarmeriedienststelle zur weiteren Überprüfung zu überweisen. Diese hat die Blutprobe bei einem Sachverständigen auf einen Blutalkoholgehalt untersuchen zu lassen.
Für die einwandfreie Feststellung des Ausmaßes einer Alkoholisierung ist für die Rechtsprechung bekanntlich der Tatzeitpunkt ausschlaggebend. Immer wieder konnten sich schwer alkoholisierte Verkehrsteilnehmer einer Verurteilung entziehen, weil sie durch Fahrerflucht einen Alkoholtest zeitlich verzögert haben. Eventuell könnte auch eine Fahrt zum nächsten Alkomaten einer Polizei- oder Gendarmeriedienststelle soviel Zeit in Anspruch nehmen, daß bei einer Überprüfung nur mehr eine viel geringere Alkoholisierung als zum Tatzeitpunkt gemessen werden konnte. Dafür gibt es seit einiger Zeit eine wissenschaftlich fundierte Formel zur Rückrechnung der tatsächlich bestehenden Alkoholisierung zum Tatzeitpunkt, die von den Behörden zur Urteilsfindung herangezogen werden kann.

Schweiz

(Das Vorgehen bei Verdacht von Antrunkenheit bei Verkehrsteilnehmern ist im Straßenverkehrsgesetz (SVG) vom 19. Dezember 1958, in der Verordnung vom 27. Oktober 1976 über die Zulassung von Personen und Fahrzeugen im Straßenverkehr (VZV) sowie in den Weisungen des Eidgenössischen Justiz- und Polizeidepartementes vom 12. November 1986 betreffend die Feststellung der Angetrunkenheit geregelt.)

Wenn Anzeichen von Angetrunkenheit vorliegen, sind der Fahrzeugführer und an Unfällen beteiligte Straßenbenützer geeigneten Untersuchungen zu unterziehen. Eine Blutprobe kann dabei angeordnet werden.
Bei Verdacht auf Angetrunkenheit ist eine **Atemanalyse** als Vorprobe vorzunehmen. Das Ergebnis der Atemprobe ist für sich allein noch kein Beweis für einen bestimmten Alkoholgehalt im Blut. Es kann aber, im Rahmen der Beweiswürdigung, ein wichtiges Indiz sein, insbesondere wenn aus irgendeinem Grund kein oder zuwenig Blut zum Analysieren zur Verfügung stand.
Die Gewinnung verwertbarer Ergebnisse, die im polizeilichen Bericht festzuhalten sind, setzt voraus, daß

- die Atemprüfgeräte genau nach den Herstellervorschriften gehandhabt werden,
- die Atemanalyse nicht unmittelbar nach Trinkende, sondern frühestens 20 Minuten danach erfolgt,
- der Verdächtigte bei der Atemanalyse bereitwillig mitwirkt.

Weigert sich der Verdächtigte, korrekt in die Meßöffnung des Alkomaten zu blasen, dann muß ihm ausdrücklich angekündigt werden, daß eine Blutabnahme angeordnet wird.
Beim Erreichen oder Überschreiten eines Blutalkoholgehaltes von 0,8 Gewichtspromille (‰) ist ein Beweis gegen die Annahme der Angetrunkenheit ausgeschlossen. Es handelt sich dabei um eine unwiderlegbare Rechtsvermutung der Angetrunkenheit. Bei einem Alkoholgehalt von unter 0,8 Gewichtspromille kann zusammen mit anderen Anzeichen oder Umständen gleichfalls Angetrunkenheit angenommen werden. Wenn die Atemprobe einen Alkoholgehalt von weniger als 0,6 Gewichtspromille ergibt, so wird – wenn keine anderen Anzeichen auf Angetrunkenheit vorliegen und seit der Tat nicht mehr als zwei Stunden verstrichen sind – in der Regel von weiteren Untersuchungen abgesehen.
Eine Blutabnahme ist in jedem Falle anzuordnen, wenn eine Atemanalyse nicht durchgeführt werden konnte, obwohl Verdacht auf Angetrunkenheit bestand.
Aus wichtigen Gründen ist die Blutabnahme auch gegen den Widerstand des Verdächtigten anzuordnen, insbesondere:

- wenn der Verdächtigte für einen schweren Unfall (mit Toten oder Schwerverletzten) oder für eine entsprechend schwere Verkehrsgefährdung verantwortlich oder mitverantwortlich erscheint, namentlich auch, wenn er die Flucht ergriffen hat;
- wenn bei einer Kollision beide Beteiligten unter Alkoholverdacht stehen und einer die Blutabnahme verweigert, nachdem sie beim andern durchgeführt wurde (erhebliche Beweisungleichheit).

In jedem Falle, in dem der Verdächtigte die angeordnete Blutabnahme verweigert, ist er auf die rechtlichen Folgen aufmerksam zu machen.
Die Blutabnahme hat möglichst rasch zu erfolgen. Eine zweite Blutabnahme (frühestens eine Viertelstunde nach der ersten) ist wichtig, wenn der Verdächtigte behauptet, zwischen dem Vorfall und der Blutabnahme noch Alkohol zu sich genommen zu haben (Nachtrunk). Diese zweite Blutabnahme erübrigt sich aber, wenn zwischen dem letzten Alkoholkonsum und der ersten Blutabnahme mehr als dreiviertel Stunden verstrichen sind. Dem Verdächtigten sind in der Regel 10 ml Blut zu entnehmen und spätestens am folgenden Werktag einem vom Departement anerkannten Blutanalyse-Institut zuzustellen.
Bei der Kantonspolizei Zürich wird zur Atemanalyse seit 1973 das in England hergestellte Testgerät mit der Bezeichnung »Lion-Alcolmeter« verwendete. Der Alkomat ist ein Alkoholmeßgerät, bei welchem der Alkohol in der ausgeatmeten Luft durch eine Brennstoffzelle (Katalysezelle) oxydiert wird. Bei diesem Vorgang fließt ein elektrischer Strom, welcher dem Alkoholgehalt in der Atemluft proportional ist und auf einem Anzeigegerät direkt abgelesen werden kann. Der Alkomat hat sich in all den Jahren sehr bewährt, ist handlich, einfach in der Anwendung und bei richtiger Bedienung sehr genau.
Bei der Verkehrsvollzugspolizei der Kantonspolizei Zürich wird in jedem Patrouillenwagen ein Alkomat mitgeführt. Bei geringstem Verdacht von Angetrunkenheit ist man deshalb jederzeit in der Lage, sofort einen Atemtest durchführen zu können.

Einflußfaktoren beim Weinkonsum

Die Wirkungsweise des Weines auf den menschlichen Organismus hängt nicht zuletzt von der Art und Weise ab, wie der Wein getrunken wird. Die wirksamsten Einflußgrößen für den Auf- und Abbau des Alkohols im Körper, also für den Verlauf des Alkoholspiegels, sind:

Essen und Trinken

Es ist für die Alkoholaufnahme im Körper von Bedeutung, ob man Wein oder sonstige alkoholische Getränke auf nüchternen Magen oder während des Essens bzw. nachher trinkt.
Weiters ist die Zusammensetzung des Essens eine wichtige Frage. Fett- und eiweißreiche Nahrung hat einen besonderen resorptionshemmenden Effekt, womit zwar die Wirkung des Alkohols im Wein nicht aufgehoben, wohl aber zu einem Teil verzögert oder sogar reduziert werden kann. **Wenn Wein zum oder nach einem fett- und eiweißreichen Essen getrunken wird, dann gelangt nur eine vergleichsweise geringere Alkoholmenge ins Blut, als wenn man Wein auf nüchternen Magen trinkt.** Dies zeigt die nachstehende graphische Darstellung:

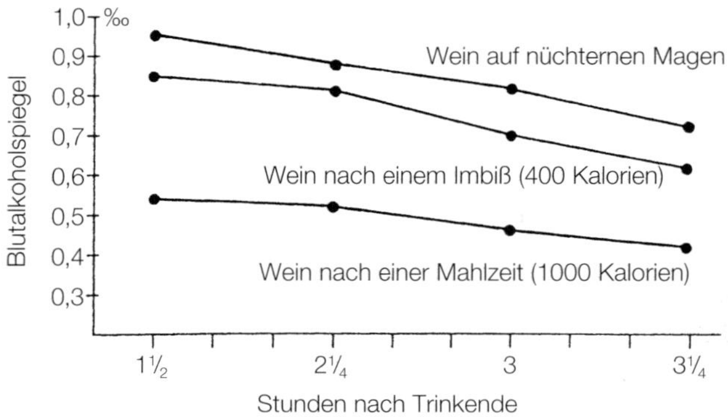

Die Bedeutung des Füllungsgrades

Quelle: N. Becker, H. Güss, »Der Wein, Lebensfreude und Gesundheit«, Freiburg 1985

Wie aus der obigen graphischen Darstellung ersichtlich ist, erzeugt beispielsweise eine bestimmte Menge Alkohol, auf leeren Magen getrunken, eine Blutalkoholkonzentration von etwa ein Promille. Die gleiche Alkoholmenge führt nach einer Mahlzeit mit 1.000 Kilokalorien, die zusammen mit dem Trinken eingenommen wird, nur zu einem Höchstwert von 0,55 Promille Blutalkohol. Mit diesen wissenschaftlichen Untersuchungen wurde zugleich auch die alte Lebensweisheit bestätigt, daß man vor dem Trinken alkoholartiger Getränke immer für eine »ordentliche Grundlage« durch ein kräftiges Essen sorgen soll.
Daher beherzige man den Grundatz: **Nie auf leeren Magen trinken! Immer vorher und zu den Mahlzeiten kräftig – möglichst fett- und eiweißreich – essen.** Trifft der Alkohol nämlich auf einen leeren Magen, so geht er sofort ins Blut über und wird durch nichts »gebremst«. Teile des aufgenommenen Alkohols gehen nämlich mit den aufgenommenen Speisen im Magen gewisse chemische Verbindungen ein. Dadurch »verschwinden« diese Alkoholteile, gehen somit nicht mehr in das Blut über und verlassen den Körper auf natürliche Weise.

Trinkdauer

Die Aufnahme von Alkohol im Blut hängt selbstverständlich auch davon ab, mit welcher Geschwindigkeit der Wein getrunken wird. Je rascher man trinkt, desto weniger Alkohol kann die Leber abbauen und desto mehr Alkohol gelangt in den Blutkreislauf, und der Alkoholspiegel steigt eher an. **Langsames Trinken ist somit dem menschlichen Organismus zuträglicher** und bereitet übrigens auch mehr Genuß.
Für den Abbau des Alkohols in einer 0,75 l Flasche mit 60–70 Gramm Alkohol braucht der Körper eines 70–80 kg schweren Mannes etwa 10 Stunden. Trinkt er zwei Flaschen Wein, hat er einen Vollrausch und braucht dann einen Tag und eine Nacht, bis der ganze Alkohol im Körper abgebaut ist. Wenn man hingegen ein Achtel Liter Wein gleichmäßig verteilt über siebeneinhalb Stunden trinkt, dann übersteigt der Blutalkohol niemals die 0,2 Promillegrenze, wie die folgende Graphik zeigt:

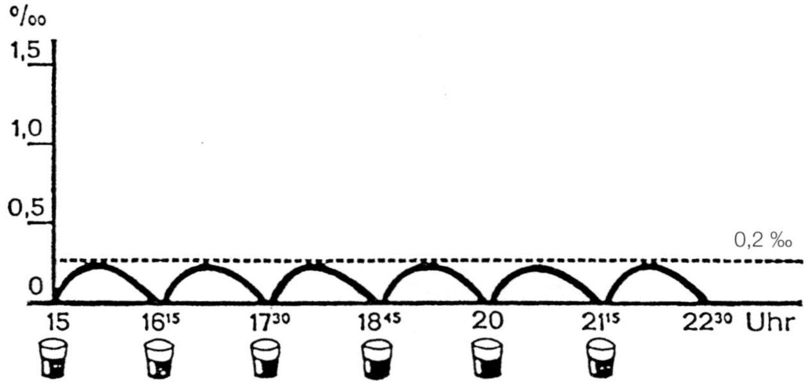

Verlauf der Blutalkoholkurven nach Aufnahme von 6 x 7,5 g Alkohol (nach Erik Jacobsen, »Omgang met Alkohol«, Kopenhagen)

Sonstige Einflußfaktoren

Die Wirkung des Alkohols im Wein ist weiters abhängig von der Größe und vom Gewicht des Trinkenden, vom Geschlecht, von seinem körperlichen und seelischen Wohlbefinden zum Zeitpunkt des Alkoholkonsums (Ärger?), von der Tageszeit, zu welcher der Wein getrunken wird u. a. m.
Aus der zahlreichen über die Blutalkoholkinetik vorhandenen Literatur sind vielleicht noch folgende durch experimentelle, wissenschaftliche Untersuchungen abgesicherte Feststellungen von Interesse:

- Die Alkoholaufnahme im Blut hängt auch von der **Art des alkoholischen Getränkes** ab, von seinem Alkoholgehalt, vom Kohlensäureanteil, von seiner Temperatur oder von seinem Gerbstoffgehalt.
  Ein 10 %vol alkoholstarker Wein wird vom Körper langsamer aufgenommen als beispielsweise ein 40 %vol-Whisky oder Schnaps, der viel rascher ins Blut geht.
  Wie schon früher erwähnt, wird Sekt mit seinem hohen Kohlensäureanteil oder auch ein Glühwein mit seiner höheren Temperatur viel schneller vom Blut aufgenommen (resorbiert) als ein normaler Wein. Stark gerbstoffhältige Weine, wie etwa Rotweine, verlangsamen wiederum die Resorptionsgeschwindigkeit. Gerbstoff verzögert den Anstieg des Alkoholspiegels, reduziert ihn sogar in der Höhe und vermag die Blutalkoholkurve etwas zu verflachen.
- Interessant ist auch die Tatsache, daß die weitverbreitete Meinung falsch ist, wonach **Kaffee** als Abschluß bei einem Alkoholkonsum zu einer Senkung des Alkoholspiegels führt. Man irrt nämlich, wenn man glaubt, daß der überdurchschnittliche Harndrang nach dem Genuß einer etwas größeren Menge Kaffee den Alkohol aus dem Körper gewissermaßen ausschwemmt. Denn der Alkohol wird niemals von der Niere, sondern immer nur von der Leber abgebaut, weshalb hier kein ursächlicher Zusammenhang besteht. In Wirklichkeit verstärkt Kaffee sogar die schädlichen Auswirkungen des Alkohols auf den Körper, weil er den Abbau der Blutalkoholwerte durch die Leber etwas verzögert.
  Nachstehend die bei einer experimentellen Untersuchung festgestellten Mittelwerte des **Blutalkohols** in Promille nach Beendigung eines Alkoholkonsums ohne und mit Kaffee:

	1.30 Uhr nach Trinkende	2.15 Uhr nach Trinkende	3 Uhr nach Trinkende	durchschnittliche Mittelwerte	durchschnittliche Maximalwerte
ohne Kaffee	0,93	1,01	0,85	0,93	1,04
mit Kaffee	1,09	1,15	1,02	1,09	1,22

- Ebenso ist ein landläufiger Irrtum, daß eine **Schwitzkur** in der Sauna oder das intensive Betreiben einer **schweißtreibenden Sportart** den Alkoholspiegel im Blut zu vermindern vermögen. Zwar fördern Sauna oder beispielsweise ein längerer, intensiver Dauerlauf das Ausscheiden der Salze aus den Schweißdrüsen über die Haut. Sie haben aber keinen nachweisbaren Einfluß auf den Abbau des Blutalkohols.
- Manche Weintrinker sind davon überzeugt, daß eine Trunkenheit überhaupt vermieden werden kann, wenn man vor einem Abend mit einem zu erwartenden Wein- oder Alkoholkonsum ein bis zwei Eßlöffel **Öl** schluckt oder eine Dose **Sardinen in Öl** zu sich nimmt. Nun vermag ein derartiges Auskleiden des Magens mit Fett tatsächlich den fettlösenden Alkohol bis zu einem gewissen Ausmaß zu binden. Wenn aber jemand über diese Grenze hinaus zu viel Wein trinkt und die Fette im Magen einmal gesättigt sind, dann gelangt der Alkohol wiederum über den Darm in den Blutkreislauf des Menschen und sorgt für ein entsprechendes Ansteigen der Alkoholwerte im Blut.
- Viele festfreudige Weinkonsumenten wollen vernünftig und vorsichtig sein und benützen statt des eigenen Autos die Straßenbahn oder ein Taxi, wenn sie die Absicht haben, an einem Abend einmal etwas ausgiebiger zu trinken. Das ist gewiß sehr löblich – vorausgesetzt, daß man auch am Tag darauf die notwendige Vorsicht walten läßt und auf die Tücke des **Restalkohols im Blut** nicht vergißt. Denn man muß immer bedenken, daß der Alkohol im Körper nur langsam, etwa 0,10–0,15 Promille pro Stunde, abgebaut wird. Wenn sich also jemand nach einer ausgedehnten trinkreichen Einladung zum Beispiel um drei Uhr früh mit 1,5 Promille Alkohol per Taxi oder von (nüchternen) Freunden nach Hause bringen läßt, dann fühlt er sich um sieben Uhr früh beim Weg zur Arbeit nach vier Stunden Schlaf vielleicht einigermaßen wieder in Ordnung; nur fahrtüchtig ist er noch lange nicht, denn er hat immer noch mehr als 0,8 Promille im Blut. Und eines soll hier noch ergänzend angebracht werden: Es gibt kein Mittel, weder durch Traubenzucker, noch durch Vitamin C, um den Blutalkoholspiegel schneller abzubauen – auch wenn es immer wieder behauptet wird!

Kater

Nach einem übermäßigen Alkoholkonsum stellt sich oftmals der sogenannte Kater ein. Er äußert sich durch mehr oder weniger starke Kopfschmerzen, Migräne, Schwindelanfälle, Zittern, Herzpochen, Herzrhythmusstörungen, Übelkeit, Magenschmerzen, Angstzustände aller Art (Alpträume, Angstschweiß), aber in manchen Fällen auch durch Ausschläge, Rötung der Haut und vieles andere mehr.

Ein Kater entsteht am sichersten dann, wenn man verschiedene alkoholische Getränke wie Bier, Wein und Alkoholdestillate wahllos in größeren Mengen durcheinander trinkt. Auch der Konsum schwerer, stark gezuckerter oder vielleicht gepantschter Weine kann zu katerähnlichen Symptomen führen.

Hauptverantwortlich für das Entstehen eines Katers dürften vor allem die im Wein enthaltenen Fuseöle, Histamine und die Schwefelige Säure sein. Fuselöle sind höhere Alkohole und werden vom menschlichen Körper grundsätzlich schlecht vertragen. Histamin gehört in die Gruppe der biogenen Amine (siehe Seite 315). Diese Amine sind Abbauprodukte des Ethanols (Äthylalkohol), die bei der Weinbereitung entstehen, wenn bestimmte Bakterien die im Wein enthaltenen Eiweißstoffe abbauen. Und das Histamin ist schon in geringer Konzentration physiologisch höchst wirksam. Auch die zum Schutz vor schädlichen Mikroorganismen oder einer Oxydation dem Wein zugesetzte Schwefelige Säure kann bei einer Überdosis Katersymptome bewirken.

Im Zusammenhang mit den Verursachern eines Katers ist vielleicht die Frage interessant, warum der Kater nicht schon während des Trinkens im Laufe des Abends, sondern erst am Morgen danach kommt. Der Grund liegt darin, daß die biogenen Amine (Histamin) und die »bösen« Fuselöle vom Körper langsamer als das »gute« Ethanol abgebaut werden. Zum Trost sei aber gesagt, daß heute die mit moderner Kellertechnologie hergestellten Konsumweine gewöhnlich nur so wenig von diesen Negativstoffen enthalten, daß bei einem normalen Weinkonsum Gesundheitsstörungen nicht zu erwarten sind. Vor allem sind sie in trockenen und mehr säuerlichen Weinen nur in relativ geringer Menge vorhanden.

Hausmittel gegen den Kater

Nützliche Tips für die Bekämpfung eines Katers und für eine Anregung der Lebensgeister nach einer durchzechten Nacht gibt es unzählige. Hier sind einige bekannte Hausmittel gegen einen Kater zur Auswahl angeführt. Ob sie auch tatsächlich wirken, möge die Erfahrung lehren:

- Kopfschmerzmittel (z. B. Aspirin, Acetylsalicylsäure, Paracetamol u. a.) mit viel Mineralwasser einnehmen.
- Vitamin C in Form von drei Orangen, die sofort nach dem Aufwachen gegessen werden sollten.
- Mit Kochsalz (!) abgeschmeckten Schwarztee trinken, der eine positive Wirkung auf die Schleimhäute ausüben soll.
- Manche schwören wiederum auf einen schwarzen Kaffee, dem ein Schuß Zitronensaft beigegeben wird.
- Als Frühstück einen gegrillten, leicht geräucherten Hering, zu dem zur Entschlackung möglichst viel Wasser mit Zitronensaft getrunken werden sollte.
- Zum Frühstück den Saft einer Limone mit einem Teelöffel Honig vermischen und einen ganzen Eidotter dazugeben, mit frisch gepreßtem Orangensaft aufgießen und mit etwas frisch geriebener Muskatnuß würzen. Der Dotter sollte dabei ganz bleiben; seine Proteine helfen dem alkoholgeschädigten Magen bei seiner Erholung.
- Für eine schnelle Regeneration soll sich auch eine gemischte Traubenzucker-Salz-Bicarbonat-Lösung[3] und eventuell ein weiteres Bier oder ein erneuter (kleiner!) Schluck eines guten Weines bewährt haben.
- Ein weiteres Hausmittel gegen den Kater besteht darin, daß man einen halben Teelöffel Natriumhydrogencarbonat (»Bullrich-Salz«) in einem Glas lauwarmen Wasser auflöst und diese Lösung langsam trinkt. Bei Bedarf auch ein zweites oder drittes Glas.
- Eine Brausetablette Alka-Seltzer bewirkt, daß die durch den Weinmißbrauch dem Körper entzogenen Salze diesem wieder zugeführt werden und außerdem das Sodbrennen bzw. Völlegefühl gemildert wird.
- Bei Sodbrennen (Übersäuerung des Magens) helfen übrigens Antazida, wie beispielsweise Gelusil, Talcid, Renni u. a. m.

Wein und Medikamente

Auf die Frage, ob Menschen, die laufend Medikamente zu sich nehmen, auch Wein trinken können, kann man keine generell geltende Antwort geben. Die Entscheidung muß in jedem einzelnen Fall beim Arzt liegen.

---

3 3 Eßlöffel Dextropur
1/2 Teelöffel Salz
1 Messerspitze Bicarbonat in einem Liter abgekochten Wasser auflösen und über den Tag verteilt trinken.

Wohl kann man vielleicht allgemein sagen, daß Medikamente für den neurologisch-psychiatrischen Bereich, also z. B. Beruhigungsmittel (Tranquilizer), Sedativa, Hypnotika, Antidepressiva, blutdrucksenkende Mittel, Antiallergica, manche Schmerzmittel u. a., sich mit Alkohol nicht gut vertragen. Diese Medikamente bekommen nämlich durch alkoholische Getränke eine unerwünschte Verstärkung und damit oft eine gefährliche Erhöhung ihrer Wirkung.
Anders ist es aber bei Antibiotika, wie beispielsweise bei Penicillin, Streptomycin oder Terramycin. Bei Einnahme dieser Medikamente kann meistens auch Wein getrunken werden. Denn mit dem Alkohol im Wein wird der Übergang der Antibiotika ins Blut und Gewebe gefördert, was oft eine gewünschte Erhöhung der Wirkung sein kann. Aber auch hier ist unbedingt der Arzt zu fragen.
Gefährlich ist es wiederum, wenn man nach einem größeren Alkoholkonsum Schlaftabletten nimmt. Denn beides, Alkohol und Schlaftabletten zusammen, kann zu einer Vergiftung des Körpers führen.

Wein und Kalorien

Zunächst einen **Überblick über den Kaloriengehalt** einiger Getränke (Durchschnittswerte):

	Kcal/kg		Kcal/kg
Weißwein	610–670	Mineralwasser	0
Rotwein	690	Tomatensaft	210
Lagerbier	436	Orangensaft	470
Spezialbier	468	Apfelsaft	470
Bockbier	590	Johannisbeersaft (rot)	550
Diätbier	417	Johannisbeersaft (schwarz)	570
Eierlikör	1.690	Traubensaft	740–770
Schnaps	2.000	Magermilch	450
Weinbrand	2.200	Vollmilch	680

Quelle: Dr. P. Jäger, Getränkeinstitut, Wien

Wein hat somit einen relativ hohen Kalorienwert. Ein Liter Wein entspricht etwa folgenden einzelnen Nahrungsmitteln:
800 g Kartoffeln
1 Liter Vollmilch
10 Stück Eiern
100 g Butter
400 g Roggenbrot oder
3 Leberkäs-Semmeln mit je 50 g Leberkäs (224 Kilokalorien = 1.134 Kilojoules).

Stellt man einen Vergleich mit dem **Kalorienbedarf** für einen Mann mit 70 kg an, so ergibt sich

Grundumsatz	1.900 Kcal/Tag
leichte Arbeit	2.400–2.600 Kcal/Tag
schwere Arbeit	3.500–4.500 Kcal/Tag

Ein Liter Wein vermag somit ein Drittel bis zu einem Viertel des täglichen Kalorienbedarfes eines körperlich leicht arbeitenden Mannes zu decken. Wein ist somit mit einem hochwertigen Nahrungsmittel durchaus vergleichbar. Und wenn man viel Wein trinkt, bedeutet dies gewiß eine Zu-

nahme des eigenen Körpergewichtes, besonders dann, wenn Wein zusätzlich zur normalen Deckung des täglichen Nahrungsmittelbedarfes getrunken wird.
Setzt man aber Wein therapeutisch zielbewußt ein, dann kann auch damit eine Gewichtsabnahme herbeigeführt werden. Hier sei nur an die **Wein- und Schrotkur** erinnert, die in Deutschland seit mehr als 150 Jahren Anwendung findet. Diese zum Abbau eines Übergewichtes und zur Entschlackung des Körpers durchgeführte Kur besteht in einem Wechsel von Weintrinktagen und Weindursttagen, wobei zusätzlich noch eine Nahrungsmittelreduktion durch eine bestimmte Diät erfolgt, bei der Fett, Eiweiß und Kochsalz sehr eingeschränkt werden. An den sogenannten großen Trinktagen wird bis zu einem Liter eines leichten, trockenen Weines (Frauen erhalten nur einen halben Liter) und an einem kleinen Trinktag die Hälfte verabreicht. Der Wein bewirkt dabei eine Verstärkung des Stoffwechsels und damit gleichzeitig auch eine Reduzierung des Körpergewichtes.

Was ist ein mäßiger Weinkonsum?

Alkoholverbrauch

Wieweit der menschliche Organismus durch Alkohol geschädigt werden kann, hängt vor allem von der Menge des konsumierten Alkohols und von der Art des alkoholischen Getränkes ab. Allgemein gilt dabei, daß guter Wein als das für die Gesundheit am wenigsten gefährdende alkoholische Getränk gilt.
Bemerkenswert ist dabei auch, daß der Weinverbrauch nur einen relativ kleinen Teil des gesamten Alkoholkonsums ausmacht, wie aus der folgenden Zusammenstellung hervorgeht:

ALKOHOLKONSUM
(Pro-Kopf-Verbrauch in Litern)

Wein		Bier		Branntwein	
1. Frankreich	66,8	1. Deutschland	143	1. Polen	4,5
2. Portugal	62,–	2. Tschechien/Slowakei	135	2. Ungarn	3,4
3. Luxemburg	60,3	3. Dänemark	127	3. Tschechien/Slowakei	3,3
4. Italien	56,8	4. Irland	124	4. Zypern	3,3
5. Argentinien	52,4	5. Österreich	121	5. Bulgarien	2,8
6. Schweiz	48,7	6. Belgien/Luxemburg	121	6. Griechenland	2,7
7. Spanien	34,3	7. Neuseeland	111	7. Deutschland	2,7
8. Österreich (1992/93)	32,7	8. Großbritannien	110	8. Spanien	2,7
9. Griechenland	32,4	9. Australien	108	9. Finnland	2,6
10. Ungarn	30,–	10. Ungarn	107	10. Frankreich	2,5
11. Chile	29,5	11. USA	91	11. USA	2,1
12. Uruguay	25,4	12. Niederlande	90	12. Island	2,1
13. Deutschland	24,9	13. Finnland	84	13. Rußland	2,–
14. Belgien	23,9	14. Spanien	72	14. Niederlande	2,–
		15. Schweiz	71	15. Japan	2,–
				16. Schweiz	1,8
				(19. Österreich	1,5)
Quelle: Publikation »World Drink Trends«, Holland, Angaben für 1991		*Quelle:* Gemeinsame Statistik CBMC/EBIC und »Produktschap voor gedistilleerde dranken«		*Quelle:* Publikation »World Drink Trend« Holland (1991)	

Mäßiger Weinkonsum

Wein genießen, heißt Wein mit Maß und Kontrolle zu trinken. **Als mäßiger Weingenuß wird nach dem heutigen Stand der medizinischen Erkenntnisse ein täglicher Konsum von maximal 60 Gramm reinem Alkohol bei Männern und von 40 Gramm bei Frauen als unproblematisch angesehen,** vor allem dann, wenn der Wein zum Essen getrunken wird. Von manchen Medizinern wird gleichzeitig empfohlen, zwischendurch gelegentlich ein bis zwei alkoholfreie Tage einzuschalten.
60 Gramm Alkohol für den Mann entsprechen etwa einer 0,75 l-Flasche mit einem leichten, guten und sauberen Qualitätswein (10 %vol Alkohol), möglichst auf das Mittag- und Abendessen aufgeteilt, oder fünf Achtelliter eines mittelschweren Weines. 40 Gramm für die Frau bedeuten zwei Drittel der oben angeführten Mengen. Mit diesen Weinmengen wird man sicherlich keinen gesundheitlichen Schaden nehmen und auch zu keinem Alkoholiker werden.
Selbstverständlich gelten die angeführten Durchschnittswerte immer nur für gesunde Menschen mit Normalgewicht und sind jeweils von äußeren Bedingungen und sonstigen individuellen Faktoren (Ernährungsgewohnheiten etc.) abhängig. Bei jüngeren sowie älteren Menschen liegen sie erfahrungsgemäß niedriger.
Wie sehr es auf die konsumierte Menge ankommt, zeigt am augenscheinlichsten ein Vergleich zwischen Wein und Kaffee. Eine Schale starken Kaffees enthält etwa 0,1 Gramm Koffein. Aber schon 0,5 Gramm Koffein, also fünf Schalen, sind eine Überdosis, bei der man im allgemeinen bereits einen rauschartigen Zustand bekommt, mit Pulssteigerung, Muskelzittern, Angstzuständen, eventuell sogar Krämpfen. Fünf Schalen Kaffee hintereinander trinkt man selten. Kommt es nicht viel eher vor, daß jemand viel Wein trinkt und seinem Körper damit ein ähnlich schädliches Quantum zuführt?

Bekömmlichkeit

Neben der Menge kommt es aber auch auf Qualität, Art und Alter des Weines an. Für ältere Menschen dürfte ein ausgereifter Rotwein besser als Weißwein sein, weil er weniger erregende Substanzen und weniger Säure hat, es sei denn, daß ein Mangel an Magensäure mit einem frischen Weißwein ausgeglichen werden soll. Außerdem wirkt sich der Tanningehalt auf den Körper eines älteren Menschen günstiger aus. Junge, frische und fruchtige Weißweine und Sekt vermögen grundsätzlich den Organismus des Menschen wunderbar zu beleben, können aber unter Umständen bei gesundheitlich labilen Menschen weniger zuträglich sein und eventuell auch Verdauungsstörungen bis hin zum Durchfall auslösen. Im allgemeinen ermöglichen heute moderne Kellertechniken einen rascheren Ausbau und eine schnellere Reifung der Weine, so daß viele junge, frische Weine ihre vielleicht frühere Unverträglichkeit bei besonders empfindlichen Mägen verloren haben. Auch beim Konsum schwerer (alkoholreicher) Weine ist Vorsicht geboten, weil solche Weine neben einem hohen Alkoholgehalt auch viel Extraktstoffe haben. Edelsüße Prädikatsweine (Beeren- und Trockenbeerenauslesen) sollten ebenfalls möglichst nur glasweise getrunken werden, weil solche Ausleseweine zwar meist weniger Alkohol, dagegen aber eine Reihe von Inhaltsstoffen haben, die von alten oder gesundheitlich labilen Menschen nicht immer gleich gut vertragen werden.

Geschenk der Natur

Beim Wein ist weder eine Verteufelung noch eine bedingungslose Befürwortung gerechtfertigt. Aus reinem Mißbrauch läßt sich keinesfalls ableiten, daß jeder Weinkonsum schädlich und daher abzulehnen sei. Zweifellos bedarf es oftmals einer selbstkritischen Betrachtungsweise, vor

allem was das richtige Maß betrifft, das im Einzelfall sehr unterschiedlich sein kann. Wenn das Trinken zu einem Problem wird, dann liegt es am menschlichen Charakter. Labile Charaktertypen neigen eher dazu, denn sie verlieren beim Alkoholkonsum viel leichter die notwendige Selbstkontrolle.
Der Wein ist ein Geschenk der Natur, das dem Menschen Gutes bringt, wenn er vernünftig und sinnvoll verwendet wird. Umgekehrt kann aber auch das Gegenteil daraus werden. Früher wurde der Wein mehr zur Stärkung des Körpers und gezielt gegen bestimmte Krankheiten getrunken. Heute wird zwar mengenmäßig weniger Wein, dafür aber in höheren und besseren Qualitäten getrunken. Qualitätsweine also, die nicht nur mehr Genuß verschaffen, sondern auch die allgemeine Widerstandskraft des Körpers steigern und den natürlichen, körperlichen Alterungsprozeß verzögern können.
Der Ausspruch des griechischen Philisophen Plutarch (46–125 n. Chr.) über den Wein möge dieses Kapitel abschließen:

> Der Wein ist unter den Getränken das nützlichste, unter den Arzneien das schmackhafteste und unter den Nahrungsmitteln das angenehmste.

Anhang zum Kapitel »Wein und Gesundheit«

Für interessierte Leser sei im nachstehenden die genaue **Berechnungsart für die Bestimmung des Blutalkohols** angeführt. Man geht dabei in drei Schritten vor:

1. Schritt:
Zuerst errechnet man die bereits getrunkene Weinmenge (Alkoholkonsum) in Gramm reinen Alkohol um. Man schaut auf die Flasche, wieviel Alkoholgehalt (in Volumsprozent) der Wein hat. Dann rechnet man die Volumsprozente des Weines in Gewichtsprozente um, indem man mit dem Faktor 0,8 (ganz exakt: 0,789) multipliziert. Das Ergebnis ist das Gewicht des reinen Alkohols in Gramm pro Flasche.
Beispiel:
1 Liter Weißwein hat 10 %vol Alkohol. Daher errechnet man:
10 x 0,8 = 8 g Alkohol/Deziliter = 80 g Alkohol/Liter
Trinkt man nun einen halben Liter von diesem leichten Weißwein, so hat man 40 g reinen Alkohol im Körper aufgenommen (0,5 x 80 = 40 g Alkohol).
Ein anderes Beispiel:
Man trinkt eine Bouteille Rotwein, bei dem auf dem Flaschenetikett angegeben ist, daß er 12%vol Alkohol aufweist. Da eine Bouteille bekanntlich 0,75 Liter Inhalt hat, erstellt sich folgende Rechnung:
12 (Grad Alkohol) x 0,8 (Faktor) = 9,6 g Alkohol pro Deziliter Wein
Das ergibt 96 g Alkohol pro Liter.
0,75 (Liter pro Bouteille) x 96 g (Alkohol) = 72 g reiner Alkohol
Erklärung: Alkohol ist leichter als Wasser, daher der Unterschied zwischen den beiden Maßeinheiten (Gewicht und Volumen). Das spezifische Gewicht des Wassers ist 1,0, jenes des Alkohols ist 0,8 bei 15° C. Die Alkoholangabe in Volumsprozent (auf dem Flaschenetikett) ist also im Verhältnis 1,0 zu 0,8 größer als die Gewichtsprozente. Daher lautet die Formel:

Gewichtsprozent = Volumsprozent x 0,8

2. Schritt (besser und genauer wäre es, dazu die Körperfläche, also Körpergewicht und Körpergröße, heranzuziehen, was aber hier wegen zu großer Kompliziertheit der Berechnungsweise unberücksichtigt bleibt):
Dann errechnet man sein eigenes »Alkoholgewicht«. Dieses hängt einerseits von der Konstitution, andererseits vom Geschlecht des Weintrinkers ab, was mit einem Faktor zu berücksichtigen ist:

- bei schlanken, hageren Personen: 80% (Faktor) des Körpergewichtes,
- bei normalem Körperbau: 70% (Faktor) des Körpergewichtes,
- bei fettleibigen Personen: 60% (Faktor) des Körpergewichtes,
- bei Frauen: vom errechneten Alkoholgewicht werden weitere 10% in Abzug gebracht.

Beispiel: Bei einem Körpergewicht von 80 kg beträgt das »Alkoholgewicht«

- bei einem hageren, schlanken Mann: 80 kg x 80% = 64 kg
- bei einer Person mit normalem Körperbau: 80 kg x 70% = 56 kg
- bei einer fettleibigen Person: 80 kg x 60% = 48 kg
- bei einer Frau mit normalem Körperbau: 80 kg x 70% = 56 kg
  abzüglich 10%: – 5,6
  50,40 ~ 50 kg

3. Schritt:
Schließlich dividiert man den errechneten Alkoholkonsum durch das eigene »Alkoholgewicht« und erhält derart den im eigenen Blut erreichten Alkohol-Promillegehalt:

Beispiele:

a) Konsum von einem halben Liter Weißwein mit 10 %vol Alkohol = 40 g reiner Alkohol

b) Person mit 80 kg Körpergewicht

- bei einer schlanken, hageren Person:
  $\frac{\text{40 A (Alkohol)}}{\text{64 kg (Körpergewicht)}}$ = 0,63 Promille Alkohol im Blut
- bei einer Person mit normalem Körperbau:
  $\frac{\text{40 A}}{\text{56 kg}}$ = 0,72 Promille
- bei einer fettleibigen Person:
  $\frac{\text{40 A}}{\text{48 kg}}$ = 0,83 Promille
- bei einer Frau mit normalem Körperbau:
  $\frac{\text{40 A}}{\text{50 kg}}$ = 0,80 Promille

Wein und Essen

Der französische Poet Brillat Savarin hat einmal gesagt: »Essen ist eine Notwendigkeit – sich aufs Essen und Trinken zu verstehen, ist eine Kunst!«

Wein ist ein besonders geeignetes Getränk zum Essen. Beide ergänzen sich im Idealfall auf das beste. Wein regt den Appetit an, vermag den Geschmack der Speisen anzuheben, schafft eine fröhliche Stimmung und trägt zweifellos viel zur Geselligkeit bei Tisch bei. Er ist Bestandteil einer gepflegten Tischkultur und auch bekömmlich.

Wein bei Tisch zu trinken, wird aber erst dann zum vollendeten Genuß, wenn man zu jedem Gericht mit Bedacht auch den dazu passenden Wein auswählt. Welcher Wein aber mit welchen Speisen wirklich gut harmoniert, darüber gehen die Meinungen weit auseinander. Denn hier gilt der Ausspruch: De gustibus non est disputandum (über Geschmack läßt sich nicht streiten). Wohl kaum ein anderes als dieses alte lateinische Sprichwort läßt sich besser zur Frage Essen und Wein anwenden.

An der Spitze jeder Diskussion zum Thema Wein und Essen hat daher ein ganz wichtiger Grundsatz zu stehen: **Man wähle jenen Wein aus, der einem selbst und seinen Gästen am besten schmeckt.** Wenn man beispielsweise zu einem Fisch unbedingt einen leichten Rotwein trinken will, so tue man dies und lasse sich von keinem anderen abhalten. Es gibt übrigens genügend gute und beste Restaurants, besonders an Meeresküsten in südlichen Ländern, die auch einen süffigen Rotwein zu einem Fisch empfehlen.

Zur Weinauswahl werden heute schon so viele Verhaltensregeln aufgestellt, daß sie einander oft widersprechen. Daher sollte man mutig für das eintreten, was einem persönlich schmeckt, auch wenn der Tischnachbar darüber die Nase rümpft.

Die vier Grundsatzregeln

Will man aber von dieser subjektiven Grundregel abweichen und wünscht man sich zur Erleichterung der eigenen Entscheidung gewisse Anhaltspunkte für Kombinationsmöglichkeiten bei der Weinauswahl, dann sollte man vielleicht zur Harmonie von Speisen und Wein folgende vier Grundsatzregeln beachten:

REGEL Nr. 1: Die Weinauswahl wird durch die Harmonie bestimmt

Geschmacksharmonie heißt Symphonie aller Geruchs- und Geschmackseindrücke sowie Gleichklang der Intensität von Speise und Wein. Bei Speise und Wein muß sich also ihre Geschmacksintensität gegenseitig ergänzen, d. h. die Intensität des Geschmacks von Speise und Wein muß ausbalanciert sein.

Feine und zarte Weine passen auf keinen Fall zu stark gewürzten Speisen. Zu solchen Weinen passen am besten jene Speisen, die einen nicht zu starken Eigengeschmack besitzen.

Je schwerer das Essen, desto kräftiger und wuchtiger (vollmundiger, extraktstark, alkoholreich) sollte der Wein sein. Je weniger belastend das Essen ist, desto leichter und zarter (frisch, fruchtig, alkoholarm) sollte auch der Wein sein.

Der feine Geschmack einer Forelle blau wird zum Beispiel von einem extraktreichen, schweren Ruländer völlig erschlagen. Umgekehrt wieder wird ein leichter Rotwein, wie ein Blauer Portugieser, mit einer Hirschkeule niemals voll harmonieren können. Dazu paßt sicherlich ein schwerer Cabernet oder Blauer Burgunder.

REGEL Nr. 2: Die Weinabstimmung ist auf Fleisch bzw. Sauce auszurichten

Werden Fleischspeisen ohne einer Sauce gereicht, dann soll der dazu bestimmte Wein auf das Fleisch ausgerichtet sein, darf aber niemals das Essen überdecken.

Werden Fleischspeisen mit einer mehr oder weniger dominierenden Sauce serviert, dann sollte

der Wein unbedingt zur Sauce passen und nicht auf das Fleisch ausgerichtet sein. Am besten nimmt man dazu den gleichen Wein, mit dem die fertige Sauce verfeinert wurde.
Die alte Faustregel »Weißer Wein zu hellem Fleisch und roter Wein zu dunklem Fleisch« ist zwar nach wie vor im grundsätzlichen richtig, kann aber vielfach nicht angewendet werden, wenn eine dazu gereichte Sauce den Fleischgeschmack völlig überdeckt.

REGEL Nr. 3: Bei Wein und Speise summieren sich Säure, Salz und Bitterstoffe

Im Mund vermag man mit der Zunge nur vier Geschmacksempfindungen wahrzunehmen, nämlich süß, salzig, sauer und bitter. Und diese Tatsache ist bei der Abstimmung Wein zum Essen immer zu berücksichtigen. Dabei sollte man folgendes wissen:
Säure, Salz und Bitterstoffe in einer Speise und im Wein schaukeln sich gegenseitig auf und verstärken sich.
In der Praxis bedeutet dies, daß man zu Speisen mit viel Säure, viel Salz oder vielen Bitterstoffen immer einen milden Wein anbieten soll, wie beispielsweise halbtrockene Weine, eine Spätlese mit einer kleinen Restsüße oder überhaupt eine von vornherein milde Weinsorte wie Neuburger, Silvaner, Blauer Portugieser, Trollinger usw. Umgekehrt soll man zu einer mild schmeckenden Speise einen säurebetonten oder tanninhältigen Wein reichen. Zu einer poschierten Forelle schmeckt beispielsweise am besten ein rescher »Brünnerstraßler« (säurebetonter Grüner Veltliner aus dem Weinviertel) oder ein rassiger Riesling.

REGEL NR. 4: Wein zu Süßspeisen (Desserts)

Eine Ausnahme dieses gegenseitigen Aufschaukelns der Geschmackskomponenten zwischen Speise und Wein besteht bei den süßen Gerichten. Zucker im Essen und Süße im Wein kompensieren sich gegenseitig, sie heben sich also gegenseitig auf. Das heißt, zu süßen Nachspeisen (Desserts) oder auch zu süßen Cremen serviert man am besten einen Wein mit einer deutlichen Restsüße (liebliche Spätlese, süße Auslese, halbtrockener Sekt, süßer Likörwein). Ein halbtrockener Sekt ist für Biskuitgebäck oder für leichte Süßspeisen ideal. Je süßer die Nachspeise ist, desto süßer soll dabei auch der Wein sein.

Problemfälle und Streitfragen

Zu diesen grundsätzlichen Harmonieregeln zu Essen und Wein sollte man vielleicht im einzelnen noch folgendes beachten:

- So wird beispielsweise zur ***Suppe*** im allgemeinen kein Wein serviert. Bildet aber eine kräftige Suppe mit Brot oder vielleicht auch mit Wurst und Käse mittags oder abends das Hauptgericht, dann trinke man dazu ruhig einen einfachen, eher derben weißen oder auch roten Tafelwein.

  Zu einer mit Wein verbesserten Suppe kann man durchaus den gleichen Wein reichen, der bereits beim Kochen der Suppe verwendet wurde.

  Zu Fischsuppen paßt recht gut ein trockener, leichter Weißwein, zu einer Aalsuppe hingegen ein würziger Weißwein mit ausgeprägtem Sortencharakter.
- Wein zu ***Salaten*** ist immer ein gewisses Problem. Wenn es ein Fleisch-, Fisch-, Pilz- oder Käsesalat ist, passen durchaus Weine dazu, wobei neben der Salatkomponente auch die dazu verwendete Marinade von entscheidender Bedeutung sein kann. Weiters ist die Geschmacksrichtung der verwendeten Salate ein wichtiger Faktor. So paßt zu bestimmten Salatsorten wie Chicorée, Radicchio und solchen, die ausgeprägte Bitterstoffe besitzen, kein Wein.
- Desgleichen paßt auch kein Wein zu Gerichten mit übermäßig großen ***Würzbeilagen,*** wie Gurken, Zwiebeln, Paprika, Pfeffer, salzigen Oliven u. ä.

- Auch zu ***Eiergerichten,*** besonders solchen mit viel Eidotter, paßt ein Wein eigentlich nicht besonders. Denn der Dotter des Eies überzieht den Gaumen mit einer hauchdünnen Schicht, die oftmals einen Wein metallisch schmecken läßt. Am besten kombiniert man Eiergerichte mit einem blumigen Wein vom Typ eines Traminer oder Müller-Thurgau.
- Zu ***Meeresfischen*** paßt besser ein Weißwein als ein Rotwein. Denn der im Rotwein enthaltene Gerbstoffgehalt (Tannin) verleiht einem salzigen Meeresfisch einen etwas bitteren Geschmack, der in Verbindung mit den Fischölen oftmals einen nachhaltigen metallischen Eindruck am Gaumen hinterläßt. Hingegen begünstigt der Säuregehalt des Weißweines den Geschmack eines Meeresfisches, weil er das erfrischende Aroma des Weines besser zur Geltung bringt.
- Wird zu einem Fleischgericht viel und reichlich ***Gemüse*** serviert, dann wähle man die Weine dazu immer leichter und milder, als man sie zu dem betreffenden Fleisch nehmen würde.
  Zu bestimmten Gemüsen, die viel Oxalsäure aufweisen, wie beispielsweise Spinat, Mangold oder Rhabarber, paßt überhaupt kein Wein, denn Oxalsäure harmoniert nicht mit der Säure des Weines.
- Bei ***Geflügel*** sollte die Weinauswahl möglichst auf die Zubereitung des Huhns oder Hähnchens Rücksicht nehmen, wobei es hier wohl sehr auf das subjektive Empfinden ankommen dürfte.
- Zur ***Schlachtplatte,*** zu einfacher ***Hausmannskost*** mit Würsten und Sauerkraut, ***Fleischtopf, Bretteljause*** und ähnlichem schmeckt eigentlich am besten ein Bier. Anstelle von Bier kann man aber durchaus einen einfachen weißen oder roten Schankwein, Landwein oder Schilcher trinken. Je nach der Zusammenstellung der Gerichte bei der Hausmannskost bzw. Schlachtplatte wird man manchmal über die gute Harmonie zwischen Wein und Fleisch überrascht sein.
- ***Käse*** sollte man nach traditioneller Auffassung vorwiegend mit Rotwein genießen. Dabei liegt man nicht falsch, wenn man milde Weine zu mildem Käse und kräftige Weine zu kräftigem Käse serviert. Eine moderne Geschmacksrichtung kombiniert aber schon länger Käse mit trockenen Weißweinen, wobei nur Weißschimmelkäse ausgenommen wird, zu dem nach wie vor kraftvolle Rotweine gereicht werden. Eine Sonderstellung nimmt dabei immer der Edelpilzkäse (Blauschimmelkäse) ein, zu dem ein süßer Wein oder ein trockener Likörwein am besten paßt.
- Zu ***Süßspeisen,*** die zusammen mit frischen Ananas, Zimt, Marzipan oder Pfefferminze serviert werden, paßt kein Wein. Desgleichen sollte man möglichst vermeiden, Wein zu ***Eis*** zu servieren, denn schon allein aufgrund seiner Temperatur vermindert das Speiseeis den Weingeschmack.
- Ob Wein zu ***Obst*** paßt, ist reine Ansichtssache. Wenn Wein zu Obst gereicht wird, dann wähle man möglichst vollmundige Weine von hoher Qualität aus. Zu Zitrusfrüchten paßt allerdings kein Wein, denn die Säure der Zitrusfrüchte harmoniert nicht mit der Säure des Weines.

Kombinationsvorschläge zu Speisen und Wein

Qualitätsstufen: Qu = Qualitätswein, Kab = Kabinett, Spl = Spätlese, Al = Auslese, Ba = Beerenauslese, Ew = Eiswein, Stw = Strohwein, Ab = Ausbruch, Tba = Trockenbeerenauslese

Speisen	Empfehlung	zum Beispiel:
KALTE VORSPEISEN (HORS D' OEUVRE) **HORS D'OEUVRE** mit Essig	leichte, trockene Weißweine (Qu)	Grüner Veltliner Müller-Thurgau
SCHINKEN, roh (Lachs-, Parma-, Tiroler-, westfälischer Rohschinken, San Daniele u. a.)	● fruchtige, trockene bis halbtrockene Weißweine (Qu, Kab)	Grüner Veltliner Müller-Thurgau Gutedel
	● leichtere Rotweine (Qu, Kab)	Blauer Portugieser Trollinger Gamay
SCHINKEN mit Melone	● halbtrockene bis milde Weißweine	Silvaner Gutedel Neuburger
	● Roséweine	Rosé Weißherbst Süßdruck
FLEISCH-CARPACCIO	trockene bis halbtrockene, kräftige Weißweine (Qu bis Spl)	Chardonnay Weißer Burgunder Riesling (Spl) Kerner (Spl)
GÄNSE- ODER ENTENLEBERPASTETE	● Süßweine (Al)	Traminer/Gewürztraminer Scheurebe Zierfandler/Rotgipfler
	● trockener Sekt (brut, brut de brut)	
WILDPASTETE	● Roséweine	Weißherbst Rosé Süßdruck
	● leichtere Rotweine (Qu)	Blauer Portugieser Trollinger Gamay
TERRINEN (Fleischpasteten)	junge, etwas kräftigere Rotweine (Qu, Kab)	Blaufränkisch/Lemberger Zweigelt Merlot

Speisen	Empfehlung	zum Beispiel:
ARTISCHOCKENTERRINE	kräftige Weißweine (Kab, Spl)	Chardonnay (Barrique)
KALBSPASTETE	spritzige, trockene Weißweine (Qu, Kab)	Grüner Veltliner Müller-Thurgau (trocken)
GEFLÜGELPASTETE	milde, kräftige Weißweine (Qu, Kab)	Weißer Burgunder (halbtrocken) Chardonnay (halbtrocken) Ruländer
FROSCHSCHENKEL	leichte oder mittelschwere Weißweine (Qu, Kab)	Grüner Veltliner Gutedel Silvaner Welschriesling
GERÄUCHERTER FISCH	trockene, gehaltvolle Weißweine (Qu bis Spl)	Weißer Burgunder Chardonnay Riesling (trockene Spl) Grüner Veltliner (trockene Spl)
RÄUCHERLACHS	milde, halbtrockene Weißweine (Qu bis Spl)	Silvaner Gutedel Neuburger Riesling (halbtrockene Spl)
GEBEIZTER LACHS	trockene Weißweine (Qu, Kab)	Riesling Grüner Veltliner
KAVIAR	sehr trockener Sekt (brut de brut)	
AUSTERN	junge, sehr trockene, spritzige Weißweine (Qu, Kab)	Grüner Veltliner Riesling Welschriesling Sauvignon blanc
HUMMER UND LANGUSTEN (kalt)	trockene, kräftige Weißweine (Kab, Spl)	Weißer Burgunder Chardonnay Ruländer
SCHALENTIERE UND MEERESFRÜCHTE (Crevetten, Miesmuscheln u. a.)	● leichte, spritzige Weißweine (Qu, Kab)	Grüner Veltliner Gutedel Sauvignon blanc
	● leicht säuerliche (resche) Weißweine	Riesling Welschriesling
FISCHMOUSSE von Süßwasserfischen (kalt) mit leichter Sauce	trockene Weißweine (Qu bis Spl)	Riesling Kerner Grüner Veltliner Silvaner Müller-Thurgau Faberrebe

Speisen	Empfehlung	zum Beispiel:
FISCHMOUSSE von Meeresfischen ● mit leichter Sauce	trockene Weißweine (Qu bis Spl)	Riesling Kerner Grüner Veltliner Müller-Thurgau
● mit kräftiger Sauce	leicht aromatische, kräftigere Weißweine (Qu bis Spl)	Ruländer Scheurebe Traminer/Gewürztraminer Ortega Huxelrebe
EIERSPEISEN ● Rührei, Spiegeleier mit Speck oder Schinken	● Roséweine	Weißherbst Rosé Süßdruck
	● leichte, süffige Rotweine (Qu, Kab)	Blauer Portugieser Trollinger Gamay
● Omeletten, Soufflés, Käseaufläufe	würzige oder aromatische Weißweine (Qu, Kab)	Müller-Thurgau Scheurebe Traminer Sauvignon blanc Bacchus
● Eiergerichte mit Pilzen	milde (halbtrockene) Weißweine (Qu, Kab)	Müller-Thurgau Gutedel
SUPPE (wird grundsätzlich **nach** der kalten Vorspeise oder **vor** der warmen Vorspeise serviert)	im allgemeinen kein Wein mit folgenden Ausnahmen:	
● Weinsuppe	der bereits beim Kochen der Suppe verwendete Wein	
● Fischsuppe	● leichte, trockene Weißweine (Qu)	Grüner Veltliner Gutedel Müller-Thurgau
	● trockene Roséweine	Weißherbst Rosé Süßdruck
● Zwiebel- oder Käsesuppe	eventuell einfache, trockene Weißweine	Grüner Veltliner Gutedel Müller-Thurgau

Speisen	Empfehlung	zum Beispiel:
WARME VORSPEISEN **GEFÜLLTE PASTETEN UND KRAPFEN**	● kräftige (eventuell bukettreiche) Weißweine (Qu, Kab)	Weißer Burgunder Sauvignon blanc Grüner Veltliner Silvaner
	● Roséweine	Rosé Weißherbst Süßdruck
	● leichte Rotweine (Qu, Kab)	Blauer Portugieser Trollinger Gamay Goron
GEFÜLLTE PALATSCHINKEN	leichte Rotweine (Qu)	Blauer Portugieser Trollinger Gamay
TOPFENNOCKEN (mit Kräutern)	bukettreiche Weißweine (Qu, Kab)	Sauvignon blanc Müller-Thurgau Scheurebe
SPINATNOCKEN	kräftige Weißweine (Qu, Kab)	Chardonnay Weißer Burgunder
ARTISCHOCKEN (warm)	fruchtige, trockene Weißweine (Qu, Kab)	Müller-Thurgau Silvaner Kerner Grüner Veltliner
HUMMER, LANGUSTEN (warm)	extraktreiche Weißweine (Qu, Kab, trockene Spl)	Weißer Burgunder Chardonnay Ruländer
MEERESFRÜCHTE gegrillt oder gebacken (Shrimps, Crevetten u. a.)	trockene, bukettintensive Weißweine (Qu, Kab)	Müller-Thurgau Sauvignon blanc Scheurebe Bacchus
JAKOBSMUSCHELN	trockene Weißweine (Qu)	Grüner Veltliner Gutedel Müller-Thurgau
MIESMUSCHELN	kräftige Weißweine (Qu)	Weißer Burgunder Chardonnay Ruländer
SCHNECKEN und **PILZE**	mittelschwere Rotweine (Qu, Kab)	Blaufränkisch/Lemberger Zweigelt Blauer Burgunder/Spätburgunder Schwarzriesling Blauburger Dornfelder

Speisen	Empfehlung	zum Beispiel:
TEIGWAREN UND REIS **NUDELGERICHTE** mit Butter und Käse, **RISOTTO, GNOCCHI**	leichte, trockene Weißweine (Qu)	Grüner Veltliner Müller-Thurgau Gutedel Welschriesling
NUDELN (Spaghetti) mit leichter Sauce (z. B. Tomaten)	● leichte, trockene Weißweine (Qu)	Grüner Veltliner Müller-Thurgau Gutedel Welschriesling
	● leichte Rotweine (Qu)	Blauer Portugieser Trollinger Gamay
SCHUPFNUDELN	leichte bis mittelschwere Rotweine (Qu)	Blauer Portugieser Gamay Blaufränkisch
ZUCCHINI TEIGTASCHERL	trockene Weißweine (Qu)	Rheinriesling Grüner Veltliner
LOTHRINGER KÄSEKUCHEN (Quiche Lorraine), **LAUCHTORTE,** **ZWIEBELTORTE**	trockene, aromatische Weißweine (Qu, Kab)	Muskateller Müller-Thurgau Sauvignon blanc Scheurebe Traminer Huxelrebe Morio-Muskat
KÄSESPÄTZLE, **KÄSENUDELN,** **KÄSEAUFLAUF**	● kräftige Roséweine	Rosé Weißherbst Süßdruck Schilcher
	● kräftige Weißweine (Qu, Kab)	Ruländer Weißer Burgunder Chardonnay
TEIGBLÄTTER MIT SAUCEN (Basilikum u. a.)	kräftige Weißweine (Qu, Kab)	Ruländer Weißer Burgunder
SCHINKENFLECKERL, **SCHINKENSPÄTZLE**	mittelschwere, kräftige Rotweine (Qu, Kab)	Blaufränkisch/Lemberger Zweigelt Blauburger Merlot
CANNELLONI, LASAGNE, **TORTELLINI**	mittelschwere, reife Rotweine (Qu, Kab)	St. Laurent Zweigelt Blaufränkisch/Lemberger Schwarzriesling Dornfelder

Speisen	Empfehlung	zum Beispiel:
PIZZA ● Napoletana	Roséweine	Rosé Weißherbst Süßdruck
● Margherita	leichte, trockene Weißweine (Qu)	Grüner Veltliner Müller-Thurgau Welschriesling Gutedel
● Romana	Roséweine	Rosé Weißherbst Süßdruck
FISCH **FISCH** gekocht oder gedämpft (Forelle blau, Heilbutt, Scholle u. a.)	trockene Weißweine (Qu, Kab)	Riesling Kerner Welschriesling Grüner Veltliner Gutedel Müller-Thurgau Faberrebe
FISCH gebraten oder gebacken (gebackene Karpfen, Zander, Lachsforelle u. a.)	trockene, kräftige Weißweine (Kab, trockene Spl)	Weißer Burgunder Chardonnay Grüner Veltliner
FISCH in leichten, hellen Saucen	trockene bis halbtrockene Weißweine (Qu, Kab, Spl)	Riesling Kerner Welschriesling Grüner Veltliner Silvaner Müller-Thurgau
FISCH in schweren Cremesaucen	trockene, extraktreiche, kräftige Weißweine (trockene Spl)	Weißer Burgunder Chardonnay Ruländer
FISCH in Rotweinsauce	Rotwein aus der Saucenherstellung	
LACHS (warm)	Roséweine bester Qualität	Weißherbst Rosé

Speisen	Empfehlung	zum Beispiel:
AAL ● grün	● trockene, bukettintensive Weißweine (Qu, Kab)	Traminer/Gewürztraminer Scheurebe Muskateller Morio-Muskat
	● kräftige Roséweine	Weißherbst Rosé
● gebacken oder Ragout	leichte Rotweine (Qu, Kab)	Blauer Portugieser Trollinger Gamay
● geräuchert	trockene, kräftige Weißweine (trockene Spl)	Grüner Veltliner Weißer Burgunder Chardonnay Riesling Kerner
GEMÜSE **SPARGEL** mit und ohne Sauce hollandaise oder mit Senfsauce	zartblumige oder leicht aromatische Weißweine (Qu, Kab)	Sauvignon blanc Weißer Burgunder Silvaner Müller-Thurgau
BLUMENKOHL, SPINAT, SCHWARZWURZELN etc.	leichte, süffige Rotweine (Qu)	Blauer Portugieser Trollinger Gamay
AUBERGINEN	Roséweine	Rosé Weißherbst Süßdruck
KARTOFFELN (Knödel etc.), **KOHL, BOHNEN** usw.	eher kräftige Rotweine (Qu)	Zweigelt Blaufränkisch/Lemberger Schwarzriesling Dornfelder
KARTOFFELBLINIS	● trockene, kräftige Weißweine (Qu, Kab)	Weißer Burgunder
	● Schaumwein	Sekt extra brut
HERINGS-, GEFLÜGEL- UND MUSCHELSALAT mit und ohne Mayonnaise	trockene, würzige Weißweine (Qu)	Müller-Thurgau Sauvignon blanc Muskateller Silvaner
FLEISCH-, PILZ- UND KÄSESALAT mit und ohne Mayonnaise	● leichte Rotweine (Qu)	Blauer Portugieser Trollinger Gamay
	● Roséweine	Rosé Weißherbst Süßdruck

Speisen	Empfehlung	zum Beispiel:
PILZE (als Hauptgericht)	kräftige Rotweine (Qu, Kab)	Blaufränkisch/Lemberger Zweigelt Blauer Burgunder/Spätburgunder Blauburger St. Laurent Dornfelder
GEFLÜGEL **GEFLÜGEL** (Hähnchen, Poularde) gekocht oder in heller Sauce	trockene Weißweine (Qu, Kab)	Grüner Veltliner Riesling Kerner Scheurebe Müller-Thurgau
GEFLÜGEL (Hähnchen, Poularde) gegrillt, gebacken, gebraten	● milde Weißweine (Kab, Spl)	Silvaner Neuburger Weißer Burgunder (halbtrocken) Chardonnay (halbtrocken)
	● Roséweine	Weißherbst Rosé Süßdruck
	● eventuell leichte Rotweine (Qu, Kab)	Blauer Portugieser Trollinger Gamay Goron
SCHWERES BRATGEFLÜGEL (Gans, Ente, Truthahn)	kräftigere Rotweine (Qu, Kab)	Blauer Burgunder/Spätburgunder Blaufränkisch/Lemberger St. Laurent Zweigelt
INNEREIEN **LEICHTE INNEREIEN** (Bries, Hirn)	leichte Weißweine (Qu, Kab)	Grüner Veltliner (trocken) Riesling (trocken oder halbtrocken) Kerner (trocken oder halbtrocken) Welschriesling (trocken) Silvaner (trocken oder halbtrocken)
SCHWERE INNEREIEN (Herz, Kutteln, Leber, Nieren, Zunge)	leichte bis mittelschwere Rotweine (Qu, Kab)	Blauer Portugieser Trollinger Gamay Schwarzriesling Blaufränkisch/Lemberger Merlot

Speisen	Empfehlung	zum Beispiel:
FLEISCH **KALB-, SCHWEINE- UND LAMMFLEISCH** ● **gekocht** (auch Ragout u. a.)	mittelschwere, eher milde Weißweine (Qu bis Spl)	Grüner Veltliner Gutedel Riesling (halbtrocken) Kerner (halbtrocken) Neuburger Silvaner Scheurebe
● **gebraten, gegrillt, gebacken** (Wiener Schnitzel aus Kalbfleisch u. a.)	● trockene, gehaltvolle Weißweine (Kab, trockene Spl)	Grüner Veltliner (Spl) Riesling (Spl) Weißer Burgunder Chardonnay Ruländer Silvaner (Spl)
	● eventuell Roséweine oder leichte Rotweine (Qu, Kab)	Weißherbst Blauer Portugieser Trollinger
● **Kassler**	● mittelschwere, halbtrockene Weißweine (Qu, Kab)	Ruländer Gewürztraminer Scheurebe Grüner Veltliner
	● eventuell Roséweine oder leichte Rotweine (Qu, Kab)	Weißherbst Blauer Portugieser Trollinger Schwarzriesling
● **Faschiertes Schweinefleisch** (Saumeisen u. a.)	mittelschwere, eher rassige Weißweine (Qu, Kab)	Grüner Veltliner Welschriesling Kerner Faberrebe
RINDFLEISCH ● **gekocht** (Bein- und Siedfleisch, Irish Stew u. a.)	● mittelschwere, milde Rotweine (Qu, Kab)	Blaufränkisch/Lemberger Zweigelt Merlot Schwarzriesling Blauburger
	● trockene, kräftige Weißweine (Spl)	Weißer Burgunder (Spl) Ruländer (Spl)
● **gebraten, gegrillt, geschmort** und **Steaks** (Châteaubriand, Entrecôte u. a.)	kräftige, vollmundige Rotweine (Qu bis Spl – auch im Barrique ausgebaut)	Cabernet Blauer Burgunder/Spätburgunder St. Laurent Zweigelt Dôle Cuvée

Speisen	Empfehlung	zum Beispiel:
● **Rindsfilet** (Lungenbraten)	kräftige, gereifte Rotweine (Qu bis Spl – ältere Jahrgänge oder im Barrique ausgebaut)	Cabernet Blauer Burgunder/Spätburgunder St. Laurent Dôle Cuvée
● **Rindsschmorbraten**	mittelschwere, einfache Rotweine (Qu, Kab)	Blaufränkisch/Lemberger Zweigelt Schwarzriesling Blauburger
GRILLSPIESSE	mittelschwere, süffige Rotweine (Qu, Kab)	Blaufränkisch/Lemberger Zweigelt Merlot Schwarzriesling
GESCHNETZELTES	● leichtere, milde Rotweine (Qu, Kab)	Blauer Portugieser Trollinger Gamay
	● Roséweine	Rosé Weißherbst
FONDUE BOURGUIGNONNE	kräftige Rotweine (Qu bis Spl)	Blauer Burgunder/ Spätburgunder (Spl) Zweigelt St. Laurent Dornfelder Dôle
STARK GEWÜRZTES FLEISCH (Pfeffersteak, Paprikaschnitzel u. a.)	schwere, extraktreiche Rotweine (Qu bis Spl – auch im Barrique ausgebaut)	Cabernet Blauer Burgunder/Spätburgunder Zweigelt (Barrique) St. Laurent (Barrique)
SCHINKEN gekocht	würzige Weißweine (Qu, Kab)	Müller-Thurgau Sauvignon blanc Muskateller Scheurebe Morio-Muskat Traminer
SCHINKEN in der Teigkruste	trockene Weißweine (Qu, Kab)	Weißer Burgunder Silvaner Grüner Veltliner
BÜNDNER TROCKENFLEISCH	kräftige Rotweine (Qu, Kab)	Dôle Blauer Burgunder/Spätburgunder St. Laurent Dornfelder

Speisen	Empfehlung	zum Beispiel:
ROASTBEEF	● mittelschwere Rotweine (Qu, Kab)	Zweigelt Blaufränkisch/Lemberger Blauburger
	● Roséweine	Weißherbst Rosé
ZUNGE gekocht oder gepöckelt	leichte Rotweine (Qu, Kab)	Blauer Portugieser Gamay Trollinger
WILD UND WILDGEFLÜGEL **WILD** (Reh, Hirsch, Wildschwein, Hase etc.)	schwere, extraktreiche Rotweine (Qu bis Spl – ältere Jahrgänge oder im Barrique ausgebaut)	Cabernet Cuvée Blauer Burgunder/Spätburgunder Zweigelt (Barrique) St. Laurent (Barrique) Blaufränkisch/Lemberger (Barrique) Syrah
abgehangenes **WILDGEFLÜGEL** (Fasan, Wildente etc.)	reife, extraktreiche Rotweine (Qu bis Spl – ältere Jahrgänge oder im Barrique ausgebaut)	Cabernet Blauer Burgunder/Spätburgunder Zweigelt (Barrique) St. Laurent (Barrique) Syrah
nicht abgehangenes **WILDGEFLÜGEL** (Rebhuhn, Wachtel, Schnepfe, Taube etc.)	● mittelschwere, elegante Rotweine (Qu bis Spl)	Blaufränkisch/Lemberger Schwarzriesling Trollinger Zweigelt Gamay Merlot
	● trockene, kräftige Weißweine (Spl)	Ruländer Weißer Burgunder
KALTE FLEISCHSPEISEN **WURSTWAREN, FLEISCHAUFSCHNITT, TATAR**	● einfache, trockene bis halbtrockene Weißweine (Tafelwein, Qu)	Müller-Thurgau Silvaner Gutedel
	● einfache Rotweine (Tafelwein, Qu)	Blauer Portugieser Trollinger Gamay Goron
KALBS-, SCHWEINSKOPFSÜLZE	einfache, trockene Weißweine (Tafelwein, Qu)	Gutedel Müller-Thurgau Grüner Veltliner Silvaner Traminer

Speisen	Empfehlung	zum Beispiel:
ROASTBEEF	kräftigere Rotweine (Qu, Kab)	Blauer Burgunder/Spätburgunder Blaufränkisch/Lemberger Dôle Dornfelder Blauburger
HAUSMANNSKOST, GROBE FLEISCHGERICHTE **AUFSCHNITT**	● einfache weiße, junge Schank- bzw. Tafelweine	Grüner Veltliner Müller-Thurgau Gutedel
	● Roséweine	Schilcher Weißherbst Rosé
SCHLACHTPLATTE, WÜRSTE (Blut- und Leberwurst)	● Bier	
	● einfache weiße oder rote Schank- bzw. Tafelweine	Grüner Veltliner Müller-Thurgau Gutedel Blauer Portugieser Trollinger
HAUSMANNSKOST (Bohnen mit Speck, Eintopf, Siedfleisch mit Sauerkraut u. a.), **BRETTLJAUSE**	● Bier	
	● einfache weiße Schank- bzw. Tafelweine	Grüner Veltliner Müller-Thurgau Gutedel
	● Roséweine	Schilcher Weißherbst Rosé
SÜLZE	● einfache, aber kräftige Weißweine	Grüner Veltliner Weißer Burgunder
	● Roséweine	Schilcher Rosé
KÄSE **HARTKÄSE** (Bergkäse, Emmentaler, Gruyère, Parmesan, Cheddar u. a.)	trockene, fruchtige Weißweine (Qu, Kab)	Riesling Grüner Veltliner Gutedel Welschriesling
SCHNITTKÄSE (Butterkäse, Edamer, Gouda, Tilsiter, Appenzeller, Tomme de Savoie u. a.)	trockene, körperreiche Weißweine (Qu, Kab)	Grüner Veltliner Weißer Burgunder Chardonnay Gutedel Silvaner

Speisen	Empfehlung	zum Beispiel:
WEISSSCHIMMELKÄSE (Brie, Camembert, Gaperon)	volle, reife Rotweine (Qu, Kab)	Blauer Burgunder/Spätburgunder Blaufränkisch/Lemberger St. Laurent Dôle Dornfelder
ROTSCHMIERKÄSE (Limburger, Münster, Romadur, Reblochon, Mondseer, Maroilles, Vacherin u. a.)	● kräftige, nicht zu elegante Weißweine (Qu bis Spl)	Grüner Veltliner Müller-Thurgau Gutedel Silvaner Weißer Burgunder
	● mittelschwere bis kräftige Rotweine (Qu bis Spl)	Blaufränkisch/Lemberger Zweigelt Dôle Schwarzriesling Cuvée
EDELPILZ- ODER BLAUSCHIMMELKÄSE (Gorgonzola, Roquefort, Stilton, Fourme d'Ambert, Bleukäse u. a.)	● edelsüße Weißweine (Al bis Tba)	Traminer/Gewürztraminer Scheurebe Zierfandler/Rotgipfler
	● Portwein	
	● eventuell extraktreiche Rotweine (Spl)	Blauer Burgunder/Spätburgunder Blaufränkisch/Lemberger Dornfelder
ZIEGEN- UND SCHAFKÄSE	trockene, leicht aromatische Weißweine (Qu bis Spl)	Muskateller Müller-Thurgau Scheurebe Huxelrebe Bacchus
FRISCH- UND SAUERMILCHKÄSE (Brimsen, Gervais, Topfen, Cottage Cheese u. a.)	● Roséweine mit leichtem Restzucker (Tafelwein, Qu)	Rosé (halbtrocken) Weißherbst (halbtrocken)
	● Weißweine mit leichtem Restzucker (Tafelwein, Qu, halbtrocken)	Grüner Veltliner Weißer Burgunder Silvaner Ruländer Gutedel
SCHMELZ- UND STREICHKÄSE	● leichte, trockene Weißweine (Tafelwein, Qu)	Grüner Veltliner Müller-Thurgau Gutedel Welschriesling
	● Roséweine (Tafelwein, Qu)	Weißherbst Rosé
HEISSE KÄSEGERICHTE (Fondue, Raclette, Käseaufläufe u. a.)	trockene, fruchtige Weißweine (Qu, Kab)	Gutedel/Fendant Grüner Veltliner Riesling Welschriesling Silvaner

Speisen	Empfehlung	zum Beispiel:
NACHSPEISEN (DESSERTS)	● halbtrockener Sekt	
	● natursüße Weißweine (Al)	Traminer Scheurebe Weißer Burgunder Morio-Muskat Zierfandler/Rotgipfler
	● süße Likörweine	
NACHSPEISEN aus Schokolade oder mit Zitronenfrüchten	● Eiswein	
	● süße, aufgespritete Likörweine	süßer Sherry (Medium Sherry, Cream-Sherry) Moscatel de Setubal (Portugal) Liqueur Muscat
Weinempfehlungen zu einigen Nachspeisen: Apfelstrudel, Apfeltorte, Kaiserschmarren, Powidltascherl, Milchrahmstrudel, Omeletten, Palatschinken (Pfannkuchen)	niedrige Prädikatsweine von Müller-Thurgau, Weißem Burgunder, Ruländer, Neuburger, Muskat-Ottonel, Zierfandler/Rotgipfler (Spl oder Al – alle mit Restzucker)	
Dampfnudeln (Buchteln), Salzburger Nockerl, Dalken, Schlosserbuben	Ausbruchweine und Trockenbeerenauslesen	
Sachertorte, Schokoladepalatschinken	alkoholreiche, süße Weine, z. B. Traminer (Ba und Ab) oder süße aufgespritete Weine (Medium Sherry, Moscatel de Setubal)	
Nachspeisen (Kuchen) auf Nuß- oder Fruchtbasis	Prädikatsweine von Traminer, Scheurebe, Morio-Muskat, Muskat-Ottonel, Zierfandler/Rotgipfler (alle mit Restsüße) oder aufgespritete Süßweine (Portwein, Madeira, Amontillado)	
Lebkuchen, Rahmkuchen	Traminer (mit Restsüße)	
Malakofftorte, Mohntorte etc.	hohe Prädikatsweine von Müller-Thurgau, Weißem Burgunder, Ruländer, Neuburger (Ba, Ew, Ab, Tba)	
Topfenpalatschinken, Palatschinken mit Cremefüllung	Muskateller (mit Restsüße), Ausleseweine	
Topfensoufflé auf Früchtemark	niedrige Prädikatsweine von Müller-Thurgau, Weißem Burgunder, Ruländer (Spl)	
Cremes, Soufflés	milde Weißweine wie Silvaner, Neuburger, Gutedel, halbtrockener Riesling oder Sekt	
Früchtedesserts	aromatische Weißweine wie Muskateller, Müller-Thurgau, Scheurebe	
Desserts auf Obstbasis und Früchtejoghurt	Auslesen und Beerenauslesen (Traminer) oder Cream Sherry	
Apfelspalten mit Zimt und Zucker	Gewürztraminer (Spl), Scheurebe (Spl) (falls überhaupt Wein)	

Speisen	Empfehlung
Crêpe Suzette flambiert	Auslesen bis Beerenauslesen und Strohwein
Baiser	Beeren- und Trockenbeerenauslesen, Strohwein, Ausbruch
Tiramisu	Spätlesen und halbsüßer Sekt
Eisparfait	halbsüßer Sekt
OBST	vollmundige Weine von hoher Qualität (falls überhaupt Wein)
Weinempfehlungen zu einigen Obstarten: Obstsalat	nicht zu trockener Sekt
Melonen	● Portwein ● trockene Weißweine
Trauben	natursüße Weine (Dessertweine)
Bananen	● natursüße Weine (Dessertweine) ● süße Likörweine
Feigen	frische, leichte Rotweine
Äpfel, Birnen	alle Weine, vor allem Rotweine
Pfirsiche, Aprikosen	● volle, milde Weißweine ● bukettreiche Rotweine
Ananas, Erdbeeren, Himbeeren, Heidelbeeren, Zitrusfrüchte (Orangen, Mandarinen, Grapefruits)	kein Wein!

Fachausdrücke

A

abbeeren: (entrappen, rebeln): Das Trennen der Beeren von den Stielen mit Hilfe einer Maschine mit einem rotierenden Schlagwerk vor dem Mahlen und Pressen des Traubengutes.

Abgang: Eindruck, den der Wein beim und nach dem Schlucken hinterläßt (Nachgeschmack). Ein nachhaltiger, langer Abgang ist immer ein gutes Qualitätsmerkmal des Weines und weist auf einen hohen Extraktgehalt hin. In der Weinansprache wird der Abgang auch »Schwanz«, »Schweif« oder »Persistenz« genannt.

abgebaut: Der Wein hat den Höhepunkt seiner Entwicklung bereits überschritten und durch Alterung an Qualität eingebüßt.

abgerundet: Ein harmonischer und ausgeglichener Wein.

Abstich (Abzug): Das Trennen des Weines von seinem Geläger (siehe dort) bei gleichzeitigem Umfüllen von einem Behälter (Faß, Tank) in einen anderen.

Acetaldehyd (Äthanal): Nebenprodukt der Gärung und Vorstufe des Alkohols (Ethanol). Siehe auch im Kapitel »Weinfehler«.

adstringierend: Das zusammenziehende Gefühl am Gaumen durch den Gerbstoffgehalt im (Rot-) Wein.

Affinität: Bezeichnung in der Rebenzüchtung zur Verträglichkeit von Edelreis (einjähriges Rebholz mit einem Auge) und Unterlagsrebe (Amerikanerrebe).

Alkohol: Darunter versteht man in erster Linie Ethanol (Äthanol, Äthylalkohol, Weingeist), aber darüber hinaus noch eine Reihe weiterer Alkohole, die im Wein vorhanden sind (Sammelbegriff); z. B. Methanol (Methylalkohol, Holzgeist), Glycerin und höhere Alkohole (Fuselöle). Letztere sind zusammen mit den biogenen Aminen (z. B. Histamin) für den wenig geschätzten »Kater« nach einem größeren Weinkonsum verantwortlich.

Weine aus den nördlichen Klimazonen haben im allgemeinen einen Alkoholgehalt von 8,5–13 %vol. Durchgegorene Weine weisen vergleichsweise einen höheren Alkoholgehalt auf als solche mit Restzucker. Daher haben oft Beerenauslesen oder Trockenbeerenauslesen nur 8–10 %vol Alkohol.

Hinsichtlich des ***Alkoholgehaltes*** unterscheidet man:

leicht	8–11 %vol Alkohol
mittelschwer	11–13 %vol Alkohol
schwer	mehr als 13 %vol Alkohol

Bei einer Weinanalyse ist zu unterscheiden zwischen:

- ***tatsächlichem*** Alkoholgehalt: der effektiv vorhandene, analytisch nachweisbare Alkohol;
- ***potentiellem*** (möglichem) Alkoholgehalt: Dieser wird aus dem im Wein noch vorhandenen, unvergorenen Restzucker errechnet.
- ***Gesamt-***Alkoholgehalt: Dieser ist die Summe aus tatsächlichem und potentiellem Alkoholgehalt.

Etwa 8 Gramm Alkohol pro Liter entsprechen 1 %vol = 1 Grad Alkohol

alkoholarmer Wein: Das ist ein alkoholreduzierter Wein mit einer Alkoholhöchstgrenze von meist 5 %vol.

alt: Reifebezeichnung beim Wein, die den Beginn des Qualitätsabbaues anzeigt.

Alterung: Grundsätzlich wird jeder Wein bei einer richtigen Lagerung mit zunehmender Reife etwas besser. Dazu muß allerdings ganz allgemein gesagt werden, daß etwa zwei Drittel aller einfachen Weißweine ihre höchste Qualität bereits in ihrem ersten Lebensjahr erreichen. Dann erhöhen sie kaum noch ihre Qualität. Etwa ab dem dritten Lebensjahr verlieren sie vielfach ihre Frische und Fruchtigkeit. Die große Masse der weißen Konsumweine sollte daher in der Regel am besten im Alter von ein bis zwei Jahren getrunken werden. Selbstverständlich gibt es verschiedene Weinsorten (z. B. Weißer Riesling, Weißer Burgunder, Traminer, Rotgipfler, Zierfandler, Chardonnay usw.), die ihre höchste Qualität (Reifehöhepunkt) erst im Alter von drei bis sechs Jahren erreichen.

Rotweine eignen sich normalerweise beser für eine Lagerung als Weißweine. Die Reifespanne bei Rotweinen dürfte, ganz allgemein gesprochen, etwa zwischen drei und sechs Jahren liegen. Rotweine mit einem hohen Gerbstoff(Tannin)gehalt (z. B. Blauer Burgunder, Cabernet, St. Laurent) lassen sich am besten im »Kindergarten-Alter«, also zwischen zwei und fünf Jahren, trinken.

Sehr gute Weinjahre, in welchen die Trauben die Möglichkeit hatten, ihre Vollreife zu erreichen, lassen die Lebensdauer eines Weines oftmals wesentlich länger werden. Bei herausragenden (außergewöhnlichen) Jahrgängen kann sich die Überlebenszeit eines hochwertigen Weines vielleicht sogar verdoppeln, bevor sein Qualitätsabfall mehr oder weniger rasch einsetzt (siehe auch unter Reife).

Altl: In Österreich üblicher Ausdruck für einen mehr oder weniger starken Alterston.

Ammostatura: Ein Verfahren bei der Weinbereitung, das aus der Zugabe von unzerquetschten Traubenbeeren während des Gärungsprozesses besteht. Man bezweckt damit die Intensivierung von Fruchtaromen und eine Begrenzung des Tanningehaltes.

Ampelographie: Rebsortenkunde, also das Unterscheiden und Beschreiben der Reben- und Traubensorten.

anregend: Bezeichnung für einen Wein mit Säure und Frische (Kohlensäure).

anreichern: Dem Most werden vor der Gärung Zucker und/oder inländischer Traubendicksaft zugesetzt, um einen höheren Alkoholgehalt zu erhalten.

Aräometer: Senkwaage zur Bestimmung des spezifischen Gewichtes von Flüssigkeiten. Diese wird zum Messen des Zuckergehaltes im Most (siehe unter Mostgewicht) sowie des Alkoholgehaltes und des Extraktes des Weines verwendet.

Aroma: Dieses wird scheinbar durch den Geschmackssinn bemerkt, in Wirklichkeit aber beim Ausatmen durch die Nase wahrgenommen. Es ist ein Teil des Buketts, das Duft und Aroma umfaßt. Häufig bezeichnet dieser Begriff aber den Geruch des Weins ganz allgemein.

Aromastoffe: Der Wein beinhaltet Hunderte von organischen Aromastoffen in kleinen und kleinsten Mengen. Insgesamt enthält ein Liter Wein zwischen 0,8–1,2 Gramm Aromastoffe. Erst mit dem Aufkommen der Gas-Chromatographie konnte man den Großteil davon sicher trennen und analysieren. Im Traubenmost kann man die dort noch chemisch gebundenen Aromastoffe weder geruchlich noch geschmacklich ausmachen. Erst mit der Gärung setzt die Aromatisierung ein, wobei sich das typische Sortenaroma entwickelt. Dabei werden zahlreiche Monoterpene freigesetzt, von denen bis heute etwa 50 im Wein festgestellt wurden (Geraniol, Citronellal, Linalool u. a.). Sie bringen eine Fülle von Aromanoten in das Bukett eines ausgereiften Weines, an Hand derer die verwendeten Rebsorten identifiziert werden können.

Nach dem Abfüllen des Weines in Flaschen erfolgen weitere chemische Umsetzungen, wobei das sortentypische Bukett nach und nach verschwindet. Auch Frische und Fruchtigkeit gehen verloren, weil sich der Essigsäureester langsam zersetzt. Durch die Zersetzung von Carotinen (Vorstufe von Vitamin A) entsteht im alternden Wein eine völlig neue Geschmackskomponente. Dabei bilden sich Spurenelemente (z. B. Damaszenon und Trimethyl-Dihydronaphtalin/TDN), die dem Bukett des Weines eine gewisse Petroleumnote verleihen. Der TDN-Gehalt eines Weines, der anfänglich so klein ist, daß er vernachlässigbar ist, steigt beispielsweise innerhalb von 16 Jahren auf das Zwanzigfache an. Außerdem nimmt ein alternder Wein einen süßeren Geschmack an, weil stark süß schmeckende Furane entstehen, die das Aroma mit einer karamelartigen Komponente versehen.

aromatisierte Weine: Weine, die mit verschiedenen Gewürzen und Kräutern versetzt worden sind (z. B. Wermut).

artbestimmende Faktoren: Die Art des Weines ist abhängig von direkt wirkenden Faktoren, wie Rebsorte, Lage (Riede), Boden, Jahrgang, Art und Reife des Traubengutes, Klima und Kleinklima (Mikroklima), Düngung, Rebstockabstand, Zeilenbreite, Rebschnitt, Ausbau, Lagerung u. a.

Assemblage: Verschnitt von Trauben oder Weinen des gleichen Ursprunges und der gleichen Appellation vor der Gärung bzw. dem Ausbau im Faß. Angestrebt wird damit eine bestimmte Standardqualität.

aufbessern: Österreichische Bezeichnung für anreichern (siehe dort).

aufgespritet, gespritet: Weine, deren Alkoholgehalt durch Zusatz von reinem Branntwein, Weingeist oder ähnlichen Alkoholika künstlich erhöht wurde.

Auge: Synonym zur Knospe beim Weinstock.

ausbauen: Damit bezeichnet man alle Vorgänge, die aus dem Most bzw. Jungwein einen stabilen, trinkbaren Wein machen, also die Behandlung des Weines nach Beendigung der Gärung bis zur Flaschenabfüllung. Die wichtigsten Behandlungsmaßnahmen sind: Abziehen, Schwefeln, Klärung (Filtrieren), Schönung. Ein »ausgebauter« Wein ist ein gut entwickelter, fertiger, trinkbarer Wein.

Ausbruch: Österreichische Bezeichnung für einen Prädikatswein, der ausschließlich aus edelfaulen, überreifen und eingetrockneten Beeren hergestellt wird und ein Mindestmostgewicht von 27° KMW (138° Oe) aufweisen muß.

ausdruckslos: leer, gehaltlos, inhaltslos

ausdünnen: Entfernen der Zwitterblüten bzw. Traubenansätze nach der Blüte des Rebstockes (siehe auch im Kapitel »Weinbau«, Seite 60).

ausgewogen: harmonisch (siehe dort)

ausg'steckt: In Österreich die Anzeige des Weinausschankes.

Auslesetyp: Ausdruck für Prädikatsweine von der

Qualitätsstufe Spätlese aufwärts mit mehr oder weniger starken Merkmalen der Überreife.

Ausstich: Österreichische Bezeichnung für einen qualitativ hochwertigen Wein. Der Name stammt aus dem Brauch, daß ein Kellermeister in größeren Betrieben sein bestes Faß jedes Jahr »heraussticht« (auswählt).

B

Bakterieller Äpfelsäureabbau: siehe Biologischer Säureabbau.

Balance: Geschmackseindruck für das bestehende Gleichgewicht der wichtigsten Inhaltsstoffe Säure, Süße, Frucht, Tannin, Extrakt, Alkohol in der Gesamtbeurteilung.

Barrique: Ein Eichenfaß mit einem Fassungsvermögen von 225 Litern.

Behang: Bezeichnung für den Traubenansatz am Rebstock.

Bereich: Zusammenfassung mehrerer Lagen, aus denen Weine gleichartiger Geschmacksrichtung hergestellt werden und die in nahe beieinander liegenden Gemeinden eines Anbaugebietes gelegen sind.

Biologischer Säureabbau: Auch als »Bakterieller Äpfelsäureabbau«, »Malolaktische Gärung« oder als »Äpfel-Milchsäure-Gärung« bezeichnet, ist eine vom Winzer geduldete oder bewußt herbeigeführte Fermentation des Weines im Faß oder im Tank, die besonders bei Rotweinen und vereinzelt auch bei säurebetonten Weißweinen als eine der Entsäuerungsmöglichkeiten beim Wein angewendet wird. Bei dieser ein hohes kellertechnisches Geschick und Wissen erfordernden gewollten Fermentation des Weines wird die auf der menschlichen Zunge spitz-sauer wirkende Äpfelsäure im wesentlichen in die weit milder wirkende Milchsäure umgewandelt. Ein unkontrollierter oder nicht vermiedener übermäßiger biologischer Säureabbau ist als Weinkrankheit (»Säuresturz«) einzustufen. Ebenso gibt es einen biologischen Säureabbau auf der Flasche mit nachträglichen Auswirkungen auf die Weinqualität verbunden (insbesondere Trübung, linder Geschmack neben viel Kohlensäure). Siehe auch im Kapitel »Weinbereitung und Kellerwirtschaft«, Seite 83f.

bissig: Bezeichnung für einen Wein mit einer einseitig starken und aggressiv wirkenden Säure.

bitter: Ein herber Geschmack beim Wein, der meist auf einen übermäßigen Gerbstoffgehalt zurückzuführen ist. Vorsicht: Rotweine mit einem natürlich hohen Anteil an Gerbstoff (Tannin) schmecken adstringierend, aber nicht bitter.

Bitterl: In Österreich wird ein zart-bitterer Geschmack beim Wein, der als angenehm empfunden wird, gerne als »Bitterl« bezeichnet.

Bitzler: In Deutschland gebräuchliche Bezeichnung für einen in Gärung befindlichen Most, der stark mit Kohlensäure angereichert ist (siehe auch Brauser, Sauser und Sturm).

Blume: Der Duft der leichtflüchtigen Bestandteile des Weines, die durch die Nase wahrgenommen werden: Der Begriff wird häufig als Synonym für das Bukett verwendet.

blumig: Ein Wein mit herausragender Duftnote.

Böckser: Mehr oder weniger penetranter Geruch des Weines nach faulen Eiern (Schwefelwasserstoff und Merkaptane). Siehe auch im Kapitel »Weinbereitung und Kellerwirtschaft«, Seite 105.

Bodengeschmack: Erdgeschmack (Mineralien); oft typisch für bestimmte Bereiche bzw. Rieden. Z. B. Schieferböden an der Mosel. Er ändert sich bei der Lagerung.

Bodensatz: Das durch Trubteilchen gebildete Depot am Flaschenboden bei Rotweinen.

Botrytis cinerea (Grauschimmel): Ein Befall der Beeren durch bestimmte Pilze, der bei sehr feucht-warmer Witterung auftritt. Tritt dieser Pilz vorzeitig auf, wenn also die Beeren noch unreif sind, kann es dabei zur sogenannten Stiel- bzw. Sauerfäule kommen. Sind hingegen die Beeren bereits vollreif, kommt es zu dem vom Winzer gewünschten Botrytisbefall. Dabei perforieren die nadelförmigen Schlauchspitzen des Pilzes die Beerenhaut und dringen in das Fruchtfleisch ein, wodurch das in reifen Beeren enthaltene Wasser durch die porös gewordene Beerenhaut stark verdunstet und der Zuckergehalt in den rosinenartig eingeschrumpften Beeren bis zu 40% und mehr ansteigen kann. Ein solcher Zustand wird Edelfäule genannt. Der aus solchen edelfaulen Trauben gewonnene Wein weist den vielfach begehrten, typischen Botrytis-Duft und das Botrytis-Aroma auf (Rosinenton) und kommt unter der Bezeichnung Beeren- oder Trockenbeerenauslese in den Handel.

Brache: Die Zeitspanne, in der ein Weingarten nicht mit Reben bepflanzt ist.

brandig: Geschmacksfehler bei meist stark aufgebesserten, dünnen Weinen mit zu hohen Alkoholgehalt, die oft bitter oder unangenehm (brennend) empfunden werden.

Braunwerden: Gilt als Weinfehler und entsteht, wenn ein Wein zu stark oxydiert, das heißt, wenn zuviel Luftsauerstoff zum Wein hinzutritt und der Wein nicht oder zuwenig geschwefelt wird.

breit: Ein schwerer, wuchtiger, plumper Wein ohne besondere Feinheiten; meist mit zu wenig Säuregehalt versehen.

brut: herb (besonders trocken – Bezeichnung bei Schaumweinen)

Bukett: Summe jener Stoffe, die dem Wein sein typisches, arteigenes Geruchsbild geben. Es wird wahrgenommen durch den Duft beim Einatmen und durch das Aroma beim Ausatmen. Beide Wahrnehmungen zusammen bilden erst das Bukett des Weines.

Butte: Ein am Rücken zu tragendes, meist aus Kunststoff gefertigtes Gefäß, das bei der Traubenernte verwendet wird, und etwa 30–40 kg Weintrauben faßt.

C

Cassis: Ein an schwarze Johannisbeeren erinnernder Geruchs- und Geschmackston, der vor allem beim Cabernet Sauvignon auftritt.

Caudalis: Ein Maßbegriff für die Dauer des Nachgeschmacks beim Wein am Gaumen (Abgang).

chambrieren: Wenn der Wein langsam auf Zimmertemperatur gebracht wird, bezeichnet man diesen Vorgang als chambrieren (siehe auch im Kapitel »Umgang mit Wein«, Seite 248).

Chaptalisierung: Zusatz von Zucker zum Traubengut.

Charakter: Summe aller positiven Geruchs- und Geschmackseigenschaften; stellt das deutlich erkennbare Bild eines Weines dar.

Claret (Clairet, Clairette): Ein aus Rotweintrauben gekelterter Rotwein mit Weißweinfarbe.

Coupage: Eine besonders bei der Sekterzeugung verwendete Bezeichnung für den Verschnitt von mehreren Weinen, um eine bestimmte Geschmacksrichtung zu erzielen.

Cuvée: Eine Mischung (Verschnitt) von Weinen oder Mosten verschiedenere Sorten, Lagen oder Jahrgänge zur Verfeinerung der Qualität.

D

degorgieren: Entfernen des Hefedepots aus dem Flaschenhals bei der Sekterzeugung (siehe auch im Kapitel »Weinbereitung und Kellerwirtschaft«).

dekantieren: Vorsichtiges Umgießen eines Weines (meist Rotwein) in eine Karaffe, um ihn vom Depot (Gerb- und Farbstoffe, Weinstein usw.) zu trennen.

Depot: Durch Ausscheiden von Gerbstoffen, Farbstoffen und eventuell Weinstein bildet sich während der Lagerung bei den Flaschenweinen, besonders bei den Rotweinen, ein mehr oder minder starker Bodensatz (Niederschlag), der durch Dekantieren vom klaren Wein getrennt wird.

Diabetikerwein: Wein mit einem Restzuckergehalt von höchstens 4 g/l (siehe auch unter trocken).

dicht: Die Konzentration von Duft- und Aromastoffen beim Wein.

dick: Bezeichnung für einen körper- und extraktreichen Wein, der durch zuviel Restzucker und zu geringe Säure plump wirkt.

Direktträger: siehe Hybride

Doppler: Umgangssprachlicher Ausdruck für Wein in einer 2-Liter-Flasche.

Dosage: Zugabe einer Wein-Zucker-Lösung bei der Sektherstellung nach dem Degorgieren, um den gewünschten Süßegrad zu erreichen.

duftig: Angenehmer, feiner, leichter Duft beim Wein.

Düngung: Anreicherung des Bodens durch Nährstoffe mineralischer (Kunstdüngung) und organischer Art (Gründüngung, Stallmist, Kompost, Trester). Spitzenbetriebe führen heute meist nur mehr eine organische Düngung durch.

dünn: extrakt- und alkoholarm, vielleicht sogar wäßrig

durchgären: Die Gärung wird so lange ingangegehalten, bis der im Most enthaltene Zucker fast zur Gänze in Alkohol umgewandelt ist. Durchgegorene Weine werden als trocken (siehe dort) bezeichnet.

Auch völlig durchgegorene Weine enthalten noch einen minimalen Restzuckergehalt von vielleicht 0,5 g/l.

durchrieseln: siehe unter verrieseln

E

echt: Bezeichnung für einen nach Herkunft, Sorte und Jahrgang typischen Wein.

eckig: Bezeichnung für einen Wein, bei dem in größerem Ausmaß die Ausgewogenheit fehlt und einzelne Geschmackskomponenten wie Säure, Gerbstoff, Alkohol u. a. besonders stark hervortreten.

edel: Prädikat zur Charakterisierung eines Spitzenweines, das leider viel zu oft gebraucht wird.

Edelfäule: siehe unter Botrytis cinerea (Grauschimmel)

edelfirnig: Ein noch positiver Geschmackseindruck bei einem alten Wein; der Gegensatz dazu ist firnig (siehe dort).

ehrlich: Meist eine Bezeichnung für einen einfachen, umkomplizierten und solide ausgebauten Wein.

Eiswein: Dieser wird aus dem Most gefrorener Trauben gewonnen. Bei der Kelterung der zu kleinen Eiskugeln erstarrten, hochreifen Beeren bleibt mit den Schalen und Kernen auch der größte Teil des gefrorenen Fruchtwassers in der Presse zurück. Somit wird also nur ein hochwertiges Konzentrat vergoren, was eine Spezialität von höchster Delikatesse und Raffinesse ergibt. Ein Eiswein braucht eine gewisse Reifezeit, damit er sich entsprechend harmonisieren kann. Er verfügt immer über eine charakteristisch hohe Säure und weist daher im Geschmack einen eleganten »Eiston« auf, der aber mitunter auch als brennend oder stechend empfunden werden kann.

elegant: Ausdruck für einen in Säure, Alkohol und Bukett besonders harmonisch abgestimmten Wein.

entalkoholisierter Wein: Ein Wein mit höchstens 0,5 %vol oder noch weniger Alkoholgehalt.

entrappen: In Deutschland und in der Schweiz übliche Bezeichnung für rebbeln (abbeeren).

Entsäuerung: In Jahren mit überdurchschnittlich hohen Säuregehalten der Trauben kann eine Verringerung der Säure im Wein durch kellertechnische Maßnahmen vorteilhaft sein. Solche Entsäuerungsverfahren sind: Biologischer Säureabbau (Reduzierung der Äpfelsäure) – Zusatz von kohlensaurem Kalk (Reduzierung der Weinsäure) – Doppelsalzentsäuerung (Reduzierung der Äpfel- und Weinsäure) – Erweiterte Doppelsalzentsäuerung (Reduzierung der Äpfel- und Weinsäure). (Siehe auch im Kapitel »Weinbereitung und Kellerwirtschaft«.)

entschleimen: Bezeichnung für das Absetzenlassen des Mostes.

entwickelt: Kennzeichen beim Reifestadium für einen trinkfertigen Wein.

Enzyme: siehe Fermentation

Erdgeschmack: siehe Bodengeschmack

erdig: Charakterisiert den Bodengeschmack (Mineralien) eines Weines, z. B. Feuersteinton bestimmter Kieselerden.

Ertrag: Darunter versteht man die Erntemenge der ausgepflanzten Rebstöcke im Weingarten, die in Liter oder Kilogramm pro Hektar berechnet wird (Ernte : Fläche = ha-Ertrag). Durch Ertragsbeschränkung mitels kurzem Rebschnitt oder Ausschneiden von noch unreifen Trauben vermag man unter anderem die Qualität des Weines entscheidend zu verbessern.

Erziehungsform: Darunter versteht man die Art des vorgenommenen Rebschnittes und die Form der Befestigung des Rebstockes und seiner Triebe an einem Stock oder Drahtrahmen in bestimmten Abständen (Zeilenbreite, Stockabstand und Stämmchenhöhe), um die beste Traubenreife zu erreichen (Pfahl- oder Stockkultur, Hochkultur etc.).

Essigstich: Dieser ist eine Weinkrankheit; bei Vorhandensein von zu viel Essigsäure wird der Wein ungenießbar. Der Essigstich entsteht durch Bakterien, die durch die sogenannte Essigfliege übertragen werden.

Ethanol (Äthanol, Äthylalkohol, Weingeist): Alkohol, der bei der Vergärung des Trauben- und Fruchtzuckers mit Hilfe von Hefen entsteht.

Extrakt: Summe all jener Substanzen, die gelöst im Wein vorkommen und beim Verdampfen (Destillation) zurückbleiben, wie Restzucker, nichtflüchtige Säuren, Farb- und Gerbstoffe, Glycerin, Stickstoffverbindungen und Mineralstoffe. Der Gehalt dieser Substanzen bestimmt, ob der Wein als extraktreich (vollmundig, voll, körperreich) oder als extraktarm (dünn, flach, kurz) erscheint. Je höher der Extraktgehalt, desto gehaltvoller, vollmundiger und körperreicher ist der Wein.

Für den Extraktgehalt sind besonders die Niederschlagsmenge während der Vegetationsperiode sowie die klimatischen Bedingungen, die den Reben eine ausreichend lange Zeit zum Ansammeln von Mineralstoffen und Säuren lassen, von wesentlicher Bedeutung.

Da die Hauptbestandteile dieser Extraktstoffe der im Wein verbliebene Restzucker und die Säuren sind, ist der »zucker- und säurefreie Extrakt« (also die Summe der nach Abzug des Restzuckers und der nichtflüchtigen Säuren verbleibenden Extraktreste) eine etwas bessere Vergleichsmöglichkeit, um die »innere Qualität« des Weines beurteilen zu können.

Mit hochsensiblen Geräten (z. B. Gas-Chromatographie) kann man heute über 500 Bestandteile des Weines analysieren, die über Qualität, Duft, Farbe, Haltbarkeit und vieles mehr entscheiden.

Extraktgehalt (zucker- und säurefrei):

extraktarm	11–15 Gramm/Liter

mittlerer Extraktgehalt 15–22 Gramm/Liter
extraktreich von 22 Gramm/Liter aufwärts

extra trocken: Weine mit höchstens 4 g/l Restzucker.

F

fad (schal, abgestanden): Bezeichnung für einen säurearmen, ausdruckslosen und leblosen Wein ohne Geschmack.

Faßgeschmack: Geschmack nach einem unreinen Faß. Bei verschimmelten Fässern Schimmelgeschmack; bei neuen Fässern Holzgeschmack, der dadurch entsteht, daß bei einer längeren Lagerung der natürliche Gerbstoff des Eichenholzes durch den Wein ausgelaugt wird. Der Fachmann bezeichnet dies als »Neuerl«.

fechsen (Fechsung): Österreichische Bezeichnung für ernten (Ernte, Lese).

Federweißer: Ein Most, der in der Gärung bereits langsam abklingt und bei dem die Süße des Mostes schon weitgehend verschwunden ist. Vorstadium: Bitzler oder Brauser (Deutschland), Sturm (Österreich), Sauser (Schweiz); Nachstadium: Jungwein.

Fehler: Weinfehler entstehen durch chemische und physikalische Vorgänge und äußern sich durch einen unerwünschten und gleichzeitig unangenehmen Geruch und Geschmack des Weines (siehe auch im Kapitel »Weinfehler«).

fein: Häufig verwendeter Ausdruck für harmonische, elegante Weine.

Fermentation: Beim Gärprozeß werden die biochemischen Reaktionen durch Fermente (Enzyme) bewirkt und gesteuert. Diese Fermente sind kompliziert aufgebaute Eiweißstoffe, die größtenteils von den Hefen erzeugt werden. Durch Zusatz solcher Enzyme wird die Maische besser aufgeschlossen, und wertvolle Stoffe aus den Trauben, die sonst in den Trestern blieben, gelangen in den Most. Eine solche Enzymbehandlung nennt man Fermentierung der Maische.

fest: Bezeichnung für einen gut ausgewogenen Säuregehalt des Weines.

Feuersteinton: Eine typische Aromanote für einen Wein, der an den Geruch vom Zünden mit einem Feuerstein erinnert. Oft zu finden bei Chardonnay-, Chablis- und Sancerre-Weinen.

feurig: Meist auf Rotweine bezogene Bezeichnung für einen kräftigen Wein mit höherem Alkoholgehalt.

Filtration: Trennen der ungelösten Stoffe (Trubstoffe, Hefen etc.) vom Wein auf physikalischem Wege (Filteranlagen).

Finesse: Bezeichnung für ein nuancenreiches, raffiniertes Geruchs- und Geschmacksbild bei edlen, hochwertigen Weinen.

firnig: Ausdruck für ein bemerkbares Oxydationsbukett (Alterston) bei alten Weinen. Erinnert in Geruch und Geschmack oft an frisches Brot.

flach: Nichtssagend, ohne Geschmack und Charakter. Es fehlt meist ein entsprechender Säuregehalt.

Flächenmaße im Weinbau: 1 Hektar (ha) = 100 Ar (a) = 10.000 Quadratmeter (m^2), 1 Joch = 5.755 m^2, 1 Tagwerk = 360 m^2, 1 Metzen = 1/3 Joch = 1.918 m^2, 1 Strich = 1/2 Joch = 2.877 m^2, 1 Viertel (Weingarten) = 2.877 m^2

Flaschen: Die am häufigsten verbreiteten Flaschenformen sind die ***Schlegelflasche*** (schlank, hoch, mit langem Hals), die ***Bordeauxflasche*** (walzenförmig, mit kurz abgesetztem Hals), die ***Burgunderflasche*** (bauchig, gedrungen, mit ewas längerem Hals), der ***Bocksbeutel*** (flachbauchig, kugelförmig, des ***Stifterl*** (kleines Fläschchen mit nur 0,375 l Inhalt).

Flaschen-Übergrößen:
Magnum = 2 Flaschen (1,5 l)
Jeroboam (Doppel-Magnum) = 4 Flaschen (3 l)
Rehoboam = 6 Flaschen (4,5 l)
Methusalem = 8 Flaschen (6 l)
Salmanazar = 12 Flaschen (9 l)
Balthazar = 16 Flaschen (12 l)
Nebuchadnezzar = 20 Flaschen (15 l)

fleischig: Bezeichnung für einen gehaltvollen, substanzreichen Wein; gewissermaßen ein »Wein zum Beißen«.

flüchtig (ätherisch): Die im Wein vorhandenen Duftstoffe sind nur kurze Zeit wahrnehmbar und nicht anhaltend.

Foxton (Fuchsgeschmack): Ein sehr eigentümlicher erdbeer- bis himbeerartiger Geruch und Geschmack bei Hybriden (Kreuzung zwischen europäischen und amerikanischen Rebsorten – siehe unter Hybride).

frisch: jung, spritzig und meist etwas säurebetont

fruchtig: Ein Wein, der den typischen Geruch oder Geschmack nach frischen Trauben oder auch nach Obst besitzt.

Fructose: Fruchtzucker (siehe unter Zucker).

Fuder: Wagenladung, aber auch Hohlmaß für Wein (an der Mosel: 1.000 l)

füllig: extrakt- und alkoholreich

Fungizide: Pflanzenschutzmittel zur Bekämpfung von Pilzkrankheiten

G

Gärung: Darunter versteht man die Umwandlung des im Most der Trauben vorhandenen Zuckers in Ethanol und Kohlendioxyd. Ganz allgemein kann man sagen, daß aus zwei Teilen Zucker im Most ein Teil Alkohol und ein Teil Kohlendioxyd entsteht. Aus 100 g Zucker gewinnt man in der Praxis 47 g Alkohol und fast ebensoviel Kohlendioxyd; der verbleibende Rest von 6 g Zucker wird zum Aufbau von Hefen, Glycerin und anderen Stoffwechselprodukten verwendet. Bei der Vergärung kann es außerdem zu Alkoholverlusten kommen (siehe auch im Kapitel »Weinbereitung und Kellerwirtschaft«, Seite 71).

gebrochen: Begriff für einen fehlerhaften, trüben Wein. Es gibt einen weißen, schwarzen und braunen Bruch (siehe im Kapitel »Weinfehler«).

gefällig: sauber, harmonisch, meist kleineres Geschmacksbild

gehaltvoll: siehe Extrakt

Geiztriebe (Irxentriebe): Im Spätsommer wachsende Nebentriebe der Rebe, die sich im allgemeinen schwach entwickeln – bei einigen Rebsorten auch Trauben tragen – und im Winter absterben, ohne verholzt zu sein.

gekühlte Gärung: Wenn die Vergärung unter 20° Celsius erfolgt, so werden die flüchtigen Bukettstoffe besser erhalten, die Weine werden fruchtiger und bleiben frischer, weil sich die Kohlensäure bei der tieferen Temperatur besser mit dem Wein bindet und auch langsamer entweicht. Auch der Weinstein fällt besser aus, so daß sich eine spätere Kältebehandlung meist erübrigt, und außerdem klärt sich der Wein besser.

Geläger: Wenn sich nach der Gärung die festen Stoffe (Trub) am Gehälterboden absetzen, so wird dieses Ablagern Geläger genannt.

gemischter Satz: Anbau von zwei oder mehreren Rebsorten in einem Weingarten, deren Trauben zusammen gelesen und gekeltert werden.

Geranienton: Unangenehmer Geruch und Geschmack nach Geranien durch den Abbau von Sorbinsäure durch Milchsäurebakterien.

Gerbstoffe (Tannin): Darunter versteht man jene Substanzen beim Most und Wein, die einen herben und zusammenziehenden (adstringierenden) Geschmack vermitteln und die vor allem in den Kämmen (Stengeln), Schalen (Hülsen) und Kernen der Beeren vorkommen.
Beim Rotwein gilt der Gerbstoff (siehe unter Tannin) in dosierter Menge als charakteristisches Geschmackselement und verbessert außerdem seine Lagerfähigkeit. Deshalb wird bei der Gärung der Maische Gerbstoff gemeinsam mit dem Farbstoff aus der Beerenhaut ausgelaugt. Während Weißwein nur 0,1 bis 0,3 g Gerbstoff pro Liter aufweist, liegt der Gerbstoffwert bei Rotweinen 3- bis 5fach höher. Beim Barrique-Ausbau werden die Weine nach der Gärung in neuen, kleinen Eichenholzfässern längere Zeit gelagert, wobei aus dem Holz noch zusätzlich Gerbstoffe in den Wein übernommen werden. Bei langer Lagerung verringert sich jedoch der Gerbstoffgehalt.

gerbstoffreich: Hoher Gehalt an herbschmeckenden, gerbenden Stoffen.

gerebelt: Ausdruck für das Lösen der Beeren vom Stielgerüst der Traube, damit der Gerbstoff der Stiele nicht den Geschmack des Weines beeinträchtigt.

Geruch: Begriff, der die direkt durch die Nase wahrgenommenen Merkmale bezeichnet (Unterschied zum Aroma, siehe dort).

Geschein: Rebblüte

geschliffen: Reintöniger Wein mit rassiger Säure und noblem, harmonischem Geschmacksbild.

Geschmack: bezeichnet die Gesamtheit aller im Mund wahrgenommenen Merkmale

Geschmacksstoffe: Darunter versteht man alle Inhaltsstoffe des Weines, die im Munde wahrgenommen werden (Restzucker, Säuren, Gerbstoffe, Extraktstoffe, Alkohol, Schwefelige Säure u. a.).

geschmeidig: Ein angenehmer, glatter, harmonischer Wein mit wohlausgewogenem Säure- und Alkoholgehalt.

gespritet: siehe aufgespritet

Gleichgepreßter: Roséwein, Clairet

Glucose: Traubenzucker (siehe unter Zucker)

Goudron: Französisches Wort für Teer. Man kennzeichnet damit ein eigenartiges, vielschichtiges, etwas an Teer erinnerndes Bukett bei ganz bestimmten Rotweinen (z. B. Barolo).

grasig: Geschmack nach grünen Pflanzen bzw. Duft nach Heu und Kräutern. Tritt bei Weinen aus unreifem Traubengut oder bei zu starkem Auspressen oder bei bestimmten Rebsorten auf.

groß: Bezeichnung für einen Wein von erlesener Spitzenqualität.

G'spritzer: In Deutschland Schorle genannt. Gemisch von Weiß- oder Rotwein mit Mineral- oder Sodawasser im Verhältnis 1:1

H

halbtrocken: Als solche gelten Weine, deren Restzuckergehalt die für »trocken« (siehe dort) festgelegten Höchstwerte übersteigt,
höchstens 12 g/l beträgt bzw.
höchstens 18 g/l erreichen darf, wenn der (in g/l Weinsäure ausgedrückte) Gesamtsäuregehalt höchstens 10 g/l niedriger ist als der Restzuckergehalt (Formel: Säure + 10 bis zur Höchstgrenze 18).

harmonisch: Alle Geschmacksanteile des Weines wie Süße, Säure, Gerbstoff, Alkohol etc. sind entsprechend der Sorte in optimaler Weise aufeinander abgestimmt.

hart: Ein unangenehmer Geschmack, hervorgerufen durch einen zu hohen Säuregehalt infolge Verarbeitung von unreifem Traubengut.

Hauer: siehe Weinhauer

Hefen: Sie befinden sich als sogenannte wilde Hefen auf den Beerenhäuten bzw. werden dem Most vor der Gärung als Reinzuchthefen zugesetzt. Die Hefen sind für die Gärung des Mostes verantwortlich und wandeln den im Most enthaltenen Zucker in Alkohol und Kohlensäure um (siehe auch im Kapitel »Weinbereitung und Kellerwirtschaft«, Seite 72).

Hektar (ha): Flächenmaß: 1 ha = 100 a = 10.000 m^2

Hektoliter (hl): Hohlraummaß: 1 hl = 100 l, 1 Liter = 1.000 cm^3

herb: Ein meist trockener (durchgegorener) Wein mit einem höheren Gerbstoffgehalt, der rauh und zusammenziehend schmeckt; dieser Begriff ist nicht mit sauer gleichzusetzen. In der Gastronomie werden mit herb fälschlicherweise auch säurebetonte Weine mit wenig Restzucker bezeichnet.

Herbizide: Chemische Unkrautbekämpfungsmittel; man unterscheidet im Weinbau zwischen Bodenherbiziden und Blattherbiziden.

Herkunft: Eine geographische Angabe, die sich auf eine ganze Provinz, Region, ein Land oder einen Erdteil bezieht (z. B. österreichischer Weißwein).

herzhaft: Die Duft- bzw. Geschmacksstoffe (besonders die Säuren) treten kräftig, aber nicht unangenehm hervor.

Heuriger: Ein im österreichischen Weingesetz festgelegter Begriff für einen Wein, der nur aus inländischen Trauben hergestellt wurde und bis spätestens 31. Dezember des auf die Ernte folgenden Jahres verkauft werden darf.

hochfarbig: Eine intensive Färbung des Weines (von dunkelgelb bis bräunlich), hervorgerufen durch Mängel bei der Weinbereitung oder durch eine sehr lange Lagerung.

Hochkultur: Eine in Österreich übliche Bezeichnung für die Erziehungsart der Rebstöcke nach Lenz Moser (siehe auch im Kapitel »Weinbau«).

Hohlmaße: 1 Hektoliter (hl) = 100 l, 1 Liter (1) = 10 dl, 1 Deziliter (dl) = 10 cl, 1 Zentiliter (cl) = 100 ml (Milliliter)

hübsch: Angenehmer und gefälliger Geruchs- und Geschmackseindruck bei mittleren bis kleinen Weinqualitäten.

Hybride: Ein Kreuzungsprodukt zwischen amerikanischen Unterlagsreben und europäischen Pfropfreben, die mit dem Ziel gezüchtet wurden, die Resistenzfähigkeit der amerikanischen Reben gegen Pilzkrankheiten und Reblausbefall auf die europäischen Rebsorten zu übertragen. Dieses Ziel wurde nicht erreicht. Pflanzenschutzmaßnahmen sind bei Hybriden in der Regel nicht notwendig. Hybride liefern minderwertige Weine (siehe auch unter Foxton).

Hybridisation: Bezeichnung für eine spontane Kreuzung der Reben.

J

jung: Bewertungsmerkmal für das tatsächliche Alter oder aber für die geschmackliche Frische des Weines.

Jungfernlese: Der erste Traubenertrag in einem neu angelegten Weingarten, meist im dritten Jahr nach der Auspflanzung der Rebstöcke.

Jungfernwein: Der erste Wein, der aus den Trauben eines neu angelegten Weingartens gekeltert wurde. Meist ist der Ertrag dabei niedrig, weshalb solche Weine vielfach von hoher Qualität sind.

Jungwein: Ein Wein, bei dem die Hauptgärung zwar schon beendet ist, der aber noch nicht von der Hefe getrennt wurde und bereits beginnt, sich zu klären.

K

kahmig: Alkoholarme und junge Weine mit hohem Eiweißgehalt, die längere Zeit mit Luft in Kontakt kommen, bilden Sproßpilze (Kahmhefen), die zu einer weißen bis grauen Haut auf der Weinoberfläche führen. Solche Weine bekommen einen fehlerhaften Geschmack.

Kämme (Rappen): Darunter versteht man die gerbstoffreichen Stiele der Trauben, an denen die Trauben hängen.

karamelisiert: Typischer Geruchs- und Geschmackston nach gebranntem Zucker.

Kelter(n): Vorrichtung (Traubenpresse) zum Auspressen des Saftes aus den Trauben.

kernig: Bezeichnung für einen kräftigen, nervigen, säurebetonten, extraktreichen Wein, der besonders im Abgang besticht.

Klärung: Beseitigung von Trübungen im Wein mittels Filtration und/oder Schönung.

klein: Bezeichnung für einen Wein, der nicht nur alkoholleicht wirkt, sondern auch dünn und anspruchslos ist. Er stammt meist aus einem schlechten Jahrgang oder aber aus Massenerträgen eines Weingartens (Quantität vor Qualität).

Kleinklima: Ein besonders durch höhere Temperatur und Luftfeuchtigkeit hervorgerufenes Klimaverhältnis eines innerhalb einer Großklimazone eng begrenzten Raumes, das durch verschiedene Faktoren (Bodenwärmespeicherung, Nähe eines Flusses oder Waldes, warme Südhänge des Weingartens, enger Stand der ausgepflanzten Rebstöcke, bestimmte Erziehungsform etc.) entsteht und bei dem bestimmte Assimilationsvorgänge der Rebe beschleunigt oder gefördert werden.

Klon: Unter Klon versteht man die durch vegetative Vermehrung entstandene Nachkommenschaft einer ausgewählten Einzelpflanze. Der Vermehrung des Klons muß eine Selektion des Mutterstockes (Auslesezüchtung) vorausgehen.

Klonenzüchtung (Klonenselektion): Um besonders gute Rebstöcke und deren Eigenschaften weiter zu erhalten oder um überhaupt eine Leistungssteigerung bei den Kulturreben zu erreichen, wird Klonenzüchtung betrieben. Das ist ein vieljähriger, mühevoller Prozeß, der am Beispiel der in der Weinbauschule Höhere Bundeslehranstalt und Bundesamt für Wein- und Obstbau, Klosterneuburg (Götzhof), praktizierten Klonenzüchtung im folgenden dargestellt werden soll:

1. bis 5. Jahr: Auswahl von ca. 100 Einzelstöcken einer Qualitätsweinsorte aus etwa 10.000 Stöcken in allen Weinbaugebieten. Wichtige Auswahlkriterien: Sortentypus, Gesundheit, Qualitätsmerkmale.

5. bis 7. Jahr: Prüfung auf viröse und bakterielle Krankheiten, Vermehrung (Rebschule).

7. Jahr: Pflanzung der »Ersten Vermehrung« der 100 Klone mit je 10 Stock.

7. bis 10. Jahr: Beobachtungen im Jungfeld (Wuchs und Gesundheit).

10. bis 14. Jahr: Erhebung der Erntedaten (Menge, Mostgewicht, Mostsäure, pH-Wert).

12. bis 14. Jahr: Weinausbau der bis dahin interessantesten 20 bis 30 Klone (Kleingebinde), sensorische und analytische Prüfung der Weine.

15. Jahr: Auswahl der 10 besten Klone, Vermehrung (Rebschule).

16. bis 18. Jahr: Pflanzung der »Zweiten Vermehrung« und der Anlagen zur »Gebietsprüfung« mit je 5 x 10 Stöcken je Klon und Standort.

19. Jahr: Pflanzung der »Affinitätsprüfung« (Eignung verschiedener Unterlagen).

20. bis 25. Jahr: Erhebung der Reifeverlaufskurven und der Erntedaten. Weinausbau der Klone im Kleingebinde, sensorische und analytische Prüfung der Produktqualität. Verrechnung der Ergebnisse, **Freigabe der besten Klone.**

ab 26. Jahr: Vermehrung zur Pflanzung von »Basisanlagen« zur Edelreisgewinnung.

ab 30. Jahr: Abgabe von Edelreisern in größeren Mengen zur Anlage von Produktionsanlagen.

Klosterneuburger Mostwaage: siehe unter Mostgewicht

Kochgeschmack: Geschmacksnote nach Bratäpfeln, oft bei pasteurisierten Weinen.

Kohlensäure: Diese entsteht in größeren Mengen bei der Gärung. Bei einer modernen Kellertechnik wird die Kohlensäure abgesaugt; immerhin entstehen volumensmäßig bei der Verarbeitung von einem Hektoliter Most etwa 40 Hektoliter Kohlendioxyd. Ein kleiner Rest an Kohlensäure, der nach der Gärung im Wein verbleibt, ist meist erwünscht und sorgt für einen frischen, belebenden Weingeschmack. So können sich beispielsweise junge Weißweine mit einem Kohlensäuregehalt von 1 g/l als recht spritzig präsentieren. Bei Rotweinen allerdings sollte der Kohlensäureanteil den Wert von 0,6 g/ l nicht übersteigen.

Kordonerziehung: Erziehungsform der Hochkultur (siehe im Kapitel »Weinbau«, Seite 46).

Korkgeschmack: Ein unangenehmer Fremdgeschmack eines Weines, der einen kranken Korken hat. Ein allfällig vorhandener Korkgeschmack darf dabei nicht mit einem Alterston beim Wein verwechselt werden (siehe auch im Kapitel »Weinfehler«).

kräftig: extrakt- und alkoholreich

koscherer Wein: Ein solcher Wein darf vom Pressen der Trauben bis zur Flaschenfüllung nur von Juden nach bestimmten Vorschriften für die Lese, Weinbereitung und Lagerung hergestellt werden. Ein Nicht-Jude kann dabei nur genaue Anweisungen geben, darf aber bei der Herstellung mit dem Wein nicht in Berührung kommen. Erst wenn der Wein auf mindestens 80° Celsius erhitzt worden ist, darf er von einem Nicht-Juden berührt bzw. verkostet werden.

Kreuzung: Darunter versteht man die künstliche Befruchtung einer Muttersortenblüte mit Pollen einer beliebigen Vatersorte.

Kreuzungszüchtung: Aufgabe der Kreuzungszüchtung ist die Schaffung neuer Rebsorten mit wertvollen weinbaulichen, kellerwirtschaftlichen und qualitativen Eigenschaften. Hauptziel dabei ist heute vielfach die Entwicklung von Rebsorten mit wesentlich geringerer Anfälligkeit gegenüber pilzlichen und anderen Schadenerregern. Schema einer Kreuzungszüchtung am Beispiel der in der Weinbauschule Höhere Bundeslehranstalt und Bundesamt für Wein- und Obstbau, Klosterneuburg (Götzhof), erfolgten Rebenzüchtung:

1. Jahr: **Kreuzung**

Vatersorte ↓ Pollen → Bestäubung

Muttersorte
Kastrieren der Blütchen
Bestäubung
Ernte der Kerne

2. Jahr: **Anbau** – **Keimung** – **Topfen** – **Selektion**

Wuchsstärke
Gesundheit
Resistenz

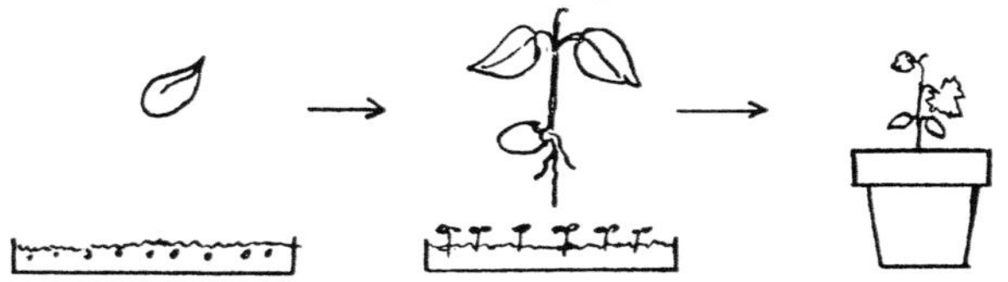

Anzahl: 200.000 — ~100.000 — ~50.000

3. Jahr: Wurzelechte Pflanzung im Sämlingsquartier

3. bis 6. Jahr: Beobachtung der Sämlingspopulation

Wuchs/Gesundheit — Fruchtbarkeit

Ernteparameter
- Trauben/Trieb
- Traubengröße
- Beerengeschmack
- Reifezeitpunkt

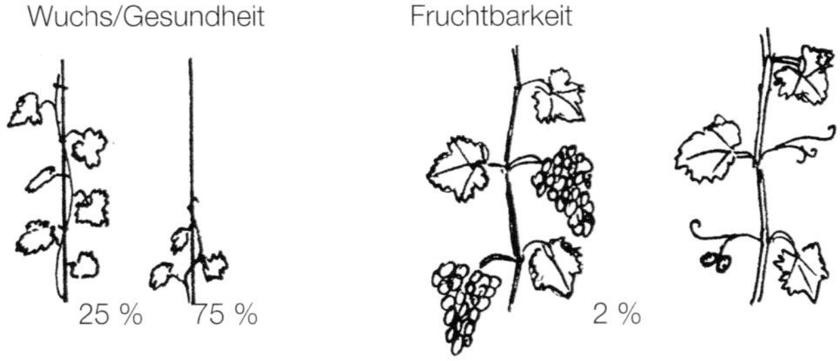

25 % — 75 % — 2 % — 98 %

7. Jahr: Auswahl der Eliten zur »Ersten Vermehrung«, Vermehrung, Veredlung, Rebschule

8. bis 11 Jahr: Weinbergsmäßige Pflanzung: ca. 1.000 Sorten mit je 10 Stock (ohne Wiederholung), Beobachtungen im Jungfeld

11. bis 15 Jahr: Erfassung der Ertragsparameter

kg, °KMW, ‰Sr. — Weinausbau im Kleingebinde (ca. 15 Liter) — sensorische und analytische Prüfung

16. Jahr: Auswahl der Eliten zur »Zweiten Vermehrung«: ca. 30 Sorten

ab 16. Jahr: Vermehrung zur Anlage der Blockanlagen zur »Zweiten Vermehrung« (Zuchtstandort), »Gebietsprüfung« und zur Prüfung der Unterlagenaffinität.
Erfassung der weinbaulichen Eignung durch Versuche zu den Fragen Pflanzweite, Erziehungsform, Schnittstärke, Pflanzenschutz, Grünarbeit, Ausdünnung, Reifeverlauf, Erntezeitpunkt.
ab 19. Jahr: Weinausbau aus der »Zweiten Vermehrung« und der »Gebietsprüfung«, anfangs nur im Kleingebinde, später auch in »normalen« Mengen
Önologische Versuche zur sortenspezifischen Optimierung von Maischebehandlung, Gärführung und Weinausbau, analytische und sensorische Erfassung der Produktqualitäten
ab 25. Jahr: Auswahl einer neuen Sorte zur Freigabe
Erfassung der Konsumentenreaktion, Namensgebung, Einleitung der gesetzlichen Verfahren zu:
- Klassifizierung (Zulassung zum Anbau),
- Aufnahme in die Qualitätsweinrebsortenliste,
- Sortenschutz.

Etwa ab dem 30. Jahr: Pflanzung der Produktionsanlagen
Etwa ab dem 35. Jahr: Markteinführung in nennenswerter Menge
Etwa ab dem 40. Jahr kann die Akzeptanz einer neuen Sorte durch Produzenten und vor allem Konsumenten endgültig beurteilt werden.

kurz: Bezeichnung für einen Wein ohne bemerkbaren Abgang und ohne jeden nachhaltigen Geschmackseindruck.

L

Lage (Ried): Eine bestimmte Rebfläche, von der der Wein ausschließlich stammen muß. Eine weitläufige Lage, die entweder ein Gemeindegebiet umfaßt oder auch darüber hinausreicht, nennt man Großlage.

Lagerbukett (Sekundärbukett): Bei der Lagerung von Wein bilden sich bei gewissen, meist länger gelagerten Weinen neue charakteristische Geruchs- und Geschmackstoffe, die als Lager- bzw. Sekundärbukett bezeichnet werden.

lagerfähig: Wahrscheinliche Haltbarkeit des Weines in der Flasche, beginnend mit dem ersten Lebensjahr. Die Haltbarkeit ist auch sehr vom Erntejahr abhängig. Sehr gute und ausgezeichnete Weinjahre können die Lagerfähigkeit eines Weines mitunter beträchtlich erhöhen (siehe auch im Kapitel »Umgang mit Wein«, Seite 267).

lebendig: Bezeichnung für einen meist jugendlichen Wein mit fruchtiger Säure, eventuell auch mit etwas Kohlensäure.

leer: dünn und ausdruckslos

leicht: alkoholarm (siehe unter Alkohol)

Lese: Traubenernte

lieblich: Ein milder, zarter Wein mit einem Restzuckergehalt, der die für »halbtrocken« (siehe dort) festgelegten Werte übersteigt, aber höchstens 45 g/l erreicht.

lüften: Verbindung des Weines mit Luft durch Dekantieren oder durch Öffnen der Flasche, um den Wein schneller trinkfähig zu machen.

Luftgeschmack: siehe unter oxydiert

Lyraerziehung: Diese ist eine spezielle Art einer Hochqualitätserziehung. Bei dieser Rebenerziehung wird jeder Rebstock an zwei Holzpfosten, die V-förmig aus dem Boden ragen, angebunden. Dadurch kommt es zu einer besseren Sonnenbestrahlung sowie Durchlüftung und damit zu einer wesentlichen Qualitätsverbesserung der Trauben, weil die Reben mit ihren Blättern und Beeren stärker zum Licht und zur Sonne hin geöffnet werden. Der Name Lyra leitet sich von einem Saiteninstrument der alten Griechen ab (siehe auch im Kapitel »Weinbau«, Seite 47).

M

maderisiert: Ein durch Oxydation dunkel gefärbter Weißwein, der im Geschmack an einen Madeira oder Sherry erinnert.

mager: Meist kleinere, aus hohen Mengenerträgen in den Weingärten erzielte Weine, die im Geruch und Geschmack ausdruckslos sind.

Maische: Saft und Schalen zerquetschter (gemahlener) Weinbeeren vor dem Keltern (Pressen).

Maischegärung: Gärung des zwar gerebelten, aber gesamten Lesegutes (mit Beerenhäuten, Kernen, eventuell auch Kämmen) und Abpressen der Maische nach erfolgter Gärung (siehe auch im Kapitel »Weinbereitung und Kellerwirtschaft«, Seite 75).

Maischestandzeit: Ein heißumstrittenes Thema bei den Winzern. Das Stehenlassen der Maische soll die in den Beerenhäuten enthaltenen Aromastoffe besser auslaugen und Extrakt- und Mineralstoffe extrahieren. Gleichzeitig kommt es auch zu einem Abbau von Pektinen, wodurch sich der frei ablaufende Saftanteil erhöht (siehe auch im Kapitel »Weinbereitung und Kellerwirtschaft«).

Malolaktische Gärung: siehe unter Biologischer Säureabbau

Mariage: Ausdruck für eine ideale Übereinstimmung von Wein und Speise.

markant: Bezeichnung für einen kräftigen Wein mit bestimmten typischen Eigenschaften.

Massenträger: Rebsorten, die auf hohe Ernteerträge ausgerichtet sind und mindere Weinqualitäten liefern.

mastig: Weine mit geringer Säure, jedoch mit hohem Alkohol- und Extraktgehalt.

matt: Schaler, müder Geschmack eines Weines ohne jegliche Frische.

Mazeration: Phase der Extraktion von Farbe, Gerbstoff und Aromastoffen während und eventuell auch nach der Maischegärung.

Meßwein: Laut »Codex juris Canonici« (Canon 924, Paragraph 3) heißt es wörtlich: »Vinum debet esse naturale de genimine vitis et non corruptum.« Ein Meßwein muß also naturrein (ohne Aufbesserung und Entsäuerung) und aus Weintrauben gewonnen und darf nicht verdorben sein. Mehr besagt der Ausdruck Meßwein nicht.

Mikroklima: Kleinklima (siehe auch im Kapitel »Weinbau«, Seite 30).

Milchsäurestich (Buttersäurestich): Ein trüber Wein mit sauerkrautähnlichem Geruch und süßsaurem Milchsäuregeschmack. Solche Weine sind meist säurearm und gering geschwefelt (siehe auch im Kapitel »Weinfehler«).

mild: säurearm; ein Wein, zuweilen auch mit einem etwas größeren Restzuckeranteil oder mit relativ wenig Säure.

mineralisch: Charakteristischer Geruchs- und Geschmackston, hervorgerufen durch bestimmte Weinbergsböden.

mittelschwer: siehe unter Alkohol

mollig: Bezeichnung für einfache, jedoch gehaltvolle, vor allem geschmeidige Rotweine.

Mostauslaugung: Der Trockenbeerenmaische wird zur besseren Auslaugung der Beeren frisch gekelterter Traubenmost oder auch ein Wein, der jedoch einer Qualitätsstufe Spätlese entsprechen soll, zugesetzt. Am wirksamsten ist für die Auslaugung ein gärender Most. Durch diesen Zusatz von Most oder Wein wird der in den Trockenbeeren in kristalliner Form vorhandene Zucker besser herausgelöst. Da sich beide nicht leicht mischen, müssen die Trockenbeerenmaische und der Most bzw. Wein lange gerührt werden.

Mostgewicht: Dieses zeigt an, wieviel natürlicher Zucker (Trauben- und Fruchtzucker) im frisch gepreßten Most vor Gärungsbeginn enthalten ist. Die Mostgewichtsbestimmung erfolgt in Österreich nach der Klosterneuburger Mostwaage (KMW), in Deutschland und in der Schweiz nach Öchslegraden (Oe). Sehr grob vereinfacht kann man sagen, daß 5 Öchslegrade 1 KMW-Grad entsprechen*); 1° KMW oder 5° Oe bedeuten nun wiederum, daß in 1 kg Most etwa 1 dag natürlicher Zucker vorhanden ist (100 kg Most enthalten somit 1 kg Zucker).

Die Klosterneuburger Mostwaage (KMW) wurde 1861 von Freiherrn August Wilhelm von Babo konstruiert, der 33 Jahre lang der erste Direktor der Klosterneuburger Fachlehranstalt für Wein- und Obstbau in Österreich war.

Umrechnungstabelle von Klosterneuburger auf Öchslegrade und auf Alkoholgehalt

nach Dr. J. Schneider (Österr. Weinbaukalender) ergänzt von Hofrat Dipl.-Ing. Hans Haushofer im Bereich der Alkoholumrechnung

° KMW	° Oe	Alkohol	
		%vol	g/l
8,0	37,8	4,1	32,4
8,5	40,2	4,4	34,8
9,0	42,7	4,8	37,9
9,5	45,2	5,2	41,1
10,0	47,6	5,6	44,2
10,5	50,1	5,9	46,6
11,0	52,6	6,4	50,6
11,5	55,1	6,7	52,9
12,0	57,7	7,2	56,2
12,5	60,3	7,5	59,2
13,0	62,8	8,0	63,1
13,5	65,3	8,3	65,5
14,0	67,9	8,8	69,5
14,5	70,5	9,2	72,6
15,0	73,1	9,5	75,0
15,5	75,7	10,0	78,9
16,0	78,2	10,3	81,3
16,5	80,9	10,8	85,2
17,0	83,5	11,2	88,4
17,5	86,1	11,6	91,6
18,0	88,8	12,0	94,0
18,5	91,4	12,4	97,4
19,0	94,2	12,8	101,1
19,5	96,8	13,3	105,0
20,0	99,6	13,8	108,9

*) genau gerechnet:
KMW (0,022 x KMW + 4,54) = Öchsle
Beispiel: 20 KMW = 20 (0,022 x 20 + 4,54)
= 20 x 4,98 = 99,6° Öchsle

° KMW	° Oe	Alkohol %vol	Alkohol g/l
20,5	102,3	14,1	111,3
21,0	105,0	14,5	114,5
21,5	107,7	15,0	118,5
22,0	110,5	15,4	121,5
22,5	113,2	15,8	124,7
23,0	116,1	16,3	128,6
23,5	118,8	16,7	131,8
24,0	121,6	17,1	135,0
24,5	124,4	17,6	138,5
25,0	127,3	18,0	142,1
25,5	130,1	18,4	145,2
26,0	132,9	18,9	149,1
26,5	135,8	19,3	152,5
27,0	138,6	19,8	156,2
27,5	141,5	20,3	160,2
28,0	144,3	20,6	162,0
28,5	147,2	21,1	167,0
29,0	150,2	21,5	170,0
29,5	153,1		
30,0	156,0		
30,5	158,9		
31,0	161,9		
31,5	164,8		
32,0	167,8		
32,5	170,8		
33,0	173,8		
33,5	176,8		
34,0	179,8		
34,5	182,8		
35,0	185,9		
35,5	188,9		
36,0	192,0		
36,5	195,0		
37,0	198,1		
37,5	201,2		
38,0	204,3		
38,5	207,4		
39,0	210,5		
39,5	213,7		
40,0	216,6		

Nachdem bei Erreichen eines Alkoholgehaltes über 20/21 %vol die für die Gärung eingesetzten Hefezellen (auch Spezialhefen) absterben, wurde eine weitere Alkoholumrechnung nicht mehr durchgeführt.

mostig: Unreifer, unharmonischer Wein mit deutlichem Mostgeruch und Mostgeschmack (Weinfehler).

moussierend: stark kohlensäurehältig

müde: Bezeichnung für einen gealterten bzw. abgelebten Wein ohne Frische.

muffig: Wein, der nach Schimmel riecht oder schmeckt.

Mutation: Plötzlich auftretende oder gezielt hervorgerufene Veränderungen der Erbanlagen (Gene) eines Rebstockes, wodurch auch seine Nachkommenschaft verändert wird.

N

Nachgärung: Darunter ist ein weiterer (langsamer) Zuckerabbau nach der Hauptgärung, oft auch in der Flasche, und damit eine Erhöhung des Alkoholgehaltes zu verstehen. Erfolgt dabei eine unerwünschte Nachgärung in der Flasche, bedeutet dies im allgemeinen eine Qualitätsverschlechterung des Weines. Eine Nachgärung im Lagerbehälter beim Produzenten kann jedoch durchaus erwünscht sein.

Nachgeschmack: Abgang (siehe dort)

Négociant-Éléveur: Eine aus Frankreich kommende Bezeichnung für einen Weinkaufmann, der Jungweine aufkauft und in seinem eigenen Weinkeller weiter ausbaut.

nervig: Bezeichnung für einen besonders säurebetonten, kräftigen und rassigen Wein.

neutral: harmonisch, jedoch wenig aussagefähig

nobel: elegant, fein

Nouveau: Französische Bezeichnung für einen Wein der letzten Ernte, der sehr früh abgefüllt und verkauft wird (in Frankreich frühestens ab dem ersten Donnerstag nach dem 15. November).

O

Öchslegrade: siehe unter Mostgewicht

Önologie: Wein(bau)kunde

Önothek (Vinothek): Weinsammlung gehobener Qualitäten

Organoleptische Prüfung: Beurteilung eines Weines hinsichtlich seines Aussehens, Geruchs und Geschmacks durch Auge, Nase und Zunge.

oxydativer Ausbau: Die Oxydation des Weines erfolgt durch eine übermäßige Luftzufuhr, besonders bei Lagerung in relativ kleinen Holzfässern. Eine große Rolle spielen dabei komplizierte Veresterungsprozesse sowie die Bildung höherer Alkohole (Aldehyde). Ein oxydativer Ausbau schränkt die Sortencharakteristik eines Weines stark ein, so wie dies übrigens auch bei Botrytis der Fall ist, und läßt den Wein dabei neutraler erscheinen. Typisch oxydativ ausgebaute Weine sind beispielsweise Sherry, Madeira und Portwein. Man füllt beim Ausbau des Weines das Holzfaß nur dreiviertel an, so daß sich in einem Zeitraum von drei bis sechs Monaten auf der Oberfläche des Weines ein leichter Flor bildet, der für die dabei neu hinzukommenden Geschmackskomponenten verantwortlich ist. Voraussetzung für einen oxydativen Weinausbau ist ein absolut sauberes Kellerklima. Im Gegensatz zu den bewußt herbeigeführten oxydativ ausgebauten Weinen stehen die oxydierten Weine, die als fehlerhaft zu beurteilen sind.

oxydiert: Der Begriff wird bei Weinen mit einer veränderten Farbe und Bukett angewendet; diese Veränderungen entstehen durch einen übermäßigen Luftkontakt des Weines (siehe auch im Kapitel »Weinfehler«).

P

panschen: Weinverfälschung durch unerlaubte Wasserzugabe.

pappig: Wein mit übermäßiger (klebrig wirkender) Süße ohne ausreichende Säure.

Perlwein: Ein kohlensäurehaltiger Wein mit einem Überdruck von 1–2,5 bar und einem vorhandenen Alkoholgehalt von mindestens 7%vol, der aus Tafel- oder Qualitätswein hergestellt wird. Die Kohlensäure bei Perlwein entsteht durch eine zweite Gärung, oder sie wird synthetisch erzeugt und zugesetzt.

Petrolton: Weinaroma, das an Mineralöl-Derivate erinnert. Kommt hauptsächlich bei wertvollen Rieslingweinen nach einigen Jahren Lagerung vor und wird von vielen Rieslingkennern durchaus geschätzt (siehe auch unter Aromastoffe).

pfeffrig: Bezeichnung für einen speziellen, würzigen Geschmack. Man findet diesen typischen Geschmackston bei Grünem Veltliner, aber auch bei Rhône- und Portweinen.

pikant: Ein Wein mit einer betont feinen und fruchtigen Säure.

plump: Bezeichnung für einen alkohol- und extraktreichen Wein mit wenig Säure und Charakter, der unharmonisch schmeckt.

Premiumwein: Ein gesetzlich nicht definierter Begriff, der für exklusive, hochwertige Weine mit den besten Eigenschaften aus größeren Jahrgängen Verwendung findet.

Preßmost: Bezeichnung für den bei den ersten Preßvorgängen gewonnenen Most.

Primäraroma: Das durch Rebsorte(n) geprägte Aroma eines Weines.

Primeur: Bezeichnung für einen Wein, der zu einem sehr frühen Zeitpunkt abgefüllt und verkauft wird.

Prix de sortie: Der Preis, zu dem das Weingut den neuen Jahrgang den Händlern anbietet. Zu diesem Preis müssen dann noch Steuern, Transportkosten, Zollabgaben und Händlermarge dazugerechnet werden.

Q

Qualität: Diese hängt beim Wein von einer Vielzahl von Umständen ab, wie z. B. Anbaugebiete, allgemeines Klima und Kleinklima, Rebsorte, Beschaffenheit des Bodens, Lage des Weingartens bzw. Weinberges, Neigungswinkel der Reblage zur Sonnenbestrahlung, Einfluß der Feuchtigkeit durch einen Fluß oder See, Abschirmung der Rebfläche von Nordwinden durch Wälder, Hügel oder Berge, Pflege des Weinstockes, Düngung, Schädlingsbekämpfung, Zeitpunkt der Traubenlese, Kellereimethoden usw.

R

Rahn: gleichbedeutend mit Oxydation; siehe dort

Rappen: Kamm der Trauben

rassig: Wenn auch nicht immer ein herausragender, so doch immer ein harmonischer Wein mit vollem Körper und betonter, fein ausgebildeter Fruchtsäure. Steigerungsform von rassig ist nervig.

rauh: Etwas geringer als kratzig. Ursache dieses Empfindens ist meist ein zu hoher Gerbstoffgehalt.

rebeln: Österreichische Bezeichnung für abbeeren oder entrappen (siehe dort).

Rebschnitt: Beschneiden der Triebe im Frühjahr, um das Wachstum des Rebstocks und seinen Traubenertrag zu beeinflussen. Ein kurzer Rebschnitt wird vor allem von Betrieben durchgeführt, die durch eine freiwillige Ertragsbeschränkung im Weingarten eine Qualitätssteigerung ihrer Weine anstreben.

Rebzüchtung: Man unterscheidet drei verschiedene Formen der Rebzüchtung:
- Auslese-, Selektions- bzw. Klonenzüchtung (siehe unter Klonenzüchtung, Seite 374);
- Mutationszüchtung (sprunghafte Veränderung der Erbmasse einer Rebe und deren getrennte Weitervermehrung);
- Kreuzungszüchtung (siehe Seite 375).

reduktiver Ausbau: Darunter versteht man einen Ausbau des Weines möglichst ohne jeglichen Sauerstoffkontakt. Das wird vor allem durch moderne Drucktanks ermöglicht. Die dabei entstehenden Weine sind durch das Trauben- und Gärbukett geprägt und schmecken besonders fruchtig. Reduktiv ausgebaute Weine werden immer jung in Flaschen gefüllt.

Refraktometer: Ein optisches Meßgerät, mit dem mittels Lichtbrechung der Zuckergehalt im Most bestimmt werden kann.

reich: enthält viel Bukett, Geschmack und Alkohol

reif: voll entwickelt

Reife: Nach der Flaschenabfüllung durchläuft der Wein während seiner Lagerung einen weiteren, allerdings langsameren Reifeprozeß in der Flasche. Schon beim Abfüllen kommt er mit Sauerstoff in Berührung. Auch später, während der Flaschenlagerung, dringt weiterer Sauerstoff durch den Korken ein. Durch diese Sauerstoffeinwirkungen erfolgt eine gewisse Änderung der chemischen Zusammensetzung des Weines. So setzen sich beispielsweise die Gerbstoffe im Depot ab, ein Teil der Weinsäure kann in Weinstein umgewandelt werden etc. Kurzum, der Wein ändert sich im Duft und Geschmack. Gleichzeitig entwickeln sich noch weitere biochemische Reaktionen (Esterbildung), die ebenfalls die Qualität eines Weines verändern können. Große Rotweine, selbstverständlich aber auch große Weißweine, werden dabei harmonischer, voller und milder. Schließlich erreichen sie das Höchstmaß ihrer qualitativen Möglichkeiten (Reifehöhepunkt), um von da an – allmählich oder auch schneller – die Qualität wieder zu verlieren. Der Wein kippt um, wird firnig, um schließlich passé, das heißt also ungenießbar zu werden.

reiner Satz: Anbau einer einzigen Rebsorte im Weingarten.

reintönig: sauber, ohne Nebengeschmack im Geruch und Geschmack

rektifizieren: reinigen (bei Traubensaftkonzentrat)

Remontage: Umpumpen des Rotweines in Gärbehälter. Dabei wird der Tresterhut mit dem Wein übersprüht, um die Farbextraktion zu verbessern. Gleichzeitig werden die Hefen dabei aufgewirbelt, die sich sonst am Boden absetzen würden.

resch: In Österreich häufig gebrauchte Bezeichnung für einen säurebetonten, spritzigen Wein.

Restzucker (Restsüße): der im Wein unvergoren gebliebene, gelöste Trauben- und Fruchtzucker

rezent: Kernige, meist kleinere Weine mit ausgeprägter Säurenote.

Ried: Lage (siehe dort)

rigolen: Lockerung des Bodens vor der Neuanlage eines Weingartens durch tiefes Pflügen (40–70 cm).

robust: Extraktreich, aber meist noch nicht durch das Alter (Reife) abgerundet, daher nicht unbedingt harmonisch.

Roséwein: Ein Wein von blaß- bis hellroter Farbe, der aus weißgekelterten Rotweintrauben hergestellt wird, d. h. daß die Maische vor der Gärung abgepreßt wird (siehe auch im Kapitel »Weinbereitung und Kellerwirtschaft«).

Rotwein: Ein Wein aus roten Trauben, bei dem die roten Farbstoffe aus der Beerenhaut in der Regel durch Vergärung der Maische oder durch Maischeerhitzung gewonnen werden (siehe auch im Kapitel »Weinbereitung und Kellerwirtschaft«).

Rückgrat: Ein Wein, bei dem die wichtigsten Inhaltsstoffe, wie Säure, Extrakt und Alkohol, angenehm und betont in Erscheinung treten.

rund: Ein ausgeglichener, meist extraktreicherer Wein (ohne Finesse und Größe), bei dem Säure und Restzucker harmonisch aufeinander abgestimmt sind.

rustikal: derb, deftig

S

saftig: Rassiger Wein mit betontem Fruchtcharakter, meist von mittlerer Qualität.

samtig: Bezeichnung für einen milden, harmonischen Rotwein mit geringem oder bereits abgebautem Gerbstoff(Tannin)gehalt.

sauber: Ein geruchlich und geschmacklich fehlerfreier Wein.

sauer: Ein Wein mit unangenehmer, scharfer, stechender, bissiger Säure.

Säure: Darunter versteht man die Gesamtsäure des Weines, die sich aus mehreren Säuren zusammensetzt (z. B. Weinsäure, Äpfelsäure, Milchsäure, Zitronensäure, Essigsäure, Bernsteinsäure, Aminosäuren, Propionsäure etc.), jedoch jeweils als Weinsäure berechnet wird. Bestimmte Länder berechnen die Gesamtsäure auch als andere Säuren (z. B. Frankreich gibt sie in Schwefelsäure an). Der Säuregehalt wird in Promille gemessen. Weißweine haben unterschiedlich nach Sorte und Herkunft etwa 6–9 Promille (‰) Säure, Rotweine 5–7 Promille.

Säureabbau: siehe Biologischer Säureabbau

Sauser: In der Schweiz gebräuchliche Bezeichnung für einen in Gärung befindlichen Most, der stark mit Kohlensäure angereichert ist (siehe auch unter Bitzler, Brauser und Sturm).

schal: Bezeichnung für einen leeren, gehaltlosen Wein ohne die notwendige Frische.

Schankwein (Schoppenwein): Darunter ist ein meist im offenen Ausschank oder im Buschenschankbetrieb angebotener Wein (nicht Bouteillenwein) zu verstehen. Typische Schankweine sind meist trocken ausgebaut.

scharf: Unangenehme, spürbare Säure im Wein.

Schaumwein (Sekt): Das ist jeder schäumende Wein, der mehr als 1 %vol Alkohol und einen so hohen Kohlensäuregehalt enthält, daß beim Öffnen der Flasche Kohlensäure unter Aufbrausen entweicht. (Nach EU-Weinrecht: Das Erzeugnis, das aus Wein gewonnen wird und dessen Kohlensäuredruck mindestens 3 bar beträgt, wobei das Kohlendioxyd durch Gärung erzeugt wird. Man unterscheidet Schaumwein und Qualitätsschaumwein. Sekt ist dabei die traditionelle Kurzbezeichnung für Qualitätsschaumwein.)

Scheitermost: Der beim zweiten und mit einem höheren Preßdruck gewonnene Most, welcher einen gerbstoffreichen Wein liefert.

scheitern: Das Zerreißen des Tresterstockes beim Preßvorgang.

schlanker Körper: extraktarm

Schmeckerter: Österreichische Bezeichnung für einen besonders aromahältigen Wein mit einem lauten Geschmack (z. B. Muskat-Ottonel, Muskateller).

Schönung: Klärung der Weine durch Zugabe bestimmter Stoffe (siehe auch im Kapitel »Weinbereitung und Kellerwirtschaft«, Seite 80ff.).

Schorle: siehe unter G'spritzter

Schwanz (Schweif): siehe unter Abgang

schwefeln: Die Schwefelung ist die älteste Konservierungsmethode des Weines und ist auch heute noch notwendig, um den Wein vor nachteiligen chemischen und biologischen Veränderungen zu schützen. Das in der Kellerwirtschaft eingesetzte Schwefeldioxyd (SO_2) übernimmt dabei folgende Aufgaben: Schutz vor Oxydationsschäden bei der Traubenverarbeitung – Bindung von Gärungsnebenprodukten, insbesondere des unerwünschten Acetaldehyds, das das Geschmacksbild des Weins stört – reduktive Wirkung beim Weinausbau und damit Gewinnung von mehr sortenspezifischer Fruchtigkeit – Blockierung bestimmter Enzyme im Wein und damit Verhinderung einer Oxydation während der Weinbereitung – Schutz gegen Bakterien und Mikroorganismen (z. B. wilde Hefen, Essigbakterien u. ä.).

In der Praxis erfolgt die Schwefelung durch Zugabe von Kaliumpyrosulfit in Pulver- oder Tablettenform. Geschwefelt wird zuerst beim Maischen, wobei hierbei nur 20–40% an Schwefel im fertigen Jungwein verbleibt, während der andere Teil des Schwefels mit dem Trester abgeht. Nach Beendigung der Gärung erfolgt beim Jungwein eine weitere Schwefelung. Und schließlich wird meistens noch unmittelbar vor dem Abfüllen der angestrebte SO_2-Wert ergänzt, wobei schon eine Minimaldosis eine Oxydation des fertigen Weines verhindert, die sonst nicht nur die Farbe, sondern vor allem Geschmack und Frische des Weines ruinieren würde.

Eine Schwefelsäure (H_2SO_4) darf dem Wein nicht zugesetzt werden. Wenn durch eine Fehlreaktion (z. B. in trocken konservierten Holzfässern) Schwefelsäure entsteht, so kommt es zu einem »Schwefelsäurefirn« (Weinfehler).

Zur Qualitätssicherung ist für trockene Weine ein geringerer Anteil an freier Schwefeliger Säure notwendig als bei hohen Prädikatsweinen oder bei lieblichen Weinen.

Schwellenwert: Darunter versteht man bei der sensorischen Weinprüfung die Konzentration eines Geruchs- oder Geschmacksstoffes, der unter genau festgelegten Bedingungen von mindestens der Hälfte der Mitglieder einer Prüfergruppe wahrgenommen wird.

Grundsätzlich unterscheidet man zwischen Wahrnehmungs-, Erkennungs- und Sättigungsschwelle. Eine Wahrnehmungsschwelle ist dann gegeben, wenn ein Sinnesreiz (Stoff) bereits wahrgenommen wird, ohne daß er dabei als solcher definiert werden kann. Bei der Erkennungsschwelle hat man den Sinnesreiz (Stoff) erkannt und kann ihn klar definieren. Die Sättigungsschwelle ist immer dann erreicht, wenn ab einer bestimmten, über der Erkennungsschwelle liegenden Konzentration eine weitere Steigerung der Sinnesempfindungen nicht mehr möglich ist.

schwer: alkoholreich (siehe unter Alkohol)

seidig: Bezeichnung für einen Wein von sehr feiner Struktur.

Seihmost (Vorlaufmost): Der von der Maische ohne Pressen abfließende Traubensaft.

Sekundäraroma: Weinaroma, das bei der Gärung entsteht.

Selektion: Klon (siehe dort)

Sommelier: International übliche Bezeichnung für einen Weinkellner, der den Gast bei der Auswahl der passenden Weine berät.

Sommerfrische: Ein österreichisches Weinmischgetränk, das seit 1991 als Alternative zum G'spritzten angeboten wird. Der »Sommerfrische« wird im Verhältnis 1:1 (Wein zu Mineral- oder Sodawasser) gemischt, darf aber nur aus österreichischen Qualitätsweinen der Sorten Grüner Veltliner, Welschriesling und Weißem

Burgunder hergestellt werden. Serviert wird er in einem eigens dafür kreierten Glas, das zugleich auch eine optische Aufwertung dieses Mischgetränkes bewirken soll.

Sortenbukett: Der typische, rebsorteneigene Geruch des Weines.

spitz: Unharmonischer Wein mit einer aufdringlichen, meist unreifen (grasigen) Säure.

spritzig: Bezeichnung für einen frischen, meist jungen Wein mit einer lebendigen Säure, der spürbar auf der Zunge prickelt.

stahlig: Ein kräftiger Wein mit viel Fruchtsäure, ohne jedoch dabei sauer zu sein; Steigerung von nervig.

Standzeit: Das Stehenlassen der Maische vor dem Keltern (Pressen) wird als Standzeit bezeichnet. Dabei kommt es zum teilweisen Pektinabbau (Pektine sind Hauptbestandteile in den pflanzlichen Zellwänden und erschweren den Saftablauf während des Preßvorganges) durch traubeneigene Enzyme, wodurch die Preßbarkeit der Maische erhöht wird. Gleichzeitig werden das Aroma und der Extraktstoffgehalt positiv beeinflußt. Übliche Maischestandzeiten bei Grünem Veltliner, Müller-Thurgau, Welschriesling, Silvaner (neutrale Sorten) zwei bis vier Stunden, bei Muskat-Ottonel, Siegerrebe, Würzer (bukettintensive Sorten) sowie bei Prädikatsweinen vier bis zehn Stunden.

Staubiger: Österreichische Bezeichnung für einen Jungwein unmittelbar nach Beendigung der Gärung, der noch trüb ist und einen höheren Gehalt an Kohlensäure aufweist.

Stiftl: Flasche mit dem Inhalt einer halben Bouteille (0,375 l).

Stillwein: Sammelbezeichnung für Weine, die keine Schaumweine (Sekt) sind.

stoffig: Bezeichnung für extraktreiche, kräftige Weine.

Straußwirtschaft (Straußen-, Besen- oder Heckenwirtschaft): In Deutschland übliche Bezeichnung für Buschenschank.

streng: Bezeichnung für einen unreifen, eckigen, oft trockenen Wein.

Strohweine: Sehr süße, extraktreiche Weine, die aus vollreifen Trauben gekeltert werden, welche vorher in gut durchlüfteten, warmen Räumen auf Stroh (Schilf) gelagert und getrocknet wurden. Heute hängt man die Trauben an Stelle einer Strohlagerung meistens auf Drähten zum Trocknen auf. Die Trocknung dauert oft bis in den Jänner hinein. Die auf diese Weise getrockneten Beeren weisen keinen Botrytisbefall auf, und die daraus gekelterten Weine unterscheiden sich daher durch das Fehlen jeglichen Botrytistones auch geschmacklich von Trockenbeerenauslesen.

Sturm: In Österreich übliche Bezeichnung für einen in Gärung befindlichen Most, der stark mit Kohlensäure angereichert ist (siehe auch Bitzler, Brauser und Sauser).

süffig: Bezeichnung für einen harmonischen Wein (oft auch mit einem leichten, kaum spürbaren Restzuckergehalt), der immer wieder zum Trinken anregt. Der Begriff wird meistens bei Weinen von durchschnittlichem Qualitätsniveau (Kneipweine) angewendet.

süß: Wein mit einem Restzuckergehalt von mindestens 45 g/l.

süß-sauer: Unharmonischer Wein mit zu hoher Säure und zu hoher Restsüße.

Süßreserve: Ein im Herbst steril eingelagerter, unvergorener Traubensaft, der einem bereits fertig vergorenen Wein zugesetzt wird.

T

Tafelwein: Weine, die entweder qualitativ geringwertig oder einfache, wohlschmeckende Tischweine oder aber Weine von hoher Qualität sind, die jedoch kein Prädikat besitzen.

Tannin: In der deutschsprachigen Fachliteratur versteht man darunter das in Kombination mit Gelatin verwendete Präparat zur Tanninschönung, ein Vertreter aus der großen Gruppe der Gerbstoffe. In der fremdsprachigen Literatur findet man Tannin oft als Synonym für die ganze Gerbstoffgruppe.

Tastevin: Eine in Frankreich (Burgund) verwendete Rotwein-Probierschale aus Silber oder mit einer Silberbeschichtung, die es durch ihr reliefartiges Innendekor erlaubt, auch in einem düsteren Weinkeller die Farbunterschiede beim Rotwein besser zu erkennen und zu beurteilen.

Tiefe: Zeichen für einen Wein mit einem besonders intensiven Geruch oder Geschmack.

Toasting: Darunter versteht man den Faßeinbrand insbesonders bei Barrique-Fässern, der dem Jungwein in seiner Fruchtphase zusätzliche Aromen gibt. Grundsätzlich unterscheidet man drei Faßeinbrände:

Helles Toasting: Gibt das primäre Aroma des Holzes an den Wein ab. Die begleitenden Aromen sind vor allem für den typischen Vanillegeschmack von Barrique-Weinen verantwortlich.

Mittleres Toasting: Dies ist die vielleicht am meisten verbreitete Verwendung. Die begleitenden Aromen erinnern geruchlich an Toastbrot und geschmacklich an Karameltöne.

Starkes Toasting: Ein eher seltener Faßeinbrand, da er den Geschmack des Weines zu stark beeinflußt. Die Aromen erinnern an eine Kaffeenote.

tot: Bezeichnung für einen bereits ungenießbar gewordenen Wein.

Traubensaftkonzentrat (Traubendicksaft): Ein mit Hilfe eines Vakuumverdampfers auf ein Drittel bis auf ein Fünftel seines Volumens eingedickter Traubensaft mit einem Zuckergehalt von üblicherweise 60–65 Prozent.

Trester: Die festen Bestandteile der Trauben, die nach der Kelterung zurückbleiben, wie Kämme, Stiele und Kerne (Rückstand der abgepreßten Maische – Tresterhut).

trocken: Als solche gelten Weine, die einen Restzuckergehalt bis höchstens 4 g/l aufweisen (solche Weine werden auch als »Diabetikerweine« bezeichnet) oder aber Weine mit einem Restzuckergehalt bis höchstens 9 g/l, wenn die Gesamtsäure (in g/l Weinsäure ausgedrückt) höchstens 2 g/l niedriger ist als der Restzuckergehalt (Formel: Säure + 2 bis zur Höchstgrenze 9).

Warum die Bezeichnung trocken? Zucker regt die Speicheldrüsen an und macht den Mund naß. Säuren wirken hingegen adstringierend, und der Mund fühlt sich trocken.

Eine andere Erklärung: Das französische Wort sec (trocken) bedeutet auch ungesüßt.

Trockenbeerenauslese: Als Trockenbeeren werden nur nach gesunder und langer Reife am Rebstock eingeschrumpfte Beeren anerkannt, bei denen außerdem die Edelfäule (siehe unter Botrytis cinerea) eine zusätzliche Zucker- und Extraktstoffkonzentration bewirkt hat. Krankes und fehlerhaftes Lesegut wird ausgesondert. Da eine solche Beerenauswahl nur in besonders guten Weinjahren und nur mit beträchtlichem zusätzlichem Arbeitsaufwand möglich ist, schlägt sich dies verständlicherweise auch in einem höheren Verkaufspreis einer Trockenbeerenauslese nieder.

Von den durchschnittlich 350 g Zucker im Liter Most wird nur ein Teil vergoren, weil die hohe Konzentration von Trauben- und Fruchtzucker die Hefe nicht voll zur Entfaltung kommen läßt. Deshalb weisen Trockenbeerenauslesen im Vergleich zu durchgegorenen Qualitäts- oder Kabinettweinen einen relativ geringeren Alkoholgehalt auf, verfügen aber dafür über eine ausgesprochene Aromafülle.

Trub (Geläger): Darunter versteht man die nach der Gärung am Faßboden abgesetzten festen Bestandteile (Hefe, Eiweiß, Farbstoffe, Fruchtfleischteile, Weinstein).

U

Umrechnung: Bei den in den deutschsprachigen Ländern angebauten Rebsorten kann man im groben Durchschnitt von 100 kg Trauben etwa 75–80 Liter Most erwarten.

umziehen: Trennung des Jungweines von den am Boden abgesetzten Trubteilchen (Geläger).

unausgewogen: Bezeichnung für einen unharmonischen Wein, bei dem das Gleichgewicht zwischen Süße, Säure, Bitterstoffen (bei Rotweinen), Alkohol und Extrakt fehlt.

ungeschliffen: wenig elegant, eher plump und eckig

unreif: säurereich, eventuell auch grasig oder grün

Ursprung: Eine önologische Angabe, die ein bestimmtes Gebiet mit einheitlichen und charakteristischen Bedingungen (Klima, Böden etc.) für die dort erfolgte Weinerzeugung abgrenzt. Die Ursprungsangabe lokalisiert die Herkunft (siehe dort) der Weine und kann sich dabei auf ein sehr eng begrenztes oder aber auch auf ein sehr weiträumiges Anbaugebiet beziehen.

V

verbessern: Bezeichnung für das Aufzuckern eines Weines.

verrieseln: Ungenügende Entwicklung der Beeren, die auf eine mangelhafte Befruchtung zurückzuführen ist. Dies ist meistens dann der Fall, wenn die Temperatur zur Blütezeit der Reben zu niedrig ist oder die Blüten verregnet werden. Dann verrieseln die Blüten, d. h. während der Traubenblüte fallen viele Blüten wegen schlechter Befruchtung ab oder aber die Fruchtansätze bleiben kernlos und klein. Das hat zur Folge, daß der Traubenertrag im Weingarten eine mehr oder weniger starke Einbuße erfährt, ohne daß aber dabei die Qualität des Weines einen Schaden erleidet.

verschlossen: Bezeichnung für einen Wein, der sich infolge einer zu kurzen Lagerung noch nicht voll entwickelt hat und daher seine Geruchs- und Geschmacksnuancen beim Trinken noch nicht freigibt.

Verschnitt (verschneiden): Kellertechnischer Ausdruck für das geschickte Vermischen von Weinen, um die Qualität zu verbessern oder um eine bestimmte, möglichst gleichbleibende Geschmacksrichtung zu erhalten (Ursprungsverschnitt, Jahrgangsverschnitt, Verbesserungsverschnitt, Herkunftsverschnitt).

versetzter Wein: Darunter ist ein Wein zu verstehen, dessen Beschaffenheit auf besondere Behandlungsweisen oder auf die Verwendung von Zusätzen bei der Erzeugung neben der durch die Weintrauben gegebenen Eigenart zurückzuführen ist (z. B. Dessertwein, aromatisierter Wein, Wermut, Perlwein, Schaumwein).

Vinifizierung: Methode der Kellertechniken zur Weinerzeugung.

Vinometer: Kleines Meßinstrument zum Messen des Alkoholgehaltes im Wein.

Vinothek: Weinsammlung gehobener Qualitäten zum Verkauf.

voll, vollmundig: Bezeichnung für einen extraktreichen (körperreichen) Wein mit ausgeprägtem Abgang.

vollendet: Bezeichnet entweder den Reifehöhepunkt eines Weines oder einen großen Wein.

vollkommen: Bezeichnung bei Spitzenweinen.

vornehm: elegant, fein, reif

W

weich: Bezeichnung für einen milden, säurearmen Wein, wobei die Weichheit oft durch eine gewisse Süße des Weines hervorgerufen wird.

Weinhauer: Ein in Österreich vielfach gebräuchlicher Begriff anstelle der Bezeichnung Winzer. Der Name Hauer rührt dabei von der früheren händischen Art der Bodenbearbeitung der Weingärten her.

Weinqualität: siehe unter Qualität

Weinstein (Kaliumhydrogentartrat): Der Weinstein ist das saure Kaliumsalz der Weinsäure. Er wird in kristalliner Form entweder bei der Gärung oder bei einer starken Abkühlung des Weines ausgeschieden. Die kleinen, weißen, glänzenden Weinsteinkristalle sind geruch- und geschmacklos und stellen keinen qualitativen Mangel des Weines dar (siehe auch im Kapitel »Weinfehler«, Seite 303).

Weintaufe: Die katholische Kirche nimmt am Ende eines Weinjahres gerne eine Segnung der Weinernte vor und verwendet dabei häufig als Lesungstext die Verse 25–31 des 31. Kapitels aus der Spruchsammlung des Jesus Sirach.

Weißwein: Ein Wein aus weißen Trauben, die innerhalb kurzer Zeit verarbeitet werden.

wuchtig: extrakt- und alkoholreich

würzig: Steigerungsform von fruchtig bzw. aromatisch.

Z

zart: fein, delikat, unaufdringlich, zugleich aber nuancenreich

Zucker: Im allgemeinen versteht man darunter den Rohr- bzw. Rübenzucker (Saccharose), der aus Zuckerrohr oder Zuckerrüben gewonnen wird. Daneben gibt es noch eine Vielzahl anderer Zuckerarten, die unter dem Begriff Kohlenhydrate zusammengefaßt werden. Im Most und Wein spielen davon nur der Traubenzucker (Glucose) und der Fruchtzucker (Fructose) eine Rolle, wobei man beide Zuckerarten bei gleichem Verhältnis als Invertzucker bezeichnet. Rohr- bzw. Rübenzucker wird zur Aufbesserung (Anreicherung) des Mostes bzw. der Maische verwendet. Während aber der in den Beeren enthaltene Trauben- und Fruchtzucker bei der Vergärung des Mostes durch die Hefen unmittelbar zu Alkohol und Kohlendioxyd umgewandelt wird, muß der Rohr- bzw. Rübenzucker erst durch das von den Hefen gebildete Enzym Invertase in die beiden Bausteine Trauben- und Fruchtzucker (Invertzucker) aufgespalten werden.

Zuckerrest: siehe unter Restzucker

zusammenziehend: siehe unter adstringierend

Dank

Zum Schluß verbleibt mir noch die angenehme Pflicht, jenen als Weinexperten anerkannten Persönlichkeiten zu danken, die mir beim Zustandekommen dieses Werkes durch wertvolle Ratschläge, Hinweise und Ergänzungen geholfen haben.
Es waren dies:

Hofrat Dipl.-Ing. Dr. Josef Barna, Klosterneuburg
Ing. Karl Bauer, Krems
Mag. Willi Bründlmayer, Langenlois
Dipl.-Ing. Herwig Kaserer, Klosterneuburg
Hofrat Dipl.-Ing. Werner Meier, Klosterneuburg
Univ.-Prof. Dr. med. Ludwig Prokop, Wien
Adolf Schmid, Sommelier, Wien
Ing. Herbert Schödl, Klosterneuburg
Dipl.-Ing. Hans Traxler, Wien
Med.Rat Dr. Walter Weber, Gumpoldskirchen
Direktor Hofrat Univ.-Prof. Dipl.- Ing. Dr. Josef Weiss, Klosterneuburg
OR Dipl.-Ing. Wilhelm Wunderer, Klosterneuburg

Prof. Dr. Rudolf Steurer

Literatur

Altmann H. und Bauer K.: *Kellerwirtschaft,* überarb. Aufl., Österreichischer Agrarverlag, Wien 1993
Altmann H. und Bauer K.: *Weinbau,* Österreichischer Agrarverlag, Wien 1987
Ambrosi, Dettweiler, Rühl, Schmid, Schumann: *Farbatlas Rebsorten,* Verlag Eugen Ulmer, Stuttgart 1994
Hillebrand W., Lott H., Pfaff F.: *Rebsorten-Taschenbuch,* 10. Aufl., Verlag Dr. Fraund GmbH, Mainz 1993
Kreiskott H.: *Gesundheit mit Wein,* Emil Sommer Verlag, Grünstadt/Weinstraße 1991
Maxa, Brandes, Daniel: *HPLC-Methode zur routinemäßigen Quantifizierung von biogenen Aminen im Wein,* in: Mitteilungen Klosterneuburg 42 (1992), Seite 165–170
Ruckenbauer W., Traxler H.: *Lexikon für Freunde des Weines,* Österreichischer Agrarverlag, Wien 1992
Ruckenbauer W., Traxler H.: *Weinbau aktuell,* Österreichischer Agrarverlag, Wien 1992
Schlotter H.-A.: *Wein und Gesundheit – Antwort auf Verbraucherfragen,* Deutsches Weinbau-Jahrbuch 1995
Steurer R.: *Österreichischer Weinführer,* Ueberreuter Verlag, Wien 1992
Weiss J.: *Der Weinstein der Weisen,* Hitschmann-Verlag, Wien 1992
Wunderer W.: Vorlesungsunterlagen über »Weinbau«, Klosterneuburg 1994/95
Österreichisches Weingesetz nach der Novelle 1993
Das Weinrecht 1993 (Deutsches und EWG-Weinrecht)
Der Winzer, 49. und 50. Jahrgang, Österreichischer Agrarverlag, Wien
Österreichischer Weinbau-Fachkalender 1992, Österreichischer Agrarverlag, Wien
Der Weinbau in Österreich 1992, Österreichisches Statistisches Zentralamt, Wien 1993
Alles über Wein, Fachzeitschrift der Woschek Verlags GmbH, Mainz
Beschreibende Sortenliste für Reben 1992, Deutsches Bundessortenamt, Verlag A. Strothe
Das Buch vom Schweizer Wein, OFD Communication Information + Dokumentation, Genf, AT Verlag Aarau, Stuttgart 1992
Schweizer Rebbau – Schweizer Wein, Ex Libris Verlag, Zürich 1980

Sachregister

A

B

C

D

E

F

G

H

I

J

K

L

M

N

O

P

Q

R

S

T

U

V